L'éducation motrice et l'éducation psychomotrice
au préscolaire et au primaire

PRESSES DE L'UNIVERSITÉ DU QUÉBEC
Le Delta I, 2875, boulevard Laurier, bureau 450
Québec (Québec) G1V 2M2
Téléphone : 418-657-4399 • Télécopieur : 418-657-2096
Courriel : puq@puq.ca • Internet : www.puq.ca

Diffusion / Distribution :

CANADA et autres pays
Prologue inc.
1650, boulevard Lionel-Bertrand
Boisbriand (Québec) J7H 1N7
Téléphone : 450-434-0306 / 1 800 363-2864

FRANCE
AFPU-Diffusion
Sodis

BELGIQUE
Patrimoine SPRL
168, rue du Noyer
1030 Bruxelles
Belgique

SUISSE
Servidis SA
Chemin des Chalets
1279 Chavannes-de-Bogis
Suisse

AFRIQUE
Action pédagogique pour l'éducation et la formation
Angle des rues Jilali Taj Eddine
et El Ghadfa
Maârif 20100 Casablanca
Maroc

L'éducation motrice et l'éducation psychomotrice au préscolaire et au primaire

ROBERT RIGAL
avec la collaboration de
Lina Abi Nader · Ginette Bolduc · Nicole Chevalier

2010

Presses de l'Université du Québec
Le Delta I, 2875, boul. Laurier, bur. 450
Québec (Québec) Canada G1V 2M2

Catalogage avant publication de Bibliothèque et Archives nationales du Québec et Bibliothèque et Archives Canada

Rigal, Robert, 1944-

L'éducation motrice et l'éducation psychomotrice au préscolaire et au primaire

Traductuion de : Educación motriz y educación psicomotriz en preescolar y primaria.

ISBN : 978-2-7605-2415-6

1. Éducation physique pour enfants. 2. Éducation psychomotrice. 3. Enseignement primaire. 4. Éducation préscolaire. I. Titre.

GV443.R5314 2009 372.86 C2009-940943-7

Nous reconnaissons l'aide financière du gouvernement du Canada par l'entremise du Programme d'aide au développement de l'industrie de l'édition (PADIE) pour nos activités d'édition.

La publication de cet ouvrage a été rendue possible grâce à l'aide financière de la Société de développement des entreprises culturelles (SODEC).

Intérieur
Mise en pages : Info 1000 mots

Couverture
Conception : Richard Hodgson

1 2 3 4 5 6 7 8 9 PUQ 2010 9 8 7 6 5 4 3 **2** 1

Dépôt légal – 3e trimestre 2009
Bibliothèque et Archives nationales du Québec / Bibliothèque et Archives Canada
Imprimé au Canada

Avant-propos

L'**éducation motrice** est une partie de l'éducation physique pour le primaire. Elle vise l'amélioration de la coordination motrice, caractéristique du développement moteur, que l'on retrouve dans la motricité globale (activités stabilisatrices et locomotrices) et la motricité fine (activités manipulatoires et graphisme). Bien que la plupart des comportements moteurs s'acquièrent de façon naturelle au cours des premières années de la vie, les activités proposées dans les programmes d'éducation motrice ou d'éducation physique vont affiner la qualité du contrôle moteur et par le fait même améliorer la performance motrice des enfants.

Le **développement moteur** concerne l'acquisition de l'habileté motrice et son évolution, nettement visibles dans les transformations des comportements moteurs des enfants au fur et à mesure qu'ils vieillissent, assujettis à l'évolution des structures neuromusculaires. Entre la naissance et la fin du primaire les progrès des enfants, dans ce domaine, sont immenses. Il ne doit pas être confondu (ce qui est, hélas, très fréquent) avec le développement psychomoteur qui, lui, concerne l'interaction entre les actions motrices et les fonctions cognitives ou la façon dont l'action motrice facilite l'acquisition de concepts.

L'**éducation psychomotrice** vise l'acquisition de concepts par les activités de manipulation et les actions motrices ; à ce titre, elle intervient comme préalable ou soutien aux premiers apprentissages. Son importance, vive au cours des premières années, s'estompe progressivement au fur et à mesure que les fonctions cognitives, s'appuyant sur le langage, s'améliorent et que le raisonnement supplante l'expérimentation motrice après l'accession au stade de l'intelligence opératoire. Toutefois, dans le domaine scientifique, l'expérimentation demeure un moyen efficace dans la compréhension des phénomènes physiques: le concret prépare le terrain de l'abstraction.

Seules les caractéristiques des enfants d'âge scolaire, du préscolaire à la fin du primaire, sont présentées dans cet ouvrage, à moins que de brefs rappels d'étapes antérieures soient nécessaires à la compréhension de certains éléments spécifiques. C'est ainsi que le rôle de la manipulation dans l'acquisition des concepts au cours des premières années de la vie sera souligné.

Cet ouvrage s'adresse à toutes les personnes ayant un intérêt dans l'éducation des enfants, enseignants et professionnels de l'école, parents, qu'elle soit associée aux apprentissages scolaires ou à la rééducation psychomotrice. Son objectif est de leur fournir les bases théoriques appropriées à une action éducative éclairée s'appuyant sur la compréhension de l'évolution et du fonctionnement moteur et cognitif des enfants, qui sont en effet en pleine croissance avec des caractéristiques physiologiques et fonctionnelles bien distinctes de celles des adultes.

TABLE DES MATIÈRES

Introduction

Les termes de développement moteur et de développement psychomoteur sont fréquemment confondus. Ils ne sont toutefois pas interchangeables et concernent des aspects bien distincts du développement de l'enfant. Le premier renvoie à l'évolution des aptitudes motrices de l'enfant qui, à mesure qu'il grandit, contrôle des mouvements de plus en plus complexes caractérisant sa motricité globale ou sa motricité fine. C'est à cet aspect que l'éducation motrice, partie de l'éducation physique, s'adresse afin de renforcer le contrôle moteur des enfants et d'améliorer ainsi leur coordination motrice. Le deuxième s'applique au développement cognitif et à sa facilitation par les actions motrices, au cours des premières années de la vie. Les actions motrices, et leurs résultats, sont sources d'informations perceptives à partir desquelles l'enfant conceptualise des notions plus ou moins complexes et abstraites. C'est le propre de l'éducation psychomotrice d'utiliser les actions motrices pour faciliter l'accès à l'abstraction et aux concepts. L'action, sollicitant la participation consciente du sujet, débouche sur la connaissance. On comprendra alors assez facilement que l'amélioration de l'équilibre ou de la motricité globale fasse partie du développement moteur et soit un objectif de l'éducation motrice pour les renforcer et les utiliser dans des contextes différents, et que la différenciation des concepts « lourd » et « léger », aspect du développement psychomoteur, puisse s'établir à partir de la manipulation d'objets de masses différentes et soit un objectif de l'éducation psychomotrice.

L'ÉDUCATION MOTRICE

Par développement moteur, on entend l'amélioration, avec l'âge ou l'entraînement, de la performance motrice résultant aussi bien de l'évolution des structures neuromusculaires que d'une meilleure utilisation de l'information et des réafférences dans le raffinement du contrôle moteur et de la coordination motrice. On comprend mieux, ainsi, les différences interindividuelles observées lors de l'évaluation de comportements moteurs : ou bien les structures neuromusculaires diffèrent en maturation ou bien les enfants n'ont pas eu le même entraînement, ce qui les a empêchés d'atteindre des niveaux d'apprentissage et de performance semblables. À ce titre, parler de la « normalité » du développement, c'est considérer que cette notion ne peut, ni plus ni moins, que qualifier le moment où le sujet témoigne pour la première fois de sa capacité d'effectuer une nouvelle action, lequel se situe sur un continuum délimité en ses extrêmes par des moments jugés précoces et d'autres jugés tardifs. Cette fourchette s'établit, par exemple pour la marche, de neuf mois à deux ans !

L'activité physique et les actions motrices interviennent dans la plupart des aspects de la vie quotidienne et peuvent être utilisées de façon méthodique dans différentes composantes de la personnalité à des fins éducatives, rééducatives, thérapeutiques, sportives, utilitaires et professionnelles, de loisir ou d'expression (figure 1). Dans le domaine éducatif, l'activité physique fait partie des programmes en éducation physique et à la santé ainsi qu'en éducation motrice, domaines d'intervention se complétant harmonieusement ; les actions motrices, elles, constituent les moyens d'action du domaine psychomoteur.

L'éducation physique favorise l'amélioration des caractéristiques biomotrices, cardiorespiratoires en particulier, et des **conduites motrices**, notamment la coordination motrice, pour le développement de la personne, tout au long de la vie. C'est ce qui la caractérise et la différencie des autres disciplines scolaires. Elle n'a pas pour fonction le développement intellectuel de l'enfant même si elle y contribue de façon connexe. Elle considère les activités physiques comme le moyen le plus approprié pour ce faire, en particulier pour ce qui est de l'amélioration de l'efficience physique, appréciée par ses qualités organiques, cardiorespiratoires et musculaires, de la coordination motrice et des relations avec autrui. Ses objectifs premiers sont donc d'acquérir, de développer et de maintenir une bonne santé physique et de développer l'habileté motrice, aussi bien dans les activités motrices fondamentales que dans les activités sportives. L'acquisition de compétences motrices spécifiques relève de la pratique d'activités physiques diversifiées.

Le terme d'**éducation motrice** s'emploie dans le contexte de l'enseignement primaire pour caractériser l'action éducative visant à assurer le meilleur développement possible de la coordination motrice des enfants ou l'acquisition d'apprentissages fondamentaux dans le domaine moteur. Ainsi conçue, elle forme donc une partie de l'éducation physique, s'en différenciant par le fait qu'elle ne touche pas les fonctions

FIGURE 1
Mouvement humain, action motrice et formation de la personne

Objectifs et domaines d'intervention

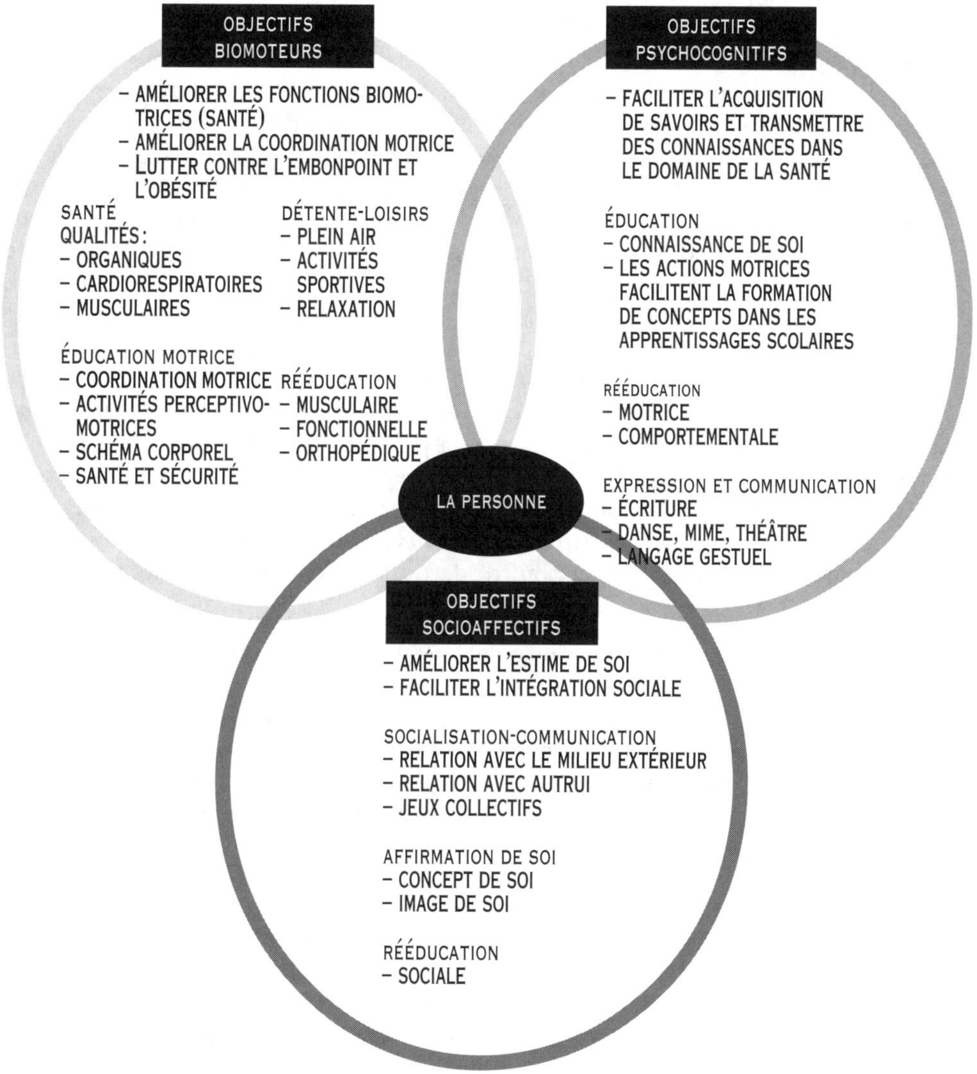

cardiorespiratoires et musculaires (figure 2, tableaux 1, 2, 3). Au préscolaire et au primaire, au sein de l'éducation physique, l'éducation motrice développe la motricité volontaire (stabilisatrice [l'équilibre et la posture], locomotrice [déplacements et motricité globale] et manipulatoire [motricité fine]) soit, globalement, l'adresse et la coordination motrice, l'autonomie dans les déplacements, la motricité utilitaire et hygiénique (s'habiller, se laver, etc.) et la socialisation (jeux collectifs, sportifs ou non : rondes, danses, jeux avec ballon, etc.). Support de l'apprentissage, l'activité motrice contribue aussi, bien sûr, au développement global de l'habileté motrice posturale, locomotrice ou manipulatoire à l'origine de la formation du schéma corporel. Au cours de l'apprentissage, en faisant appel à la conscience, on facilite la transformation des actions pour acquérir de nouveaux comportements moteurs. Pensée et réflexion s'intègrent particulièrement bien dans une pédagogie de l'action. Dans ce contexte, nos comportements moteurs sont de nature perceptivomotrice. Pour agir adéquatement et consciemment, nous devons, dans un premier temps, prendre connaissance du contexte dans lequel se produit l'action pour, dans un deuxième temps, élaborer puis réaliser la réponse motrice : la perception est à l'origine de la connaissance permettant l'élaboration de la réponse. Celle-ci peut ou non être appropriée. Dans le premier cas, nous tenterons de mémoriser les caractéristiques de la réponse pour nous en servir à nouveau dans un contexte équivalent. Dans le second cas, il nous faudra comprendre les raisons de l'échec (de la prise d'information à la réalisation de l'action) pour essayer de modifier la prochaine réponse motrice (ex. : augmenter la force du lancer pour que le ballon arrive dans le cerceau). S'il n'arrive pas à percevoir correctement ni à interpréter les stimuli sensoriels pour produire le comportement moteur adéquat, on dit que l'enfant souffre de dysfonction perceptivomotrice.

L'hypothèse qui veut que l'amélioration des fonctions perceptivomotrices produise une amélioration des fonctions cognitives vient du fait que ces deux domaines sont souvent corrélés. Toutefois, l'existence d'une corrélation n'implique pas qu'un phénomène soit la cause de l'autre. Ce n'est que dans la mesure où une activité motrice comporte une part importante d'habiletés cognitives que l'on peut espérer une amélioration de ces dernières. Pourquoi arrive-t-il qu'un programme préparé pour accroître l'habileté motrice ne se traduise pas par de meilleurs résultats scolaires ? Cela résulte le plus souvent de programmes qui visent à accroître une habileté motrice en pensant améliorer une performance scolaire (s'il saute mieux, l'enfant lira mieux), qui utilisent une activité motrice pour vérifier l'apprentissage d'un contenu scolaire (lancer une balle dans un carré correspondant au bon résultat d'une addition) ou qui agissent sur une activité motrice sous-tendant une activité scolaire (améliorer la coordination visuomanuelle pour améliorer l'écriture). Peut-on alors s'étonner du peu de transfert entre les habiletés motrices et les habiletés cognitives ?

FIGURE 2
ÉDUCATIONS PHYSIQUE, MOTRICE ET PSYCHOMOTRICE

PARTICULARITÉS DE CHACUNE D'ENTRE ELLES

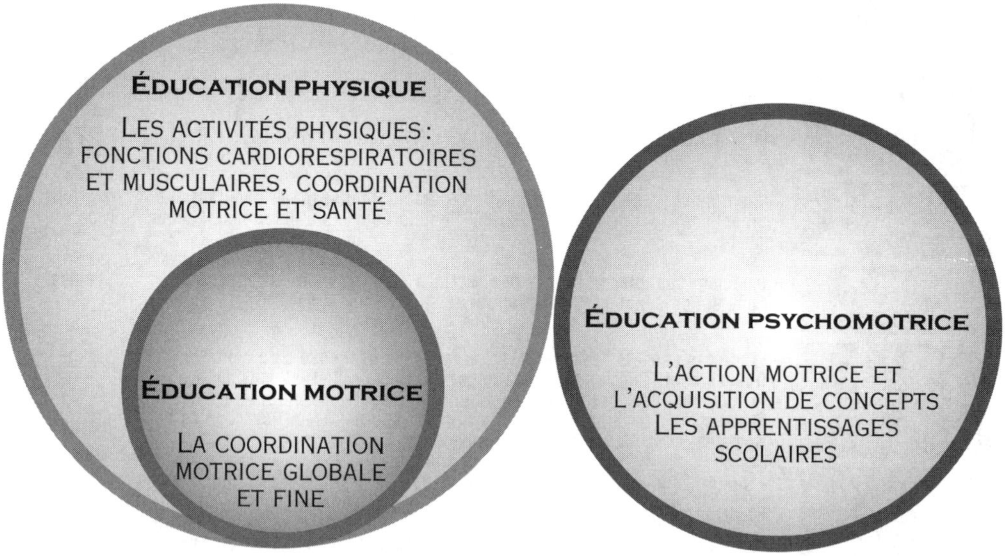

L'**éducation physique** poursuit deux objectifs disciplinaires : l'**amélioration des fonctions cardiorespiratoires et musculaires** et l'**acquisition de la coordination motrice**. Elle partage, avec d'autres disciplines, l'acquisition de compétences transversales : l'éducation à la santé et à la sécurité, le développement de règles d'éthique, la coopération avec les autres.

L'**éducation motrice** est incluse dans l'éducation physique. Elle en représente la branche au primaire, moment où les grands patrons moteurs se mettent en place et où des activités appropriées adaptées aux possibilités motrices des élèves permettent d'en affiner la maîtrise en développant la **coordination motrice**. L'évolution naturelle des fonctions neuromusculaires favorise un meilleur contrôle des mouvements que l'on retrouve en motricités globale et fine.

L'**éducation psychomotrice** utilise les actions motrices, dans la manipulation en particulier, pour favoriser l'acquisition de concepts : elle favorise le **passage du concret à l'abstrait**. Son importance éducative diminue à mesure que se développe l'intelligence opératoire.

TABLEAU 1
DÉFINITIONS

MOTRICITÉ	– Ensemble des fonctions qui assurent les mouvements autogénérés d'un organisme ; – Étude des mouvements humains et de leurs caractéristiques cinétiques et cinématiques (comment nous agissons ?) ; – Étude de l'homme en mouvement et des comportements moteurs signifiants (pourquoi nous agissons ?).
MOUVEMENT	– Changement de position ou de place imprimé à un corps ou à l'une de ses parties ; – Déplacement de pièces osseuses à la suite de la mobilisation d'une articulation par contraction musculaire ; – Possède des caractéristiques cinétiques (force) et cinématiques (vitesse, accélération, direction, amplitude).
ACTION MOTRICE	Comportement moteur réalisé en situation d'apprentissage et générant des informations (perceptions) lors de la manipulation d'objets pour les utiliser dans l'acquisition de concepts.
COORDINATION MOTRICE	Ajustement spatiotemporel des contractions musculaires pour engendrer un mouvement ou une action adaptée au but poursuivi.
NEUROMOTRICITÉ	– Étude des aspects neurologiques du mouvement ; renvoie au contrôle moteur ; – Quelles sont les relations entre les centres nerveux et les muscles ? – Programmation, contrôle et acquisition de modèles de mouvements ; – Facteurs qui les influencent (maturation et apprentissage) et troubles neuromoteurs ; – Comment contrôlons-nous nos mouvements ?
ÉDUCATION PHYSIQUE	Partie de l'éducation visant en particulier, par la pratique d'activités physiques tout au long de la vie : – l'amélioration des fonctions biomotrices de la personne (qualités organiques cardiorespiratoires et musculaires, de sa santé et de son bien-être physique) ; – l'acquisition de la coordination motrice (schéma corporel) ; – le développement biopsychosocial de la personne.
ÉDUCATION MOTRICE	Partie de l'éducation physique visant en particulier, par l'utilisation d'activités motrices, au préscolaire et au primaire : – l'amélioration de la coordination motrice dans la motricité globale et la motricité fine (dont la calligraphie) ; – la formation du schéma corporel.
PSYCHOMOTRICITÉ	Étude des interactions entre les fonctions psychiques et les fonctions motrices : comment les actions motrices favorisent-elles le développement et l'acquisition de concepts ? les fonctions cognitives, abstraites, dérivent de l'action motrice, concrète ; Traitement des troubles psychomoteurs et psychosomatiques (tonus musculaire, énurésie, asthme) sans atteinte lésionnelle des voies nerveuses.
ÉDUCATION PSYCHOMOTRICE	Approche pédagogique visant l'acquisition de connaissances et la facilitation des apprentissages scolaires en utilisant le vécu moteur de l'enfant (interaction entre les actions motrices et les perceptions qu'elles génèrent) en particulier pour les concepts d'espace, de temps, d'énergie et de contrastes en combinant le développement du système nerveux et les actions éducatives.
RÉÉDUCATION PSYCHOMOTRICE	Rééducation sollicitant le corps en action chez des personnes éprouvant des difficultés pour agir, s'exprimer ou communiquer.
THÉRAPIE PSYCHOMOTRICE	Traitement des troubles de comportement par la médiation du corps en vue de rétablir des relations appropriées de la personne se sentant mal dans sa peau, avec ses environnements intérieur, physique et social.
APPRENTISSAGE MOTEUR	Acquisition de nouvelles coordinations motrices après un entraînement spécifique. Étude des facteurs internes et externes qui influencent l'acquisition de mouvements coordonnés (attention, mémoire, représentation, organisation de la pratique, temps de réaction, rétroactions, transfert, etc.).

TABLEAU 2
ÉDUCATION MOTRICE ET ÉDUCATION PSYCHOMOTRICE

EDUCATION MOTRICE

LE CONTRÔLE MOTEUR ET LA PROPRIOCEPTION :
L'UTILISATION DU CORPS.

MOTRICITÉ GLOBALE

- CONTRÔLE DE L'ÉQUILIBRE STATIQUE ET DYNAMIQUE ;
- AJUSTEMENTS POSTURAUX ;
- COORDINATION DYNAMIQUE GÉNÉRALE ET GRANDS PATRONS DE MOUVEMENTS ;
- RÉGULATION DE LA FORCE MUSCULAIRE ;
- DISSOCIATION ET COORDINATION SEGMENTAIRES ;
- LATÉRALITÉ.

MOTRICITÉ FINE

- DEXTÉRITÉ MANUELLE ;
- COORDINATION VISUO-MANUELLE ;
- MANUALITÉ ET COORDINATION BIMANUELLE.

ACTIVITÉS GRAPHIQUES ET CALLIGRAPHIE.

LES PRAXIES

ÉDUCATION PSYCHOMOTRICE

LA MANIPULATION ET LES ACTIONS MOTRICES :
L'ACQUISITION DE CONNAISSANCES ET DE CONCEPTS.

ORGANISATION PERCEPTIVE

- LA SENSATION (DÉTECTION PAR LES SENS) : LA VISION, L'AUDITION, LE TOUCHER, LA KINESTHÉSIE ;
- LA DISCRIMINATION (L'ATTENTION) ;
- LA RECONNAISSANCE (LA MÉMOIRE, LA REPRÉSENTATION) ;
- L'IDENTIFICATION.

SCHÉMA CORPOREL

- LA PERCEPTION ET LA REPRÉSENTATION DU CORPS ;
- L'IDENTIFICATION DES PARTIES DU CORPS ;
- PERCEPTION ET CONSCIENCE DU CORPS ;
- LA REPRÉSENTATION DU CORPS (DESSIN, CASSE-TÊTE ET AUTRES ACTIVITÉS) ;
- L'IMAGE CORPORELLE ;
- L'EXPRESSION CORPORELLE.

ORGANISATION SPATIALE

- LES RAPPORTS TOPOLOGIQUES, PROJECTIFS ET EUCLIDIENS OU MÉTRIQUES ;
- L'ORIENTATION SPATIALE (INCLUANT L'ORIENTATION DROITE-GAUCHE) ;
- LA STRUCTURATION SPATIALE.

ORGANISATION TEMPORELLE

- L'ORDRE ET LA SUCCESSION ;
- LA DURÉE ;
- LE RYTHME ;
- LA STRUCTURATION TEMPORELLE ;
- LA STRUCTURATION SPATIO-TEMPORELLE.

CONCEPTS

- APPRENTISSAGES DE CONCEPTS POUVANT BÉNÉFICIER DE L'APPROCHE DIDACTIQUE PAR L'ACTION MOTRICE EN PSYCHOMOTRICITÉ (EX. : LES CONTRASTES ET LES ASSOCIATIONS DE CONTRASTES).

TABLEAU 3
L'ÉDUCATION MOTRICE : CONTENU

FACTEURS	DÉFINITION	ÉVALUATION	DÉVELOPPEMENT
MOTRICITÉ GLOBALE	COORDINATION DES CONTRACTIONS DE DIFFÉRENTS GROUPES MUSCULAIRES PRODUISANT UN MOUVEMENT ADAPTÉ AU BUT RECHERCHÉ (MARCHE, COURSE, SAUT, LANCER, ÉQUILIBRE, ETC.).	TESTS MOTEURS D'OZERETZKI, DE DENVER, DE PURDUE, DE BRUININKS-OZERETZKY.	TOUS LES EXERCICES DE MARCHE, DE COURSE, DE SAUTS, DE LANCER, D'ÉQUILIBRE, ETC.
MOTRICITÉ FINE (COORDINATION VISUOMANUELLE)	COORDINATION DES MOUVEMENTS FAISANT INTERVENIR LA MAIN EN RELATION AVEC LA VISION (ÉCRITURE, LANCERS SUR UNE CIBLE, ETC.).	LANCERS AVEC CIBLES, TEST DE FROSTIG, DE BRUININKS-OZERETZKY.	EXERCICES DE DÉCOUPAGE, DE COPIE, D'ÉCRITURE, DE PEINTURE, DE MODELAGE, DE CONSTRUCTION, TACTILES, LEGO, ÉCROUS ET BOULONS.
SCHÉMA CORPOREL	UTILISATION, CONNAISSANCE ET REPRÉSENTATION QUE NOUS AVONS DE NOTRE CORPS À L'ÉTAT STATIQUE OU DYNAMIQUE ET QUI NOUS PERMET DE NOUS ADAPTER AU MONDE EXTÉRIEUR.	ÈPREUVES D'HABILETÉ MOTRICE ; TEST DE CONNAISSANCE DES PARTIES DU CORPS, DESSIN DU BONHOMME, TEST D'IMITATION DE GESTES.	EXERCICES DE MOTRICITÉ, RELAXATION, NOMINATION DES PARTIES DU CORPS, CASSE-TÊTE DU CORPS HUMAIN.
LATÉRALITÉ	PRÉFÉRENCE D'UTILISATION DE L'UNE DE CHAQUE PARTIE SYMÉTRIQUE DU CORPS (MAIN, PIED, ŒIL, OREILLE).	QUESTIONNAIRES DE PRÉFÉRENCE MANUELLE (HARRIS, OLDFIELD, AUZIAS, RIGAL) ; ÉPREUVES D'EFFICIENCE MANUELLE.	EXERCICES D'ADRESSE EXÉCUTÉS AVEC LA MAIN OU LE PIED.

L'ÉDUCATION PSYCHOMOTRICE

Dès leur scolarisation, les enfants sont rapidement plongés dans les apprentissages. Pourtant, bien qu'ils n'arrivent pas à l'école avec le même bagage, on ne s'assure pas de façon systématique, au préalable, de leur niveau de préparation individuel, des aptitudes générales de chacun. Une organisation perceptive ou une maturation mentale insuffisante gênera la compréhension de certains d'entre eux. Il en résulte que l'intégration à l'école ne s'effectue pas facilement pour tous les enfants, à preuve le pourcentage relativement élevé d'échecs scolaires que même la réorganisation en cycles ne réglera pas. Pareille constatation met en cause non seulement l'adaptation de l'école à l'enfant, mais encore la préparation de celui-ci aux apprentissages scolaires.

Dans nombre de ces apprentissages, l'enfant doit apprendre puis appliquer des connaissances, des formules ou des algorithmes ; nous ne vérifions pas toujours s'il peut les expliquer ou s'il ne fait que les appliquer mécaniquement. Or, il doit comprendre pour adapter son comportement au contexte : le comprendre prime l'apprendre. L'abstrait procédant chez lui du concret, il lui faut vivre les étapes qui mènent à la formation de concepts avant d'en arriver à rationaliser directement ses connaissances. C'est en effet par le traitement de l'information, les comparaisons, les associations et les transformations des perceptions qui s'ensuivent, que s'acquièrent et s'éclairent les concepts (tableaux 2 et 4).

Les recherches effectuées en psychologie génétique ont souligné le rôle important que joue l'activité motrice du nouveau-né et du jeune enfant dans le développement des fonctions cognitives (Bruner, 1973; Piaget, 1948, 1964; Wallon, 1947, 1948, 1957). Rien, en effet, n'est dans l'objet, rien n'est dans le sujet, tout se construit par leur interaction: nous sommes le résultat de nos interactions avec notre environnement. À partir des résultats de ces travaux, de nombreux programmes d'éducation psychomotrice, qualifiée aussi parfois de perceptivomotrice, ont été introduits dans les apprentissages scolaires, écriture, lecture, mathématiques et sciences pour associer les actions motrices aux perceptions qu'elles génèrent.

Si, selon une approche cognitiviste, nous construisons nos connaissances, nous ne pouvons le faire qu'à partir du résultat de nos actions motrices accomplies dans un milieu donné en profitant d'un équipement inné évolutif, les réseaux neuronaux; nous attribuons à l'objet ses «qualités» à partir des actions que nous effectuons sur lui et des perceptions que nous en retirons.

L'**éducation psychomotrice** envisage et utilise donc l'action motrice dans une perspective générale d'amélioration des connaissances et de facilitation des apprentissages scolaires ou autres, auxquels elle sert de préalable. L'**action motrice** est un comportement moteur réalisé en situation d'apprentissage et générant des informations (perceptions) lors de la manipulation d'objets pour les utiliser dans l'acquisition de concepts. L'éducation psychomotrice est une forme d'«éducation par le mouvement», pour reprendre le titre d'un ouvrage de Le Boulch (1972), bien que cette expression ne soit pas du tout appropriée. À vrai dire, en effet, **ce ne sont ni le mouvement ni la motricité en tant que tels qui sont source de modifications cognitives, mais bien l'action motrice** qui sollicite la participation active de toutes les composantes de la personnalité dans un contexte donné. Le mouvement, lui, est en effet ce changement de position ou ce déplacement de pièces osseuses que provoque la mobilisation, passive ou active, d'une articulation; il peut être produit par des forces extérieures ou par la contraction de muscles. C'est la manifestation externe, objective, de processus internes peu accessibles. De quelle perspective cognitive dispose par exemple un mouvement dit réflexe? En fait, c'est tout le processus qui accompagne la réalisation de l'acte, de sa préparation à l'évaluation de son résultat, qui agit sur l'individu; au commencement, il y a l'action, porte d'entrée de la conceptualisation. L'objectif de l'éducation psychomotrice est donc de contribuer à l'émergence normale des concepts ou, si c'est le cas, de favoriser la rééducation d'enfants présentant des troubles d'apprentissage. Il est alors question d'**éducation par l'action motrice**.

L'action motrice, en particulier par la manipulation, facilite l'accès aux schèmes représentatifs et opératoires et constitue de ce fait le point de départ concret et le support de l'acquisition de la plupart des concepts (tableau 4). Elle apporte à l'enfant des perceptions kinesthésiques supplémentaires que celui-ci associera à d'autres, visuelles, tactiles ou auditives, pour réaliser ainsi une intégration multisensorielle globale. Ce n'est pas le niveau d'habileté motrice atteint qui explique un meilleur rendement aux apprentissages scolaires, mais plutôt le fait que l'enfant ait pu agir, expérimenter lui-même pour résoudre le problème que comportait la situation. C'est pour cela qu'une bonne coordination motrice n'est pas forcément synonyme d'un rendement scolaire élevé, que les relations action motrice–apprentissages scolaires diminuent avec l'âge et que le vécu moteur est un moyen possible de concrétiser une activité cognitive nouvelle. Le contrôle de la motricité fine, associé à la coordination visuomanuelle, est particulièrement important dans l'apprentissage du graphisme en écriture mais ne contribue certainement pas à la richesse du message écrit.

La répétition des mêmes expériences donne à l'enfant l'occasion de mettre fréquemment à l'épreuve ses différentes sensations et perceptions tout en lui permettant de se former des concepts sur le monde physique, concepts qu'il pourra ensuite appliquer à de nouvelles situations. Par l'intégration multisensorielle, il acquiert une image globale de son environnement ; il apprend à travers l'action motrice, le toucher, la vue, l'ouïe, à l'aide de la comparaison des sensations d'origines diverses provoquées par des présentations différentes d'un même stimulus. C'est ainsi que les concepts de similarité ou de différence, de forme, de direction et d'unité se forment chez lui.

Pour expliquer l'évolution des structures opératoires, on peut invoquer différents facteurs. Le premier est la maturation du système nerveux : sans les modifications internes des circuits nerveux, il ne pourrait pas y avoir accès aux activités mentales complexes. Cette maturation, deuxièmement, dépend en partie des expériences vécues qui assurent le fonctionnement optimal des cellules nerveuses par leur excitation au moment approprié et le renforcement des réseaux neuronaux. Le milieu social, avec les échanges et les renforcements qu'il suscite, représente un troisième élément agissant sur cette évolution. De la coordination de ces trois aspects, maturation du système nerveux, expérience et échange social, résulte certainement le développement le plus harmonieux possible de l'enfant.

Autant dans l'acquisition de concepts physiques (d'espace, de temps, de masse, d'énergie, de volume) que dans celle des éléments perceptifs associés à la discrimination des formes ou celle du contrôle moteur du geste graphique, l'activité motrice constitue un point de départ concret et incontournable. Sans augmenter l'intelligence de l'enfant, elle en facilite l'épanouissement et l'expression maximale, elle actualise son potentiel. Et si l'on admet que le développement perceptif et intellectuel ainsi favorisé par l'activité motrice conditionne en grande partie la réussite scolaire, n'y a-t-il pas lieu de déduire l'existence d'une relation entre celle-ci et celle-là ?

En aucun temps cependant, l'éducation à partir de l'action motrice ne saurait évincer les autres approches éducatives dans la présentation de concepts nouveaux. La transmission, par l'enseignante ou l'enseignant, des matières au programme et les expériences visuelles et tactiles vécues par l'enfant contribuent déjà largement aux apprentissages. Les exercices psychomoteurs viennent les compléter en rendant vivant et signifiant l'enseignement proprement dit.

TABLEAU 4
L'ÉDUCATION PSYCHOMOTRICE : CONTENU

FACTEURS	DÉFINITION	ÉVALUATION	DÉVELOPPEMENT
ORGANISATION SPATIALE	CAPACITÉ DE SE SITUER DANS L'ESPACE, DE DÉTERMINER LA POSITION QUE L'ON OCCUPE PAR RAPPORT À DES REPÈRES, D'ORDONNER CORRECTEMENT LES DIFFÉRENTS ÉLÉMENTS D'UN TOUT. ORIENTATION SPATIALE (DIRECTEMENT ASSOCIÉE À LA PERCEPTION) ET STRUCTURATION SPATIALE (ASSOCIÉE À L'ABSTRACTION ET AU RAISONNEMENT).	TESTS DE BENDER, DE FROSTIG.	EXERCICES DE REPRODUCTION DE CIRCUITS (ENTRE DES CERCEAUX, DES QUILLES), DE REPÉRAGES SUR CARTES, CASSE-TÊTE, BLOCS GÉOMÉTRIQUES, TANGRAM, TIC-TAC-TOE, DOMINOS.
ORGANISATION TEMPORELLE	CAPACITÉ DE SITUER LA SUCCESSION DES ACTIONS LES UNES PAR RAPPORT AUX AUTRES, DE DÉFINIR UN PRÉSENT PAR RAPPORT AU PASSÉ ET AU FUTUR, DE SAISIR L'AGENCEMENT DES STRUCTURES RYTHMIQUES, D'ÉVALUER LA DURÉE ET LA VITESSE.	TESTS DE RYTHME DE STAMBAK, DE SEASHORE.	RACONTER DES HISTOIRES AVEC DES ACTIONS SUCCESSIVES, REVOIR DANS L'ORDRE LES ACTIONS DE LA JOURNÉE ; ACTIVITÉS ET FRISES RYTHMIQUES, COMPTINES, NOTIONS AVANT, APRÈS, MAINTENANT ; LECTURE DE L'HEURE ; JEUX SÉQUENTIELS.
ORIENTATION DROITE-GAUCHE	POSSIBILITÉ DE S'ORIENTER DANS L'ESPACE EN FONCTION DES NOTIONS RELATIVES DROITE-GAUCHE.	TESTS D'ORIENTATION DROITE-GAUCHE DE PIAGET-HEAD (GALI-FRET-GRANJON), DE BENTON, DE RIGAL.	EXERCICES DE VERBALISATION FAISANT INTERVENIR LES NOTIONS DROITE-GAUCHE ET SITUANT L'ENFANT PAR RAPPORT À D'AUTRES ENFANTS OU À DES OBJETS.
ORGANISATION PERCEPTIVE	ÉTABLISSEMENT DE DIFFÉRENCES OU DE RESSEMBLANCES ENTRE DES STIMULI VOISINS PAR LEUR FORME, TAILLE, COULEUR, TEXTURE, INTENSITÉ. DISCRIMINATION, RECONNAISSANCE, IDENTIFICATION.	TESTS DE FROSTIG, DE BENTON.	JEUX DE MÉMOIRE, LOTOS, CASSE-TÊTE, MOSAÏQUES, MINI-VÉRITECH.

Par son caractère concret et nouveau, la motivation et le plaisir qu'elle suscite, l'action motrice représente une voie d'approche inédite des apprentissages, dont tireront profit aussi bien les élèves ordinaires que leurs camarades allophones ou présentant des difficultés d'apprentissage. Elle constitue une façon dynamique d'aborder de nouvelles notions, c'est là toute son originalité.

Cette originalité réside dans le fait que l'action motrice concourt à l'expérience multisensorielle en intégrant les perceptions visuelles, auditives, tactiles et proprioceptives, ce qui fournit une base plus riche et plus étendue à la formation, entre autres, des concepts d'espace, de temps et d'énergie. Cette intégration se traduit chez l'enfant par l'interaction et la coordination de deux ou plusieurs fonctions pour accroître l'adaptation de la réponse. Quand l'enfant apprend à écrire, la vision guide la main et assume ainsi, avec le concours des sensations kinesthésiques, la correction du geste graphique en modifiant les programmes moteurs à l'origine des contractions musculaires ; cette modification tient compte des informations musculaires et articulaires provenant de la réalisation du geste. L'enfant constate visuellement qu'il a déchiré sa feuille parce qu'il a trop appuyé sur son crayon : cette sensation de pression provient de ses récepteurs proprioceptifs. Il peut ensuite moduler sa force pour ne laisser qu'un tracé approprié.

Les activités motrices se prêtent facilement à des mises en situation très variées et proches du jeu qui augmentent considérablement la participation de l'enfant. Toutefois, le choix de ces situations doit tenir compte du niveau de développement de l'enfant et être adapté aux objectifs visés. Lorsqu'ils sont trop faciles, les exercices amusent, mais n'apportent aucune contribution à l'acquisition des concepts ; ainsi, faire sauter un enfant de huit ans sur le chiffre 5 afin de vérifier s'il le reconnaît bien ne l'avance en rien, cette notion étant maîtrisée depuis longtemps.

L'action motrice peut permettre l'approche de différentes notions préalables aux apprentissages scolaires et qui seront par la suite transposées dans des situations différentes. Par exemple, la discrimination de certaines lettres de l'alphabet repose plus particulièrement sur des indices spatiaux renvoyant à l'orientation droite-gauche. Quand l'enfant confond les lettres « b » et « d », un des moyens de lui en faciliter la distinction consiste à situer la position de la boule par rapport à la barre, en référence à l'axe du corps et à ses parties droite et gauche. Parmi ces interactions entre les fonctions motrices et les fonctions mentales, nous retiendrons ici, celles qui favorisent l'accession à l'abstraction à partir du vécu et des actions motrices, en tenant compte toutefois de l'importance des dimensions de communication et d'expression qui s'extériorisent dans les comportements moteurs.

Dans cet ouvrage de la série consacrée à la motricité humaine, nous décrivons, dans une première partie, les éléments associés à l'éducation motrice et au développement moteur, soit les structures neuromusculaires à l'origine du contrôle moteur et de son évolution, ainsi que les grandes fonctions motrices globales ou fines sous-tendant la formation du schéma corporel. Ces données sont complétées par un chapitre portant sur la croissance des enfants et un autre sur l'activité graphique en écriture. Dans une deuxième partie, nous voyons les éléments fondamentaux de l'éducation psychomotrice : nous y précisons le cadre conceptuel à l'intérieur duquel l'éducation par les actions motrices doit s'insérer et nous y traitons de l'apprentissage des organisations spatiales et temporelles. Pour chacun de ces points, nous présentons d'abord les principes théoriques de chaque apprentissage, puis nous analysons les interactions entre l'action motrice ou les éléments du développement psychomoteur et cet apprentissage. Enfin, pour concrétiser ces interactions, nous suggérons des situations possibles d'utilisation de l'action motrice. Dans la troisième partie, consacrée à la didactique, seront présentés les contenus des programmes d'éducation motrice et physique du primaire, les principaux aspects d'une éducation de la santé ainsi que les principes de la mise en place de séances d'éducation motrice et de l'évaluation des apprentissages.

De cet ensemble, il faut surtout retenir que l'éducation psychomotrice ne supplante pas l'action éducative des autres enseignements scolaires mais la complète. Loin de nous, alors, l'intention de prétendre que tous les apprentissages passent par l'action motrice. Les résultats des nombreuses recherches menées sur ce sujet sont en effet trop divergents, leurs bases théoriques, souvent très variables et les situations ou les exercices qu'elles proposent, trop éloignés de la formation des concepts pour nous permettre une telle assertion. Le lecteur saura en juger à la lecture de leur description dans les différents chapitres de ce livre.

Familiarisé avec le fonctionnement de l'organisme et les facteurs qui l'influencent, avec l'évolution des habiletés motrices et la manière de les améliorer, avec la mentalité enfantine et les étapes de son évolution cognitive, l'intervenant devrait pouvoir, plus facilement, définir les objectifs d'apprentissage, organiser les séances pratiques, établir les séquences des exercices et le moment approprié de leur présentation en tenant compte du développement et des possibilités motrices et psychomotrices propres aux enfants de tel ou tel âge.

QUESTIONS

J'évalue mes connaissances en répondant aux questions suivantes :

1. Qu'est-ce qui caractérise l'éducation motrice ? le développement moteur ? l'éducation psychomotrice ?
2. Quels sont les objectifs de l'éducation physique ?
3. Quelles sont les interactions entre éducation physique, éducation motrice et éducation psychomotrice ?
4. Quels sont les aspects du développement de l'enfant que l'on essaie d'améliorer dans les séances d'éducation motrice ?
5. Que cherche-t-on à améliorer en éducation psychomotrice ?
6. Qu'est-ce qui caractérise l'action motrice ? Qu'apportent ces actions au développement cognitif des enfants ?

CHAPITRE 1

LE CONTRÔLE DES ACTIONS MOTRICES

OBJECTIFS

À la fin de ce chapitre, vous devriez être en mesure de :

- décrire l'anatomie du neurone et son fonctionnement physiologique ;
- décrire l'organisation et le fonctionnement du système en relation avec le contrôle moteur ;
- préciser les conséquences fonctionnelles de la maturation du système nerveux ;
- décrire les caractéristiques du muscle et son fonctionnement ;
- différencier les catégories de mouvements.

1. INTRODUCTION

Pour bien comprendre les mécanismes de la coordination perceptivomotrice, nous allons, dans un premier temps, présenter les éléments essentiels de l'organisation et du fonctionnement du système nerveux, du système musculaire et de leur interaction. Nous aborderons ensuite la description élémentaire des différents systèmes sensoriels permettant la prise d'informations relatives au contexte dans lequel se déroulent nos actions motrices à l'origine de nos comportements perceptivomoteurs.

2. ORGANISATION DU SYSTÈME NERVEUX

2.1. Anatomie du neurone

Le système nerveux rassemble près de 100 milliards d'unités anatomiquement distinctes, les cellules nerveuses ou **neurones**. Chaque neurone comporte un **corps cellulaire** et des prolongements, le plus souvent plusieurs **dendrites** mais toujours un seul **axone** dont la longueur peut dépasser un mètre, bien que son diamètre ne soit que de quelques millièmes de millimètre. La plupart des axones sont recouverts d'une **gaine de myéline**, isolant les axones les uns des autres et augmentant la vitesse de conduction de l'influx nerveux. Les neurones établissent des contacts entre eux appelés **synapses** (figures 1.1 et 1.2) permettant le déplacement de l'information d'un bout à l'autre du système nerveux.

2.2. Propriétés fonctionnelles du neurone

Les neurones ont trois propriétés fonctionnelles majeures : ils sont excitables, conducteurs et transmetteurs. Leur **excitabilité** provient du fait que leur **membrane** dispose d'une **perméabilité sélective**, ne laissant entrer ou sortir que certains ions spécifiques (comme le potassium, K+ et le sodium, Na+) donnant ainsi, au neurone au repos, une charge globale négative appelée **potentiel de repos** (figure 1.3). Cette charge négative résulte de la présence, dans la cellule, de deux forces opposées et distinctes : une **chimique**, ayant tendance à équilibrer les concentrations des ions entre l'intérieur et l'extérieur de la cellule et, une autre, **électrique**, visant à ce qu'il y ait autant d'ions positifs que négatifs dans la cellule. Ces deux forces s'équilibrent, au repos, alors qu'il n'y a ni égalité des concentrations chimiques ni neutralité des charges électriques. En stimulant la partie réceptrice du neurone (par de la lumière ou un son, en touchant la peau ou en faisant un mouvement), la perméabilité de la membrane se modifie, d'autres ions, chargés positivement (Na+) entrent alors et le neurone se dépolarise et produit un faible courant, le **potentiel d'action** (figure 1.4). Ce potentiel va se déplacer le long du neurone, constituant l'influx nerveux, et illustrant la deuxième propriété du neurone, sa **conductibilité** (figure 1.5). La vitesse du déplacement peut atteindre 100 m/s : elle varie avec le diamètre de l'axone et la présence de la gaine de myéline et de son épaisseur. Après sa dépolarisation, le neurone se repolarise, ce qui le rend prêt pour une nouvelle excitation ; il peut s'écouler moins de 10 millisecondes entre la dépolarisation et le retour à l'état de repos. Il en résulte que la fréquence de décharge, nombre d'influx nerveux susceptibles d'apparaître en une seconde, peut atteindre 100 impulsions, et davantage si l'intensité de la stimulation croît. Ce sont ces variations de fréquences de décharge qui nous permettent de prendre conscience des variations des intensités des stimulations (intensité de la lumière, température de l'eau plus ou moins chaude, intensité d'un son, d'une force, etc.) ou d'ajuster notre force musculaire en fonction du contexte. Lorsque cet influx arrive au bout de l'axone du neurone, il va devoir franchir, à la **synapse**, l'espace séparant ce neurone du suivant ; ce point de contact entre les neurones porte le nom de synapse. Il pourrait y en avoir plus de 10^{15} dans le système nerveux, certaines excitatrices et d'autres inhibitrices ! Ce sera le rôle des **neurotransmetteurs**, substances chimiques (acétylcholine, adrénaline, dopamine, etc.), de permettre ce passage correspondant à la troisième propriété des neurones : ils sont **transmetteurs**. Le neurone présynaptique libère l'une des substances chimiques qui se déplace par diffusion dans l'espace synaptique

FIGURE 1.1
LE NEURONE

A. ÉLÉMENTS ESSENTIELS DU NEURONE ET SYNAPSE AVEC UNE FIBRE MUSCULAIRE

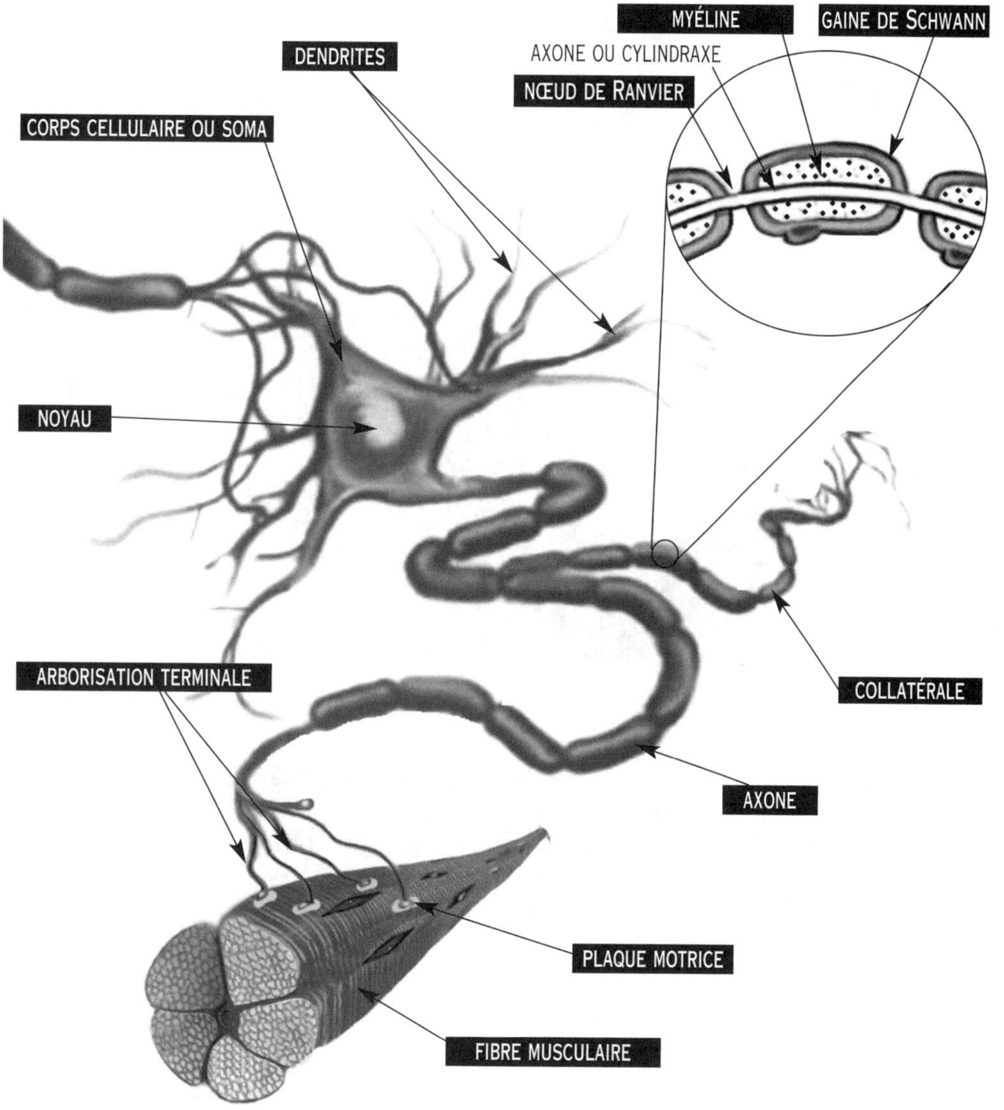

B. FORMATION DE LA GAINE DE MYÉLINE DANS LE SYSTÈME NERVEUX PÉRIPHÉRIQUE

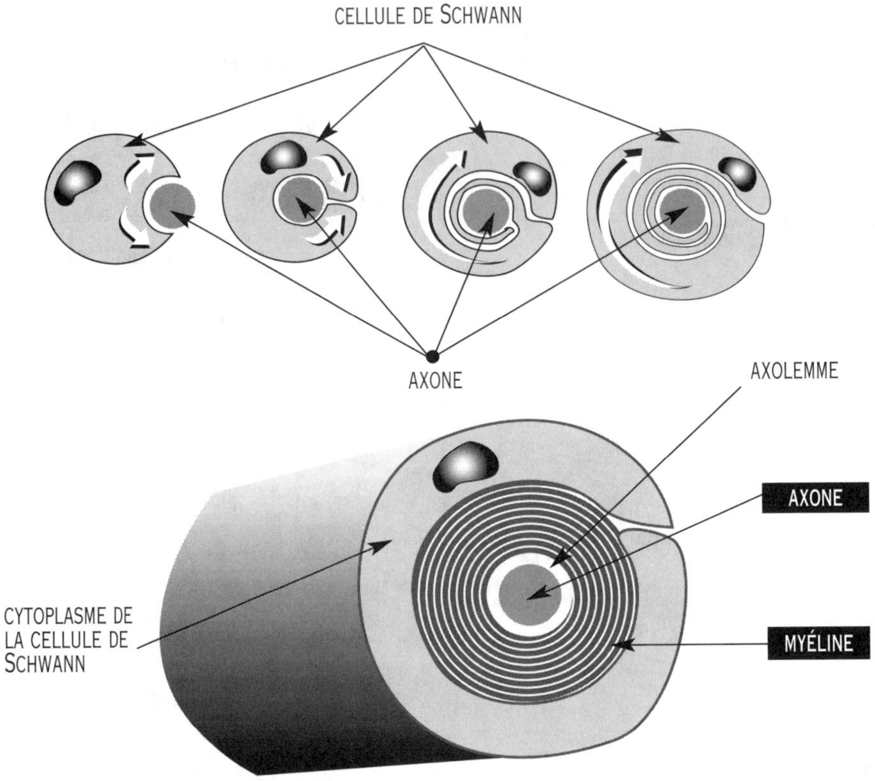

pour agir sur la membrane du neurone postsynaptique dont les pores s'ouvrent alors, permettant l'entrée de sodium et provoquant la dépolarisation de la cellule. Un nouvel influx nerveux est né. La plupart des dysfonctionnements physiologiques ou psychologiques du système nerveux proviennent d'ailleurs de troubles dans la libération de ces neurotransmetteurs, point de départ de l'action des médicaments (tranquillisants, antidouleur, antidépresseurs, etc.).

FIGURE 1.2
LA SYNAPSE

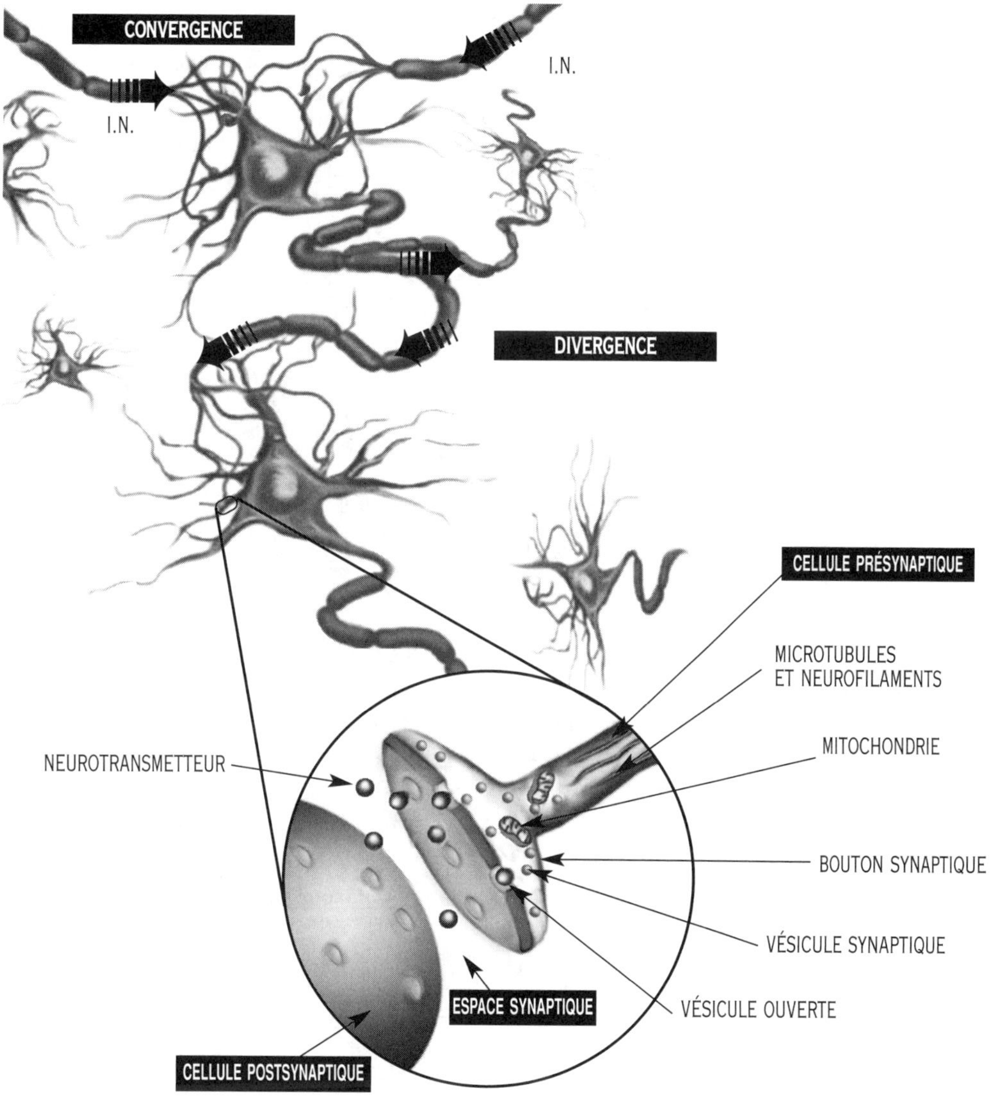

Légende
I.N. : influx nerveux **sens de propagation**

FIGURE 1.3
LE POTENTIEL DE REPOS

A. LES IONS NÉCESSAIRES

Répartition intracellulaire et extracellulaire des ions intervenant dans la mise en place du potentiel de repos de la cellule nerveuse

Les pores ont juste la taille des ions potassium (K^+) qui peuvent ainsi franchir relativement facilement la membrane cellulaire.

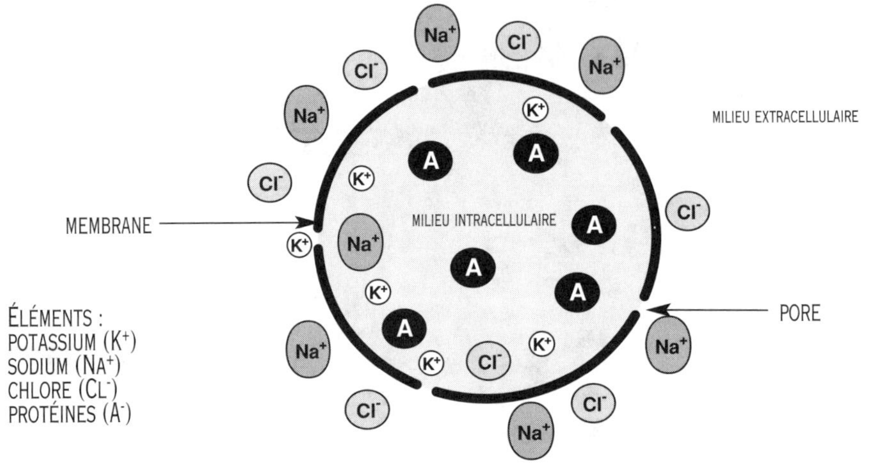

Dispositif utilisé pour mettre en évidence le potentiel de repos. L'électrode intracellulaire, plongée dans la cellule, et l'électrode extracellulaire, plongée dans le liquide extracellulaire, sont reliées à un voltmètre qui indique la valeur du potentiel de membrane.

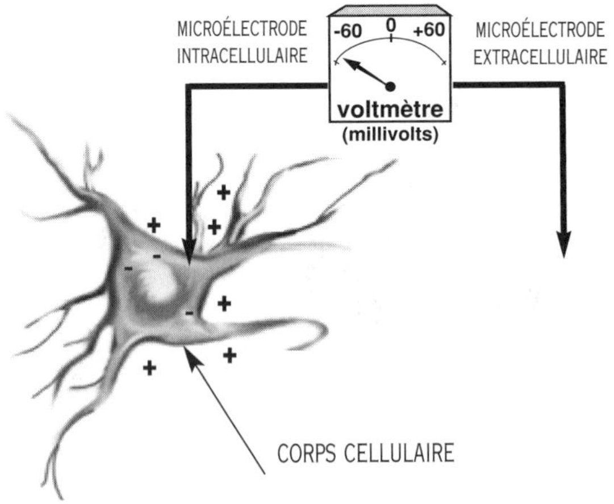

B. Mouvement des ions K+ et Na+ à travers la membrane cellulaire

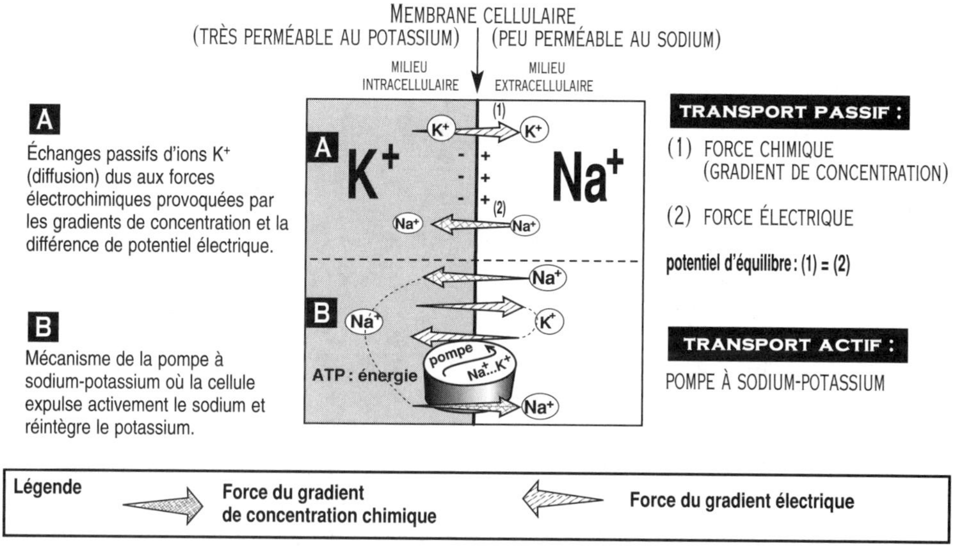

FIGURE 1.4

Le potentiel d'action – Les étapes

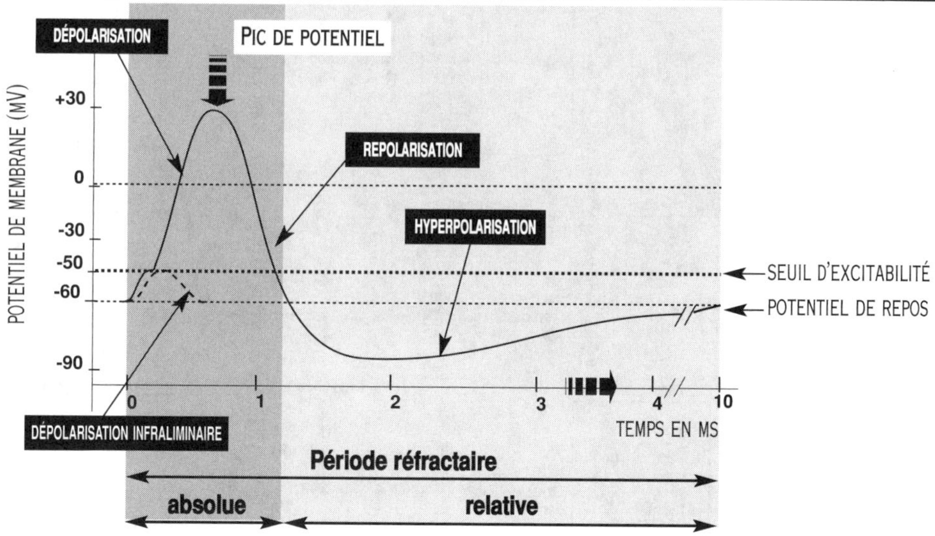

FIGURE 1.5
Propagation du potentiel d'action

A. Le long d'une fibre nerveuse non myélinisée *in vivo*

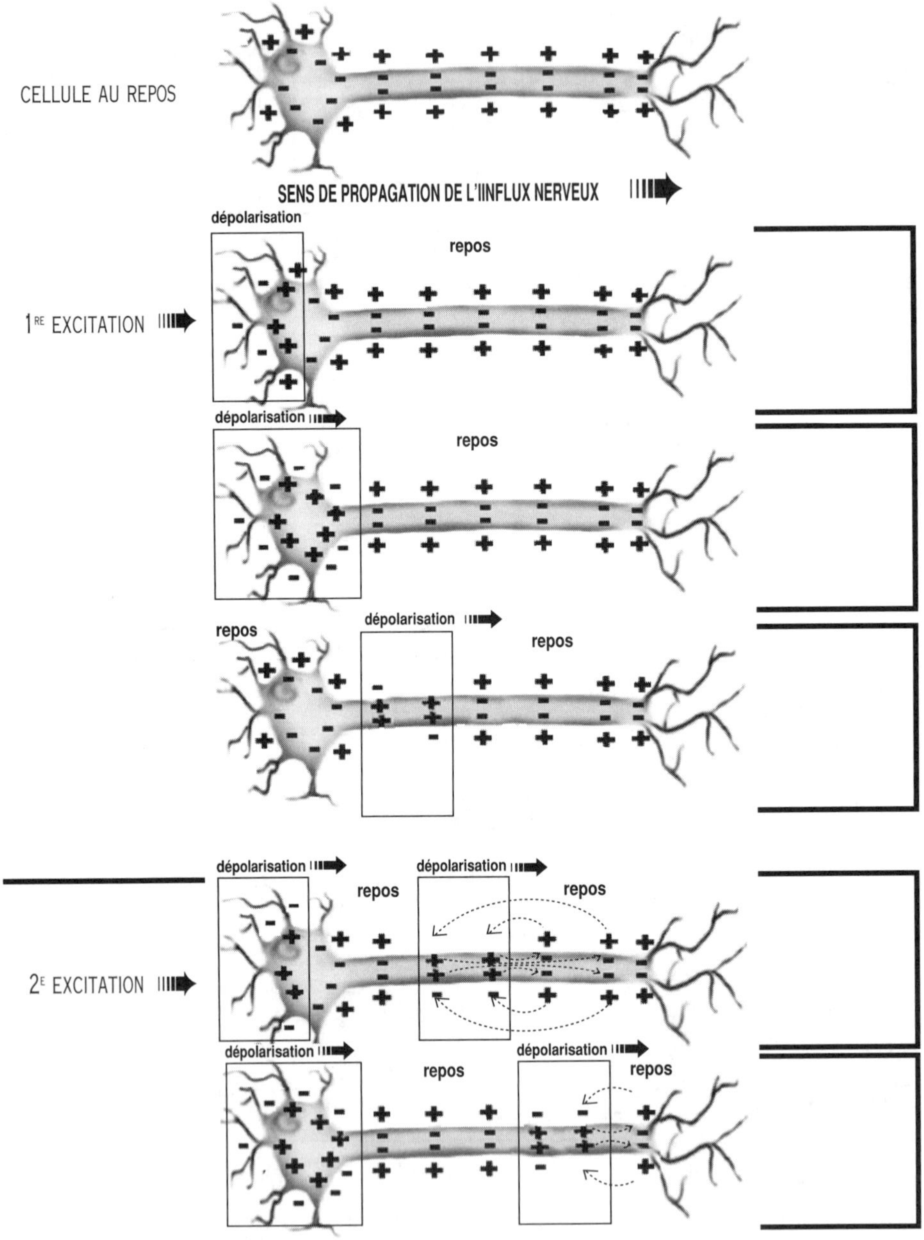

B. Conduction saltatoire dans les fibres myélinisées

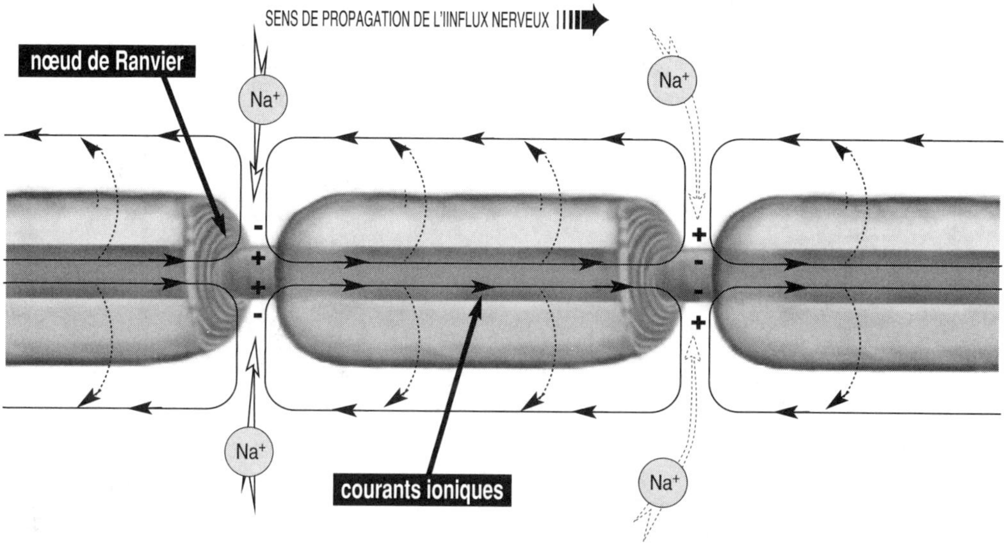

Dès que le seuil d'excitabilité est atteint, les canaux voltage-dépendants du Na^+ s'ouvrent, le Na^+ entre au nœud de Ranvier, ce qui provoque les courants ioniques dans l'axone et l'ouverture des canaux voltage-dépendants au prochain nœud de Ranvier.

Les neurones sont anatomiquement regroupés, constituant deux entités physiologiquement solidaires : le système nerveux central et le système nerveux périphérique.

2.3. Anatomie du système nerveux central

La première entité, le système nerveux central, est logée en partie dans le crâne, c'est l'**encéphale**, et en partie dans le canal rachidien, c'est la **moelle épinière** (figure 1.6). Les structures osseuses sont tapissées, à l'intérieur, par les **méninges** (dure mère, arachnoïde et pie mère) dans lesquelles circule le liquide céphalorachidien, constituant le troisième système de protection du tissu nerveux (figure 1.7).

L'encéphale, à son tour, a été subdivisé en trois parties : le cerveau, le tronc cérébral et le cervelet. Le **cerveau** représente la partie la plus volumineuse : il comprend les **deux hémisphères cérébraux** reliés entre eux par le **corps calleux** lequel permet le transfert d'information d'un hémisphère à l'autre par l'intermédiaire d'axones. Parcouru par plusieurs sillons ou scissures, chaque hémisphère est subdivisé en cinq **lobes** principaux (pairs et symétriques) sur la face externe, les lobes frontal, pariétal, occipital, temporal et de l'insula (figures 1.8 et 1.9) et le lobe limbique sur la face interne médiane. À la partie superficielle des hémisphères sont regroupés un

FIGURE 1.6
LE SYSTÈME NERVEUX CENTRAL

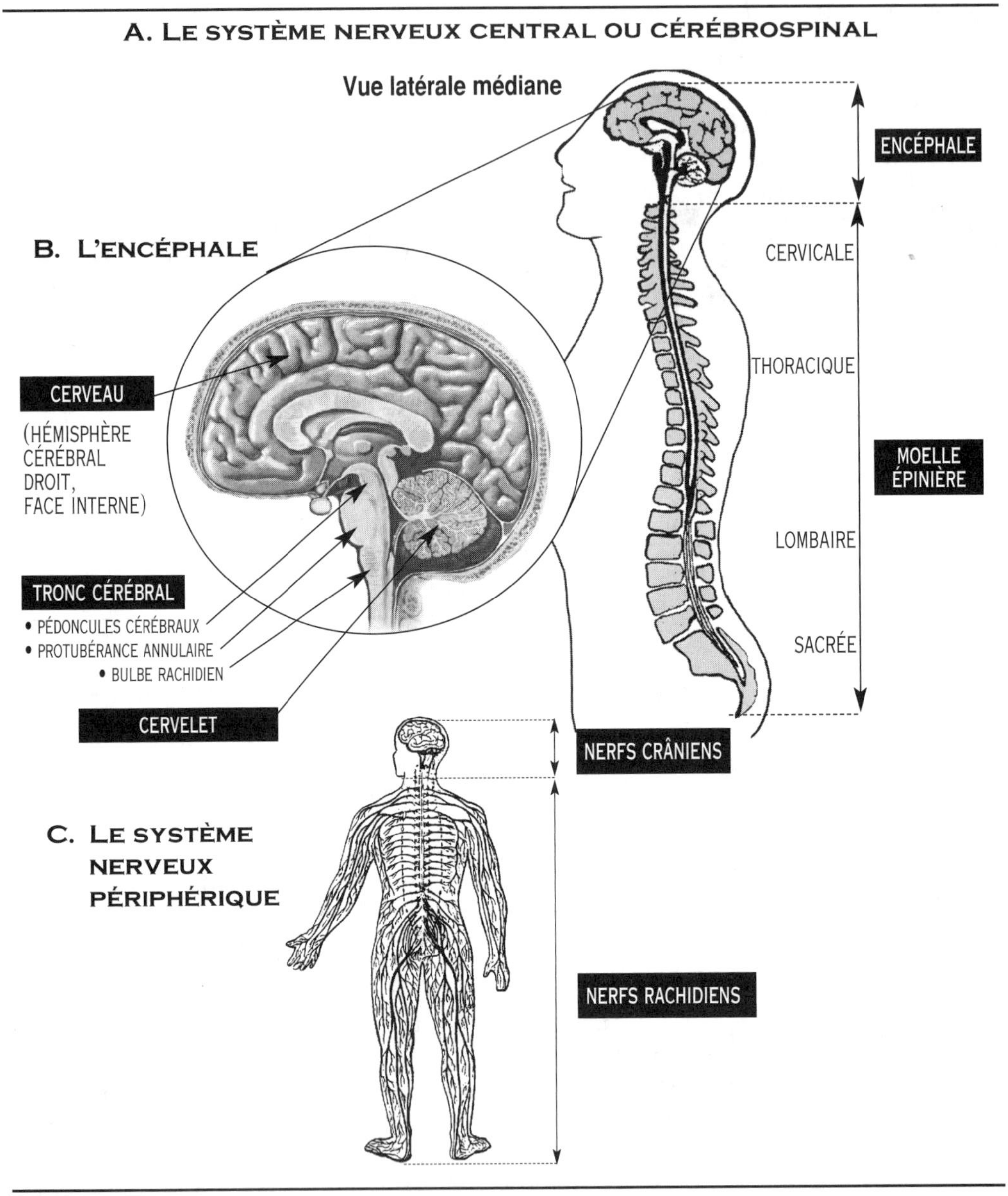

FIGURE 1.7
LES MÉNINGES

(Coupe schématique)

Les différents tissus sont écartés pour faciliter la représentation.

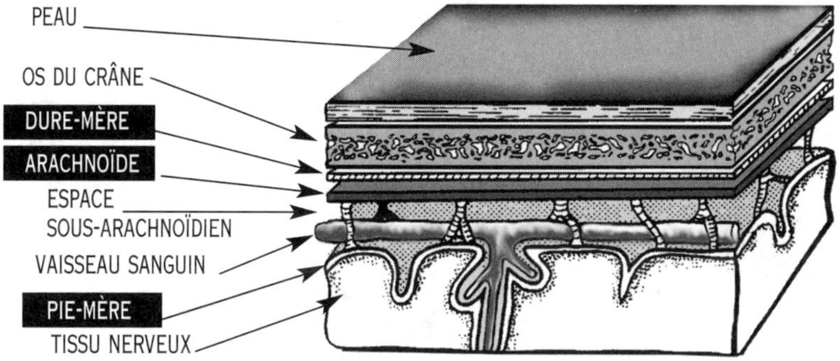

grand nombre de corps cellulaires de neurones formant une couche d'un demi-centimètre d'épaisseur, le **cortex cérébral** ou **substance grise**, siège des grandes fonctions motrices (lobe frontal), perceptives (lobes occipital pour la vision, pariétal pour la somesthésie et temporal pour l'audition), cognitives (lobe frontal) ou affectives et émotives (lobe limbique) et de nos comportements conscients (figures 1.10 et 1.11). Chaque hémisphère contrôle la moitié opposée du corps : la lésion des aires motrices de l'hémisphère gauche se traduit ainsi par la paralysie de l'hémicorps droit. Au centre des hémisphères, composés de **substance blanche**, rassemblement des axones myélinisés des neurones dont les corps cellulaires sont logés dans le cortex ou d'autres structures sous-corticales, on retrouve également des noyaux de substance grise, les **noyaux gris centraux** incluant en particulier les ganglions de la base, jouant un rôle capital dans le contrôle moteur et le **thalamus**, véritable relais sur les voies sensitives et motrices (figure 1.8).

Le **tronc cérébral** inclut les **pédoncules cérébraux**, la **protubérance annulaire** et le **bulbe rachidien** (figure 1.6). Ces différentes structures interviennent en particulier dans le contrôle moteur (dont le tonus musculaire) ainsi que dans celui de l'attention et des fonctions de la vie végétative (digestion, respiration, fonctions cardiovasculaires).

Le **cervelet**, enfin, situé à la partie postérieure de l'encéphale (figure 1.6), joue un rôle majeur en relation avec la motricité pour la préparation, le contrôle et l'apprentissage des mouvements, le contrôle du tonus musculaire et celui de l'équilibre en traitant, dans ce cas, les informations vestibulaires, en provenance de l'oreille interne, et proprioceptives, en provenance du corps. C'est lui qui, ne fonctionnant plus de façon normale chez un sujet en état d'ébriété par exemple, produit une démarche zigzagante ; le traitement ralenti qu'il effectue des informations lui parvenant provoque des déséquilibres plus longs à corriger.

FIGURE 1.8
L'ENCÉPHALE

(Modifié de Frank H. Netter, 1983.)

A. VUE LATÉRALE GAUCHE DES HÉMISPHÈRES CÉRÉBRAUX

(Lobes et circonvolutions)

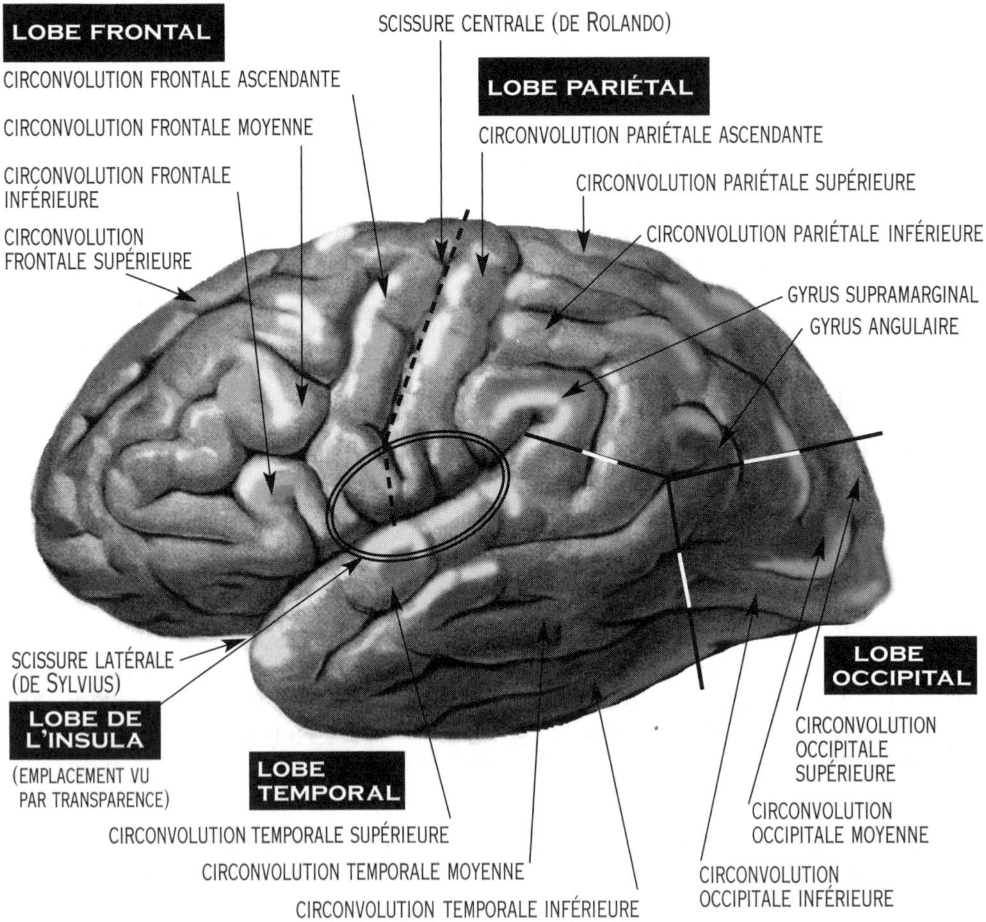

B. Coupe sagittale médiane de l'encéphale

(Modifié de Frank H. Netter, 1983.)

Vue médiane droite

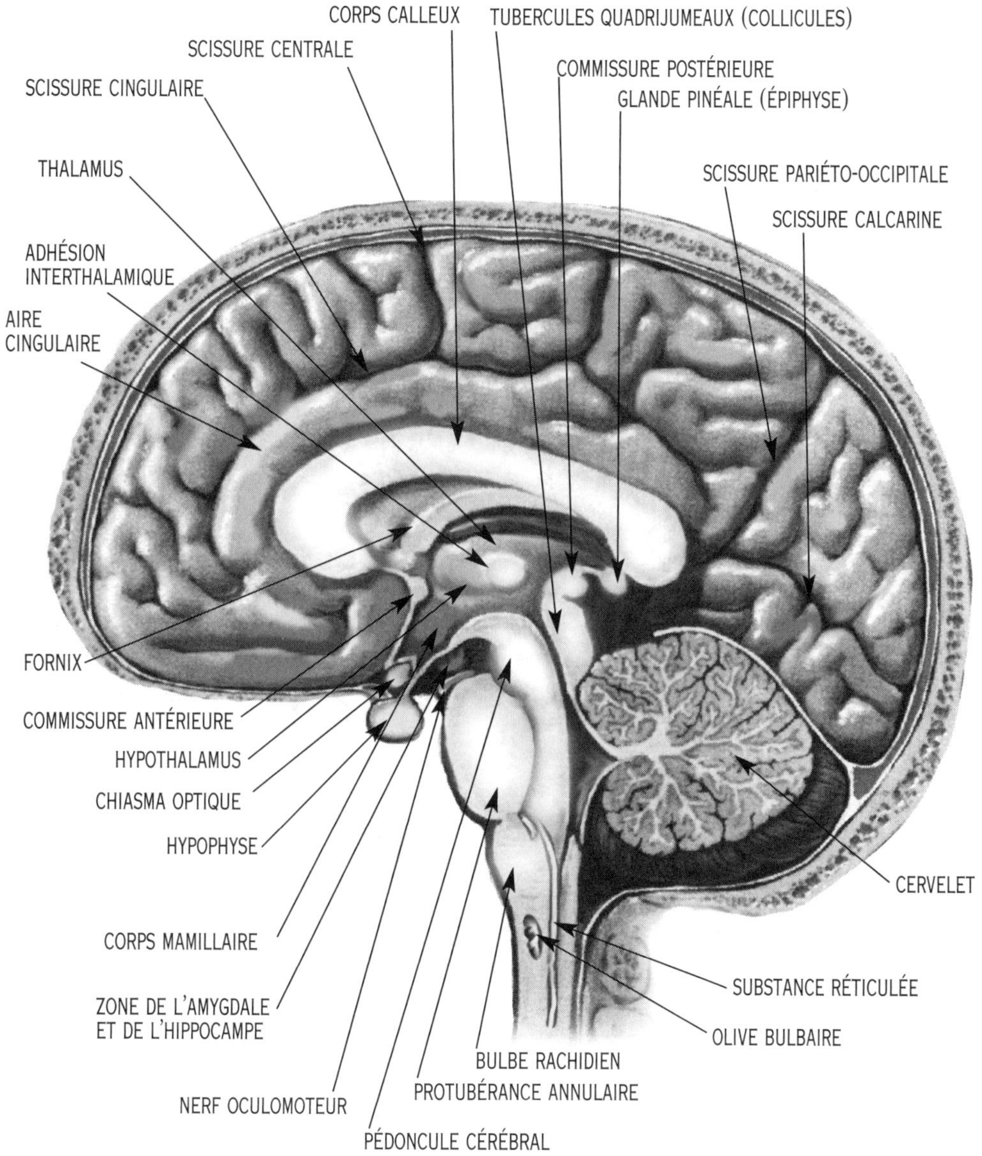

FIGURE 1.9
Coupe verticale du cerveau
(Coupe de Charcot)

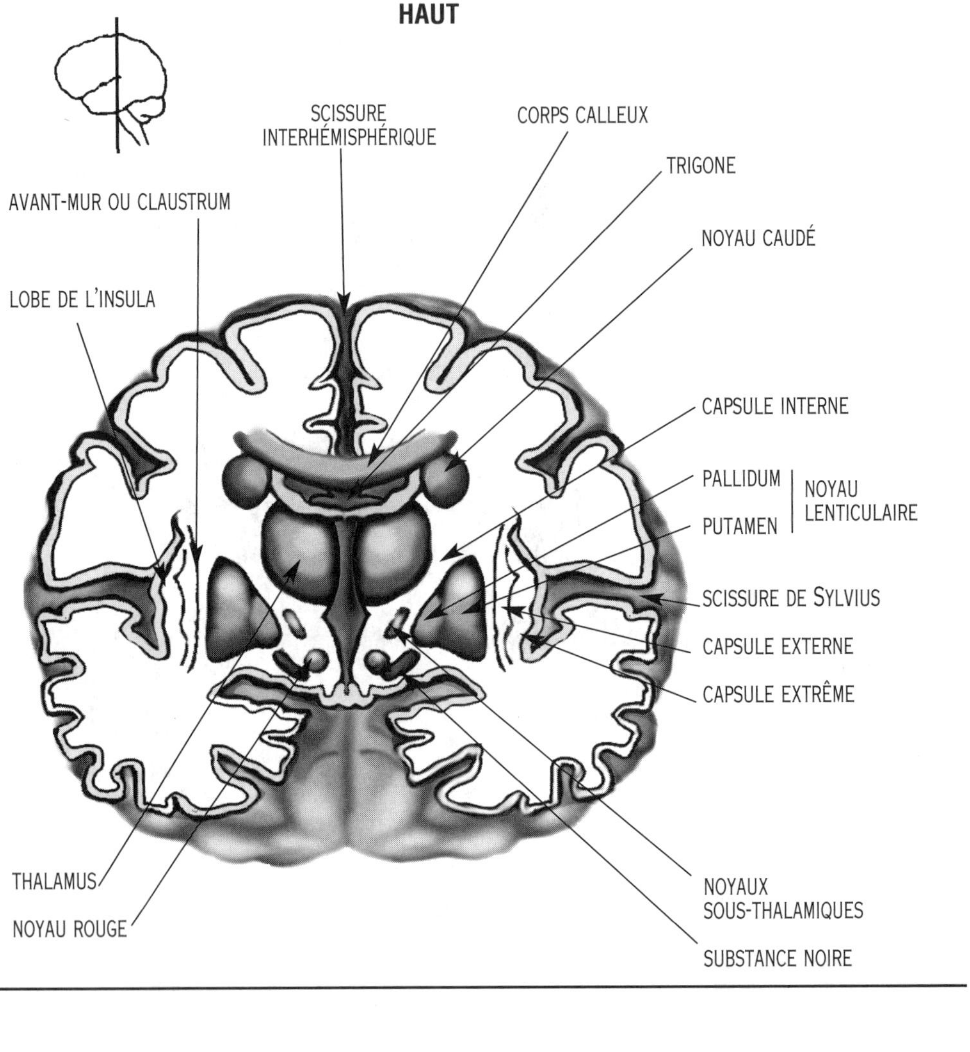

FIGURE 1.10
LES AIRES CORTICALES MOTRICES, SENSITIVES ET ASSOCIATIVES

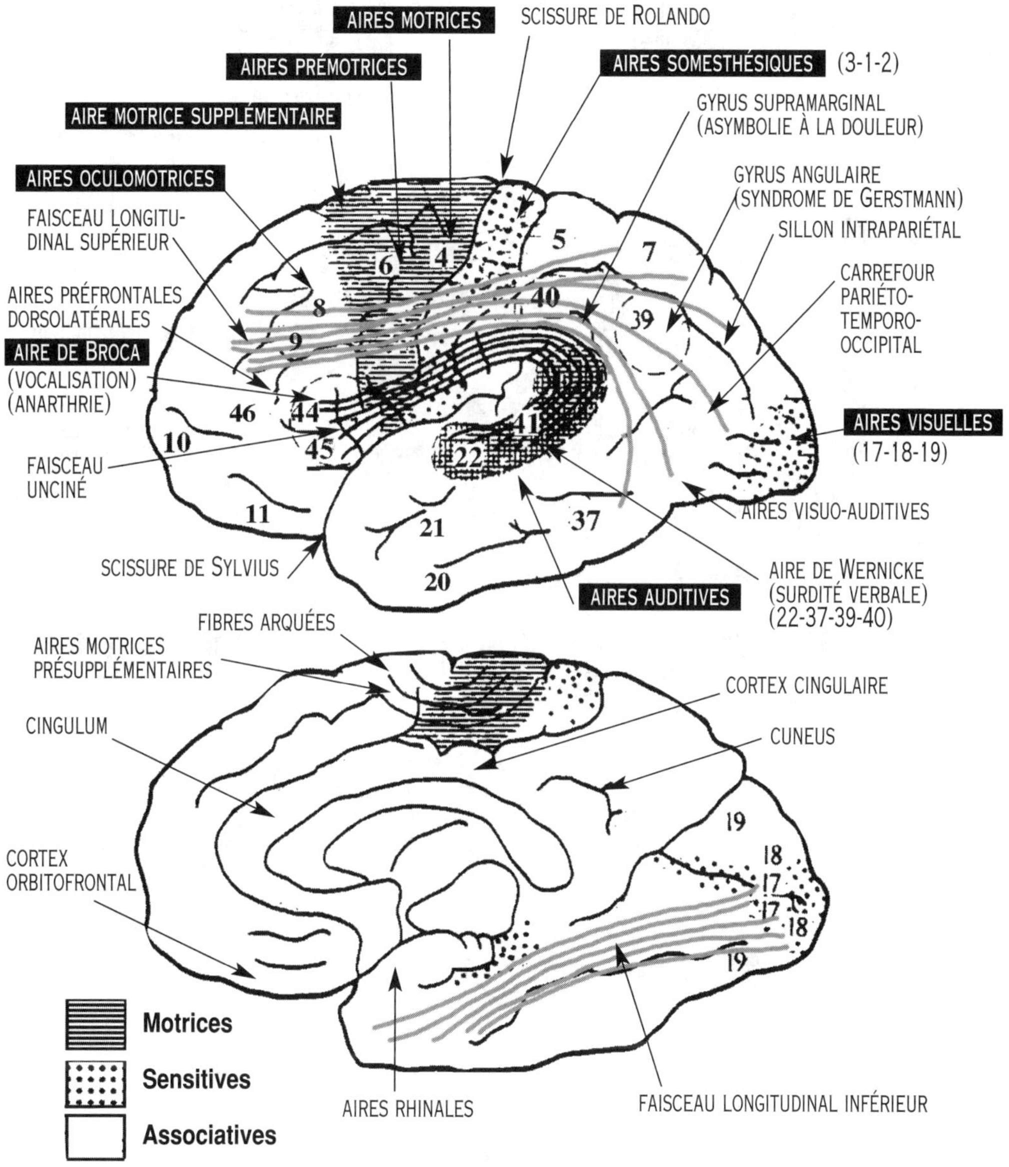

FIGURE 1.11
FONCTIONS DES PRINCIPALES STRUCTURES DU SYSTÈME NERVEUX

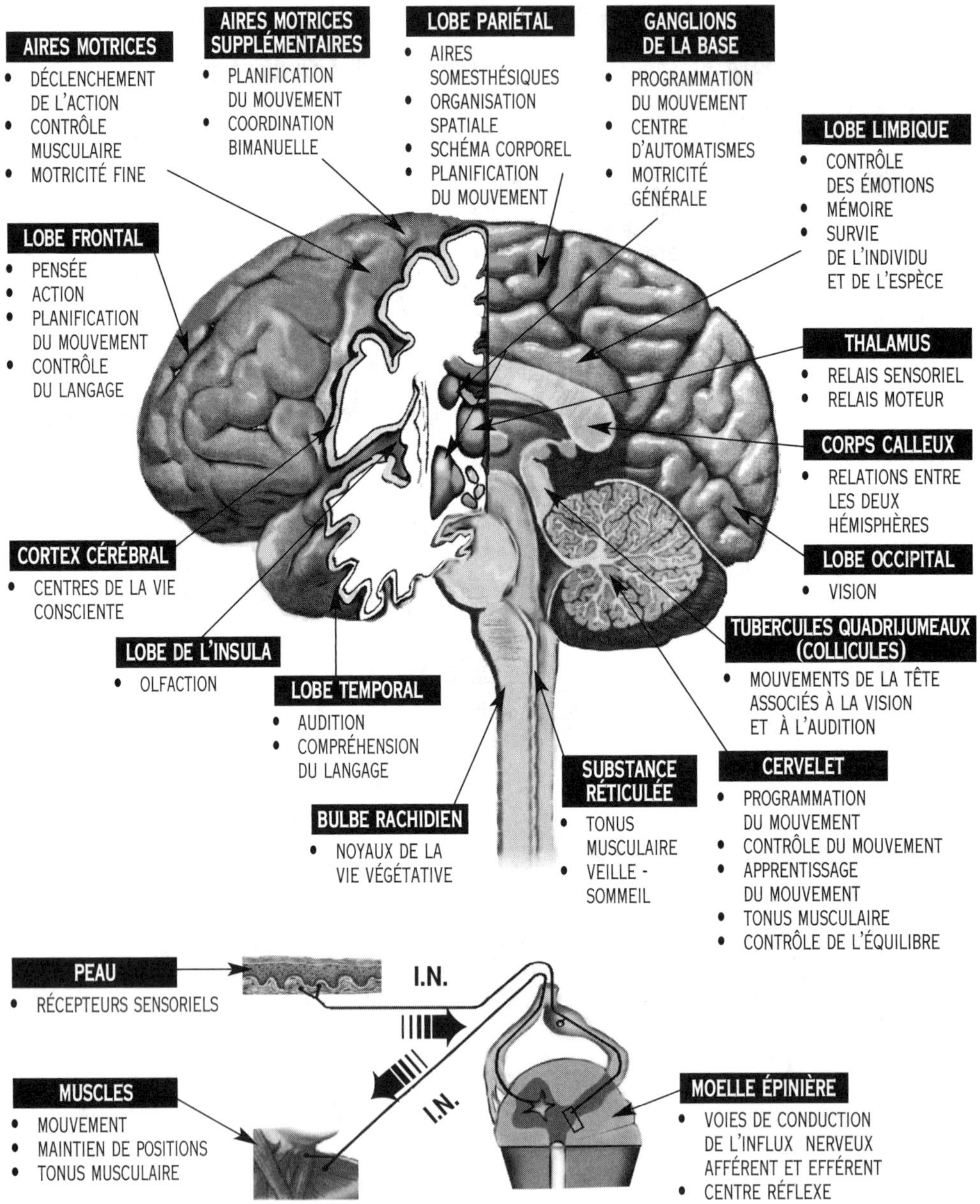

FIGURE 1.12
LA MOELLE ÉPINIÈRE

(Coupe horizontale)

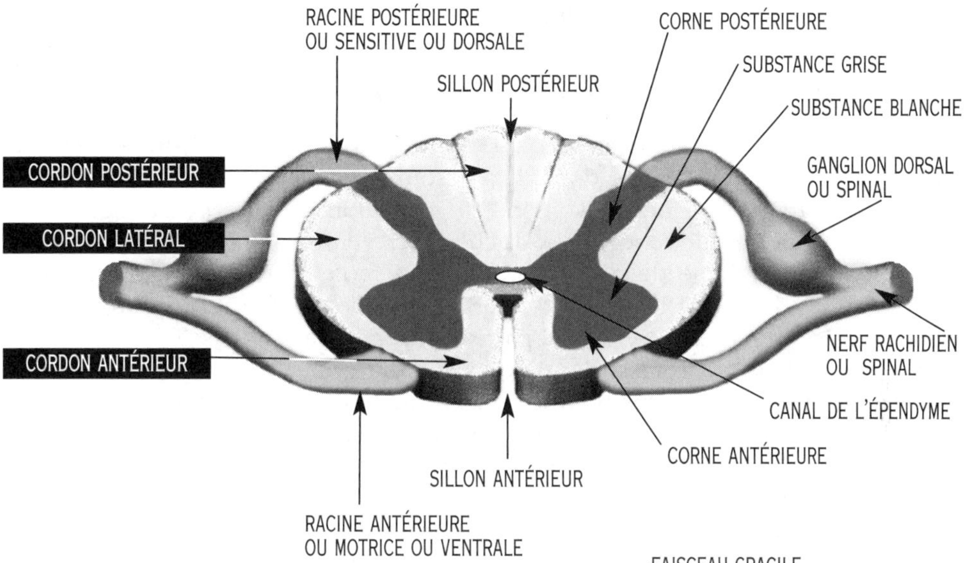

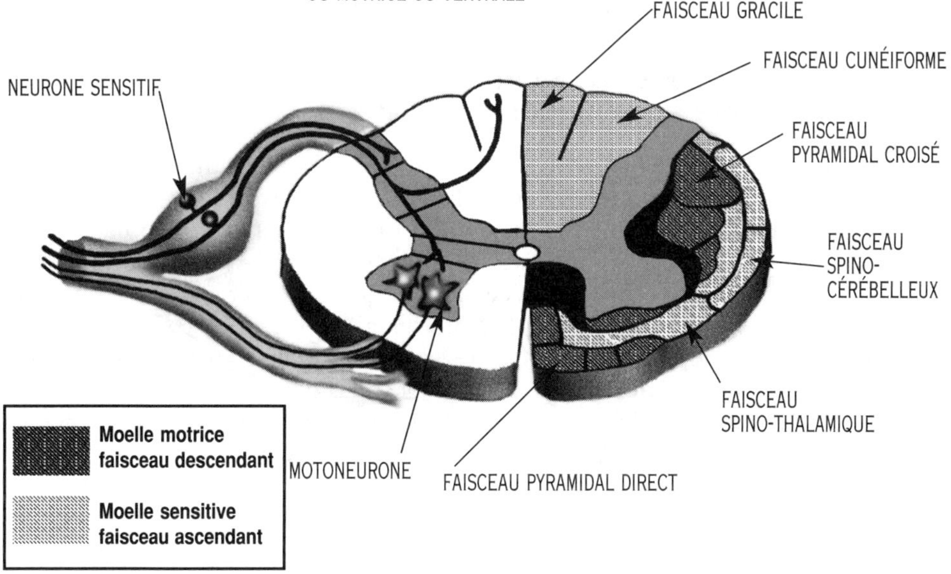

La **moelle épinière**, formée de substance grise au centre et de substance blanche à la périphérie, comporte, dans cette dernière, des faisceaux d'axones reliant, par au moins un relais, l'encéphale à tous les muscles du corps (**voies motrices**, descendantes) et toutes les parties du corps à l'encéphale (**voies sensitives**, ascendantes) (figure 1.12). Elle intervient également, par sa partie grise centrale, dans la régulation de l'**activité motrice réflexe**.

2.4. Anatomie du système nerveux périphérique

La deuxième partie du système nerveux, le **système nerveux périphérique**, fournit à l'encéphale les informations dont il a besoin pour ajuster nos comportements au contexte dans lequel nous évoluons (il relie alors les récepteurs sensoriels à l'encéphale) et permet à l'encéphale d'acheminer vers chacun de nos muscles les influx nerveux à l'origine de nos comportements moteurs volontaires. Il comprend deux catégories de nerfs (figure 1.6C), les 31 paires de **nerfs rachidiens**, reliés à la moelle épinière (figure 1.12), et les 12 paires de **nerfs crâniens** issus de l'encéphale. Les nerfs rachidiens assurent la dernière liaison entre le système nerveux central et les différentes parties du corps pour le contrôle moteur (voies efférentes ou motrices) et la première entre les récepteurs cutanés, musculaires et articulaires et la moelle (voies afférentes ou sensorielles) ; ils sont ainsi mixtes, simultanément moteurs et sensitifs. Les nerfs crâniens jouent un rôle similaire pour les différentes parties de la tête dont les récepteurs situés dans les yeux, les oreilles, la bouche, le nez mais aussi le contrôle de muscles de la tête ou du cou, dont ceux du langage.

2.5. Le système nerveux autonome et la réponse aux émotions et au stress

Dans la vie quotidienne, il nous arrive fréquemment de devoir faire face à des situations dans lesquelles les émotions sont sollicitées ou mises à rude épreuve, où le stress est important. Il en est ainsi, par exemple, lorsque nous évitons un accident de justesse, que nous subissons des pressions au travail ou dans les études, que nous tombons amoureux et que notre cœur accélère, qu'agressé nous réagissons, qu'en haut des montagnes russes nous paniquons. Il se produit alors des réponses physiologiques dans notre organisme mettant en action notre **système nerveux autonome ou végétatif** et notre **système endocrinien**. Le premier, bien que faisant anatomiquement partie du système nerveux, doit son nom au fait qu'il échappe à la conscience et à la volonté pour son action. Il inclut plusieurs structures encéphaliques composant ce qui est dénommé le **système limbique** ou cerveau émotionnel (lobe limbique, aires olfactives, noyau amygdalien, hippocampe, hypothalamus). Il assure les fonctions liées à la survie de l'individu (maintien de l'équilibre du milieu interne ou homéostasie) et de l'espèce (reproduction) et donc le fonctionnement de la plupart des organes internes. C'est ainsi qu'il gère, par exemple, la fréquence cardiaque et respiratoire, la tension artérielle, la température du corps, la digestion, le métabolisme, la sudation et le rougissement, la sexualité, mais aussi les fonctions associées à la mémoire et au contrôle des émotions, au sommeil. Ce système nerveux autonome inclut deux sous-systèmes aux effets opposés, l'un augmentant les fonctions physiologiques et l'autre les diminuant. Le premier est le **système sympathique**, relié à l'action, à la peur et à la colère, à la fuite et au combat, à la douleur, qui utilise essentiellement la **noradrénaline** comme neuromédiateur. L'autre est le **système parasympathique**, associé au maintien des ressources de l'organisme et tendant à diminuer, par exemple, la fréquence cardiaque et la respiration ; il utilise uniquement l'**acétylcholine** comme neuromédiateur. Étant autonome, il agit hors de notre volonté : nous rougissons sans le vouloir (parfois sans le savoir !) et même en essayant de nous y opposer en raisonnant ! Ce système agit sur le deuxième, le système endocrinien (composé de glandes et de cellules), qui libère des hormones (l'adrénaline, en particulier, bien connue pour les effets de sa décharge sur l'agressivité, mais aussi des endorphines, substances chimiques proches de la morphine) lesquelles vont agir avec une rapidité inouïe sur les différents systèmes, le musculaire en particulier, ce qui nous fait souvent agir (saut de côté par exemple) avant d'avoir eu le temps de réfléchir et nous sauve alors la vie !

Les situations stressantes chroniques (provoquant ce que Selye a dénommé le « syndrome général d'adaptation » avec ses trois temps, l'alarme, la résistance et l'épuisement) ou des émotions trop fréquentes vécues quotidiennement finissent par engendrer, chez de nombreuses personnes, de l'anxiété, de la dépression, de la rage, une fatigue nerveuse, de l'apathie. Elles peuvent alors agir sur le cœur, favorisant les maladies cardiovasculaires, ou sur le système immunitaire, la sensibilité aux maladies augmentant alors, ainsi que les risques de cancer, d'insomnie, de troubles digestifs et gastriques. La pratique de la détente et de la concentration (relaxation, tai-chi), du contrôle de la respiration (yoga, méditation), de l'activité physique (Long et van Stavell, 1995) permet d'avoir une prise sur ces états intérieurs, évitant souvent le recours à des médicaments, au tabagisme, à l'alcool ou aux drogues. Une pratique physique soutenue permettrait d'abord de penser à autre chose et, ensuite, libérerait des endorphines lesquelles provoquent l'apparition d'une sensation corporelle agréable, à l'occasion euphorisante, et nous donnent une impression de bien-être, qui agirait sur la santé mentale.

2.6. Maturation du système nerveux

Si le système nerveux est anatomiquement complet à la naissance, il est loin d'être complètement fonctionnel : il lui faudra des années avant que sa maturation ne soit terminée ce qu'illustrent deux mécanismes principaux : la **myélinisation** des axones (formation progressive de la gaine de myéline autour des axones) et la **synaptogenèse** ou mise en place des synapses. À la naissance, toutefois, les principaux centres de contrôle de la vie végétative (respiration, circulation) ou de certaines fonctions (veille et sommeil, attention) situés dans le tronc cérébral sont fonctionnels. Au fur et à mesure de la myélinisation et de l'évolution des centres corticaux, s'effectuant selon des étapes et des directions très précises entre les aires et s'échelonnant sur plus de vingt ans, les possibilités motrices et cognitives des enfants s'accroissent de façon évidente, facilement observables (figure 1.13). L'évolution du cervelet, par exemple, se traduit par une équilibration du tonus musculaire (vers 3 mois), le contrôle de la position assise (6 mois) puis debout (9 mois), l'acquisition de la marche (12 mois) puis de la course (2 ans). Ce n'est aussi, par exemple, qu'aux environs de quatre ans que la maturation des aires somesthésiques du lobe pariétal, associées aux sensations en provenance du corps dont celles générées par les mouvements, devient équivalente à celles des aires motrices du lobe frontal, associées aux commandes motrices. À partir de cet âge, le contrôle des mouvements devient ainsi beaucoup plus précis. Les possibilités cognitives des enfants se métamorphosent également au fur et à mesure que ses centres nerveux se transforment.

Il est également clair, aujourd'hui, que le nombre de synapses de l'enfant entre quatre ans et neuf ans dépasse largement celui de l'adulte comme en témoigne la consommation de glucose cortical qui, à cet âge, représente deux fois celle de l'adulte, atteinte vers 16-18 ans (Chugani, 1998) (figure 1.14 et tableau 1.1). Il en résulte des possibilités d'apprentissage extrêmement élevées à cet âge (ce que souligne le concept de période critique ou sensible) facilitées par les stimulations précoces, en particulier dans l'apprentissage de plusieurs langues, sans accent. L'utilisation des centres de décodage des sons ou de ceux de leur production, à cet âge, permet de conserver une plus large palette fonctionnelle de la discrimination (auditive) ou de la production (sonore) de phonèmes. Dans le cas contraire, les synapses non utilisées dépérissent ou disparaissent (c'est une forme d'élagage qui va s'étendre tout au long de l'adolescence), tout apprentissage subséquent devenant plus laborieux. Cela souligne l'importance de la stimulation précoce, dans un environnement enrichi actif (c'est-à-dire dans lequel l'enfant agit et ne se contente pas d'observer passivement) et l'existence de périodes sensibles, époques où des apprentissages faciles et efficaces sont possibles. Cette richesse fonctionnelle s'amenuise lorsque la maturation synaptique s'achève, associée probablement aux modifications chimiques de l'efficacité des neurotransmetteurs aux synapses. La plasticité neuronale en diminue d'autant. On comprendra aussi facilement que toute atteinte du système nerveux se traduise par des difficultés motrices, soulignées par la maladresse ou les dyspraxies ou troubles d'acquisition de la coordination, aussi bien que cognitives ou affectives lesquelles compromettent les apprentissages.

FIGURE 1.13
MYÉLINISATION DU SYSTÈME NERVEUX

A. MYÉLINISATION DES AIRES CORTICALES

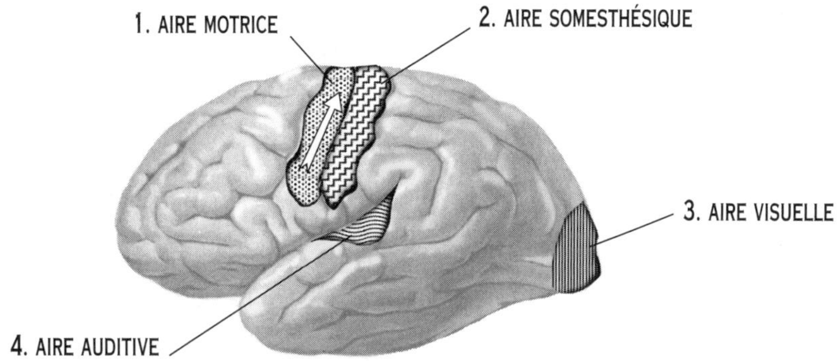

La myélinisation débute dans l'aire motrice, puis dans l'aire somesthésique, l'aire visuelle et l'aire auditive. Les zones avoisinantes suivent, et celles qui apparaissent en gris sur le schéma sont celles qui se myélinisent en dernier.

B. PÉRIODES DE MYÉLINISATION DU SYSTÈME NERVEUX

Le processus de myélinisation s'effectue en général au cours des périodes correspondant aux portions de ligne plus grasses.

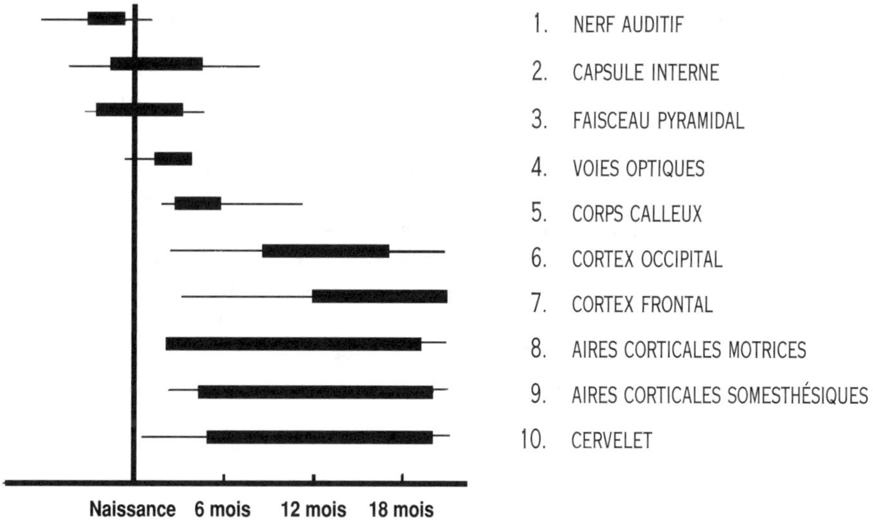

FIGURE 1.14

ÉVOLUTION DU TAUX LOCAL DE CONSOMMATION CÉRÉBRALE DE GLUCOSE

(D'après Chugani, 1998, p. 186.)

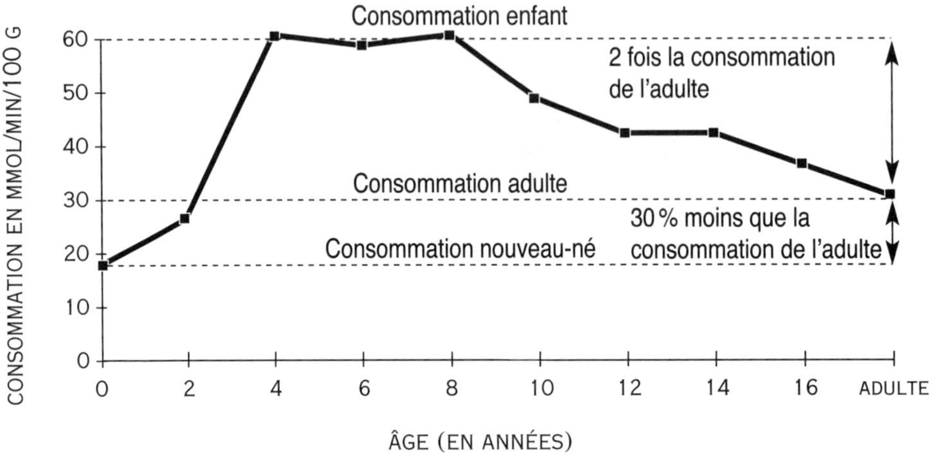

La consommation indiquée dans cette figure est une consommation moyenne, toutes régions confondues. Cette courbe montre que la consommation augmente de la naissance à quatre ans pour atteindre presque le double de celle de l'âge adulte, reste relativement élevée jusqu'à huit ou neuf ans, avant de diminuer progressivement pour atteindre sa valeur adulte à la fin de l'adolescence.

Pour compléter ce tour d'horizon rapide des modifications propres au système nerveux, il importe de savoir que l'évolution anatomique même des cellules nerveuses dépend de leur excitation naturelle au moment opportun. Nous savons bien, maintenant, que l'absence de lumière, par exemple, empêche le développement des neurones corticaux des aires visuelles (Wiesel, 1982). L'absence de lumière sur la rétine bloque le développement de ces cellules nerveuses corticales visuelles (d'où l'importance des opérations très précoces, dans les premiers mois de la vie, des cataractes congénitales) alors qu'une occlusion monoculaire (un œil est maintenu fermé) fait disparaître dans le cortex visuel la réponse des cellules aux excitations des deux yeux. Toutefois, si cette période de privation sensorielle est arrêtée assez rapidement, un rattrapage est possible et une vision pratiquement normale s'installe à nouveau.

TABLEAU 1.1
MÉTABOLISME CÉRÉBRAL DU GLUCOSE : ÂGES PARTICULIERS D'ÉVOLUTION DES STRUCTURES

NOUVEAU-NÉ	2-3 MOIS
- CORTEX PRIMAIRE SENSORIEL ET MOTEUR - THALAMUS - TRONC CÉRÉBRAL - CERVELET (VERMIS) - HIPPOCAMPE PRÉDOMINANCE DES COMPORTEMENTS RÉFLEXES DU TRONC CÉRÉBRAL	- CORTEX PARIÉTAL, TEMPORAL, OCCIPITAL - GANGLIONS DE LA BASE - CERVELET : HÉMISPHÈRES MODIFICATION DES RÉFLEXES ET AMÉLIORATION DES COMPORTEMENTS VISUOSENSORIMOTEURS ET SPATIAUX
6-12 MOIS	**1-3 ANS**
- CORTEX FRONTAL ET PRÉFRONTAL APPARITION DE COMPORTEMENTS COGNITIFS (RÉPONSES DIFFÉRÉES)	- CORTEX FRONTAL ET PRÉFRONTAL APPARITION DU LANGAGE, AMÉLIORATION DU CONTRÔLE MOTEUR

3. ORGANISATION DU SYSTÈME MUSCULAIRE

3.1. Structure des muscles

Les muscles sont, eux aussi, composés de cellules distinctes, les **fibres musculaires**, qui comportent une unité fonctionnelle, le **sarcomère**, délimité à chacune de ses deux extrémités par une membrane, la **strie Z** (figures 1.15 et 1.16). L'une des extrémités des filaments fins d'actine se fixe sur la strie Z. La cellule musculaire des muscles squelettiques, ceux qui nous permettent de faire les mouvements, comprend deux catégories de filaments, d'**actine** ou de **myosine**, dont l'agencement particulier donne, le long de la fibre, une alternance de stries claires et foncées. C'est dans le sarcomère, subdivision de la fibre musculaire, que se produisent, à la suite de leur stimulation par les influx nerveux, les étapes de la contraction musculaire à l'origine de nos mouvements. La fibre musculaire détient en effet, elle aussi, trois propriétés fondamentales : elle est **excitable**, **contractile** (elle peut se raccourcir) et **élastique** (elle peut être étirée ou raccourcie et retrouver ensuite sa longueur initiale). La contraction du muscle ne peut se produire que si les sarcomères contiennent du calcium. Il se produit alors la formation de ponts entre les filaments de myosine et ceux d'actine qui vont permettre, soit de conserver une longueur fixe du muscle (contraction statique), soit de modifier la longueur du muscle (contraction dynamique). Le glissement des filaments d'actine entre les filaments de myosine provoque alors le rapprochement des extrémités du sarcomère (les stries Z), le rétrécissement de chaque sarcomère et ainsi le raccourcissement

FIGURE 1.15
LE MUSCLE

(D'après Bloom et Fawcett, 1975, p. 306.)

ORGANISATION DES FIBRES MUSCULAIRES D'UN MUSCLE SQUELETTIQUE

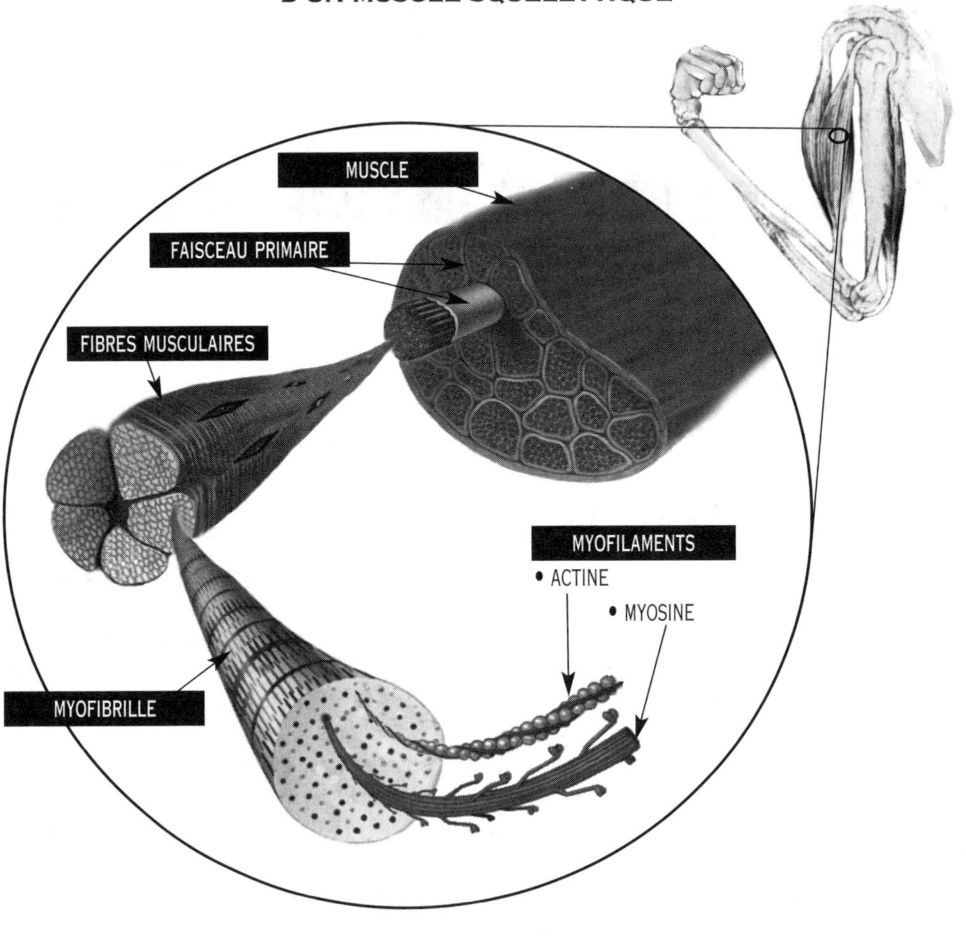

du muscle et le déplacement des os sur lesquels ils sont fixés (ouverture ou fermeture d'une articulation). Dans ce cas, il se produit une contraction isotonique. Dans d'autres situations, nous pouvons nous maintenir debout ou assis, tenir un objet lourd dans la main, résister à la poussée d'une autre personne : il se produit alors des contractions musculaires isométriques dans lesquelles il n'y a pas de mouvement.

Par des exercices de musculation, nous modifions la structure interne des sarcomères et des fibres musculaires, ce qui en augmente la force de contraction, sans agir sur le nombre de fibres dont nous disposons depuis la naissance. La sur-utilisation des muscles, non accompagnée de repos, engendre la fatigue.

FIGURE 1.16
LE SARCOMÈRE

SA CONSTITUTION

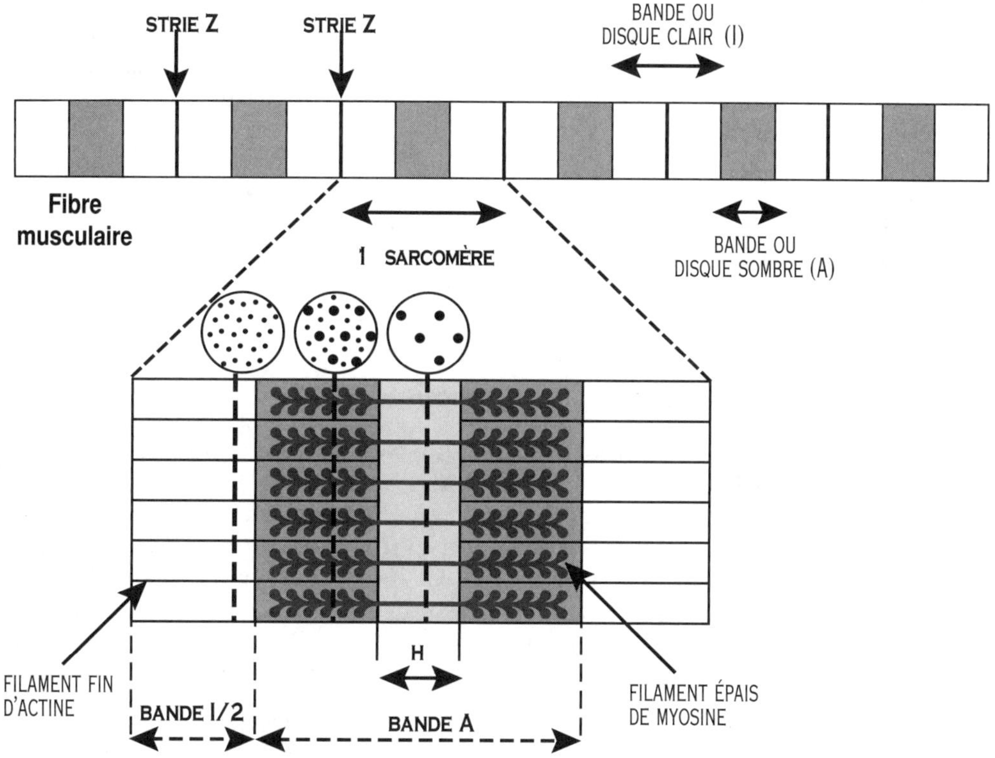

3.2. La jonction neuromusculaire et la contraction

Pour que les fibres musculaires puissent se contracter, elles doivent être en contact avec le système nerveux par l'intermédiaire des axones. Ces axones proviennent de corps cellulaires de la substance grise de la moelle épinière et chaque axone innerve (est en contact) avec un nombre variable de fibres musculaires (de quelques-unes à plusieurs centaines) pour constituer une **unité motrice** (figure 1.17). Chaque fibre musculaire ne dispose toutefois que d'un seul point de contact avec une partie terminale d'un axone, c'est la **plaque motrice**. Lorsque les influx nerveux provenant de la moelle atteignent la plaque motrice, ils provoquent la dépolarisation de la fibre musculaire en utilisant un neuromédiateur spécifique, l'**acétylcholine**; cette dépolarisation libère le calcium dans le sarcomère provoquant la formation des ponts puis le glissement des filaments d'actine entre ceux de myosine, le raccourcissement de chaque sarcomère et, par le fait même, celui du muscle. À mesure que les enfants vieillissent, les unités motrices se coordonnent dans leurs contractions, ce qui raffine la force musculaire et améliore la coordination des mouvements. Pour ajuster ma force au contexte de l'action, je peux augmenter la fréquence de décharge des unités motrices, augmenter le nombre d'unités motrices actives et enfin prendre une position articulaire où les muscles sont à leur mi-longueur. Pour soulever un poids très lourd, par exemple, je vais plier mes jambes et mes bras, garder mon tronc droit, contracter simultanément tous les muscles nécessaires (haltérophilie).

3.3. Les différentes catégories de mouvements

Les muscles produisant le mouvement sont les **muscles agonistes** et, ceux le freinant, les **muscles antagonistes**. En fonction du mouvement réalisé, ils sont donc l'un ou l'autre. Ils peuvent intervenir lors de mouvements réflexes, volontaires et automatiques et produire des mouvements de **flexion-extension**, des **rotations internes** ou **externes** des membres, des **abductions** (éloignement des membres de l'axe du corps: lever les bras ou les jambes sur le côté) ou des **adductions** (rapprocher les membres de l'axe du corps) (figure 1.18). En ski, par exemple, ce sont les adducteurs des cuisses qui permettent de garder les jambes serrées, évitant de faire le grand écart!

Nous réalisons des mouvements qualifiés de **réflexes**, par exemple lorsque nous nous brûlons la main et que nous la retirons ou que, à la suite d'une légère frappe sur le tendon musculaire sous le genou, nous étendons la jambe vers l'avant. Dans ces cas (figures 1.19 et 1.20), une stimulation directe de l'une ou l'autre des catégories de récepteurs nerveux met en jeu des circuits nerveux précâblés sollicitant la substance grise de la moelle épinière et des réponses motrices dans lesquelles l'encéphale n'intervient pas. C'est l'**arc réflexe** requérant l'intégrité anatomique et fonctionnelle des cinq structures le constituant. Ces mouvements ne font pas l'objet d'un travail particulier dans une séance d'éducation motrice puisqu'ils ne sont pas volontairement contrôlés.

FIGURE 1.17
LA JONCTION NEUROMUSCULAIRE

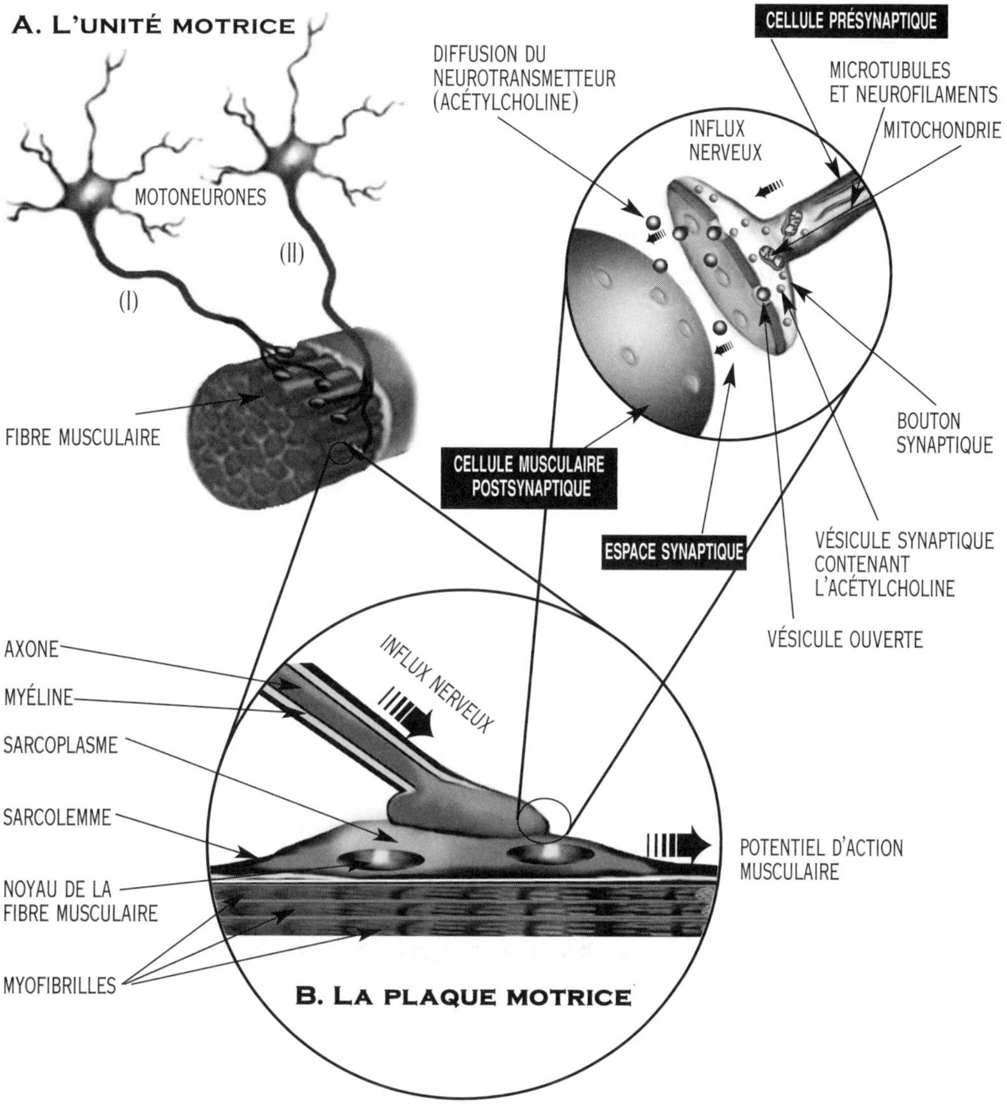

FIGURE 1.18
MOUVEMENTS ARTICULAIRES

(D'après McGinnis, 2005, p. 164, 166.)

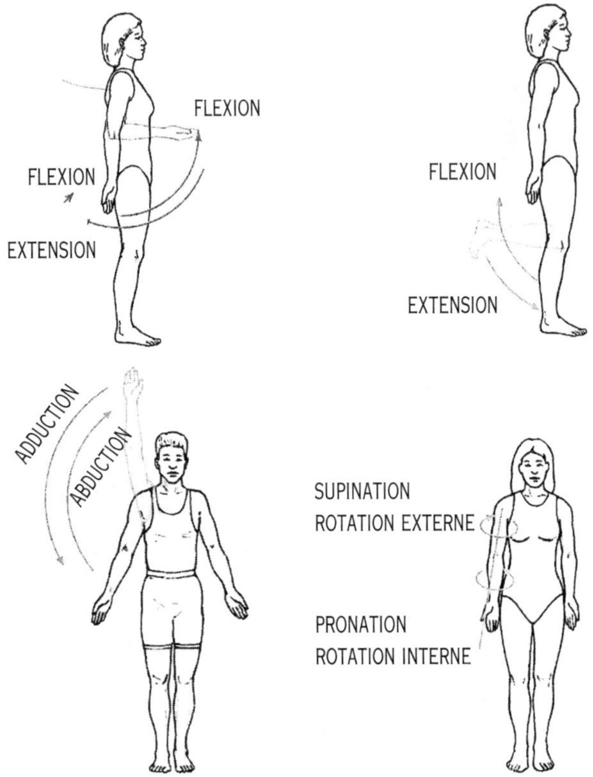

FIGURE 1.19
L'ARC RÉFLEXE : SES DIFFÉRENTS ÉLÉMENTS

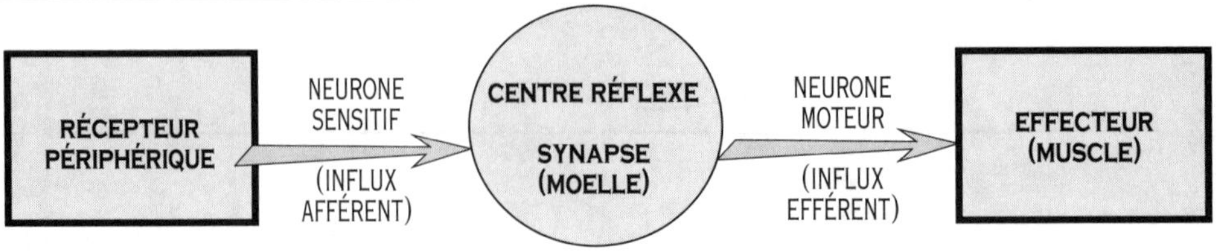

FIGURE 1.20
LES RÉFLEXES

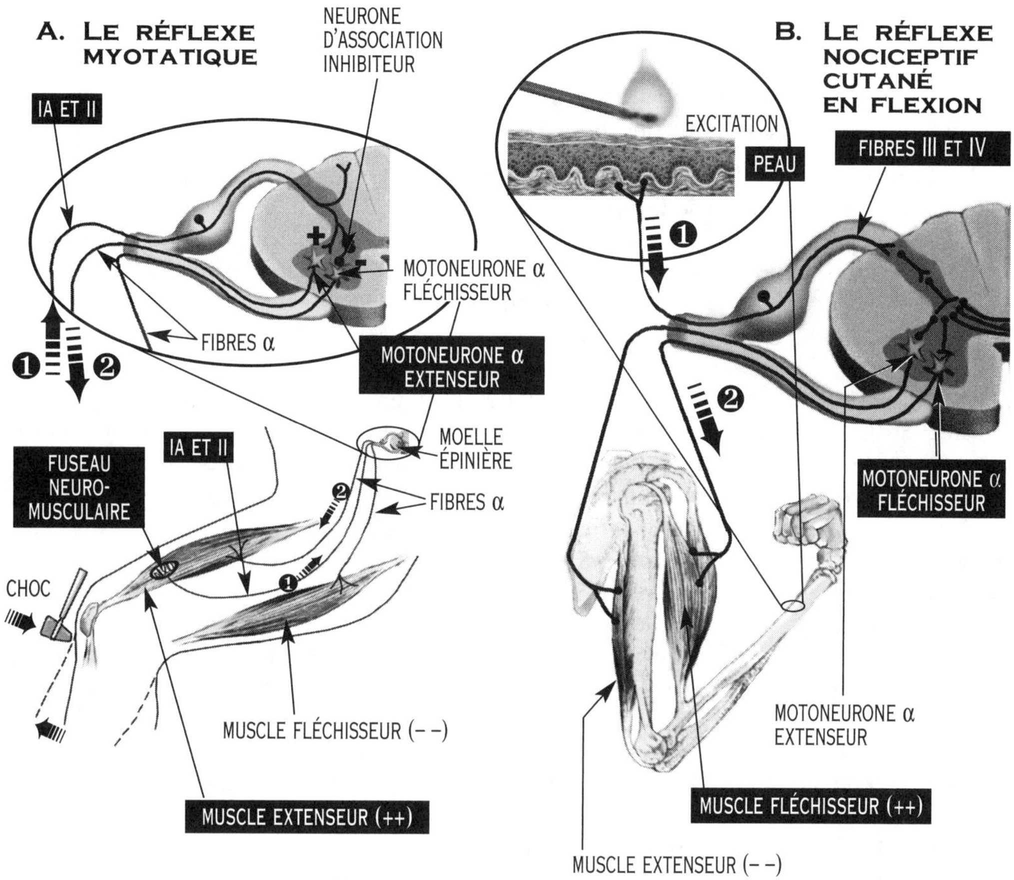

Pour les **mouvements volontaires**, nous en préparons et en contrôlons les différents **paramètres**, c'est-à-dire leurs **caractéristiques cinétique** (la force) et **cinématiques** (les direction, amplitude, vitesse, accélération et durée). Pour chacun de ces mouvements, nous devons, en effet, adapter ses caractéristiques au contexte dans lequel il se déroule et au but que nous voulons atteindre. C'est par l'intermédiaire de différents centres nerveux parmi lesquels se retrouvent les aires corticales associatives frontales et pariétales, les ganglions de la base, le cervelet et les aires frontales motrices, que nous planifions et programmons les influx nerveux qui sont ensuite envoyés aux muscles appropriés pour les contracter, étapes ne nécessitant que quelques centaines de millisecondes (figure 1.21). Il est facile de comprendre les difficultés motrices des enfants voulant réaliser une tâche motrice que l'évolution de leurs structures neuromusculaires ne leur permet pas encore d'accomplir. L'apprentissage de l'écriture est un autre exemple d'une tâche motrice complexe nécessitant le contrôle de la motricité fine associée à la coordination visuomanuelle. C'est aussi ce qui se produit lorsque, adulte, nous désirons apprendre de nouvelles activités sportives. Nous avons besoin de beaucoup de répétitions pour coordonner les contractions musculaires avant d'atteindre une performance nous satisfaisant.

Pour contrôler le déroulement de certains **mouvements volontaires**, les **lents**, et les ajuster au contexte d'action pendant qu'ils se produisent, comme c'est le cas des mouvements pour écrire, manger, bricoler, nous devons en planifier d'abord les paramètres. Dans un deuxième temps, pendant que le mouvement se déroule, nous devons utiliser les informations visuelles et kinesthésiques, celles-ci produites par les récepteurs localisés dans les muscles, tendons et articulations et acheminées au cerveau par les nerfs rachidiens puis la moelle épinière pour ajuster le mouvement. Ces informations sont reçues puis traitées par l'encéphale et intégrées aux commandes nerveuses, ajustées au besoin, qu'il transmet ensuite par la moelle puis les nerfs rachidiens aux muscles. Pour les **mouvements volontaires rapides**, qualifiés aussi de balistiques, nous ne pouvons pas les modifier à partir du moment où ils ont commencé, à cause de leur courte durée et de leur vitesse d'exécution élevée, comme le coup droit au tennis ou le coup de pied au foot par exemple. Si leurs caractéristiques (paramètres) ne sont pas correctement préparées avant leur déclenchement, le mouvement réalisé ne correspondra pas à l'intention initiale. Ce sont ces mouvements volontaires, lents ou rapides, qui feront l'objet d'apprentissages systématiques, soit par leur répétition naturelle par l'enfant (marche, course, etc.) ou organisée par l'adulte (écriture, activités sportives, etc.) ; ils déboucheront sur la mise en place d'**automatismes**. Lorsque ceux-ci sont bien en place, nous n'avons plus à contrôler consciemment chacune des parties du mouvement : nous bénéficions d'une mise en jeu de programmes moteurs appris pendant l'apprentissage et que l'écriture, la marche, la pratique d'un sport illustrent très bien. Nous pouvons alors nous concentrer sur autre chose que la technique, comme la tactique dans les sports collectifs, l'orthographe en dictée, les opérations en mathématique, sans avoir à penser comment écrire, par exemple.

Pour ajuster notre force en fonction de l'action à réaliser, nous pouvons modifier le nombre d'unités motrices sollicitées en même temps ainsi que la fréquence des influx nerveux envoyés aux muscles. Ce contrôle permet de mieux ajuster le degré de force nécessaire à l'action : en début d'apprentissage de l'écriture, les enfants appuient généralement trop sur leur crayon. Pour leur faire prendre conscience de la force de saisie, on peut utiliser des boules de pâte à modeler en leur demandant de serrer plus ou moins fort : la profondeur des traces digitales témoigne directement de la force de la pression.

FIGURE 1.21
LE CONTRÔLE MOTEUR
BOUCLES INTRA-ENCÉPHALIQUES INTERVENANT DANS LA PROGRAMMATION DES PARAMÈTRES DU MOUVEMENT

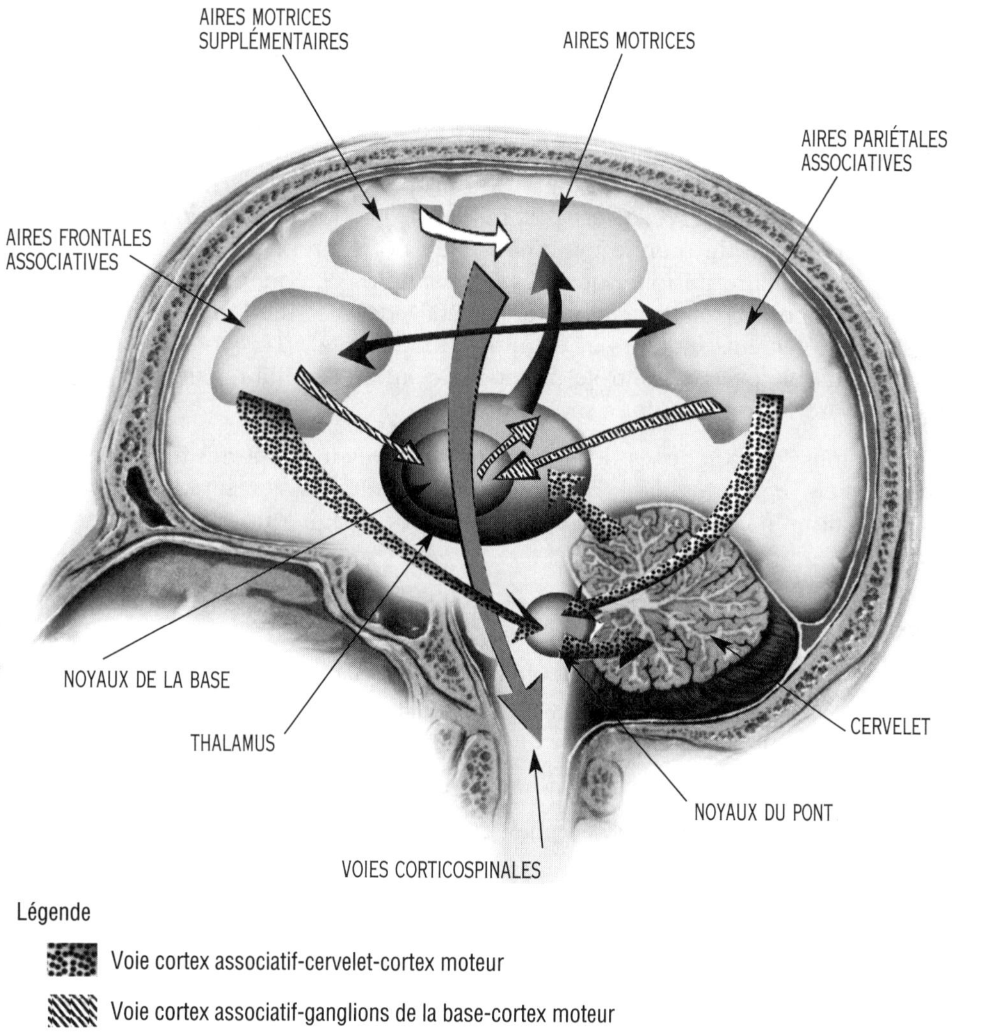

La plupart de nos mouvements sont mis en place à partir d'informations recueillies dans le milieu externe ou interne, constituant ainsi des activités perceptivomotrices : la perception prépare l'action motrice.

4. RÉSUMÉ

Nos comportements dépendent du bon fonctionnement de notre système nerveux, de notre système musculaire et de nos perceptions. Composé de cellules nerveuses, les neurones, excitables, conducteurs et transmetteurs, le système nerveux central se situe dans des structures osseuses le protégeant, le crâne et le canal vertébral, tandis que le système nerveux périphérique, composé des nerfs crâniens et rachidiens relie le système nerveux central à l'ensemble du corps. L'encéphale, incluant le cerveau, le tronc cérébral et le cervelet, est à l'origine de nos comportements volontaires et de notre conscience du monde extérieur et de notre propre corps. Le cortex cérébral, couche cellulaire périphérique des hémisphères cérébraux, est le siège de nos perceptions (lobes occipital, temporal et pariétal), de nos émotions (lobe limbique) et de nos comportements moteurs et cognitifs (lobe frontal). Le cervelet est une structure indispensable pour le contrôle moteur et celui de l'équilibre, alors que la moelle épinière assure le contrôle de la motricité réflexe.

Nos muscles, composés de cellules musculaires incluant des filaments d'actine et de myosine regroupés dans des unités fonctionnelles, les sarcomères, génèrent des contractions musculaires nous permettant de réagir ou d'agir en fonction du contexte.

Documents utiles

MICHELINI, C.A. (1991). *Les secrets de mon cerveau*, Paris, Nathan.

Des documents simples et astucieux pour faire découvrir aux enfants du primaire comment leur cerveau fonctionne.

SITES. Des compléments d'information, des atlas sur la structure du système nerveux.

http ://lecerveau.mcgill.ca/flash/index_a.html

http ://www.chups.jussieu.fr/ext/neuranat/

http ://www.ac-miens.fr/academie/pedagogie/svt/info/logiciels/animneuro/liensexternes.htm

5. QUESTIONS

J'évalue mes connaissances en répondant aux questions suivantes :

5.1. Qu'est-ce qu'un neurone? Comment ses différentes parties s'appellent-elles?

5.2. Quelle est la propriété fondamentale du neurone? Quelles sont les deux forces à l'origine du potentiel de repos? Les ions nécessaires? Comment un potentiel d'action se produit-il? Comment se déplace-t-il le long des neurones? d'un neurone à l'autre?

5.3. Quelles sont les deux grandes parties du système nerveux?

5.4. De quelles parties l'encéphale se compose-t-il? Quelles sont les différentes parties du cerveau? Quels sont les noms de ses lobes et leurs fonctions? Quelles sont les fonctions du cervelet? du tronc cérébral?

5.5. Quelle est la forme de la moelle épinière? Quelles sont ses fonctions?

5.6. Comment le système nerveux central est-il protégé?

5.7. Quelles sont les deux parties du système nerveux périphérique?

5.8. Comment est organisé le système nerveux autonome? Quelles en sont les fonctions?

5.9. Quelles sont les étapes de la maturation du système nerveux? ses conséquences sur l'adaptation de l'individu à son environnement? Que nous apprennent les travaux sur la consommation corticale de glucose?

5.10. Quels sont les différents constituants de la fibre musculaire?

5.11. Comment s'effectue l'innervation des fibres musculaires?

5.12. Qu'est-ce qu'un réflexe? un arc réflexe? Expliquez le fonctionnement de deux types de réflexes.

5.13. Comment contrôlons-nous les mouvements volontaires et leurs paramètres?

CHAPITRE 2

LE DÉVELOPPEMENT MOTEUR

OBJECTIFS

À la fin de ce chapitre, vous devriez être en mesure de :

- décrire l'organisation générale du développement moteur ;
- préciser l'évolution de la motricité globale et des éléments la composant ;
- décrire les caractéristiques et les composantes de la motricité fine ;
- caractériser les différents types d'incoordinations motrices (maladresses).

1. INTRODUCTION

Avec la croissance morphologique, le développement moteur est l'autre aspect le plus manifeste des modifications du comportement de l'enfant associées à sa coordination motrice. Au fur et à mesure qu'il grandit, l'enfant acquiert et maîtrise en effet des comportements moteurs de plus en plus complexes et démontre dès quatre ans un contrôle moteur qualitatif très semblable à celui de l'adulte, même si ses performances sont largement inférieures (Rigal, 2003).

2. LES GRANDES CARACTÉRISTIQUES

À la naissance, les comportements moteurs de l'enfant sont sollicités par des stimuli spécifiques : ce sont les **réflexes**, certains de nature végétative et assurant sa survie (succion, déglutition) et d'autres de nature sensorimotrice (réflexe d'agrippement, de redressement, de marche automatique, de Moro, etc.) mis en évidence par des stimulations appropriées. D'autres comportements apparaissent et se répètent, identiques à eux-mêmes : ce sont les **mouvements stéréotypés** et répétitifs comme lâcher les objets, frotter les mains ou les pieds entre eux, se balancer. Mais c'est dans l'apparition et la modification de la motricité volontaire que les métamorphoses sont les plus impressionnantes au fur et à mesure de la corticalisation du contrôle moteur (le cortex cérébral remplace les structures sous-corticales permettant la planification, la programmation, l'exécution et le contrôle des actions motrices).

Cette évolution rapide du contrôle de sa motricité volontaire par l'enfant dépend de la transformation de ses structures nerveuses, sensorielles et motrices. Si toutes ses structures nerveuses sont présentes à la naissance, elles ne sont pas encore totalement fonctionnelles. Pour cela, elles doivent évoluer, ce dont rend compte la maturation des centres et voies nerveuses avec la myélinisation des voies et le renforcement des synapses dans les centres. Il en résulte une augmentation de la vitesse de déplacement des influx nerveux et un meilleur traitement de l'information. Cette évolution des structures se traduit par un contrôle moteur volontaire des parties du corps suivant deux directions : l'une **céphalocaudale**, l'autre **proximodistale**. La première illustre le contrôle progressif du corps, de la tête vers le bassin : l'enfant maîtrise les mouvements de sa tête, puis peut s'asseoir, enfin se mettre debout. La deuxième indique que le contrôle des membres commence par leur racine (partie fixée au corps, épaule et hanche) pour progresser vers l'extrémité du membre : l'enfant contrôle d'abord le déplacement de sa main à partir de celui du bras grâce à l'épaule avant de pouvoir utiliser la pince digitale pouce-index pour saisir les petits objets.

Comment et pourquoi ces nouveaux comportements moteurs apparaissent-ils ? On peut ici considérer, d'un côté, que ces comportements seraient déterminés génétiquement et qu'ils apparaîtraient en temps et lieu, un peu comme les dents ou les métamorphoses de la croissance du corps ! Équilibre, marche, course entre autres seraient inscrits dans le génome et se manifesteraient au moment défini. D'un autre côté, ce ne seraient pas les comportements mais les éléments en permettant l'acquisition qui seraient préalables : pour marcher, nous devons contrôler l'équilibre, la force, la coordination des mouvements alternés des jambes. Tant que nous ne les contrôlons pas, ce qui dépend de la maturation neuromusculaire, nous ne pouvons pas marcher ! Il en serait ainsi pour tous les comportements moteurs apparaissant progressivement avec la mise en place des structures appropriées. C'est la raison pour laquelle les activités propres à l'espèce, dites **phylogénétiques** (comme marcher, courir, sauter) (tableau 2.1), apparaissent chez ses représentants dans un ordre et à des âges relativement semblables non modifiables. Par contre, le moment d'apparition de comportements propres à chaque individu, dits **ontogénétiques** (comme écrire, rouler à bicyclette, se tenir en équilibre sur les mains et que l'on peut ou non acquérir), dépend des possibilités motrices mais aussi de l'âge de leur pratique. Dans chacune de ces deux grandes subdivisions, on retrouve des activités manipulatoires (maniement d'objets), d'autres stabilisatrices (maintien de postures ou de l'équilibre) et enfin des locomotrices (déplacements du corps). La répétition des comportements moteurs facilite leur maîtrise par la combinaison de la maturation et de l'entraînement.

TABLEAU 2.1
LES TYPES D'ACTIVITÉ

ACTIVITÉS	STATURO-POSTURALES	LOCOMOTRICES	MANIPULATOIRES
PHYLO-GÉNÉTIQUES	- SE PENCHER - S'ÉTIRER - SE TORDRE - SE TOURNER - SE BALANCER - OSCILLER - SE BAISSER - S'INCLINER - SE TENIR EN ÉQUILIBRE - ESQUIVER - SE LEVER - S'ARRÊTER - VIRER	- ROULER SUR LE CÔTÉ - RAMPER - MARCHER À QUATRE PATTES - MARCHER - COURIR - SAUTER - GALOPER - GRIMPER	- LANCER - ATTRAPER - SAISIR - AGRIPPER - MANIPULER - FRAPPER - DONNER UN COUP DE PIED
ONTO-GÉNÉTIQUES	- SE TENIR EN APPUI TENDU RENVERSÉ - FAIRE LA CHANDELLE - MARCHER SUR UNE POUTRE D'ÉQUILIBRE	- NAGER - PATINER - SKIER - GLISSER - ROULER À BICYCLETTE	- ÉCRIRE - DESSINER - PEINDRE - DRIBBLER - JOUER D'UN INSTRUMENT DE MUSIQUE

Il est possible de distinguer trois grandes étapes dans l'acquisition des principaux comportements moteurs. Entre la naissance et 15 mois, c'est l'émergence des comportements moteurs primaires et des éléments les permettant (tonus, posture, préhension, équilibre, station assise, marche). De deux ans à six ans, c'est l'époque de l'acquisition et de l'adaptation des compétences motrices fondamentales (courir, sauter, lancer, frapper, patiner, nager, etc.) ; à six ans, les grands patrons moteurs sont pratiquement acquis par la grande majorité des enfants. Enfin, de sept ans à l'âge adulte, c'est la période du perfectionnement des comportements moteurs antérieurs avec l'amélioration des performances motrices et l'acquisition de nouvelles habiletés motrices globales et fines, perceptivomotrices, préalables à l'adaptation des conduites motrices (tableaux 2.2 et 2.3). La coordination motrice se raffinant, les performances motrices augmentent et leur vitesse d'exécution aussi, tandis que les temps de réaction diminuent, ce qui favorise toutes les activités motrices sollicitant les facteurs d'anticipation et de coïncidence (comme attraper ou frapper un ballon en courant, lancer une balle à une personne se déplaçant, transmettre le témoin dans une course de relais).

TABLEAU 2.2
DÉVELOPPEMENT MOTEUR
ÂGES MOYENS DE COMPORTEMENTS MOTEURS MANIFESTES OU DE LEUR CONTRÔLE

(Inspiré des travaux de Bayley, 1936; Gesell *et al.*, 1950; Espenschade, 1980; Illingworth, 1990.)
Les écarts par rapport à l'âge moyen d'apparition d'un comportement se creusent avec l'âge.

ÂGE	MOTRICITÉ GLOBALE (ACTIVITÉS POSTURO-LOCOMOTRICES)	MOTRICITÉ FINE (ACTIVITÉS MANIPULATOIRES)	ACTIONS PERCEPTIVO-MOTRICES	ADAPTATION DES CONDUITES MOTRICES
0 - 1 AN				
NAISSANCE	• RÉFLEXE D'ENJAMBEMENT	• RÉFLEXE D'AGRIPPEMENT	• POURSUITE OCULAIRE LIMITÉE	• RÉFLEXES DE SUCCION ET DE DÉGLUTITION
3 MOIS	• RELEVER LA TÊTE, EN POSITION VENTRALE • MAINTENIR LA TÊTE • COUCHÉ, TIRÉ ASSIS, TÊTE SOLIDAIRE DU TRONC	• TENIR UN HOCHET DANS LA MAIN	• FIXER DES OBJETS PROCHES • TOURNER LA TÊTE VERS LE BRUIT • REGARDER LES MAINS	• SOURIRE
4 MOIS	• RELEVER LE BUSTE, COUCHÉ SUR LE VENTRE	• DISPARITION DU RÉFLEXE D'AGRIPPEMENT	• VISION BINOCULAIRE ÉTABLIE	
6 MOIS	• ROULER DE LA POSITION VENTRALE À LA POSITION DORSALE	• ATTRAPER LES OBJETS, PRISE PALMAIRE	• DIFFÉRENCIER LES PARENTS DES ÉTRANGERS	• MASTICATION • TENIR LE BIBERON
7 MOIS	• COUCHÉ SUR LE VENTRE, SOULEVER LE TRONC, BRAS TENDUS	• TRANSFERT D'UN OBJET D'UNE MAIN DANS L'AUTRE		• BOIRE À LA TASSE
8 MOIS	• RESTER ASSIS 10 MIN			• PORTER LES OBJETS À LA BOUCHE
9 MOIS	• S'ASSEOIR SEUL, PAR TERRE • SE TENIR DEBOUT AVEC AIDE • RAMPER SUR LE VENTRE	• ATTRAPER LES OBJETS, PINCE DIGITALE (OPPOSITION DU POUCE) • SAISIR DES PASTILLES	• SE RENDRE COMPTE DE LA DISPARITION DES OBJETS • TOUCHER AVEC L'INDEX	
10 MOIS	• MARCHER À QUATRE PATTES • SE METTRE DEBOUT, SEUL	• PLACER DE PETITS OBJETS DANS UN GRAND CONTENANT		• FACILITER L'HABILLAGE • FAIRE AU REVOIR AVEC LA MAIN
11 MOIS	• MARCHER, TENU PAR LES MAINS			• MANGER AVEC LES DOIGTS
12 MOIS	• MARCHER, TENU PAR UNE MAIN • MARCHER, SUR MAINS ET PIEDS	• RELÂCHER VOLONTAIREMENT UN OBJET POUR LE DONNER		• NE PLUS PORTER LES OBJETS À SA BOUCHE

ÂGE	MOTRICITÉ GLOBALE (ACTIVITÉS POSTURO-LOCOMOTRICES)	MOTRICITÉ FINE (ACTIVITÉS MANIPULATOIRES)	ACTIONS PERCEPTIVO-MOTRICES	ADAPTATION DES CONDUITES MOTRICES
1 - 2 ANS				
13 MOIS	• MARCHER SEUL			• JETER LES OBJETS À TERRE
15 MOIS	• MONTER LES ESCALIERS EN RAMPANT	• CONSTRUIRE UNE TOUR DE PLUS DE 2 CUBES		• PRENDRE UNE TASSE • DIRE DES MOTS SIMPLES
16 MOIS	• MARCHER SUR LE CÔTÉ, EN ARRIÈRE • DIFFICULTÉ À TOURNER OU À S'ARRÊTER BRUSQUEMENT	• INSÉRER DES CHEVILLES DANS DES TROUS	– GRIBOUILLER AVEC UN CRAYON	• POSER UNE TASSE SANS RENVERSER SON CONTENU • MANGER AVEC UNE CUILLÈRE, SANS TROP LA TOURNER
18 MOIS	• DESCENDRE LES ESCALIERS • LANCER, DEBOUT, PIEDS FIXES	• CONSTRUIRE UNE TOUR DE 3 À 4 CUBES		• SE NOURRIR SEUL • TENDRE BRAS ET JAMBES POUR L'HABILLAGE – FERMER LES PORTES
24 MOIS	• MONTER ET DESCENDRE SEUL LES ESCALIERS EN POSANT LES DEUX PIEDS SUR UNE MARCHE • COURIR (DÉBUT) • DONNER UN COUP DE PIED DANS UN BALLON SANS PERDRE L'ÉQUILIBRE	• CONSTRUIRE UNE TOUR DE PLUS DE 5 CUBES • DÉVISSER LES COUVERCLES • ALIGNER DES CUBES POUR FAIRE UN TRAIN • OPPOSITION DU POUCE AUX AUTRES DOIGTS • TOURNER LES PAGES	• TRACER DES TRAITS VERTICAUX • CHERCHER LES OBJETS CACHÉS	• OUVRIR UNE FERMETURE ÉCLAIR • RESTER PROPRE LE JOUR ET LA NUIT • TOURNER LES POIGNÉES DE PORTE • AMORCE DU LANGAGE • IMITER
2 - 3 ANS				
2 ANS 3 MOIS	• SAUTER D'UN BLOC DE 30 CM UN PIED APRÈS L'AUTRE	• CONSTRUIRE UNE TOUR DE PLUS DE 8 CUBES		• MONTRER DES PARTIES DE SON CORPS NOMMÉES
2 ANS 6 MOIS	• SAUTER À PIEDS JOINTS • TENIR EN ÉQUILIBRE SUR UN PIED QUELQUES SECONDES • MARCHER SUR LA POINTE DES PIEDS	• UTILISER DES CISEAUX : OUVRIR ET FERMER LES LAMES	• BIEN TENIR UN CRAYON • TRACER DES TRAITS HORIZONTAUX ET UNE CROIX • DESSINER	• COMPRENDRE HAUT, BAS, ASSIS, DEBOUT
2 ANS 7 MOIS	• LANCER UNE BALLE À 1 OU 2 MÈTRES, MOUVEMENT LIMITÉ AU BRAS LANCEUR DANS LE PLAN ANTÉRO-POSTÉRIEUR – COURIR	• MANIPULER LA PÂTE À MODELER	• ATTRAPER UN BALLON DE 40 CM DE DIAMÈTRE, BRAS TENDUS	

ÂGE	MOTRICITÉ GLOBALE (ACTIVITÉS POSTURO-LOCOMOTRICES)	MOTRICITÉ FINE (ACTIVITÉS MANIPULATOIRES)	ACTIONS PERCEPTIVO-MOTRICES	ADAPTATION DES CONDUITES MOTRICES
3 - 4 ANS				
3 ANS 1 MOIS	• SAUTER D'UNE MARCHE, LES 2 PIEDS ENSEMBLE	• FAIRE UN PONT AVEC 3 CUBES	• REPRODUIRE UN CERCLE	• BOIRE AVEC UNE PAILLE
3 ANS 3 MOIS	• SAUTILLER UNE FOIS • GLISSER (GLISSOIRE) • PATINER	• COPIER DES FORMES • DÉCOUPER EN TENANT LA FEUILLE	• METTRE À LEUR PLACE DES FORMES SIMPLES DE CASSE-TÊTE	• MANGER BIEN AVEC LA CUILLÈRE ET LA FOURCHETTE
3 ANS 6 MOIS	• SAUTER PAR-DESSUS UNE CORDE À 20 CM DU SOL • MONTER LES ESCALIERS, UN PIED PAR MARCHE	• EMPILER UNE DIZAINE DE CUBES • ROULER LA PÂTE À MODELER SUR LA TABLE	• CLASSER EN GRANDES FAMILLES (ANIMAUX, PLANTES, JOUETS, ETC.) • RÉPONDRE AUX QUESTIONS QUI ? QUAND ? OÙ ? COMMENT ?	• METTRE ET ENLEVER SEUL SES HABITS • DÉBOUTONNER ET BOUTONNER SEUL SES VÊTEMENTS • METTRE LES CHAUSSURES
3 ANS 7 MOIS	• SAUTILLER À CLOCHE-PIED 2 À 3 FOIS • SE BALANCER À LA BALANÇOIRE	• VISSER-DÉVISSER UN COUVERCLE		• RECONNAÎTRE LE DEVANT DE SES VÊTEMENTS
3 ANS 8 MOIS	• LANCER UNE BALLE À 2 OU 3 M, PIEDS FIXES • ROULER EN TRICYCLE • FRAPPER UN BALLON AVEC LE PIED • MARCHER EN CADENCE	• ROULER LA PÂTE À MODELER EN BOUDIN SUR LA TABLE		• LAVER ET ESSUYER LES MAINS • ALLER AUX TOILETTES SANS S'ESSUYER SEUL • SE MOUCHER • MONTRER DES PARTIES DE SON CORPS
4 - 5 ANS				
4 ANS 1 MOIS	• DESCENDRE LES ESCALIERS, UN PIED PAR MARCHE • TENIR EN ÉQUILIBRE SUR UN PIED PENDANT 4 À 8 S	• PRÉFÉRENCE MANUELLE NETTE • PLIER UNE FEUILLE DE PAPIER • PEINDRE	• ATTRAPER UN BALLON DE 25 CM DE DIAMÈTRE, BRAS FLÉCHIS • INDIQUER LES DIFFÉRENCES ET LES RESSEMBLANCES DE 2 OBJETS	• BROSSER SES DENTS
4 ANS 8 MOIS	• LANCER UN BALLON DE 25 CM DE DIAMÈTRE À 4 À 5 M • COURIR ET SAUTER EN LONGUEUR (95 CM)	• ROULER LA PÂTE À MODELER ENTRE LES MAINS, FAIRE DES FORMES	• DESSINER UN CARRÉ • TENIR CORRECTEMENT LE CRAYON ET LE DÉPLACER AVEC LES MOUVEMENTS DU POIGNET ET NON PAS DU BRAS • BONHOMME TÊTARD • ENCASTRER DES FORMES	• COMPRENDRE LES TERMES SPATIAUX COMME LOIN, PRÈS DE, À COTÉ, DESSUS, DESSOUS, AVANT, ARRIÈRE • ALLER SEUL AUX TOILETTES • SUSPENDRE SES VÊTEMENTS • BIEN UTILISER HIER ET DEMAIN
4 ANS 9 MOIS	• LANCER AVEC ROTATION DU CORPS AUTOUR DE L'AXE VERTICAL • MARCHE ADULTE • ESCALADER • CHANGER DE DIRECTION EN COURANT			

ÂGE	MOTRICITÉ GLOBALE (ACTIVITÉS POSTURO-LOCOMOTRICES)	MOTRICITÉ FINE (ACTIVITÉS MANIPULATOIRES)	ACTIONS PERCEPTIVO-MOTRICES	ADAPTATION DES CONDUITES MOTRICES
5 - 6 ANS				
5 ANS	• SAUTILLER SUR LES DEUX PIEDS • DONNER UN COUP DE PIED EN L'AIR AU BALLON • LANCER AVEC AVANCÉE DE LA JAMBE IPSILATÉRALE • COURIR À 3,5 M/S ET CHANGER RAPIDEMENT DE DIRECTION • ROULER À BICYCLETTE	• DÉCOUPER DES FORMES SIMPLES • FAIRE PASSER UN FIL PAR LES PERFORATIONS D'UNE FEUILLE • CONSTRUIRE DES CASSE-TÊTE DE PLUS DE 10 MORCEAUX	• REPRODUIRE UN TRIANGLE • ATTRAPER UNE BALLE AU REBOND • TRACER DES TRAITS EN SUIVANT DES MODÈLES (PASSER SUR UN TRAIT, JOINDRE DES POINTS, PASSER ENTRE DES LIGNES PARALLÈLES) • ATTRAPER UN BALLON, COUDES AU CORPS	• LACER LES SOULIERS AVEC NŒUD ET BOUCLES • AUTONOME À LA TOILETTE • UTILISER LE COUTEAU POUR BEURRER LES TARTINES • CONNAÎTRE LES COULEURS • SE LAVER ET SE MOUCHER SEUL
5 ANS 6 MOIS	• ÉQUILIBRE SUR LES ORTEILS PENDANT 10 S • DESCENDRE LES ESCALIERS EN ALTERNANT LES PIEDS • FAIRE REBONDIR UN BALLON AU SOL • SAUTER À LA CORDE • ROULADE AVANT • SAUTER À CLOCHE-PIED SUR 5 M • SE SUSPENDRE À UNE BARRE PAR LES GENOUX	• TOUCHER LE POUCE AVEC CHAQUE DOIGT, UN À UN	• ÉCRIRE SON PRÉNOM • FAIRE REBONDIR UN BALLON • COMMENCER À SE DÉPLACER POUR ATTRAPER • DESSINER UN BONHOMME AVEC CORPS ET MEMBRES	• NOMMER ET MONTRER LA PLUPART DES PARTIES DE SON CORPS • S'ORIENTER PAR RAPPORT AUX DIFFÉRENTS MOMENTS DE LA JOURNÉE • AJUSTER LA TEMPÉRATURE DE L'EAU
6 - 7 ANS				
6 ANS	• LANCER UNE BALLE À 10 M (G) ET 6 M (F) • TRAVERSER UNE POUTRE D'ÉQUILIBRE DE 4 CM DE LARGE ET 2,5 M DE LONG EN 9 S • SAUTER, À PIEDS JOINTS, 90 CM EN LONGUEUR • SAUTER, À PIEDS JOINTS, 20 CM EN HAUTEUR	• PRÉCISION ACCRUE DANS LE CONTRÔLE DES ACTIVITÉS DE CETTE CATÉGORIE • DÉCOUPER DU CARTON, DU TISSU, DES FORMES COMPLEXES	• REPRODUIRE UN LOSANGE • ÉCRIRE DE FAÇON LISIBLE	• UTILISER DES OUTILS (CUISINE, BRICOLAGE) • DISTINGUER LA DROITE DE LA GAUCHE SUR SOI • BOUCLER SA CEINTURE DE SÉCURITÉ EN VOITURE
6 ANS 6 MOIS	• LANCER ADULTE AVEC AVANCÉE DE LA JAMBE CONTROLATÉRALE • GALOPER • MONTER À L'ÉCHELLE • SUIVRE DES RYTHMES			

ÂGE	MOTRICITÉ GLOBALE (ACTIVITÉS POSTURO-LOCOMOTRICES)	MOTRICITÉ FINE (ACTIVITÉS MANIPULATOIRES)	ACTIONS PERCEPTIVO-MOTRICES	ADAPTATION DES CONDUITES MOTRICES
7-9 ANS				
7 ANS	• COURIR À 4,5 M/S • LANCER UNE BALLE À 13 M (G) ET 7,5 M (F) • SAUTER, À PIEDS JOINTS, 1 M EN LONGUEUR • ROULADE AVANT, ARRIVÉE DEBOUT	• PRÉCISION ACCRUE DANS LE CONTRÔLE DES ACTIVITÉS DE CETTE CATÉGORIE • DISPARITION DES SYNCINÉSIES D'IMITATION	• ÉCRIRE BIEN ET VITE (30 LETTRES/MIN DANS LA COPIE DE PHRASES)	• AIDER DANS LA PLUPART DES ACTIVITÉS DE LA VIE QUOTIDIENNE (RANGER, METTRE LA TABLE, NETTOYER)
8 ANS	• COURIR À 5 M/S • SAUTER, À PIEDS JOINTS, 1,15 M EN LONGUEUR • SAUTILLER AVEC DES MODÈLES VARIÉS (2-2; 3-2) • LANCER UNE BALLE À 18 M (G) ET 10 M (F)		• ÉCRIRE BIEN ET PLUS VITE (60 LETTRES/MIN DANS LA COPIE DE PHRASES)	• DISTINGUER LA DROITE DE LA GAUCHE SUR AUTRUI

3. LA MOTRICITÉ GLOBALE

La motricité globale se rapporte à des habiletés motrices qui sollicitent l'utilisation simultanée de plusieurs des grands groupes musculaires du corps (jambes, tronc, bras) pour réaliser des activités comme courir, sauter, lancer ou nager, etc., nécessitant une force musculaire importante (Rigal, 2003). Elle requiert le contrôle de l'équilibre, lui-même dépendant du tonus musculaire.

3.1. Le tonus musculaire

Le tonus musculaire est l'état de légère contraction d'un muscle au repos. Cette activité musculaire minimale est gérée par le cervelet et la substance réticulée, donc par des structures sous-corticales échappant à un contrôle volontaire, et sollicite une boucle, la boucle gamma (γ). Cette boucle illustre le cheminement de l'influx nerveux en trois temps : de la moelle au muscle (influx moteur) puis du muscle à la moelle (influx sensoriel) avant un dernier retour vers le muscle (influx moteur) ; à chaque étape, des structures nerveuses ou musculaires distinctes sont mises en jeu. À la naissance, le tonus des muscles le long de l'axe du corps (colonne vertébrale) est pratiquement nul et il se met progressivement en place, à partir des muscles contrôlant la tête vers ceux du bassin, et témoigne de l'évolution des structures nerveuses l'assumant. C'est ainsi que l'enfant peut contrôler sa tête vers trois mois, s'asseoir vers six mois et se mettre

TABLEAU 2.3

ACTIVITÉS MOTRICES À L'ÉCOLE

GRANDES ÉTAPES DES DÉVELOPPEMENTS PHYSIQUE, MOTEUR, COGNITIF ET AFFECTIF DE 5 À 12 ANS

Il doit être clair que les caractéristiques mentionnées pour chacune des tranches d'âge peuvent varier d'un enfant à l'autre et que ces variations seront d'autant plus importantes que les enfants seront âgés.

5 À 6 ANS				
CARACTÉRISTIQUES				CONSÉQUENCES PÉDAGOGIQUES
PHYSIQUES	MOTRICES	COGNITIVES	SOCIO-AFFECTIVES	
TAILLE ET POIDS AUGMENTENT RÉGULIÈREMENT. GRANDE SOUPLESSE. ACCROISSEMENT RÉGULIER DE LA FORCE ET DE L'ENDURANCE MUSCULAIRES. RYTHMES RESPIRATOIRE ET CARDIAQUE ÉLEVÉS.	AMÉLIORATION DES ACTIVITÉS LOCOMOTRICES ET MANIPULATOIRES. TEMPS DE RÉACTION LONG. AMÉLIORATION DE LA COORDINATION VISUOMANUELLE. PHASES INITIALES DU LANCER, DU DRIBBLE, DU COUP DE PIED AU BALLON. GOÛT POUR LES ACTIVITÉS RYTHMIQUES ET EXPRESSIVES. PRÉFÉRENCE MANUELLE ÉTABLIE.	ÉGOCENTRIQUE. STADE PRÉOPÉRATOIRE. CURIEUX ET CRÉATIF. AUGMENTATION DE L'EMPAN ATTENTIONNEL. CONNAÎT SA DROITE ET SA GAUCHE ET LES TERMES DE L'ORIENTATION SPATIALE. ORGANISATION TEMPORELLE TRIBUTAIRE DE L'ESPACE ET DES ATTRIBUTS DE LA TÂCHE. APPRENTISSAGE DE CONCEPTS FACILITÉ PAR LES ACTIONS MOTRICES. IMAGINAIRE DÉBORDANT. PERCEPTION AVANT RAISONNEMENT. ÂGE DES POURQUOI ET DES COMMENT.	INDIVIDUALISTE MAIS TRÈS SENSIBLE AU JUGEMENT DE L'ADULTE. TIMIDE ET ATTACHÉ AU CONNU. ÂGE PAR EXCELLENCE DU JEU. PARTAGE DES JEUX. JEU SOLITAIRE BIEN QU'EN GROUPE. ACCEPTE BIEN LES DIFFÉRENCES INDIVIDUELLES. ACQUISITION DE L'AUTONOMIE ET DE L'INDÉPENDANCE. GOÛT PRONONCÉ POUR LES ACTIVITÉS NOUVELLES. CHERCHE ET TESTE LES LIMITES DE SES COMPORTEMENTS. ACCÈS AUX NOTIONS DE BIEN ET DE MAL.	PRIVILÉGIER DES SITUATIONS D'APPRENTISSAGE FAVORISANT : • LA MOTRICITÉ GLOBALE AVEC DES PÉRIODES DE REPOS ; • LA COORDINATION VISUOMANUELLE PAR LA MANIPULATION DE BALLONS ET DE BALLES EN VARIANT LA VITESSE ET LA DISTANCE DES LANCERS ; • LES ACTIVITÉS PERCEPTIVOMOTRICES ; • LE RESPECT DES RYTHMES D'APPRENTISSAGE PERSONNELS ; • LA PARTICIPATION DES DEUX CÔTÉS DU CORPS ; • LA CRÉATIVITÉ ; • DES JEUX AUX RÈGLES SIMPLES ; • LA RÉPONSE AUX QUESTIONS QUE POSENT LES ENFANTS ; • LE PARTAGE DES ÉQUIPEMENTS ET LE RESPECT DE SON TOUR ; • LES ACTIVITÉS EXPLORATOIRES ET L'AUTONOMIE ; • LA CONFIANCE EN SOI ; • LE RENFORCEMENT POSITIF ; • UNE APPROCHE NON DIRECTIVE ; • LA FAMILIARISATION OU L'ACQUISITION DE CONCEPTS PAR LES ACTIONS MOTRICES.

6 À 9 ANS				
CARACTÉRISTIQUES				CONSÉQUENCES PÉDAGOGIQUES
PHYSIQUES	MOTRICES	COGNITIVES	SOCIO-AFFECTIVES	
Taille et poids continuent d'augmenter régulièrement. Moindre souplesse. Accroissement régulier de la force et de l'endurance musculaires. Rythmes respiratoire et cardiaque élevés. Dentition permanente se met en place.	Amélioration de l'équilibre statique et dynamique, de l'habileté dans les activités locomotrices et manipulatoires. Caractéristiques finales dans plusieurs des activités phylogénétiques : lancer par-dessus l'épaule ou par en dessous des balles et des ballons, dribble avec changements de direction ou de rythme, attraper par en haut ou par en bas. Diminution du temps de réaction. Nette amélioration de la coordination visuomanuelle. Enchaînements de mouvements simples. Goût marqué pour les activités rythmiques et expressives.	Passage au stade opératoire. Premiers apprentissages scolaires. Dénomination des parties du corps. Augmentation constante de l'empan attentionnel. Reconnaît la droite et la gauche sur autrui lui faisant face. Accession aux notions de force, de gravité, de résistance. Plaisir à lire. Maîtrise mieux les durées. Bonne organisation spatiale.	Prise de conscience de l'autre sexe. Acceptation des sanctions individuelles et collectives justes. Identification au groupe. Sensibilité aux droits et aux responsabilités. Importance d'être avec son ami(e), dans l'équipe du leader. Acceptation parfois difficile de l'échec ou de la défaite. Consciencieux. Partage mieux ses jouets.	Privilégier des situations d'apprentissage favorisant : • la pratique régulière d'activités physiques ; • le renforcement de l'équilibre et de la coordination motrice ; • la coopération avec les autres ; • la modification ou la création de nouvelles règles ; • les activités rythmiques et expressives ; • l'apprentissage des règles de sécurité ; • la justice dans les récompenses ou les punitions ; • la justesse de la réponse motrice et non la performance ; • le respect des possibilités motrices individuelles ; • l'acquisition et le renforcement de concepts par les actions motrices.

debout vers neuf mois. Cela ne signifie pas que la force dans les muscles du cou soit capable de maintenir la tête lors d'un choc par exemple ; c'est pourquoi, jusqu'à un an et demi, les sièges doivent être placés « dos à la route » en voiture pour éviter les tractions sur le cou, et la moelle épinière, en cas de choc frontal. Dans les membres,

9 À 12 ANS				
CARACTÉRISTIQUES				CONSÉQUENCES PÉDAGOGIQUES
PHYSIQUES	MOTRICES	COGNITIVES	SOCIO-AFFECTIVES	
Taille et poids augmentent rapidement vers la fin de cette période. Moindre souplesse des garçons que des filles. Accroissement régulier de la force et de l'endurance musculaires. Augmentation des capacités cardiaque et respiratoire. Développement physiologique des filles en avance par rapport à celui des garçons. Énergie à revendre.	Amélioration importante des capacités stabilisatrices, locomotrices et manipulatoires dans toutes les activités physiques et sportives. Le temps de réaction se rapproche de sa valeur finale. Goûts divergents des garçons et des filles pour les sports.	Accession à l'intelligence formelle. Progrès dans les structurations spatiale et temporelle (durée). Intérêt et curiosité pour les activités scientifiques. Maîtrise des notions à droite de, à gauche de.	Désir de l'acceptation par les pairs. Contrôle des émotions. Coopération. Goût prononcé des garçons pour les sports. Filles sensibles à leur apparence physique. Bonne idée d'un comportement social acceptable. Intérêt pour les activités en groupe.	Privilégier des situations d'apprentissage favorisant : • l'amélioration de la condition physique ; • la conservation d'une bonne posture ; • la résolution de problèmes posés par la pratique d'activités motrices ; • l'accession au statut de responsable de tous les enfants, à tour de rôle ; • une bonne estime de soi ; • les activités d'équipe ; • l'esprit sportif ; • le rythme et l'expression ; • le respect des différences sexuelles dans la réussite motrice ; • le renforcement de l'efficacité motrice en équilibration, locomotion et manipulation ; • la relation avec les activités sportives ; • la réflexion après puis dans l'action.

les muscles fléchisseurs sont plus toniques que les extenseurs à la naissance. Au cours des mois suivants, les extenseurs vont voir leur tonus augmenter afin de permettre, en particulier, le maintien du poids du corps sur les jambes puis l'acquisition de la marche. Au tonus de base s'adjoint donc un tonus de maintien ou de posture qui va assurer les déplacements du corps ou le maintien de la position debout ou assise. À leur entrée à l'école, les enfants disposent d'un tonus musculaire normalement bien équilibré. Ils sont toutefois sujets à la présence de **syncinésies**, mouvements parasites d'un membre non sollicité accompagnant un mouvement volontaire produit par l'autre membre ; ces syncinésies s'estompent progressivement pour disparaître entre huit et dix ans. Elles se produisent lorsque l'enfant doit, avec son bras droit horizontal et son avant-bras droit vertical, faire des mouvements rapides et alternés de rotation de son poignet (test dit des « marionnettes ») : son bras gauche, vertical le long du corps, fait également des rotations alternées. Elles témoignent de la difficulté de la dissociation segmentaire (séparer l'action d'un bras de celle de l'autre) des parties symétriques du corps, dissociation évoluant avec la maturation des aires corticales et du corps calleux. Le sujet peut alors ne mobiliser qu'un seul bras pour effectuer une action (dissociation simple : prendre un verre d'une main sur la table, écrire au tableau avec un feutre) ou combiner deux actions différentes de chacun des bras (dissociation double : tenir des perles pour les enfiler, tenir une pomme de terre pour la peler). D'autres épreuves (cligner d'un œil, gonfler une seule joue, taper sur son ventre d'une main tout en caressant la tête de l'autre, dessiner des carrés d'une main et des cercles de l'autre) mettent également en évidence cette difficulté du contrôle moteur indépendant des parties symétriques du corps. L'acquisition de l'indépendance relative des membres supérieurs se fait donc par dissociation segmentaire simple (un bras ne fait plus rien pendant que l'autre est actif) puis double (chaque bras fait une tâche distincte de l'autre en même temps : c'est ce qui se produit dans la plupart des activités de coordination bimanuelle). Des **paratonies**, augmentation du tonus des muscles de l'axe du corps, sont également fréquentes et « normales » à cet âge. Lorsqu'il commence à écrire, l'enfant peut tirer la langue tout en la promenant d'un côté de la bouche à l'autre au fur et à mesure qu'il déplace sa main sur la ligne d'écriture ; quand il découpe avec des ciseaux, il ouvre et ferme la bouche en même temps qu'il ouvre et ferme les ciseaux. En mettant du rimmel ou du mascara aux cils, bien des femmes ouvrent en même temps la bouche !

Lorsque, de la position couché sur le dos, je m'assieds ou me lève, le tonus de base n'est plus satisfaisant et il doit augmenter pour contrer les effets de la pesanteur ou gravité. Il est alors question de **tonus de maintien**.

3.2. Le contrôle de l'équilibre

Le **contrôle postural** est le contrôle de la position de notre corps, dans l'espace, pour qu'il soit en équilibre ou qu'il ne tombe pas, dans une position déterminée. Le plus souvent, il est géré par des mécanismes neuromusculaires réflexes ou automatiques ; cependant, des activités cognitives concurrentes modifient la stabilité posturale sans toutefois entraîner la chute du sujet (Woollacott et Shumway-Cook, 2002). L'évolution du **contrôle de l'équilibre**, semblable pour les garçons et les filles, est indissociable de la maturation des centres nerveux le réglant, dont le cervelet qui reçoit des afférences en provenance des récepteurs labyrinthiques aussi bien que musculaires, tendineux, articulaires et visuels (figure 2.1). C'est la raison pour laquelle le contrôle de l'équilibre s'améliore en particulier au fur et à mesure de l'évolution de cette structure. Il est question d'**équilibre statique** lorsque, sur place, le centre de gravité du corps reste à l'intérieur du quadrilatère de sustentation : rester en équilibre sur un pied, sur les deux pieds au sol, sur une poutre ou juché sur un gros ballon. Il est question d'**équilibre dynamique** lorsqu'il y a un déplacement des appuis au sol : marcher sur une ligne dessinée sur le sol ou sur une poutre d'équilibre, faire avancer le ballon sur lequel on est monté en le faisant rouler, rouler à bicyclette, patiner (figure 2.2).

FIGURE 2.1
L'ÉQUILIBRATION
AFFÉRENCES, VOIES ET CENTRES NERVEUX, EFFÉRENCES

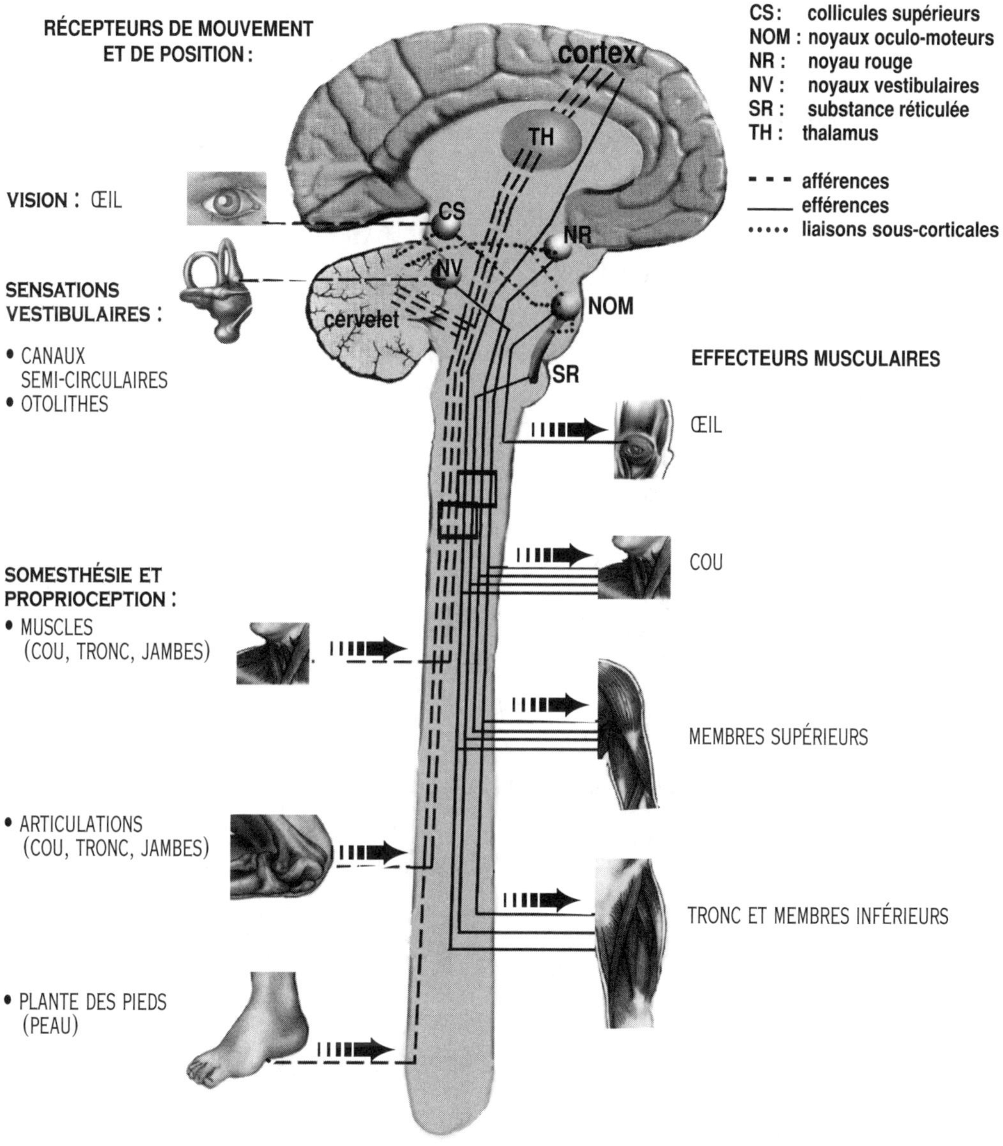

FIGURE 2.2
LE QUADRILATÈRE DE SUSTENTATION : FORMES

(D'après McGinnis, 2005, p. 138, 143.)

FIGURE 2.2 (*SUITE*)

ÉQUILIBRE STATIQUE
QUADRILATÈRE DE SUSTENTATION RÉDUIT AU MINIMUM OU PRESQUE

ÉQUILIBRE STATIQUE
QUATRE POINTS D'APPUI DONNENT UNE MEILLEURE STABILITÉ

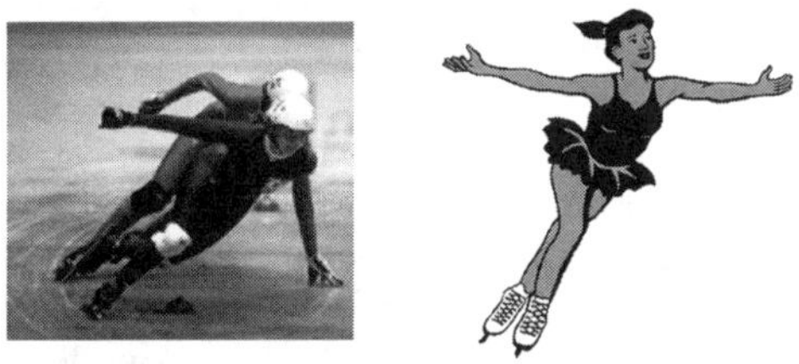

ÉQUILIBRE DYNAMIQUE
LA VITESSE DU DÉPLACEMENT ET LA FORCE CENTRIPÈTE PERMETTENT DE GARDER L'ÉQUILIBRE BIEN QUE LE CENTRE DE GRAVITÉ SOIT EN DEHORS DU QUADRILATÈRE DE SUSTENTATION

ÉQUILIBRE DYNAMIQUE
RÉSISTER À LA POUSSÉE LATÉRALE OU SAGITTALE

L'équilibre, ou la stabilité, résulte de la combinaison de trois composantes : la taille de la base de support, la hauteur du centre de gravité et le poids de la personne. Plus nous sommes lourds, plus notre base de support au sol est large et plus nous nous baissons, plus nous sommes stables. La facilité du contrôle de l'équilibre debout dépend, mais en partie seulement, de la position des pieds au sol délimitant ce que l'on appelle le **quadrilatère de sustentation**, surface délimitée par le devant et l'arrière des pieds et leur partie latérale externe et à l'intérieur duquel se projette le centre de gravité ou de masse du corps (figure 2.2). Il n'est donc pas étrange que l'enfant commence par marcher à quatre pattes : dans ce cas, sa base de support est beaucoup plus large et il dispose le plus souvent, au départ, de trois appuis simultanés au sol, le quatrième se déplaçant, à tour de rôle. Par contre, ce mode de déplacement n'est pas le plus efficace et il lui faudra maîtriser la position debout. On ne retrouvera cette position au sol, plus tard, que lors de certains sports de combat (lutte, judo) où il faut résister aux poussées de l'adversaire cherchant à nous mettre sur le dos ; en planche à voile, en escalade, au départ d'une course de vitesse, les appuis mains et pieds sont indispensables. En écartant bras et jambes, et en les étendant, tout en baissant le centre de masse, le lutteur ou le judoka rend plus difficile son retournement sur le dos par son adversaire (figure 2.2). Pour résister, debout maintenant, à une poussée dans un axe antéro-postérieur, il est plus approprié de disposer un pied en avant de l'autre avec un écart latéral et de l'avant vers l'arrière ajusté. Pour résister à une poussée latérale, c'est l'écartement latéral des pieds qui devient dans ce cas prioritaire (dans les activités de lutte, il faut passer rapidement d'une position à l'autre en fonction des actions de l'adversaire). De deux objets ayant la même base d'appui au sol, celui dont le centre de gravité est le plus élevé sera plus facile à renverser. De deux objets ayant la même base et la même hauteur du centre de gravité, le plus lourd sera plus difficile à renverser.

Remarquons tout de suite que ce n'est pas seulement l'importance de la surface de ce quadrilatère qui détermine notre équilibre ! On pourrait en effet penser que c'est le cas. Mais comment alors expliquer le déplacement de l'équilibriste sur un fil, l'équilibre de la danseuse sur les pointes, celui de la gymnaste faisant une planche sur un pied sur la poutre, du berger landais se promenant sur ses échasses, activités où la superficie de l'appui au sol est réduite au minimum ? Il faut aller voir plutôt dans les ajustements posturaux du sujet, dont il sera question juste après. Toutefois, avec un rétrécissement de la base d'appui au sol, les surfaces d'oscillations au sol du centre de masse du corps augmentent largement ainsi que la vitesse de son déplacement (sur les deux pieds écartés, la surface est de l'ordre de 80 mm^2 ; si les pieds se touchent, elle passe à 158 mm^2 et atteint 250 mm^2 lorsque nous sommes sur un pied). Il va de soi que le jeune enfant qui commence à marcher élargit au maximum son quadrilatère de sustentation, ce qui ne l'empêche pas de choir à tout bout de champ alors qu'un adulte peut marcher sur la pointe des pieds sans problème, tout autant que rester en équilibre sur le bout de la plante d'un pied ! Alors ? Est-ce le quadrilatère de sustentation... l'important ? Ou les ajustements posturaux, en partie réflexes, en partie volontaires ? Il va de soi que lorsque le déséquilibre est trop subit ou important, la chute devient inéluctable.

Nous avons déjà mentionné que l'enfant pouvait contrôler sa station assise vers six mois, la position debout vers neuf mois et la marche aux environs d'un an. Dès cinq ans, les enfants contrôlent bien l'équilibre sur une jambe (ils ne tombent plus, sauf par fatigue !) ; par contre, avec les yeux fermés, ce contrôle est moins assuré à cet âge mais le devient après neuf ans, âge auquel ils peuvent également maintenir la position de la cigogne (debout sur une jambe, pied de l'autre jambe posé contre le genou de la jambe d'appui). Vers dix ans, ils peuvent faire le trépied (appui sur la tête et les bras de chaque côté, jambes tendues vers le haut). Pour l'équilibre dynamique, mesuré par un déplacement sur une poutre d'équilibre, les enfants traversent, vers cinq ans, en six à neuf secondes une poutre de six centimètres de large et de trois mètres de long et en moins de trois secondes à sept ans. Ils disposent donc de très bonnes bases dès leur entrée au primaire.

Nos récepteurs sensoriels nous donnent-ils des informations considérées également ou certains sont-ils privilégiés par rapport à d'autres? C'est surtout la vue et la proprioception qui ont fait l'objet d'études comparatives, chez l'enfant et chez l'adulte. Pour les premiers (Lee *et al.*, 1974) l'expérience a consisté à mettre un enfant debout, sous une grande boîte ou pièce sans plancher pouvant se déplacer sur des roulettes (figure 2.3). L'enfant est debout sous cette pièce et joue. Sans qu'il s'en aperçoive, on déplace la pièce vers lui et il tombe vers l'arrière! Que s'est-il passé? Lorsque nous tombons vers l'avant, les objets dans notre champ visuel semblent se déplacer vers l'arrière: c'est le flux optique qui se manifeste aussi quand, roulant en voiture, nous voyons le paysage défiler vers l'arrière. Dans le cas de la pièce, l'enfant perçoit visuellement un déplacement de la pièce vers l'arrière et l'interprète comme s'il tombait vers l'avant. Pour éviter de tomber, il contracte les muscles postérieurs de son corps. Mais comme il était en équilibre, cela le déséquilibre et il tombe vers l'arrière. S'il s'était fié à ses sensations proprioceptives au lieu de considérer ses sensations visuelles, il aurait noté qu'il était bien en équilibre et qu'il n'était pas nécessaire de corriger un pseudo-déséquilibre!

Dans le cas de l'étude des interactions vision-proprioception chez l'adulte, celui-ci est assis dans un fauteuil pouvant être incliné latéralement autour d'un axe sagittal (antéro-postérieur). Ce fauteuil est placé dans une grande pièce décorée, pouvant elle aussi être inclinée. Cette pièce est inclinée à l'insu du sujet ainsi que son fauteuil et on lui demande de mettre son fauteuil à la verticale. Certains sujets se fient à leur vision et mettent leur fauteuil parallèle aux coins de la pièce, leur corps étant donc lui aussi incliné dans la direction de l'inclinaison de la pièce (figure 2.4). D'autres, au contraire, s'appuient sur leurs informations proprioceptives et placent leur fauteuil proche de la verticale réelle indépendamment de leurs informations visuelles. Ces expériences soulignent ainsi le rôle de la vision dans le contrôle de l'équilibre, expliquant en partie la raison pour laquelle les enfants aveugles se tiennent debout seuls plus tardivement que les voyants.

L'attention jouerait également un rôle important dans le maintien de l'équilibre (Woollacott et Shumway-Cook, 2002). Lorsqu'une personne doit maintenir son équilibre sans tâche associée ou en effectuant une tâche de nature cognitive (réciter un texte, faire des opérations mathématiques), les déplacements de son centre de pression au sol sont plus importants dans le second cas.

FIGURE 2.3
VISION ET PROPRIOCEPTION

(D'après Lee et Aronson, 1974.)

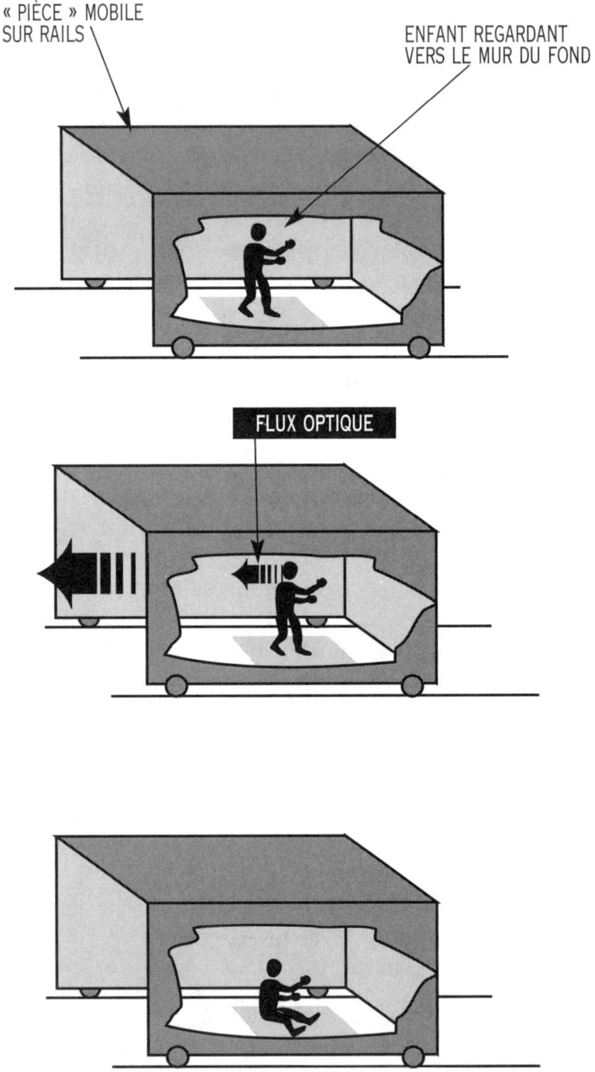

A

La pièce mobile est immobile et l'enfant regarde vers le mur du fond.

B

Déplacement vers la gauche de la « pièce ». Le flux optique indique à l'enfant qu'un mouvement se produit. Ne percevant pas le déplacement de la pièce, mais percevant le flux, l'enfant pense qu'il est en train de tomber vers l'avant. Il corrige sa pseudo-chute en contractant ses muscles postérieurs...

C

... et tombe pour de bon vers l'arrière !

FIGURE 2.4
VERTICALES VISUELLE ET KINESTHÉSIQUE

(D'après Witkin, 1959.)

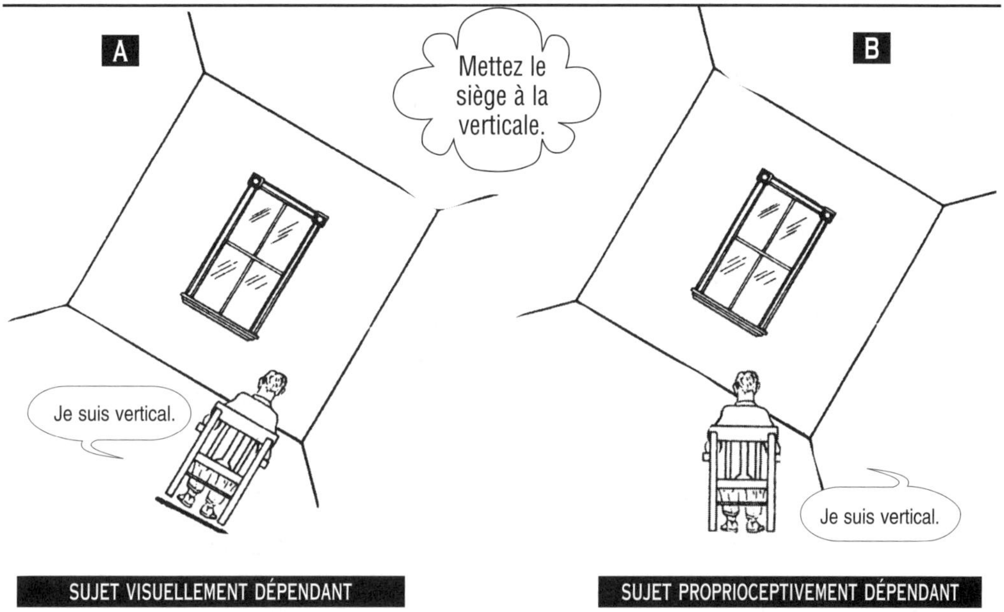

La pièce étant inclinée, à l'insu du sujet, celui-ci doit mettre son fauteuil à la verticale, à partir d'une position initiale du fauteuil également inclinée.

Certains sujets se fient à leur vision (A), d'autres aux informations proprioceptives (B).

3.3. Les ajustements posturaux

Les ajustements posturaux consistent en des réactions du corps au déséquilibre (ils sollicitent alors les articulations des membres inférieurs et du tronc ainsi que les bras) (figure 2.5A) ou de l'adaptation du corps à un volume restreint de l'espace ; ils s'améliorent rapidement avec l'âge par la combinaison de changements dans les facteurs neuromusculaires et de l'expérience du sujet. Ces ajustements sont regroupés en deux grandes catégories : les réactionnels et les anticipatoires. Les **ajustements posturaux réactionnels** (réaction à un déséquilibre comme lorsque nous glissons ou sommes poussés) se produisent lors d'un déséquilibre réel (poussée, glissade, arrêt ou départ brusques de l'autobus ou du métro) (figure 2.5B). Les compensations débutent entre 100 et 120 ms après le début de la perturbation chez les enfants (140 à 160 ms pour les enfants mongoliens) comparativement à 80 à 100 ms pour l'adulte. Entre deux et cinq ans, les amplitudes des mouvements d'ajustement sont plus importantes que chez

FIGURE 2.5

LES AJUSTEMENTS POSTURAUX

A. ARTICULATIONS ET MUSCLES SOLLICITÉS LORS DE DÉSÉQUILIBRES

(D'après Nashner, 1976, p. 62, 65 et 66.)

Mise en place de contractions musculaires adaptées au rétablissement de l'équilibre en fonction du déséquilibre à venir (ajustements anticipatoires) ou enregistré (ajustements réactionnels) par les différents récepteurs.

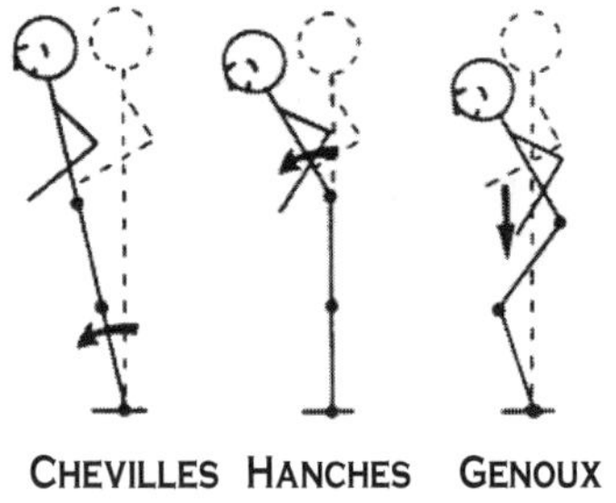

Il existe plusieurs stratégies de récupération mobilisant:
- les chevilles
- les hanches
- la flexion des genoux
- un pas vers l'avant (ou l'arrière) avec extension possible des bras pour amortir la chute.

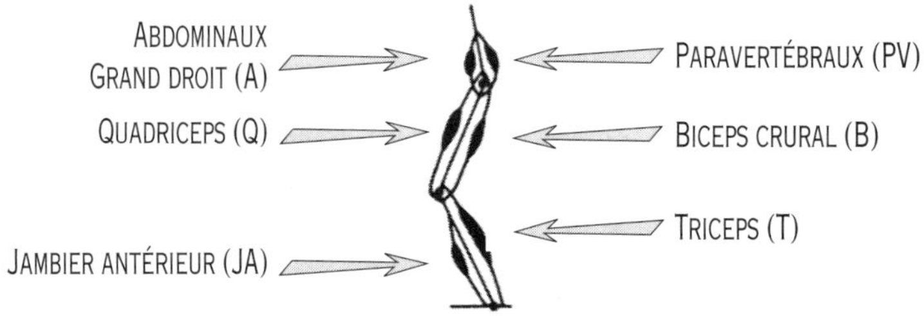

B. AJUSTEMENTS POSTURAUX RÉACTIONNELS (APPARAISSENT APRÈS LE DÉSÉQUILIBRE)

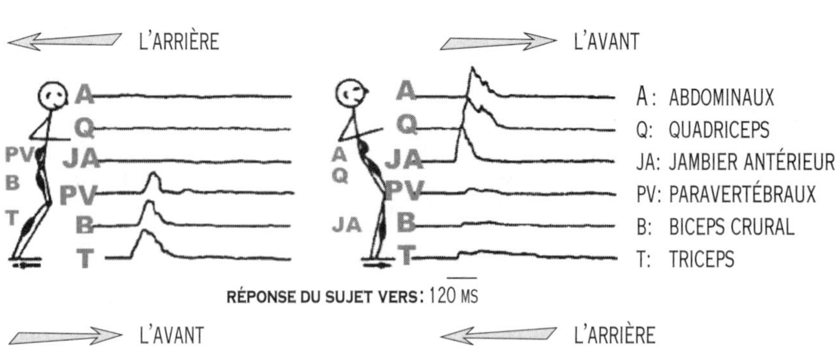

C. Ajustements posturaux anticipatoires

(D'après Bouisset y Zattara, 1981, p. 267.)

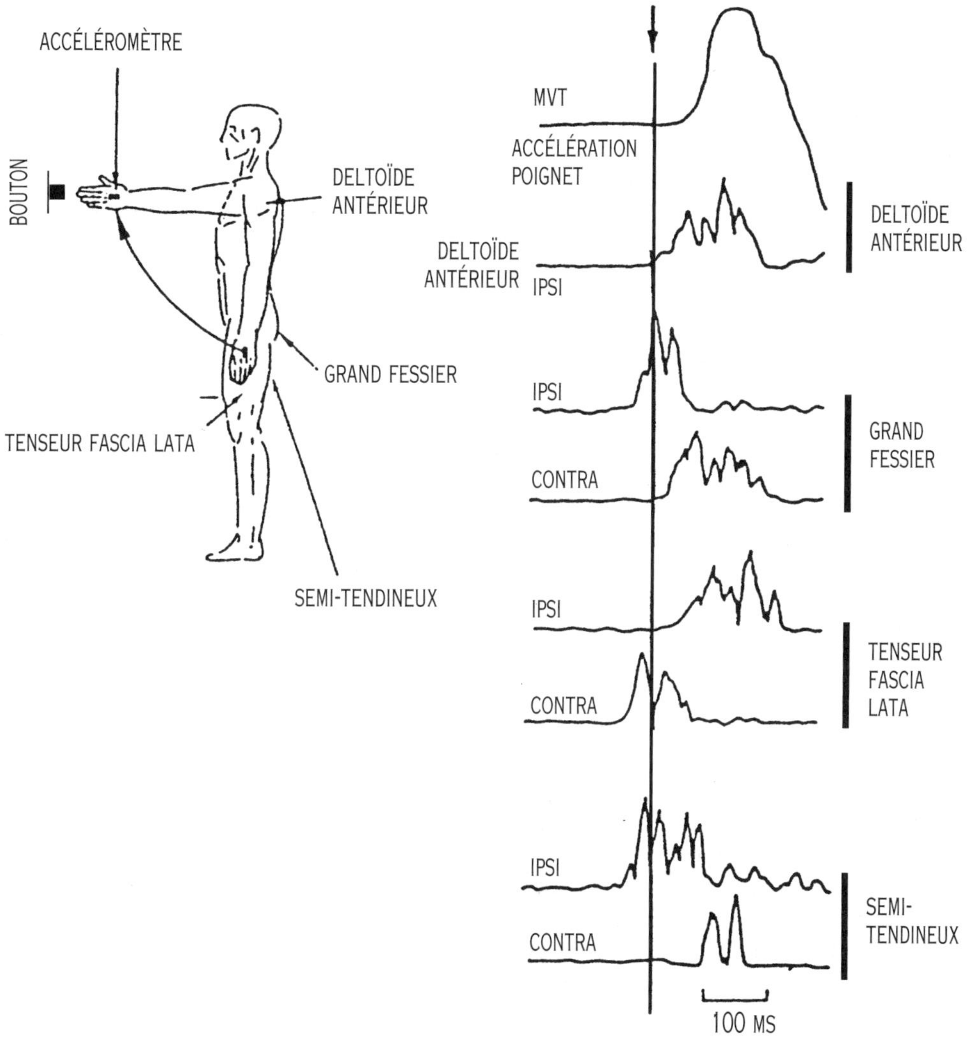

Le sujet doit lever son bras pour appuyer sur un bouton. Les activités EMG des différents muscles indiqués sont enregistrées. La ligne verticale indique le début de l'activité EMG du deltoïde, muscle élévateur du bras, alors que le début du mouvement d'élévation débute 50 ms plus tard. Plusieurs muscles voient leur activité débuter avant celle du deltoïde, ce qui témoigne de l'existence d'ajustements posturaux anticipatoires, apparaissant avant le déséquilibre, pour le prévenir.

l'adulte. Pour tous les sujets, et ce dès le plus jeune âge, ils débutent à l'articulation la plus proche de la perturbation (cheville par exemple) pour gagner ensuite les articulations éloignées (flexion des genoux, hanches). Le système cherche à bloquer l'articulation à l'origine de la perte de stabilité ou provoque une enjambée dans le sens de la décélération ou de l'accélération. Ce blocage tardant chez les très jeunes enfants (principalement à cause de la faible maturation des structures nerveuses et du moindre développement des structures musculaires), leurs chutes sont extrêmement fréquentes. Notons également que notre corps, en position debout, oscille en permanence ; nous ne sommes pas capables de garder constantes nos contractions musculaires et leurs variations provoquent ces ajustements permanents d'action-réaction et les oscillations en résultent. Les **ajustements posturaux anticipatoires** (prévention d'un déséquilibre comme lorsque nous devons attraper un objet loin de nous) se produisent, eux, avant l'apparition du déséquilibre : si je veux prendre un objet lourd sur la table, avant de le soulever, les muscles postérieurs du corps vont se contracter en anticipant le déséquilibre vers l'avant qui résulterait du déplacement du centre de gravité dans cette direction (figure 2.5C) ; pour recevoir un ballon lesté (*medicine ball*) je positionne mon corps pour contrer la force de l'impact vers l'arrière et vers le bas. L'absence d'expérience, lors des premiers contacts avec des ballons lestés, déséquilibre d'autant plus les sujets que leur âge est peu élevé. Dans les premiers lancers, l'enfant recule son bassin quand il pousse la balle vers l'avant (action-réaction).

Il est enfin également question d'adaptation ou d'ajustement postural lorsque je dois adapter la position de mon corps à l'environnement : en spéléologie, par exemple, je modifie et j'ajuste ma position debout et les angles entre les parties du corps pour marcher dans des tunnels plus ou moins hauts ; en hébertisme, je m'accroupis ou je marche à quatre pattes pour passer dans un tuyau sans me heurter la tête.

3.4. La posture et le squelette : « je me tiens bien »

Nous nous tenons debout depuis des millénaires, grâce à une activité musculaire antigravitaire, ce qui exerce de fortes pressions sur la colonne vertébrale. Celle-là nous permet la réalisation de nombreux mouvements d'inclinaison et de rotation. Très souple à la naissance, la colonne vertébrale perd ensuite sa souplesse si nous ne l'entraînons pas de façon régulière. La **posture**, c'est la position prise par le corps à un moment donné ; elle se définit aussi comme l'attitude générale de maintien qui caractérise une espèce, en l'occurrence la position debout chez l'homme ; de façon transitoire, nous prenons fréquemment d'autres postures, la position assise, sans parler de la position couchée. Dans les activités sportives, d'autres postures font partie de ce qu'il faut apprendre : équilibre sur les mains, planches, croix de fer aux anneaux, etc. La fonction première de l'**équilibration** est de maintenir l'équilibre du corps en conservant le centre de gravité ou de masse à l'intérieur de la surface d'appui au sol (ou quadrilatère de sustentation), en particulier lors de la station debout. Dans ce cas, la force du poids du corps et celle de la réaction du sol sont sur la même ligne verticale. Nous savons déjà que le contrôle de l'équilibre se fait par le cervelet, par anticipation ou en réaction, en prenant en considération les informations vestibulaires, proprioceptives et cutanées (figure 2.1). Le contrôle de la posture est ainsi assuré de façon active, ce sont les contractions musculaires qui corrigent le déséquilibre, mais aussi de façon passive grâce à l'intervention des capsules et des ligaments articulaires, à la structure des articulations et des os, aux tendons musculaires et à la viscosité des muscles.

Notre masse (communément appelée poids) s'exprime en kilogrammes. L'attraction terrestre, la gravité, exerce une force exprimée en Newton (N) (un Newton est égal à la force nécessaire pour accélérer une masse de 1 kg à 1 m/s/s) égale à 9,81 fois la masse (on peut multiplier par 10 au lieu de 9,81). Pour une masse de 60 kg, nous aurions un poids de 60 × 10 soit 600 N. Lorsqu'une force (une traction ou une poussée) s'exerce à une distance donnée d'un point, elle génère une force proportionnelle à la distance séparant le point d'application de celui de la résistance ; le moment cinétique est égal à : $M = F \times l$ (la force multipliée par la distance l). C'est la raison pour laquelle il est préférable d'avoir des clés avec un long manche pour dévisser des boulons très serrés. Il est alors facile de comprendre que lorsque nous portons une charge de 10 kg à bout de bras, nous exerçons une force compensatrice dans les muscles du dos sans commune mesure avec celle que nous exercerions si nous calions la charge contre le ventre. Plus les charges sont décentrées par rapport à la colonne vertébrale, plus les forces qui s'exercent sont élevées. D'où l'intérêt des bonnes positions, et donc d'éviter les mauvaises, pour soulever et porter un objet !

Si nous nous tenons correctement, la charge est répartie adéquatement d'une vertèbre à l'autre et il ne se produit pas de distorsion de la colonne. Toutefois, lorsque nous nous asseyons sans bien mettre le bassin sur la chaise (en mettant un pied sous une fesse, par exemple, ou en croisant les jambes) ou que nous portons une charge toujours sur la même épaule ou avec le même bras (comme le sac de classe), nous compensons le déséquilibre des forces en « tordant » la colonne vertébrale ou en exerçant des pressions très élevées sur les disques intervertébraux (figure 2.6). Il en résulte des **lombalgies** (douleurs le long de la colonne vertébrale) pour près de 15 % des enfants à la fin du primaire. À la longue, elle peut aussi se déformer latéralement en créant une **scoliose** avec gibbosité ou bosse (2 à 3 % des adolescents en seraient atteints) ou dans un axe antéro-postérieur comme dans les **cyphoses** (augmentation du degré de courbure au niveau du dos). La scoliose peut apparaître tout au long de la croissance, en particulier au moment de la poussée de croissance pubertaire, plus souvent chez les filles que chez les garçons (5 contre 1) ; elle se caractérise donc par une distorsion de la colonne vertébrale dans les trois plans de l'espace et se distingue de l'attitude scoliotique par le fait que celle-ci se limite à une inclinaison latérale, dans un plan frontal. Près des trois quarts des scolioses sont dites idiopathiques (pas de cause connue), les autres provenant de postures défectueuses, d'hypotonies (faiblesse musculaire). Elles peuvent être traitées par une pratique de gymnastique corrective soutenue ou de sport (natation en particulier) ou par le port de corsets.

FIGURE 2.6
EFFETS DE LA POSITION DU CORPS SUR LES FORCES EXERCÉES SUR LA COLONNE VERTÉBRALE

(D'après Wirhed, 1985, p. 50.)

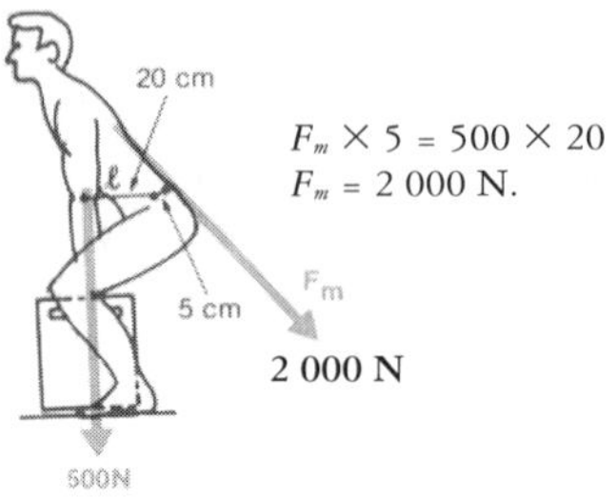

La force exercée est égale au moment de la force à vaincre divisé par la distance entre l'axe de rotation et le point d'application de la force.

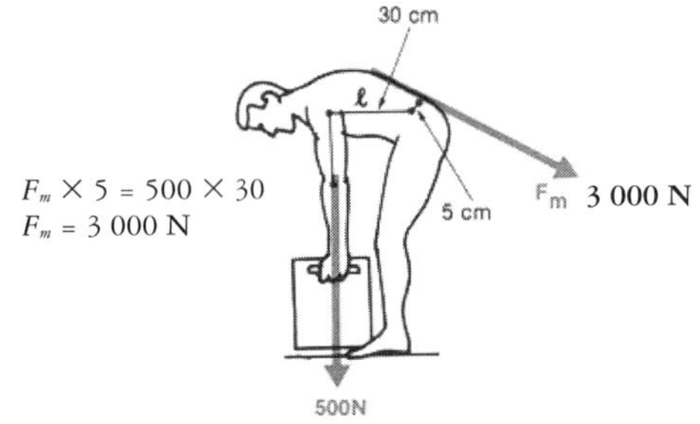

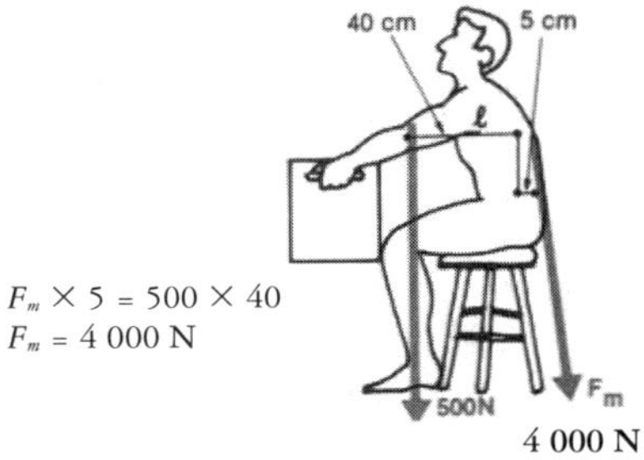

Effets du porter d'une charge symétrique ou asymétrique

Le sujet, vu de dos, lève une charge de 30 kg. Le centre de gravité (tronc-40-+charge-30) passe, en B, à 10 cm à la droite de L3. Les muscles paravertébraux gauches doivent se contracter pour contrer le déséquilibre vers la droite et incliner alors le corps vers la gauche. La force sera alors égale à 1400 N (pour équilibrer celle de 700 N à droite) et elle s'exercera davantage sur le côté gauche des disques intervertébraux. La même charge, en A, distribuée également de chaque côté du corps, donne une force globale de 700 N au lieu de 2100 N, lorsqu'elle est portée d'un seul côté.

A. Lever symétrique

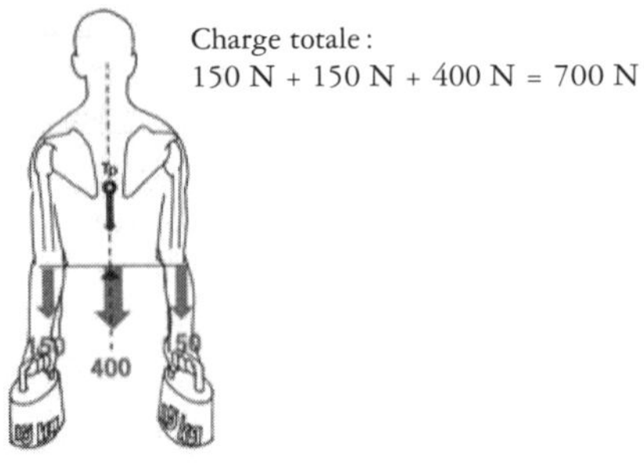

B. Lever asymétrique

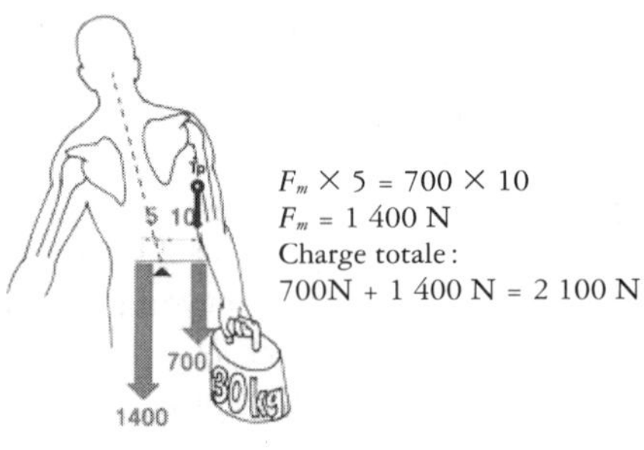

Lorsque, au cours de la croissance, l'alimentation est défectueuse (manque de vitamine D et de calcium, par exemple), l'ossification osseuse ne se fait pas correctement et des troubles semblables à ceux dont il vient d'être question peuvent se manifester. Le travail précoce chez les enfants cause également des préjudices à la colonne ; les réglementations (interdiction du travail chez les jeunes enfants dans les sociétés occidentales) ont fait pratiquement disparaître les malformations vertébrales dues aux lourdes charges transportées auparavant.

Entre les vertèbres, nous avons des disques intervertébraux, véritables petits coussins amortissant les chocs dans la marche, la course ou les sauts. Ces disques s'aplatissent avec l'âge, phénomène à l'origine de divers maux de dos ou de lombalgies également provoquées par des compensations résultant de mauvaises positions de la colonne vertébrale.

D'autres types de malformation atteignent également les membres inférieurs. Les genoux peuvent se toucher (jambes en X ou *genu valgum*) ou être distants (jambes en O ou *genu varum*). Les jambes peuvent aussi avoir des longueurs différentes, ce qui conduit inévitablement à une distorsion de la colonne vertébrale si des semelles compensées ne sont pas utilisées. Les pieds enfin peuvent présenter des courbures inadéquates, inexistantes (pieds plats) ou exagérées (pieds creux).

Est-il possible d'éduquer les enfants à s'asseoir correctement ? Cela est loin d'être certain (Cardon *et al.*, 2004). Après avoir noté que peu d'enseignants se préoccupent de façon systématique de l'acquisition ou du maintien d'une position assise correcte, les auteurs relèvent que les enfants qui disposent d'un matériel scolaire adapté (chaises et tables ergonomiques) ont autant de douleurs de la colonne vertébrale que ceux n'en ayant pas ! Ils indiquent également qu'il est en revanche approprié d'organiser des moments d'activité motrice en classe. Dans un enseignement traditionnel, où les enfants sont assis à leur table, ils passent 92 % de leur temps assis (en changeant de position toutes les 46 secondes en moyenne !), contrairement à 52 % pour les enfants vivant dans un environnement autorisant à se lever et à marcher dans la classe (changer d'espace de travail, aller chercher des livres, travail en équipes, etc.), ce qui ne diminue pas le temps d'apprentissage.

4. MOTRICITÉ GLOBALE : LES GRANDS PATRONS MOTEURS

Quelle que soit l'activité motrice considérée, la manière dont elle est réalisée évolue avec l'âge, conséquence des transformations internes du système neuromusculaire ; il va de soi que la performance croît elle aussi. Des étapes, ou stades, dans le contrôle de ces différentes activités ont donc été décrites, le plus souvent réparties en trois phases : les manifestations initiales du comportement étudié, puis les intermédiaires et enfin les caractéristiques finales, proches de celles des comportements de l'adulte. Lorsqu'ils rentrent au primaire, les enfants maîtrisent déjà la grande majorité des patrons moteurs, d'un point de vue qualitatif.

La **marche** requiert une force suffisante dans les muscles extenseurs des jambes pour maintenir le poids du corps sur une jambe pendant la phase du balancer et le contrôle de l'équilibre pendant cette même phase. Elle s'acquiert le plus fréquemment entre 12 et 18 mois. Dès quatre ans, la marche de l'enfant présente les caractéristiques de celle de l'adulte (contact du talon au sol lors de la pose du pied, flexion-extension de la jambe, poussée sur les orteils, alternance des mouvements des bras et des jambes, écartement latéral des talons inférieur à la largeur du bassin), la longueur des pas augmentant avec la croissance et la taille des jambes (figure 2.7). Il n'est donc pas nécessaire de construire des séances d'éducation motrice pour l'améliorer, sinon pour l'utiliser.

FIGURE 2.7
LA MARCHE
CARACTÉRISTIQUES ÉVOLUTIVES

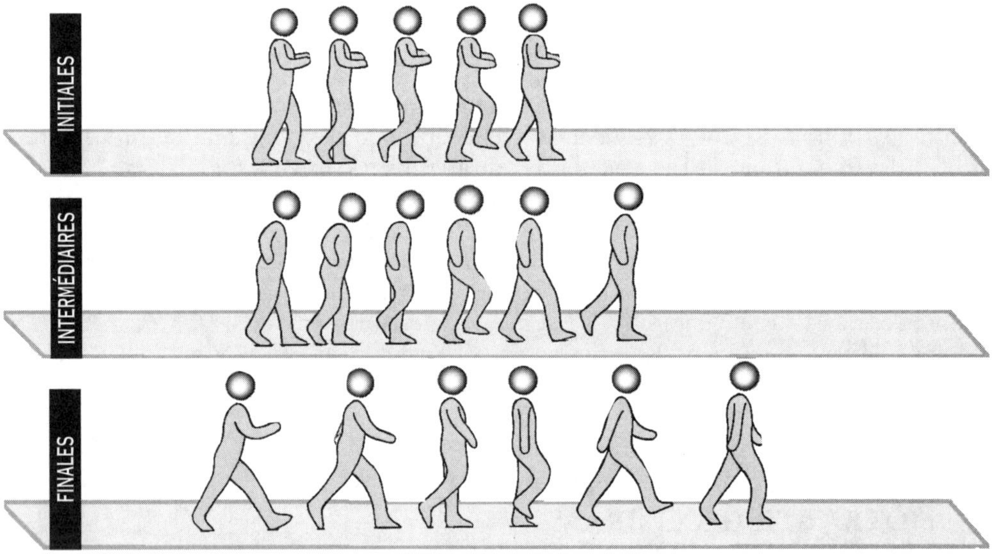

Caractéristiques initiales (12 mois): tronc légèrement incliné vers l'avant, bras jouant le rôle de balanciers, jambes écartées, propulsion minime, contact pied à plat au sol, enjambée courte.

Caractéristiques intermédiaires (13-14 mois): mouvements du bassin visibles, bras ramenés le long du corps, jambes moins écartées et propulsion nette.

Caractéristiques finales (18-24 mois): mouvements du bassin souples, bras le long du corps en phase avec la jambe opposée, écartement des pieds égal à celui du bassin, bonne propulsion de la jambe arrière avec une extension nette de la hanche en fin de propulsion, contact au sol par le talon.

La **course**, elle, apparaît vers deux ans ; elle se distingue de la marche par la phase d'envol au cours de laquelle aucun des deux pieds ne touche le sol. Après quatre ans, les enfants en contrôlent mieux le déroulement ainsi que les changements de direction (ils prennent moins d'espace pour tourner) ; ils poussent alors davantage sur leur jambe postérieure tout en inclinant le corps vers l'avant, les bras participant davantage à la propulsion qu'à la stabilisation du corps (figure 2.8). La vitesse de course s'accroît ainsi de 4 m/s à cinq ans à plus de 6 m/s à douze ans, les garçons étant, en moyenne, un peu plus rapides que les filles.

FIGURE 2.8
LA COURSE
CARACTÉRISTIQUES ÉVOLUTIVES

Caractéristiques initiales (18 mois) : tronc droit, balancer horizontal des bras, extension réduite de la jambe de propulsion avec une phase d'envol très limitée.

Caractéristiques intermédiaires (3-4 ans) : tronc légèrement incliné vers l'avant, balancer des bras devenant plus vertical, poussée plus complète de la jambe arrière et allongement de la foulée.

Caractéristiques finales (7-8 ans) : tronc incliné vers l'avant, balancer des bras vertical en phase avec les mouvements de la jambe opposée, poussée vers le bas et l'arrière complète en extension de la jambe de propulsion, phase de suspension nettement visible.

Pour les **sauts**, nous pouvons utiliser les deux jambes (saut en longueur ou en extension à pieds joints) ou une seule pour l'appel (saut en hauteur, en longueur, à cloche-pied) (figures 2.9, 2.10 et 2.11). À quatre ans, les enfants peuvent déjà sauter de 20 à 25 cm dans un saut en longueur en extension, appel deux pieds, et près de 90 cm vers cinq ans. S'il doit sauter en hauteur maintenant, appel deux pieds, c'est vers trois ans que le premier décollage apparaît, le saut atteignant 6 cm vers cinq ans et 9 cm vers six ans. Pour le saut à cloche-pied, où la force et l'équilibre requis sont plus importants, il faut attendre trois à quatre ans pour qu'apparaissent deux ou trois sauts enchaînés et cinq ans pour une dizaine : le jeu à la marelle devient dès lors possible.

FIGURE 2.9
LE SAUT EN LONGUEUR SANS ÉLAN
CARACTÉRISTIQUES ÉVOLUTIVES

Caractéristiques initiales (3 ans) : balancer inexistant des bras, tronc très incliné vers l'avant, poussée minime des jambes, plus vers le haut que vers l'avant.

Caractéristiques intermédiaires (4-5 ans) : légère participation des bras restreinte à l'avant du corps, tronc encore incliné vers l'avant, flexion puis extension vive des jambes.

Caractéristiques finales (6-8 ans) : tronc bien incliné vers l'avant (45 degrés), balancer net des bras vers l'arrière, importante flexion des jambes et vive extension ; arrivée sur les deux pieds avec extension puis flexion des jambes.

FIGURE 2.10

LE SAUT EN HAUTEUR EN EXTENSION

CARACTÉRISTIQUES ÉVOLUTIVES

Caractéristiques initiales (2-3 ans): tronc incliné vers l'avant, peu de participation des bras, flexion plus qu'extension des jambes sous le corps.

Caractéristiques intermédiaires (3-4 ans): nette flexion du tronc vers l'avant, bras baissés puis projetés vers le haut, importante flexion des jambes puis extension et décollage des deux pieds, trajectoire vers l'avant.

Caractéristiques finales (5 ans): extension verticale complète du tronc, bras bien coordonnés aux jambes pour la prise d'élan, flexion préparatoire importante des jambes, impulsion vive vers le haut et retombée près du point de départ.

FIGURE 2.11
LE SAUT À CLOCHE-PIED
CARACTÉRISTIQUES ÉVOLUTIVES

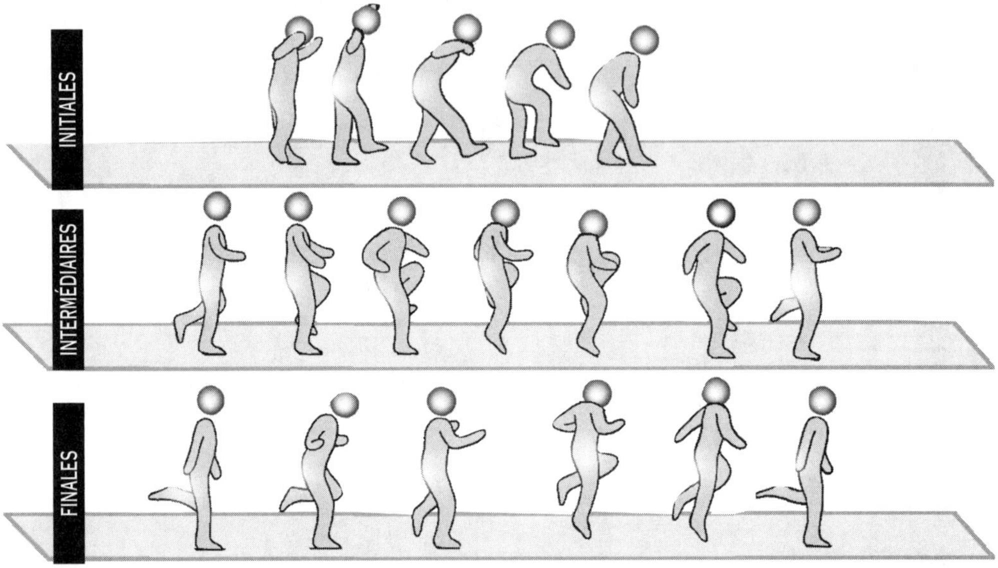

Caractéristiques initiales (3-4 ans) : tronc d'abord vertical puis penché vers l'avant après un ou deux sauts, bras assurant l'équilibre, flexion-extension partielle de la jambe d'appui, cuisse de la jambe libre horizontale et ne participant pas à la prise d'élan ; 1 à 3 sauts avant de perdre l'équilibre.

Caractéristiques intermédiaires (4-5 ans) : tronc légèrement incliné vers l'avant au bassin, bras bougeant de bas en haut, extension importante de la jambe d'appui lors de l'impulsion, les sauts se succédant rapidement.

Caractéristiques finales (5-6 ans) : inclinaison nette du tronc vers l'avant, les bras participant à la prise d'élan (synchronisme jambe libre et bras opposé) avec la jambe libre (extension-flexion nette et vive à la hanche), extension nette de la jambe d'appui et retombée sur l'avant de la plante des pieds.

L'évolution du **lancer** illustre parfaitement bien l'existence de stades dans l'acquisition d'une habileté motrice (figure 2.12). Dans un premier temps, entre deux et trois ans, l'enfant n'utilise que son bras pour lancer. Puis il va prendre de l'élan en se tournant du côté de son bras lanceur, entre trois et cinq ans. À l'étape suivante, entre cinq et six ans, il adjoint un avancer du pied situé du même côté (ipsilatéral) que son bras lanceur, en fin de lancer. Enfin, à la dernière étape, il avancera le pied opposé au bras lanceur à la fin du lancer après avoir imprimé une forte impulsion à l'engin lancé par la poussée préalable de la jambe ipsilatérale au bras lanceur. L'entraînement permet ici d'acquérir de façon plus précoce un lancer en opposition bras-jambe. Au lancer de fléchettes, il n'est toutefois pas rare que le lanceur ait en avant le pied correspondant au bras lanceur.

FIGURE 2.12
LE LANCER PAR-DESSUS L'ÉPAULE
CARACTÉRISTIQUES ÉVOLUTIVES

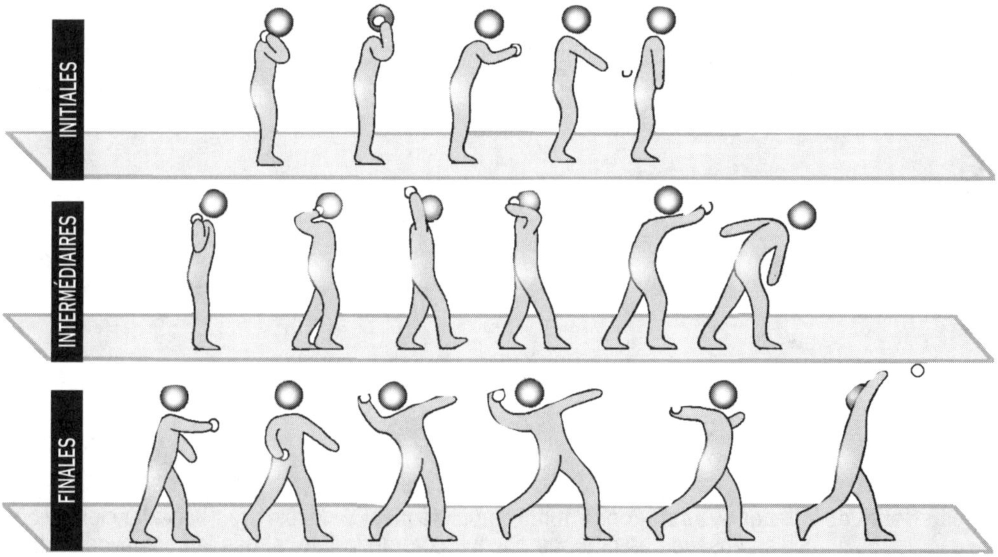

Caractéristiques initiales (2-3 ans): tronc face au lancer, pas de participation des jambes, flexion du bras lanceur au coude qui reste en avant du tronc, léger recul du bassin en fin de lancer.

Caractéristiques intermédiaires (3-6 ans): rotation latérale du bassin et du tronc du côté du bras lanceur, prise d'élan horizontale du bras lanceur, avancé et poids du corps sur la jambe du même côté que le bras en fin de lancer.

Caractéristiques finales (6-7 ans): rotation importante du tronc du côté du bras lanceur, large ouverture du bras lanceur vers l'arrière et le haut avec extension du coude vers l'avant et le haut pendant le lancer, bras libre horizontal vers l'avant, poids du corps sur la jambe arrière du même côté que le bras au départ et avancer de la jambe opposée en fin de lancer pour achever l'impulsion.

La **roulade** avant commence à être possible vers quatre ans, l'enfant roulant alors souvent sur le côté au lieu de vers l'avant; sa tête est souvent en extension au lieu d'être en flexion (figure 2.13). Vers cinq ans, il roule en s'aidant des bras et des jambes pour pousser, en commençant à poser l'arrière de sa tête au sol, mais il arrive les jambes tendues vers l'avant, ses abdominaux étant encore trop faibles. Après sept ans, il rentre bien son menton dans son cou pour fléchir la tête au maximum; la forte poussée initiale des bras et des jambes lui permet de se relever sans l'aide des mains au sol.

FIGURE 2.13
LA ROULADE AVANT
CARACTÉRISTIQUES ÉVOLUTIVES

Caractéristiques initiales (4 ans): tronc arrondi, appui fréquent de la tête (front) et extension du cou pendant le rouler, faible poussée des bras, de chaque côté de la tête, et des jambes avec roulade fréquente sur le côté ou arrivée allongé au sol.

Caractéristiques intermédiaires (5-6 ans): tronc arrondi, appui à l'arrière de la tête, mains au sol et loin de la tête, poussée des jambes légère; après la roulade, jambes en extension, bras d'abord horizontaux puis poussant de chaque côté du bassin.

Caractéristiques finales (7-8 ans): tronc bien arrondi, tête bien rentrée pendant l'appui, dos rond facilitant le rouler, cuisses fléchies sur le tronc, poussée énergique des bras et des jambes; jambes fléchies à l'arrivée, pieds près des fesses, ce qui facilite le relever avec la projection des bras vers l'avant, sans l'aide des mains au sol.

Un grand nombre d'activités motrices nécessitent une bonne **coordination visuomanuelle** : pour attraper un ballon ou dribbler, frapper une balle avec une raquette ou un ballon avec le pied, etc. Ces activités, de nature perceptivomotrice, reposent sur la vitesse du traitement de l'information par les enfants et leur vitesse de mouvement. La première caractérise les **temps de réaction** (temps s'écoulant entre la présentation d'un stimulus – allumage d'une lampe – et la réponse du sujet – appuyer sur un bouton, par exemple), et il ne faut pas la confondre avec les réflexes (réponse motrice stéréotypée consécutive à une stimulation de récepteurs nerveux, comme lors d'une brûlure de la peau). Cette durée diminue rapidement de près de 500 ms à cinq ans à 220 ms vers huit ans (figure 2.14). C'est l'équivalent pour la **vitesse des mouvements** qui augmente aussi avec l'âge.

FIGURE 2.14
ÉVOLUTION DU TEMPS DE RÉACTION VISUEL SIMPLE CHEZ L'ENFANT

(D'après Whiting, 1969, p. 45.)

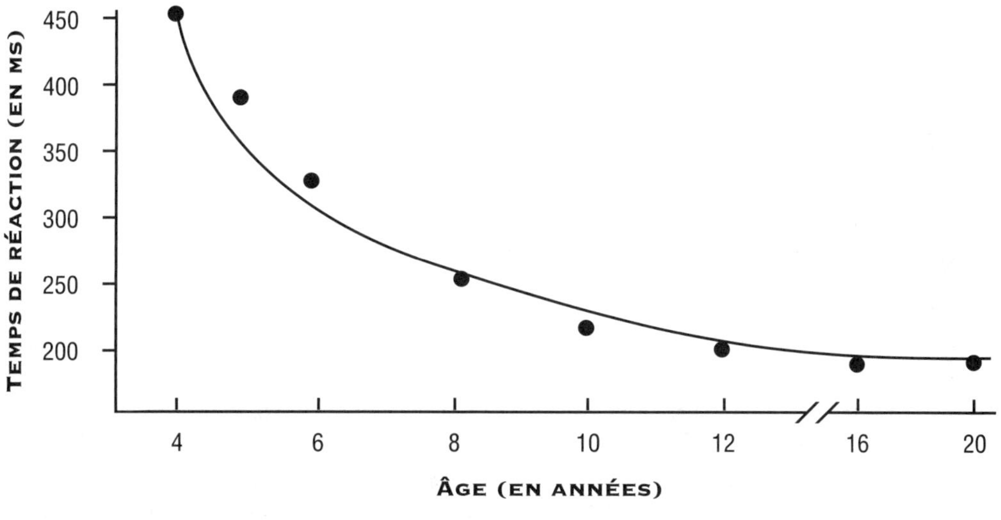

Le temps de réaction, à cinq ans, est deux fois plus élevé que celui de l'adulte. Cela veut dire que pour attraper un ballon qui lui est lancé d'une distance de 3 m à une vitesse de 25 km/h, l'enfant devrait amorcer son mouvement dès le début du lancer pour espérer pouvoir attraper le ballon, la durée de l'envol étant de l'ordre de 430 ms.

Dans **l'attraper**, il n'est donc pas étonnant que, vers trois ans, le ballon que nous lui avons lancé passe entre les bras de l'enfant refermés trop tard! Vers quatre ans, il plie les bras vers le tronc pour coincer le ballon (figure 2.15); vers cinq ans les mains forment une coupe pour accueillir la balle qui a rebondi sur le sol. Après cet âge, il commence à se déplacer en fonction de la trajectoire du ballon si celui-ci ne vient pas directement sur lui.

FIGURE 2.15
L'ATTRAPER DES DEUX MAINS
CARACTÉRISTIQUES ÉVOLUTIVES

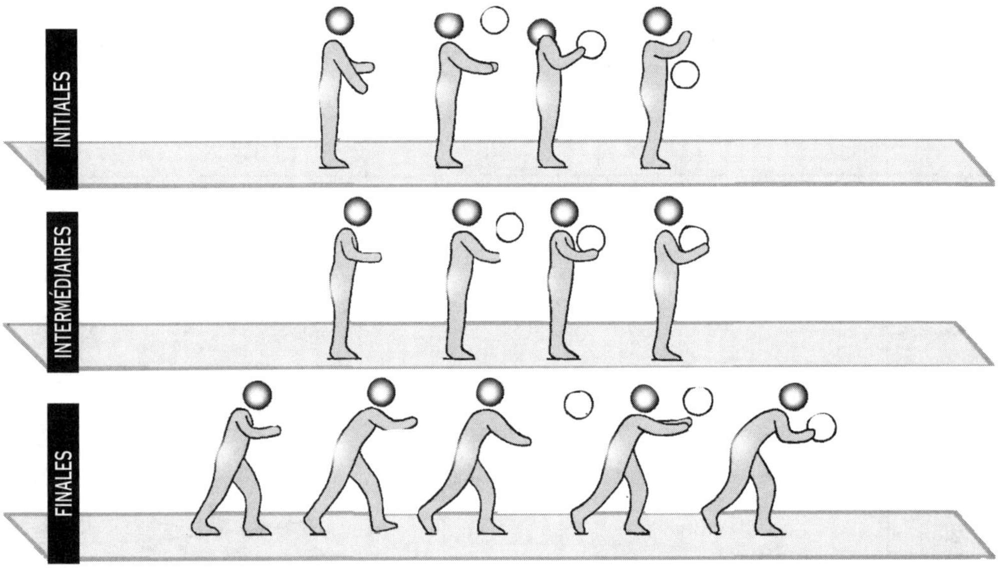

Caractéristiques initiales (2-3 ans): tronc face au ballon, pieds fixes au sol, bras horizontaux tendus vers l'avant se refermant après le contact du ballon avec la poitrine, rotation latérale de la tête.

Caractéristiques intermédiaires (4-5 ans): tronc face au ballon, pieds fixes au sol, les avant-bras horizontaux, paumes des mains se faisant face et préparant l'encerclement du ballon avant qu'elles soient touchées.

Caractéristiques finales (5-7 ans): les yeux suivent la trajectoire du ballon, déplacements possibles du corps vers la trajectoire du ballon, coudes fléchis et avant-bras tendus vers l'avant et s'ajustant à la trajectoire, saisie coordonnée du ballon par les mains.

Pour le **dribble**, la main utilisée suit d'abord le déplacement du ballon avant de l'anticiper : il en résulte que, lors des premiers essais, la main touche le ballon pendant sa phase descendante et ne lui imprime pas d'impulsion ; le ballon fait un premier bond puis finit par rouler à terre. Vers cinq à six ans, l'enfant frappe plusieurs fois de suite le ballon, bras tendu vers l'avant, pieds fixes au sol. Puis, entre sept et huit ans, il commence à fléchir le bras, se déplace en marchant, tout en contrôlant visuellement son activité (figure 2.16). Plus tard, enfin, la vision périphérique et la proprioception se substituent à la vision centrale dans le contrôle de cette activité.

FIGURE 2.16
LE DRIBBLE
CARACTÉRISTIQUES ÉVOLUTIVES

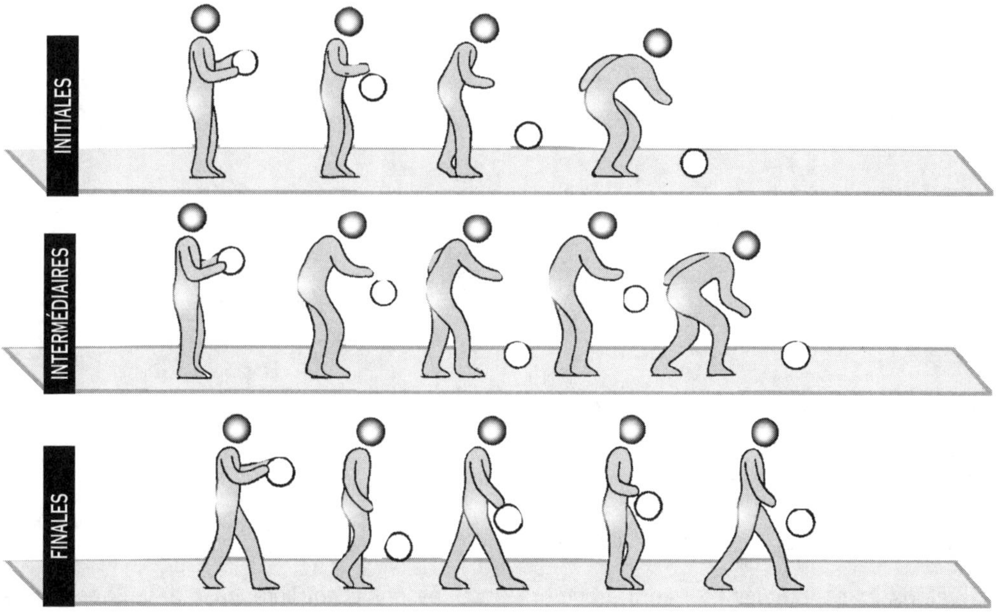

Caractéristiques initiales (3-4 ans) : tronc incliné vers l'avant et montant et descendant en même temps que le ballon, appui au sol stationnaire, les deux bras souvent actifs et accompagnant le ballon pendant sa descente au lieu de le frapper.

Caractéristiques intermédiaires (5-6 ans) : tronc incliné vers l'avant, appui stationnaire au sol, bras tendu vers l'avant, frapper de la main avec mouvement au poignet.

Caractéristiques finales (7-8 ans) : tronc légèrement incliné vers l'avant, déplacement coordonné du corps, coude fléchi et contact avec le ballon pendant sa phase ascendante et poussée avec les doigts au lieu d'un frapper.

Très rapidement, les enfants vont **frapper un ballon** avec le pied (figure 2.17). Dans un premier temps, vers deux ans, ils frappent un ballon **au sol** simplement en faisant un pas vers l'avant, sans armé de la jambe de frappe. Entre quatre et six ans, l'armé se précise et le frapper acquiert de plus en plus de force. Le **frapper de volée**, ballon préalablement lancé dans les airs, commence vers trois ans et devient de plus en plus efficace vers cinq à six ans avec un meilleur contrôle de l'équilibre et de l'armé de la jambe de frappe (figure 2.18).

FIGURE 2.17
LE COUP DE PIED À UN BALLON AU SOL
CARACTÉRISTIQUES ÉVOLUTIVES

Caractéristiques initiales (2-3 ans) : tronc droit, bras assurant l'équilibre, prise d'élan très réduite de la jambe de frappe qui pousse plus qu'elle ne frappe le ballon.

Caractéristiques intermédiaires (4-7 ans) : tronc légèrement incliné vers l'arrière, bras en opposition avec les jambes, prise d'élan plus importante de la jambe arrière avec extension à la hanche et flexion au genou, retour vers l'avant par flexion de la hanche, extension du genou, la jambe continuant vers le haut après le frapper.

Caractéristiques finales (8-10 ans) : inclinaison du tronc vers l'arrière pendant la préparation, bras en extension pour compenser les mouvements de la jambe de frappe, armé très vif de la jambe de frappe vers l'arrière puis retour aussi vif vers l'avant et poursuite du mouvement de la jambe vers le haut après le frapper.

FIGURE 2.18

LE COUP DE PIED DE VOLÉE

CARACTÉRISTIQUES ÉVOLUTIVES

Caractéristiques initiales (3-5 ans) : tronc droit, les bras lancent le ballon vers le haut, jambe d'appui tendue et armé très faible vers l'arrière de la jambe de frappe (le ballon touche souvent le genou).

Caractéristiques intermédiaires (6-7 ans) : tronc légèrement incliné vers l'arrière, bras tendus vers l'avant, mains tenant le ballon et le lançant vers l'avant et le haut, armé plus important de la jambe de frappe par flexion-extension nette au genou.

Caractéristiques finales (8-9 ans) : inclinaison nette du tronc vers l'arrière pour contrer la force du frapper, ballon lancé vers l'avant par la main opposée au pied de frappe et restant en avant pendant le frapper, prise d'élan possible avant le frapper avec un armé très vif et léger sursaut après la frappe.

Frapper un engin (rondelle, balle, volant) avec un instrument (raquette, bâton) est encore plus complexe puisqu'on ajoute un élément extérieur modifiant la «longueur» du bras de l'enfant et éloignant ainsi la partie de l'instrument qui frappe de son corps. Il n'est pas alors étonnant que l'enfant laisse tomber le volant de badminton sur sa main tenant la raquette au lieu de le faire sur le tamis: il lui faudra reculer son coude tenant la raquette ou tendre davantage le bras tenant le volant pour que les deux, volant et tamis, se trouvent sur la même trajectoire! Au départ l'enfant utilise souvent les deux mains pour tenir l'engin et frappe de l'arrière vers l'avant, réagissant aux informations; dans un deuxième temps, vers six à sept ans, il anticipe son action en prenant en considération les mêmes informations: il se prépare à frapper en fonction de la trajectoire de la balle (figure 2.19).

FIGURE 2.19
LE FRAPPER DE BALLE (AVEC ENGIN)
CARACTÉRISTIQUES ÉVOLUTIVES

Caractéristiques initiales (3 ans): tronc face au frapper, jambes fixes, coudes fléchis puis tendus pour frapper de haut en bas dans un plan souvent sagittal.

Caractéristiques intermédiaires (4-5 ans): rotation préparatoire du tronc du côté du bras frappeur, coudes fléchis pendant l'attente puis vivement étendus pendant la rotation en bloc jambes-tronc-épaules et appui final sur la jambe avant.

Caractéristiques finales (6-7 ans): appui sur les deux jambes, celle du côté du bras frappeur en arrière, rotation préparatoire du corps de ce côté, bras fléchis au coude, mains au niveau de l'épaule arrière, extension des bras vers l'avant dans un plan horizontal pendant le retour séquentiel bassin, tronc, épaules vers l'avant pour le frapper et transfert du poids du corps sur la jambe avant après la frappe.

Lorsqu'il arrive à l'école, vers cinq ans, l'enfant est déjà bien avancé dans la maîtrise d'un grand nombre de comportements moteurs (tableau 2.4): il monte et descend les escaliers en alternant les pieds, sautille sur place ou en avançant, tourne en courant et s'arrête rapidement, saute près de 80 cm avec élan, saute à cloche-pied, attrape un ballon et le lance à plusieurs mètres (tableaux 2.2 et 2.3).

5. LA MOTRICITÉ FINE

La motricité fine concerne essentiellement les activités motrices manuelles ou manipulatoires (utilisation des doigts, parfois des orteils) le plus souvent **visuellement guidées** et nécessitant de la **dextérité**. Il est ici question de **coordination visuo-manuelle** (et non pas oculo-manuelle): ce n'est pas l'œil, en effet, qui guide la main mais bien la vision. Pour être réalisées correctement, ces activités requièrent la **localisation** de l'objet à saisir, l'**identification** ou la détermination de ses caractéristiques, le contrôle du déplacement pour l'**approche** du bras et de la main, la **saisie** de l'objet et son **utilisation**. Évidemment, la saisie n'est pas un comportement spontané et elle requiert la compréhension que bras et mains m'appartiennent et qu'ils sont des organes me permettant d'atteindre les objets à ma portée. Pour guider ma main, je dois ainsi, dans un premier temps, associer deux **cartes spatiales**, celle visuelle du déplacement vu de la main et l'autre proprioceptive du déplacement senti de la même main. Cela me permettra, par la suite, de diriger mes mains sans être obligé de les regarder en permanence (je sais où est ma main, même si je ne la vois pas). L'enfant guide d'abord sa main avant de s'en servir dans la saisie: il l'approche des objets mais éprouve de la difficulté à fermer les doigts autour de l'objet. La connaissance des caractéristiques de l'objet (forme, orientation, sec ou mouillé, collant ou glissant, dur ou très mou) détermine en grande partie l'orientation des doigts et la force utilisée pour le saisir; l'expérience et l'apprentissage restent ici fondamentaux.

Si, avant neuf mois, l'enfant utilise ses deux mains ou ses doigts en bloc pour saisir, après cet âge, non seulement dissocie-t-il les doigts les uns des autres mais, en plus, il oppose le pouce aux autres doigts, formant ainsi la pince digitale, bien utile pour la saisie des petits objets. Toutefois, si l'enfant améliore rapidement sa saisie, il lui faudra encore des années avant qu'il ne puisse écrire, couper avec des ciseaux ou avec un couteau, nouer ses lacets, ajuster la force de saisie, etc. (tableau 2.2). Il est évident que lorsque l'enfant arrive dans le domaine scolaire, il maîtrise déjà très bien sa motricité manuelle dans les activités phylogénétiques de la vie quotidienne, en particulier dans les activités ludiques et alimentaires. Il va de soi également que pour les activités ontogénétiques associées à un apprentissage (écriture et découpage en particulier) il profitera des séances pratiques systématiques préparées à cette fin. Ses progrès évolueront en fonction de son degré de maturation neuromusculaire et de la densité des séances d'entraînement et du feed-back qui lui est donné. L'apprentissage de la maîtrise du geste graphique de l'écriture constitue l'un des objectifs de l'éducation motrice en classe, au préscolaire aussi bien qu'au primaire, vitesse et lisibilité demeurant les deux compétences majeures de cet apprentissage (voir le chapitre 4, sur l'écriture).

TABLEAU 2.4
TRANSFORMATION DES ACTIVITÉS MOTRICES EN FONCTION DE L'ÂGE

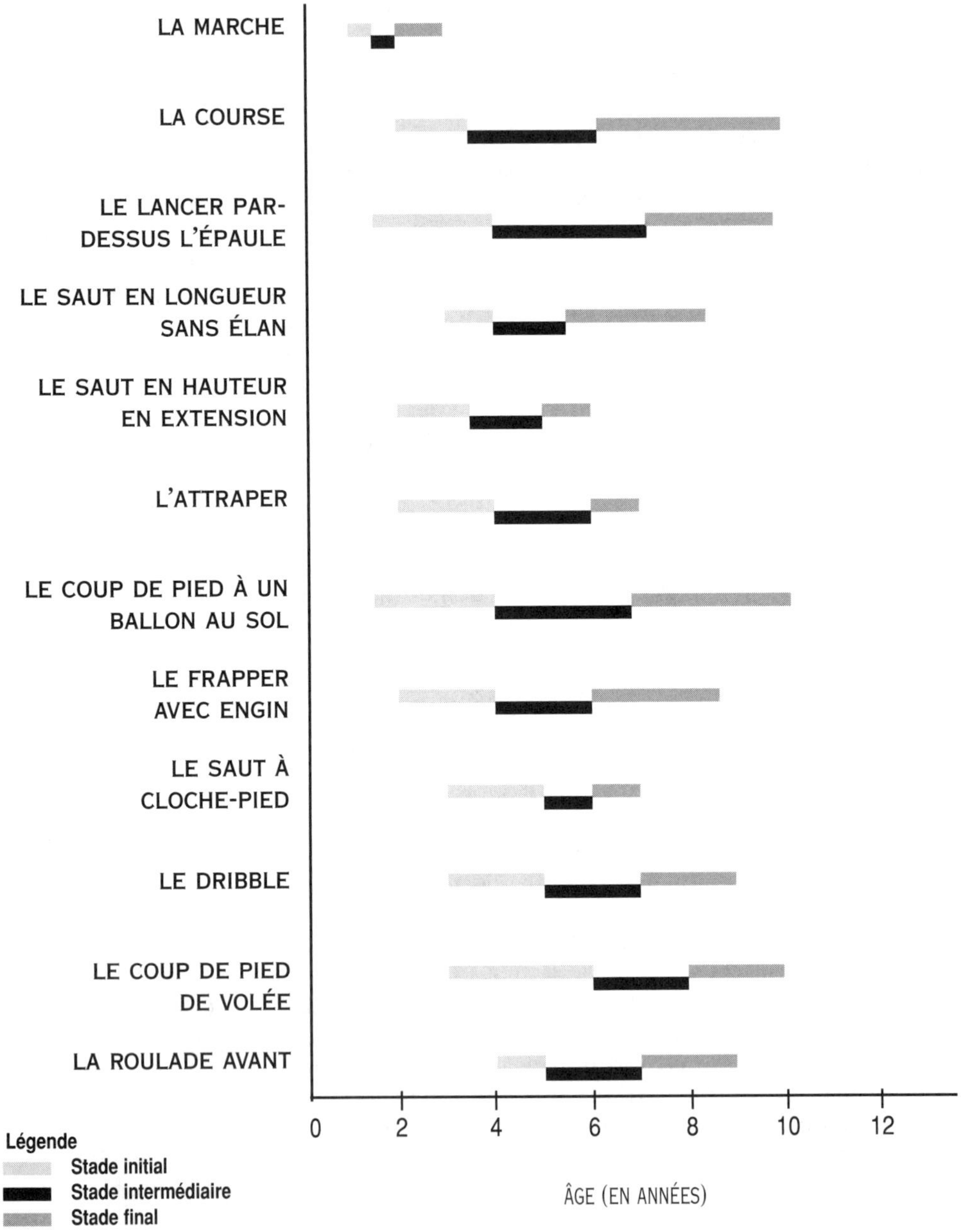

Les activités de motricité fine requièrent deux étapes distinctes mais complémentaires, le **transport de la main** vers l'objet et sa **saisie-manipulation**. Le transport nécessite le contrôle de la musculature proximale (épaule et coude): c'est en effet par les mouvements combinés de l'épaule et du coude que nous déplaçons la main se tenant à l'extrémité de l'avant-bras pour la conduire à l'endroit désiré. Dans une activité de pointage, par exemple, mais aussi de tenue de raquette, la main n'intervient pas pendant le déplacement du bras. Ce sont la saisie et la manipulation qui révèlent la motricité fine et la dextérité. Healy *et al.* (1986) différencient clairement les activités de motricité fine, distales, comme coudre, se raser, mettre du rouge à lèvres, écrire, jouer du piano que 97% des droitiers et 89% des gauchers font de leur main préférée des activités manuelles plus globales, proximales, comme lancer (97% des droitiers avec leur main droite et seulement 72% des gauchers avec leur main gauche) mais aussi porter une valise, prendre un seau d'eau par terre, où l'on peut aussi bien utiliser l'une que l'autre main. En escrime se combinent les deux aspects, le pointage de l'arme grâce à l'épaule-coude et les ajustements terminaux grâce au poignet-main.

En se basant sur une analyse factorielle effectuée à partir des résultats d'habileté motrice obtenus à une série d'épreuves de motricité fine, Healy *et al.* (1986) et Steenhuis et Bryden (1989) ont pu regrouper les activités manuelles en six grandes catégories: atteindre-saisir, utiliser et manipuler des outils, lancer, porter, pointer et les activités bimanuelles. Il est évident que toutes les activités manuelles ne requièrent pas le même degré de dextérité (Rigal, 1992). Pour **atteindre-saisir** (ramasser une aiguille ou une bille par terre, prendre un trombone ou un verre) et **pointer** (composer un numéro de téléphone, utiliser une calculatrice, frapper sur un clavier), nous combinons un contrôle proximal, l'épaule, avec un contrôle distal, les doigts et les pinces digitales; l'une ou l'autre main peuvent être utilisées dans la majorité des cas. L'**utilisation et la manipulation** d'outils concernent une vaste gamme d'activités quotidiennes, certaines largement dépendantes d'un apprentissage unimanuel (écrire, dessiner, peindre, coudre, couper avec un couteau), d'autres moins culturellement dépendantes (utiliser un tournevis, une perceuse, manger avec une cuillère) pour lesquelles un contrôle fin et précis est indispensable. Les **lancers** (de balle, ballon, javelot, fléchettes), bien que sollicitant le plus souvent également la motricité globale du corps et l'ajustement temporel de l'intervention de ses différentes parties, nécessitent tout un apprentissage et sont le plus souvent associés à un seul bras. Pour les **porters** (valise, seau, sac de provisions), la main ne sert qu'à prendre l'objet et lorsqu'un bras est fatigué, nous changeons pour l'autre sans aucune difficulté. Dans les **activités bimanuelles**, enfin, les deux mains sont requises, soit pour tenir l'objet (râteau, balai, bâton de hockey, pelle), soit pour combiner l'utilisation de deux objets (tournevis-vis, marteau-clou, couteau-fourchette, toast-beurre, épluche-légume-carotte), ou pour réaliser une tâche (ouvrir un pot de confiture, peler une orange, jouer d'un instrument de musique). Toutes ces dernières activités sollicitent la participation coordonnée des deux hémisphères cérébraux pour que les actions des deux mains s'interpénètrent conduisant à une action globale satisfaisante.

Le contrôle de la motricité fine précède parfois celui de la motricité globale: la pince digitale est en effet acquise bien avant la marche ou la course par exemple; par contre, dans des activités de nature ontogénétique, comme découper avec des ciseaux ou écrire, de longs apprentissages sont nécessaires, comme pour les autres activités physiques d'ailleurs. Les exercices d'enfilage de perles, de découpage, de traçage de traits, de coloriage, de manipulation de pâte à modeler favorisent le contrôle progressif et précis des mouvements des mains et des doigts. Ils sont indissociables de l'amélioration du contrôle de la motricité fine. Les deux mains coopèrent le plus souvent dans ces activités: on parle alors de coordination bimanuelle, élément dont il sera question au chapitre sur la latéralité.

6. RÉSUMÉ

Le développement moteur caractérise l'évolution naturelle du contrôle moteur chez l'enfant, liée aux modifications nerveuses, perceptives et musculaires se produisant en particulier au cours des premières années de la vie, permettant l'acquisition de patrons moteurs de plus en plus complexes propres aux activités manipulatoires, stabilisatrices et locomotrices. Les réflexes et les mouvements stéréotypés laissent la place aux mouvements volontaires coordonnés selon des étapes qui dépendent de la maturation nerveuse s'effectuant selon deux grands axes, céphalocaudal et proximodistal.

Le tonus musculaire, état de contraction minimale d'un muscle au repos, se met en place au cours des premiers mois de la vie permettant le contrôle moteur des parties axiales du corps. Le contrôle de l'équilibre, lié à l'évolution des structures nerveuses et sensorielles le contrôlant et à l'augmentation de la force dans les membres inférieurs, se met aussi en place, d'abord d'un point de vue statique (assis, debout) puis dynamique. À partir de cinq ans, les enfants contrôlent bien leur équilibre statique sur un pied et commencent à mieux se déplacer sur des poutres d'équilibre. Les ajustements posturaux anticipatoires aussi bien que réactionnels favorisent également le contrôle de l'équilibre et son maintien. La posture, et sa régulation, est à surveiller au cours de la croissance pour assurer à l'enfant de bonnes positions de son corps lui évitant des distorsions physiques, dont celles de la colonne vertébrale.

La motricité globale, sollicitant la participation de la plupart des parties du corps, s'améliore dans les activités comme la marche, la course, les sauts, les lancers et frappers, les attrapers. L'entraînement améliore les performances, qualitatives aussi bien que quantitatives.

La motricité fine, associée au contrôle manuel et digital, s'améliore elle aussi au cours des premiers mois de la vie et permet la maîtrise de la pince digitale (opposition pouce-index) vers le neuvième mois. La coordination visuomanuelle se perfectionne ensuite régulièrement, permettant à l'enfant d'être autonome dans son alimentation, ses jeux et ses manipulations.

Avec un meilleur contrôle moteur se renforce la mise en place du schéma corporel, conscience que nous avons de notre corps, au repos ou en mouvement, à l'origine de notre coordination motrice qui se construit largement au cours de notre enfance mais qui se complète tout au long de la vie à mesure que nous avons de nouvelles expériences motrices. Le développement moteur se traduit, chez un certain nombre d'enfants, par une difficulté de contrôle des mouvements volontaires, caractéristique de la maladresse. Elle est, jusqu'à un certain point normale lorsqu'un enfant veut faire seul une action que son équipement neuromusculaire ne lui permet pas de contrôler ; elle est pathologique lorsqu'un enfant ne réussit pas des activités semblables à celles réussies par d'autres enfants beaucoup plus jeunes que lui.

Croissance, maturation et environnement se conjuguent pour établir les étapes du développement moteur des enfants (figure 2.21).

FIGURE 2.21
FACTEURS DE L'ÉVOLUTION MOTRICE

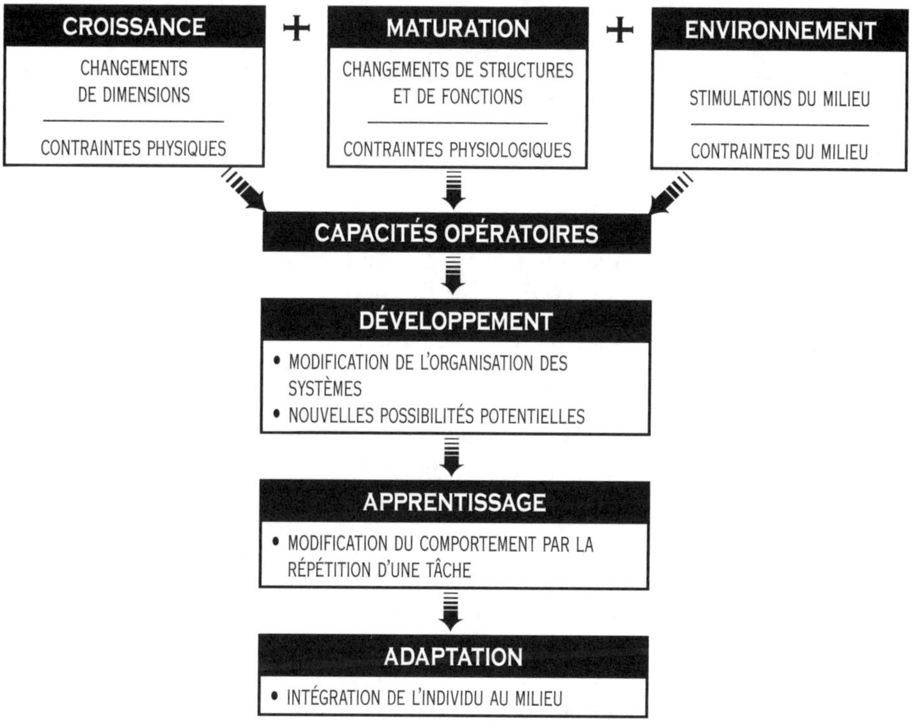

7. ACTIVITÉS PRATIQUES

Prévoir des mises en situation où pourront être utilisées les activités suivantes.

Équilibre

- **statique**
  - Se tenir sur les deux pieds, lever la tête vers le haut, fermer les yeux.
  - Sur un pied, lever la tête vers le haut, fermer les yeux ; changer de jambe.
  - En appui sur une jambe, mains aux hanches, mettre le pied de l'autre jambe sur le genou de la jambe d'appui (faire la cigogne).
  - À quatre pattes au sol ; enlever une main ou un genou ; enlever main et genou du même côté puis du côté opposé ;
  - Rester 10 secondes sur une planche d'équilibre.
- **dynamique**
  - Marcher, mains aux hanches, sur une ligne au sol en regardant la ligne, en regardant loin devant soi. Même chose mais en mettant le talon du pied avant contre les orteils du pied arrière.
  - Marcher, mains aux hanches, sur le dessus d'un banc suédois, sur le banc inversé (disposer un tapis de chaque côté ou accompagner l'enfant).
  - Marcher en portant un sac de sable sur la tête ; passer par-dessus une série de bancs suédois ; aller d'un cerceau à l'autre ; suivre un parcours où il faut avancer en allant d'un côté ou de l'autre, reculer.
  - Sur un pied, au centre d'un cerceau : faire remonter le cerceau le long du corps et le faire ressortir au-dessus de la tête.

Motricité globale

Exercices sollicitant la participation de tout le corps :

- marches d'imitation (ours, lapin, kangourou, éléphant, canard, etc.) ; de directions variées (avant, arrière, sur le côté, en tournant) ; de vitesses variées (petits pas, grands pas, lentement, vite, sur la pointe des pieds, talon d'un pied mis contre les orteils de l'autre, croiser les pieds de l'autre côté, etc.) ; sur un plan incliné, debout ou à quatre pattes (banc suédois reposant sur un espalier) ; sur des surfaces différentes (sable, sol dur, tapis de mousse d'épaisseurs différentes) ; en groupe (file indienne, par deux, en farandole, en ligne les uns à côté des autres).

- courses (lente, rapide, changer de vitesse, modifier les enjambées, en crochet avec obstacles, etc.) ;
- sauts (sur un pied, sur les deux, en longueur, en hauteur, en tournant en l'air, en écartant les jambes sur le côté, vers l'avant-arrière, etc.) ;
- sauter en l'air et frapper dans les mains le plus de fois possible avant de retomber ;
- sauter à la corde ;
- sauter sur le trampoline en faisant des chandelles, debout-assis, en tournant en l'air autour de l'axe vertical de 90°, 180°, 270°, 360°.
- lancers (de précision, le plus loin, le plus haut, d'un bras, des deux, etc.) ;
- natation, sports collectifs, etc.

Motricité fine

- **Dissociation des doigts**
  - Main à plat sur la table, soulever alternativement les doigts ; le faire pour les deux mains.
  - Opposer le pouce alternativement aux autres doigts.
  - Saisir et transporter des perles ou des pièces d'une boîte dans une autre par pince digitale (pouce opposé à un doigt).
  - Ramasser le plus de jetons, de sous ou de petits objets avec le groupe pouce-index-majeur en gardant ces objets dans la paume de la main ; cet exercice forcera l'enfant à creuser la paume de sa main afin de conserver les objets.
  - Faire la chenille sur un crayon : avancer les doigts sur un crayon en le tenant d'une main. Utiliser un gros crayon si la tâche est difficile.
  - Jouer aux « doigts soldats » : mains fermées, pouces repliés à l'intérieur, on donne l'ordre au soldat pouce de se lever et ainsi de suite aux autres doigts.
  - Distribuer des cartes à jouer, une par une, en augmentant graduellement la vitesse.

- Faire de petites boules de papier et les recouvrir de papier collant pour qu'elles conservent leur forme. Faire ensuite un jeu de course en faisant des chiquenaudes (pouce-index). On peut ensuite faire le même jeu en utilisant d'autres doigts. Quand le geste est bien maîtrisé, refaire le même exercice en utilisant la prise tridigitale (pouce-index-majeur) utilisée en écriture.

- **Dissociation main-poignet**
  - Faire tourner un criquet en mobilisant le poignet.
  - Visser, dévisser des couvercles, des écrous.
  - Demander à l'enfant de froisser une serviette de papier, ou une feuille de papier de soie à l'aide d'une seule main, en appuyant son avant-bras sur la table.
  - Ouvrir, fermer une main, puis l'autre, puis les deux en même temps, puis alternativement, plusieurs fois de suite.

Contrôle de la force musculaire

- Il existe sur le marché toutes sortes de poinçons sur lesquels on doit exercer une force plus ou moins grande afin de trouer une feuille de papier. Cela amène l'enfant à ajuster la force musculaire exigée par la tâche. On peut aussi utiliser du papier ou du carton d'épaisseurs différentes. Un dessin à perforer pourra ensuite être lacé, ce qui travaillera la coordination visuo-manuelle.
- Pour gérer l'effort musculaire, mettre un élastique autour des cinq doigts au niveau de la première phalange et écarter les doigts le plus possible. Varier la résistance des élastiques.
- Dans le même but, faire éclater les bulles d'un papier-bulle (emballage de protection) à l'aide de la pince pouce-index.
- Faire avancer lentement ou rapidement une balle de ping-pong en utilisant une poire nasale (graduer la force de pression sur la poire).
- Varier la force de saisie : presser doucement puis fort sur une boule de plasticine ; travailler la pâte. Y enfoncer plus ou moins profondément de petites chevilles.

Activités de manipulation, de bricolage, de dessin

Enfiler des perles pour constituer des colliers ; en profiter pour reproduire des séries de perles de couleurs différentes (algorithmes).

Découper des formes avec les ciseaux, plier du papier en suivant des lignes ou les indications, modeler des formes, des objets avec de la pâte à modeler.

Faire des nœuds avec de la ficelle.

Combinaison de motricité globale et de motricité fine. Les enfants sont répartis en équipes de deux. Des perles de trois couleurs différentes sont placées dans quatre grands récipients et il y aura un récipient pour quatre équipes. Les récipients seront disposés dans le gymnase de telle façon qu'il y aura un espace de cinq mètres tout autour de chaque récipient. Chaque équipe de deux se place au sommet d'un carré avec le récipient au centre. L'objectif est de construire un collier le plus long possible en cinq minutes, en alternant les trois couleurs de perles selon un algorithme prédéfini ou imaginé par chaque équipe. Pour cela, un des deux enfants doit courir vers le récipient, prendre une perle, la rapporter et la donner à son compagnon qui, lui, doit l'enfiler avec une cordelette. Le coureur repart dès qu'il a donné sa perle pour aller en chercher une nouvelle d'une couleur différente. Lorsque six perles sont enfilées, les deux enfants changent de rôle. La tâche peut être compliquée en demandant de sauter à cloche-pied pour aller chercher les perles, de courir à reculons, de sauter à pieds joints, etc. Comparer ensuite les « longueurs » des perles enfilées pour voir quel est le collier le plus long ; le plus long est-il celui qui a le plus de perles ? Attention si la grosseur (le diamètre) des perles n'est pas la même : dans ce cas, il faut établir une correspondance terme à terme ou compter !

8. QUESTIONS

J'évalue mes connaissances en répondant aux questions suivantes :

8.1. Qu'est-ce que le développement moteur ?

8.2. Comment regroupe-t-on les différentes activités motrices ?

8.3. Quelles sont les grandes lois illustrant l'évolution du contrôle de la motricité ?

8.4. Qu'est-ce que le tonus musculaire ? Qu'est-ce que les syncinésies et les paratonies ?

8.5. Qu'est-ce que le contrôle postural ? Quelles sont les deux grandes catégories de contrôle de l'équilibre ? Comment ajuster son quadrilatère de sustentation pour maîtriser son équilibre ? Quels récepteurs sensoriels sont sollicités dans le contrôle de l'équilibre ?

8.6. En quoi consistent les ajustements posturaux? Comment se différencient les deux catégories d'ajustements posturaux? Pourquoi faut-il avoir une posture correcte?

8.7. Qu'est-ce que la motricité globale? Quelles sont les grandes étapes dans l'évolution des patrons de mouvements suivants: marche, course, sauts, lancer et roulade et leurs caractéristiques? Pourquoi ces patrons apparaissent-ils à des moments particuliers?

8.8. Comment les activités motrices requérant de la coordination visuomanuelle ou visuopodale (attraper, dribbler, frapper avec un engin, donner un coup de pied à un ballon au sol ou de volée) évoluent-elles?

8.9. Qu'est-ce que la motricité fine? Quelles sont les étapes préalables à la manipulation d'un objet? La préhension est-elle innée? Comment regrouper les activités manuelles?

CHAPITRE 3

LA LATÉRALITÉ

OBJECTIFS

À la fin de ce chapitre, vous devriez être en mesure de :

- définir la latéralité, la manualité et la coordination bimanuelle ;
- préciser les théories explicatives de l'acquisition de la manualité ;
- nommer les épreuves de détermination de la manualité et en donner les caractéristiques ;
- préciser les caractéristiques de la coordination bimanuelle.

1. INTRODUCTION

Nous disposons de plusieurs structures anatomiques paires et symétriques. Toutefois, fonctionnellement parlant, nous préférons le plus souvent utiliser l'une plutôt que l'autre de chacune des paires, qu'il s'agisse de la main pour l'écriture, de l'œil pour la visée dans un télescope ou de l'oreille pour l'écoute au téléphone. La **latéralité** désigne cette préférence d'utilisation de l'une de chacune des parties paires du corps et la latéralisation le processus par lequel s'établit cette préférence. La reconnaissance et l'identification de la droite et de la gauche ne font pas partie de la latéralité : ces éléments sont présentés à leur vraie place, dans l'organisation spatiale. La latéralité est largement déterminée à la naissance et est de l'ordre de la dominance hémisphérique fonctionnelle ; nous prenons en même temps conscience de l'existence des deux parties symétriques de notre corps et de leur nom, droite et gauche : ma main droite, mon oreille gauche. L'identification droite-gauche est une connaissance. Elle s'acquiert par apprentissage et par étapes à partir d'un âge donné et est de l'ordre de la cognition ; c'est l'application des termes droite et gauche aux deux côtés de son corps et l'utilisation des directions droite et gauche pour s'orienter : « à ma droite, à ta gauche ; à la droite de Paul, à la gauche de Louise ; au carrefour, tu tourneras à droite ».

2. LA MANUALITÉ

La **manualité** renvoie à la préférence d'utilisation d'une main dans les tâches unimanuelles requérant une habileté élevée (comme écrire, peindre, jouer au tennis). Du grand nombre d'études réalisées dans le domaine de la manualité, il ressort que le pourcentage de droitiers est, et a été de tout temps, supérieur au pourcentage de gauchers, qu'elle se met en place au cours des premières années de la vie sous l'influence de facteurs génétiques et environnementaux. Bien que les pourcentages puissent varier d'un pays à l'autre ou en fonction des tests utilisés pour déterminer la manualité, le pourcentage de **droitiers** s'élève à environ 85 %, celui des **gauchers** à 10 % et celui des **ambimanes** à 5 % (Rigal, 2003). Ces derniers utilisent une main pour certaines activités et l'autre pour les autres. Dans des cas exceptionnels, certaines personnes peuvent utiliser avec autant d'habileté chacune des deux mains dans toutes les activités : ce sont les ambidextres, personnes très rares !

La distribution des sujets le long de l'axe de la manualité se fait selon une courbe en J lorsqu'on la considère sur un continuum allant de la gaucherie totale (toutes les actions faites de la main gauche) à la droiterie totale (toutes les actions faites avec la main droite) (figure 3.1).

Il n'est pas rare d'entendre dire que le monde a été fait (ou s'est façonné) pour les droitiers ; on donne fréquemment comme exemple suprême l'écriture : nous écrivons de la gauche vers la droite et le fait d'utiliser la main droite évite de cacher ce que nous venons d'écrire. Faisons ici remarquer que les Arabes écrivent de droite à gauche et qu'il y a autant de droitiers chez eux que chez nous ! Et que dire de l'écriture chinoise, se faisant de haut en bas, les colonnes se succédant de la droite vers la gauche ? Bien des gens sur terre conduisent également à gauche et, le volant étant à droite, changent bien les vitesses de leur main gauche. Enfin, de plus en plus d'outils sont maintenant disponibles dans une version « gaucher » (ciseaux, scies circulaires, etc.).

3. ORIGINE DE LA MANUALITÉ

Pourquoi y a-t-il des droitiers et des gauchers en proportions différentes, avec systématiquement toujours plus de droitiers, quels que soient les époques, lieux et cultures ? Est-ce dû aux gènes, à l'environnement ou à leur combinaison ? (Voir le tableau 3.1.)

Les facteurs génétiques ne s'expriment pas, pour la manualité, selon les lois mendéliennes : en effet, des enfants droitiers naissent de parents gauchers (presque 50 % !) tandis que des enfants gauchers peuvent naître de parents droitiers (moins de 5 % !). Les théories à gène dominant pour la droiterie et récessif pour la gaucherie ont donc dû être abandonnées. À partir de deux constatations, Annett (1981) a élaboré une théorie génétique de la transmission de la latéralité. Elle a d'abord constaté que

FIGURE 3.1
DISTRIBUTION DE LA MANUALITÉ CHEZ 406 ENFANTS ÂGÉS DE 5 À 11 ANS

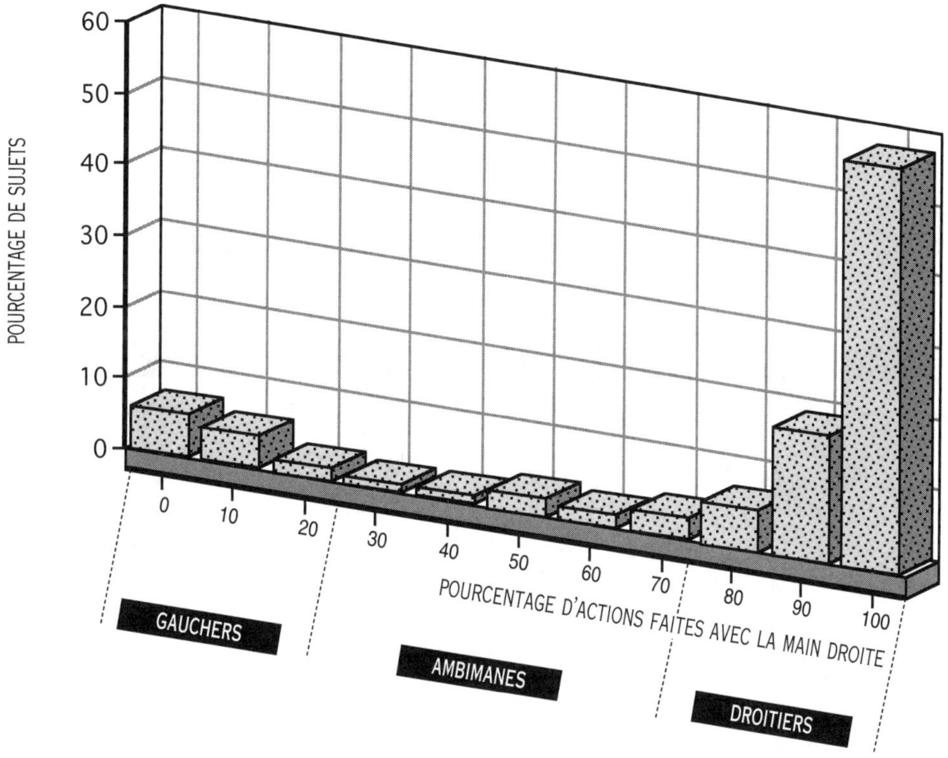

lorsque nous faisons passer à des personnes un test d'habileté motrice de chaque main (en l'occurrence déplacer des chevilles en bois d'une rangée de trous dans une autre), la différence d'habileté main droite moins main gauche aux résultats ne se distribue pas de façon équivalente de part et d'autre de la différence nulle; le pourcentage de sujets ayant une différence positive est largement supérieur à celui des sujets ayant une différence négative (figure 3.2). Rien de surprenant puisqu'il y a davantage de droitiers que de gauchers! L'auteur en déduit qu'il pourrait y avoir un gène (attention, ce n'est qu'une hypothèse!) qui déterminerait le **glissement à droite** (GD+) de l'habileté manuelle (la main droite serait favorisée par rapport à la main gauche) et se traduirait également par une prédominance de l'hémisphère gauche contrôlant donc l'habileté de la main droite et le langage. Les personnes ne disposant pas de ce gène n'auraient pas de prédominance congénitale d'un hémisphère par rapport à l'autre

TABLEAU 3.1
LES ORIGINES DE LA MANUALITÉ : THÉORIES EXPLICATIVES

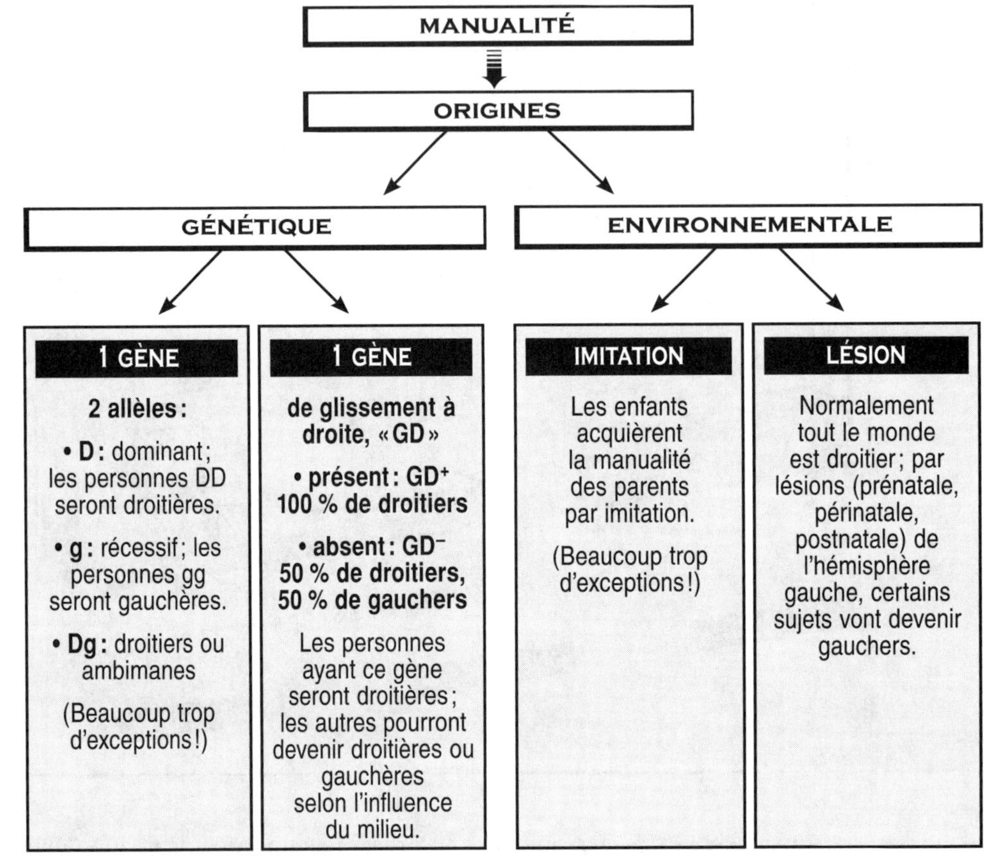

et leur manualité s'établirait au hasard, la moitié d'entre elles devenant droitières, et l'autre moitié gauchères, les centres de contrôle du langage pouvant également se trouver dans l'un ou l'autre des deux hémisphères cérébraux ! Annett (1985) a également constaté que parmi les personnes ayant des difficultés de langage (dysphasie ou aphasie), 9,27 % d'entre elles avaient les centres de contrôle du langage dans leur hémisphère droit. Ces personnes ne devaient donc pas disposer du gène de glissement à droite ainsi qu'un pourcentage équivalent de sujets dont les centres de contrôle du langage se trouvaient dans l'hémisphère gauche, ce qui donnait globalement 18,54 % de sujets n'ayant pas de gène de glissement à droite. Ces personnes ayant hérité

FIGURE 3.2
LE GLISSEMENT À DROITE

(D'après Annett, 1985, p. 263.)

DISTRIBUTION HYPOTHÉTIQUE DES DIFFÉRENCES D'HABILETÉ MAIN DROITE-MAIN GAUCHE DANS LA POPULATION

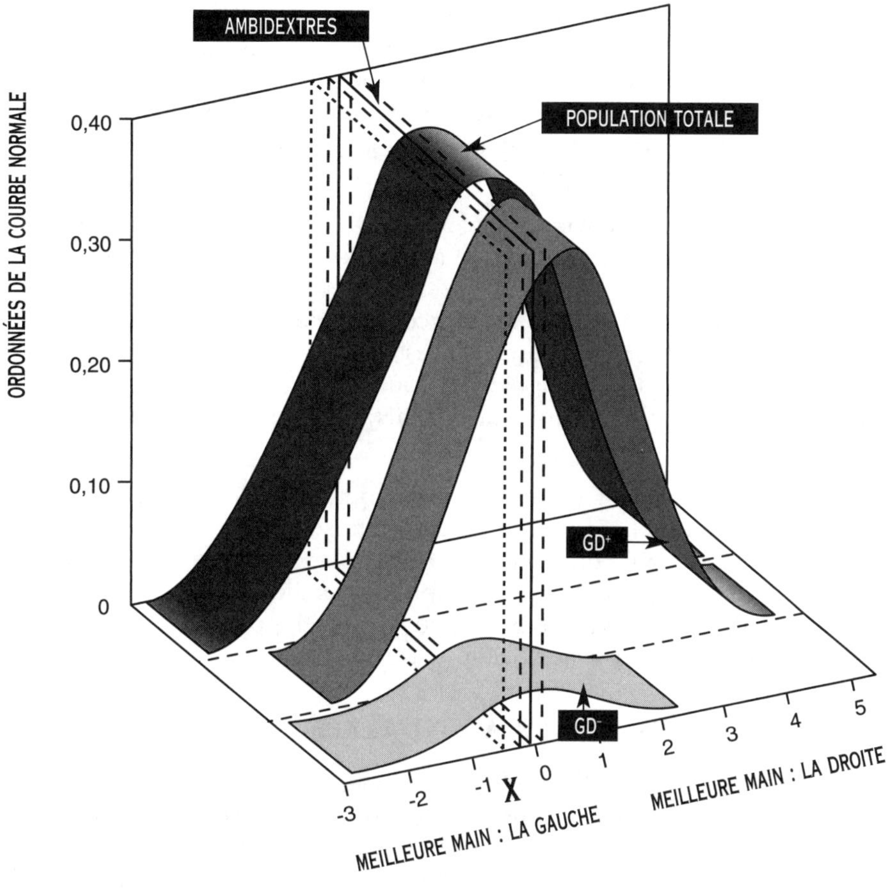

La proportion des sujets avec le gène GD+ (glissement à droite) est de 0,8 et la moyenne de la distribution des différences d'habileté est à 1,5 ET (écart type) à droite de celle des sujets GD− (sujets n'ayant pas le gène).

Les variances des deux distributions GD+ et GD− sont égales. X est un seuil possible de gaucherie. La courbe sombre illustre la somme des deux distributions, et la distribution des différences entre l'habileté de chaque main, légèrement déviée à droite. Pour la droite passant par 0, les performances de chaque main sont égales.

« l'absence de gène » (!), la fréquence de cette absence de gène (GD-) est égale à la racine carrée de 18,54, soit 4,3 sur 10 ou 0,43 sur 1. Comme il n'y a que deux possibilités (avoir ou ne pas avoir le gène!), il en résulte que la fréquence du gène de glissement à droite serait égale à 1 – 0,43, soit 0,57. Nous pouvons maintenant voir comment se combinent présence et absence de gène lors de la fécondation. Il suffit d'appliquer le binôme *(a + b)*2 en donnant à *a* (GD+) la valeur 0,57 et à *b* (GD-) la valeur 0,43. Nous obtenons *a*2 = 32,49 % (GD++) (les deux parents ont le gène), 2*ab* = 49,02 % (GD+-) (un seul des deux parents a le gène) et *b*2 = 18,54 % (GD--) (aucun des deux parents n'a le gène). Toutes les personnes ayant le gène *a* et la moitié de celles, ne l'ayant pas, *b*, deviendraient droitières, soit 32,49 + 49,02 + 9,27 = 90,73 % et les autres gauchères, soit 9,27 %, chiffres correspondant de près à la réalité lorsqu'on ne considère que deux groupes possibles dans la population, droitiers et gauchers ; on retrouve alors 90 % de droitiers et 10 % de gauchers.

Quant aux influences environnementales, nous savons très bien qu'elles se sont largement appliquées jusqu'à une époque assez récente où les gauchers se voyaient obligés d'écrire de leur main droite, ce que Gilbert et Wisocki (1992) ont bien illustré (figure 3.3). Ils montrent bien que le pourcentage de sujets lançant de leur main gauche, mais écrivant de leur main droite, est d'environ de 1 à 2 % jusqu'aux environs de 35 à 40 ans, mais qu'il augmente ensuite à 4 % ; cela indique que les sujets gauchers âgés de plus de 45 ans ont été soumis à des pressions pour écrire de leur main droite.

Enfin, on peut également considérer l'hypothèse selon laquelle il ne devrait y avoir que des droitiers ! La présence de gauchers serait tout simplement liée à des « difficultés » prénatales ou périnatales (comme, par exemple, des maladies de la mère ou l'absence d'oxygène dans l'hémisphère gauche du fœtus, une anoxie, un traumatisme crânien) qui auraient provoqué un développement plus important de l'hémisphère droit que du gauche (Bakan *et al.*, 1973).

4. DÉTERMINATION DE LA MANUALITÉ

Pour déterminer notre degré de préférence manuelle, nous disposons de deux catégories d'épreuves : les **questionnaires de préférence manuelle** et les **épreuves d'efficience manuelle** (Rigal, 2003). Dans le premier cas (tableau 3.2), le sujet indique laquelle des deux mains il utilise dans les actions évaluées. En additionnant les réponses, il est facile d'établir le pourcentage de préférence latérale (Oldfield, 1971). Les filles sont toujours plus nettement latéralisées que les garçons : il y a moins d'ambimanes parmi elles, le pourcentage de gauchères étant moindre également que celui des gauchers. Avec des enfants, il est préférable de faire mimer ou réaliser l'action plutôt que d'indiquer la main préférée (Auzias, 1984 ; Rigal, 1976), afin d'éviter les effets de la monotonie des questions ; elle propose, par exemple : frotter une allumette, piquer une

FIGURE 3.3

ÉVOLUTION DE LA MANUALITÉ AVEC L'ÂGE

(D'après Gilbert et Wisocki, 1992, p. 604.)

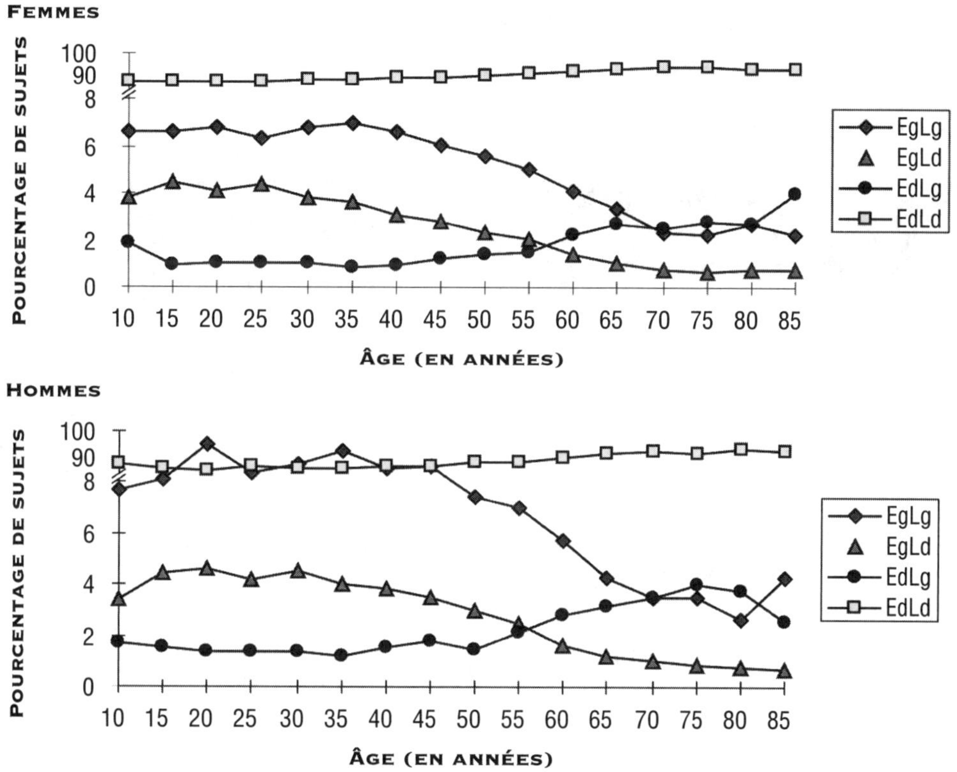

tige dans un trou, cirer les chaussures, transvaser de l'eau, gommer, se brosser, vider un compte-gouttes, utiliser une cuillère, faire sonner une clochette, dessiner. Dans le deuxième cas, c'est l'habileté réelle des deux mains qui est évaluée par des épreuves de dextérité manuelle (épreuves de frappers digitaux ou *tapping*, de force, de tremblement, de manipulation, de pointillage); en effectuant, par des calculs spécifiques, la différence entre les performances des deux mains, on peut déterminer la main la plus habile et donc celle dont on se sert le plus fréquemment (Rigal, 1992). Il est curieux de constater que les deux manières de déterminer la manualité ne conduisent pas systématiquement aux mêmes résultats : il n'est pas rare que des enfants déclarent se servir plus souvent d'une main mais soient plus habiles de l'autre (près de 5%)!

TABLEAU 3.2
QUESTIONNAIRE DE PRÉFÉRENCE MANUELLE

Vous devez indiquer quelle main vous utilisez pour accomplir chaque action et, pour plus de précision, **vous cocherez la case :**

+2 : si vous utilisez toujours la main droite et jamais la main gauche, à moins d'y être forcé(e) ;
+1 : si vous utilisez le plus souvent la main droite ;
0 : si vous utilisez indifféremment l'une ou l'autre main ;
-1 : si vous utilisez le plus souvent la main gauche ;
-2 : si vous utilisez toujours la main gauche et jamais la main droite, à moins d'y être forcé(e).

QUELLE MAIN UTILISEZ-VOUS POUR :	TOUJOURS LA GAUCHE -2	SOUVENT LA GAUCHE -1	SANS PRÉFÉRENCE 0	SOUVENT LA DROITE +1	TOUJOURS LA DROITE +2
1- lancer une balle ?					
2- vous brosser les dents ?					
3- couper avec des ciseaux ?					
4- tenir un marteau ?					
5- vous peigner ?					
6- tenir un couteau ?					
7- tenir une allumette pour l'allumer ?					
8- tenir une raquette ?					
9- tenir un rasoir ou un tube de rouge à lèvres ?*					
10- tenir une cuillère ?					
TOTAL**					
ACTIONS COMPLÉMENTAIRES					
11- écrire ?					
12- dessiner ?					
13- tâter un tissu ?					
14- vérifier la température de l'eau ?					
15- vérifier la rugosité d'une surface ?					

* Pour des enfants, remplacer par :
– tenir le gant de toilette ou la débarbouillette pour laver la figure ?

** Résultats : total entre -20 et -14 : gaucher
total entre -13 et +13 : ambimane
total entre +14 et +20 : droitier

Si, à cinq ans, le pourcentage d'enfants ambimanes est encore relativement élevé (plus de 15%), la plupart des enfants, à six ans, utilisent préférentiellement l'une des deux mains dans les activités requérant de la dextérité. Quelques rares enfants passent encore de l'une à l'autre, ce qui peut être préoccupant pour l'apprentissage de l'écriture. Dans ces cas, l'observation du comportement des enfants pendant qu'ils utilisent ou manipulent des instruments (ciseaux, tournevis, marteau, pinces, etc.), complétée par celle des parents des enfants, permet de choisir l'une des deux mains pour l'écriture, après en avoir discuté avec l'enfant. Si l'apprentissage de l'écriture «piétine», on peut envisager d'essayer avec l'autre main en ajustant l'orientation de la page en conséquence et en évitant de forcer l'enfant à écrire d'une main plutôt que de l'autre.

5. LA COORDINATION BIMANUELLE

Il va de soi que la plupart du temps nous utilisons conjointement nos deux mains: c'est la coordination bimanuelle mise en évidence dans toutes les activités de la vie quotidienne (habillement, alimentation), musicales (utilisation des instruments de musique), professionnelles et sportives (tableau 3.3). On peut parfois y différencier une main active (celle qui effectue l'action: tenir l'épluche légumes) et une main de support (tenir la pomme de terre); cependant, quand nous dactylographions ou jouons du piano, aucune main n'a de priorité par rapport à l'autre. Les interventions des deux mains sont distinctes, dissociées, mais coordonnées, solidaires. Pour certaines tâches, il y a une **coopération** entre les mains (peler un fruit, écrire, couper avec des ciseaux) et pour d'autres une **coordination** (dactylographier, lacer les souliers, jouer du piano), les actions de l'une devant s'intercaler entre les actions de l'autre.

La coordination bimanuelle requiert dans un premier temps la dissociation des interventions des mains, c'est-à-dire la séparation de leurs mobilisations. Pour certaines activités, les deux mains font ensemble la même chose (disposées côte à côte pour attraper un ballon, manier les deux avirons en barque), les mouvements sont les mêmes, et il n'y a donc pas de dissociation. En revanche, quand j'utilise une seule main pour faire une activité sans que l'autre ait à intervenir (écrire au tableau, attraper une balle d'une seule main), on parlera de **dissociation simple** et, de **dissociation double**, si chacune fait une action distincte de l'autre en même temps pour atteindre un but commun (tenir un clou pour le frapper avec un marteau, jouer de la guitare, lancer la balle au tennis pour la frapper avec la raquette). L'équivalent s'applique bien sûr pour les membres inférieurs (sauter à cloche-pied, battre les jambes en crawl, frapper un ballon).

TABLEAU 3.3
QUESTIONNAIRE DE COORDINATION BIMANUELLE

1. QUELLE MAIN UTILISEZ-VOUS POUR :	TOUJOURS LA GAUCHE -2	SOUVENT LA GAUCHE -1	SANS PRÉFÉRENCE 0	SOUVENT LA DROITE +1	TOUJOURS LA DROITE +2
1- tenir l'épluche-légumes?					
2- tenir le couteau pour beurrer la tartine?					
3- tenir l'éponge pour laver les assiettes?					
4- frotter une allumette sur la boîte?					
5- appuyer sur la gâchette d'un fusil?					
6- bander la corde d'un arc en tenant la flèche?					
7- tenir la brosse pour cirer les chaussures?					
8- tenir la poignée d'une pompe à bicyclette?					
9- tenir un tournevis pour commencer à visser la vis?					
10- frapper avec le marteau, le clou tenu de l'autre main?					
TOTAL*					

2. QUELLE MAIN SE TROUVE LE PLUS PRÈS DE L'EXTRÉMITÉ UTILE (EX. : LE TRANCHANT DE LA HACHE) QUAND VOUS UTILISEZ :	TOUJOURS LA GAUCHE -2	SOUVENT LA GAUCHE -1	SANS PRÉFÉRENCE 0	SOUVENT LA DROITE +1	TOUJOURS LA DROITE +2
1- une batte de baseball?					
2- un bâton de hockey?					
3- une crosse de golf (*club*)?					
4- un râteau?					
5- un balai?					
6- une hache?					
7- une pelle?					
8- une fourche?					
9- un rouleau à peinture avec un manche?					
10- un tuyau d'aspirateur?					
TOTAL*					

* Voir Résultats au tableau 3.2.

Cette coordination nécessite la participation conjointe de différentes parties des deux hémisphères cérébraux, reliés par le corps calleux, dont les aires motrices frontales (aires motrices supplémentaires en particulier) mais aussi les aires somesthésiques, le cortex pariétal postérieur et inférotemporal (Van Mier *et al.*, 1998) ainsi que le cervelet. Il en résulte que, lors de la réalisation de tâches sollicitant les deux mains et requérant une vitesse élevée de réalisation, il finit par se créer des interférences entre leurs mouvements. C'est ainsi que Kelso *et al.* (1979) ont bien illustré le fait que dans une tâche motrice où les deux mains doivent se rendre en même temps vers deux cibles, l'une petite pour une main et l'autre plus large pour l'autre main, la main devant réaliser la tâche facile se calque sur l'autre et augmente largement son temps de déplacement par rapport à la même tâche réalisée seule. Lorsque nous frappons alternativement avec les index sur la table (la main fixe sur la table) et que nous augmentons la vitesse des mouvements, nous finissons par frapper sur la table avec les deux doigts en même temps. Ne pouvant plus faire face au contrôle simultané distinct des deux doigts, le système finit par les coordonner ensemble ! Les frappes de séquences rythmiques distinctes de chaque index (3-2 par exemple ou 3-4) sont également très difficiles spontanément (Summers *et al.*, 1993) comparées aux séquences 1-2 ou 2-4.

L'absence de corps calleux, ou agénésie du corps calleux, provoque des difficultés de dextérité dans les tâches bimanuelles en les ralentissant, mais ne les empêche pas (Friefeld *et al.*, 2000). Des liaisons sous-corticales pourraient remplacer les liaisons calleuses, les sujets réussissant des tâches d'appariement d'objets avec les deux mains en l'absence de vision (prendre le même objet dans chaque main en le choisissant parmi d'autres).

Au cours des premières années de la vie se manifestent des **syncinésies**, mouvements parasites se produisant dans une main lors de mouvements volontaires réalisés par l'autre main (épreuve des marionnettes dans laquelle une main fait des rotations rapides à la hauteur de l'épaule et que l'autre bras est vertical le long du corps : la main de ce bras effectue aussi des rotations). Ces difficultés de dissociation segmentaire, qui disparaissent généralement vers dix ans, réapparaissent lorsque nous devons effectuer en même temps deux actions distinctes de chaque main comme dessiner un carré avec l'une et un cercle avec l'autre (essayez pour voir !), ou frapper le volant avec la raquette lors du service au badminton. Cela illustre bien l'existence d'une forme de dépendance des deux mains dans le contrôle moteur. Par contre, dès la fin de la première année, les enfants coordonnent les mouvements distincts des deux mains pour, par exemple, tenir une boîte d'une main pour en extraire un objet avec l'autre. Vers deux ans, ils commenceront à enfiler des perles, puis plus tard à couper avec des ciseaux, lacer leurs souliers.

Nombre d'outils de la vie quotidienne (balai, râteau, fourche, aspirateur, etc.) ou sportive (club de golf, bâton de hockey ou de baseball) requièrent l'utilisation des deux mains : il est ici aussi curieux de constater que la plupart des personnes n'ont pas de préférence homogène dans la tenue des instruments, préférant pour certains avoir la main droite la plus proche de l'extrémité utile de l'objet et le contraire pour d'autres ! Et vous ? (Voir le tableau 3.3.) L'essentiel est que chacun se sente bien dans son choix !

6. AUTRES PRÉDOMINANCES LATÉRALES

La **préférence oculaire** se met en évidence dans les épreuves de visée (fusil, arc) ou dans l'utilisation d'appareils (appareil photographique, télescope, kaléidoscope, regarder dans un trou dans une feuille de papier (et non pas par le trou de la serrure !), etc.) où un seul œil est utilisé (tableau 3.4). Pour la **préférence podale**, celle d'une jambe, les choses se compliquent légèrement : nous aurions une préférence dynamique (pied utilisé pour frapper un ballon, écraser quelque chose par terre, jouer à la marelle, bêcher) et une préférence statique (pied utilisé pour nous tenir en équilibre sur un pied ou prendre l'appel dans les sauts, mettre le premier soulier), les deux étant bien sûr opposées (Chapman, Chapman et Allen, 1987) (tableau 3.5). C'est la raison pour laquelle nous devons prendre soin de vérifier les actions retenues dans les épreuves d'évaluation, sans quoi nous aurons des résultats dans lesquels les sujets préféreront utiliser leur jambe droite dans 50 % des actions et leur jambe gauche dans les autres 50 % ! Enfin, pour la **préférence auditive**, on peut noter l'oreille retenue pour écouter au téléphone (et non pas « aux portes » comme dans des questionnaires anciens !).

TABLEAU 3.4
ÉVALUATION DE LA PRÉFÉRENCE OCULAIRE

ACTIONS UTILISÉES	HARRIS (1957)	CROVITZ ET ZENER (1962)	BELMONT ET BIRCH (1965)
1- Regarder par un trou percé dans une feuille de papier.	X		X
2- Regarder dans un kaléidoscope.	X		X
3- Viser (fusil).	X		X
4- Regarder dans un télescope.	X		
5- Regarder dans un cône.	X		
6- Aligner deux crayons avec un point fixe.			X
7- Percevoir un crayon en regardant un point fixe.		X	

TABLEAU 3.5
LES ACTIONS UTILISÉES POUR DÉTERMINER LA PRÉFÉRENCE D'UN PIED

QUEL PIED UTILISEZ-VOUS POUR :	HARRIS (1957)	BELMONT ET BIRCH (1963)	CHAPMAN, CHAPMAN ET ALLEN (1987)	GENTRY ET GALSBARD (1995)
1- frapper un ballon?	X	X	X	
2- sauter à cloche-pied?			X	
3- jouer à la marelle?			X	
4- sauter en hauteur?			X	
5- vous tenir en équilibre sur un pied?			X	
6- mettre le premier soulier?			X	
7- monter sur un escabeau?			X	
8- écrire sur le sable? sur le sol?			X	X
9- écraser un insecte? un mégot de cigarette? une boîte?			X	X
10- bêcher (pied sur la bêche)?			X	
11- faire rouler une balle autour d'un cercle?			X	
12- battre la mesure avec le pied?				X
13- maintenir un bâton en équilibre sur la pointe du pied?				X

7. LE MYTHE DE LA LATÉRALITÉ HOMOGÈNE

Pendant longtemps, il a été affirmé qu'une latéralité homogène (préférence d'utilisation des parties du corps situées du même côté, œil, oreille, main, pied droits par exemple) était préférable à une latéralité hétérogène (utilisation de la main droite mais de l'œil gauche, par exemple) (Orton, 1937). Cela s'appuyait sur la supposée correspondance entre la latéralité fonctionnelle et la latéralisation hémisphérique. Si chaque hémisphère contrôle principalement le côté opposé du corps d'un point de vue moteur, il n'est pas possible d'établir une correspondance équivalente entre la dominance hémisphérique et la préférence fonctionnelle sensorielle oculaire ou auriculaire. Dans ces deux cas, chaque organe récepteur envoie en effet une partie de ses informations à chaque hémisphère et l'on ne peut plus parler d'une homogénéité latérale fonctionnelle associée à une homogénéité hémisphérique physiologique. Lorsque l'on prend en considération le pied utilisé pour frapper un ballon, 94% des droitiers manuels de 6 à 12 ans le font de leur jambe droite et 63% des gauchers, de leur jambe gauche. Si nous prenions en considération la jambe d'équilibre, la plupart des personnes auraient ainsi une latéralité hétérogène!

Pourquoi, enfin, l'ambidextrie serait-elle la pire des manualités alors que, dans ce cas, la personne dispose d'une habileté équivalente de chaque main pour toutes les activités manuelles? Arguer que, dans ce cas, le sujet prendrait «du temps» pour se décider à choisir l'une ou l'autre main ne fait plus très sérieux!

La plupart des activités sportives requièrent l'utilisation coordonnée des membres inférieurs et supérieurs. Pour certaines d'entre elles, la mobilisation bras et jambe controlatéraux (pour les courses et lancers ou le tennis, par exemple) donne les meilleures performances. Pour d'autres, au contraire, on utilise bras et jambe ipsilatéraux (escrime, tir de fléchettes, récupération en fente du volant près du filet au badminton).

La fréquence de gauchers dans certaines disciplines sportives est largement supérieure à celle de leur pourcentage dans la population; c'est le cas, par exemple, en tennis ou en escrime. Cette surreprésentation des gauchers peut résulter, soit d'un effet d'entraînement (les gauchers jouent plus souvent contre des droitiers que le contraire, développant ainsi des stratégies prenant en défaut les droitiers), soit d'une caractéristique perceptivomotrice: dans ce cas, l'information spatiale associée au contexte serait traitée dans l'hémisphère droit (lobe pariétal) et serait directement utilisée par l'hémisphère frontal ipsilatéral pour contrôler la main gauche du gaucher au lieu de passer dans l'autre hémisphère, pour le droitier.

Le type de manualité a-t-il un effet sur les accidents manuels? Apparemment non. La fréquence d'accidents manuels est semblable pour les droitiers et pour les gauchers en fonction de leur nombre dans la population, mais elle serait plus élevée (six fois plus!) chez les ambinames (Hicks *et al.*, 1998).

8. LA LATÉRALISATION CORTICALE ET LES ASYMÉTRIES FONCTIONNELLES

On peut aussi observer la prédominance corticale d'un hémisphère (comme dans le cas de la manualité) dans le contrôle de fonctions psychiques. Toutefois, il ne faut pas oublier que chaque œil et chaque oreille distribuent respectivement aux deux lobes occipitaux et temporaux une partie de l'information qu'ils récupèrent. Il est alors difficile de dire qu'un œil ou une oreille est dominant, contrairement à la main.

Les travaux récents font ressortir que les deux hémisphères n'ont pas, anatomiquement parlant, la même organisation neurologique et que l'un des deux est supérieur à l'autre dans le traitement de l'information. Actuellement, la relation ferme entre l'asymétrie anatomique et l'asymétrie fonctionnelle reste encore hypothétique, bien que les faits expérimentaux l'appuient globalement (Dimond et Beaumont, 1974;

Hécaen, 1978; Kinsbourne, 1978; Walker, 1980). Les différences anatomiques (comme la taille de la partie traitant l'audition, plus grande dans l'hémisphère gauche que dans le droit) se doubleraient de variantes dans l'organisation cellulaire et pourraient expliquer la prédominance d'un hémisphère dans certaines fonctions psychologiques, même si cette asymétrie anatomique est moindre que celle de la dominance fonctionnelle (figure 3.4). Ces différences anatomiques (LeMay et Culebras, 1972; LeMay, 1977; Witelson, 1980) et fonctionnelles (Entus, 1977; Molfese, 1977; Witelson, 1987) existent dès la naissance, ce qui exclut que des influences environnementales puissent être à leur origine. Ces asymétries peuvent aussi bien résulter d'un accroissement ou de la diminution de la taille d'un des deux hémisphères que de la combinaison de ces deux facteurs (Galaburda *et al.*, 1990); ces auteurs émettent l'hypothèse que dans le cas d'une asymétrie hémisphérique, les liaisons intra-hémisphériques seraient plus nombreuses que les liaisons interhémisphériques.

Par asymétrie fonctionnelle, il faut comprendre le fait que, dès la naissance, un hémisphère serait plus «compétent» que l'autre dans le contrôle d'un comportement donné; cela résulterait d'une latéralisation génétique et de son développement plus précoce. L'équipotentialité renvoie quant à elle à la compétence potentielle équivalente de chaque hémisphère, c'est-à-dire que si un hémisphère est détruit, l'autre assumera seul l'ensemble des fonctions généralement réparties entre les deux; cette équipotentialité diminue avec l'âge, mais témoigne de l'étonnante plasticité nerveuse. Elle résulte davantage d'une plasticité d'adaptation que d'un manque de spécialisation (Entus, 1977).

La plus grande partie de la population est droitière (90%) et, chez plus de 95% des droitiers, les centres de contrôle du langage se situent dans l'hémisphère gauche. Chez les gauchers, et les ambimanes, la dominance hémisphérique pour le langage reste plus floue ainsi que, de façon générale, toute spécialisation hémisphérique: chez 60% des gauchers, les centres de contrôle du langage sont dans l'hémisphère gauche; chez 30%, ils sont à droite; et chez 10%, ils sont distribués dans les deux hémisphères (Kinsbourne, 1978). Il faut bien dissocier la latéralisation manuelle de la latéralisation pour le langage chez les gauchers qui disposent dans ce dernier cas d'une organisation hémisphérique plus proche de celle des droitiers. Le langage ne se limite pas à la parole, mais inclut aussi des activités comme la lecture, l'écriture et l'audition. La localisation variable des centres de contrôle de chacune de ces activités dans un hémisphère ou dans l'autre explique en partie ces variations de dominance chez les sujets gauchers. D'autres caractéristiques se rapportent aux gauchers et les distinguent de l'ensemble de la population: par exemple, les artistes sont très nombreux chez les gauchers (Mebert et Michel, 1980), beaucoup de joueurs de tennis gauchers se classent dans les têtes de série (comme conséquence, peut-être, de leur plus grande habitude à jouer contre des joueurs droitiers).

FIGURE 3.4
LES DOMINANCES HÉMISPHÉRIQUES

(D'après Sperry, 1985, p. 13.)

Chaque hémisphère jouerait un rôle prépondérant dans les fonctions indiquées.

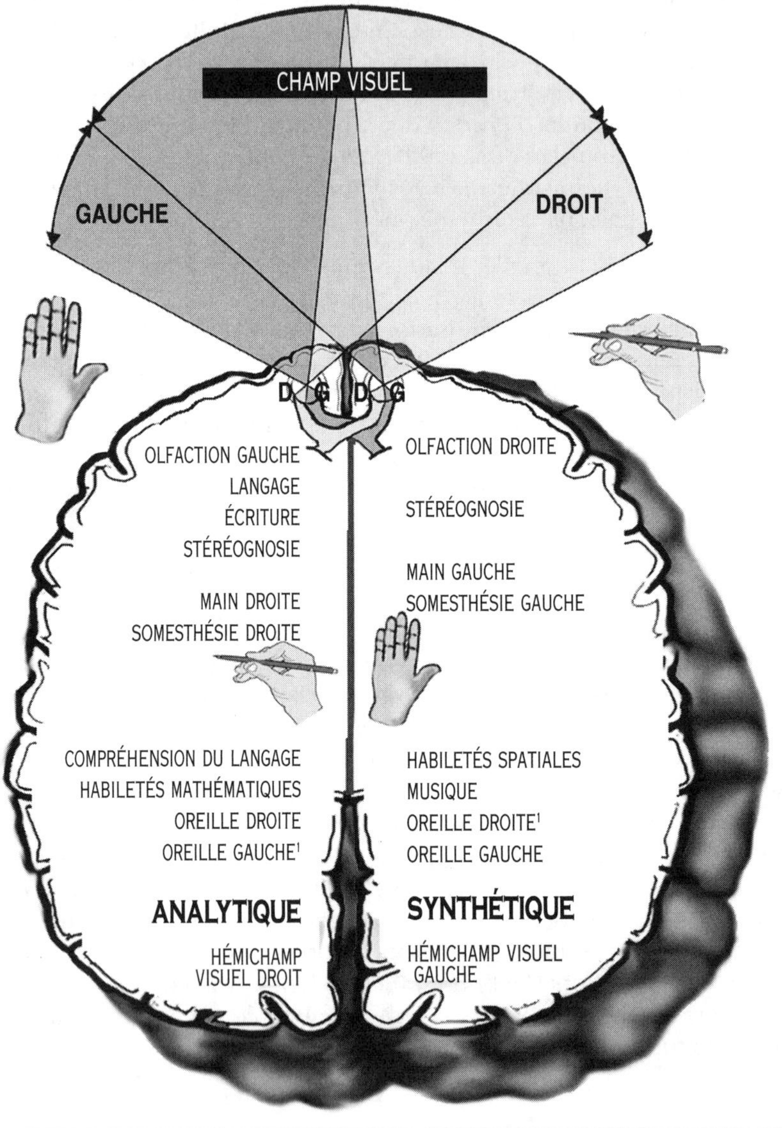

1. Les projections ipsilatérales de chaque oreille sont moins nombreuses que les projections controlatérales.

Pour les fonctions visuospatiales, comme la reproduction de figures (maison) ou d'une forme composée d'éléments distincts regroupés (un triangle dont les côtés sont composés de lettres O), les conséquences des lésions hémisphériques pariétales droites ou gauches ne sont pas identiques. Un patient ayant une lésion droite va sélectionner un nombre approprié d'éléments mais la forme globale de l'agencement des parties ne ressemblera pas ou peu à celle à réaliser (approche analytique) : il peut fort bien dessiner trois colonnes de O ; dans le cas contraire d'une lésion gauche, la forme globale sera respectée (il dessine un triangle avec des traits pour les côtés) mais il y manquera des parties, les O (approche globale). Cela peut conduire à l'ignorance totale de l'hémichamp visuel gauche (ainsi que de la partie gauche du corps) chez les sujets atteints à l'hémisphère droit.

De façon générale, et chez la plupart des sujets, l'hémisphère gauche traite l'information phonétique, syntaxique, analytique et séquentielle (ou temporelle) concernant le langage. Il assure également les mouvements des doigts et des membres qui accompagnent le discours, ainsi que les mouvements de la bouche ; il traite les informations discrètes reliées par le temps. L'hémisphère droit, lui, intervient de façon globale et synthétique dans la perception des visages, des formes et des relations spatiales ainsi que de certains éléments musicaux (mélodies), et peut aussi assumer des tâches en lecture (figure 3.4) ; il traite les informations assemblées en un tout. La spécialisation de l'hémisphère gauche précéderait celle de l'hémisphère droit. Toutefois, hors des situations expérimentales, les deux hémisphères interviennent de concert dans la vie quotidienne et nous donnent une perception globale et complète de l'environnement.

9. RÉSUMÉ

Lorsque nous devons n'utiliser que l'une des deux parties symétriques du corps, nous constatons que nous utilisons systématiquement la même. C'est ce qui caractérise la latéralité. La manualité désigne la préférence d'utilisation d'une main pour les activités unimanuelles ou de celle étant active pour les activités bimanuelles. Le pourcentage de droitiers est toujours largement supérieur à celui des gauchers. La théorie d'un gène favorisant le glissement à droite de cette préférence manuelle rend assez bien compte des pourcentages de droitiers et de gauchers retrouvés dans la population. La manualité peut être déterminée soit par des questionnaires de préférence manuelle, soit par des épreuves d'efficience manuelle. Après certaines fluctuations, la manualité semble déterminée pour la majorité des enfants vers cinq ou six ans. Pour la préférence podale, on peut dissocier une préférence statique (jambe d'équilibre) d'une préférence dynamique (jambe de frappe par exemple). Compte tenu de l'organisation neurologique et des caractéristiques fonctionnelles des parties du corps, il est peu probable que l'on puisse rechercher et défendre une dominance latérale homogène.

10. ACTIVITÉS PRATIQUES

Faire observer des pulls, des pantalons. Quelles parties du corps recouvrent-ils? Comment sont-ils constitués? Faire remarquer la symétrie du corps.

Utilisons-nous tout le temps la même des deux parties symétriques d'une même paire? Préférons-nous tous utiliser la même main pour écrire, manger, lancer, etc.? Pourrions-nous faire la même chose avec l'autre main?

Lancer, dribbler, attraper une balle d'une main, puis de l'autre; est-ce aussi facile d'une main que de l'autre main?

Fermer les yeux: de quel côté vient le bruit ou le son? (Se déplacer autour de la salle.)

Se tenir en équilibre sur un pied, sur l'autre. Est-ce aussi facile?

Sauter à cloche-pied sur un pied, puis sur l'autre.

Sauter en longueur avec appel d'un seul pied; changer de pied; même chose en hauteur.

Dissocier les mouvements de parties symétriques du corps: faire une chose avec une main et une autre avec l'autre (dribbler de l'une et faire rouler un cerceau de l'autre; faire des ronds avec une main et faire semblant de dribbler avec l'autre); galoper; marcher et faire rouler un cerceau à côté de soi, d'une main puis de l'autre.

Faire rouler un ballon au sol en le poussant d'un pied puis de l'autre.

Lancer une balle sur des quilles d'une main puis de l'autre.

Exécuter des tâches de précision (enfiler des petites perles, ramasser des objets fins avec les ongles) avec une main puis avec l'autre.

11. QUESTIONS

J'évalue mes connaissances en répondant aux questions suivantes:

11.1. Qu'est-ce que la latéralité?

11.2. Qu'est-ce que la manualité? Comment se distribue-t-elle dans la population? Comment les théories génétiques expliquant son origine se distinguent-elles les unes des autres? Quels sont les effets du milieu et des pressions sociales sur son évolution chez les enfants?

11.3. Comment le choix de la préférence manuelle évolue-t-il?

11.4. De quels moyens dispose-t-on pour déterminer la manualité? Leurs résultats concordent-ils?

11.5. En quoi la dominance manuelle sensorielle consiste-t-elle?

11.6. Comment la coordination bimanuelle se définit-elle? Comment est-elle contrôlée?

11.7. Qu'est-ce qui caractérise la dominance oculaire? La dominance d'un pied? Peut-on parler de latéralité homogène?

11.8. Quand on parle de latéralisation corticale, à quoi fait-on référence? Quelles sont les asymétries anatomiques visibles sur les hémisphères cérébraux?

11.9. Quelles sont les différentes asymétries fonctionnelles observées dans les aires corticales?

Chapitre 4

L'ÉCRITURE : L'APPRENTISSAGE DU GRAPHISME

OBJECTIFS

À la fin de ce chapitre, vous devriez être en mesure de :

- préciser les caractéristiques essentielles de l'écriture ;
- décrire les mouvements graphiques de base ;
- préciser les étapes de l'apprentissage de l'écriture ;
- adapter l'apprentissage de l'écriture aux gauchers ;
- décrire l'évolution de l'écriture chez les enfants ;
- analyser les difficultés graphiques des enfants et proposer des activités de rééducation.

1. INTRODUCTION

L'écriture est une **activité perceptivomotrice** requérant la coordination visuomanuelle (le guidage visuel de la main) et l'intervention contrôlée des muscles et articulations d'un membre supérieur gérant la motricité fine de la main. La graphie nécessite de tracer (faire les traits des lettres) tout en déplaçant la main (pour unir ou juxtaposer les lettres et former ainsi les mots). Si la main et la vision ne sont pas indispensables (on peut écrire les yeux fermés et avec une autre partie du corps : la bouche, le pied), il n'en demeure pas moins que l'écriture manuelle, guidée visuellement, fournit le modèle graphique le plus régulier et le plus rapide. La dimension perceptive de l'écriture se trouve dans la prise d'information de la forme des lettres ou des mots puis la représentation mentale de la forme à reproduire ou du geste à accomplir ; la composante motrice consiste en l'exécution de la forme perçue ou représentée. Il se produit une traduction motrice d'une perception visuelle dans laquelle interviennent, à des degrés divers, la majorité de nos organes sensoriels (figure 4.1) ainsi que la plupart des aires corticales (figure 4.2). Ce geste graphique sollicite la participation de différents groupes musculaires de mieux en mieux contrôlés avec l'âge et l'entraînement; ce n'est en effet qu'en écrivant et en s'entraînant que l'on peut améliorer son graphisme!

Savoir écrire, graphiquement, c'est **savoir reproduire des signes** (ou formes modèles) en organisant ses mouvements de façon à laisser une trace graphique et acquérir des engrammes ou modèles appris de mouvements. Rectiligne, unidirectionnelle et orientée, l'écriture des lettres, mots et phrases résulte de l'union de quelques signes. Les mots, lisibles, ayant une hauteur semblable, empruntant le même graphisme et alignés parallèlement au haut ou au bas de la page sont séparés les uns des autres par des espaces réguliers.

FIGURE 4.1
L'ÉCRITURE : UNE ACTIVITÉ PERCEPTIVOMOTRICE

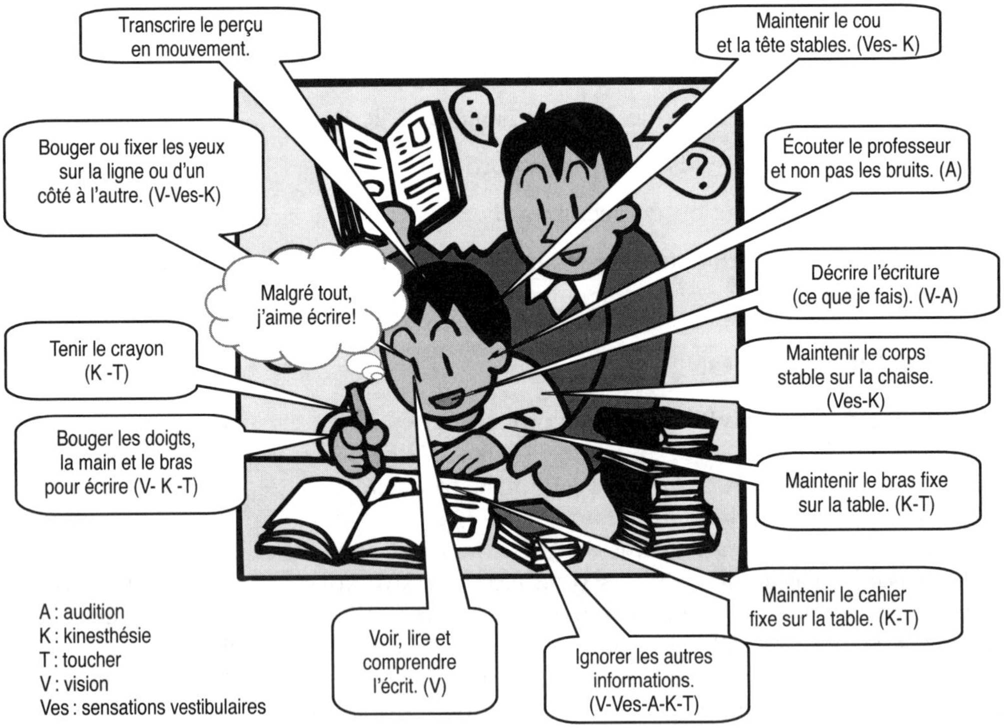

FIGURE 4.2
LIRE ET ÉCRIRE
CENTRES CORTICAUX SUSCEPTIBLES D'ASSURER LE CONTRÔLE DE CES DEUX ACTIVITÉS

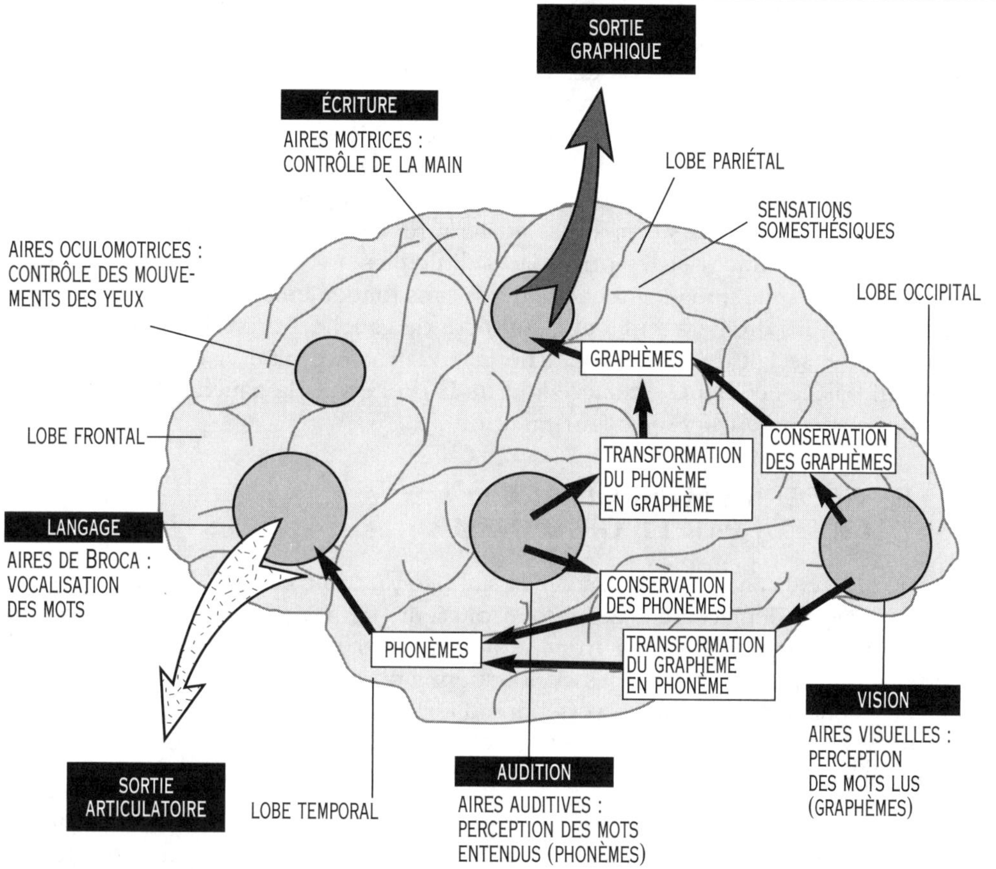

Tout acte graphique comporte un **aspect cinétique**, la force, générée par les contractions musculaires et qui doit être optimale, et une **dimension cinématique**, caractérisant le déplacement du crayon, dont la vitesse, l'amplitude et la direction du geste. Comme tout acte moteur, cet acte repose sur une triple planification du déroulement du geste : une dimension temporelle pour anticiper l'accélération, le freinage, le changement de direction, la levée du crayon et l'arrêt du mouvement, une dimension spatiale pour régler la direction, le sens, la taille et l'amplitude de l'écriture, et une dimension énergétique pour contrôler la pression et l'épaisseur du tracé.

Avec l'évolution de sa maturation neuromusculaire et les nombreuses répétitions motrices nécessaires à l'acquisition d'automatismes gestuels (dans leurs formes, trajectoires et vitesse; Ajuriaguerra *et al.*, 1964), l'enfant passe progressivement de l'**aspect calligraphique** de l'écriture (activité motrice) à l'**expression écrite** (communication). Par graphisme, on entend aussi bien le dessin, la représentation d'une image par une action libre et spontanée, que l'écriture elle-même, qui requiert la transcription de signes par une action dirigée et structurée. L'écriture inclut ainsi un aspect moteur, la calligraphie, et un aspect communication, le contenu du message. Dans ce chapitre, il ne sera question que du premier, c'est-à-dire du tracé calligraphique et les termes «écriture» et «calligraphie» seront considérés comme synonymes. Dans cet esprit, nous verrons d'abord les éléments musculaires sollicités pour permettre le tracé graphique, les caractéristiques des mouvements graphiques, les types d'écritures manuscrites et leurs effets sur la vitesse d'écriture, les points à retenir pour faciliter l'apprentissage des tracés et les principales difficultés associées à cet apprentissage. Relevons tout de suite une idée tenace qui est sans fondements, à savoir que l'écriture a été faite pour les droitiers parce que l'on écrit de gauche à droite! Remarquons que l'écriture arabe se fait de droite à gauche (avec la main droite) et l'écriture chinoise de haut en bas, les colonnes se succédant de la droite vers la gauche! Dans les deux cas, les personnes écrivent avec leur main droite!

2. LES GROUPES MUSCULAIRES SOLLICITÉS PAR LE GRAPHISME

Pour écrire, il nous faut d'abord assurer la stabilité du tronc et celle du membre supérieur ainsi que le déplacement de une ou plusieurs de ses parties. La tête devant se trouver à 30 cm de la feuille, le tronc doit se trouver dans une position proche de la verticale, ce que permettent les contractions appropriées des muscles du bassin et de ceux contrôlant la colonne vertébrale. Plusieurs muscles stabilisent l'**épaule** (le faisceau supérieur du trapèze, le pectoral et le grand rond) et d'autres, l'articulation du **coude** (le biceps, le brachial antérieur et le triceps).

Des **muscles de l'avant-bras** (figure 4.3) dépendent les mouvements du poignet, de la main et des doigts assurant les mouvements de rotation et de flexion-extension du poignet. Le deuxième radial (ou extenseur radial du carpe), actif dans l'extension et l'abduction du poignet, maintient celui-là dans la position favorable à l'écriture, alors que le grand palmaire (ou fléchisseur radial du carpe) s'oppose au précédent, agissant comme synergiste des fléchisseurs des doigts. Le long supinateur fixe et adapte la flexion de l'avant-bras et la rotation interne du poignet pour ajuster la position de la main sur la table. Enfin, une dernière série de muscles assurent la saisie du crayon et ses mouvements, dont en particulier l'opposant du pouce, le premier interosseux, l'extenseur propre de l'index, le long extenseur du pouce, l'extenseur commun des doigts, les fléchisseurs communs superficiel et profond des doigts.

FIGURE 4.3
LES MUSCLES DE L'AVANT-BRAS DROIT

(Modifié de Spence et Mason, 1983, p. 252, 253.)

A. VUE ANTÉRIEURE

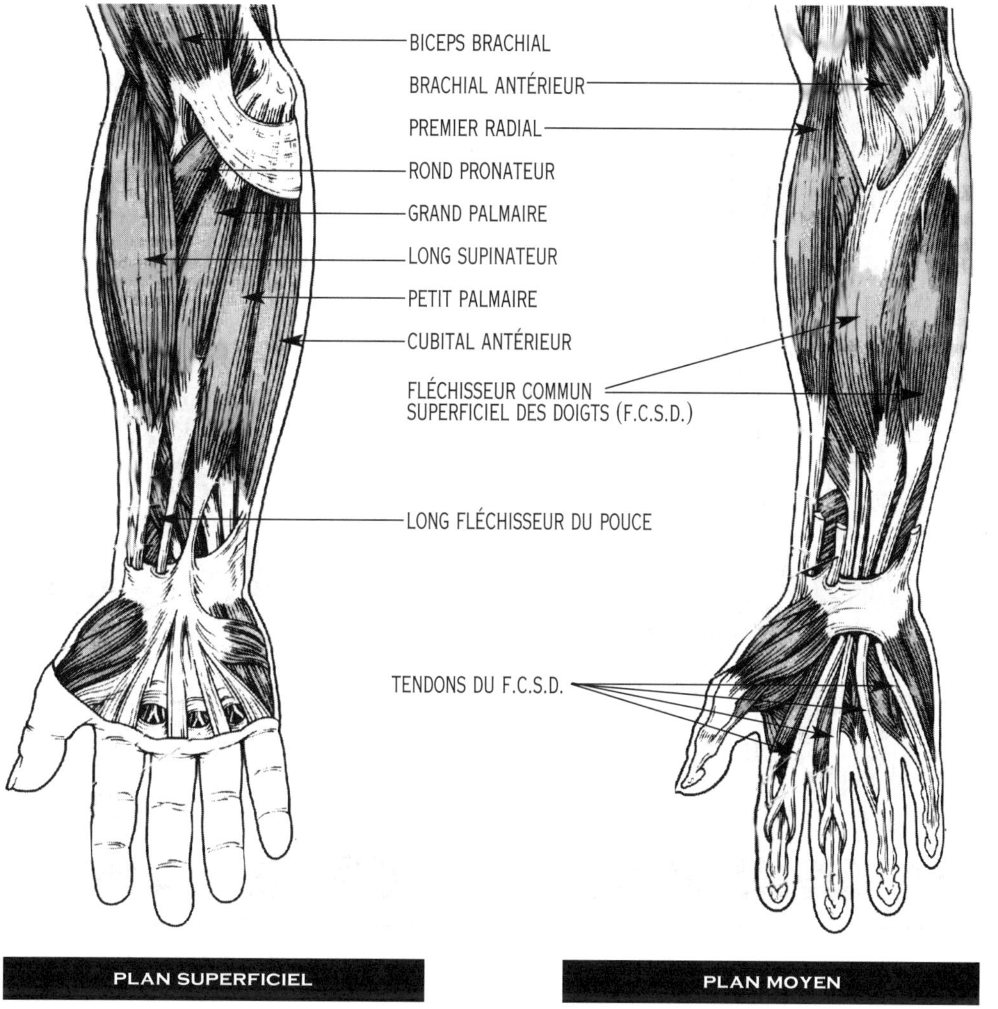

B. Vue postérieure

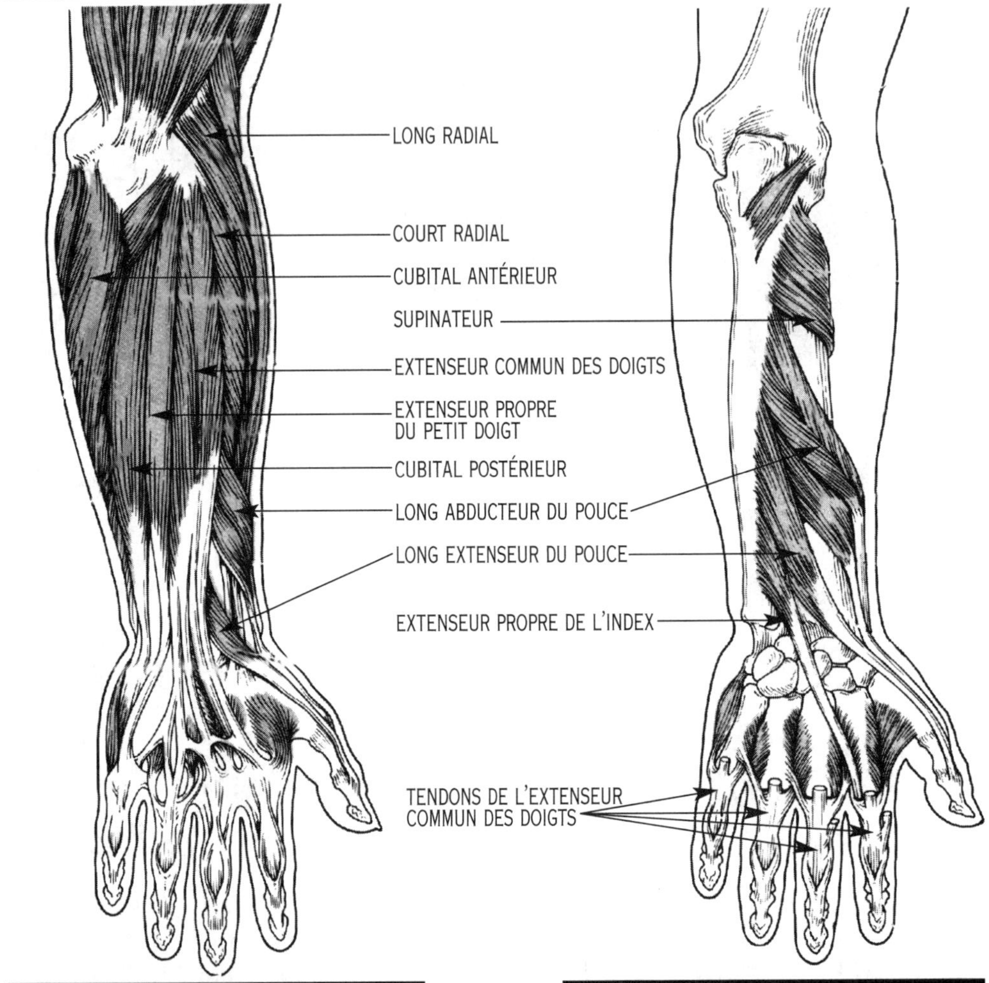

PLAN SUPERFICIEL

PLAN MOYEN

C. Muscles du pouce et de l'index droit

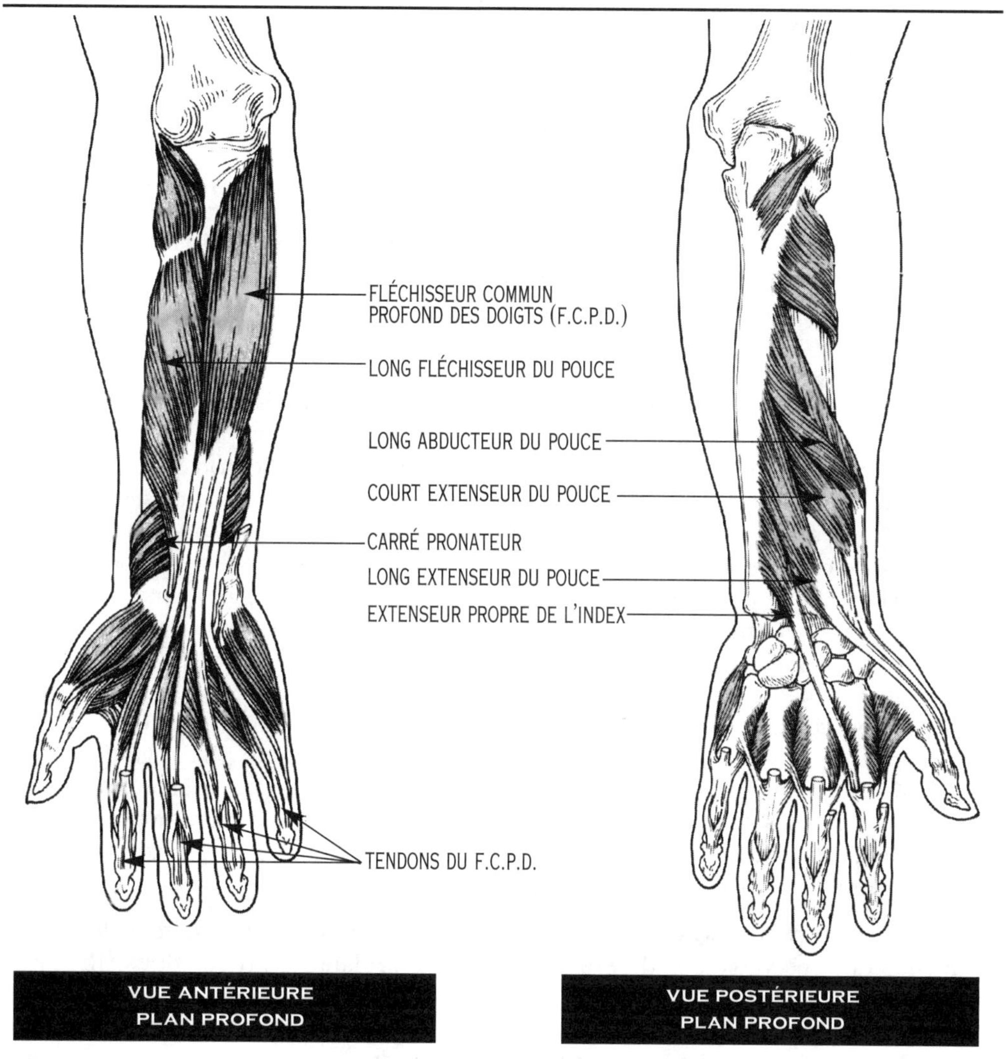

3. LES ARTICULATIONS ET LES MOUVEMENTS

Toutes les **articulations du membre supérieur** interviennent, à des degrés divers, dans le déroulement de l'écriture. L'**épaule** règle essentiellement les mouvements d'abduction (éloignement latéral du bras de l'axe du corps) et d'adduction (rapprochement du bras de l'axe du corps). L'articulation du **coude** assure la flexion-extension de l'avant-bras et contrôle ainsi le déplacement de la main sur la ligne : le triceps contrôle l'extension et le biceps et le brachial antérieur, la flexion ; la rotation du radius autour du cubitus permet l'inclinaison de la main vers la feuille. Le **poignet** permet la flexion-extension, l'abduction-adduction (l'abduction éloigne latéralement la main vers l'extérieur du corps alors que l'adduction la rapproche) et la pronation-supination (la pronation est un mouvement de rotation qui permet de « prendre » un objet alors que la supination permet de le « supporter » dans la paume ouverte). Il favorise donc les mouvements d'aller et retour dans l'écriture des lettres en fonction d'un degré de pronation-supination relativement stable. Pour les **doigts**, il faut retenir l'importance majeure de l'**opposition du pouce** (mouvement complexe d'antépulsion, d'adduction et de rotation longitudinale) qui permet la **pince digitale** ; elle constitue la base de la **prise tridigitale** pouce-index-médius pour la saisie de l'instrument scripteur. Cet instrument est maintenu par les trois premiers doigts, le pouce, l'index et le majeur (figure 4.5), le crayon étant saisi entre la pulpe du pouce et de l'index et appuyé contre la partie latérale des deuxième et troisième phalanges du majeur, ainsi qu'au fond de la première commissure. La flexion des doigts dépend surtout du long fléchisseur commun et, l'extension, de l'extenseur commun des doigts. Enfin, pour pousser le crayon vers le haut de la page, nous fléchissons la première phalange de l'index (phalange proximale) et étendons les deux autres (phalanges médiale et distale). Pour tirer le crayon vers le bas, l'extenseur commun étend la première phalange tandis que les fléchisseurs communs superficiel et profond fléchissent les deuxième et troisième phalanges. Dans les mouvements de va-et-vient du crayon, mentionnons que le long fléchisseur du pouce et la partie du fléchisseur superficiel des doigts correspondant à l'index coordonnent leur action (figures 4.4 et 4.5).

Les **différents mouvements** nécessaires à l'acte d'écrire résultent de l'action combinée de l'ensemble des différents muscles contrôlant les articulations (Kapandji, 1980). Le déplacement vertical ou oblique du crayon définit la pente de l'écriture et la hauteur des lettres. Il résulte de la flexion-extension du pouce, de l'index et du majeur, c'est-à-dire des doigts qui maintiennent en place le crayon et génèrent ce mouvement de va-et-vient auquel se superpose la translation latérale assurant la formation de la lettre. Le déplacement latéral ou longitudinal du crayon donne la largeur de la lettre et résulte de petits mouvements de flexion-extension du poignet qui permettent le retour en arrière ou la progression vers l'avant sur la ligne d'écriture. Quand la main est placée en position de pronation plus prononcée, ce mouvement est assuré par une abduction radiale et une adduction cubitale. Cette progression vers l'avant se limite

FIGURE 4.4
LES MUSCLES DE LA MAIN DROITE

(Modifié de Spence et Mason, 1983, p. 255)

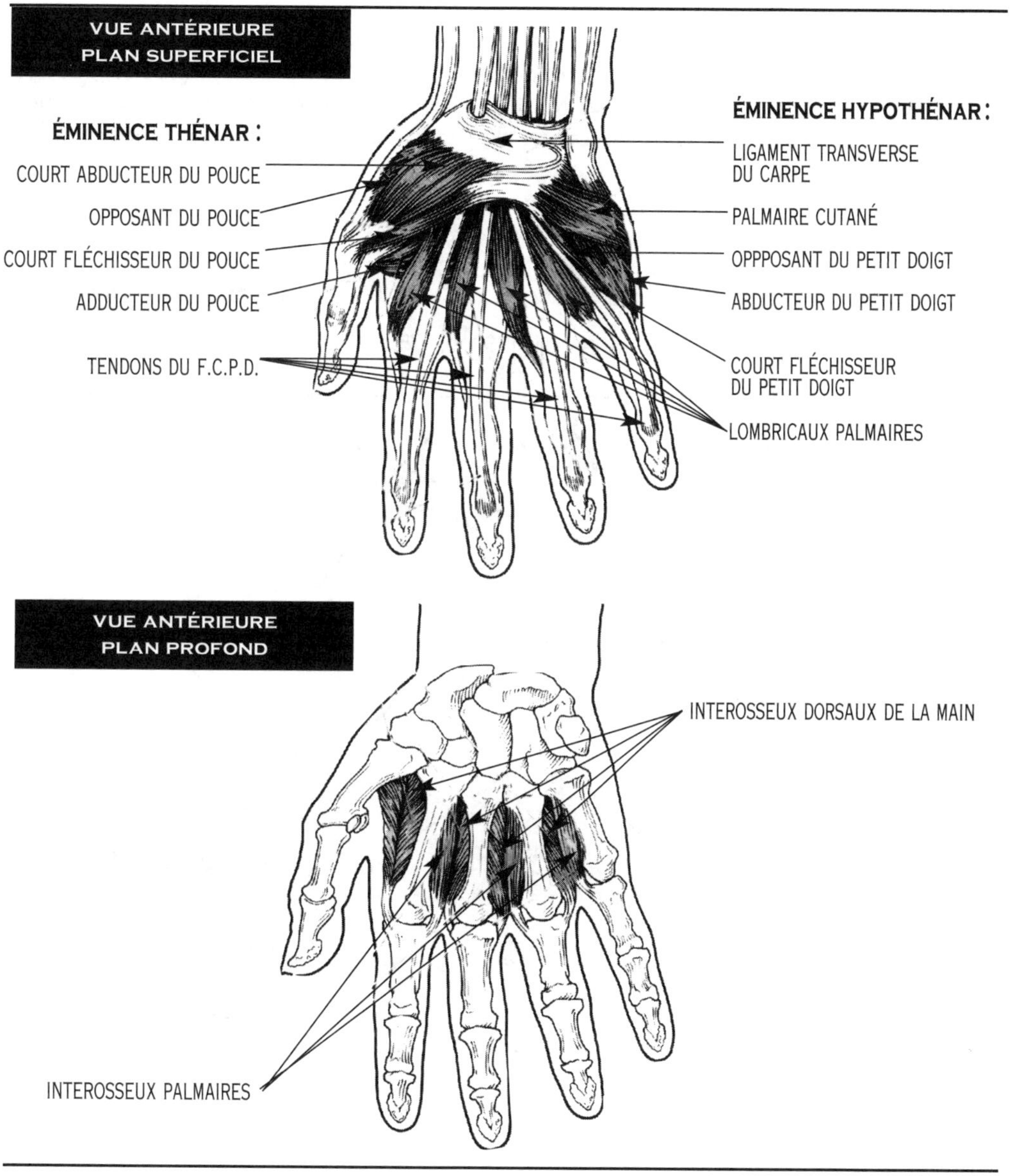

généralement à un mot ou à un ensemble de lettres. Le déplacement latéral progressif du crayon vers la droite, d'un côté de la page à l'autre, se produit, chez le droitier, par l'ouverture de l'articulation du coude lorsque la page est inclinée vers la gauche ou par l'abduction du bras au niveau de l'épaule lorsque la page est tenue droite devant la personne qui écrit. Mais, en aucun temps, ce n'est l'épaule qui déplace le crayon pour former les lettres! Les mouvements articulaires ne sont pas systématiquement inversés pour le gaucher. Le déplacement latéral du crayon pour le retour à gauche, très rapide, se produit par la fermeture de l'articulation du coude ou par l'adduction du bras pour le droitier, et par l'ouverture de l'articulation du coude et l'abduction du bras pour le gaucher qui écrit en plaçant sa main sous la ligne d'écriture.

FIGURE 4.5
LA TENUE DU CRAYON
L'ACTION DES MUSCLES DIGITAUX DANS LA SAISIE DU CRAYON

(Kapandji, 1980, p. 175.)

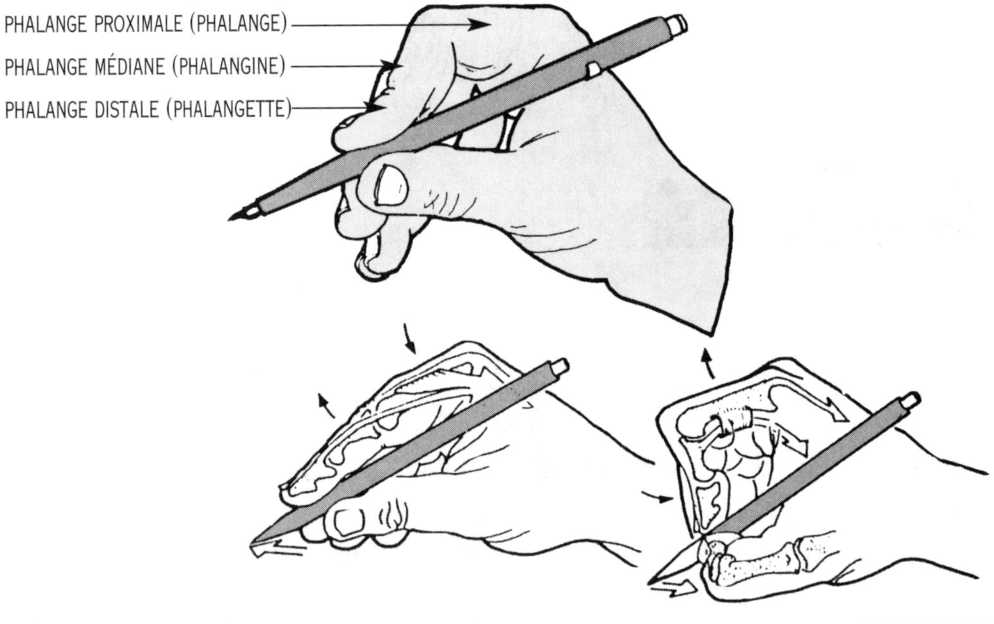

4. LES MOUVEMENTS SCRIPTEURS

Le contrôle du déplacement de la main sur la ligne se transfère de l'épaule au coude tandis que l'amplitude des mouvements diminue : le contrôle distal supplante très rapidement le contrôle proximal. Si la mobilisation du bras peut être initialement mais temporairement importante chez l'enfant, elle diminue très rapidement, se transférant au poignet avec des mouvements minuscules du coude ou de l'épaule. Seuls les mouvements du poignet et des doigts participent à la formation des lettres alors que l'ouverture de l'articulation du coude associée à une adduction radiale du poignet contrôle la juxtaposition des lettres. Les hésitations et les temps d'arrêt entre les lettres ou les mots disparaissent au profit d'une anticipation motrice résultant d'une amélioration de la perception des lettres et de la représentation mentale de l'acte moteur à accomplir. La main est placée en demi-pronation, appuyée sur le petit doigt et l'annulaire ; les trois autres doigts disposent ainsi de l'autonomie nécessaire pour les mouvements de flexion-extension requis par le tracé des lettres.

La force musculaire requise par l'acte graphique reste minime. Toutefois, en début d'apprentissage, l'enfant appuie considérablement sur le crayon, en mobilisant la plupart des muscles de l'avant-bras et de la main et parfois même de tout son corps. La pointe du crayon déchire souvent la feuille ou bien la trace laissée s'imprime sur les autres pages du cahier. Cet apprentissage du contrôle de l'intensité de l'appui constitue un élément difficile à maîtriser dans le geste graphique. Les enfants de six ans crispent en effet souvent leurs doigts sur le crayon ; il en résulte une raideur importante des doigts, du poignet et de l'avant-bras, ce qui en gêne la mobilisation souple. Des exercices de tension-relâchement facilitent alors la prise de conscience du degré de contraction nécessaire diminuant en même temps les syncinésies et les paratonies, le poignet gagnant simultanément son indépendance par rapport à l'avant-bras.

Vers trois ou quatre ans, il est fréquent que les enfants n'appuient pas leur avant-bras scripteur sur la table mais le laissent au-dessus, le guidant à partir de l'épaule, en particulier lorsqu'il s'agit de tracer des lignes. Cette position augmente les tensions musculaires à l'épaule et au tronc et doit être évitée. Elle donne également un contrôle moins fin du geste caractérisé par des déplacements amples et par à-coups, peu propices à la formation de lettres d'une taille réduite appropriée à la taille de la feuille de papier.

Il est également préférable de favoriser une évolution progressive guidée des mouvements que d'essayer d'obtenir d'emblée le geste recherché : les restrictions d'espace seront minimales au départ (une grande feuille blanche par exemple) et progressivement introduites (une feuille de papier plus petite et lignée) pour faciliter le guidage de la main et l'atteinte de formes de lettres homogènes. L'utilisation de références, dont les lignes simples, doubles ou triples, guide l'orientation du déplacement de la main et fournit un support spatial au tracé, sans brimer l'enfant. Chez la majorité d'entre eux, l'emploi de feuilles lignées est très bénéfique à la lisibilité, à la vitesse et au style de l'écriture (Pasternicki, 1987).

5. LA VITESSE GRAPHIQUE

La vitesse du geste graphique s'accroît avec la maturation neuromusculaire, la diminution des mouvements parasites et le niveau en lecture. Le temps de fixation et d'analyse du modèle diminue ainsi que celui qui est nécessaire à la préparation de l'acte moteur et à sa réalisation. Les arrêts sur la lettre puis dans le mot disparaissent avec la reconnaissance immédiate de la forme (importance de la mémoire visuelle) et la sélection du programme moteur adéquat, déjà construit, correspondant à la forme perçue. Les mots s'écrivent par blocs plutôt que lettre par lettre, la main ne bougeant qu'entre les mots et non plus entre chaque lettre ; la liaison entre les lettres facilite la continuité du geste.

Une forme d'écriture permet-elle d'écrire plus rapidement que l'autre ? À condition qu'elles soient lisibles, la forme liée (cursive) montre une très légère supériorité sur la forme script (figure 4.6) (Vinh Bang, 1959 ; Suen, 1984). Vinh Bang (1959) a comparé la vitesse d'écriture de 7000 enfants suisses âgés de six à dix-huit ans ayant seulement appris à écrire d'une façon ou de l'autre. Ils devaient écrire une phrase (« Mes enfants, respectez vos parents qui sont si bons ; soyez toujours bien gentils pour eux, jamais ne leur faites du chagrin ») le plus de fois possible en deux minutes, en s'assurant à chaque fois que le texte soit lisible, à vitesse normale, puis le plus vite possible.

Quand les enfants écrivent à vitesse normale, l'écriture script apparaît plus lente que la liée, la différence n'étant significative qu'au primaire et non à la fin du secondaire. Le nombre de lettres écrites en une minute, entre le primaire et la fin du secondaire, augmente de 15 à 112 avec l'âge pour la liée et de 8 à 111 pour la script. Si, maintenant, les enfants doivent écrire le plus vite possible, ici encore la liée apparaît plus rapide que la script, la différence étant très nette entre 10 et 14 ans, avec un rapprochement en fin de secondaire. La vitesse d'écriture passe de 21 à 140 lettres/minute pour la liée et de 15 à 135 lettres/minute pour la script.

Indépendamment de la forme d'écriture, l'évolution de la vitesse est plus accentuée au primaire qu'au secondaire avec un accroissement des différences interindividuelles avec l'âge. Les groupes de sujets deviennent en effet de plus en plus hétérogènes avec l'âge, le rendement étant directement lié à la durée des études ; cela se conçoit assez facilement, les personnes continuant à écrire fréquemment conservant un avantage d'utilisation ! Les levers fréquents du crayon pour tracer la plupart des lettres en script en ralentissent le déroulement. Pour l'écriture liée, la vitesse s'accroît avec l'apprentissage et l'entraînement qui modifient progressivement le degré de liaison des lettres dans le mot ; la cursive nécessite moins de ruptures que la script par la présence des liaisons entre la fin d'une lettre et le début de la suivante, liaisons généralement orientées à 45° vers le haut et la droite. Vinh Bang (1959) considérait déjà que l'apprentissage de l'écriture manquait d'efficacité à cause d'un manque d'entraînement systématique à l'écriture à la fois rapide et lisible ; si la calligraphie améliore la forme du tracé, elle modifie peu sa vitesse.

FIGURE 4.6
LA COMPARAISON PAR ÂGE ENTRE L'ÉVOLUTION DE L'ÉCRITURE SCRIPT ET DE L'ÉCRITURE LIÉE

(Vinh Bang, 1959, p. 78.)

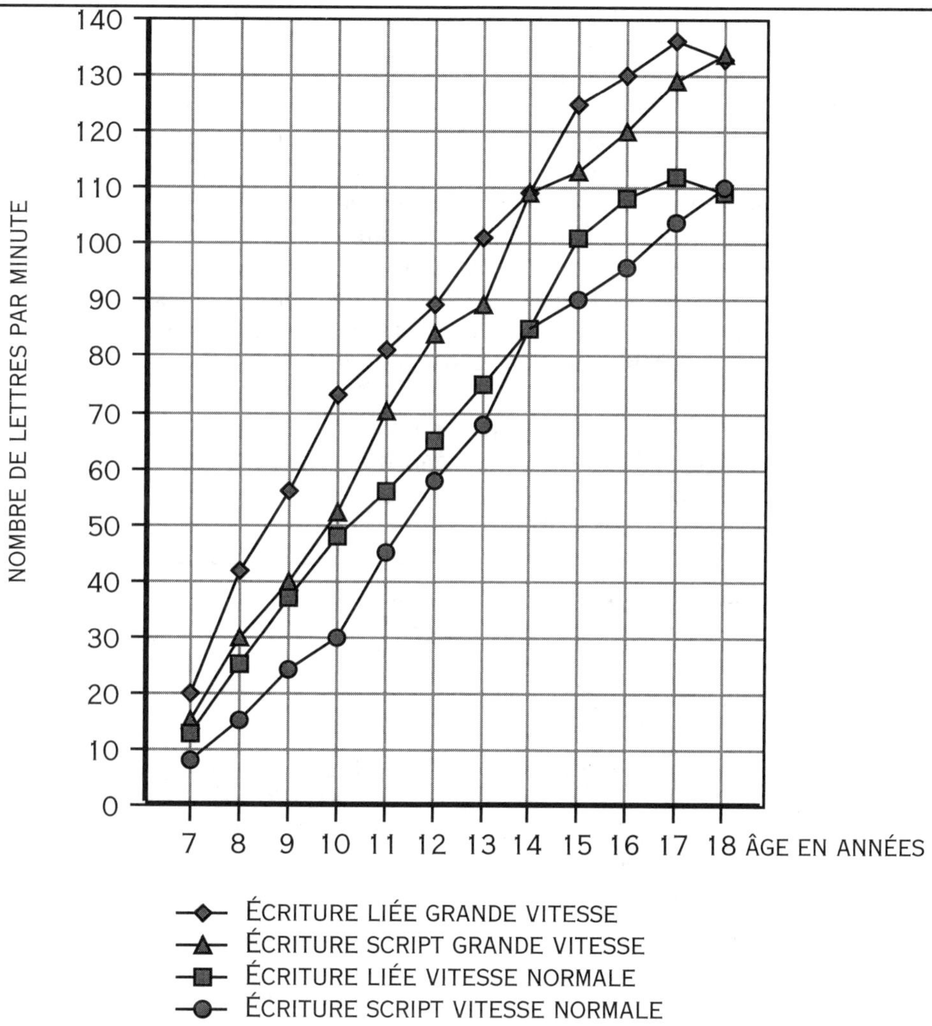

La vitesse de copie dépend largement de la compétence de l'enfant en lecture. En première année d'apprentissage, l'enfant établit une correspondance terme à terme entre la forme de la lettre perçue et sa reproduction. Plus âgé, la reconnaissance de la lettre ou du mot en permet une retranscription immédiate facilitée par les engrammes moteurs mémorisés. Cette relation croissante entre la vitesse de copie et le rendement en lecture ressort clairement entre six et neuf ans (Rigal, 1976). Les enfants écrivent en effet deux fois plus de lettres en trente secondes lorsqu'ils connaissent par cœur le mot à écrire (leur prénom en l'occurrence) que lorsqu'ils doivent d'abord le déchiffrer (figure 4.7), le nombre de lettres ne variant pratiquement pas pour les enfants âgés de neuf ans. Cela est évident en regardant l'évolution du rapport nombre de lettres du prénom écrites en trente secondes/nombre de lettres d'une phrase à copier écrites en trente secondes qui diminue de 2,00 à 1,06 entre six et neuf ans. Cela souligne l'intérêt de développer la mémoire visuelle, la photographie d'un mot : cela évite d'avoir à s'arrêter pour « voir ce qui vient après ! ». Avec l'âge, et l'entraînement, l'habileté de la main utilisée pour l'écriture augmente au détriment de l'autre : si à six ans les enfants écrivent 50 % de lettres de plus de leur main préférée que de leur main non préférée en une minute, cette différence dépasse 200 % à neuf ans !

FIGURE 4.7
LA VITESSE D'ÉCRITURE : ÉVOLUTION AVEC L'ÂGE

(D'après Rigal, 1977)

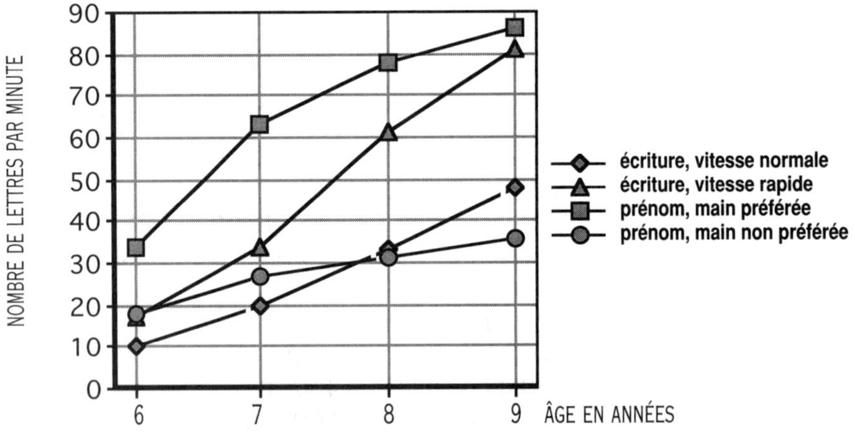

Les enfants devaient écrire une phrase qu'ils avaient devant eux à vitesse normale, puis le plus vite possible, en gardant une écriture lisible. Ils écrivaient ensuite leur prénom avec la main préférée puis avec la main non préférée. Le nombre de lettres écrites en une minute constitue le score pour chaque épreuve.

Que se produit-il maintenant quand nous écrivons plus grand (par exemple au tableau)? Ainsi, un sujet qui écrit gros a tendance à écrire vite à l'intérieur du mot. Nous programmons alors une vitesse d'écriture supérieure et non une durée supérieure : nous écrivons plus vite à l'intérieur d'un mot, ce qui ne signifie pas que nous terminons le mot avant une autre personne qui écrit petit mais dont la vitesse d'écriture et la longueur du trait, dans le tracé des lettres, sont moindres. C'est ce que, à partir des travaux de Fitts (1954), Viviani (1981) appelle le **principe d'isochronie**. Pour effectuer un mouvement précis dont l'amplitude varie, la durée du mouvement est une fonction logarithmique de son amplitude : si la longueur du trait est par exemple multipliée par dix, la durée du geste ne fait que doubler, sa vitesse ayant donc beaucoup augmenté (Wing, 1978).

L'écriture cursive s'effectue avec une fréquence de 3 à 6 Hz, c'est-à-dire qu'en moyenne les sujets changent six à douze fois l'orientation du tracé en une seconde ; la limite maximale est de 7 Hz dans le tracé d'une sinusoïde.

6. L'ORGANISATION DE L'APPRENTISSAGE

Avant d'entreprendre, assis à la table, les exercices graphiques, il convient de s'assurer que certaines conditions préalables soient remplies. Elles portent, globalement, sur des aspects moteurs (contrôle de la motricité fine, dextérité et coordination visuo-manuelle), cognitifs (comprendre la raison pour laquelle on écrit, la communication, et le sens des signes et leur aspect symbolique) et affectifs (désir et plaisir d'écrire) (tableau 4.1).

Nous écrivons assis, de gauche à droite et, le plus souvent, sur un plan horizontal. Avant de décrire les activités associées à l'apprentissage de l'écriture, on doit considérer la position du corps, la tenue du crayon, la position des bras sur la table et les mouvements que nous effectuons pour tracer les lettres ou déplacer la main (Blöte *et al.*, 1987, 1988). Le mouvement graphique dépend en effet d'aspects propres à l'enfant (position générale du corps, saisie du crayon) ou extérieurs à lui (caractéristiques de la surface d'écriture – verticale, horizontale, oblique –, de l'outil traceur – crayon, feutre, craie, pinceau – et de la texture du support – papier, tableau, tissus, carton). Pour diversifier l'expérience motrice, il convient de combiner différemment ces derniers (la taille des crayons, la surface d'appui horizontale ou inclinée, le papier ligné ou non, etc.).

6.1. Les objectifs de l'apprentissage

Ce sont la **lisibilité** et la **vitesse** du tracé : écrire d'abord bien, puis, vite. La surveillance, dès le début, de la qualité du tracé graphique pour que lettres et mots soient lisibles et générés par un mouvement fluide est la pierre angulaire d'un apprentissage facilité. La qualité du tracé, privilégiée au cours de la première année de l'apprentissage, suppose le contrôle moteur précis de la main pour assurer la formation correcte des lettres, la régularité de leur taille et celle des espaces entre les lettres et les mots, le parallélisme de la ligne écrite avec le haut ou le bas de la page, l'utilisation des signes de ponctuation et des accents. Le deuxième objectif, la vitesse, devient plus prégnant au fur et à mesure que les engrammes moteurs des lettres s'acquièrent.

Tableau 4.1

L'écriture : une activité perceptivomotrice

Aspects moteurs	Aspects perceptivo-moteurs	Aspects cognitifs
Contrôle volontaire du geste : – modifier facilement la direction ; – freiner, accélérer, arrêter le mouvement du bras, avant-bras, poignet, doigts ; – dissocier les mouvements du bras, de l'avant-bras, du poignet et des doigts et ne mobiliser que les uns ou les autres ; – faire preuve de dextérité manuelle dans des activités de découpage et de manipulation ; – modifier à volonté la force de pression exercée par le crayon sur la page.	– discriminer les formes, les orientations des lettres et traits ; – organiser son espace : haut, bas, droite, gauche, et en percevoir les limites ; – déplacer le crayon dans le sens requis (de la gauche vers la droite pour laisser la trace).	– connaître la raison de l'existence de l'écriture – discriminer les lettres et connaître leur nom ; – comprendre le symbolisme du tracé graphique ; – lire le résultat de l'écriture.

Quelle est la progression de l'apprentissage du graphisme recherchée pendant les différentes années du primaire? (Voir le tableau 4.2.) Au cours préparatoire (ou première année), on vise la maîtrise du geste graphique, soit le tracé de lettres et de mots avec ou sans accent, la régularité des intervalles entre les lettres et de l'espacement entre les mots ; de courtes phrases peuvent initier l'enfant à la ponctuation. Au cours élémentaire (deuxième et troisième année), l'enfant sera sensibilisé aux règles de l'écriture, comme le tracé horizontal, l'alignement à gauche du début des lignes. Au cours moyen (quatrième et cinquième année), l'écriture liée doit être rapide, lisible, coulée et de taille régulière.

TABLEAU 4.2
L'ÉCRITURE : UNE ACTIVITÉ PERCEPTIVOMOTRICE

ÂGE	OBJECTIFS
3-6 ANS	PRÉCALLIGRAPHIE, DESSIN, PÂTE À MODELER, MOTRICITÉ DIGITALE FINE COPIER ET ÉCRIRE SON PRÉNOM, SON NOM ; LISIBILITÉ DES LETTRES ; DIRECTION HORIZONTALE DU TRACÉ DES MOTS (ET DE SES LETTRES) DE LA GAUCHE VERS LA DROITE ;
6-8 ANS	FORMATION DES LETTRES SCRIPT MINUSCULES ET MAJUSCULES (QC) ET CURSIVES (FR) ; UTILISER UN TRACÉ QUI PRÉPARE LA LIAISON DES LETTRES (SCRIPT->LIÉE) (OU CURSIVE-CURSIVE) ; ÉCRIRE SON PRÉNOM, SON NOM ; LISIBILITÉ DES LETTRES ; RÉGULARITÉ DES ESPACES ENTRE LES MOTS ; DIRECTION DU TRACÉ DES MOTS (ET DE LEURS LETTRES) DE LA GAUCHE VERS LA DROITE, HORIZONTALEMENT ; ACCENTS ET SIGNES DE PONCTUATION ; UNIFORMITÉ DE LA TAILLE DES LETTRES, DE LEUR INCLINAISON ; ÉCRITURE DES MAJUSCULES CURSIVES (FR).
8-9 ANS	LIAISON DES LETTRES SCRIPT VERS L'ÉCRITURE CURSIVE LIÉE (QC) ; ADAPTER LE FORMAT DES LETTRES AU CONTEXTE D'ÉCRITURE (CAHIER, TABLEAU, AFFICHE, ETC.) ; EXERCICES FORMELS POUR INTÉGRER LES LETTRES PLUS DIFFICILES (F,K,R,S,X,Z) ; COPIER, MOT À MOT, UN TEXTE DE 3 À 4 LIGNES SANS FAIRE D'ERREURS, DANS UNE ÉCRITURE CURSIVE LISIBLE.
9-11 ANS	CALLIGRAPHIE PERSONNALISÉE ; COPIER UN TEXTE D'UNE DIZAINE DE LIGNES, DE FAÇON LISIBLE ET RAPIDE, EN RESPECTANT UNE DISPOSITION CORRECTE (LIGNES HORIZONTALES, TEXTE ALIGNÉ À GAUCHE) ; LISIBILITÉ ; AUGMENTER LA VITESSE D'ÉCRITURE (OBJECTIF CAPITAL).

Légende : Qc : Québec ; Fr : France.

L'apprentissage de l'écriture doit revêtir un sens pour l'enfant. Son désir d'envoyer un message à quelqu'un, de savoir écrire des mots (papa, maman, son prénom, etc.), de recopier dans son cahier de courtes phrases extraites d'histoires qu'il a aimées renforcent sa motivation.

Si les objectifs d'apprentissage sont relativement semblables, les méthodes d'apprentissage sont, elles, plus diverses. Certaines privilégient les éléments des lettres et amorcent l'écriture par des exercices « préparatoires », d'autres s'intéressent aux lettres, aux mots ou à de courtes phrases. Disons tout de suite que les formes des lettres proposées changent d'un auteur à l'autre, plus dans le détail que dans la forme globale. Les lettres épurées sont celles qui faciliteront l'acquisition d'un contrôle graphique rapide et efficace.

6.2. La position assise et la posture du tronc

La position assise doit être bien équilibrée, face à la table, le dos droit pour éviter que les yeux ne soient trop près de la feuille, les avant-bras reposant sur la table (tableau 4.3). Lors de l'écriture, le corps sera droit ou légèrement incliné vers l'avant,

TABLEAU 4.3
L'ÉCRITURE : ÉLÉMENTS À SURVEILLER

POSTURE	– POSITION ASSISE AU FOND DE LA CHAISE – PIEDS À PLAT AU SOL – TRONC DROIT – TÊTE DROITE – AVANT-BRAS SUR LA TABLE – TÊTE À 30 CM DE LA FEUILLE
SUPPORT	– HAUTEURS ADÉQUATES DE LA TABLE ET DE LA CHAISE – TABLE DÉGAGÉE – POSITION DE LA FEUILLE : • CENTRÉE (OU LÉGÈREMENT DÉCALÉE À DROITE) ET INCLINÉE VERS LE HAUT ET LA GAUCHE POUR LES DROITIERS ; • DÉCALÉE VERS LA GAUCHE ET INCLINÉE VERS LE HAUT ET LA DROITE POUR LES GAUCHERS.
OUTIL	– SA GROSSEUR – SA FORME – SA LONGUEUR – SA DURETÉ – L'ÉPAISSEUR DE LA TRACE – LA SAISIE TRIDIGITALE
MOUVEMENTS	– LA DIRECTION DES MOUVEMENTS (GLOBAUX ET SPÉCIFIQUES) – LA PRESSION SUR L'OUTIL – LA DISSOCIATION DOIGTS/POIGNET/AVANT-BRAS – LE POIGNET DANS L'AXE DE L'AVANT-BRAS – LES TENSIONS MUSCULAIRES DU CORPS – LA RÉGULARITÉ DES LETTRES (HAUTEUR, LARGEUR) – L'AISANCE DU MOUVEMENT – LE SENS DU TRACÉ DES LETTRES ET DES MOTS – LA POSITION DES AVANT-BRAS (DÉCOLLÉS DU TRONC ET POSÉS SUR LA TABLE, COUDE À L'EXTÉRIEUR) – MOUVEMENT RÉGULIER ET CONTINU DU DÉPLACEMENT DU POIGNET (ET NON PAS PAR À-COUPS) – PAS DE TREMBLEMENTS OU ZIGZAGS DU CRAYON – SENSATIONS KINESTHÉSIQUES (DIFFÉRENCIER CONTRACTÉ/RELÂCHÉ)

les pieds posés à plat par terre. La hauteur de la chaise assure un contact des pieds au sol pour y établir un véritable tonus musculaire minimal de repos. La stabilité du corps résulte de l'appui du bassin sur la chaise et de celui de l'avant-bras n'écrivant pas sur la table ; celle-là se doit d'être aussi à la bonne hauteur ! Les muscles dorsaux, tout le long de la colonne vertébrale, assurent le maintien de la position droite du tronc appropriée ainsi que la fixation de l'épaule à partir de laquelle le bras scripteur sera en mesure de bénéficier de l'autonomie nécessaire aux mouvements graphiques ; les muscles du cou maintiennent la position de la tête. Les épaules devraient être à la même hauteur : il arrive fréquemment que l'une (celle du bras d'appui) soit plus haute que l'autre avec l'inclinaison de la tête vers elle. Il faut aussi éviter que les enfants placent un de leurs pieds sous les fesses, dans la position assise, ou croisent les jambes ; ces deux positions influencent directement l'assise de la colonne vertébrale qui se courbera dans l'une ou l'autre direction. L'avant-bras droit repose sur la table par sa moitié inférieure, ainsi que tout l'avant-bras gauche (Ajuriaguerra *et al.*, 1964) ; la tête est à 25 à 30 cm environ de la ligne d'écriture (figure 4.8). L'appui du corps sur la table doit se faire par l'intermédiaire du bras opposé à celui qui écrit (et qui en plus maintient la feuille d'écriture), et non pas par le tronc (collé ou affalé sur la table) comme c'est souvent le cas au début, ce qui rapproche trop les yeux de la table. Cette position évite les mauvaises positions et les possibles déviations de la colonne vertébrale par diminution tonique des muscles paravertébraux si elles sont maintenues systématiquement (scoliose, lordose, cyphose). Vers l'âge de six ans, la moitié des enfants s'inclinent beaucoup trop vers l'avant, la tête près du papier, le tronc couvrant la feuille et ils contractent également trop leurs muscles. L'autre moitié adopte une position contraire. Entre 5 et 12 ans, l'enfant relève progressivement la tête de 6 à 20 cm, sous l'influence probable de plusieurs facteurs : l'augmentation globale du tonus dorsal et postural, l'amélioration de la vision, un guidage visuel de la main moins important. Le tronc s'éloigne du bord de la table après l'âge de huit ans tandis que la surface d'appui sur la table de l'avant-bras qui écrit diminue, le coude finissant par sortir de la table. Le redressement dorsal et l'indépendance bras–tronc sont facilités par l'évolution du tonus musculaire et du contrôle moteur. Progressivement, le bras se désolidarise du corps entier et la main, de l'avant-bras ; cette autonomie augmente la vitesse d'écriture, supprime les contractions parasites des muscles antagonistes et diminue la fatigue résultant de crispations multiples. Les positions caractéristiques des différentes parties du membre supérieur s'acquièrent et se figent petit à petit (degrés d'ouverture des articulations, de pronation du poignet, de flexion-extension, d'adduction-abduction du poignet, de contraction ou d'allongement des doigts). Attention aux enfants qui, bien qu'écrivant le corps droit jusqu'à l'âge de sept ans tendent ensuite à se courber vers la table, rapprochant ainsi leurs yeux de la feuille ! Pour prendre conscience de la position du tronc, on peut, assis par terre ou sur la chaise, faire le dos rond puis le dos plat en le collant, dans ce dernier cas, au dossier de la chaise. Ne pas craindre, non plus, de rappeler régulièrement aux enfants de prendre la posture correcte.

FIGURE 4.8
LA POSITION ASSISE ET CELLE DES BRAS

Positions assises appropriées

Positions assises inadéquates

SUR LE COIN DE LA CHAISE
ET SUR LE BORD DE LA TABLE

AVANT-BRAS
HORS DE LA TABLE

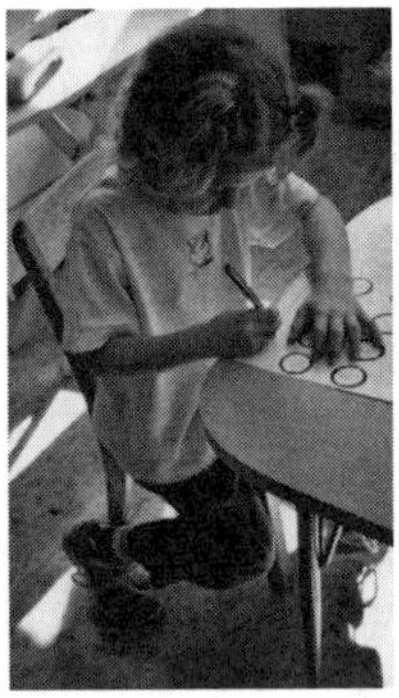

DE PROFIL
AU LIEU DE FACE

TÊTE TROP INCLINÉE
ET TRONC ARRONDI

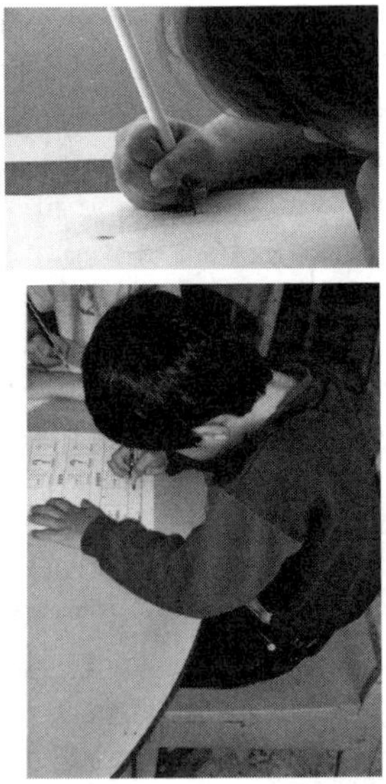

Pendant que se produit cette évolution générale de la position du corps apparaissent des modifications dans la localisation et l'orientation de la feuille sur laquelle le sujet écrit. La feuille (ou le cahier) sera placée à droite du plan sagittal médian et orientée obliquement vers le haut et la gauche d'environ 30° pour les droitiers, la main glissant sur la feuille (globalement, la feuille est parallèle à l'avant-bras avec lequel on écrit). Il en résulte une progression de la main le long de la ligne, grâce à l'ouverture de l'articulation du coude qui reste fixe sur la table, remplaçant très vite celle de l'épaule comme axe de rotation et de déplacement du poignet sur la ligne. Lorsque la feuille est perpendiculaire au corps, le poignet est déplacé à partir de l'ouverture latérale de l'épaule (abduction). Cela favorise une meilleure vue d'ensemble du texte écrit.

L'attitude du gaucher est-elle symétrique de celle du droitier? Non, en particulier dans l'orientation de la feuille et la position de la main. La feuille est placée à gauche, même bien décalée, et orientée vers le haut et la droite si la main est placée sous la ligne pour éviter une gêne dans le déplacement latéral du bras. Mais le gaucher place fréquemment sa main en crochet au-dessus de la ligne, ce qui situe l'ensemble de l'avant-bras sur la table, empêche de cacher la partie du mot écrite et supprime le problème du bras collé au tronc ; dans ce cas, le déplacement de la main est assuré par une ouverture de l'articulation du coude et de l'épaule (figure 4.9).

Il est ainsi capital, dès le départ, de souligner l'importance d'une position correcte du corps afin que l'écriture s'effectue sans tensions musculaires superflues et donc sans fatigue (Lurçat, 1985). L'appui du corps sur le bras gauche, pour le droitier, libère le bras droit qui peut alors assurer les mouvements de translation de la main (aspect cursif) et ceux des doigts (aspect calligraphique).

Un élément que l'on néglige souvent est celui de l'**éclairage** : il est préférable que la lumière vienne du côté opposé au bras scripteur, soit de la gauche pour le droitier et de la droite pour le gaucher. Cela permet de voir clairement la trace au fur et à mesure qu'elle apparaît sur le papier. Il en sera tenu compte dans l'orientation des tables dans la classe.

6.3. La main d'écriture

On ne nous enseigne à écrire que d'une seule main, bien que, à vrai dire, rien ne s'opposerait à un apprentissage bimanuel, sauf peut-être la durée de l'acquisition ! Quand l'enfant arrive à l'école, sa manualité est généralement déjà bien déterminée, surtout à six ans. Que faire lorsque ce n'est pas le cas, au moment d'apprendre à écrire? Il faut alors l'aider à choisir la main qui lui convient le mieux, **trouver sa manualité**. Quand l'enfant n'est pas sûr de sa préférence manuelle, une enquête menée auprès des parents et de la famille donne, dans un premier temps, des indications sur les prédispositions naturelles éventuelles de l'enfant. Si cela n'est pas concluant, on peut,

FIGURE 4.9

LES POSITIONS CLASSIQUE ET INVERSÉE DE LA MAIN POUR LES SCRIPTEURS GAUCHER ET DROITIER

(D'après Levy et Reid, 1976, p. 337.)

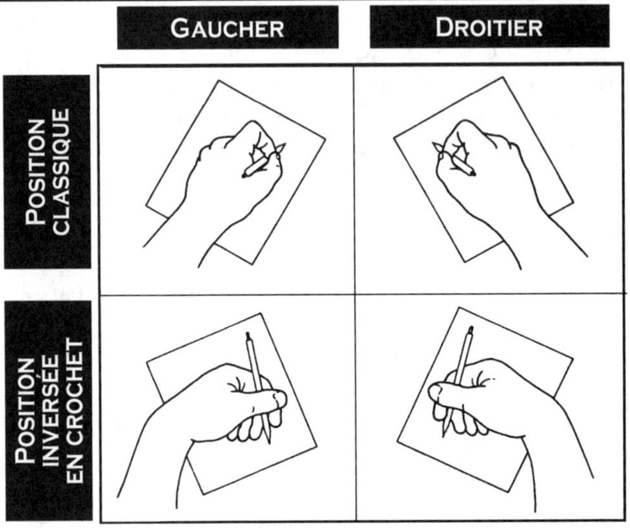

Droitier en « crochet » (rare)

B. ORIENTATION DE LA MAIN ET DU PAPIER CHEZ LES GAUCHERS

MAIN SUR LA LIGNE D'ÉCRITURE — MAIN « SOUS » LA LIGNE D'ÉCRITURE — MAIN AU-DESSUS DE LA LIGNE D'ÉCRITURE

Sur la ligne

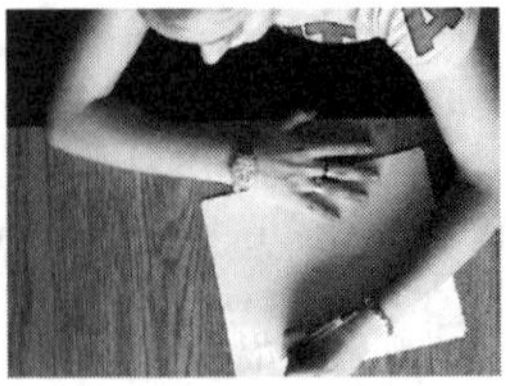

Sous la ligne avec une inclinaison de 90° de la feuille de papier

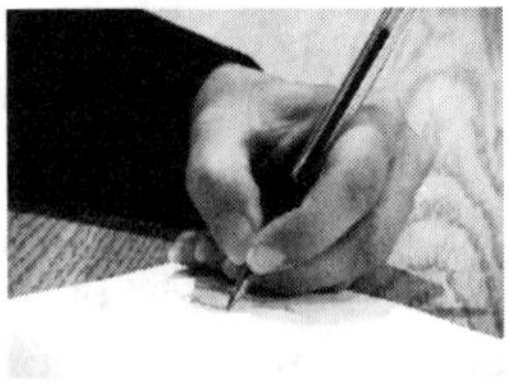

Au-dessus de la ligne, en « crochet »

dans un deuxième temps, évaluer sa manualité à l'aide de questionnaires de préférence manuelle ou d'épreuves d'efficience manuelle (voir chapitre sur la latéralité). Les premières épreuves soulignent la fréquence d'utilisation de chaque main dans les activités quotidiennes : les questionnaires de préférence manuelle sont ici d'une aide précieuse (le jeune enfant réalise concrètement les activités lorsque le matériel est fourni pour chaque épreuve). Les épreuves d'efficience mesurent la performance à des épreuves d'habileté manuelle (temps mis pour faire un point dans 50 petits cercles, pour transférer des chevilles de bois d'un trou dans un autre par exemple). Le choix devrait se porter sur celle qui obtient les meilleurs résultats, dans ce cas celle où les temps sont les plus bas. Il s'agit d'aller dans le sens de la dominance établie plutôt que de vouloir tout changer et de provoquer ainsi l'apparition de difficultés. S'il se dégage de ces observations que l'enfant est vraiment ambimane, on peut l'encourager à écrire de la main droite, cette activité étant plus simple à accomplir de cette main que de la gauche, ne serait-ce que parce qu'elle ne dissimule pas la ligne écrite. Il est évidemment important que l'enfant soit partie prenante de la décision et qu'un changement de main soit envisagé si peu de progrès sont enregistrés après quelques semaines d'apprentissage.

6.4. L'enfant gaucher et l'écriture

Au début de l'apprentissage de l'écriture, il n'est pas rare que les parents s'inquiètent de la manualité gauche de leur enfant ; ils désirent savoir si cette particularité va ou non perturber les apprentissages scolaires et s'il ne faudrait pas changer la main d'écriture. Il n'y a pas de réponse toute faite à cette question et chaque cas doit être traité individuellement. Comme l'enfant est le premier concerné, il doit participer à la prise de décision et il faut respecter sa prédisposition. Le laisser écrire de la main gauche ne constitue pas la « pire » des solutions mais probablement la meilleure, celle qui causera le moins de problèmes par la suite. Il est loin d'être clair, en effet, que la vitesse d'écriture des gauchers soit moindre que celle des droitiers. Il ne faut surtout pas forcer l'enfant à écrire de la main droite en usant de pressions physiques ou psychologiques, comme cela fut souvent le cas par le passé, en lui imposant en plus les mêmes positions que celles conseillées pour les droitiers. L'enseignant doit lui aussi s'adapter et s'assurer que la position adoptée par l'enfant est confortable, que celui-ci se sent à l'aise (et qu'il n'est pas assis à droite d'un droitier !). Pour que le corps ne gêne pas le déplacement du bras, on peut décaler la feuille vers la gauche et l'orienter selon un axe incliné du haut à droite vers le bas à gauche, ce qui permet de garder la main gauche sous la ligne. La feuille est mise bien à gauche du sujet pour éviter que le crayon n'ait à franchir l'axe central du corps et que le coude gauche ne vienne buter contre le corps. On peut aussi incliner la feuille dans l'autre sens (haut à gauche, bas à droite) si l'enfant se sent plus à l'aise pour écrire avec la main gauche en crochet, main au-dessus de la ligne d'écriture (figure 4.9). Dans ce dernier cas, il est préférable, dans les exercices de copie, que le modèle soit écrit au-dessous des lignes sur lesquelles l'enfant écrira, afin qu'il lui soit visuellement accessible, ou qu'il soit posé à droite de l'enfant. Le crayon peut être tenu un peu plus loin de l'extrémité touchant la feuille pour permettre une meilleure visibilité de la trace. Si nécessaire, un enfant gaucher plus âgé peut être appelé à jouer un rôle de modèle. Pour éviter de salir sa feuille en passant la main sur ce qui vient d'être écrit, il est possible de choisir un stylo dont l'encre sèche très vite.

À la fin du primaire, la plupart des gauchers (60 %) n'utilisent pas une posture en miroir de celle des droitiers pour écrire, mais plutôt une position de la main en crochet, alors que les gauchères, le plus souvent (70 %) écrivent avec la main sous la ligne. La main gauche est placée au-dessus de la ligne, la pointe du crayon orientée vers le bas de la page, celle-ci étant inclinée vers le haut et la gauche (Levy et Reid, 1976, 1978; Herron, 1980) (figure 4.9). Cette position, apparemment peu fonctionnelle, présente plusieurs avantages. Elle permet de voir ce qui est écrit au fur et à mesure que les lettres sont tracées et empêche de passer avec la main sur le texte écrit. Son intérêt principal réside dans le fait que la position facilite le jeu de l'articulation du poignet dans le sens de l'écriture; l'inclinaison de la feuille vers la gauche rend possibles l'ouverture du coude et la description par la main d'un arc de cercle dont le coude constitue le centre.

Il peut arriver aussi qu'un enfant, jusque-là droitier, se mette à écrire de la main gauche, par mimétisme envers un frère aîné, un parent, un ami. En lui faisant remarquer son comportement, il est généralement assez facile de le ramener à l'écriture de la main droite.

Lorsqu'un élève gaucher est assis à côté d'un droitier, il est préférable qu'il le soit à la gauche de ce dernier afin que les enfants ne se gênent pas au cours de l'écriture.

6.5. La saisie et la tenue du crayon

Le **mode de saisie du crayon** change avec l'âge, de la prise palmaire à la prise tridigitale dynamique, le crayon étant alors saisi par la pince pouce-index, appuyé contre le côté du majeur (Saida et Miyashita, 1979) (figure 4.10). Au cours du **stade 1, de prise palmaire**, l'enfant de prématernelle saisit le crayon en haut, dans la paume de sa main, le pouce vers le haut, et le déplace par des mouvements de l'épaule et du bras. Au **stade 2, de prise tridigitale incomplète**, l'enfant de maternelle commence à saisir le crayon entre les trois doigts, pouce-index-majeur, au milieu de sa longueur. Dans le **stade 3, de prise tridigitale**, l'enfant de première année tient le crayon en bas et le déplace par des mouvements du poignet. Au cours du **stade 4**, enfin, celui de la **prise tridigitale dynamique**, l'enfant de deuxième année manipule le crayon par de petits mouvements coordonnés de ses doigts. La saisie tridigitale du crayon s'améliore vers l'âge de six ou sept ans, alors que les tensions musculaires augmentent souvent, à cause, fort probablement, de l'effort et de l'attention portés à l'acte graphique; ces tensions diminuent toutefois rapidement avec la maîtrise du geste graphique.

FIGURE 4.10
LES ÉTAPES DE LA SAISIE DU CRAYON

Stade 1 – Prise palmaire
Crayon saisi dans la paume de la main

Stade 2 – Prise tridigitale incomplète
Crayon saisi à moitié hauteur

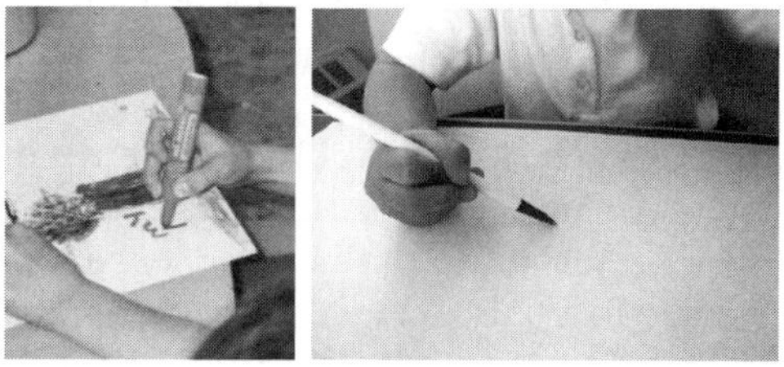

Stade 3 – Saisie tridigitale
Mouvements du poignet

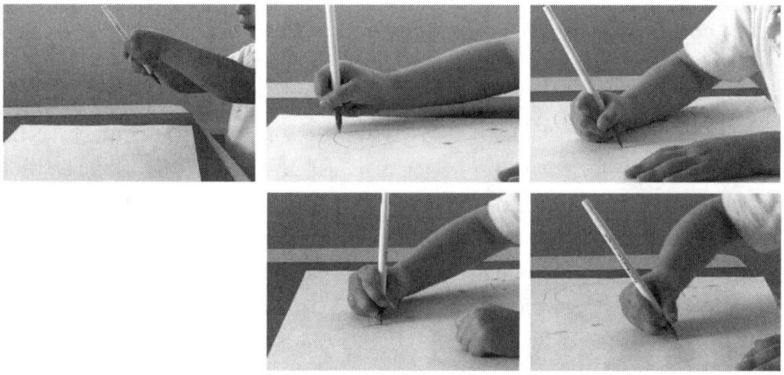

Stade 4 – Saisie tridigitale dynamique et variantes (adulte)
Mouvements minimaux des doigts

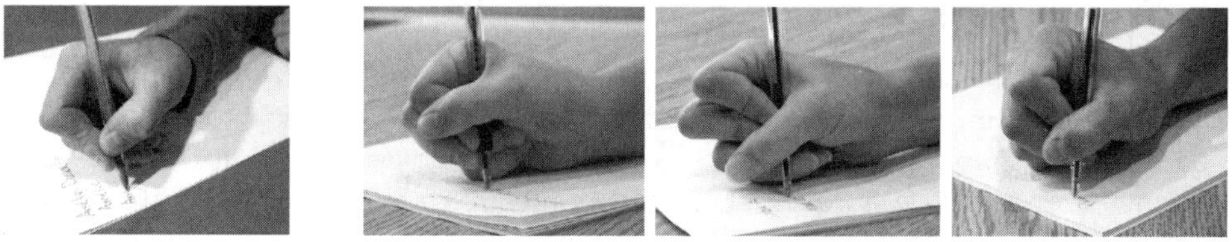

Saisie conseillée

Modes de saisie à éviter

Allen et Wellman (1980) ont défini **trois positions possibles de la main: normale**, pointe du crayon dirigée vers le haut de la page; **inversée**, pointe dirigée vers le corps; et **parallèle**, pointe orientée le long d'une ligne parallèle à l'axe des épaules. Ces auteurs ont constaté qu'entre l'âge de 6 et 10 ans, les droitières adoptent plus souvent que les droitiers une position normale: 57 à 68% contre 16 à 40%. Bryson et MacDonald (1984) ont d'ailleurs relevé un écart similaire entre les gauchères et les gauchers (60% de positions normales contre 60% de positions inversées). La prise correcte du crayon et une position adaptée de la main décrispent et relaxent le geste, évitent la fatigue. Il faut enfin noter qu'entre 7 et 15 ans, le mode de saisie du crayon n'influence pas la vitesse d'écriture, normale ou accélérée (Sassoon *et al.*, 1986); il n'y a donc pas une prise plus efficace que les autres pour la vitesse. Les crayons feutres laissent facilement une trace sur le papier et devraient être utilisés dans un premier temps. Il est aussi utile de surveiller le **degré de pression** sur l'élément scripteur et la feuille et la **tension musculaire** engendrée par les exercices: des pauses de relaxation peuvent être nécessaires pour éviter une trop grande fatigue et faire prendre conscience des différences entre les contractions et les relâchements.

Enfin, la forme du crayon et sa tenue: de préférence à facettes pour éviter qu'il ne glisse entre les doigts, il est saisi entre le pouce et l'index légèrement fléchis et appuyé sur le majeur, pas trop près ni trop loin de l'extrémité inférieure (environ deux à trois centimètres); c'est la prise en trois points. La tranche de la main, l'auriculaire et l'extrémité de l'annulaire reposent sur la table, la main à mi-chemin entre la pronation (tournée vers le bas) et la supination (tournée vers le haut). La main glisse sur la table, en tirant le crayon et le tracé. Les gros feutres ou crayons ne facilitent pas particulièrement le graphisme sous prétexte de faciliter la saisie, pas plus d'ailleurs que les «formes» en caoutchouc que l'on glisse sur le crayon pour «modeler» une saisie standard. Chez le gaucher, la prise est semblable, les degrés de pronation et de flexion-extension du poignet changeant selon que l'enfant écrit la main sous la ligne ou au-dessus, en crochet (figure 4.9).

6.6. Les formes d'écriture manuscrite

Nous disposons de deux formes essentielles d'écriture manuscrite: la **script** et la **liée** (appelée également cursive ou anglaise). Pour la première, les lettres, semblables aux caractères d'imprimerie, sont essentiellement composées de parties de deux unités ou de portions graphiques de cercles ou de droites, «*o*» et «*l*» (figure 4.11). Pour la deuxième, les parties de la lettre et les différentes lettres sont reliées entre elles par un mouvement graphique continu, le plus souvent non interrompu (ayant la forme de cycloïdes, ponts ou arches, vagues ou guirlandes, traits) (figure 4.12). Toutefois, certaines parties de lettres dont les accents, barres, cédilles, points et apostrophes, par exemple, font exception et seront tracées après l'écriture du mot (ex.: «attiré» où les barres des *t*, le point sur le *i* et l'accent sur le *e* (ou le contraire!) seront mis après l'écriture des lettres du mot, préservant ainsi la continuité du graphisme cursif) ou pour certaines lettres elles-mêmes (*d, p, t, x*) avec, parfois, un nouveau passage sur le trait vertical (pour *d* et *p*, par exemple). La plupart des lettres s'écrivent dans la partie centrale de l'espace graphique (les voyelles, sauf *y*, et plusieurs consonnes, *c, m, n, r, s v, w, x*) tandis que d'autres utilisent la partie supérieure (à hampe : *b*, *d*, *h*, *k*, *l*, *t*), inférieure (à jambage : *g*, *j*, *p*, *q*, *y*, *z*) ou les trois (*f*).

FIGURE 4.11
CLASSIFICATION DES LETTRES SCRIPT EN FONCTION DES MOUVEMENTS DU TRACÉ

		ROTATION MOUVEMENT AUTOUR D'UN AXE		
		NULLE	POSITIVE	NÉGATIVE
TRANSLATION MOUVEMENT DE DIRECTION CONSTANTE	HORIZONTALE	E F Z H T L Z –	O C Q G S o c a e s	ç
	VERTICALE	E J N P B H K L M T ; : k l t f i	U d q g u f t	D B P R J S b p h m n j r s
	OBLIQUE	V W X Y A K M N Z v w x y î z		, ´ `
	NULLE	. ¨		

Chacune des deux formes présente des avantages. La similitude de l'écriture script avec les textes imprimés est sans contexte son avantage majeur : ce que l'enfant voit et trace est identique. La structure morphologique des lettres (formées donc de traits et de portions de cercles) restreint ensuite le nombre de mouvements de base à apprendre. L'usage, dans la correspondance manuscrite, privilégie malgré tout la cursive. Celle-là facilite le regroupement des lettres en mots (par les liaisons) et la séparation des mots les uns des autres. Elle est plus rythmique et coulée, continue dans sont tracé ; la majorité des lettres commencent au même endroit, sur la ligne inférieure. Cette forme d'écriture, par contre, exige l'apprentissage simultané de deux catégories d'allographes, l'un pour la lecture et l'autre pour l'écriture.

FIGURE 4.12
LES CYCLOÏDES DE L'ÉCRITURE CURSIVE ET LA CLASSIFICATION DES LETTRES

Dans l'écriture intervient le plus fréquemment la direction droite, de sens positif ou négatif.

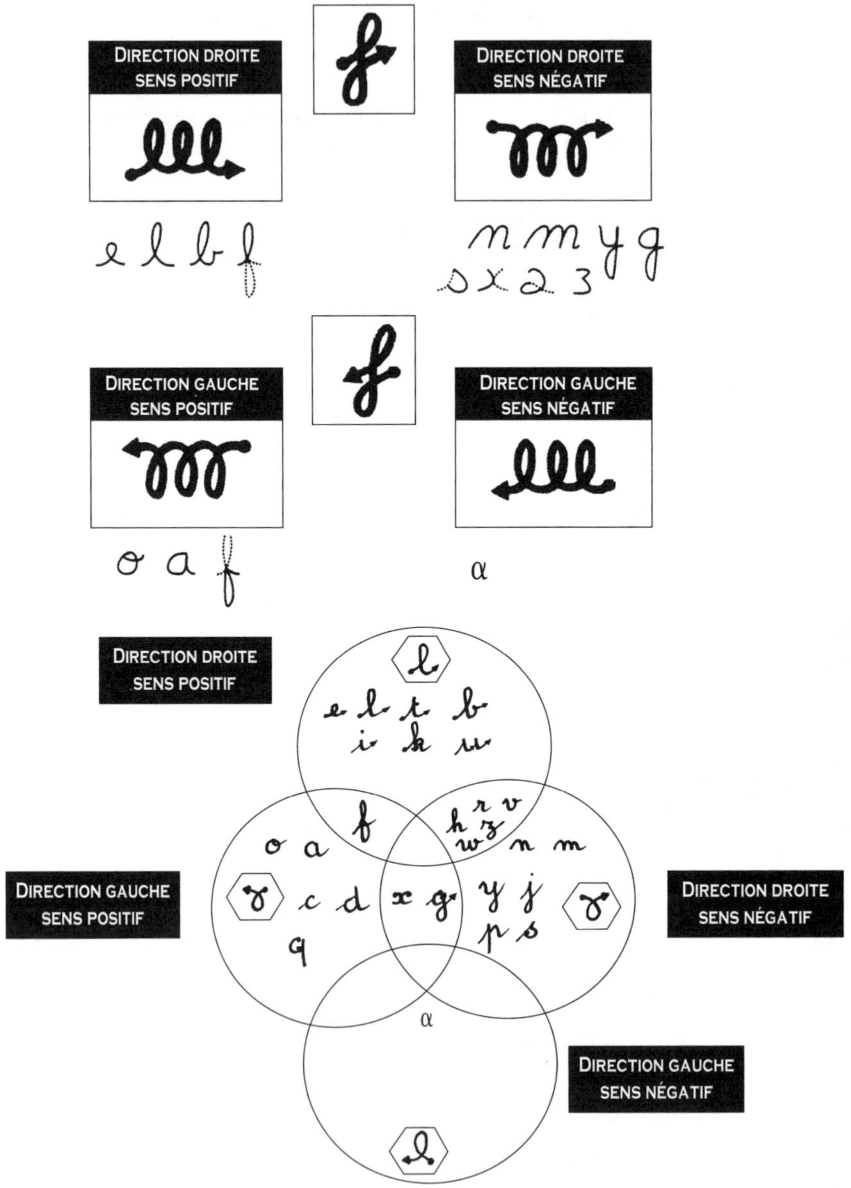

Une lettre, ou **graphème**, dispose en plus de plusieurs **allographes**, variantes graphiques ou façons d'écrire une même lettre (différentes polices de caractères A, A, A, *A*, *A*, les capitales Q et minuscules *q*, la script *g* ou la liée *g*, sans compter notre façon personnelle d'écrire !). Pour chacune des formes d'un même graphème, nous devons mettre en place des contractions musculaires appropriées. Alors, disposons-nous en mémoire de tous les programmes moteurs nécessaires au tracé de tous les allographes d'une lettre ? Certainement pas, sauf peut-être pour l'écriture usuelle ; pour les autres, nous les créons au fur et à mesure des besoins, d'autant plus facilement que nous jouissons d'une expérience graphique riche, l'écriture étant une activité perceptivomotrice !

Par quelle calligraphie alors commencer l'écriture : la script ou la cursive ? Au Québec, la script est d'abord proposée pour aller rapidement vers la cursive, alors qu'en France la cursive est directement utilisée. Le choix d'un style à l'exclusion de l'autre conditionne l'acquisition de programmes moteurs déterminés. Au départ, l'**écriture script**, bien que plus hachée dans son déroulement, demeure plus simple que la **cursive** ou **liée**, car elle ne comporte que des formes relativement épurées, composées de cercles (O) et de droites (l / —) ou de leurs parties ou combinaisons (c, d, u, m, s, B, T, X, Z) ; c'est elle qui est le plus souvent proposée (Smith, 1987) parce que plus lisible et plus facile à apprendre, les lettres pouvant être regroupées par familles de ressemblance. Les capitales d'imprimerie sont souvent utilisées dans un premier temps, compte tenu de leur taille, de leur lisibilité et de leur ressemblance avec les caractères généralement employés sur les affiches. La cursive, par contre, en plus d'être plus coulée, est aussi plus rythmique et continue, également plus motivante car elle ressemble à l'écriture adulte.

Parmi les différentes méthodes disponibles, nous retiendrons plus particulièrement celle que Vinh Bang (1959) a conçue, que le ministère de l'Éducation du Québec a reprise, et qui assure un passage progressif de la script à la liée (figure 4.13) ; pour la France, l'apprentissage commence directement par la colonne 4 de la figure 4.13. Il existe, dans ce domaine de l'apprentissage, de nombreux ouvrages disponibles (Cauchon et Jutras, 1999 ; Guillaud, 1988 ; Octor et Kaczmarek, 1989). Les objectifs visés par l'alphabet proposé sont : l'aisance du tracé, la continuité du mouvement, l'évolution progressive de la script vers la liée ; les exercices entraînent l'enfant vers l'acquisition d'une écriture lisible et rapide. Cette méthode respecte, au départ, la **similitude** entre les formes des lettres imprimées et celles qui sont demandées à l'enfant ; le **sens du tracé** propre à chaque lettre y permet l'évolution de l'écriture sans modification importante du geste de base. Celui-là se complète sans être différent, excepté pour le *r* et le *s*. En outre, la décomposition de la lettre en **juxtaposition d'éléments simples** correspond bien aux possibilités du contrôle moteur et perceptif restreint de l'enfant. Les formes simples de l'écriture script, par rapport à celles, plus complexes, de l'écriture liée, s'ajustent mieux au contrôle moteur saccadé et gradué de l'enfant; la finesse de mobilisation du couple musculaire agonistes-antagonistes et de l'alternance de leur intervention est moins importante dans le tracé des droites et des courbes que dans celui des boucles et des jambages.

Avec l'évolution de l'apprentissage, la **liaison des lettres** peut être introduite pour donner un tracé plus continu et «coulé» où la fin d'une lettre prépare le début de la suivante, ce qui confère un certain rythme moteur à l'écriture. Le mouvement continu de la cursive s'acquiert à la suite de plusieurs étapes (figure 4.13) décrites ci-après. À **six ans**, l'enfant commence par l'**écriture script de base** en portant son attention sur l'ordre de succession des traits qui composent chaque lettre, pour tracer à sept ans chaque lettre sans lever la plume. Vers huit ans, le début et la fin du tracé de la lettre sont prolongés pour préparer la liaison avec la lettre suivante; le cahier est incliné légèrement vers la gauche afin d'amorcer un début d'écriture penchée. L'enfant de **neuf ans** atteint naturellement l'**écriture cursive liée** en transformant les jambages et les traits en boucles et en reliant des groupes de lettres; à dix ans, il aura ainsi un rythme d'écriture plus rapide par liaison complète des lettres, rapidité pouvant faire l'objet d'un apprentissage systématique. Les exercices d'entraînement proposés doivent conduire à l'automatisation d'un mouvement rapide tout en assurant le contrôle de la qualité de l'écriture. Compte tenu des capacités d'apprentissage des enfants, le passage de la script à la liée peut se faire bien avant l'âge de neuf ans, sans les bousculer.

En ce qui a trait à l'ordre dans lequel les lettres sont introduites dans l'apprentissage, les règles sont plutôt souples. Les lettres peuvent être regroupées en fonction des caractéristiques des gestes qu'elles demandent (ce qui facilite le transfert d'apprentissage moteur des unes aux autres): «*l, i, t*», «*n, m, h, r*», «*o, c, p, q, b, d*», etc. (voir les familles de lettres, figure 4.12), en fonction de leur fréquence dans la langue (*a, e, i, o, u*; *l, n, m, p, b, c, t, d, g, s,* en particulier), ou présentées dans un autre ordre qui évite la monotonie dans les répétitions. Le passage des capitales d'imprimerie à la cursive ne se fait pas toujours par transfert direct (V–v–*v*, mais A–a–*a* et G–g–*g*). Les lettres avec jambage (*q, g, p, y, j*) seraient celles dont la difficulté graphique serait la plus élevée alors que *l, o, i, v, c* sont considérées plus faciles. Il n'est pas rare de voir des méthodes d'écriture où la lettre *q* comporte un jambage en arrière de la ligne verticale *q*, ce qui rapproche beaucoup cette graphie de la lettre *g*; cette forme est à déconseiller pour éviter des confusions suffisamment nombreuses entre les lettres *b, d, p* et *q*!

Les liaisons sont ensuite étudiées de façon systématique: certaines se font sans lever du crayon et sans changer de direction (*le, il*), d'autres sans lever de crayon mais avec un changement de direction (*in, pi*), d'autres enfin avec un lever du crayon (*no, ba*). Certaines lettres (dont le *b, f, o, v* et *w*), étant donné qu'elles s'achèvent par une partie haute de la liaison, requièrent un ajustement directionnel de fin de geste en fonction de la lettre qui suit: *be, br, bl*; *os, or, ol*. D'autres

FIGURE 4.13

DE L'ÉCRITURE SCRIPT À L'ÉCRITURE LIÉE : ÉTAPES DE L'ÉVOLUTION

(D'après Vinh-Bang, 1959, p. 128, 129.)

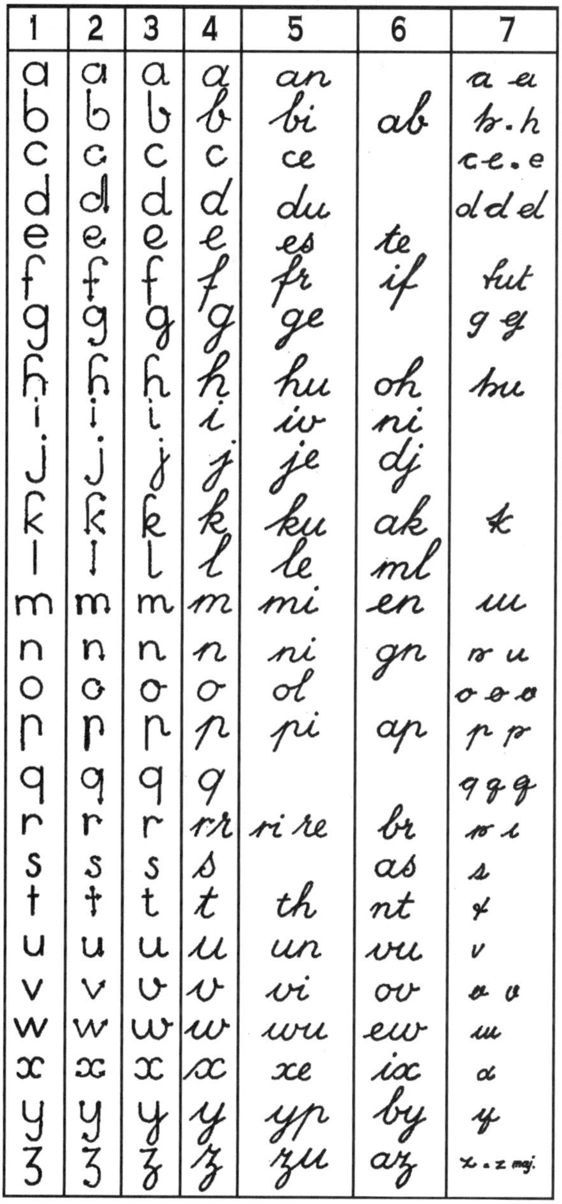

Explication de l'alphabet proposé :

1. Écriture script de base.
2. Mouvement du tracé. Le tracé est continu pour toutes les lettres, excepté : *k, x,* de même que pour *f* et *t* à cause des barres et *i* à cause du point.
3. Première étape du passage à l'écriture liée : adjonction d'un mouvement de dégagement au tracé terminal de chaque lettre.
4. Seconde étape : écriture légèrement penchée (par inclinaison de la feuille de papier). Adjonction d'un mouvement de départ pour certaines lettres qui offrent une possibilité de liaison avec la lettre précédente. Plusieurs grosseurs de boucles sont envisagées.
5. Passage à la liaison. Exemple montrant comment la lettre peut être liée à une autre qui la suit.
6. Exemple montrant comment lier la lettre avec une autre qui la précède. (Pour les lettres n'offrant pas les possibilités de liaison mentionnées sous 5 et 6, on présentera plusieurs artifices de liaison. L'élève sera libre d'adopter celui qui convient le mieux à son graphisme personnel. Nous conseillons même d'éviter les liaisons dans ces cas.)
7. Tracé jugé dangereux car il peut entraîner des déformations ou des confusions ultérieures. C'est en particulier le cas pour la lettre *q* avec jambage (*q*) qui se confond très facilement avec la lettre (*g*). Bien que cette graphie soit souvent proposée, nous la déconseillons vivement. La lettre *f* peut comporter un jambage.

lettres (*a, c, d, g, o, q*), au contraire, parce qu'elles commencent à l'opposé de la fin de la lettre précédente, nécessitent le lever du crayon dont le mouvement, par contre, se fait dans l'axe de la fin du mouvement de la liaison de la lettre précédente.

L'apprentissage du tracé des lettres précède celui des mots, ceux-ci naissant de la combinaison des premières ; cela ne signifie pas, toutefois, qu'il faille apprendre le tracé de toutes les lettres avant d'écrire des mots. Il ne faut pas perdre de vue que l'écriture sert à communiquer et que l'enfant éprouve toujours un vif plaisir à écrire son prénom, son nom et d'autres mots de son vocabulaire courant. À force d'écrire et de récrire des lettres, l'enfant se forme des modèles moteurs de chacune d'elles, les engrammes, modèles qu'il enregistre dans sa mémoire motrice d'où il peut par la suite les puiser pour reconstituer n'importe quel mot. Il est plus probable, en effet, que nous programmions l'association de lettres que l'écriture de mots entiers. Si lors des premiers essais de copie l'enfant programme le tracé de chaque lettre au fur et à mesure qu'il le réalise, très vite, il anticipe la préparation des commandes motrices des lettres qui suivent celle qu'il est en train d'écrire, ce qui permet une écriture rapide et non saccadée.

Le tracé des chiffres se fait de façon simultanée à celui des lettres, dès que nécessaire pour les mathématiques.

Une question se pose fréquemment lors des premières tentatives de l'apprentissage graphique : est-il préférable d'utiliser une feuille lignée ou non ? Dans un premier temps, une feuille blanche n'impose pas de limite ou de restriction motrice au geste graphique. Très vite, par contre, la présence d'interlignes (ou de trottoirs) guide l'enfant afin qu'il acquière une amplitude plus régulière de ses mouvements, qu'il s'agisse du corps central des lettres (*a, e, i, o*, etc.) que des hampes (*t, d*, etc.), des boucles supérieures (*l, b, h, f*), des jambages (*n, m, p, q*) ou des boucles inférieures (*j, g, z*) (et une disposant des deux boucles : *f*).

6.7. Les activités de préécriture

Si l'occasion lui en est donnée, l'enfant gribouille ou barbouille très tôt avec un crayon, dès le début de sa deuxième année, sur une feuille ou dans les livres. Le trait se dessine au hasard, en fonction de contractions musculaires plus ou moins contrôlées, sans recherche d'une forme précise. Le plus souvent, le crayon est saisi à pleine main, la pointe du crayon seule touchant la feuille : l'avant-bras est placé au-dessus du support et l'enfant gribouille à main levée (figure 4.10). Puis l'avant-bras et le petit doigt s'appuient sur le support ; les mouvements scripteurs sont alors moins saccadés, bien qu'ils mobilisent encore en bloc l'avant-bras. Avec l'entraînement et l'âge, poignet et doigts se désolidarisent de l'avant-bras, produisant une économie du geste et un tracé plus fin. Entre cinq et sept ans, ce sont les mouvements des doigts qui conduisent le crayon.

Le **gribouillis** évolue, en particulier sous l'influence du milieu avec l'intervention de l'adulte. À ce stade, le tracé répétitif et aléatoire a souvent une forme circulaire, avec des mouvements alternés horizontaux, verticaux ou obliques (Kellogg, 1969) ; ils comportent les prémices, vagues et des boucles graphiques, des mouvements ultérieurs caractéristiques de l'écriture.

Kellogg (1969), après avoir analysé des milliers de dessins d'enfants, a distingué quatre étapes dans l'acquisition de la coordination visuomanuelle nécessaire au tracé graphique : le **gribouillage**, la **combinaison de deux formes géométriques**, la **combinaison de plusieurs formes** et enfin le **dessin** proprement dit. Le gribouillage se rapporte à tout tracé primaire, sans forme précise, qui finit par déboucher naturellement sur le dessin d'une forme géométrique puis la combinaison de deux formes. Cette étape apparaît dès l'âge de trois ou quatre ans, se différenciant de la précédente par l'intention sous-jacente à l'action et par la coordination visuomanuelle (guidage visuel du déplacement de la main). En plaçant les activités préalables au graphisme dans un contexte signifiant (décorer la classe, préparer une carte de fête), on peut faciliter l'apprentissage moteur de l'écriture par la reproduction de boucles, guirlandes, traits droits ou obliques, etc. (figure 4.14). Différents coins se rajoutent aux droites pour constituer les lettres : les boucles (*eee*), les guirlandes (*uu*) et les arches (*nn*). La juxtaposition et la répétition régulière de la même forme confèrent un rythme au tracé dont bénéficie l'enfant dans sa maîtrise du geste. Il ne s'agit plus de laisser uniquement une trace, mais de l'organiser, de la construire. Les triangles, les cercles et les carrés apparaissent de plus en plus fréquemment dans les dessins d'enfants âgés entre trois et cinq ans. Les angles et les droites qui les constituent deviennent progressivement conformes à la réalité.

Dès l'âge de trois ans, l'enfant copie des lignes verticales ou horizontales et des ronds, aux alentours de quatre ans, un carré et à environ cinq ans, le triangle où se combinent les lignes obliques. Le dessin du losange marque la fin de cette lente évolution entre cinq et six ans (figure 4.15). Si vers trois ans ou à peu près, il reproduit les formes élément par élément, directement au-dessous du modèle, après six ans il peut se dissocier de la proximité du modèle. En réussissant à copier une forme, l'enfant témoigne à la fois de l'évolution de son activité perceptive et de celle de ses structures neuromusculaires : il peut se représenter mentalement l'action à exécuter et, grâce à l'entraînement, avoir un meilleur contrôle de son mouvement. Dès cet âge, l'enfant combine plusieurs figures géométriques pour former une figure plus complexe. Le dessin proprement dit commence lorsqu'il tente de reproduire des objets ou des personnes de son environnement ; dans ce dernier cas, son dessin évolue du cercle à la représentation complète en passant par le bonhomme têtard.

FIGURE 4.14
UN EXEMPLE D'ACTIVITÉS PRÉGRAPHIQUES

Combinaison de traits et de formes
(D'après Guillaud, 1988, p. 73.)

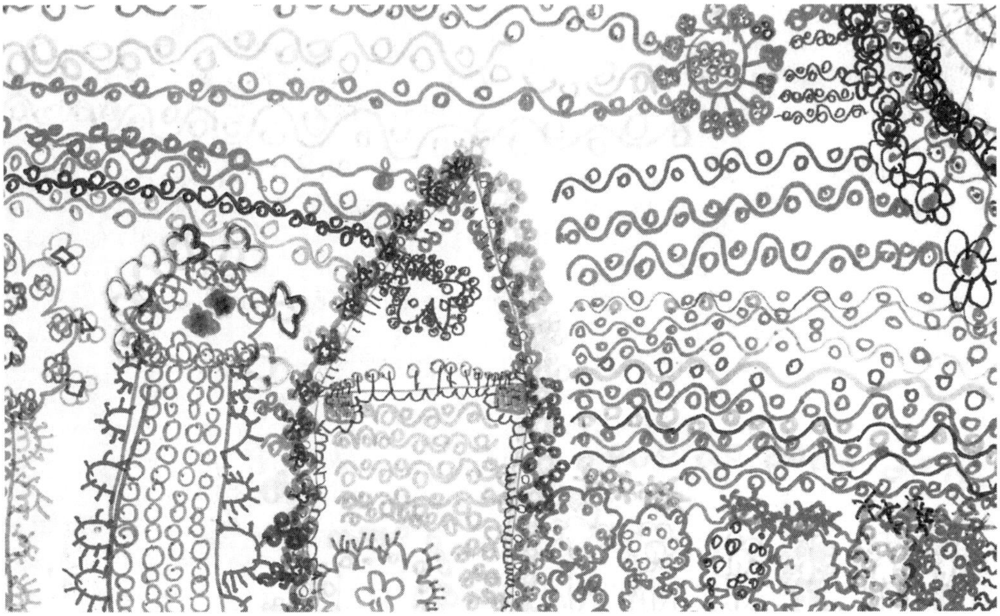

Bien que l'écriture ne soit pas abordée de façon systématique à l'école maternelle, si l'on y commence l'apprentissage, autant placer tout de suite les enfants dans les conditions les plus favorables et leur enseigner les gestes graphomoteurs adéquats (Guillaud *et al.*, 1988), afin d'éviter l'acquisition de mauvaises habitudes. De nombreux exercices prégraphiques de motricité fine amorcent le contrôle du geste aussi bien par des jeux moteurs qui facilitent la dissociation de la main de l'avant-bras et la rotation du poignet (les marionnettes, le vissage-dévissage, les manipulations libres) que par le dessin ou par des exercices plus structurés où le tracé (traits droits, ronds, boucles, jambages, arrondis) l'emporte sur la représentation et même sur la forme. C'est l'âge où, par des jeux graphomoteurs (le dessin d'arabesques, le tracé de contours de figures, le tracé de lignes ininterrompues, de courbes et de lignes droites), le geste graphique s'affine et se contrôle (Villani, 1985) (figure 4.14). Par exemple, l'enfant est appelé à faire un tracé autour d'obstacles dessinés sur une feuille selon une direction précise, à combler des formes avec des tracés différents, à produire et à organiser des tracés graphiques personnels, à transformer son tracé

FIGURE 4.15
L'ÉVOLUTION DU TRACÉ DE FIGURES GÉOMÉTRIQUES

La taille de ces figures représente 20 % de la taille originale des dessins.

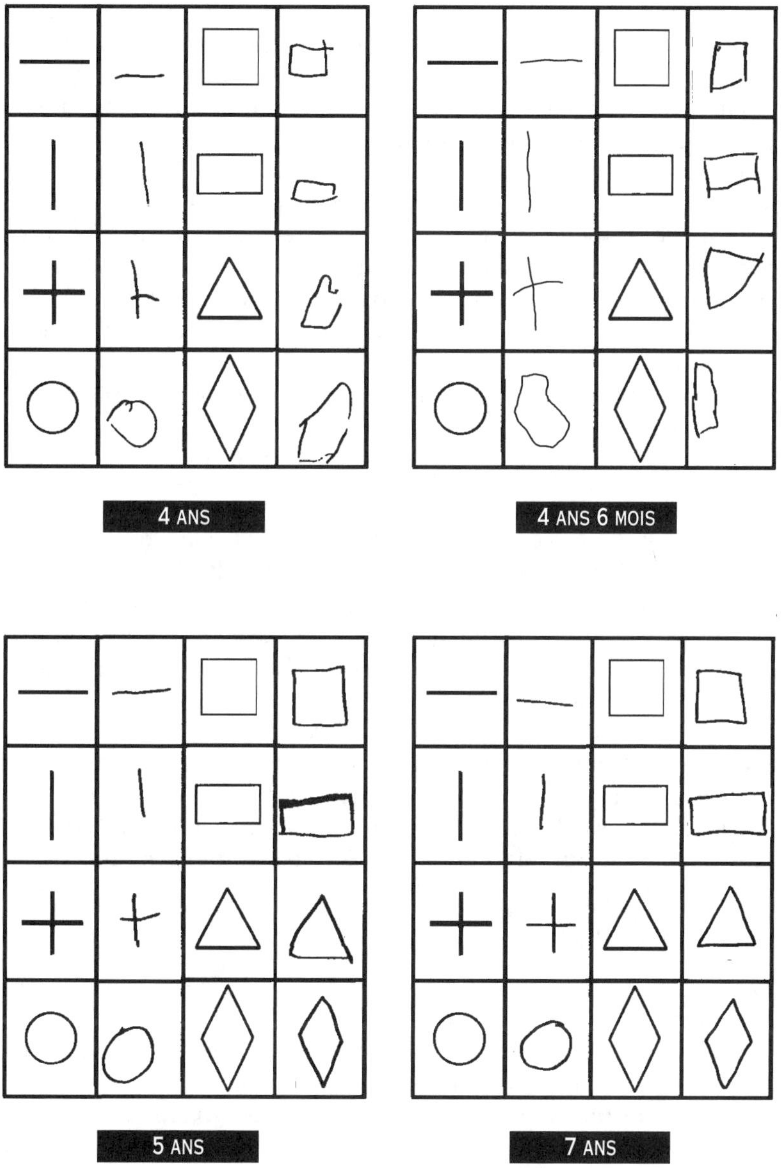

en un autre à partir d'un point donné, à l'appuyer ou à effleurer la feuille, etc. Par le rythme moteur qu'elles génèrent, les répétitions de boucles, guirlandes, ponts, vagues favorisent le contrôle moteur du mouvement nécessaire à la graphie ultérieure des lettres. La répétition d'une même forme (des ronds, des boucles, des sinusoïdes, des croix, des triangles, etc.) conduit à une forme plus grande (une maison, une voiture, un arbre, une personne, etc.). Les différents exercices que l'on fait faire aux enfants de cet âge ont pour principaux objectifs de développer l'aisance de la mobilisation du membre supérieur, main et doigts en particulier. L'épaule peut être sollicitée dans un premier temps, sur de grands espaces, comme le tableau ou de grandes feuilles de papier (motricité globale) en étant bien conscient que cette activité ne représente pas une étape indispensable dans le contrôle de la motricité fine propre à l'écriture : les muscles mis en jeu pour diriger le mouvement de la craie sur le plan vertical du tableau sont ceux de l'épaule, articulation n'intervenant pas dans l'écriture sur une feuille de papier sur la table horizontale. C'est surtout l'acquisition de l'indépendance des différents segments d'un même membre (le bras, l'avant-bras, la main et les doigts) qui est visée. Parallèlement, la motricité fine est mieux contrôlée : c'est elle qui intervient de façon primordiale dans l'écriture. La recherche d'un beau graphisme succède ainsi à la compréhension des règles fondamentales de l'écriture, dont son orientation ou le sens de son tracé, le rassemblement des lettres et la séparation des mots, l'économie énergétique du geste, la lisibilité du tracé.

Les exercices doivent développer l'habileté motrice tout en préparant à l'écriture. Ils portent sur le contrôle des petits muscles de la main et de ceux de l'avant-bras, la coordination visuomanuelle (le guidage visuel du déplacement du crayon), la saisie et la tenue de l'instrument graphique, l'aptitude à faire les traits de base. Ils peuvent être présentés lors d'activités générales de travaux manuels (le modelage, le dessin, la peinture, le découpage, le collage) ou d'activités plus précises de dextérité manuelle, dont tous les exercices de manipulation fine de petits objets (enfilage de perles, pliage de papier). En outre, l'état de contraction des muscles du membre supérieur scripteur, et même de l'ensemble du corps, doit être surveillé constamment pour éviter la fatigue musculaire. Des exercices de relaxation peuvent faire prendre conscience à l'enfant de l'alternance et de la différence entre la contraction et le relâchement. Ce contrôle tonique affine et libère le geste graphique.

6.8. Le guidage du geste

Lors des séances d'apprentissage de l'écriture, l'enseignant surveille les gestes et les postures des enfants et leur donne un feed-back en leur indiquant les erreurs et en attirant leur attention sur la façon de les corriger. Il ne s'agit pas uniquement de faire recopier, repasser, décalquer ou compléter des lettres, mais aussi d'**expliquer où il faut commencer la lettre** et **dans quel sens il est préférable de déplacer le crayon** pour laisser la trace, quand mettre les points ou accents, tout en simplifiant le geste et donc de montrer comment faire, au tableau, pour que les enfants voient bien le déroulement du tracé. Les lettres ont parfois un tracé spécifique (*x*), parfois elles en partagent une partie avec d'autres (*e*, *l*, *b*). Des étapes claires apparaissent : l'observation (le comment faire montré par le professeur), la **visualisation** (la représentation mentale du geste), l'action (la réalisation personnelle du geste)

Au primaire, dès le cours préparatoire (ou première année), différents modèles de présentation des lettres peuvent être proposés à l'enfant (Lurçat, 1979, 1985). Pour le **modèle visuokinesthésique**, l'enseignant guide la main de l'enfant, ce qui lui donne des informations kinesthésiques sur la forme et la trajectoire du mouvement qu'il associe aux informations visuelles et auditives si l'enseignant décrit en même temps le mouvement. Une autre manière de donner une idée du mouvement consiste à repasser, avec l'index, de grosses lettres dessinées sur papier et comportant des indications (flèches) sur le sens du tracé. Dans le modèle **visuocinétique ou modelage**, l'enseignant dessine la forme devant l'enfant sans donner d'indication motrice. Pour le **modèle visuostatique** (mais dynamique pour la réalisation), l'enfant recopie, décalque, repasse, complète des lettres ou des mots sans avoir aucune indication perceptive extérieure (modèle) sur l'organisation du mouvement ; il peut également copier des mots déjà écrits au tableau ou dans un livre. Dans ce cas, il doit déjà avoir une bonne idée de la manière de tracer lettres et mots. Ces différents modèles coexistent régulièrement dans les situations d'apprentissage scolaire et peuvent être complétés par un **modèle verbovisuel** où l'enseignant verbalise ce qu'il fait au fur et à mesure qu'il trace les lettres (attirer l'attention sur des points spécifiques comme le départ ou l'arrêt des lettres, la taille des boucles et les changements de direction, etc.), ce qui renforce l'apprentissage par imitation ou modelage. Lorsque l'enfant possède les informations nécessaires sur le sens de la trajectoire des lettres (le point de départ, le sens de déplacement, l'arrêt), il peut répéter son geste dans les exercices de copie pour en affiner la réalisation et le contrôle, coordonnant ainsi ses propres sensations kinesthésiques et visuelles, coordination indispensable pour tracer les lettres et conserver une écriture des mots sur une ligne horizontale. L'enseignant veillera à ce que la posture générale de l'écolier soit bonne et que le sens du tracé des lettres soit adéquat tout en s'assurant que l'enfant ne dissocie pas les éléments qui constituent les formes (séparer le *o* et le *l* du *d*), ne les répète pas (m écrit mn) ou ne les inverse pas en miroir (*b* écrit *d*). La trajectoire du mouvement qui donne à la lettre une forme doit faire l'objet d'un apprentissage organisé et systématique. Quand on les laisse devant un modèle fixe d'une lettre ou d'un mot en leur demandant de le reproduire tout seuls, les enfants ne bénéficient pas d'un modèle dynamique de trajectoire et ils peuvent alors acquérir de mauvais automatismes qui ralentiront le geste graphique. Le geste compte tout autant que la trace. Le fait d'afficher sur le mur un grand carton sur lequel sont dessinées les lettres avec un point indiquant le point de départ du tracé et une ou des flèches indiquant le sens du tracé ne peut qu'aider l'enfant ayant une hésitation.

Il convient de vérifier, dès le départ, la manière dont les enfants tracent les lettres et de leur donner un feed-back : il est alors plus facile de modifier un geste en construction avant que de mauvaises habitudes ne s'installent. Il est sans nul doute préférable de prendre son temps pour apprendre à bien écrire que de modifier plus tard des gestes inappropriés.

6.9. Les étapes de l'apprentissage graphique

L'apprentissage de l'écriture est complexe, ce dont rend bien compte l'observation de l'effort fourni par un enfant de trois ou quatre ans pour essayer de reproduire une lettre ou un mot, et de l'échec qui souvent l'accompagne. En effet, l'écriture représente l'aboutissement d'une série de transformations qui, de la perception de la forme à reproduire à son tracé, mènent à une représentation mentale d'un acte moteur précis et à sa programmation. Du degré de contrôle moteur et du niveau d'habileté motrice dépend largement la réussite de cet apprentissage.

Pour Ajuriaguerra et son équipe (1964), l'écriture est le passage de l'imitation des formes, caractérisée par l'activité sensorimotrice de la copie, à la transposition symbolique dans la dictée ou la rédaction. L'écriture constitue d'abord un acte moteur dont le tracé représente le résultat. Cette activité graphomotrice, qui devient une praxie, nécessite un bon niveau d'organisation motrice et une coordination fine des mouvements dans différentes directions de l'espace. Elle est influencée par le matériel employé, les symboles utilisés et leur calligraphie (script ou cursive, lettres liées ou séparées, formes épurées ou complexes), la direction de l'écriture et la main utilisée. L'analyse de l'évolution de l'écriture a conduit ces auteurs à établir un lien étroit entre le développement moteur et l'apprentissage graphique. Selon eux, la maturation générale du système nerveux et le niveau de développement moteur agissent sur le tonus musculaire de maintien et la coordination motrice fine des doigts et de la main en délimitant trois étapes dans l'apprentissage : la phase précalligraphique, la phase calligraphique et la phase postcalligraphique.

La **phase précalligraphique** correspond aux débuts de l'apprentissage et s'étend jusqu'à l'âge de sept ou huit ans. Sa principale caractéristique est un tracé qui manque d'assurance et d'organisation spatiale (traits tremblés et retouchés ; courbes trop ou trop peu fermées, irrégulières ; absence de liaison entre les lettres et arrêts fréquents pendant l'écriture de la lettre ; lignes penchées et marges non alignées). Cette forme de difficulté motrice par manque de contrôle du mouvement (tremblements) s'estompe progressivement avec l'amélioration de la maîtrise motrice et l'apprentissage.

La répétition du geste favorise le passage progressif d'un contrôle visuel à un contrôle kinesthésique (Lurçat, 1974). La mémoire motrice qui s'est formée au cours des répétitions supplée la coordination visuomanuelle laquelle ne sert plus la formation des lettres mais le guidage de la main sur la ligne d'écriture et le retour à la ligne. L'attention de l'enfant est alors disponible pour gérer d'autres aspects des apprentissages comme l'orthographe des mots.

La **phase calligraphique** se prolonge jusqu'à l'âge de 12 ou 13 ans. De 8 à 10 ans, le tracé dénote une meilleure aisance et une meilleure organisation du geste ; il y a moins de crispation sur le crayon. Les lettres s'enchaînent mieux, la reproduction et l'imitation du modèle demandé lui sont plus fidèles. Entre 10 et 12 ans, la dimension des lettres se régularise et le mouvement d'ensemble se déroule dans un ajustement spatiotemporel coordonné : le geste scripteur s'associe au geste cursif de déplacement du crayon sur la ligne. Les lignes sont droites, espacées les unes des autres de façon régulière, alignées à droite.

La **phase postcalligraphique** commence après l'âge de 13 ans : l'enfant raffine son écriture en supprimant des détails et en adoptant des caractéristiques de forme et d'inclinaison des lettres personnalisées. La demande de rapidité place au second plan la beauté du tracé.

6.10. Fréquence et durée des séances d'apprentissage

Les activités d'apprentissage peuvent se faire sur une base quotidienne, à raison de 10 à 15 minutes. L'idée à retenir est l'organisation systématique et contrôlée du geste graphique que les enfants pourront ensuite utiliser dans les activités d'écriture tout au long de la journée. Lorsque leur graphisme se relâche, un rappel sur les consignes d'écriture peut être fait (position du corps, tenue du crayon, régularité des tracés de lettres et des espaces entre les mots, etc.). L'accent peut être mis, alternativement, sur la lisibilité puis sur la vitesse. N'oublions pas que le résultat de l'apprentissage doit être une écriture rapide, lisible et sans fatigue ; pour cela, pas de crispations ni de blocages du bras, de la main ou des doigts, mais leur autonomie combinée.

6.11. L'évaluation de l'apprentissage

L'évaluation de l'apprentissage concerne la lisibilité et la vitesse. Pour la première, il s'agit de regarder si les lettres sont formées correctement, si leur taille, et celle des boucles et des jambages, est régulière ainsi que les différences entre les petites et les grandes lettres. La régularité des espaces entre les lettres et entre les mots doit être également observée, ainsi que l'orientation globale de la ligne d'écriture. Pour la vitesse, à partir d'une phrase écrite à vitesse normale ou rapide, le décompte du nombre de lettres tracées en 30 secondes ou une minute permet de déterminer la rapidité graphique des enfants (Vinh Bang, 1959 ; figures 4.6 et 4.7).

En cours d'apprentissage, une attention particulière sera portée aux éléments mentionnés dans les préalables, comme la posture, la saisie, la force d'appui, l'orientation de la feuille ou du cahier, le tracé des lettres et des mots.

7. LES DIFFICULTÉS GRAPHIQUES

7.1. Difficultés usuelles

Des difficultés, normales, apparaissent au cours de l'apprentissage de l'écriture. Ce n'est généralement pas la posture assise, tronc droit, qui cause problème : cet aspect est bien visible pour agir rapidement et rappeler les consignes. Un mobilier approprié, hauteur de la chaise ou de la table, évite en grande partie les postures inadéquates. Il faut plutôt s'attendre à ce que ce soient la saisie et le geste lui-même qui produisent les difficultés. La prise tridigitale peut être incorrecte, soit à cause de la position des doigts, soit à cause de la pression indue exercée sur le crayon ou le stylo. La tension musculaire peut s'avérer trop élevée dans le bras scripteur et s'accompagner de contractions musculaires parasites dans plusieurs muscles du corps (langue sortie et déplacée d'un côté à l'autre de la bouche, mouvements de la tête, jambes croisées et serrées, corps tendu). Le contraire, bras mou, est plus rare. Des exercices de détente contribuent à la résolution de ces problèmes. Si le poignet intervient largement, la participation des doigts est à privilégier : ce sont leurs mouvements, restreints, qui sont suffisants pour générer la taille appropriée des lettres. Le déroulement du geste peut être trop lent (difficulté à terminer la tâche dans le laps de temps accordé) ou trop rapide ou saccadé, les formes des lettres s'éloignant alors des standards attendus. Les liaisons erronées entre les lettres (lettres collées ou séparées) seront à surveiller (figure 4.16).

7.2. Les dysgraphies

L'apprentissage de l'écriture manuscrite nécessite de nombreuses répétitions et un long entraînement ; il n'est donc pas étonnant qu'il se traduise par des difficultés d'exécution motrice ou d'organisation spatiale, normales d'ailleurs jusqu'à un certain point (figure 4.16). L'évaluation qualitative du graphisme souligne que près de 10 % des enfants de 10 ans écrivent mal, la proportion de garçons dans ce groupe étant plus importante que celle des filles (Maeland, 1992). Il arrive donc que des enfants n'ayant aucun trouble neurologique ou intellectuel témoignent de certaines déficiences dans la qualité de leur écriture, regroupées sous le vocable de dysgraphie. La **dysgraphie** se caractérise fréquemment par une maladresse anormale pour un âge donné (déformations persistantes des formes des lettres non reliées entre elles) et une organisation déficiente de l'espace graphique, aussi bien des marges que des lignes ou des espaces entre les lettres. Ces difficultés proviennent généralement de raideurs musculaires ou du caractère nonchalant ou impulsif de l'enfant. À ces facteurs de maturation et de développement psychomoteur (organisation perceptive, coordination visuomanuelle, dominance latérale, adresse), s'adjoignent parfois des troubles de la personnalité (Ajuriaguerra *et al.*, 1964).

Un enfant est ainsi dysgraphique lorsque la qualité de son écriture (lisibilité, régularité de la taille des lettres et de celle des espaces, alignement des lettres et des mots) et sa vitesse graphique sont déficientes, pour son âge chronologique, même s'il ne souffre d'aucun déficit neurologique ou intellectuel. Ces enfants présentent généralement d'autres troubles moteurs, des perturbations de l'organisation spatiale, une latéralité parfois gauchère ou mal établie, une fatigue importante lors des activités graphiques.

Les dysgraphies peuvent être regroupées en cinq types distincts (Ajuriaguerra, 1977) :

1) les **enfants raides**, à l'écriture crispée, droite, qui recherchent un contrôle du geste tel qu'ils développent une tension musculaire excessive qui se relâche lors d'épreuves de rapidité ;
2) les **enfants à graphisme relâché**, qui présentent une écriture irrégulière, perturbée d'un point de vue moteur dans le sens où les lettres comportent des tremblements ou des bosses, les jambages des *n* et *m* s'étirent plus ou moins, les boucles et hampes varient de longueur, ce qui donne une allure générale négligée à l'écriture ;
3) les **enfants impulsifs**, chez qui la forme des lettres est mal achevée, précipitée, et la page mal organisée (aller vite, mais mal !) ;
4) les **enfants maladroits**, dont le graphisme est perturbé ou déformé dans son exécution, la lecture des mots en étant alors difficile ; et
5) les **enfants lents et précis**, au graphisme régulier et bien organisé, qui recherchent la précision et le contrôle, ce qui réduit beaucoup la vitesse d'écriture.

Ces dysgraphies peuvent relever de déficits perceptifs visuels ou kinesthésiques (difficultés d'utilisation des réafférences), d'une position assise incorrecte, de déficits de la coordination motrice (mauvaise tenue du crayon, lacunes dans la programmation des paramètres des mouvements dont la force et l'amplitude du geste) auxquels on peut adjoindre des dyspraxies développementales (difficultés d'apprentissage de nouvelles actions motrices) (O'Hara et Brown, 1989 ; Hamstra-Bletz et Blöte, 1990, 1993 ; Dewel, 1995). Le plus souvent, c'est la forme de la lettre, l'espacement des lettres et des mots, l'orientation générale de la ligne d'écriture, c'est-à-dire des éléments spatiaux, qui présentent des perturbations (figure 4.16).

Lorsqu'une rééducation s'impose, on doit reprendre de façon systématique les exercices de contrôle de la motricité utilisés pendant les étapes de la préécriture et porter une attention particulière à chacun des aspects de l'acte graphique, de la position du corps au tracé, en passant par les mouvements du bras ou la saisie du crayon. Des exercices préparatoires de relaxation et de détente, de respiration, faits

FIGURE 4.16
L'ÉVOLUTION DU GRAPHISME
EXEMPLES DE COPIES D'UNE PHRASE ENTRE 4 ANS ET 9 ANS.

(« L'avion vole dans les nuages » ; taille réduite à 25 %.)

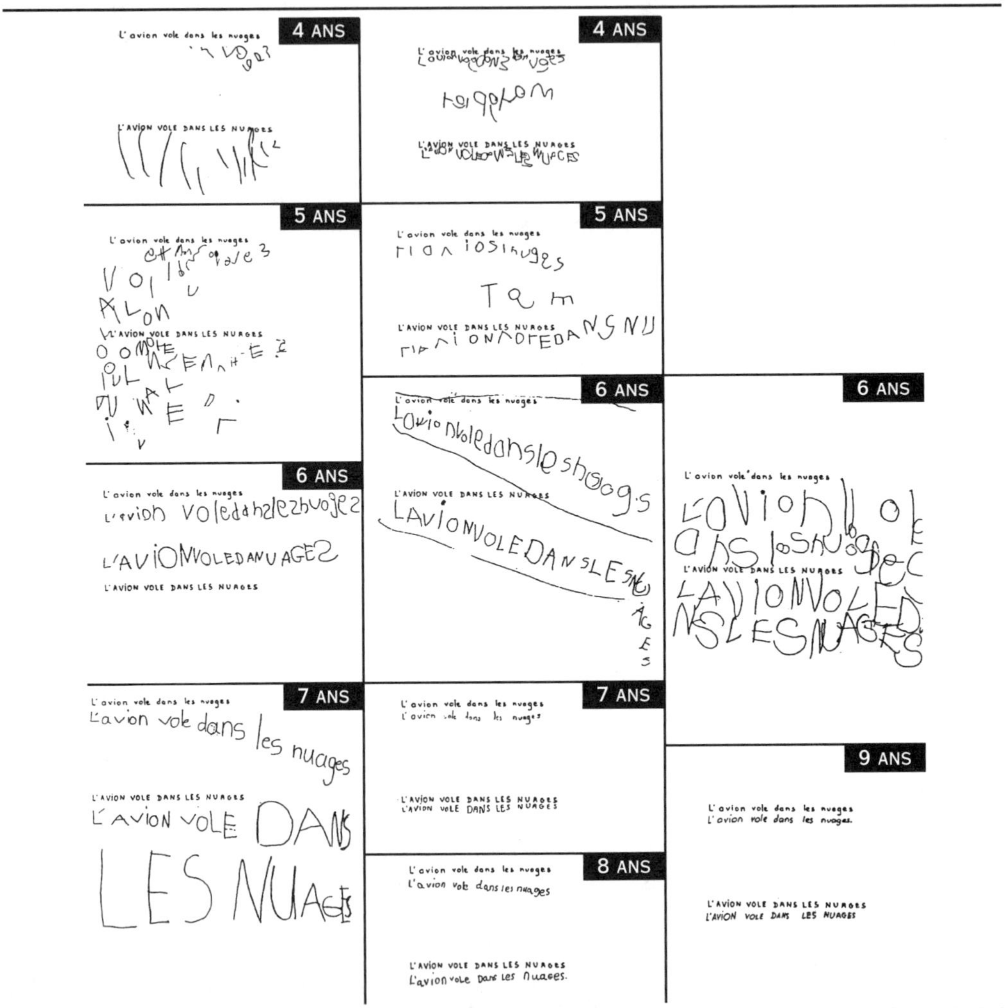

Cette figure montre que, pour un même âge, il existe des différences importantes dans la qualité de l'écriture et que, pour des âges différents, les enfants les plus âgés n'ont pas nécessairement la meilleure écriture. Les enfants reproduisent les lettres sans savoir, au début, que les groupes de lettres ont un sens : ils ne savent pas que les mots existent, séparés par un espace. Au fur et à mesure qu'ils apprennent à lire, ils séparent les mots les uns des autres. Au début de l'apprentissage, de nombreuses erreurs (organisation spatiale, lettres en miroir, irrégularités de la taille des lettres) sont fréquentes et normales.

avant la séance, permettent de « prendre contact » avec l'enfant, de le prédisposer aux exercices qui suivront, comme ceux aussi de mobilisation des doigts (pianoter, ouvrir fermer pouce-index, faire les griffes, pétrir de la pâte à modeler, etc.).

7.3. L'écriture en miroir

Il arrive fréquemment, en première année scolaire, que l'enfant écrive « en miroir », de droite à gauche, en inversant le sens de formation des lettres et celui du déplacement du crayon ; cette particularité disparaît presque toujours vers l'âge de huit ans. Cette forme d'écriture se caractérise par un graphisme horizontal symétrique (écriture de droite à gauche) et une lecture qui ne peut se faire qu'à l'aide d'un miroir, d'où son appellation (figure 4.17). Ce graphisme pourrait résulter d'une immaturité de la perception spatiale et visuelle des lettres ; très fréquemment, l'acquisition de la lecture le corrige : ne pouvant relire que difficilement ce qu'il vient d'écrire, l'enfant tend à modifier son mouvement scripteur (Hildreth, 1950). La présentation d'indications sur le sens de l'écriture prévient l'écriture en miroir et facilite la rééducation.

FIGURE 4.17
L'ÉCRITURE EN MIROIR

Pour lire cette partie du poème d'Émile Nelligan, placer un miroir incliné à la droite du texte et lire dans le miroir

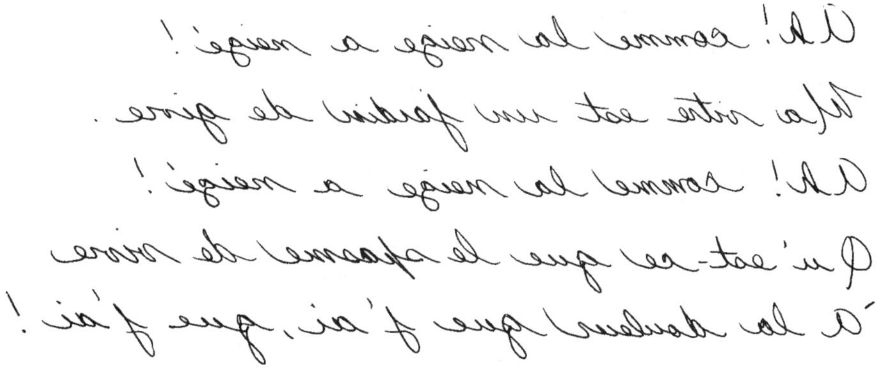

Ah ! comme la neige a neigé !
Ma vitre est un jardin de givre.
Ah ! comme la neige a neigé !
Qu'est-ce que le spasme de vivre
À la douleur que j'ai, que j'ai !

8. RÉSUMÉ

L'écriture est une praxie qui inclut un aspect perceptif et un aspect moteur. Elle sollicite l'intervention des différents muscles du membre supérieur dans le contrôle des degrés de liberté des articulations en vue du déplacement adéquat du crayon. La position adoptée pour écrire et le mouvement scripteur changent progressivement au fur et à mesure que les exercices graphiques s'intensifient. La vitesse d'écriture, dans la copie, dépend du niveau de lecture atteint par l'enfant et, en partie, de la forme, liée ou script, de l'écriture adoptée.

L'apprentissage de l'écriture fait intervenir des éléments moteurs et perceptifs (visuels et kinesthésiques) pour déboucher sur le symbolisme de l'expression. Pour faciliter cet apprentissage, il est préférable de :

- prendre en considération l'âge des enfants, qui agit sur leur degré de maturation et leur niveau de contrôle moteur ;
- proposer des activités adaptées à leur âge et qui les motiveront ;
- surveiller la posture de base assise et la tenue du crayon ;
- proposer des exercices prégraphiques de contrôle du geste avant de commencer les exercices sur les formes et les signes ;
- alterner les exercices d'écriture et de détente pour éviter la crispation et la fatigue musculaire ;
- donner le maximum de suivi visuel et kinesthésique à l'enfant en guidant si nécessaire son geste au départ ;
- attirer l'attention de l'enfant sur le point de départ et le sens de la trajectoire du crayon dans le tracé des lettres ;
- surveiller d'abord le contrôle global du geste pour en arriver à sa finesse et à la précision de son exécution ;
- adopter une méthode évolutive de l'apprentissage de l'écriture, qui permette le passage de la script à la liée par modification progressive du geste de base ;
- favoriser la représentation mentale des formes des lettres et des actes moteurs qui leur correspondent ;
- procéder en allant de la perception du modèle à la représentation mentale de l'acte moteur, à sa concrétisation, à son évaluation et à son automatisation par répétition et correction.

9. RÉFÉRENCES

CAUCHON, J. et L. JUTRAS (1999). *J'écris en script.* Boucherville, Québec, Grafica.

CAUCHON, J. et L. JUTRAS (1999). *J'écris en cursive.* Boucherville, Québec, Grafica.

FILIATRAULT, D. et L. BRAULT SIMARD (2008). *La motricité fine expliquée*, Montréal, Les productions dans la vraie vie (complété par un guide de 350 activités pour 0 à 6 ans).

GAVAZZI ELOY, A. (2006). *L'écriture à l'école primaire. Enjeux d'un bon apprentissage de la graphie : Difficultés et remédiation*, Paris, Magnard.

SPITZ, J. (2000). *Graphisme. Maternelle*, Paris, Bordas.

THOMASSEN, A.J.W.M., P.J.G. KEUSS et G.P. VAN GALEN (dir.) (1984). *Motor Aspects of Handwriting : Approaches to Movement in Graphic Behavior*, Amsterdam, Elsevier.

VINH-BANG (1959). *Évolution de l'écriture de l'enfant à l'âge adulte*, Neufchâtel, Delachaux et Niestlé.

ZESIGER, P. (1995). *Écrire : Approches cognitive, neuropsychologique et développementale*, Paris, Presses universitaires de France.

10. ACTIVITÉS PRATIQUES GRAPHIQUES

Préécriture

Tous les coloriages de dessins ou de formes géométriques.

Toutes les activités de peinture et de dessin.

Les copies de formes géométriques en respectant les tailles.

Des activités permettant de jouer avec la pression sur l'objet scripteur : laisser une trace à peine perceptible, puis un peu plus visible puis très foncée.

Des activités permettant de contrôler la force d'appui sur le crayon et la pression sur la feuille : prendre une boule de plasticine et demander à l'enfant de la serrer très fort puis en prendre une autre équivalente et demander de la tenir entre le pouce et l'index en laissant dessus seulement les empreintes digitales.

Distribuer une feuille sur laquelle apparaissent quatre formes dessinées (cercle, carré, triangle, étoile par exemple) et demander aux enfants de tracer des lignes autour ou en dedans (contours), le plus près possible du modèle, mais sans toucher les lignes.

Demander aux enfants de faire des tracés entre des lignes parallèles, courbes, en dents de scie, en forme de cycloïdes et dans des labyrinthes, l'espace diminuant progressivement entre les lignes.

Demander aux enfants de faire des tracés sur des lignes pointillées, sur des lettres en indiquant le point de départ et le sens du tracé.

Exemples :

1- je repasse sur les cercles dans le sens de la flèche ;
2- je les colorie ;
3- je les découpe ;
4- je les classe par taille.

Je termine la construction de l'échelle, en repassant les barreaux puis en traçant seul les derniers.

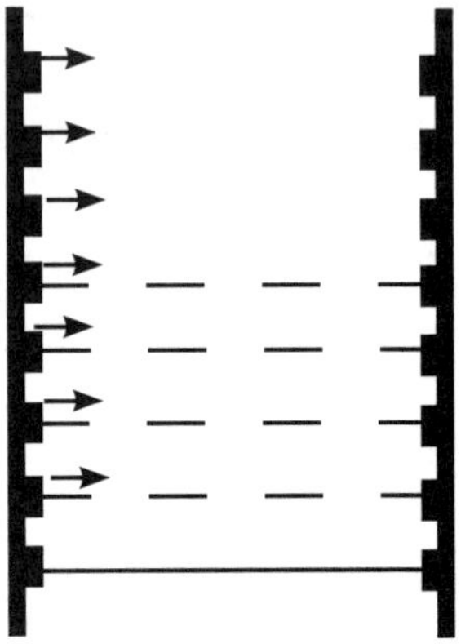

Je repasse les traits des différents chemins

Copier les lettres et mots suivants en continuant le modèle.
(Extrait de G. Grandcoin-Joly (2000). *Graphisme : Maternelle grande section*, Paris, Bordas.)

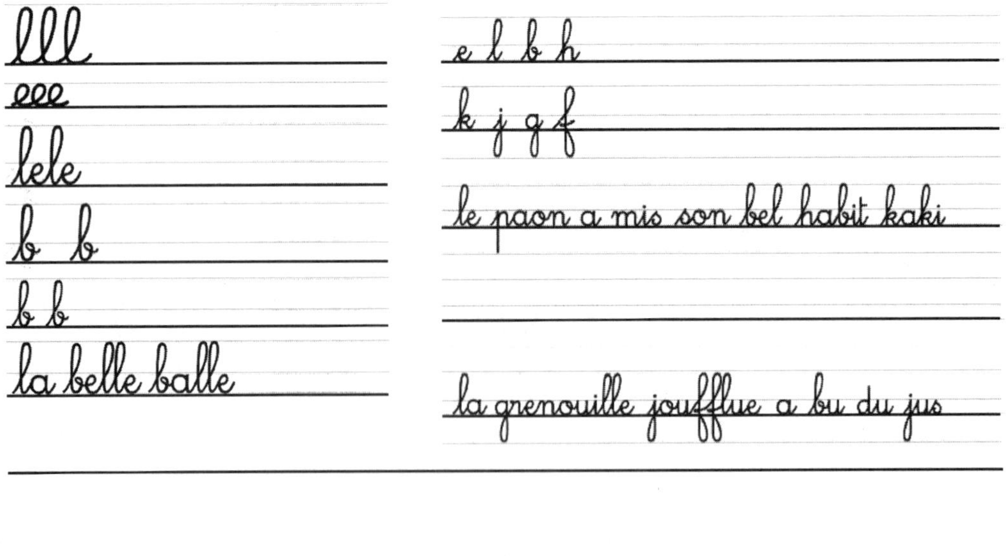

Pour économiser le papier, il est possible de poser une feuille de plastique transparent (acétate, transparent) par-dessus la feuille avec les modèles à reproduire et de repasser avec des feutres à encre non permanente ; il suffit ensuite de laver les transparents pour les réutiliser.

Exemples d'écriture script et cursive

(Source : *Lecture, écriture. Maternelle, grande section, 5-6 ans* (2005). Paris, Hachette, p. 3.)

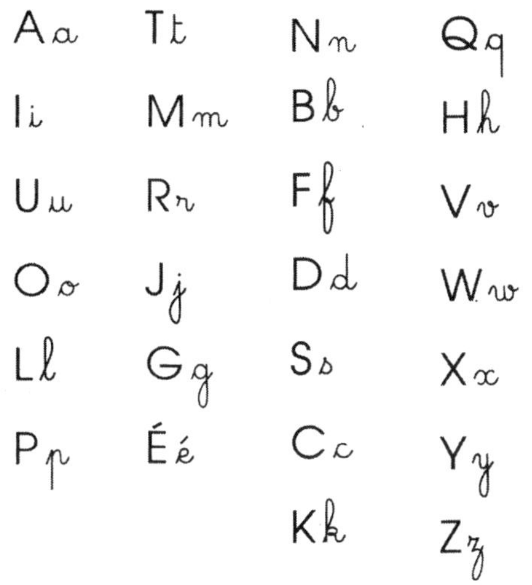

(Source : L. Desrosiers et G. Tremblay (2005). *Lettra : mon carnet d'écriture cursive*, Rimouski, Éditions l'Artichaut, p. 9.)

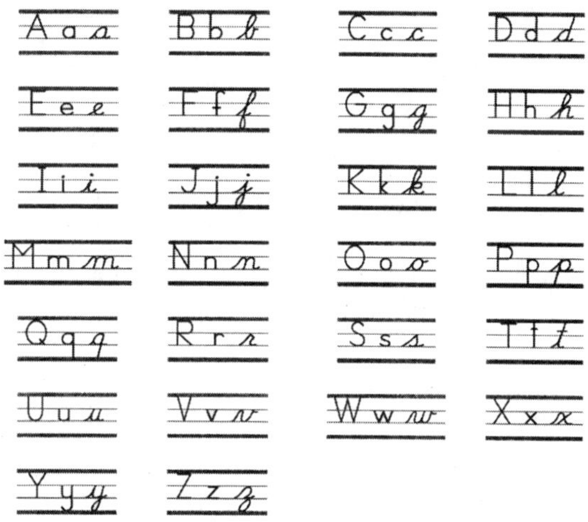

11. QUESTIONS

J'évalue mes connaissances en répondant aux questions suivantes :

11.1. Quels sont les groupes musculaires sollicités au cours du geste graphique ?

11.2. Quels mouvements permettent d'effectuer chacune des articulations du membre supérieur nécessaires à l'écriture ?

11.3. Quels sont les mouvements graphiques de base et comment se produisent-ils ?

11.4. Que nous apprennent les données électromyographiques sur le graphisme ?

11.5. Quelle contribution les études cinématiques ont-elles apportée à la compréhension des invariants des mouvements graphiques?

11.6. Une forme d'écriture est-elle plus rapide qu'une autre?

11.7. Quels éléments retient-on dans l'étude de l'évolution graphique? Comment évolue chacun d'entre eux?

11.8. Quels sont les préalables à l'apprentissage de l'écriture et les étapes de ce dernier?

11.9. Que doit-on vérifier avant de commencer à écrire et pendant les séances d'apprentissage?

11.10. Quelles sont les formes de guidage possibles du geste graphique?

11.11. En quoi le gaucher diffère-t-il du droitier pour l'écriture?

11.12. Quelles sont les difficultés graphiques les plus communes? Comment y remédier?

CHAPITRE 5

TROUBLES MOTEURS ET PSYCHOMOTEURS

OBJECTIFS

À la fin de ce chapitre, vous devriez être en mesure de :

- différencier les formes de maladresse ;
- décrire les caractéristiques des différentes formes de maladresse ;
- connaître les tests susceptibles d'évaluer le degré de maladresse.

1. INTRODUCTION

Pour la majorité des enfants, le développement moteur se traduit par une évolution normale de leur coordination motrice, et leurs performances, qualitatives aussi bien que quantitatives, s'améliorent progressivement avec l'âge. Chez d'autres enfants, au contraire, les progrès sont faibles et ils éprouvent plus ou moins de difficultés à réaliser l'action qu'ils souhaitaient faire. Dans ce cas, il est question de maladresse, d'incoordination motrice, de trouble de l'acquisition de la coordination ou de dyspraxie. Ces termes désignent globalement le même déficit de contrôle moteur dans l'acquisition de l'adresse. Rappelons que **l'adresse** correspond à l'ajustement spatiotemporel des contractions musculaires : nous contractons les muscles appropriés au bon moment, ce qui s'acquiert avec la maturation et l'évolution des structures neuromusculaires et l'entraînement. La **maladresse**, qui caractérise le trouble d'acquisition de la coordination ou la dyspraxie, serait donc cette difficulté ou impossibilité qu'éprouvent certains enfants à bien contrôler leurs contractions musculaires, à effectuer correctement un geste spécifique. Elle peut être d'abord tout à fait normale, passagère (un enfant veut, par exemple, faire seul une activité que l'évolution de ses structures neuromusculaires ne lui permet pas de réaliser : boire seul dans un verre, manger seul avec sa cuillère, actions dont les parents savent comment elles se terminent dans les premiers temps !). Elle peut aussi être plus permanente et réelle pour près de 5 à 8% des enfants entre 5 et 11 ans (l'enfant ne réalise pas les activités attendues en fonction de son âge chronologique) (Mancini et Brun, 2005). Dans ce cas, l'enfant trébuche et tombe souvent, perd facilement son équilibre, mange, s'habille, dessine, écrit mal ou difficilement, a de la difficulté à attraper ou lancer un ballon. Ces comportements peuvent s'expliquer par la présence de lésions minimes et non détectées de centres nerveux ou par une difficulté à utiliser les informations appropriées pour préparer et contrôler ses mouvements. L'émotivité, et le stress qu'elle engendre, peut aussi être source de difficultés motrices : l'enfant a peur de recevoir le ballon ne sachant pas trop quoi en faire après ! Si près de 50 % des enfants identifiés comme maladroits à 5 ans ne le sont plus à 15, les autres le restent (Cantell *et al.*, 1994). La pratique attentive d'activités (attirer l'attention de l'enfant sur ce qu'il vient de faire et comment ajuster la prochaine réalisation) et la répétition améliorent en partie la performance de ces enfants, dans la mesure où ils ne sont pas atteints de lésions organiques (nerveuses aussi bien que musculaires), le renforcement des résultats étant source de motivation. Impulsivité et hyperactivité peuvent également être sources d'erreurs dans la réalisation motrice : les enfants n'attendent pas de disposer de toutes les informations appropriées pour agir, ce qui limite la planification et la programmation de leur réponse motrice et, par le fait même, l'exécution du mouvement.

Une personne est ainsi qualifiée de maladroite lorsqu'elle ne parvient pas à atteindre, dans une action quelconque de sa vie quotidienne, le résultat qu'elle en avait initialement escompté ou lorsqu'elle éprouve de la difficulté à apprendre une activité motrice simple ou complexe comme écrire ou participer à une activité sportive. Dans le contexte scolaire, la notion de trouble d'acquisition de la coordination ne s'applique qu'à des enfants sans déficit neuromusculaire apparent et ayant une intelligence normale mais qui éprouveraient de la difficulté à réussir des activités de la vie quotidienne (habillage, équilibre, activités motrices usuelles, retard de développement moteur), ce qui ne représente qu'un très faible pourcentage de sujets. Sont ainsi exclus de cette classification tous les enfants souffrant de déficiences motrices résultant d'atteintes neurologiques (ataxie, épilepsie, déficience motrice cérébrale, paralysie, réflexes ou tonus musculaire anormaux, faiblesse musculaire), musculaires (dystrophie musculaire, myopathie), ostéoarticulaires (malformations congénitales, spina-bifida) ou organiques (difficultés cardiorespiratoires, asthme, fibrose kystique), bien que leurs comportements moteurs soient souvent maladroits.

La performance motrice est souvent inadéquate pour près de 5 à 8 % des enfants de l'élémentaire, en particulier dans les activités où interviennent des partenaires et des objets, c'est-à-dire celles sollicitant les facteurs spatiotemporels (Gubbay, 1975 ; Keogh *et al.*, 1979). C'est surtout la fréquence de l'erreur ou de l'écart par rapport à la norme qui détermine le degré de maladresse : lancer une fléchette dans une cible 9 fois sur 10 est un signe d'adresse, mais la manquer 9 fois sur 10 dénote une coordination déficiente. La maladresse n'est pas propre à la motricité fine et elle s'applique aussi à la motricité globale. Elle est également relative et non pas absolue. Sa présence et son degré dépendent de la sévérité des critères utilisés pour qualifier l'adresse et, par le fait même, la maladresse, ce qui est patent quand on compare une classification de sujets faite à partir de tests d'efficacité à une autre s'étant basée sur l'observation : les deux classifications sont parfois opposées (Sudgen et Keogh, 1990). Une personne peut être maladroite dans une activité et non dans une autre, ce qui expliquerait les désaccords.

Divers facteurs peuvent être à l'origine de l'incoordination motrice, comme des déficiences sensorielles, motrices ou sensorimotrices (tableau 5.1), des limites biomécaniques (force, amplitude articulaire) et énergétiques, des troubles de la coordination entraînant des mouvements anormaux, un manque d'entraînement, un excès de fatigue, d'émotivité ou de timidité.

TABLEAU 5.1
ACTE MOTEUR ET MALADRESSE
ÉTAPES DE LA RÉALISATION D'UN ACTE MOTEUR ET SOURCES D'ERREUR POSSIBLES DONNANT UN GESTE NON ADAPTÉ

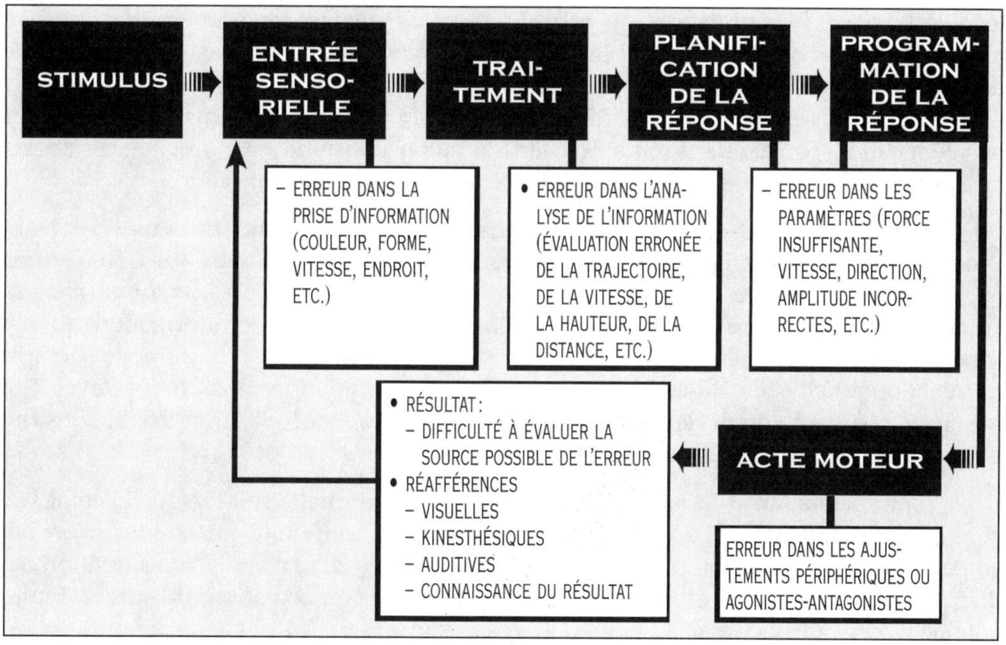

2. LA MALADRESSE ET LE CONTRÔLE MOTEUR

Les causes d'un acte maladroit se trouvent dans l'une ou l'autre des étapes de la préparation ou de la réalisation d'un acte moteur. Rappelons brièvement que la première de ces étapes est la réception des informations sur le contexte dans lequel se déroule l'action. Ainsi, des anomalies de structure des récepteurs sensoriels peuvent fournir une connaissance incomplète, erronée ou floue du contexte (la myopie, par exemple, dans le cas de l'attraper d'un ballon). De la même façon, une situation comportant trop d'informations ne facilite pas l'extraction des éléments pertinents à la réponse la mieux adaptée (enfants agglutinés autour du ballon et n'ayant pas de vision de l'ensemble du jeu). La deuxième étape concerne le traitement de l'information et la programmation de la réponse motrice. Ici, ce seront les paramètres spatiaux (direction, amplitude), temporels (vitesse, durée) et énergétiques (force) du mouvement qui seront atteints, c'est-à-dire mal préparés, aussi bien pour les activités de support que pour l'activité motrice proprement dite. Vu les interactions entre la vitesse et la précision d'un mouvement, il ne faut pas présenter trop d'activités qui sollicitent simultanément ces deux composantes. Enfin, la troisième étape, la réponse motrice, se réalise avec l'intervention possible directe du feed-back, dans le cas des mouvements lents. Le feed-back est nécessaire à toute activité motrice; il intervient aussi bien dans la détection des erreurs lors de la réalisation du geste que dans le renforcement de la trace mnésique, associée au programme moteur. L'utilisation inappropriée du feed-back, le plus souvent kinesthésique ou visuel, constitue également une source d'erreur importante. Il s'agit alors de rétablir progressivement l'utilisation des réafférences ou des informations issues des répétitions successives du mouvement dans la prise de conscience des résultats et la préparation des mouvements suivants. Ce processus de rééducation par essais-erreurs sollicite de façon constante la participation active du sujet et l'oblige à prêter attention au déroulement de l'acte moteur.

Il n'est pas rare que les enfants maladroits prennent plus de temps à réagir à des stimulations d'origine proprioceptive que les autres enfants. Cela se vérifie, par exemple, dans une expérience où, leur avant-bras étant tenu horizontal par un appareil, il leur faut réagir le plus vite possible pour le garder horizontal quand l'appareil, ne tenant plus leur avant-bras, le laisse tomber. Par contre, les temps de réaction visuels ne différencient pas les deux populations. Les heurts avec les obstacles résultent autant de l'inattention que de la désynchronisation des actions ou d'un mauvais équilibre.

Par ailleurs, un comportement adroit peut devenir maladroit lorsque le contexte change. Un enfant qui, à l'arrêt, attrape sans trop de difficulté un ballon qu'on lui lance, échouera, par exemple, dans une situation de jeu collectif. Son attention se dispersera alors dans l'ensemble des éléments et des informations à traiter simultanément, au détriment de la préparation de son geste. Les facteurs émotifs interviennent aussi: la peur de recevoir la balle, de la manquer, de ne pas savoir quoi faire affolera le sujet qui perdra ses moyens de contrôle. Les modifications toniques, liées à l'affectivité, interféreront avec les contractions phasiques ou dynamiques liées au mouvement.

Il est fréquent de constater l'existence, chez un pourcentage assez élevé d'enfants, de signes de maladresse ou d'incoordination motrice lors de mouvements intentionnels de nature perceptivomotrice. Cela se traduit, globalement, par un mouvement effectué très lentement ou n'atteignant pas son but. Il s'agit, génériquement, de dyspraxies de développement et non pas d'apraxies. Disons pour différencier ces deux termes, que l'on trouve souvent utilisés comme synonymes, que dans le cas des dyspraxies il y a «non-apparition» ou difficulté d'apparition d'un mouvement coordonné, tandis que dans celui des apraxies il y a une disparition d'un mouvement antérieurement coordonné. L'apraxie se rapporte à la disparition de mouvements appris consécutive à une lésion de centres nerveux, la dyspraxie à des mouvements non encore appris, sans affection neurologique identifiable, et se distingue de la débilité motrice décrite par Dupré en 1907 comme comportant des troubles toniques, réflexes et moteurs. Selon le numéro spécial de la revue *Human Movement Science* (1998, vol. 17) sur le DCD (*Developmental Coordination Disorder*: désordre évolutif ou développemental de la coordination), les troubles de l'acquisition de la coordination apparaissent rarement isolés des autres, en particulier des troubles d'apprentissage scolaires ou d'adaptation sociale.

3. LES CARACTÉRISTIQUES GÉNÉRALES DE LA MALADRESSE

L'enfant maladroit trébuche, tombe, renverse des verres, ainsi que mange, s'habille, écrit et dessine mal. Ces symptômes dénotent une difficulté dans le contrôle du mouvement (déficiences spatiales [distance, direction, amplitude], temporelles [rythme, ajustement] et énergétiques [force]), l'incoordination ou la lenteur motrice caractérisant le développement de l'enfant, tant dans sa motricité globale que dans sa motricité fine. Dans le premier cas, les activités locomotrices et stabilisatrices, les lancers et attrapers, les sauts sont également perturbés, ce qui complique la pratique d'activités sportives. Pour la motricité fine, l'enfant éprouve de la difficulté dans les tâches de la vie quotidienne comme s'habiller, boutonner ses habits et lacer ses souliers, dans l'utilisation d'outils ou d'objets comme manger avec les ustensiles, couper avec des ciseaux, bricoler et manipuler ou dans les apprentissages scolaires; dans ce cas, son écriture est souvent difficile à lire, les lettres et les mots étant formés avec une graphie déficiente, qu'il s'agisse de leur forme, de leur orientation ou de leur taille.

Ces difficultés motrices résultent probablement d'anomalies du développement du système nerveux encéphalique auxquelles on associe le dysfonctionnement cérébral a minima, sans étiologie pathologique nette. Les manifestations neurologiques sont plus ou moins nettes, souvent très discrètes, se traduisant par des symptômes pyramidaux (syncinésies), extrapyramidaux (tics) et cérébelleux (tonus musculaire et équilibre déficients, difficulté à effectuer des mouvements alternés des mains). Ces enfants montrent souvent une manualité mal établie, l'utilisation des deux mains (ambimanualité) étant fréquente.

Le guidage visuel du mouvement l'emporte sur le guidage kinesthésique, ce qui en ralentit le déroulement, en particulier dans les activités ouvertes, plus complexes parce qu'elles comportent beaucoup d'informations à analyser au fur et à mesure que le temps passe.

L'enfant maladroit fait souvent preuve d'un comportement socioaffectif particulier. Il aura plus spécialement tendance à éviter les activités sportives, parce qu'il est exclu du groupe des pairs, ou à faire le pitre pour dissimuler son absence de réussite motrice (Wall *et al.*, 1990). Il peut également faire preuve d'une faible estime de soi, d'un niveau d'anxiété élevé et être sujet à des troubles d'apprentissages scolaires.

La maladresse peut se présenter sous deux formes, l'une de type normal, associée à l'évolution des conduites neuromotrices, l'autre de type pathologique, où les structures neuromotrices sont mal utilisées ou déficientes (tableau 5.2).

TABLEAU 5.2
LA MALADRESSE : FORMES POSSIBLES

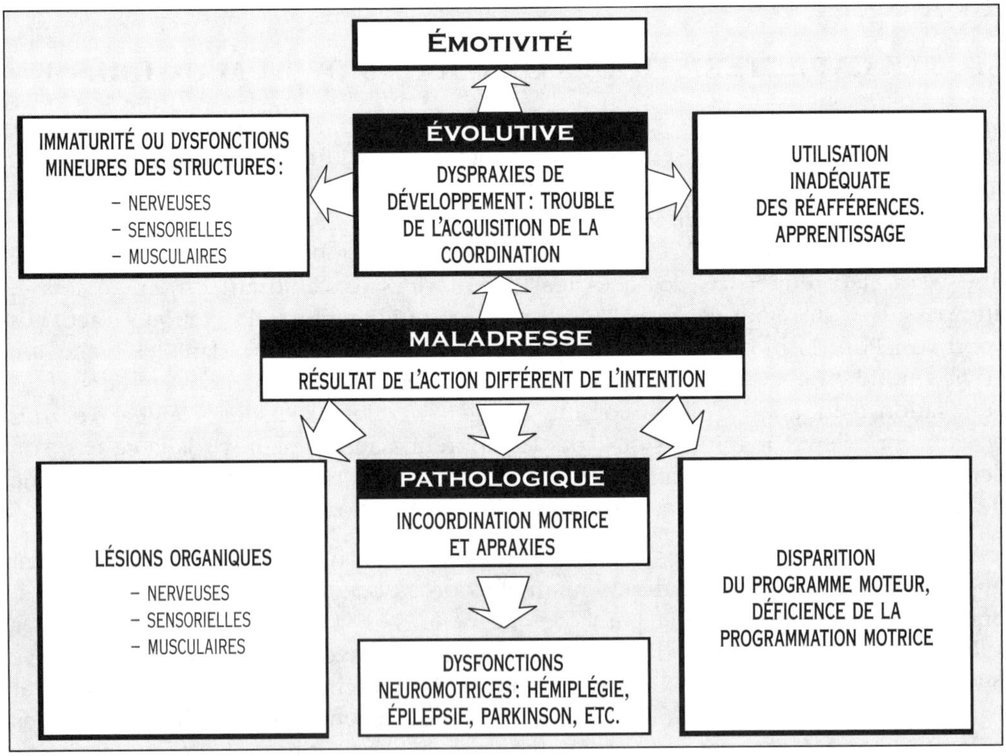

4. LA MALADRESSE ÉVOLUTIVE

La maladresse évolutive se caractérise par des difficultés de coordination motrice normales, liées à l'évolution des structures neuromusculaires. L'enfant veut effectuer une activité qui dépasse ses possibilités car ces structures ne sont pas encore prêtes : leur maturation n'est pas terminée. Alors, il tombe lui-même ou lâche l'objet, renverse son verre ou le casse, laisse un tracé graphique désorganisé. Mais l'inadaptation du geste peut aussi provenir d'un manque d'entraînement, de programmes moteurs insuffisamment répétés. La première fois que nous accomplissons une activité, le déroulement et la maîtrise du geste sont en effet loin d'être parfaits : la programmation des paramètres du mouvement s'effectue dans un contexte d'incertitude élevée et conduit donc à un résultat de l'action proportionnel à ce degré d'incertitude. Le passage graduel de la maladresse à l'adresse se compare à l'évolution du langage, où l'acquisition et la répétition de mots nouveaux enrichissent graduellement le vocabulaire et l'expression. L'efficacité motrice s'améliore, elle aussi, avec la répétition du geste, les informations d'origines diverses se combinant pour assurer au mouvement une préparation et un contrôle meilleurs : l'acquisition d'une habileté est liée à sa pratique.

Une véritable maladresse apparaît chez des enfants qui manquent de coordination mais qui, par ailleurs, ne présentent pas de retard de développement notable ni de signes manifestes de dysfonctions neurologiques (troubles sans lésion connue ou identifiable) (Le Camus, 1981 ; Henderson, 1994) bien que les fonctions neurologiques soient sous-jacentes au trouble moteur. D'autres expressions, comme incoordination ou maladresse motrice, retard moteur, dysfonction perceptivomotrice, débilité motrice, dyspraxie de développement (trouble évolutif d'origine psychomotrice) font référence à des troubles moteurs équivalents. L'Organisation mondiale de la santé a proposé l'expression trouble de l'acquisition de la coordination (DSM-IV, 2004 ; *Developmental Coordination Disorder* : désordre évolutif ou développemental de la coordination) pour essayer de rendre compte de cette difficulté motrice (Henderson, 1994), mais la Classification internationale des maladies lui a préféré celle de trouble spécifique du développement moteur (CIM-10, 1994).

4.1 Le trouble de l'acquisition de la coordination (TAC)

Les enfants atteints du trouble de l'acquisition de la coordination ont une performance faible (retard net) dans les activités de la vie quotidienne requérant de la coordination motrice. Qualifiés de maladroits par leur entourage, ces enfants ne souffrent d'aucune affection médicale ou neurologique connue (pas d'infirmité motrice cérébrale, d'hémiplégie, etc.), n'ont pas de déficit neuromusculaire apparent (absence de dystrophie musculaire ou de myasthénie) ni de retard mental (intelligence normale). Pour le CIM-10 (1994), un diagnostic de trouble spécifique du développement moteur est émis lorsque, lors d'une évaluation des motricités fine et globale, le score du sujet se situe à deux écarts types au-dessous du score attendu pour l'âge chronologique de l'enfant, ce qui se traduit par un développement psychomoteur nettement retardé dans les actions courantes (marche, course, saut, etc.) ainsi que sportives ou graphiques.

Cette incoordination ou maladresse motrice, qui atteint 5% des enfants de 5 à 11 ans, et dont les premiers signes apparaissent vers un an, lors de l'explosion des possibilités motrices du jeune enfant, se traduit par :

- une difficulté de contrôle du mouvement, le résultat d'une action ne correspondant pas à l'intention initiale, et une lenteur marquée dans les activités motrices ;
- une difficulté à apprendre ou à maîtriser une activité motrice associée au développement (apprendre à faire du vélo, à marcher sur de nouvelles surfaces, à intercepter une balle, etc.) ;
- une préparation insuffisante ou difficile des paramètres du mouvement et une utilisation inefficace des feed-back ;
- un retard du développement moteur (étapes acquises hors norme par rapport à l'âge chronologique) ;
- une latéralisation peu marquée avec ambilatéralité fréquente.

Il en ressort aussi bien des atteintes de :

- la motricité fine : beaucoup de difficulté à s'habiller, faire sa toilette, boutonner les habits, lacer les souliers, tenir cuillère, fourchette et couteau, couper avec des ciseaux, construire des puzzles, écrire, dessiner et, de façon plus générale, exécuter des actes simples, que de
- la motricité globale : équilibre instable, perturbations dans l'accomplissement d'actions comme ramper, marcher, courir, lancer et attraper, et difficultés à pratiquer des activités sportives.

Les causes peuvent être :

- les déficiences sensorielles et sensorimotrices ;
- les limites biomécaniques et énergétiques ;
- le manque d'entraînement et l'émotivité ;
- l'anomalie de développement cérébral sans étiologie pathologique précise ;
- le dysfonctionnement cérébral a minima ou trouble perceptivomoteur entraînant une incoordination sensitive ou motrice ;
- la prématurité, facteur de risque important.

Plus tard, dans les apprentissages scolaires, apparaissent souvent des troubles concomitants du langage parlé (articulation: dysarthrie), de l'écriture (dysgraphie dyspraxique ou dyslexique, avec une écriture illisible), de la lecture (dyslexie: incapacité de lire lettres et mots), du calcul (dyscalculie) et du schéma corporel (difficulté à nommer, montrer, dessiner et utiliser des parties du corps dans le bricolage ou la manipulation).

Les enfants maladroits peuvent fort bien être habiles dans certaines activités et non dans d'autres; ils réagissent généralement plus lentement aux stimulations et bougent aussi plus lentement (temps de réaction et de mouvement plus longs) (Missiuna, 1994). Leur performance motrice reste néanmoins inférieure à celle des enfants de leur âge. Ces difficultés motrices ne disparaissent pas naturellement, par simple maturation des structures neuromusculaires; en effet, 46% des enfants identifiés comme maladroits à 5 ans l'étaient encore à 15 ans (Cantell, Smyth et Ahonen, 1994) et plusieurs restent maladroits à l'âge adulte (Geuze, 2005). Par l'apprentissage, l'intensité des troubles moteurs diminue. Les enfants maladroits qui rattrapent le plus tôt leur retard de développement obtiennent de meilleurs résultats scolaires que ceux qui le font plus tardivement. Des exercices de relaxation et de rééducation motrice, où l'attention du sujet est sollicitée à chacune des étapes de la réalisation de l'action motrice, permettent généralement une amélioration de sa performance.

4.2. Les dyspraxies de développement

Proches du type précédent de maladresse, les dyspraxies de développement représentent une forme mineure d'incoordination motrice, sans handicap moteur ni déficience intellectuelle. Elles se caractérisent par la difficulté à acquérir des mouvements coordonnés. Elles apparaissent pendant le développement moteur de l'enfant et résultent de déficits dans la planification, la programmation ou le contrôle des paramètres du mouvement. Dans ce trouble psychomoteur, où priment la maladresse, une organisation spatiale déficiente et un mauvais schéma corporel, on peut distinguer (Mazeau, 1995):

- les dyspraxies constructives souvent associées à des causes visuospatiales (difficultés de manipulation et d'assemblage d'éléments comme le Lego ou Duplo, de graphisme et de dessin);
- les dyspraxies idéomotrices (difficulté à mimer ou à faire des gestes symboliques: dire «au revoir» de la main);
- les dyspraxies idéatoires (difficulté à utiliser des objets: mettre une lettre dans une enveloppe, allumer une allumette, tenir un peigne ou les ustensiles pour manger convenablement);

- les dyspraxies de l'habillage (difficulté à mettre ou à boutonner les habits, à lacer les souliers). Parmi ses causes possibles, Pannetier (2007) mentionne des problèmes périnatals, comme les anoxies, des facteurs génétiques, des retards de maturation.

4.3. La dysgraphie

La dysgraphie est un trouble de l'apprentissage graphique de l'écriture dont la fréquence s'établirait à un garçon sur trois et une fille sur dix. Les lettres sont mal formées ou déformées en taille et en orientation, espacées variablement en script. La ligne d'écriture suit des pentes ascendantes ou descendantes et la force de pression peut être exagérée. L'écriture étant guidée visuellement et kinesthésiquement, il faut probablement aller chercher dans ces deux formes de feed-back, en plus de la phase de programmation motrice, les causes des difficultés graphiques, de la formation des lettres et de leur disposition sur la feuille.

5. LES TROUBLES MOTEURS AVEC LÉSION CONNUE OU IDENTIFIABLE

L'atteinte des circuits nerveux empêche l'établissement des synergies musculaires (coordination des contractions musculaires) qu'illustrent plus particulièrement les contractions simultanées des muscles agonistes et antagonistes. Dans ce cas, le mouvement subit de profondes altérations et son résultat s'en ressent. Les déficiences organiques sont également à l'origine de difficultés de contrôle moteur ou d'ajustement au contexte de l'action.

5.1. La paralysie motrice cérébrale ou infirmité motrice cérébrale (IMC)

La paralysie motrice cérébrale est un trouble de la motricité volontaire consécutif à des lésions encéphaliques d'origine prénatale (85%) (par anoxie, hémorragie) ou postnatale (15%) (encéphalite, méningite).

Les difficultés motrices viennent de :

- la spasticité (atteinte du système pyramidal) : une raideur musculaire et des contractions parasites gênent le mouvement normal qui devient lent et crispé ; la rigidité et la tension trop importante dans les muscles entraînent la lenteur des mouvements ;
- l'ataxie (atteinte du cervelet) : prédominent ici l'incoordination motrice, un tonus musculaire faible, un équilibre précaire, des mouvements maladroits avec une tension musculaire diminuée ;

- l'athétose : elle entraîne une difficulté à produire le mouvement désiré (dont son amplitude) et des variations subites de la tension musculaire qui provoquent des mouvements non coordonnés, involontaires, excessifs et parasites d'autres parties du corps (comme des grimaces) ;
- les tremblements : forme de mouvements non contrôlés, saccadés, involontaires et rythmiques.

5.2. Les tics

Les tics sont des mouvements non intentionnels, stéréotypés et récurrents ou des vocalisations soudaines. Souvent exagérés par le stress ou une situation émotive et diminuant au cours du sommeil, ils altèrent les relations sociales et les comportements professionnels. On note toutefois une diminution, voire une disparition fréquente du syndrome au début de l'âge adulte. Comme ils ne sont pas associés à la motricité volontaire consciemment déclenchée, nous n'en dresserons qu'une liste partielle (MEQ, 1986) :

les tics moteurs :

- grimaces,
- clignement des yeux,
- haussement des épaules,
- toux,
- sauter sur place,
- piétiner,
- tirer sur les vêtements,
- tourner sur soi en marchant,
- s'agenouiller,
- échokinésie : imitation de mouvements d'autrui.

les tics vocaux :

- grognement, reniflement,
- coprolalie : mots obscènes,
- palilalie : répétitions de mots,
- écholalie : répétition du dernier son ou mot entendu.

le syndrome de Gilles de la Tourette :

- tics moteurs multiples associés à au moins un tic vocal pendant une période minimale d'une année, sans interruption de plus de trois mois ;

– apparaît avant l'âge de 18 ans, sans affection médicale particulière (encéphalite) ni de cause physiologique (médicaments);
– origine génétique probable: jusqu'à trois fois plus fréquent chez les hommes que chez les femmes.

5.3. Les handicaps associés à une déficience physique

Un déficit est une lésion, une altération ou une insuffisance organique, et le désavantage fonctionnel qui en résulte est un handicap (MEQ, 1986, 1992). Ces handicaps affectent la qualité des mouvements. Ils résultent de déficits ou de lésions des centres nerveux de commande ou de transport des influx nerveux moteurs ou sensitifs, d'atteintes musculaires et organiques, de malformations du squelette, d'amputations.

Légères ou graves, les déficiences motrices se manifestent par des atteintes nerveuses, musculaires ou ostéoarticulaires organiques révélées lors d'une évaluation neuromotrice et elles se caractérisent par des difficultés de:

1. contrôle de la motricité globale ou fine,
2. communication,
3. réalisation des activités de la vie quotidienne (soins corporels, alimentation),
4. déplacement.

Parmi les atteintes nerveuses figurent:

– l'ataxie de Friedreich,
– la paraplégie et la quadriplégie,
– la déficience motrice cérébrale,
– le traumatisme crânien,
– l'épilepsie.

Les atteintes musculaires incluent:

– la dystrophie musculaire, dégénérescence lente et irréversible de la fibre musculaire qui s'atrophie et dont la force diminue;
– la myasthénie, faiblesse des contractions musculaires associée à une diminution de la quantité de neuromédiateurs à la plaque motrice;
– la myotonie, relâchement volontaire du muscle difficile après la fin de la contraction, par instabilité du potentiel de membrane.

Dans les atteintes ostéoarticulaires sont inclus:

– les malformations congénitales,
– le spina-bifida,

– les amputations,
– l'arthrite rhumatoïde juvénile.

Les principales déficiences sensorielles sont visuelles et auditives. Les premières touchent les enfants dont l'acuité visuelle ne dépasse pas 6/21, même avec des verres correcteurs ; elles requièrent un matériel adapté (typographie agrandie, utilisation du Braille) et limitent la maîtrise d'activités de la vie quotidienne, en particulier la pratique sportive dans un environnement ouvert. Se retrouvent dans les secondes les enfants dont le seuil d'audition est supérieur à 25 décibels pour des fréquences de 500 à 2000 Hertz et qui souffrent souvent de retards de langage ou de compréhension. Les limitations dans la communication et l'apprentissage requièrent le recours à des aides techniques et humaines.

La dysphasie développementale ou audimutité (aphasie congénitale) est une dysfonction cérébrale des aires du langage d'origine congénitale. Elle atteint les circuits de l'audition, sans qu'il y ait de surdité, et affecte la discrimination des sons, l'acquisition du langage et l'orientation temporelle. D'une fréquence observée de 4/10 000, elle se diagnostique vers l'âge de cinq ans. Les tests révèlent des troubles :

– du langage (difficulté de compréhension et problèmes de syntaxe, de sémantique et d'argumentation dans l'expression) ;
– de la perception auditive (discrimination difficile des sons) ;
– de l'abstraction (acquisition de concepts) ;
– de la perception du temps (repérage dans le temps) ;
– de la perception de l'espace (repérage ou structuration de son espace) ;
– du contrôle de la motricité (maladresse et dyspraxies) ;
– du comportement (hyperactivité, impulsivité, instabilité, difficulté de concentration) et, de façon plus générale,
– dans les apprentissages scolaires.

Une déficience organique est une atteinte fonctionnelle de centres vitaux (circulation sanguine, respiration, etc.) gênant les enfants dans leurs activités ; elles ne sont pas considérées comme un handicap si des médicaments en suppriment les manifestations et permettent un fonctionnement normal. Les principales maladies chroniques sont :

– la fibrose kystique,
– la leucémie,
– l'hémophilie,
– l'insuffisance rénale,
– l'asthme,
– le diabète insulinodépendant,

– les maladies pulmonaires,
– les maladies intestinales.

Ces maladies nécessitent une organisation et une attention particulières lors de la pratique d'activités physiques requérant un effort.

6. LE TROUBLE DU DÉFICIT DE L'ATTENTION AVEC HYPERACTIVITÉ (TDAH)

Cette dénomination fait suite à celle de lésion cérébrale a minima, de syndrome hyperkinétique ou d'instabilité psychomotrice et concerne des enfants présentant une hyperactivité/impulsivité combinée à de l'inattention (DSM-IV, 2004 ; Chevalier *et al.*, 2006 ; Marcelli, 1996 ; Thomas et Willems, 1997). Ce trouble du développement, d'origine neurobiologique, affecte entre 3 et 7 % des enfants d'âge scolaire. Il s'agit certainement du trouble le plus diagnostiqué de tous les troubles durant l'enfance (Lussier et Flessas, 2000). Les symptômes apparaissent souvent dès l'âge de trois ans, touchent trois fois plus de garçons que de filles, persistent dans 50 à 80 % des cas à l'adolescence et dans 30 à 50 % des cas à l'âge adulte (Barkley, 1997). Les relations de ces enfants avec autrui sont souvent asociales, à cause de leur irritabilité et de leurs colères faciles, de leur difficulté à accepter les règles de vie en communauté, comme attendre leur tour en ligne, de leur désir d'avoir tout, tout de suite, le délai leur étant étranger.

Un diagnostic d'inattention/hyperactivité est établi si l'on note la présence de six symptômes soit d'inattention, soit d'hyperactivité ou d'impulsivité pendant une période continue de plus de six mois à l'école aussi bien que dans la famille (DSM-IV, 2004 ; CIM-10, 1994). Trois principaux types du TDAH sont ainsi relevés selon que les enfants présentent une prédominance de symptômes d'inattention (TDAH-I ; critères A), d'hyperactivité/impulsivité (TDAH-H ; critères B, C) ou des symptômes combinés (TDAH-C ; critères A, B, C).

Les **critères** retenus sont les suivants :

A) Il y a **inattention** si l'enfant :

a) ne prête pas attention aux détails ou commet des fautes d'étourderie dans les travaux scolaires ou d'autres activités ;

b) a de la difficulté à maintenir son attention dans le travail, scolaire ou autre, ou dans les jeux ;

c) donne l'impression de ne pas écouter lorsqu'on lui parle ou semble être ailleurs ;

d) ne se conforme pas aux consignes et n'achève pas ses devoirs ou ses tâches ;

e) organise difficilement ses activités ou ses travaux ;

f) rejette ou évite les tâches exigeant un effort mental soutenu (travail scolaire);

g) perd fréquemment des objets nécessaires à son travail ou à ses activités (jouets, cahiers de devoir et livres) et oublie souvent les choses à faire dans la vie quotidienne;

h) se laisse facilement distraire par des événements extérieurs au contexte de la tâche à réaliser;

i) oublie fréquemment ce qu'il doit faire dans la vie quotidienne.

B) L'**hyperactivité** (hyperkinésie) est manifeste lorsque l'enfant:

a) se tortille sur sa chaise ou bouge ses mains ou ses jambes en permanence;

b) se lève fréquemment en classe au lieu de rester assis;

c) court ou grimpe souvent partout, hors contexte;

d) ne peut pas rester tranquille pendant les activités de jeu ou de loisir;

e) est souvent sur la «brèche» ou comme «monté sur des ressorts»;

f) parle constamment ou joue bruyamment.

C) Il y a **impulsivité** lorsque l'enfant:

a) répond avant la fin de la question posée;

b) a du mal à attendre son tour en ligne;

c) fait facilement irruption dans les activités des autres (jeux et conversations).

Les critères pour l'évaluation et le diagnostic du TDAH doivent être appliqués consciencieusement avant «d'étiqueter» un enfant. Un enfant peut en effet présenter des symptômes équivalents alors qu'il n'est pas affecté de ce syndrome. Lorsque les émotions ou l'énergie physique, par exemple, ne peuvent pas s'exprimer dans les activités de la vie quotidienne (où il faut rester assis de longues heures en classe, par exemple), il n'est guère surprenant que les enfants finissent par devenir turbulents ou agressifs envers leurs camarades, comportements ressemblant à ceux du TDAH mais qui n'en sont pas! Dans la description clinique de ce trouble, on retiendra donc:

- que l'enfant «n'arrête pas de..., touche à tout, ne tient pas en place, n'écoute pas, est distrait», prend des risques et agit sans penser; on note aussi une possibilité d'agressivité, d'angoisse et de comportement asocial;
- que, même s'il est toujours en mouvement, l'enfant a une activité motrice stérile;
- qu'il est presque impossible pour l'enfant de fixer son attention et de se concentrer, qu'il a de la difficulté à s'arrêter pour regarder et écouter, à sélectionner l'information pertinente, à choisir la réponse la plus satisfaisante et à inhiber une réponse incorrecte;

- que l'enfant fait preuve d'impulsivité, en donnant une réponse immédiate à une information partielle sans attendre de disposer de l'ensemble des informations (l'enfant ne prend pas le temps de bien observer), qu'il passe du calme à l'explosion, qu'il tolère très peu la frustration, qu'il est hostile et destructeur;
- qu'il a des conduites asociales: irritabilité, colère, destruction, vol; besoin d'une satisfaction immédiate de ses désirs ou réaction agressive dans le cas contraire, des relations difficiles avec ses amis.

Les causes de ce syndrome sont hétérogènes et de nature aussi bien génétique (70 % de risque d'en être atteint si l'un des deux parents l'a déjà été), physicochimique (dysfonctionnement des neurotransmetteurs, effets du plomb ou du mercure) que psychosociale (instabilité et délinquance du milieu familial; pression des parents) (Corraze, 1981). Il y aurait soit un déficit fonctionnel de neurones corticaux qui ne génèrent plus correctement la dopamine, une substance inhibitrice, ce qui affecterait le comportement en libérant l'énergie, soit une dysfonction biochimique (élévation brusque du glucose sanguin). Des centres nerveux susceptibles d'être liés à ce trouble fonctionnel, le cervelet et les ganglions de la base ressortent largement, pour leur action tant dans la motricité que dans les fonctions cognitives (Diamond, 2000). Les enfants atteints pourraient avoir un cervelet plus petit que la moyenne. Comme cette structure nerveuse contribue au contrôle de l'équilibre, de la coordination des mouvements et de leurs ajustements temporel et spatial, il n'est pas étonnant que ces fonctions motrices soient perturbées chez les sujets présentant les symptômes d'un déficit de l'attention. Les ganglions de la base contribuent quant à eux à la planification et au contrôle des mouvements (motricité globale et de maintien), et la région cingulaire, au contrôle de l'attention et à son maintien sur une tâche particulière, pour éviter que les yeux ne se déplacent tout azimut sur tout ce qui bouge! Le fait que les structures frontales et cérébelleuses ont une maturation lente qui s'étend jusqu'à l'adolescence pourrait expliquer que les troubles de l'attention/hyperactivité aient tendance à diminuer à cette époque.

Les circuits de la dopamine, neurotransmetteur actif dans plusieurs centres encéphaliques et intervenant dans le contrôle de l'attention et de la motricité, ainsi que dans le contrôle de l'humeur, pourraient être perturbés. Le tronc cérébral, qui inclut le mésencéphale où se trouvent la substance réticulée et la substance noire, constitue le point de départ de différents circuits encéphaliques sous l'emprise de la dopamine. Cette région participe au maintien de l'attention et de l'état d'éveil et influence simultanément trois autres régions: les ganglions de la base, la région cingulaire et la région amygdalienne. Les noyaux ou ganglions de la base participent à la planification des mouvements et à leur contrôle (motricité globale et de maintien); leur déficit fonctionnel pourrait être associé à la motricité excessive des hyperactifs. La région amygdalienne, située à la partie inférieure du système limbique, est associée au contrôle des émotions et à la mémoire, au plaisir et à la satisfaction d'apprendre, à l'intérêt à mémoriser. La région cingulaire, autre partie du lobe limbique, située elle au-dessus du corps calleux, permet de maintenir l'attention et d'éviter le déplacement des yeux à tout instant vers ce qui est en mouvement dans le champ visuel et qui distrait. On comprend aisément qu'un déficit de ce neurotransmetteur puisse perturber le fonctionnement moteur, attentionnel et émotif de l'enfant d'où résultent des performances souvent faibles dans les apprentissages scolaires (Thomas et Willems, 1997).

Pour Barkley (1997), la faiblesse de l'inhibition comportementale entraîne des excès de la fonction motrice et du langage par ses effets sur quatre entités. Tout d'abord, sur la mémoire de travail, sollicitée entre l'utilisation d'informations disponibles au moment de l'action, ou rappelées de la mémoire à long terme, et la préparation et la programmation de l'action (mise en jeu en particulier des voies cortico-striato-corticales passant par les ganglions de la base). Ensuite sur la motivation (le renforcement doit être immédiat), la régulation émotive et le contrôle des émotions et de l'état d'éveil. Enfin, sur le langage intérieur qui permet la réflexion, la résolution de problèmes, le raisonnement moral, la génération de règles ; et enfin, la reconstitution sur un retour sur l'action pour l'analyser et réfléchir sur le comportement pour mieux l'adapter au contexte.

Les traitements sont de nature thérapeutique ou chimique. Les thérapies incluent le jeu, les massages, l'hydrothérapie, la musique et soulignent l'importance de la collaboration entre les différentes personnes proches de l'enfant (parents, enseignants, conseillers) et l'enfant lui-même. Les traitements pharmacologiques (chimiques) utilisent les amphétamines (dont le chlorhydrate de méthylphénidate connu sous le nom de Ritalin ou Ritaline), substances largement utilisées en Amérique du Nord. Le Ritalin ou le Concerta suppléerait les déficits dans les circuits nerveux utilisant la dopamine (aires cingulaires, ganglions de la base, substance réticulée). En se substituant à la dopamine, il activerait différents circuits nerveux liés au contrôle de l'attention ou de la motivation, permettant la concentration de l'enfant tout en inhibant sa distraction et par le fait même diminuant son hyperactivité. Il agit sur la substance réticulée pour permettre une amélioration de la concentration et du rendement scolaire pour près des trois quarts des enfants, sans diminution majeure de l'activité. Ses effets se produisent dans les minutes qui suivent son absorption et durent deux ou trois heures. La médication permet généralement d'observer deux effets positifs majeurs sur les symptômes comportementaux et cognitifs : 1) une réduction des symptômes de l'hyperactivité ou de la bougeotte, et 2) une réduction des symptômes de l'inattention et une amélioration des fonctions cognitives reliées à l'attention et à la mémoire de travail.

Bien qu'il ne s'agisse pas, à proprement parler, d'un trouble de la maladresse, le trouble du déficit de l'attention provoque des comportements qui gênent souvent le bon déroulement des activités motrices et leur coordination (Diamond, 2000 ;

Landgren *et al.*, 1998). Presque la moitié des enfants atteints de ce trouble présentent en effet des difficultés motrices semblables à celles du trouble de l'acquisition de la coordination (CIM-10, 1994; Diamond, 2000; Landgren *et al.*, 2000; Rigal, Chevalier et Verret, 2007). Cette association résulterait de l'atteinte de zones nerveuses intervenant simultanément dans les fonctions motrices et cognitives comme le cortex préfrontal, le cervelet et les ganglions de la base (Diamond, 2000). Si aucun des critères définissant le TDAH ne concerne directement la coordination motrice, cela n'est pas le cas dans une autre classification pour le déficit de l'attention, du contrôle moteur et de la perception (DAMP). Cette terminologie est en vigueur dans les pays scandinaves (Gillberg, 2003) et rend compte de la présence concomitante de difficultés d'attention et d'autres de coordination motrice (où l'on rencontre de trois à cinq fois plus de garçons que de filles). Comme ce terme résulte de la combinaison des caractéristiques du déficit de l'attention avec hyperactivité et de celles du déficit d'acquisition de la coordination, il n'est donc pas étonnant que les enfants classés dans ce groupe présentent des difficultés motrices!

La médication ne semble pas permettre d'améliorer de façon intéressante les performances motrices. L'habileté motrice des enfants, médicamentés ou non, vivant avec un TDAH, est perturbée (Gagné *et al.*, 2008; Gillberg, 2003; Harvey *et al.*, 2007). Ces difficultés motrices touchent les habiletés de vitesse, de course-agilité, de locomotion, d'équilibre, de coordination bilatérale et de contrôle d'objets. Dans ces épreuves à dominante énergétique (course, sauts, etc.), ces enfants réussissent malgré tout mieux que dans celles de motricité fine exigeant une organisation détaillée du contrôle du mouvement ou même l'inhibition de l'action.

Pour faciliter l'adaptation scolaire de ces enfants, il faut garder à l'esprit leurs particularités fonctionnelles. Plusieurs recommandations à l'intention des enseignants et des éducateurs ou des parents sont à considérer (Rouillard, Chartrand et Chevalier, 2006):

- décomposer la tâche en sous-tâches et les cumuler pour progresser;
- proposer de nouvelles activités et des rôles variés: maintenir la motivation et l'attention;
- s'assurer d'être regardé, écouté, d'avoir l'attention;
- placer l'enfant près de soi;
- utiliser des supports visuels et auditifs, guider physiquement l'enfant aux premiers essais;
- demander à l'enfant de verbaliser et d'imaginer les consignes et les actions;
- éviter la compétition qui exige vitesse et précision;
- aménager des activités qui suscitent motivation et intérêt;
- éviter les distractions pendant les exercices en classe et les devoirs;

- énoncer clairement et répéter souvent règles et consignes ; les simplifier, les raccourcir et les afficher en classe ;
- réduire les exigences motrices si nécessaire ; décomposer la tâche en sous-tâches et les cumuler pour progresser ;
- encourager la persévérance et le contrôle attentionnel sur la tâche ;
- donner des feed-back positifs sur le comportement chaque fois que c'est possible ;
- aménager des activités « énergivores » ;
- établir une routine pour les devoirs et les temps libres ;
- établir un dialogue préventif et compréhensif plutôt que répressif ;
- informer régulièrement les parents sur le comportement de l'enfant.

Avant de donner des médicaments, il serait probablement plus opportun de permettre l'exutoire du trop-plein d'énergie, comme lors de la pratique d'activités physiques. Des stratégies complémentaires, cognitives, de gestion de l'attention, d'activité physique, de massage ou de musique sont aussi à considérer. En rétablissant un lien de confiance avec l'enfant, auquel le regard peut largement contribuer, mais aussi l'attention qui lui est accordée, il arrive fréquemment que les manifestations d'agressivité, ou d'inhibition, disparaissent et que son comportement redevienne normal. On ne soulignera jamais assez l'importance de la collaboration entre les différents intervenants et proches de l'enfant (enseignants, conseillers, parents) et l'enfant lui-même. Porter attention à l'enfant, être à l'écoute de ses besoins et de ses intérêts, rétablir un lien de confiance, peuvent largement contribuer au rétablissement normal de plusieurs comportements.

7. L'ÉVALUATION DE LA MALADRESSE

Dans l'évaluation du degré de maladresse, on peut tenir compte soit de la tâche elle-même, soit du processus qui la sous-tend (Laszlo *et al.*, 1988). Dans le premier cas, on utilise les mêmes activités motrices que celles où les enfants éprouvent des difficultés et l'on observe la qualité du geste. Dans le second, il s'agit de diagnostiquer les causes des difficultés qu'expriment les symptômes apparents en faisant passer à l'enfant des tests spécifiques. Henderson (1987) classe ces tests en trois catégories : les tests descriptifs, les tests de diagnostic et les tests neurodéveloppementaux. Les tests descriptifs fournissent un indice de la performance ou de la coordination motrice actuelle de l'enfant, que l'on peut comparer à celui des enfants du même âge chronologique ; les termes d'âge moteur et de quotient moteur sont alors généralement utilisés. Les tests de diagnostic touchent davantage le domaine perceptivomoteur et la relation présumée entre les habiletés perceptives et la performance scolaire ; ils incluront nombre d'épreuves crayon-papier. Les tests neurodéveloppementaux tentent de cerner le degré de développement du système nerveux et de ses déviations par rapport à l'évolution normale. Ces examens doivent être complétés par la description de la façon dont les actions sont réalisées ou par l'analyse des processus qui sous-tendent la réalisation de la tâche; la mise en évidence de lacunes devrait déboucher sur l'adoption de programmes spécifiques de rééducation.

En plus des épreuves d'efficacité manuelle ou de celles évaluant des aspects quantitatifs du développement moteur, il existe des épreuves d'évaluation qualitative des compétences motrices (voir chapitre 12). Dans le cas du questionnaire de Missiuna et Pollock (1995), on porte un jugement (sur une échelle en 5 points) sur la motricité globale de l'enfant en classe, au gymnase ou sur un terrain de jeux (se cogne-t-il aux objets? trébuche-t-il souvent? rate-t-il les cibles dans un lancer de précision? etc.), sa motricité fine (a-t-il de la difficulté à écrire ou dessiner? à découper? à enfiler des perles? à assembler des casse-tête? etc.), sa prise en main (difficulté à mettre et à boutonner ses habits, à faire sa toilette) et son rendement scolaire (difficultés d'apprentissage, de compréhension des consignes, d'expression, etc.).

Pour évaluer l'adresse, et en contrepartie la maladresse, il existe de nombreuses batteries de tests, beaucoup issues des tests originaux d'Ozeretzki, dont ceux de Bruininks et Bruininks (2005) et de Rogé (1984), incluant des normes quantitatives, ainsi que d'autres épreuves, plus qualitatives, évaluant la manière dont les enfants se comportent ou réalisent certaines activités de motricité globale ou fine (Henderson et Sugden, 1992, pour les enfants de 4 à 12 ans, adapté en français par Soppelsa et Albaret, 2004; Brigance, 1997, pour le préscolaire) (voir chapitre 12).

8. RÉSUMÉ

Il arrive souvent, pour de multiples raisons, que le résultat de l'action motrice ne corresponde pas à l'intention initiale: c'est ce qui définit la maladresse. Si les dyspraxies de développement sont normales jusqu'à un certain point et dépendent du degré d'évolution des structures musculaires, la vraie maladresse résulte d'une utilisation erronée de ces mêmes structures arrivées à leur développement complet. Différentes épreuves permettent d'évaluer le degré de maladresse dans des activités de la vie courante.

9. QUESTIONS

9.1. Comment se définit la maladresse?

9.2. Quels facteurs peuvent agir sur la coordination motrice?

9.3. Quelles formes la maladresse peut-elle prendre?

9.4. Quelles sont les caractéristiques du trouble de l'acquisition de la coordination? des dyspraxies de développement?

9.5. Quels troubles moteurs sont associés à une lésion connue?

9.6. Quelles sont les caractéristiques du trouble de déficit de l'attention avec hyperactivité?

9.7. Comment évaluer le degré de maladresse des enfants?

Chapitre 6

La psychomotricité

OBJECTIFS

À la fin de ce chapitre, vous devriez être en mesure de :

- définir la psychomotricité ;
- indiquer les domaines d'intervention de la psychomotricité ;
- préciser les différentes sciences donnant les fondements théoriques à la psychomotricité ;
- présenter les caractéristiques de chacun des grands domaines d'intervention identifiés en psychomotricité.

1. INTRODUCTION

À lire différents ouvrages dont les titres incluent les termes « psychomotricité », « psychomotrice » ou « psychomoteur », on se rend vite compte de la disparité des contenus présentés et des éléments théoriques retenus pour justifier une action éducative préventive ou expliquer l'origine ou les causes des troubles psychomoteurs que l'on se propose d'atténuer ou de faire disparaître par différents exercices ou activités. Ces termes incluent simultanément ou non des aspects théoriques les sous-tendant, une sémiologie (neuropsychoperceptivomotrice) des troubles qu'ils regroupent et des pratiques d'intervention (Murcia, 1998) (figure 6.1). Aujourd'hui encore, la définition de ce concept pose de nombreux problèmes et reste peu précise.

Nos comportements ou nos conduites reflètent, d'abord, la complexité de notre personnalité et résultent ensuite des interactions entre ses diverses composantes socioaffective, cognitive et motrice que soulignent certaines réactions corporelles lors de situations chargées d'émotion et se traduisant par l'apparition de sueur, de pâleurs ou de rougeurs, de tremblements. C'est sur ce postulat de l'unité psychosomatique de la personne que s'est forgée la **psychomotricité**, domaine d'étude des interactions

FIGURE 6.1
BASES THÉORIQUES DE LA PSYCHOMOTRICITÉ

(D'après Murcia, 1998.)

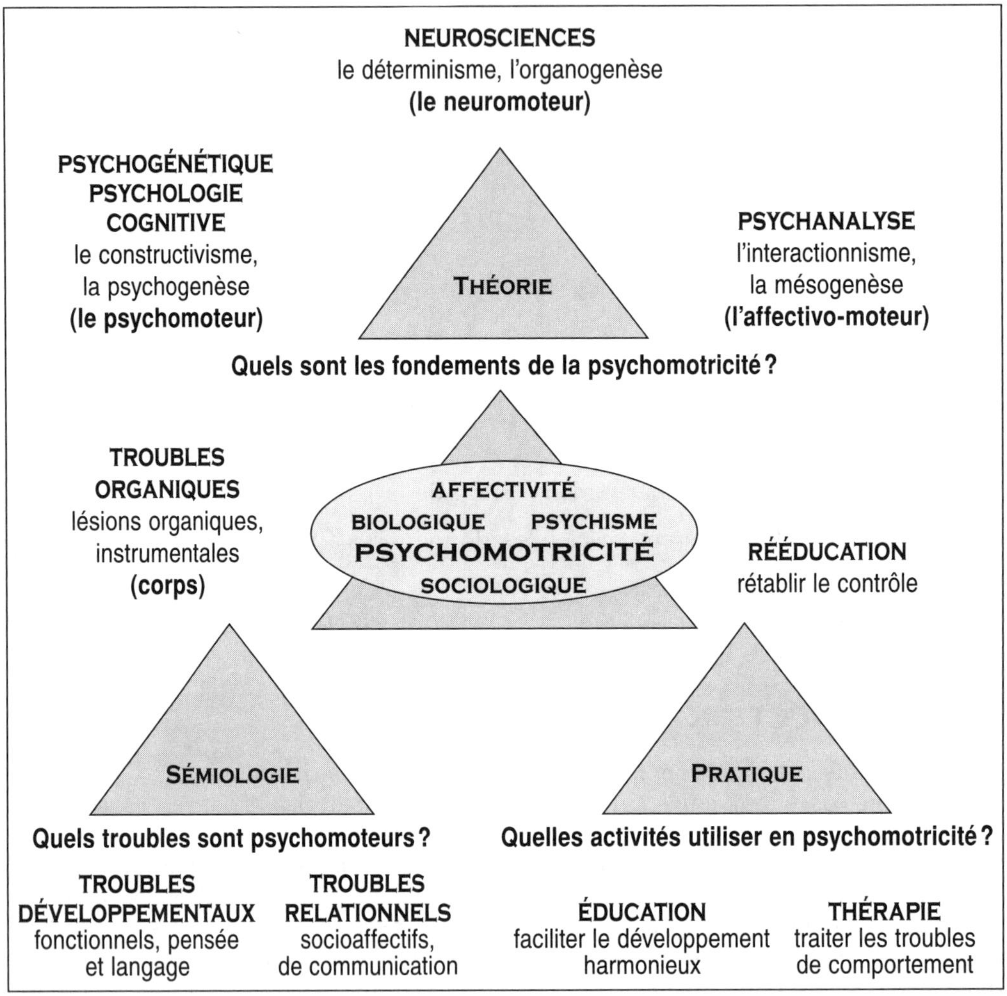

entre les fonctions psychiques et les fonctions motrices (et biologiques) et auquel appartiennent les conduites motrices (gestes, posture, attitude, façon d'être), mais aussi domaine d'intervention sur les comportements de la personne. C'est la personne en situation d'interaction avec son environnement physique et social qui reçoit l'attention en psychomotricité ; des troubles de l'action apparaissent alors que des lésions organiques du système nerveux qui pourraient en être la cause ne peuvent pas être décelées. La vie psychique se matérialise dans les manifestations motrices, cette interrelation constituant ainsi les fondements de la psychomotricité : les causes des troubles ne se voient pas mais leurs conséquences s'observent sur le comportement de l'enfant. Le corps sert ainsi d'interface entre les perceptions que le psychisme transforme, et les réponses neuromusculaires observables dans le tonus ou la motricité du sujet. Il manque toutefois, à ces domaines, une théorie explicative de l'origine et de l'évolution de la dimension psychomotrice et des dysfonctions psychomotrices (Fauché, 1993 ; Robert-Ouvray, 1997 ; Vigarello, 1979), neurophysiologie et psychologie génétique leur apportant d'un côté les assises théoriques initiales que la psychanalyse, de l'autre, a plus récemment complétées. Il n'y a pas de filiation unidirectionnelle éléments moteurs-éléments psychiques mais une interdépendance ou un partenariat entre les deux.

Nous verrons, ainsi, la manière dont s'est constituée la psychomotricité et quels sont ses grands domaines d'intervention.

2. ÉVOLUTIONS TERMINOLOGIQUE ET CONCEPTUELLE

Le terme « **psychomoteur** » apparaîtrait pour la première fois dans la littérature vers 1872 lorsqu'un neurologue, Landois (cité par Vigarello, 1979), désigne par ce terme une aire corticale dont la stimulation électrique génère un mouvement d'une partie du corps. Il s'agissait alors de traiter l'**hystérie**, affection « organopsychologique » limitant la motricité chez la personne atteinte : la représentation de l'action n'entraînait pas l'action par l'absence de volonté d'agir ; c'est l'un des premiers exemples clairement défini des difficultés de relation psychisme-motricité. Ce trouble relationnel névrotique était associé à des symptômes neurologiques, sans lésion organique décelable, se traduisant par des troubles fonctionnels organiques (convulsions, douleurs, paralysies, sensibilité) et par des troubles psychiques (angoisse, délire, simulation et hallucinations). L'absence de volonté d'action conduira directement les neurologues à la recherche des centres nerveux responsables du passage de la représentation de l'action à l'action elle-même. Lorsqu'il s'agira d'élucider la raison de tels troubles surgiront les deux avenues possibles, organique et psychique. Selon la première, c'est la constitution même du système nerveux central qui est atteinte, qui présente des lésions innées ou acquises (accent mis sur l'organogenèse). Après la neurologie, neurosciences et psychologie cognitive compléteront, beaucoup plus tard, les assises théoriques de ce point de vue. Selon la deuxième, les troubles psychomoteurs apparaissent lors du développement de l'individu (accent mis sur la psychogenèse) avec les difficultés relationnelles qu'il peut éprouver avec son environnement.

La neurologie recherchera ces centres nerveux responsables de la volition (motrice) : ils seront appelés centres « psychomoteurs » (aires motrices frontales) comme leur stimulation électrique (« physique »), assimilée à la stimulation nerveuse (« psychique »), provoque l'apparition de mouvements. Par des mouvements que le médecin demande au patient d'exécuter ou qu'il lui imprime passivement, et que le patient doit ensuite décrire, se restaure l'attention puis la volition du sujet; il s'agit de rétablir la commande motrice volontaire. L'hypnose, largement utilisée par Charcot à la fin du XIXe siècle, rétablit cette relation entre l'idée du mouvement et le mouvement en supprimant le blocage du sujet, créant par contre une forme de dépendance du patient à l'égard du médecin.

Au début du XXe siècle, Tissié (1901), par des transformations systématisées de mouvements (gymnastique médico-psychologique dont les exercices répétés doivent entraîner les centres psychomoteurs pour restaurer la volonté, faire disparaître l'hystérie, les tics, les spasmes, les maladies nerveuses et mentales), déclare agir sur l'activité globale du sujet. Il déclare pouvoir ainsi empêcher l'apparition de troubles mentaux ou les supprimer, établissant ainsi des liens entre le mouvement et la pensée et rendant le patient autonome. C'est également l'époque où Dupré définit les caractéristiques de la **débilité motrice**, trouble de la motricité s'accompagnant d'anomalies du tonus musculaire (paratonies et syncinésies) et des réflexes (tendineux), de maladresse dans certaines tâches mais pas dans d'autres, sans pour autant qu'il y ait de retard mental systématique, et qu'il attribue à une maturation insuffisante du système pyramidal.

Les pratiques «psychomotrices» feront, elles, leur apparition aux environs des années 1930: il s'agira de pratiques physiques cherchant à renforcer le désir d'agir (Guilmain, 1935), à traiter aussi bien l'hystérie que les tics, les spasmes, les phobies, les sujets instables et les impulsifs. Se basant sur les travaux de Wallon (1925, 1934) et sa classification des syndromes psychomoteurs, se différenciant par leurs manifestations externes, issues de lésions distinctes de centres nerveux, Guilmain (1935) proposera de «modifier le caractère en agissant sur le tonus musculaire, support des émotions». Le développement de l'enfant s'appuie en effet sur une composante neurologique (posture et motricité) et une autre socioaffective (interaction enfant-environnement) qu'illustre l'expression de «dialogue tonique» mère-enfant proposée par Wallon et reprise par Ajuriaguerra.

Au cours des années 1970, c'est la relation de l'individu avec les autres qui devenait le dernier pôle de la théorie psychomotrice, la thérapie psychomotrice, et à laquelle la psychanalyse allait fournir l'essentiel des assises théoriques. Elle tentera d'expliquer les mécanismes psychiques (psychopathologie) élucidant les troubles du comportement et assurant leur compréhension. La relation individu-milieu (physique et social) se construit et dépend aussi bien de l'individu que des autres (la psychogenèse). Pour comprendre les troubles relationnels associés à l'inconscient, il faut pouvoir expliquer les mécanismes psychopathologiques les ayant engendrés et donc interpréter les symptômes, en trouver le sens. Bien qu'Ajuriaguerra (1977) soit en partie responsable de cette nouvelle approche, le rééducateur en psychomotricité œuvre ici aux limites de sa formation, en particulier dans le domaine du transfert que la relation particulière thérapeute-patient ne manque pas de créer. Est-il en effet concevable que le «praticien s'investisse et s'observe dans sa relation avec le patient pour se connaître lui-même» alors que sa fonction première consiste à aider le patient? (Richard et Rubio, 1995.) Ajuriaguerra (1977) illustre d'ailleurs, mieux que quiconque, le passage de l'une à l'autre des avenues psychomotrices. Initialement, il a contribué à la recherche des origines des troubles de la parole, de la lecture, de l'écriture et du calcul pour en assurer la rééducation psychomotrice, avant d'y intégrer des éléments de la thérapie psychomotrice issus de la psychanalyse. L'une des causes possibles des troubles mentionnés en serait un retard de la maturation qui agirait sur le développement du tonus, du langage et de l'organisation spatiotemporelle. Par la rééducation, il sera possible de remédier à ce retard qui fait que certaines fonctions (comme la formation du schéma corporel, la coordination motrice, le langage et le comportement) n'apparaissent pas normalement au bon moment. Les exercices porteront sur le tonus musculaire, la structuration spatiotemporelle et le langage. Sollicitant le corps et sa motricité, les exercices moteurs devraient agir sur les fonctions mentales du sujet et en modifier ainsi le comportement.

Aux États-Unis, le terme «psychomoteur» a d'abord été utilisé dans les activités où la réponse du sujet dépendait des contraintes temporelles inhérentes à la tâche, comme lors d'une réponse rapide à un stimulus externe (temps de réaction, vitesse d'un mouvement du bras dans un lancer) ou dans les sports collectifs au contexte en perpétuel changement (Fleishman, 1964). Dans l'apprentissage psychomoteur, il n'y a pas que le comportement externe observable qui compte; ce sont les processus internes de contrôle qui guident et produisent le comportement que l'on cherche à comprendre. Les tâches psychomotrices comporteront alors un nombre variable de décisions que l'apprenant doit prendre à une vitesse la plus élevée possible. Dans sa taxonomie du domaine psychomoteur, Harrow (1977) inclut aussi bien les mouvements réflexes que les mouvements fondamentaux (locomoteurs, non locomoteurs et de manipulation), les capacités perceptives (visuelle, auditive, tactile et kinesthésique), les capacités physiques (endurance, force, souplesse, agilité), les habiletés motrices (adresse) et la communication gestuelle (expression et communication) soit, dans les faits, tout ce qui touche la motricité. Jansma (1993) regroupe, dans le domaine de l'entraînement psychomoteur, la posture, la motricité (qualité du mouvement incluant les réflexes primaires, la conscience du corps, la motricité globale et fine, la perceptivomotricité), la forme physique (endurance cardiorespiratoire, force et souplesse) et le jeu. Si les deux premiers, posture et motricité, touchent des aspects de la psychomotricité, c'est loin d'être le cas pour les deux autres, soit la forme physique, composante de nature uniquement physiologique, et le jeu, moyen d'organisation des séances. Enfin, le DSM IV (2004) inclut, dans le syndrome hyperkinétique, l'ensemble des troubles psychomoteurs de l'enfant.

Des neurosciences, on retiendra, pour la psychomotricité, la possible existence de lésions organiques minimes, non décelables, pour l'instant. L'accent est mis ici sur l'organogenèse et le fait que des lésions du système nerveux ne peuvent qu'entraîner des troubles du contrôle moteur (le neuromoteur) ou des relations avec les autres ou l'environnement (le psychomoteur). Les recherches conduites dans ce domaine cherchent à trouver les causes organogénétiques (anatomiques et chimiques en particulier) des syndromes psychomoteurs pour pouvoir agir. Incoordination motrice, hyperactivité, troubles du tonus musculaire, autisme résulteraient ainsi de ces lésions anatomiques du système nerveux ou des déficiences des contacts entre les neurones, au niveau des synapses et des neuromédiateurs en assurant le fonctionnement. La conséquence qui en résulte, dans les traitements, est l'utilisation de méthodes motrices et de thérapies chimiques. De leur côté, psychologie cognitive et psychologie génétique étudient, entre autres, le développement de l'enfant, accentuant les interactions entre les fonctions motrices et mentales dans ce développement.

Pour compléter ce tour d'horizon, la psychomotricité assimilant rapidement tout nouveau concept ou nouvelle théorie, la «**complexité**» (tout est interrelié) a aussi fait son entrée dans le domaine psychomoteur (Bourguignon, 1991; Gepner et Soulayrol, 1994), associée à celle d'auto-organisation et d'émergence. Nous savons assez précisément aujourd'hui qu'il existe une maturation interne des structures nerveuses dans laquelle le génome joue un rôle de premier plan, mais sur laquelle l'environnement agit de façon importante. C'est ce qu'ont mis en évidence les études portant sur la privation sensorielle, réalisées aussi bien chez le chaton que chez le singe (Wiesel, 1982) et qui ont fait ressortir le rôle de l'expérience active sur l'organisation des circuits nerveux à des moments spécifiques du développement, les périodes critiques (Chugani, 1998). En l'absence de stimulations externes appropriées, disponibles à des âges particuliers, les cellules nerveuses n'évoluent pas et les circuits nerveux n'acquièrent pas leur pleine valeur fonctionnelle. C'est en ce sens que l'on peut parler de **modèle épigénétique**, possibilité dont dispose le système de faire interagir entre eux différents éléments (le génétique et l'environnement) influençant la formation de la personne, et d'**auto-organisation**, intégration par les systèmes internes d'influences diverses dans notre propre construction par greffe des effets du milieu sur l'évolution interne de l'individu aboutissant à une réorganisation permanente. L'histoire, l'**épigenèse** de chaque individu, reflète ainsi le compromis, dans sa construction, entre sa constitution propre et les effets du milieu. De cette auto-organisation «émergent» ou s'organisent nos comportements, nos conduites: leur émergence est bien sûr largement déterminée par tout ce qui la précède et, en particulier, la constitution de l'individu et l'environnement dans lequel il évolue.

Le **domaine psychosomatique** accentue l'interdépendance entre les fonctions organiques (physiologiques) et le psychisme, comme dans les maladies psychosomatiques et les troubles organo-fonctionnels associés (asthme, allergies, tics, ulcère gastrique, eczéma, terreurs nocturnes, énurésie, caprices alimentaires, anorexie, boulimie, onychophagie, vomissements, migraines et céphalées circonstancielles, troubles digestifs et cardiovasculaires). Le **domaine psychomoteur** aborde les interactions entre la motricité et les fonctions psychiques socioaffectives et cognitives qui se révèlent dans les différentes formes de perturbations ou non des relations ou communications sujet-sujet, sujet-autrui, sujet-milieu physique dont les causes s'échelonnent du tout organique (neurologie) au tout relationnel (psychiatrie). Les deux termes, ainsi que les concepts qu'ils définissent, ne sont pas interchangeables.

Au cœur de la psychomotricité réside donc cette idée que tous nos comportements nous impliquent nous-mêmes et se localisent dans le temps et dans l'espace, à un moment et dans un lieu donnés (ici et maintenant), pour établir des relations avec les autres et l'environnement. Ils témoignent également de la façon dont nous nous vivons nous-mêmes et qui déteint bien sûr sur nos relations avec les autres ; à vrai dire, la plupart de nos comportements sont de nature psychomotrice puisqu'ils reflètent notre façon d'être au monde et d'agir, et notre relation avec les autres ! Les troubles tonico-affectifs illustrent très bien l'un des champs d'intervention en psychomotricité.

La psychomotricité vise alors principalement à structurer l'ensemble de la personnalité du sujet, à favoriser l'évolution et l'adaptation des comportements moteur, affectif, social et cognitif de chaque personne à son milieu dans les dialectiques corps-sujet-environnement. Il s'appuie sur différents postulats dont :

- l'unité des composantes bio-psycho-sociale de la personne ;
- l'interaction entre les fonctions psychiques et motrices ;
- l'importance qu'occupent notre moi et notre corps au centre des relations avec nous-mêmes, avec les autres et avec l'environnement : c'est nous qui vivons les relations avec notre milieu social et notre environnement physique.

La confusion qui règne, dans le domaine de la psychomotricité, résulte de l'utilisation d'une terminologie variée où les concepts véhiculés se recoupent souvent largement et évoluent. Il en découle que sous cet aspect terminologique unitaire se cache une diversité d'approches possibles de la psychomotricité allant de l'éducation psychomotrice aux thérapies psychomotrices proches de la psychanalyse et des psychothérapies. C'est la raison pour laquelle, malgré cette unité de départ, la psychomotricité éclate en de multiples directions que l'on peut, historiquement, regrouper autour de trois grands axes : la **rééducation psychomotrice** (rétablir le contrôle moteur volontaire), l'**éducation psychomotrice** (assurer le développement de l'intelligence par l'action motrice) et la **thérapie psychomotrice** (vivre son corps et les relations avec soi, les autres et l'environnement), aux approches distinctes, aux savoirs disparates et aux techniques d'intervention variées et complémentaires mais jamais antagonistes (tableau 6.1).

TABLEAU 6.1

LE SPECTRE PSYCHOMOTEUR : LES DOMAINES D'INTERVENTION DE LA PSYCHOMOTRICITÉ

ÉDUCATION	RÉÉDUCATION	THÉRAPIE
ASSURER UN DÉVELOPPEMENT HARMONIEUX	RÉTABLIR UN FONCTIONNEMENT ADAPTÉ	TRAITER LES TROUBLES DU COMPORTEMENT ET DE LA PERSONNALITÉ

DÉVELOPPEMENT MOTEUR
- SCHÉMA CORPOREL
- TONUS MUSCULAIRE
- COORDINATION MOTRICE (FINE ET GLOBALE)
- LATÉRALITÉ

APPRENTISSAGES SCOLAIRES

L'APPRENTISSAGE DES CONCEPTS PAR L'ACTION MOTRICE.

FONCTIONS PERCEPTIVES, SPATIALES ET TEMPORELLES

L'ACTION MOTRICE, PRÉLUDE DE LA PENSÉE

SCOLAIRE

TROUBLES D'APPRENTISSAGE (LANGAGE ORAL ET ÉCRIT, MATHÉMATIQUES)

SOCIALE

TROUBLES COMPORTEMENTAUX OU SOCIO-AFFECTIFS. RÉTABLIR LA RELATION AVEC LES AUTRES

PSYCHOMOTRICE

TROUBLES PSYCHOMOTEURS
- TICS
- BÉGAIEMENT
- INSTABILITÉ PSYCHOMOTRICE
- SYNDROME HYPERKINÉTIQUE
- DÉFICIT DE L'ATTENTION AVEC HYPERACTIVITÉ
- INHIBITION MOTRICE
- DÉBILITÉ MOTRICE
- DYSPRAXIES DE DÉVELOPPEMENT
- TROUBLE DE L'ACQUISITION DE LA COORDINATION
- TROUBLES SENSORIELS
- DÉSORGANISATIONS SPATIALES ET TEMPORELLES
- TROUBLES DU TONUS MUSCULAIRE
- FONCTIONS PRACTOGNOSIQUES

PSYCHOTHÉRAPIE ET PSYCHANALYSE

SE SENTIR BIEN AVEC SOI-MÊME POUR SE SENTIR BIEN AVEC LES AUTRES ET COMMUNIQUER

LE PRATICIEN S'INVESTIT ET S'OBSERVE DANS SA RELATION AVEC LE PATIENT.

RELATION NON VERBALE ET FANTASMATIQUE.
- TRANSFERT
- RELAXATION
- IMAGE CORPORELLE

IL N'Y A PAS UNE MAIS DES PSYCHOMOTRICITÉS À CAUSE :
– DE L'ABSENCE D'UN DOMAINE D'ÉTUDES HOMOGÈNE
– DE SAVOIRS DISPARATES
– D'UN ENSEMBLE DE TECHNIQUES ET DE PRATIQUES VARIÉES

3. LES ORIENTATIONS DE LA PSYCHOMOTRICITÉ

3.1. La rééducation psychomotrice

Elle apparaît et se structure dans les années 1930, sous l'impulsion de Guilmain (1935). Le cerveau, par la pensée et la volonté, agit sur le muscle qui, à son tour, agit sur le cerveau et améliore le comportement global du sujet. Les exercices physiques (les mouvements) doivent rétablir la volonté d'action du sujet et libérer sa motricité. Son objectif est de supprimer ou d'atténuer chez le sujet les habitudes ayant généré des désordres dans son comportement psychomoteur, scolaire ou social, de refaire l'éducation d'une fonction en utilisant la motricité ou de restructurer la personnalité et ses différentes composantes en facilitant les interactions sujet-corps-environnement. Les modifications apportées à l'une des facettes de la personnalité vont déteindre sur les autres, facilitant ainsi la réadaptation.

La détermination du profil psychomoteur (Guilmain, 1935) va permettre de passer de l'observation du moteur à la caractérisation du psychologique en appréciant la qualité du mouvement, reflet du caractère. C'est ainsi que seront révélés les instables, impulsifs, paranoïaques, délinquants, émotifs, obsédés et apathiques. Les troubles moteurs témoignent de l'absence de contrôle de la pensée sur l'acte irréfléchi, c'est-à-dire la primauté des réflexes et automatismes, induits par l'émotion, sur l'acte volontaire. Pour corriger l'équilibre, les automatismes, la coordination motrice, il faudra commencer par agir sur le tonus musculaire, témoin externe des difficultés internes. L'examen psychomoteur n'a pas pour fonction première de détecter les lésions organiques de nature neuromotrice susceptibles de perturber l'acte moteur volontaire (comme les syndromes cérébelleux et pyramidal, les apraxies, l'athétose, les parkinsoniens, etc.) mais de mettre au jour les traits psychologiques de la personne, son caractère (souplesse ou raideur, hyperactivité, impulsivité ou inhibition motrice, équilibre, rapidité d'action, coordination). La rééducation psychomotrice sera conçue selon le cycle suivant : diminution des réactions motrices incontrôlées de l'enfant → modification du comportement → changement de sa psychologie → diminution volontaire des réactions motrices → …

Le tonus musculaire est l'état de légère tension d'un muscle au repos ; sa régulation est essentiellement de nature neurophysiologique, assurée par la jonction neuromusculaire mais contrôlée par le système nerveux central. Cet état peut être modulé, entre la détente et les tensions, par l'état psychologique (émotionnel) du sujet, la qualité des relations qu'il établit avec les autres et le milieu, ou par des anomalies du complexe neuromusculaire. Ces variations représentent le type même du fonctionnement psychomoteur. Les dysfonctions toniques entraînent paratonies et syncinésies. Les **paratonies** se caractérisent par la difficulté à relâcher volontairement les muscles ; elles se révèlent lors d'épreuves de ballant (imprimer un mouvement de balancier à un membre), d'étirement passif ou de balancement passif. Les **syncinésies** sont des contractions ou des mouvements parasites se traduisant par la difficulté à différencier les mouvements intersegmentaires (dissociation segmentaire), un mouvement particulier d'un membre se propageant à l'autre membre ou à une autre partie du corps. Elles peuvent prendre une forme tonique, diminuant alors vers 11 à 12 ans, ou cinétique ou d'imitation, comme dans l'épreuve dite des « marionnettes » (rotations rapides du poignet autour de son axe longitudinal, avant-bras vers le haut ; ce mouvement se transmet à l'autre poignet, bras vertical le long du corps) et diminuant alors vers sept à huit ans, en même temps que s'acquiert la dissociation segmentaire. Chez les enfants hypertoniques, elles peuvent persister au-delà de ces âges.

Pour diminuer ces contractions parasites, on agira sur le contrôle du tonus musculaire, en particulier par la détente musculaire ou la relaxation, et sur celui de la motricité par des exercices de contrôle moteur pour favoriser la construction progressive d'un bon schéma corporel (coordination motrice, orientation spatiale dont la maîtrise des notions droite-gauche, l'orientation temporelle dont les aspects rythmiques). Par la détente-relaxation, on accède à la connaissance et à la prise de conscience de son corps (sentir, situer et en nommer les parties) pour organiser l'espace et le temps. Cette formation de l'unité du corps, tributaire d'une construction neurologique normale, favorise une intégration sociale positive, diminuant les troubles d'inadaptation scolaire ou sociale de l'enfant. Lors de difficultés en lecture (comme pour la dyslexie, syndrome incluant des difficultés à comprendre ou reproduire des signes écrits entraînant des retards d'apprentissage ou de compréhension de l'écrit, des troubles moteurs comme la maladresse graphique ou motrice, une latéralisation mal établie), l'enfant ne maîtrise pas la succession des signes écrits selon une orientation déterminée ; une bonne organisation spatiale facilite l'apprentissage de la lecture ainsi que la disposition des opérations en mathématiques. Les exercices proposés incluent des activités d'équilibration, de coordination dynamique générale, d'organisation spatiotemporelle, d'éducation respiratoire et de détente-relaxation que l'on retrouve par exemple chez Picq et Vayer (1984).

Dans les classifications des troubles, les termes déficience, incapacité et handicap peuvent être distingués les uns des autres (CTNERHI, 1989). La **déficience** se réfère à une atteinte pathologique ou à la lésion d'un organe, à la perturbation d'une structure de l'organisme (récepteurs visuels ou auditifs, voies nerveuses) ; elle est de l'ordre de la médecine. Il peut s'agir de déficiences motrices (paraplégie, épilepsie, dystrophie musculaire, spina-bifida, amputations), de déficiences organiques (fibrose kystique, asthme, leucémie, diabète, hémophilie) ou de déficiences sensorielles (visuelle, auditive). Lorsque, dans le cas de déficiences organiques, des médicaments suppriment les manifestations des déficiences permettant un fonctionnement de la personne proche de la normale, ces déficiences ne sont pas considérées comme handicapantes. L'**incapacité** est la modification, limitation ou perte de la capacité de pouvoir faire une chose, une activité, ce qui limite la performance de la personne (cécité, surdité, paralysie, essoufflement, faiblesse musculaire, maladresse) ; elle est de l'ordre de la rééducation. Le **handicap** (ou désavantage) est la conséquence sociale ou environnementale fonctionnelle ou la difficulté qu'éprouve la personne à remplir un rôle social ou des fonctions économiques (travail, logement, loisirs, difficulté à utiliser les services communs, etc.); elle est de l'ordre de la psychologie et de la sociologie. Une personne peut avoir une déficience neurologique (la poliomyélite) d'où il résulte une incapacité (impossibilité de marcher) sans pour autant que le handicap soit majeur (la personne peut fort bien atteindre des responsabilités professionnelles ou sociales très élevées).

La notion de **troubles psychomoteurs**, inhérente à la rééducation psychomotrice et s'étalant du neurologique au psychiatrique (Ajuriaguerra, 1977; Calza et Contant, 1999), s'applique à diverses perturbations ou dysfonctions des fonctions psychiques et motrices affectant la motricité volontaire et expressive et résultant ou non d'une dysfonction cérébrale a minima (ou signe neurologique doux) et s'accompagnant souvent de troubles affectifs (Corraze, 1981). Il en découle une juxtaposition de termes que l'on retrouve dans l'expression «trouble neuropsychoperceptivomoteur», rendant bien compte de la complexité de la classification nosologique de ces troubles et de la difficulté à leur trouver une cause unique. Parmi eux se retrouvent toute une série de manifestations motrices de différents désordres organiques ou instrumentaux (somatisation), fonctionnels et socioaffectifs (psychopathologiques) (Fijalkow, 1990). Ils concernent le corps réel et non le corps fantasmatique. Le premier, c'est le corps vécu, celui qui nous donne notre individualité et dont nous prenons progressivement conscience, après la naissance, par l'intégration de sensations diverses somesthésiques (tactiles et proprioceptives) et visuelles par lesquelles nous dissocions le moi du non-moi, en particulier par les sensations tactiles. Le deuxième, c'est un corps imaginaire, virtuel, élaboré à partir de nos refoulements ou de nos désirs et dans lequel l'autre joue certainement une part importante, dans son élaboration aussi bien que dans son acceptation.

Un **trouble organique** ou **instrumental** appartient au corps et aux lésions anatomiques réelles du système nerveux ou du complexe neuromusculaire qui sont défaillants d'un point de vue structurel ou neurophysiologique (lésion cérébrale connue ou lésions cérébrales a minima dont l'existence ne peut être confirmée par des preuves claires; elles sont dites a minima, donc indécelables!). En font partie, l'hémiplégie ou autres formes de paralysies, l'audimutité, l'apraxie, la maladresse, les troubles sensorimoteurs ou perceptivomoteurs, les difficultés du contrôle de l'équilibre et de la coordination motrice. Cette catégorie de troubles rend difficile l'apparition de la fonction, les éléments neurophysiologiques du corps réel étant déficients, soit par immaturité, soit par prédispositions héréditaires. Le corps ne peut pas être mis en fonction ou contrôlé: atteinte des conduites motrices (attitudes, gestes, postures), de l'expressivité et du tonus, raideurs et inhibitions motrices, bâillement et hoquet. La psychothérapie corporelle tentera de résoudre certains d'entre eux. Les lésions cérébrales minimales sont souvent invoquées pour expliquer la dyslexie de développement ou d'évolution (difficulté à apprendre à lire malgré une intelligence appropriée, un environnement socioculturel normal et un bon enseignement) ainsi que des difficultés spatiales ou temporelles, des perturbations du tonus musculaire et de la force musculaire, de la coordination motrice et de l'équilibre.

Le **trouble fonctionnel** appartient, quant à lui, à l'utilisation des structures, au comportement et au psychisme. Bien que le corps, l'instrument, soit intègre, il ne fonctionne pas de façon appropriée. Les troubles ou dysfonctionnements psychomoteurs, de nature fonctionnelle, empêchent ou limitent alors l'intégration adéquate de la personne dans son milieu particulier, perturbant, par le fait même, sa relation au monde. Ils sont les témoins d'une perturbation de la relation avec soi et avec le monde, de la difficulté à s'accepter (Bucher, 1995) et révèlent un dysfonctionnement cortical des fonctions supérieures qui ont de la difficulté à se constituer ou à se construire (Calza et Contant, 1999). Leurs causes sont autant tributaires de l'individu (difficultés lors de la grossesse ou de l'accouchement, prématurité, dysfonctions cérébrales minimes, affectivité, maturation) qu'environnementales ou éducatives (relations difficiles ou conflictuelles avec les parents ou avec les autres). Les troubles conduisant à la rééducation psychomotrice combinent, ou peuvent avoir, cette double origine comme les tics, le bégaiement, l'instabilité motrice, le syndrome hyperkinétique ou hyperactivité (trouble déficitaire de l'attention avec hyperactivité), la dysgraphie (mauvaise qualité du graphisme). S'y retrouvent également des troubles de la dominance latérale (latéralité) et du tonus musculaire, l'incoordination motrice, les dyspraxies de développement ou **trouble de l'acquisition de la coordination** (DSM-IV, 2004). L'enfant a, dans ce dernier cas, et sans affection neurologique ou retard mental, un retard important dans ses performances motrices par rapport à son âge chronologique (maladresse générale dans les activités de la vie quotidienne comme la toilette, boutonner les habits, lacer les souliers, manger avec cuiller, fourchette et couteau, découper avec des ciseaux, les sports), retard qui interfère presque toujours avec sa réussite scolaire. Ces différents troubles peuvent également résulter de difficultés cognitives comme les désorganisations spatiales (difficulté à organiser et structurer son espace d'action) et temporelles (difficulté à saisir et à utiliser les notions associées à la succession et à la durée) et provoquer des difficultés d'apprentissages scolaires (retard du langage, dyscalculie, dyslexie, difficultés graphomotrices). Les fonctions practognosiques, mettant le sujet en relation motrice et cognitive avec son milieu, sont déficientes (Mazeau, 1995). C'est dans cette catégorie de troubles que se situait probablement la notion de trouble psychomoteur associé à l'hystérie : dans cette affection, le malade n'agissait pas, par manque de volonté d'agir, alors que ses fonctions motrices étaient intactes et que des lésions organiques nerveuses n'avaient pas été décelées.

Les **troubles socioaffectifs**, enfin, ne dépendent pas directement et uniquement de l'enfant mais aussi de l'état de ses relations avec les autres. Les difficultés d'apprentissage relèveraient ainsi de l'état ou des caractéristiques socioaffectives de l'enfant, dont le climat familial, au moment où il commence ses apprentissages. Au milieu familial peut se rattacher le milieu socioculturel : les enfants provenant de milieux sociaux qualifiés de défavorisés n'auraient pas reçu suffisamment de stimulations (manque de jouets, de livres, d'exemples positifs des parents ou de leur attention) au moment approprié dans leur développement cognitif, ce qui compromettrait leur réussite (Lobrot, 1972). Ces troubles constituent une variante des troubles fonctionnels.

Parmi les troubles psychomoteurs figure en bonne place un syndrome dont les frontières restent encore à préciser clairement, le **syndrome hyperkinétique** ou de **l'enfant hyperactif** que l'on retrouve également sous l'appellation de **trouble de déficit de l'attention avec** (TDA/H) ou **sans hyperactivité** (DSM-IV, 2004 ; Marcelli, 1996 ; Misès, 1990 ; Thomas et Willems, 1997).

Toutes les perturbations des relations sujet-environnement ne sont pas, à proprement parler, exclusivement de nature psychomotrice. C'est le cas, par exemple, des troubles neurologiques (atteintes organiques des centres nerveux provoquant : hémiplégie, athétose, ataxies, hémiballisme, parésie, infirmité motrice cérébrale, parkinsonisme), neuromoteurs (atteintes de la jonction neuromusculaire) et musculaires (myosites et myasthénie), C'est aussi le cas pour les handicaps morphologiques (luxation, fracture, amputation) qui, tout comme les précédents, doivent être exclus de la psychomotricité, ainsi que les déficiences sensorielles (cécité, amblyopie, surdité, dysphasie ou audimutité) ou intellectuelles (déficience intellectuelle). Cela ne signifie pas que des techniques psychomotrices, ou des exercices particuliers, empruntées à la pratique psychomotrice ne puissent pas être utilisées pour améliorer la qualité de vie de la personne et faciliter l'acquisition d'une meilleure adaptation motrice au milieu. Certaines manifestations motrices, comme des tics (mouvements ou vocalisations soudains, imprévisibles, haussement des épaules ou du menton, rotation latérale de la tête, clignement des yeux, rictus, sortie de la langue, raclement de la gorge, etc.), tremblements, dystonies peuvent être de nature neuromotrice, en ce sens qu'elles sont tributaires d'atteintes neurologiques. Des manifestations équivalentes peuvent être de nature psychomotrice, en ce sens qu'elles n'apparaissent que dans des situations affectant le psychisme du sujet, comme un stress émotif par exemple, qui augmenteront tics ou bégaiement.

Dans le domaine scolaire, on retiendra que les troubles d'apprentissage en écriture et calcul, ainsi que ceux associés au langage oral et écrit comme la dyslexie et ses diverses formes ont longtemps été associés aux troubles fonctionnels et considérés rééducables par les exercices psychomoteurs. Parfois associées à un retard de maturation, ces difficultés sont également reliées à des troubles du schéma corporel ou à des désorganisations spatiale et temporelle. Dans le premier cas, il faut laisser à l'évolution le temps de se faire tout en proposant des activités appropriées aux possibilités de l'enfant ; dans le deuxième, il s'agit de déterminer la ou les causes des difficultés, en combinant les épreuves standardisées à l'observation visuelle, afin de pouvoir offrir les exercices de rééducation les plus pertinents.

Les difficultés survenant dans les apprentissages scolaires peuvent ainsi résulter de troubles :

- organiques (associés à une lésion neurologique ou à un retard de maturation ou intellectuel) ;
- fonctionnels (déficits intellectuels, perceptifs, attentionnels, spatiotemporels)
- socioaffectifs (émotivité) ;
- socioéconomiques et culturels (milieu familial) ;
- pédagogiques (méthodes d'enseignement inadéquates).

Dans le domaine social, c'est la relation avec les autres qui est perturbée dans la vie de la personne et à laquelle il faut apporter une attention particulière, eu égard à l'agressivité, la passivité ou l'opposition qu'elle manifeste. Il s'agit, en fait, d'élargir les acquis dans un domaine à l'ensemble des comportements du sujet pour qu'il vive mieux son corps et établisse des relations satisfaisantes avec son milieu de vie (Richard et Rubio, 1995).

Le traitement des troubles psychomoteurs et leur réduction ou disparition varient largement en fonction de leurs causes. Lorsqu'elles sont de nature organogénétique (lésions organiques, déficits génétiques, lésions pré- et périnatales, troubles moteurs ou sensoriels), les possibilités d'amélioration par rééducation restent souvent limitées. Si dominent les causes affectivo-environnementales (relations psychologiques difficiles avec les parents, carence affective, relations pathologiques précoces parents-enfant, dépression de la mère pendant ou après la grossesse), les progrès consécutifs à la rééducation sont plus visibles. Il est en effet plus facile, en un sens, d'agir sur ou de compenser le socioaffectif (la psychogenèse et sa dynamique) que de reconstruire l'organique (l'organogenèse), de modifier ou d'ajuster la fonction que la structure.

Afin de déterminer l'étendue des dysfonctionnements psychomoteurs, de nombreuses épreuves susceptibles d'établir un bilan psychomoteur fonctionnel sont disponibles (voir, entre autres, Bucher, 1976 ; Guillarmé, 1982 ; Illingwoth, 1990 ; Masson, 1983 [présentant un résumé de différents tests] ; Picq et Vayer, 1984 ; Zazzo, 1979) (chapitre 12). Elles requièrent la participation active de l'enfant qui doit faire quelque chose sous l'observation d'une autre personne. Ces épreuves sollicitent la qualité de la coordination motrice du sujet (praxies et indépendances segmentaires) et la connaissance du corps (schéma corporel), apprécient le degré de relâchement musculaire (tonus, syncinésies et paratonies), la latéralité, l'organisation spatiotemporelle et perceptivomotrice. Il s'agit, en fait, d'évaluer le potentiel fonctionnel de l'enfant ainsi que l'état des structures intervenant dans sa mise en place. Un exemple d'éléments à considérer dans l'établissement d'un bilan psychomoteur est présenté en annexe.

3.2. L'éducation psychomotrice

Au cours des premiers mois et même des premières années de la vie, développement et évolution de la motricité et du psychisme sont étroitement associés, d'où la notion de **développement psychomoteur**, consécutive aux travaux de Piaget (1947, 1948, 1950, 1956) et de Wallon (1925, 1934). Ce développement de l'enfant souligne les transformations de l'ensemble de ses potentialités, les changements de ses compétences et de ses performances qui facilitent son adaptation au monde à partir de ses actions motrices. Ce développement est très souvent confondu avec le développement moteur (Illingworth, 1990), lui-même assujetti à l'évolution des structures neuromotrices et aux processus de maturation nerveuse. Cette évolution neuromotrice se traduit par une meilleure coordination motrice due à un contrôle moteur plus efficace des activités stabilisatrices, locomotrices et manipulatoires et tributaire, dans une approche cognitiviste, de l'amélioration des processus de traitement de l'information. L'élément supplémentaire qui distingue la psychomotricité, c'est la place fonctionnelle de cette évolution dans la relation de l'individu avec lui-même et avec le milieu. Cette relation, de nature motrice et affective, apparaît très tôt dans les sourires, les pleurs, les mouvements d'expressivité du bébé à l'approche de ses parents ou de personnes inconnues, bien avant la maîtrise du langage ; c'est elle qui est essentiellement affectée dans les troubles psychomoteurs.

Les évolutions précoces de la motricité et du psychisme sont, pour Piaget et Wallon, étroitement associées, la « motricité » jouant, pour eux, un rôle de premier plan dans le développement de l'intelligence et des fonctions cognitives, ainsi que dans l'établissement de relations avec le monde. Dans ces cas, c'est plutôt l'**action motrice**, concrète, qui sert de point de départ à l'acquisition de concepts, abstraits, par les informations perceptives qu'elle procure. Les expériences liées aux actions motrices, concrètes et variées, conduisent progressivement l'enfant sur la voie de l'abstraction, de l'accession aux concepts et à la connaissance par un traitement de plus en plus complet et complexe des informations associées à l'intervention, à l'étayage ou à la médiation de l'adulte ; ce dernier, par les questions qu'il pose ou les informations qu'il donne sur les résultats des manipulations facilite l'accès aux concepts et à l'abstraction. Les exercices proposés en psychomotricité préparent aux apprentissages scolaires car il est supposé exister une relation causale entre les exercices manipulatoires perceptivomoteurs (portant sur l'espace, le temps, le rythme, la coordination motrice, la dominance latérale) et les préalables aux apprentissages scolaires (écriture, lecture, mathématique) (Rigal, 1976). Par des manipulations appropriées se construisent des structures abstraites par intériorisation des résultats des actions, en réfléchissant sur leur déroulement et sur leur produit ; la médiation de la réflexion est nécessaire. Il ne s'agit pas uniquement de faire ou de dire ce qui a été fait pour comprendre, mais il faut encore réfléchir pour intégrer le nouveau au déjà connu, pour intérioriser les résultats des actions sur le plan cognitif. L'enfant a beau écraser l'une des deux boules identiques de pâte à modeler, il ne conclura pas automatiquement à la conservation de matière tant qu'il n'aura pas transcendé les perceptions immédiates pour tenir compte de plusieurs facteurs simultanément. L'expérience concrète ne débouche sur l'abstraction que dans la mesure où son résultat est confronté à la réflexion, à ce qui est déjà connu et où le sujet dispose des structures cognitives appropriées.

La construction de ces structures cognitives s'appuie sur des composantes biologiques et sociales. Les premières concernent l'organisation et la maturation du système nerveux dont l'évolution rend possible l'élargissement des fonctions cognitives et motrices visible dans les actions du sujet qui réunit, regroupe, sépare, classe, distribue des objets. Les secondes portent sur les effets de l'environnement social dans l'actualisation et le renforcement des possibilités cognitives grâce au langage et aux fonctions symboliques.

Les **fonctions cognitives** nous permettent de réfléchir ou d'agir dans un contexte particulier, d'acquérir un comportement ou des connaissances. Elles incluent, par exemple : l'intelligence, l'organisation perceptive, l'intégration intersensorielle, l'attention sélective, la mémoire, le langage, la pensée, l'organisation spatiale, l'organisation temporelle auxquelles s'ajoutent, parfois, la dominance latérale et le schéma corporel bien que ces deux éléments ne constituent pas, à proprement parler, des fonctions cognitives. L'idée qui a largement prévalu dans le contexte de la psychomotricité, et qui en a constitué la raison d'être, est qu'un bon développement de ces fonctions constitue un préalable aux apprentissages scolaires et que de leur maîtrise dépend la réussite en lecture, écriture et mathématiques. Il faut donc les travailler pour faciliter l'acquisition des connaissances associées à l'apprentissage considéré ; l'immaturité de l'enfant peut être cause de retard intellectuel mais agir aussi sur les autres éléments fonctionnels. Les programmes de développement des fonctions perceptives et de leur évaluation (Frostig, 1963 ; Bender, 1946 ; Santucci et Pêcheux, 1979), caractéristiques de l'approche éducative, se sont largement appuyés sur cette croyance jusqu'à ce que l'évaluation de leur impact les ait remis en question (Kavale, 1984 ; Kavale et Mattson, 1983).

L'éducation psychomotrice est largement répandue dans le domaine scolaire, en particulier, où elle est synonyme d'éducation perceptivomotrice, visant l'intégration des fonctions motrices et mentales sous l'effet conjugué du développement du système nerveux (maturation) et de l'éducation (environnement). Pour acquérir les notions de lourd-léger ou celle de densité, par exemple, il suffit de soupeser dans les mains des objets de volumes et de masses différentes : les variations des forces des contractions musculaires nécessaires à leur soutien (les muscles étant en effet autant récepteurs sensoriels qu'effecteurs moteurs) et vécues par l'enfant lui feront directement comprendre ces concepts. **Perception, action et représentation** constituent la trilogie insécable de l'éducation psychomotrice (Bertenthal, 1996 ; Bushnell et Boudreau, 1993). Cela ne veut pas du tout dire que la motricité augmente l'intelligence de l'enfant ; c'est l'action motrice qui en actualise le potentiel. Il s'agit en fait de profiter de mises en situation concrètes pour faciliter l'acquisition ou vérifier la compréhension de notions préalables ou non aux apprentissages scolaires par des stimulations sensorielles et motrices (Lapierre et Aucouturier, 1974 ; Le Boulch, 1972 ; Picq et Vayer, 1984). Ces notions, dont la liste est davantage consacrée par l'usage que par un rationnel « logique », portent sur le schéma corporel, la latéralité, la coordination motrice, qu'elle soit de nature globale ou fine (composantes de l'éducation motrice) et sur l'organisation spatiale, l'organisation temporelle, la perception des contrastes, l'expression-communication (composantes de l'éducation psychomotrice). Elles sont cruciales pour la mise en place d'une relation au monde adéquate et font l'objet d'exercices systématisés, que ce soit en classe ou au gymnase, en particulier au cours des premières années de la scolarisation, jusqu'aux environs de huit ou neuf ans.

Le **schéma corporel** représente l'une des pierres angulaires de la psychomotricité. C'est une construction anatomophysiologique, neurologique et psychologique, la représentation corticale du corps, comportant des aspects inconscients et d'autres conscients. C'est le corps connu, vécu et utilisé qui inclut la connaissance et l'identification du corps (prise de conscience de son corps et de ses parties, de leur nom et de leur localisation les unes par rapport aux autres), son utilisation (coordination motrice et maîtrise du geste) et sa représentation (mentale, graphique), la maîtrise de l'une d'elles ne garantissant pas celle des autres. La conscience du corps se construit par la peau et les sensations tactiles, départs de l'organisation corticale de ses caractéristiques fonctionnelles. Elle se structure progressivement et constamment tout au long de la vie, en particulier pour la coordination motrice, en fonction de nos expériences motrices et de l'apprentissage qui en résulte. Le corps révèle lentement la limite moi/non-moi, et les oppositions dedans/dehors, haut/bas, devant/derrière, droite/gauche ; il permet aussi d'établir la dissociation corps réel/corps imaginaire. Enfin, c'est par lui que nous nous approprions l'espace qui nous entoure et prenons conscience de l'organisation du temps dont l'esquisse première apparaît avec la satisfaction des besoins physiologiques.

Les exercices que l'on retrouve lors d'une séance d'éducation psychomotrice ou de psychomotricité portent ainsi, de façon historique, sur :

- le schéma corporel (déplacements du corps, coordination motrice globale ou fine, relaxation du tonus musculaire et détente corporelle) ;
- la latéralité ;
- la structuration spatiale (organisation de l'espace, orientation droite-gauche) ;
- la structuration temporelle (rythme, vitesses lente ou rapide) ;
- l'acquisition de concepts par l'utilisation des actions motrices.

On voit bien, sur cette liste, le chevauchement entre l'éducation motrice (les deux premiers points) et l'éducation psychomotrice (les trois derniers points).

Dans le cadre de l'éducation psychomotrice, la détente (relaxation) est davantage basée sur l'eutonie (Alexander, 1981), recherche d'un tonus équilibré au repos ou dans l'action. Elle permet au sujet de prendre conscience de son corps (zones de tensions et alternances contractions-relâchement) par des inductions verbales ou tactiles et d'établir le tonus approprié à chacune des différentes positions en modulant les tensions musculaires. L'attention de l'enfant est attirée sur les zones de tensions à partir des positions de contrôle, du toucher, de la pression et de l'étirement, du déplacement passif des bras et jambes (Chenard, 1987). L'enfant peut prendre la position allongée lui convenant le mieux (sans que ce soit forcément la position sur le dos, jambes allongées, bras sur le côté), garder les yeux ouverts si nécessaire ; l'enseignant parle lentement, d'une voix douce et, si l'enfant s'endort, il le réveille doucement. La relaxation peut aussi être proposée, en rééducation ou en thérapie pour des troubles psychoaffectifs (instabilité, irritabilité, timidité) ou émotionnels (tics, bégaiement, impulsivité) (Hissard, 1988).

L'organisation de la séance d'éducation motrice permet aux enfants d'agir puis d'expliquer leur vécu, de le verbaliser pour enfin le représenter.

3.3. La thérapie psychomotrice

Dernière née de la trilogie psychomotrice, la thérapie psychomotrice (psychothérapie corporelle) marque une rupture avec les fondements plus traditionnels de la psychomotricité, qu'il s'agisse de ceux de nature neuromotrice ou psychologique basés sur les techniques du savoir-faire ou de ceux associés au développement de l'intelligence, pour glisser vers la psychanalyse et le savoir-être. Par le corps en mouvement, elle touche toutes les facettes de la personnalité (Bucher, 1980). Ce ne sont plus les structures qui sont ici mises en cause mais leurs fonctions, perturbées par des troubles variés de la relation de la personne avec son milieu intérieur, physique ou social. Les causes des retards de maturation seraient ici imputables à la déficience des relations du sujet avec les autres, qu'il s'agisse des parents ou d'autres personnes, le tout agissant sur la conscience de soi (l'image du corps) et l'estime de soi. L'**image du corps** se distingue du schéma corporel qui lui sert toutefois d'ancrage : c'est le corps vécu, accepté, apprécié ou non. Elle représente la perception imaginaire de notre corps et la synthèse de nos expériences libidinales et émotionnelles, de nos désirs (Dolto, 1984), dans laquelle nous nous projetons inconsciemment, en particulier dans l'expression corporelle, et qui témoigne du degré de confiance que nous avons en nous. C'est cette image du corps qui se structure dans nos relations de communication avec les autres (positives ou négatives, comme dans les frustrations et les interdictions) et qui se révèle dans le dialogue analytique en psychanalyse. Telle personne se sentant bien, seule, peut se sentir écrasée ou diminuée en présence d'une autre personne. C'est aussi cette image du corps, la source de nos désirs et de nos fantasmes, qui subit des altérations à la puberté avec la métamorphose corporelle et le « mal-être » de l'adolescent dans la gestion des pulsions. La non-habitation du corps transparaît dans les cas d'autisme ou les psychoses. Le schéma corporel serait ainsi de l'ordre du besoin (le corps utilisé, habile), associé à l'accouchement et à notre naissance physique; l'image du corps serait de l'ordre du désir (j'accepte et j'apprécie ou non mon corps), associée au sevrage et à la naissance psychique. Les métamorphoses physiques du corps (en particulier à l'adolescence) peuvent déboucher sur une image du corps négative (transsexualité, pulsions, anorexie, boulimie); «je ne veux plus être ou habiter mon corps». Elle peut déboucher sur une faible estime et confiance en soi, manifestes dans des expressions comme: «je ne suis pas beau; je suis moche; je rate tout; je ne suis pas bon; je n'arriverai jamais à le faire; je suis un pauvre type; je n'ai pas de volonté, de force; je n'ai aucun talent; personne ne m'aime et je déçois tout le monde».

Le corps sert d'abord, ici, de révélateur des «**relations**» avec soi, les autres et l'environnement, assurant la liaison en fonction des affects, de l'inconscient, des émotions. Les difficultés relationnelles, qualifiées de troubles psychomoteurs, résultent, aussi bien qu'elles le révèlent, de notre vécu inconscient tributaire des interdits sociaux, des refoulements associés et des répressions concomitantes (Ajuriaguerra, 1962; 1977). Le défi de la thérapie psychomotrice est de concilier le «verbal» de la psychanalyse au «moteur» de la thérapie, l'expression verbale à l'expression corporelle. Convient-il «d'agir» l'inconscient ou simplement de le verbaliser, le thérapeute devant, dans les deux cas, en révéler et comprendre le sens? Il s'agit d'observer puis d'interpréter le vécu corporel, tonique aussi bien que cinétique, du sujet mis en situation d'action par le thérapeute, observation et interprétation dans lesquelles intervient évidemment l'être du thérapeute avec ses forces et ses faiblesses.

Le corps sert d'interface entre notre être profond et ses pulsions, que nous voudrions dominer, ou du moins dissimuler (sans le corps, la psychanalyse n'aurait jamais vu le jour!) et le monde extérieur, trahissant nos faiblesses ou nos failles comme dans les raidissements ou tremblements, pâleurs ou rougeurs, sueurs ou frissons, bégaiements lors de situations émotives chargées. C'est par la réappropriation du corps éclaté par son sujet que le psychothérapeute espère le ramener à des relations positives avec lui-même et son environnement, comme chez les sujets souffrant d'autisme ou de psychoses, de dépression, d'anxiété ou de phobies, par exemple. On retrouve, dans l'autisme, des altérations majeures des interactions sociales et de la communication, des comportements stéréotypés et répétitifs ainsi qu'un possible retard du développement psychomoteur (DSM-IV, 2004) ou des performances très variables d'une composante à l'autre du comportement (Laxer, 1997). Ces composantes touchent non seulement le domaine moteur, où la motricité globale aussi bien que fine doivent faire l'objet de séances répétées pour les déplacements ou pour la saisie et le relâchement lent des objets (persistance de l'agrippement), mais également le domaine sensoriel avec absence fréquente de douleur ou présence d'hypersensibilité cutanée.

Les relations globales de la personne avec son environnement sont ici atteintes : le sujet est plus ou moins déconnecté de son milieu, pour des raisons propres à chacun, ce qui perturbe par le fait même sa relation au monde ; le contexte général dans lequel elle évolue doit être pris en considération (Richard et Rubio, 1995). Il faut rétablir la communication du sujet avec lui-même puis avec le monde (Aucouturier, Darrault et Empinet, 1984 ; Bergès et Bounes, 1996 ; Lapierre et Aucouturier, 1982), le ramener de « son monde » « au monde », ce qui suppose un diagnostic complet du comportement de la personne sous ses dimensions neurologique, psychologique et sociale. Il est essentiel, pour espérer une évolution positive du traitement, d'accéder aux problèmes relationnels à la source de ses difficultés et de reconstruire ses fonctions adaptatives déficientes (communication et expression), dysfonctions de sa vie psychique se manifestant dans sa motricité.

La thérapie, à perspective curative et conduite, le plus souvent, sous forme individuelle par une médiation corporelle (psychothérapie corporelle où l'activité motrice est largement symbolique : mime de l'agression de l'autre, utilisation du ballon ou de l'eau pour établir le contact relationnel, position fœtale sous une couverture pour « re-naître », autant de régressions progressistes), vise le rétablissement de la relation avec soi (corps-psyché ; corps réel-corps imaginaire). Elle vise aussi le rétablissement de la relation avec le milieu physique et social, en prenant en considération l'histoire personnelle de l'individu, d'où l'association à la psychiatrie, à la psychanalyse et à la thérapie corporelle (Ajuriaguerra, 1977 ; Contant et Calza, 1994 ; Lapierre et Aucouturier, 1982). Font, par exemple, partie de ce domaine, les troubles psychiques (autisme, psychoses) ou de l'image du corps, l'anorexie et la boulimie, les tics. Le vécu du pseudo-imaginaire et sa résolution assurent la transition vers le réel maîtrisé et accepté. La médiation corporelle peut être rassurante (s'appuyer sur le thérapeute lors d'un déséquilibre en acceptant le contact de l'autre) ou angoissante (contact cutané chez l'autiste qui refuse en partant toute forme de contact). Dans le *holding* moteur (enveloppement ou maintien) thérapeutique (auquel Winnicott, 1992, adjoint la manipulation du bébé [*handling*] et sa prise en charge pour la satisfaction de ses besoins [*taking care*]), les parents sont amenés à maintenir physiquement leur enfant, à l'étreindre, pour essayer de rétablir le contact, visuel par le regard, relationnel par le sourire ou la main tendue. Ce même *holding* moteur permet au thérapeute de proposer des situations relationnelles au sujet mettant en jeu leurs corps (porter, pousser, toucher, saisir, balancer, vibrer, palper, bouger, faire rouler une balle sur le dos, etc.) afin de stimuler ses systèmes sensoriels tactile et proprioceptif qui donnent au corps son existence, ses limites corporelles en particulier chez les autistes et les psychotiques, point de départ d'une acceptation du toucher thérapeutique de l'autre.

Les séances thérapeutiques incluent des jeux libres, d'expression et de communication, la relaxation, des interactions avec l'autre, le thérapeute ou le rééducateur, et se fondent sur la permissivité, l'écoute, l'observation, le dialogue avec l'enfant, le regard, l'établissement d'une relation passant par le contact direct ou par l'intermédiaire de ballons ou de matériel divers. La qualité de la relation sujet-thérapeute détermine en grande partie la dynamique et les résultats de la thérapie, à laquelle peuvent être associés les parents dans une approche systémique. Aussi important que le savoir-faire du thérapeute compte son savoir-être, sa maîtrise de soi. C'est certainement dans ce domaine que nous assistons à la plus grande dérive dans le domaine de la psychomotricité puisque le thérapeute y profite de sa relation avec le patient pour s'observer agir (et qui sait, se comprendre lui-même!). Ce qui est nouveau, dans cette approche de la psychomotricité, c'est l'importance de l'interaction réciproque entre le thérapeute et le patient, au cours de laquelle s'affrontent leurs deux inconscients et où, d'une certaine façon, le comportement du thérapeute sert de modèle au patient. La relation enfant-thérapeute, par sa dimension affective, détermine la dynamique et le succès de la cure; est ainsi soulignée l'importance non directive et créatrice de Rogers (1968, 1971). Rétablir la confiance en soi par le succès dans les activités proposées reste l'objectif à atteindre pour toute thérapie et rééducation.

Différentes approches thérapeutiques s'offrent alors au psychothérapeute comme la relaxation psychothérapeutique, l'eutonie, la kinésithérapie relationnelle, la musicothérapie, la rythmique, la thérapie par la danse, l'expression corporelle (Richard et Rubio, 1995). La relaxation à médiation corporelle, largement utilisée (Hissard, 1988) et accompagnée d'une prise de conscience de la respiration (Bergès et Bounes, 1996), ne vise plus le contrôle neuromusculaire du tonus mais une façon d'être présent au monde, d'interagir avec les autres, permettant de vivre le sensuel et l'affectif; elle ouvre la voie de l'inconscient et de l'image du corps en dévoilant d'abord les tensions imprégnées dans le corps pour essayer d'en comprendre ensuite les raisons. Il en résultera une intervention du thérapeute en psychomotricité sous la direction d'un psychiatre. Par l'évocation d'images ou de situations associées au plaisir du corps, la dénomination de parties du corps à l'origine de tensions, le thérapeute va chercher chez le patient des souvenirs liés à des conflits ou à des situations: par le corps, il accède au mental qui, alors, se révèle (Reich, 1982). Mais le psychothérapeute n'interprétera pas, il laissera seulement, par sa permissivité, le sujet se révéler à lui-même par la relaxation ou d'autres thérapies corporelles et le langage, l'invitant à l'occasion à «exprimer l'expression», à verbaliser son vécu; peut-on, par contre, laisser simplement s'exprimer l'inconscient sans l'interpréter par manque de formation appropriée?

Longue est la liste des troubles sur lesquels les relaxations seront appliquées: les troubles émotionnels (bégaiement, tics, énurésie), scolaires (dysgraphies, dyslexie), psychoaffectifs (oppositions, instabilité, terreurs nocturnes, impulsivité), neuromoteurs (tensions, paratonies, crampes lors de l'écriture). L'apparition de troubles du tonus est en effet un symptôme qui révèle d'abord l'histoire de la personne et sa difficulté d'être liée à des conflits, des oppositions, du stress, de l'agressivité refoulée, des pulsions insatisfaites, de l'insécurité; ces troubles indiquent également la difficulté d'accès au plaisir, les désirs étant socialement réprimés.

Le thérapeute n'est pas neutre dans sa relation avec le patient. Il arrive aussi avec ses émotions qui interfèrent avec son comportement et il doit analyser ses propres réactions pour établir la relation la plus positive possible avec le sujet. C'est une forme de contre-transfert émotionnel, actualisation présente d'événements anciens, induit par le transfert sujet-thérapeute (Calza et Contant, 1999). En évacuant ses tensions musculaires sous l'égide du thérapeute, le sujet libérerait le blocage de sa libido et retrouverait l'accès à lui-même.

4. CONCLUSION

Si l'unité bio-psycho-sociale de la personne constitue l'élément unificateur de la psychomotricité, l'éclatement de cette dernière est à mettre sur le compte de la diversité des difficultés psychomotrices de formation personnelle et d'intégration sociale ainsi que sur celui des techniques utilisées. S'agit-il, à vrai dire, de l'éclatement de la psychomotricité? Non car, au fond, il n'y a jamais eu «une psychomotricité». Le même terme, qui caractérise globalement l'interrelation entre les fonctions mentales et motrices du comportement, s'applique aussi bien au développement cognitivomoteur de l'enfant (l'éducation psychomotrice) qu'aux troubles d'apprentissage (la rééducation psychomotrice) ou aux interactions avec les autres (la thérapie psychomotrice). L'unicité psychomotrice restera une belle utopie.

5. QUESTIONS

J'évalue mes connaissances en répondant aux questions suivantes:

5.1. Quel postulat est à la base de la psychomotricité?

5.2. Qu'a d'abord désigné le terme «psychomoteur»? Qu'a-t-il ensuite désigné?

5..3. Quelles sciences fondent la psychomotricité? Quels sont ses domaines d'intervention?

5.4. Qu'est-ce qui caractérise la rééducation psychomotrice? Qu'appelle-t-on trouble psychomoteur? trouble instrumental? trouble fonctionnel? trouble socioaffectif?

5.5. Qu'est-ce qui caractérise l'éducation psychomotrice? Comment évoluent les fonctions cognitives?

5.6. Que représente le schéma corporel?

5.7. Qu'est-ce qui caractérise la thérapie psychomotrice? Quelles en sont les différentes composantes?

5.8. Comment différencier schéma coporel et image du corps?

ANNEXE

ÉLÉMENTS DU BILAN PSYCHOMOTEUR

(D'après Bucher, 1976, 2004.)

1) DONNÉES GÉNÉRALES ET ÉVOLUTIVES
   RÉSULTATS DE DIVERS EXAMENS

2) HABILETÉ MANUELLE
   - PERLES : ENFILAGE AVEC OU SANS CHOIX DES COULEURS
   - BOULONS : (ÉPREUVES BIMANUELLES)

3) CONTRÔLE POSTURAL ET ÉQUILIBRE STATIQUE
   - IMMOBILITÉ (AVEC FERMETURE DES YEUX)
   - POUSSÉE (RÉSISTER À LA POUSSÉE DONNÉE PAR L'EXPÉRIMENTATEUR)
   - ÉQUILIBRE SUR UN PIED
   - ÉQUILIBRE SUR LA POINTE DES PIEDS

4) ÉQUILIBRE DYNAMIQUE
   - MARCHE (COORDINATION DES MOUVEMENTS, AISANCE, SOUPLESSE, RAIDEUR, GÊNE...)
   - COURSE (COORDINATION, EXÉCUTION, AMPLITUDE)
   - SAUT (COORDINATION, CHOIX DU PIED)

5) COORDINATIONS
   - FACIALE (BILATÉRALE : SOURCILS, PAUPIÈRES ; UNILATÉRALE : GONFLER UNE JOUE, FERMER UN ŒIL)
   - GÉNÉRALE :
     - DIADOCOCINÉSIES (MARIONNETTES) ;
     - MOUVEMENTS COMBINÉS DES MEMBRES (MAIN ÉPAULE, L'AUTRE BRAS ÉTENDU HORIZONTALEMENT PUIS INVERSER RAPIDEMENT)
   - DÉLIEMENT DIGITAL (TOUCHER LE POUCE AVEC CHAQUE AUTRE DOIGT, PIANOTAGE).

6) SYNCINÉSIES
   - MOUVEMENTS FINS DES DOIGTS (PICHENETTES)
   - MARIONNETTES ; PIEDS MAINS ; OROCHIRALES

7) LATÉRALITÉ
   - MAIN (PRAXIES, POINTILLAGE)
   - ŒIL (SIGHTING, VISÉE)
   - PIED (STATIQUE, DYNAMIQUE)

8) TONUS ET RELAXATION
   - PASSIVITÉ (BALLANT, CHUTE, FLEXION PASSIVE)
   - RELAXATION (MEMBRES SUPÉRIEURS ET INFÉRIEURS, TRONC)
   - EXTENSIBILITÉ (MEMBRES SUPÉRIEURS ET INFÉRIEURS) (VÉRIFIER LES PARATONIES) HYPERLAXITÉ OU INÉGALITÉ D'EXTENSIBILITÉ ENTRE LES DEUX HÉMICORPS

9) ÉCRITURE GRAPHISME
   - PHRASE SPONTANÉE
   - GRAPHISME

10) STRUCTURATION TEMPORO-SPATIALE
   - SPATIALISATION (DESSINS AVEC OU SANS MODÈLE, ÉPREUVES D'ORGANISATION PERCEPTIVE DE BENDER).
   - RYTHME (STAMBAK)
   - ORIENTATION (DROITE GAUCHE : SOI, AUTRUI, OBJETS, RÉVERSIBILITÉ)
   - IMITATION DE GESTES SANS SIGNIFICATION (BRAS, MAINS, MAINS ET DOIGTS)

CHAPITRE 7

LES ACTIONS MOTRICES ET LES FONCTIONS COGNITIVES : L'ÉDUCATION PAR L'ACTION MOTRICE

OBJECTIFS

À la fin de ce chapitre, vous devriez être en mesure de :

- préciser les caractéristiques des stades de développement de l'intelligence ;
- décrire les interactions entre les actions motrices et l'acquisition de connaissances ;
- connaître les différentes formes de manipulation ;
- expliquer le passage de la manipulation à l'abstraction ;
- différencier les types d'abstraction et leurs étapes ;
- saisir les interactions entre la perception, l'action, la représentation et la cognition ;
- caractériser la représentation ;
- indiquer les préalables aux apprentissages scolaires et montrer leur importance.

1. INTRODUCTION

L'action motrice agit simultanément sur deux processus complémentaires : celui des progrès des fonctions mentales et intellectuelles et celui de la facilitation des apprentissages. Dans le premier cas, il s'agit de préciser en quoi l'action motrice et son résultat contribuent à la compréhension des rapports existant entre les divers éléments de l'environnement, donc de décrire comment ils peuvent influer sur le mode d'accession à l'abstraction et aux connaissances. Dans le deuxième cas, l'action motrice devient un moyen pédagogique qui procure des sensations ou des résultats concrets, tangibles et qui fait partie des méthodes d'apprentissage sollicitant la participation active de l'écolier, alors considéré comme responsable de sa propre formation. Elle se dissocie du mouvement en ce qu'elle comporte une intention, un objectif, l'anticipation d'un résultat liant le sujet et l'objet, et n'est pas que la simple réaction à une stimulation. Dans un premier temps, l'action est concrète, directe, première, puis elle transforme les objets et révèle leurs propriétés d'où émerge la pensée, abstraite et seconde. En nous appuyant sur les fondements psychogénétiques de l'évolution des fonctions cognitives chez l'enfant, nous tenterons, dans ce chapitre, de cerner comment les actions motrices influencent le passage du concret à l'abstrait et interviennent dans les différents apprentissages scolaires : **agir, c'est comprendre et apprendre**. Addition et soustraction sont d'abord des actions motrices, bien avant d'être des opérations arithmétiques.

2. LES FONDEMENTS PSYCHOGÉNÉTIQUES

L'intelligence se développe et se manifeste par les actions motrices et leurs conséquences. Elle devient visible lorsque, par une forme quelconque de raisonnement, le bébé, dans un contexte donné, trouve une solution qui ne se trouvait pas dans les données perceptives. Il voit la balle, le fauteuil, le bâton : c'est le perceptif, et il pourrait en rester là. Mais il utilise le bâton pour aller chercher la balle sous le fauteuil : c'est le raisonnement intelligent. Les connaissances s'acquièrent et se transforment au fur et à mesure que l'enfant agit dans le milieu et interagit avec lui.

2.1. Les stades de développement : Piaget

Le développement cognitif des enfants est, dans une large mesure, lié à leur âge physiologique et à leur degré de maturation. Ces acquisitions s'appuient sur la maturation nerveuse, l'expérience active et les interactions avec le milieu. Des étapes ou stades peuvent être mis en évidence dans cette évolution. Un **stade** correspond à une étape caractéristique du développement, intégrant la précédente et préparant la suivante, au cours de laquelle se manifestent ou s'acquièrent des comportements (moteurs, cognitifs ou affectifs) particuliers communs à des enfants d'un âge donné. Les stades se suivent dans un ordre irréversible, chacun représentant une extension intégratrice des stades précédents et leurs limites peuvent varier d'un enfant à l'autre. Les âges correspondant aux limites ne peuvent plus être retenus que dans leurs grandes lignes, les enfants réussissant en effet des opérations au stade préopératoire dans des conditions adaptées : ils peuvent être « opératoires » pour certains problèmes et « non opératoires » pour d'autres. Les comportements demeurent malgré tout caractéristiques de l'évolution décrite. La trilogie perception-action, représentation et opération, et surtout leurs interactions, d'abord illustrées par les travaux de Piaget, doivent être revues à la lumière de données expérimentales plus récentes (Bertenthal, 1996) dont il ressort que les possibilités cognitives des enfants seraient plus précoces et plus complexes qu'admis antérieurement.

Piaget a proposé, et fait ressortir, que la connaissance se construisait dans l'interaction entre les actions du sujet et le milieu dans un double objectif d'organisation et d'adaptation ; elle n'est pas la simple somme d'éléments externes ingérés par le sujet. L'organisation des conduites assure l'adaptation de l'organisme au milieu dans un processus permanent d'équilibration, ajustement dynamique du développement. Pour connaître, il faut donc agir dans le milieu, faire des opérations, nous approprier l'objet en le manipulant : la connaissance naît de l'action. Ainsi se construisent les schèmes d'action, parties d'une conduite transférables dans des situations distinctes sollicitant une action commune. C'est toute l'originalité de la psychologie de l'intelligence piagétienne dont les fondements ont été largement appliqués à l'éducation. La richesse des schèmes détermine en quelque sorte les structures cognitives de l'enfant avec lesquelles il appréhende le monde qui l'entoure. Il s'établit un double processus d'**assimilation** (captage et appropriation des informations venant du milieu extérieur pour les intégrer à celles déjà maîtrisées) et d'**accommodation** (ajustement de l'organisme au milieu par la formation de nouveaux schèmes, par exemple, la modification de sa façon de voir pour l'adapter à la réalité). L'enfant qui n'a jamais saisi un hochet doit accommoder son geste à la forme du hochet, tout en bénéficiant des expériences antérieures de saisies diverses, preuve d'assimilation.

L'évolution de la pensée enfantine, son développement et l'acquisition des connaissances (objets d'étude de l'épistémologie génétique) peuvent être divisés, selon Piaget, en quatre grands stades successifs. Il s'agit des **stades** : **sensorimoteur** (de la naissance à 18 mois à 2 ans), **préopératoire** (de 2 à 7 ans), **opératoire concret** (de 7 à 11 ans) et **formel** (de 11 à 16 ans) avec des changements importants vers 2 ans, 7 ans et 11 ans (figure 7.1) (Piaget, 1948, 1950, 1983 ; Inhelder et Piaget, 1955).

Au cours du stade sensorimoteur, l'enfant, ne disposant que d'une fonction symbolique embryonnaire, vit dans l'instant, dans l'action directe sur la réalité (perception-action). Il apprend par ses sens et ses activités motrices, les deux évoluant avec la maturation des structures nerveuses. Après le premier mois de la vie, au cours duquel ce sont essentiellement les réflexes qui priment, apparaissent des comportements cycliques : les **réactions circulaires**. Elles consistent au départ en un geste simple (centré sur le corps de l'enfant) produisant une sensation agréable et qui sera reproduit (sucer le pouce par exemple). Viennent ensuite, vers la fin de la première année, des comportements de cause à effet : dans ces cas, une action est reproduite intentionnellement pour obtenir quelque chose d'extérieur au corps (babiller pour que l'adulte sourie). Vers un an, l'enfant joue presque tout le temps : il explore et manipule les objets grâce à sa motricité globale (il maîtrise de mieux en mieux ses déplacements) et à sa motricité fine (la manipulation se raffine). Il exploite ses schèmes sensorimoteurs : il déplace les objets, les frappe, les secoue, les empile, les porte à sa bouche, etc. Il apprend à connaître les propriétés des objets et ce qu'il peut faire avec eux (certains se cassent, d'autres rebondissent, font du bruit, roulent, s'empilent, etc.). Au cours de la deuxième année, l'enfant essaie de reproduire un événement apparu de façon fortuite (après avoir marché sur le canard en peluche qui a fait un bruit, il essaie de le presser avec les mains pour entendre à nouveau le bruit). Apparaissent aussi, à la fin de la deuxième année, les combinaisons mentales et la représentation, éléments de la pensée symbolique : l'enfant imagine l'action avant de la réaliser ; c'est aussi le début de l'imitation et des jeux où l'on fait « comme si ». À la fin de cette période, le jeune enfant commence donc à se représenter les actions avant de les faire plutôt que de s'y engager uniquement : il utilisera une tige ou tirera sur la couverture pour approcher un objet de lui s'il ne peut pas l'atteindre directement. Il sait différencier les objets environnants, dont il sait, par ailleurs, qu'ils continuent d'exister bien qu'ils ne soient pas toujours visibles (permanence et conservation des objets) ; il peut donc les retrouver lorsqu'ils sont cachés ou les reconnaître malgré les distorsions perceptives.

FIGURE 7.1
LES STADES DE DÉVELOPPEMENT DE L'INTELLIGENCE

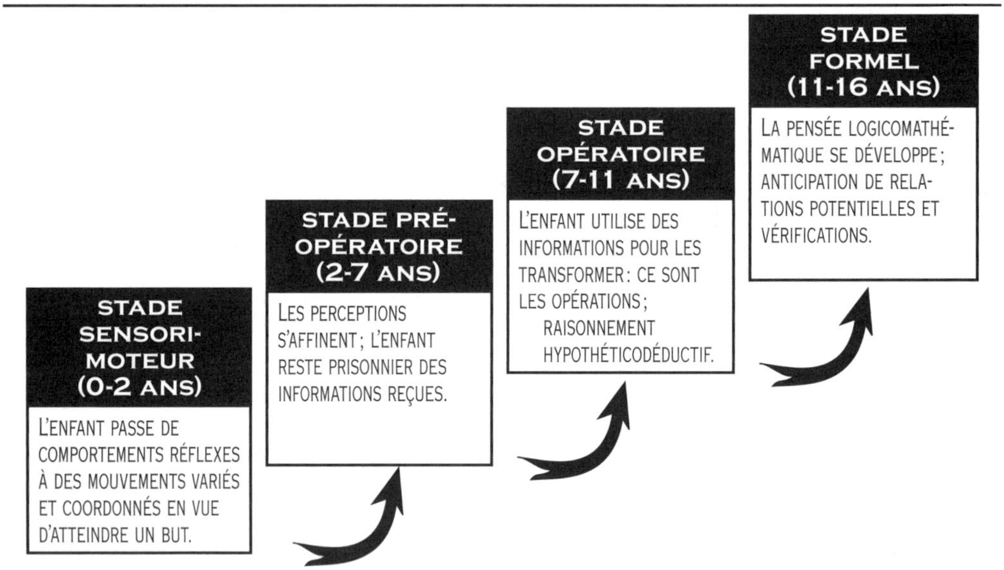

L'originalité des travaux de Diamond (1990a, 1990b, 2000), sur la permanence de l'objet, consiste à relier l'évolution des structures nerveuses, dont le lobe frontal et le cervelet, aux possibilités cognitives et motrices des enfants, en particulier dans les tâches de localisation (A-non-B) et d'atteinte d'objets par inhibition de l'action. Dans le premier cas (Diamond, 1990b), on observe le comportement d'un bébé dans une tâche ancienne bien décrite par Piaget (1950). Devant le bébé de sept mois, assis face à une table comportant deux petits puits ou trous, A et B, et qui regarde ce qui se passe, il s'agit de mettre un jouet dans le trou A puis de recouvrir chaque puits d'un mouchoir (figure 7.2). L'attention du bébé est ensuite distraite de la scène pendant une durée plus ou moins longue (2 à 10 secondes selon l'âge des bébés) après que le jouet a été caché puis le bébé peut retirer le mouchoir pour découvrir l'objet. Quand il est bien familier avec cette tâche, on cache le même objet dans le trou B et on recouvre les deux trous A et B d'un mouchoir. L'enfant, bien que regardant le trou B, enlève d'abord le mouchoir du trou A (figure 7.2). Au fur et à mesure que les bébés vieillissent, le temps d'attente augmente, passant de 2 secondes à sept mois et demi à 10 secondes à douze mois, pour un pourcentage de réussites de 88 %. Cela indique que les enfants de sept mois disposent d'une forme de conscience de la permanence de l'existence de l'objet lorsque celui-ci n'est plus directement perceptible et que la durée de la conservation en mémoire de cette information croît régulièrement.

FIGURE 7.2
LA PERMANENCE DE LA RÉPONSE

(D'après Diamond, 1990b, p. 663.)

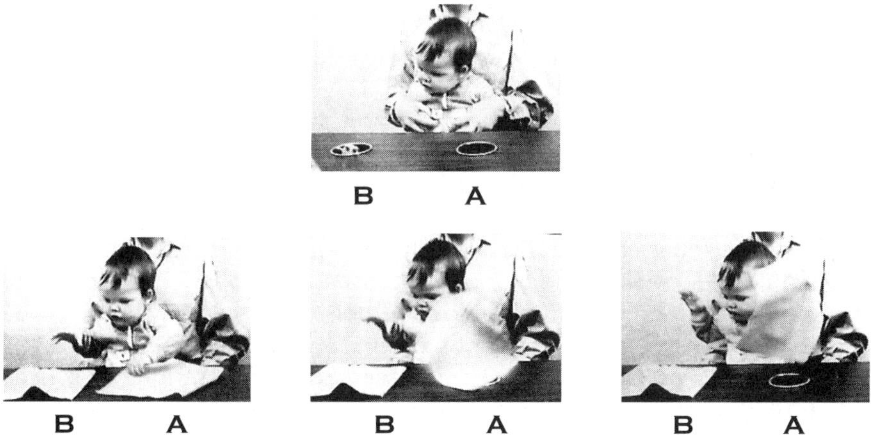

L'enfant a d'abord été habitué à voir cacher puis à trouver le jouet dans le puits A alors qu'un mouchoir était placé sur les deux puits A et B. L'objet est maintenant mis dans le puits B pendant que l'enfant regarde (image du haut). Un mouchoir est mis sur chacun des deux puits et, après trois secondes d'attente, l'enfant est libre de chercher le jouet. Bien qu'il regarde attentivement le puits B, il enlève le mouchoir de A !

D'où provient ce changement dans la connaissance du monde des objets? Diamond (1990, 2000) attribue cette évolution aux changements qui se produisent dans deux structures, le cortex préfrontal dorsolatéral et le cervelet. Le cortex préfrontal dorsolatéral joue un rôle dans la concentration, dans l'inhibition de la tendance à se laisser distraire par une chose ou l'autre apparaissant dans le champ visuel et dans le processus d'inhibition de l'action (un singe adulte dont cette structure corticale est lésée agit comme un bébé singe dont cette structure n'est pas encore développée). Le cervelet, lui, est également actif lors de la résolution de tâches nouvelles ou nécessitant de la concentration. Ces deux structures n'évoluent que très lentement, jusqu'à la fin de l'adolescence, ce qui pourrait expliquer la longue mise en place progressive des structures cognitives. Ce comportement a aussi été bien décrit et analysé par Smith *et al.* (1999) qui voient dans ce retour moteur à A alors que la perception indique B, le produit des processus dirigeant la main dans l'espace, à savoir la nature égocentrée du codage spatial de la localisation, la mémorisation motrice des actions antérieures déviant le geste vers la cible antérieure et le couplage perception-action avec l'absence de cible claire quand les deux trous sont obstrués de façon semblable. Il est tout de même difficile d'envisager, dans une théorie liant perception-action, c'est-à-dire associant le mouvement à la conséquence directe de la perception immédiate, que le mouvement d'atteinte se fasse vers un endroit (soit A) distinct de celui que vient d'indiquer la perception (soit B)!

Au cours du **stade préopératoire** (occupant largement la durée de la maternelle), l'enfant acquiert les fonctions symboliques de représentation de la réalité (et des objets) dont le langage, le jeu symbolique, la verbalisation des rêves, le dessin et l'écriture. Cette période relie le stade de l'action directe et de la recherche de son succès à celui des opérations, formes d'actions intellectuelles internes soutenues par les activités symboliques. S'y manifestent l'apparition du langage, le jeu symbolique, l'imitation différée, la permanence de l'objet, l'intuition, le dessin et la représentation mentale. C'est dire toute l'importance de cette époque préscolaire dans le développement de l'intelligence et des fonctions cognitives. C'est aussi l'âge de l'utilisation des jouets de construction (comme les blocs de bois) et de ceux ayant des roues : les enfants préfèrent pousser que tirer, ce qui leur permet de voir en avant et de guider l'objet, d'exercer leur pouvoir sur lui. L'enfant demeure égocentrique et syncrétique. **Égocentrique**, il n'envisage pas d'autres points de vue que le sien propre : les autres voient ce que, lui, voit, indépendamment de l'endroit où ils se situent. **Syncrétique**, il appréhende de façon globale et indifférenciée le monde qui l'entoure, se fondant sur la perception immédiate plutôt que sur son analyse (j'ai un frère mais mon frère n'en a pas!). Il détermine l'âge des gens d'après leur taille : c'est le plus vieux parce qu'il est plus grand. «J'ai eu plus de temps pour dessiner des traits rapidement que lentement puisque j'en ai fait davantage», même si les durées ont été équivalentes dans les deux cas : il ne tient pas compte de la vitesse, seulement du résultat de l'action.

Bref, il ne considère généralement qu'une seule propriété des objets à la fois, ce qui l'induit en erreur. Le fait qu'il ramène tout à lui l'empêche d'envisager le milieu d'un autre point de vue que le sien et lui bloque toute perspective.

Ne comprenant pas qu'une opération puisse être annulée par l'opération inverse, il ne possède aucune notion de **réversibilité**. Il niera que la quantité de matière se conserve lors de sa partition et que la masse reste identique surtout si sa forme initiale est changée ; le principe de la conservation lui est encore étranger. Plus la hauteur de l'eau dans un verre est grande, plus il y a d'eau même si la section du verre est plus petite ! Cette attitude concrète qui est la sienne alors le soumet aux impressions immédiates reçues de l'objet. Il y a plusieurs lunes puisqu'« elles » ont plusieurs formes. C'est la raison pour laquelle il fera des classements univoques, ne tenant compte que d'un seul critère à la fois : les objets lui apparaissent équivalents dès l'instant où ils partagent une propriété commune.

Au cours du stade des **opérations concrètes** (correspondant globalement aux cycles du primaire), les enfants peuvent se représenter, mentalement, les actions antérieurement réalisées réellement et manipulent de plus en plus facilement les concepts.

C'est à ce stade qu'apparaît le comportement plus structuré évoqué précédemment et qu'apparaissent les images anticipatrices : l'enfant commence à concevoir ou imaginer les effets des transformations, des modifications de forme ou de position. Dans la résolution de problèmes, il ne se contentera plus d'effectuer une série prédéterminée d'opérations : il pourra se représenter la série des étapes avant de les réaliser. Désignant une action tantôt externe, comme la manipulation d'objets, tantôt interne, comme l'activité cognitive de la manipulation intellectuelle de l'information et des symboles, l'**opération** représente un moyen d'intégrer des informations en provenance du monde extérieur et de les appliquer ensuite à la résolution de problèmes. Il s'agit d'un début de pensée abstraite qui se traduit par la possibilité de considérer de nouveaux aspects dans les choses pour les utiliser dans l'établissement de cadres de catégorie distincts et interchangeables. La connaissance s'acquiert par l'intériorisation des actions (moins de dépendance du concret et utilisation accrue des structures cognitives) et leur transformation, lesquelles, mises ensemble, révèlent les **invariants** propres à l'objet puis les **conservations physiques** – le **nombre** (six à sept ans) – la **substance** (sept à huit ans), le **poids**, la **forme** et le **volume** (9 à 10 ans) (voir tableau 9.3) et **spatiales** (la longueur, la surface). Les perceptions qui prédominaient au stade antérieur cèdent progressivement le pas au raisonnement hypothéticodéductif et aux opérations spatiotemporelles et logico-mathémathiques. L'action physique réelle sur les objets, d'abord importante, laisse la place aux activités mentales, les opérations, forme d'actions intériorisées. Dans ses opérations de classification et de sériation, l'enfant tient compte simultanément de plusieurs dimensions (la taille, la forme, la couleur, le poids). L'identité se conserve soit par compensation d'une caractéristique par une autre, soit par inversion de l'action : le poids d'une boule de plasticine reste le même parce qu'on n'y a pas touché (identité), que son aplatissement est compensé par une plus grande superficie (compensation) ou, qu'après l'avoir écrasée, on a reformé la boule initiale (réversibilité). Par décentration, réversibilité, causalité et perspective, s'ébauche la compréhension du phénomène qu'est la conservation de la quantité, du poids et du volume, quelque variables que soient les autres dimensions.

Alors qu'au stade préopératoire la couleur est plus prégnante que la forme parmi les critères de classification (sauf s'il s'agit de formes familières non abstraites), cette dernière devient au stade opératoire l'élément privilégié, les associations fonctionnelles (regrouper des objets utilisés ensemble) s'établissant encore plus tard. On s'en rendra compte par la présentation à des enfants d'objets différant par leur forme (un cercle, un carré, un triangle), leur couleur (rouge, bleu, jaune) et leur taille (grand, moyen, petit). Deux objets possédant chacun trois de ces caractéristiques sont ainsi placés devant un enfant qui doit trouver le troisième objet de la série (ex. : un petit triangle rouge – un moyen triangle rouge – un grand triangle rouge). (Voir Vincent, 1956 ; figure 7.3.) Dans une première série d'exercices, la forme et la taille sont semblables alors que les couleurs varient (un grand carré rouge – un grand carré bleu) ; dans une deuxième, la forme et la couleur donnent les ressemblances (un grand cercle bleu – un petit cercle bleu). Les séries les plus faciles à compléter sont celles qui comportent au départ la forme. C'est elle en effet qui définit l'objet et lui confère son identité, tandis que la couleur (absolue) et la taille (relative) le qualifient.

Au cours du stade de l'**intelligence formelle** (correspondant au secondaire), les enfants émettent des hypothèses qu'ils vérifient, réfléchissent sur leur propre pensée, se construisent des idéaux. Ce stade se caractérise par la diminution de l'importance du réel au profit de l'activité mentale ; la pensée hypothéticodéductive, logicomathématique et scientifique se renforce avec toutes les joutes intellectuelles qu'elle permet, dont les hypothèses, les propositions et le raisonnement. L'enfant anticipe et déduit des relations potentielles qu'il peut ensuite vérifier par l'expérimentation. Les énoncés sous forme de propositions remplacent les relations et les classes concrètes antérieures. L'abstraction lui ouvre les portes des grandes théories et il comprend des expressions comme « l'électricité est la houille blanche », « serrés comme des sardines ».

2.2. Les stades de développement : Wallon

Wallon (1957, 1963) envisage le développement de l'enfant dans une approche globale combinant les aspects moteur, affectif et cognitif, la motricité (terme utilisé par Wallon) constituant l'assise du développement de la perception, des émotions, de la pensée puis du langage. Il accentue le rôle des émotions et du tonus musculaire dans les premiers contacts de l'enfant avec le monde, points de départ de son expression et de sa communication avec autrui : le tonus musculaire reflète les émotions du sujet.

FIGURE 7.3
QU'EST-CE QUI VIENT APRÈS ?

Choix des pièces

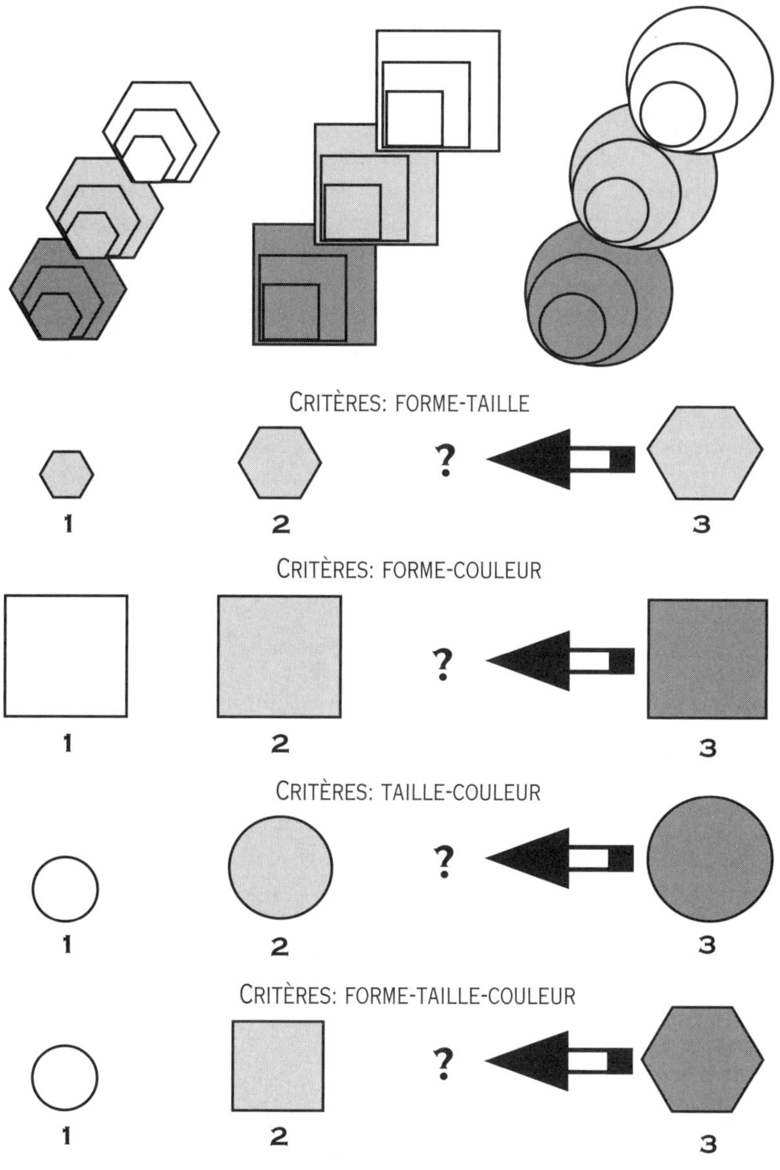

La posture, par exemple, associant tonus et attitudes de la personne, relie mouvement et psychisme, élément fondamental de la psychomotricité. Pour Wallon, les stades illustrent des niveaux séquentiels de conscience où interagissent tonus, posture et attitudes, reflets des sensations intéroceptives, proprioceptives et extéroceptives. Le titre de l'un de ses ouvrages, *De l'acte à la pensée*, révèle bien le rôle qu'il attribue à l'action motrice dans la mise en place des structures cognitives, une structure se concevant comme un ensemble de règles et de transformations sous-tendant le fonctionnement cognitif à un âge donné.

Au cours de la première année, l'impuissance praxique s'accompagne de la puissance affective : l'enfant découvre la puissance de ses pleurs et de ses cris. La symbiose affective mère-enfant tisse la toile de fond du degré de stabilité affective de l'enfant. Les émotions de l'enfant sont détectables dans les variations de son tonus musculaire et déterminent en partie le futur affectif de l'enfant ; c'est ainsi que rage et colère, joie et peur viendront du vécu et des expériences de cet âge. Le début de la deuxième année est une période de métamorphoses comportementales intenses avec l'acquisition de la manipulation, de la marche et des premières étapes du langage. C'est la découverte du monde des objets par leur préhension et leur exploration et le passage des réactions circulaires aux activités intentionnelles d'imitation. La coordination bimanuelle se met en place, différenciant la main de support de celle de manipulation. L'acquisition de la marche donne à l'enfant son autonomie dans les déplacements et l'affranchit par le fait même de la dépendance de ses parents. Les associations intersensorielles se multiplient, ses activités motrices prenant encore une forme prédominante de réaction. L'activité motrice devient ensuite de plus en plus intentionnelle, en particulier entre deux et trois ans. L'action motrice est stimulatrice de l'activité mentale et prépare la conscience de soi. L'objet n'est connu que par l'action que l'on peut avoir sur lui. L'acte accompagne la représentation. L'enfant imite les gestes puis la parole d'autrui, répétant automatiquement les mots de son interlocuteur (écholalie). Ses activités neuromotrices exigent des contrôles très fins évoluant avec l'évolution des structures nerveuses. L'ajustement interactif des perceptions et des mouvements favorise l'évolution de la maladresse vers la coordination motrice. L'imitation se traduit par des jeux de simulacre qui occupent une grande partie de son temps. L'intelligence pratique, praxique, prépare la voie à l'intelligence théorique liée aux symboles et à la représentation ; c'est le passage de l'acte à la pensée. Sa motricité lui fournit le point de départ de son schéma corporel mais aussi de l'image du corps à laquelle son observation dans le miroir contribue. Entre trois et huit ans se situe l'époque de l'acquisition de la conscience de soi (le je) et de l'image de soi avec les oppositions (vers trois ans) et le spectacle qu'il offre à son entourage par les jeux de rôle et la fabulation, associés à la maîtrise motrice. Le mouvement devient gracieux, plus fluide. Vers l'âge de six ans, l'enfant s'individualise nettement avec la scolarisation et il doit s'adapter à différents nouveaux groupes compte tenu de ces échanges sociaux variés. Entre 6 et 10 ans, survient le passage de l'espace concret perceptif à l'espace abstrait virtuel par l'accès à la représentation mentale.

Dans son appréciation de l'évolution de l'enfant, Wallon accentue donc l'importance du développement neuromoteur dont le contrôle de la fonction posturale constitue la pierre angulaire des réactions orientées. L'émotion est la traduction externe de la relation entre la physiologie et la psychologie.

3. ACTIONS MOTRICES ET CONNAISSANCE

Tout au long de l'évolution de l'enfant, la motricité joue un rôle essentiel. Non seulement son action s'exerce-t-elle sur la coordination des activités propres à l'intelligence sensorimotrice, mais aussi sur la croissance des autres aspects de l'intelligence. Elle « intervient à tous les niveaux dans le développement des fonctions cognitives : de la perception aux schèmes sensorimoteurs, de ceux-ci à cette forme d'imitation intériorisée qu'est l'image mentale, des représentations préopératoires aux opérations elles-mêmes. Tous les mécanismes cognitifs reposent sur la motricité ; la connaissance est d'abord une action sur l'objet, et c'est en quoi elle implique en ses racines mêmes une dimension motrice permanente encore représentée aux niveaux les plus élevés » (Piaget, 1956, p. 13). La valeur intellectualisante de la motricité tient à la découverte personnelle, par l'action ou la manipulation, des propriétés des objets (Arnaud, 1983 ; Brief, 1983). Ce n'est donc pas tant la motricité que le **sujet en action** ou **l'action motrice** qui sont importants ; par sa présence consciente et réfléchie dans l'action qu'il construit puis conduit, l'enfant en extrait les applications cognitives. La connaissance ou l'information que nous avons d'une situation détermine notre action qui, à son tour, engendre de nouvelles connaissances fondées sur notre expérience personnelle ; la connaissance du milieu nous parvient par le corps et nous construisons nos connaissances à partir des informations disponibles que nous sélectionnons ou de celles que nous générons par les résultats de nos actions.

L'**éducation par l'action motrice** s'appuie sur les caractéristiques des fonctions cognitives, c'est-à-dire sur la façon dont se construisent les connaissances à partir de l'information captée et traitée et de la représentation mentale du monde acquise par l'expérience. Cette expérience est d'abord et avant tout vécue par le corps et captée par ses différents systèmes sensoriels (visuel, auditif, kinesthésique et somesthésique). Toutes les sensations ne possèdent cependant pas la même importance, et la vision montre rapidement sa suprématie sur le tactile et le kinesthésique ; les échanges intersensoriels favorisent toutefois une meilleure discrimination perceptive au cours de laquelle le corps prend possession de la forme des différents objets, première étape vers la formation des concepts. Progressivement, les nouvelles informations se greffent aux anciennes et les complètent par assimilation. La construction de la réalité indique que les perceptions doivent être analysées et réinterprétées à la lumière de l'évolution des fonctions cognitives, d'hypothèses formulées puis vérifiées. Dans ce cheminement, nous devons nous préoccuper de ce que les enfants connaissent de l'environnement, de ce qu'ils sont capables de faire et du **passage du faire au savoir et vice-versa**. En faisant parler les enfants de leurs sensations et en profitant de l'apport fourni par les autres personnes et les modèles qu'elles donnent, nous pouvons mieux comprendre la manière dont ils acquièrent leurs connaissances, les construisent activement.

Nos actions volontaires ont pour point de départ une forme ou une autre de prise d'information et de perceptions permettant l'ajustement de notre action au contexte et elles deviennent à leur tour source de perceptions. C'est en ce sens qu'il faut définir les activités perceptivomotrices ou practognosiques (action et connaissance), liaisons étroites entre la perception et la motricité, caractéristiques de tous nos comportements volontaires. Les activités visuomanuelles en sont un bon exemple, qui incluent les afférences sensorielles et leur traitement, la préparation de la réponse motrice et sa réalisation, et enfin l'évaluation du résultat. Si toutes les activités motrices volontaires sont de nature perceptivomotrice, il est possible d'envisager la mise en place de programmes perceptivomoteurs particuliers qui améliorent la coordination motrice, point de départ de la construction du schéma corporel, ainsi que de l'organisation spatiale et de l'organisation temporelle, elles aussi parties prenantes de cette coordination. Ces programmes ne remplacent pas les apprentissages eux-mêmes, pas plus d'ailleurs que les programmes de rééducation perceptivomotrice n'éliminent les difficultés d'apprentissage (Kavale et Mattson, 1983), lesquels contribuent néanmoins à l'amélioration générale des capacités fonctionnelles des enfants dans les fonctions cognitives.

4. LA MANIPULATION

La **manipulation** consiste à tenir un objet avec une main ou les deux, à faire quelque chose avec, à le soumettre à une opération. L'accès à la connaissance prend ses racines dans l'action par la manipulation digitale et l'expérimentation, à l'origine des premières formes de représentation ; c'est le faire pour déduire et comprendre. Le vécu corporel sera donc largement utilisé au cours des années préscolaires et des premières années du primaire, d'abord pour vivre les notions et ensuite pour les présenter ou, le cas échéant, pour contribuer à la rééducation. Tout le profit et tout le plaisir de la manipulation viennent de ce que l'enfant manie, expérimente et acquiert lui-même de l'information par l'intermédiaire de ses divers systèmes sensoriels, et non pas de la simple observation des manipulations des autres. L'enfant construit ses connaissances à partir des actions effectuées sur les objets pour en déterminer les caractéristiques (poids, forme, taille, fragilité, « contenant », etc.) généralisables par comparaison.

Lorsqu'il doit vérifier si deux images ou deux collections A et B sont ou non identiques, l'enfant fait des **comparaisons** et il transporte son regard d'un élément de A à l'élément correspondant de B ; il revient ensuite à A, choisit un nouvel élément, puis va le rechercher dans B, s'appuyant ainsi sur une relation univoque où, à chaque élément de A, correspond un élément de B. Mais il peut aussi s'appuyer sur une relation biunivoque : à un élément d'un ensemble correspond un élément de l'autre ensemble et vice-versa. Dans ce dernier cas, il y aura moins de saccades visuelles, ou de transports du regard, entre les deux ensembles que dans le premier cas. Cette activité peut s'exercer dans des jeux où il faut trouver les différences (comme dans le jeu des «sept» erreurs) entre deux images. Lors de comparaisons de deux dessins, dont l'un a subi des modifications par rapport à l'autre, par exemple, les suppressions et déformations d'éléments sont perçues en premier, dès quatre à cinq ans. Viennent, ensuite, les perceptions des modifications par changement de taille (même objet présent mais plus grand ou plus petit d'un côté que de l'autre) et par déplacement de l'objet (situé à deux endroits différents sur les deux dessins), bien détectées vers sept ans (figure 7.4; Vurpillot, 1972). Des ressemblances partielles peuvent ainsi mener à la conclusion d'une identité totale si les différences perçues ne sont pas jugées pertinentes. Ce pourrait être l'une des causes de confusion de lettres pour les enfants, d'où la nécessité de leur faire verbaliser leur raisonnement pendant les comparaisons. Ils voient bien que perceptivement les lettres ne sont pas pareilles mais ils ne les différencient pas car ce critère de discrimination basé sur l'orientation est «marginal» pour eux; lorsqu'ils sauront que l'orientation est aussi un critère de différenciation, alors ils feront la distinction. Les critères internes d'établissement de l'identité évoluent ainsi rapidement avec l'âge des enfants. Ce qui était d'abord évalué pareil (*b* et *d*) devient vite «pas pareil», soit que l'activité perceptive et comparative s'améliore, soit que l'attention et la mémoire s'accroissent avec une systématisation et augmentation des comparaisons pour tenir compte simultanément de plusieurs paramètres ou critères de discrimination (taille, forme, texture, couleur, épaisseur, nombre, position, etc.). Cela débouche sur la reconnaissance immédiate à laquelle s'associe l'identification.

Ces diverses expériences contribuent à l'**acquisition de connaissances physiques et logicomathématiques** (raisonnement déductif) (Sinclair *et al.*, 1989). Les premières portent sur la découverte des propriétés intrinsèques des objets (la lourdeur, la température, l'état) et de ce qu'ils font quand on les lâche (rouler, rebondir, se casser, etc.) ou de leur interaction avec d'autres objets (on peut en empiler certains et d'autres non; certains objets flottent et d'autres non). Les secondes découlent de la prise de conscience de l'organisation des actions effectuées sur les objets et de leurs relations les uns avec les autres (regrouper des objets à partir d'un critère de classification, acquisition de la notion de nombre, etc.). Le fait qu'il y ait, par exemple, cinq billes dans le verre n'est pas une propriété des billes: le nombre cinq provient d'une action de regroupement du sujet complétée par un acte cognitif. Deux ensembles sont équivalents quant il existe une correspondance un pour un entre les éléments qui les composent (enfant–table, cuillère–fourchette). L'objet est un intermédiaire dans l'acquisition des connaissances, lesquelles proviennent des actions conscientes et réfléchies du sujet sur les objets et l'environnement. Loin d'être spontanée, la compréhension est donc le fruit des mécanismes intellectuels que les actions, les expérimentations et les réflexions ont mis en branle.

FIGURE 7.4
DÉTECTION DE DIFFÉRENCES

(Tiré de Vurpillot, 1972, p. 219.)

L'enfant est averti qu'il existe des différences entre le dessin de gauche et ceux de droite et qu'il doit les trouver. Ces différences portent sur l'absence d'un élément, sa déformation, sa modification ou son déplacement. Les deux premières transformations sont détectées dès quatre ou cinq ans, les deux dernières vers sept ans.

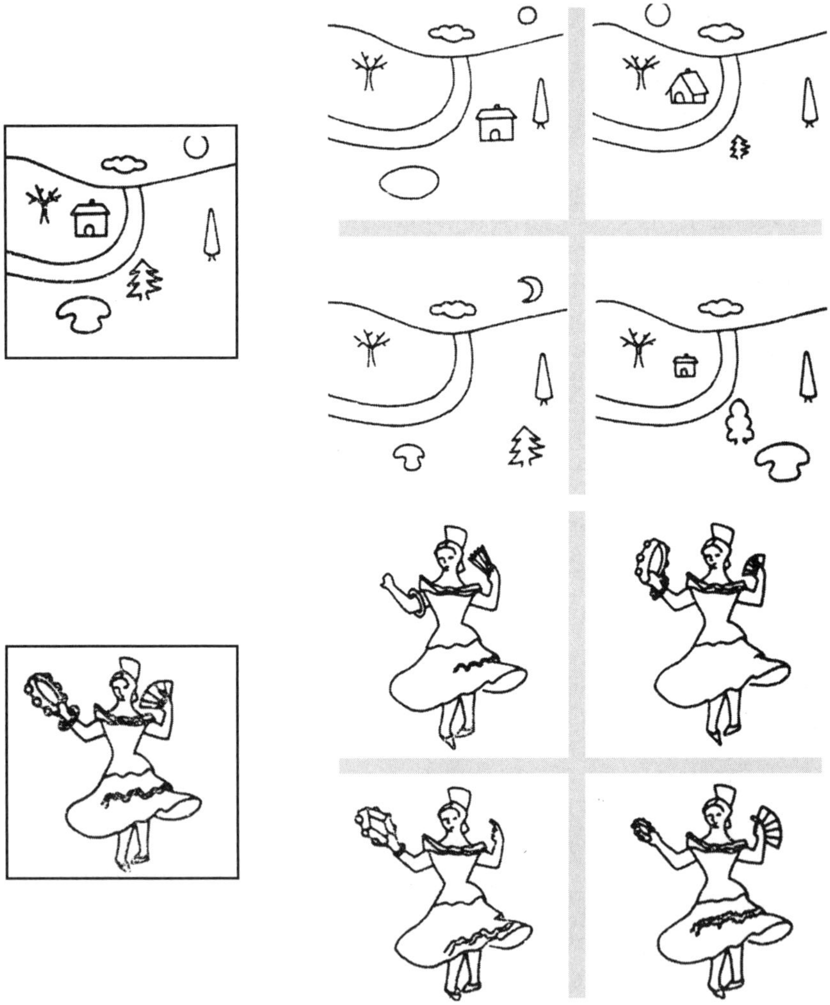

4.1. Les formes de manipulation

Bien qu'elles puissent paraître semblables, les actions des enfants sur les objets peuvent se répartir en trois grands groupes comportant la manipulation aléatoire, la manipulation guidée et la manipulation autodirigée (figure 7.5). La **manipulation aléatoire** caractérise un comportement où l'enfant fait pratiquement n'importe quoi, parce qu'il faut faire quelque chose; rares seront les connaissances précises extraites de ces activités. Il ne dispose d'aucun plan précis ni d'aucune anticipation qui le guide dans sa démarche. Il essaie des actions au hasard. Cela apparaît clairement lorsqu'il joue avec un cube Rubik, un puzzle ou un casse-tête, lorsqu'il empile au hasard, dans une tige verticale, des palettes de bois de diamètres distincts produisant un cône lorsqu'elles sont placées dans un ordre de taille décroissant. Les éléments qui les constituent sont déplacés au hasard, essayés sans se représenter auparavant la conséquence de l'action. Il ne peut pas revenir en arrière pour essayer autre chose. Cette première phase est souvent complétée par une phase de **manipulation exploratoire**, au cours de laquelle les enfants observent d'abord les objets, puis vont en sélectionner quelques-uns pour exécuter une action; une intention sous-tend cette action. Pour construire une maison avec des blocs, ils vont d'abord sélectionner ce qu'il leur faudra avant de se lancer dans la «construction». Cette étape correspond largement aux enfants de la maternelle.

Ces deux composantes de la manipulation sont parfaitement illustrées dans une épreuve où des enfants doivent utiliser des socles pour atteindre un objet suspendu au plafond. Dès l'âge de trois ans ils comprennent qu'une chaise ou des socles peuvent être utilisés mais, en les déplaçant, ils perdent la juxtaposition, le contact spatial avec l'objet et mettent par exemple la chaise autre part qu'à la verticale de l'objet. Plus tard, ils regroupent les socles au-dessous de l'objet à attraper, dans un ordre aléatoire, grimpent sur l'un d'entre eux et, ne réussissant pas, le déplacent autour d'un socle plus haut, remontent dessus et échouent à nouveau. Ce comportement illustre bien une forme de manipulation aléatoire, non guidée par une représentation du résultat et où la «magie» remplace la réflexion, la solution devant «émerger» de l'action directe, ce qui n'est pas le cas. Il y a action, sans anticipation ou représentation des effets. Dans un troisième temps, les enfants regroupent encore les socles sous l'objet, parfois en les sériant, mais réussissent à grimper de l'un à l'autre pour atteindre l'objet, illustration d'une manipulation planifiée. En général, ce n'est que vers l'âge de huit ans que les enfants sélectionnent uniquement les deux ou trois socles qui leur permettront d'atteindre directement le leurre, comportement illustrant une manipulation autodirigée dans laquelle intervient l'abstraction réfléchissante; la sélection des seuls blocs utiles peut aussi bien résulter des actions passées que du raisonnement de l'enfant.

FIGURE 7.5
LES FORMES DE MANIPULATION

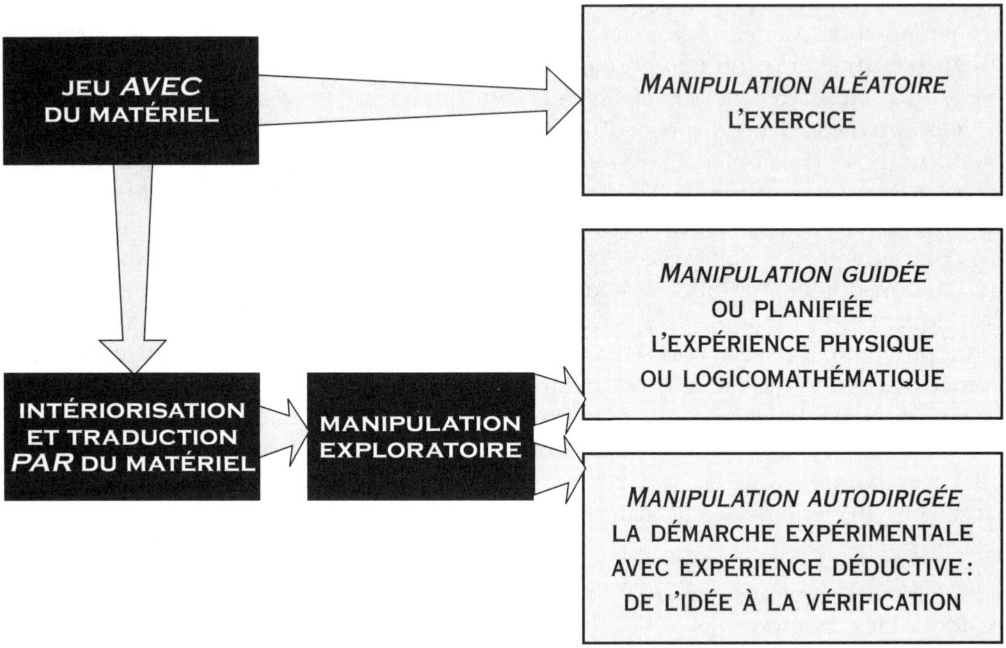

Pour les jeunes enfants, on peut ainsi émettre l'hypothèse que l'action motrice, du type essais et erreurs, précède la pensée organisée, les conséquences de l'action étant imprévues puis perçues au fur et à mesure de leur apparition. Le résultat de l'action, s'il est positif, mène à un nouvel essai, la juxtaposition des actions semblables conduisant à l'établissement d'une relation définie entre les deux, la situation et le résultat de l'action. C'est autour de ces transformations que le vécu moteur apporte une aide précieuse au raisonnement: quel que soit l'agencement d'un nombre donné d'éléments, ce nombre ne varie pas. Le «faire» ou le «voir faire» concrétise une opération, permet de voir qu'en rassemblant des collections d'objets on obtient des ensembles numériquement distincts, incluant les sous-ensembles. Par la suite, on peut sauter l'étape physique du rassemblement et le représenter «dans la tête», sous la forme d'une image mentale. L'action motrice prépare l'action mentale de la représentation cognitive: pour avoir une notion de la moitié, il faut avoir coupé quelque chose en deux!

Dans la **manipulation guidée** (ou **planifiée**), l'enfant doit faire une action préparée par l'adulte (regrouper, trier, classer, comparer, etc.). Son but est d'ouvrir la voie à l'acquisition d'algorithmes généralisables par la suite. Ainsi, pour ébaucher la division d'un entier par un nombre fractionnaire, on peut demander à l'enfant de transporter sur une surface donnée (carré, rectangle, cercle, etc.) une portion de surface correspondant à une sous-unité de l'ensemble (1/2, 1/4, 1/8 ...). La répétition de cette activité, la représentation de son résultat et sa discussion conduisent à l'élaboration et à la compréhension de cette opération particulière. Il importe alors de s'assurer que l'enfant a bien compris ce qu'il doit faire, de l'habituer à rechercher les indices pertinents pour élaborer la solution, à analyser son action au fur et à mesure qu'elle se déroule pour l'adapter aux modifications du milieu si c'est nécessaire, puis à évaluer le résultat de sa performance. Ces expériences physiques directes permettent d'extraire de l'information sur l'objet par la réflexion et l'abstraction : la notion de poids, par exemple, s'acquiert de cette façon, en se séparant des formes ou des couleurs des objets utilisés. Lorsque le volume d'objets de même substance augmente, l'enfant apprend aussi que leur masse augmente également. Les expériences logicomathématiques restent essentielles aux niveaux de développement quand la déduction logique n'est pas encore possible (Piaget, 1983). Ce ne sont pas les propriétés physiques des objets manipulés qui donnent accès à l'acquisition de connaissances, mais bien les actions de manipulation et leur résultat : le nombre d'éléments d'un ensemble est, par exemple, indépendant de la position des objets. Une grande quantité de jeux sont disponibles pour faciliter cette approche : les jeux de construction et d'assemblage, d'emboîtements, d'enfilage, d'encastrement et de puzzles, de transvasement.

Les activités manipulatoires se prêtent très bien à la mise en place **d'algorithmes**, enchaînements d'actions ou ensembles de règles permettant de construire un objet ou de résoudre en un nombre donné d'étapes des problèmes ayant des caractéristiques communes. L'enfant construit des algorithmes à partir de structures qui se répètent, et qui disposent donc d'une période (oo°°° oo°°° oo°°°, etc.), ou à partir de structures qui se complètent (oo°oo°°oo°°°oo°°°°, etc.). Les algorithmes se «traduisent» très facilement en activités motrices : les enfants attribuent au «o» et au «°» des valeurs motrices spécifiques (un pas, une forme de saut, une direction, une intensité de frappe, etc.) et réalisent ensuite les algorithmes qu'ils ont conçus. La confection de colliers de perles selon des consignes particulières ou communes en copiant un modèle réel ou un algorithme dessiné concourt à la compréhension des principes de ce mode de représentation.

La **manipulation autodirigée et expérimentale** cherche à vérifier par l'action si ce que l'on a élaboré à partir d'une hypothèse mentale est ou non correct. Le contenu de ce verre peut-il être complètement transvasé dans cet autre plus petit? Dans ce cas, il y a non seulement un problème à résoudre, mais surtout une représentation mentale de la solution possible anticipée (propre au milieu spatial donné) que l'action permettra de vérifier. Lorsque les résultats concordent avec la solution anticipée, ils sont intégrés dans un ensemble structuré de déductions ; dans le cas contraire, une nouvelle hypothèse est formulée et vérifiée. Quand il faut reconstituer un tableau à partir de pièces détachées aux formes irrégulières, la personne essaie d'abord de se représenter à quoi pourrait bien ressembler le complément des pièces déjà placées, de la trouver et de la placer. Si elle s'est trompée, elle recommence le processus : l'action, dans ce cas, en est une de vérification, de traduction de la compréhension. C'est l'étape ultime d'une ébauche de démarche scientifique :

observation ➠ hypothèse ➠
manipulation-expérimentation-vérification ➠ validation

Ces étapes sont clairement visibles dans les actions faites par des enfants d'âges différents avec des verres qui s'emboîtent. Jusqu'à deux ans, ils prennent les verres au hasard et essaient de les emboîter, échouant la plupart du temps. Entre deux et trois ans, ils découvrent les relations entre les tailles au fur et à mesure de leurs actions. Après trois ans, ils réfléchissent, anticipent le résultat en sélectionnant visuellement le verre approprié avant de le prendre et de le mettre dans celui qui vient avant.

L'accession au concept ne naît pas non plus spontanément, de la manipulation directe ; elle dépend également du degré d'**évolution des structures cognitives** (comme la perception, la mémoire, l'attention, le langage, le raisonnement, l'organisation spatiale et temporelle, l'imagerie mentale) qui permettent de réfléchir sur le résultat de l'action, et de la **médiation de l'adulte**. Rappelons que les structures cognitives se construisent par l'interaction entre une composante biologique, la maturation du système nerveux qui élargit les possibilités cognitives et d'action du sujet qui réunit, trie, sépare ou distribue les objets, et une composante sociale, l'influence de l'environnement qui actualise le fonctionnement des possibilités cognitives du sujet par l'intermédiaire du langage et des fonctions symboliques. Bien qu'il voie faire ou qu'il le fasse lui-même (aplatir une des deux boules de pâte à modeler, transférer le contenu d'un deux verres identiques dans un verre plus étroit et plus haut), l'enfant ne conclut pas à la conservation des volumes ou des quantités de substances. La perception syncrétique prime l'analyse des résultats de l'action : les apparences n'étant plus équivalentes, les égalités s'évanouissent et les passages de A à B avec retour à A restent, pour l'enfant du stade préopératoire, du niveau de la magie (figure 7.6).

La manipulation n'est pas la porte d'entrée automatique de l'abstraction : ce n'est pas parce que l'enfant a fait quelque chose qu'il a compris ce qu'il a fait et, dans son évolution cognitive, il lui faut parfois des années avant de franchir le fossé séparant le faire du comprendre. Entre le perceptivomoteur et la représentation opératoire interviennent les structures cognitives (ensemble de règles de transformation déterminant le fonctionnement cognitif à un moment donné) d'analyse-compréhension et non pas uniquement celles de description : dire ce que j'ai fait ne signifie pas que j'ai compris ce qui s'est passé, que j'ai abstrait, du vécu, l'essence de la connaissance.

FIGURE 7.6
Disposition et équivalence

Effets de la disposition des éléments sur l'évaluation de la quantité ou sur l'équivalence de deux collections.

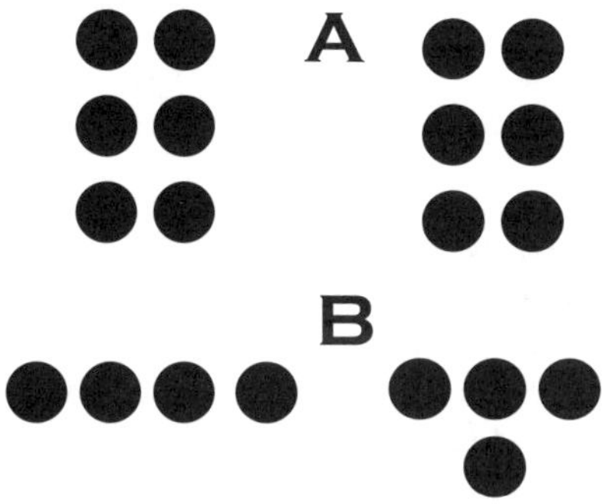

Les enfants qui comptent concluent à l'égalité des quantités des deux ensembles en A aussi bien qu'en B.

D'autres, vers 6 ans, disent qu'il y a une boule de plus en bas, à droite.

C

L'expérimentateur dispose les jetons de la rangée supérieure puis demande à l'enfant de faire une ligne pareille au-dessous, ce qu'il fait avec beaucoup d'application.

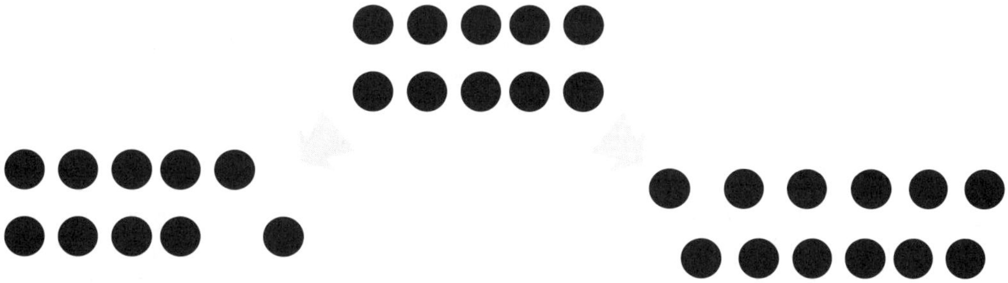

L'expérimentateur écarte ensuite un jeton de la ligne du bas pendant que l'enfant regarde puis lui demande s'il y a toujours autant de jetons dans les deux lignes; à 6 ans, il répond que non! « Il y en a plus en bas. » Le perçu prime le représenté: il suffirait de faire glisser le dernier jeton vers la gauche pour reconstruire l'égalité.

L'expérimentateur écarte maintenant les jetons de la rangée du haut et en ajoute un dans celle du bas devant l'enfant. Pour l'enfant de 6 ans, il y a plus de jetons dans la rangée du haut que dans celle du bas!

Les activités manipulatoires ne doivent en aucun temps être un but en soi, car elles risqueraient alors de figer le raisonnement de l'enfant, de le limiter à l'observable. Toutefois, le fait de regrouper par l'action motrice les objets, d'essayer différentes combinaisons et de corriger les erreurs, consolide et concrétise les relations entre les objets, sert de déclencheur. C'est le **passage du jeu avec du matériel**, à l'**intériorisation et à la traduction par du matériel**, qui mène à la résolution du problème ; il ne s'agit pas de manipuler pour manipuler, mais de manipuler pour traduire et transformer l'action en réflexion, la compréhension ne jaillissant pas spontanément de la manipulation.

Il ne faut donc pas croire qu'en manipulant, on peut tout comprendre : nos structures cognitives doivent pouvoir nous le permettre. C'est alors que sera possible la catégorisation.

4.2. L'abstraction

Les activités manipulatoires qu'effectuent spontanément les enfants, ou que l'adulte leur propose, correspondent à une étape vers la **catégorisation**, classement d'objets ou de personnes en fonction de critères ou de données perceptives (les ronds, les rouges, les maisons, les fleurs, les enfants, etc.) et l'**abstraction généralisante**, par la représentation mentale de l'action et de sa répétition. Ces deux aspects sont tributaires des actions propres de l'enfant et de son développement cognitif, largement déterminé par la maturation biologique de ses structures nerveuses, mais se produisant aussi dans un contexte socioculturel donné auquel le langage procure certainement une base stabilisatrice.

C'est toute la problématique des relations entre les **opérations physiques** et les **opérations logicomathématiques** qui est ici posée en abordant l'abstraction (Piaget et Inhelder, 1962). Ces opérations se constituent simultanément, les premières en structurant les propriétés des objets, les deuxièmes en établissant les relations entre les collections d'objets à partir des actions menées par le sujet.

L'**abstraction** consiste à isoler des qualités et des relations puis à agir sur elles et non pas sur la réalité directement perceptible ; elle aboutit à la formation des concepts par le raisonnement. Même si le sujet construit sa réalité à partir de ses actions et de leur coordination, ce sont ces actions qui lui fournissent les éléments indispensables, le « matériel », pour définir ce qui reste commun aux diverses manipulations. Piaget et ses collaborateurs (1977) ont ainsi distingué deux types d'abstraction : l'abstraction « empirique » et l'abstraction « réfléchissante » (figure 7.7).

La première, l'**abstraction empirique**, primaire ou simple, liée à l'expérience perceptive ou active directe, découle soit des informations retirées de la présence physique des objets et de leur aspect matériel, observable, soit des actions exécutées par le sujet et de leur contenu, comme les mouvements, les poussées, les emboîtements, etc. (figure 7.8). D'origine exogène, elle est largement figurative et associée à la perception des caractères les plus prégnants des objets ou des actions sur les objets que l'on peut retrouver d'une situation à l'autre, les informations ainsi obtenues restant juxtaposées les unes aux autres. Elle fournit une foule d'informations concrètes, brutes (gros, petit, plat, épais, rouge, bleu, c'est plus grand que…, etc.), mais pas de

FIGURE 7.7
DE LA MANIPULATION À L'ABSTRACTION

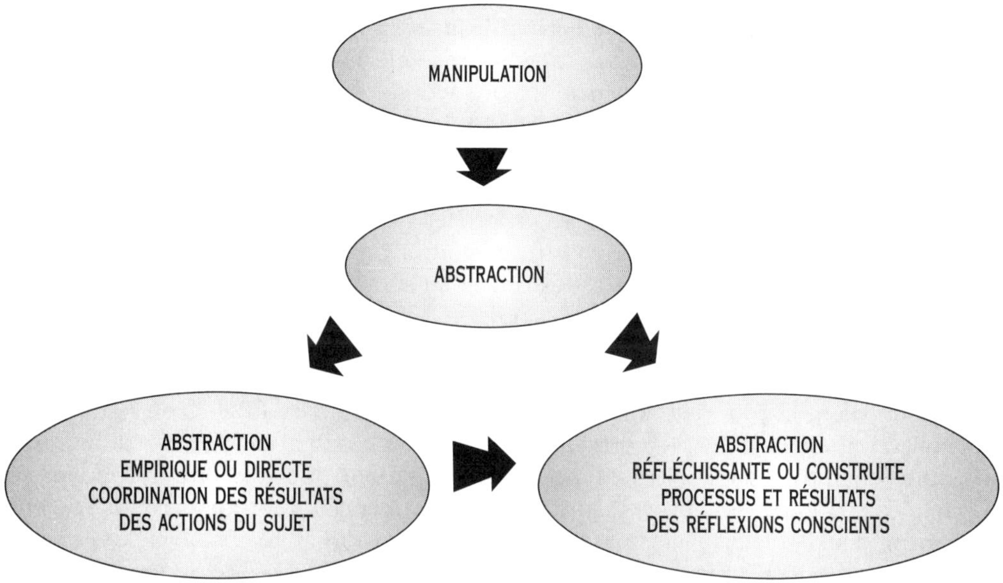

logique pour comparer entre elles les différentes perceptions : cette connaissance est liée au réel et emprisonne l'enfant dans ses perceptions qu'il ne peut pas dépasser pour anticiper la conséquence de ses actions. Il suffit de changer la distribution spatiale d'objets pour que deux ensembles d'abord identiques ne soient plus perçus comme tels par les enfants. Des objets se cassent en tombant, d'autres non, certains coupent d'autres non ; le bébé voit les séquences des actions lors de la préparation du biberon (organisation temporelle) ; je connais le chemin pour aller de la maison au parc puis à l'école (organisation spatiale) ; je griffonne sur le papier (coordination motrice). Les propriétés des objets sur lesquelles porte cette forme d'abstraction existent intrinsèquement dans les objets, indépendamment de l'activité du sujet : c'est rond, carré, long, mince, etc. ; cette activité révèle les propriétés mais ne les crée pas (une boule de pâte à modeler est plus grande qu'une autre, en soi ; les billes roulent, les cubes, non ; les cubes par contre s'empilent, les billes, non ; le cercle possède déjà ses propriétés, avant que le sujet les découvre). « En agissant, je me rends compte que... ». De ses actions sur des formes cubiques de dimensions, de couleurs et de textures différentes, le sujet retire, abstrait une constante, celle de l'égalité de longueur des arêtes, d'où émergera le concept de cube. C'est par la manipulation directe des objets que le jeune enfant en extrait les propriétés (forme, couleur, texture, matière), leur constitution (liquide, solide, gazeux), leur origine (minérale, végétale, animale), leur fonction ou caractéristique (utilité pratique, casse, rebondit, s'aplatit, etc.), leur transformation sous l'effet de différents facteurs (fond, s'évapore, se solidifie, etc.).

La deuxième, l'**abstraction réfléchissante**, secondaire ou construite, d'origine endogène, est le produit d'une activité mentale interne de déduction du sujet (tableau 7.1). Elle renvoie aux coordinations des actions ou aux opérations intellectuelles (actions intériorisées) effectuées par le sujet, à la reconnaissance de similitudes dans des situations distinctes et elle intervient en logique ou en mathématiques, permettant les opérations logicomathématiques. Elle comprend les modifications que les actions du sujet ont apportées aux objets et les propriétés qu'il a dégagées de la coordination de ses diverses actions. Elle conduit au transfert, à un plan supérieur, de ce qui est extrait d'un plan inférieur, par la réflexion du sujet, avec, comme conséquence, des agencements nouveaux et généralisables. Elle se différencie de l'abstraction empirique par le fait qu'elle inclut la coordination des actions et qu'elle ne se limite pas à ce qui est observable. Pour qu'elle apparaisse, elle s'appuie sur la manipulation d'objets mais la dépasse, la propriété abstraite n'appartenant pas aux objets: en manipulant des collections semblables, je construis la notion du cardinal de la collection si mes structures cognitives me le permettent. Ces organisations pourront être introduites ou appliquées à d'autres situations distinctes mais semblables. Les objets ronds roulent, ceux ayant deux surfaces plates parallèles s'empilent. La fragilité des objets dépend de la matière qui les constitue. Je comprends la notion d'ordre (succession) temporel avec les notions d'avant et d'après. J'organise le tracé et reproduis des formes, des lettres et des mots. Je me représente le chemin pour aller à l'école et je peux en trouver un autre (comme un raccourci, par exemple) ou le représenter graphiquement. J'ordonne les éléments d'un ensemble selon un ordre croissant ou décroissant, ou je constitue des ensembles équivalents. Le poids des objets change avec leur volume. Quand je lâche des objets, certains tombent plus ou moins vite alors que d'autres s'élèvent vers le ciel. Pour savoir s'il y a autant de garçons (G) que de filles (F) dans la classe, je fais des paires GF. Cette activité mentale permet de relier, comparer, réfléchir logiquement en tenant compte de plusieurs variables à la fois: elle dépasse la perception et trouve des explications ou des solutions qui n'étaient pas contenues dans la perception elle-même. En «réfléchissant», je généralise les propriétés d'un groupe d'objets à un autre groupe et je peux les vérifier par l'action. Dans ce cas, les propriétés observées sont insérées dans les collections d'objets par le sujet (classes: il y a plus de fleurs que de roses). Les objets ne sont plus que le support des propriétés ou des éléments sur lesquels le sujet réfléchit et il n'a plus besoin de vérifier physiquement ses déductions. À ce moment-là, je suis conscient que j'ai compris.

TABLEAU 7.1

LES DEUX FORMES D'ABSTRACTION

ABSTRACTION EMPIRIQUE, PRIMAIRE OU DIRECTE	ABSTRACTION RÉFLÉCHISSANTE, SECONDAIRE OU CONSTRUITE
COORDINATION DES RÉSULTATS DES ACTIONS DU SUJET • EN OBSERVANT OU EN AGISSANT, JE CONSTATE DIRECTEMENT LA RÉALITÉ, JE RECUEILLE DES INFORMATIONS SUR L'ENVIRONNEMENT. • LES INFORMATIONS SONT ACQUISES DE LA PRÉSENCE DES OBJETS OU DÉCOULENT DES ACTIONS CONCRÈTES EXÉCUTÉES PAR LE SUJET, LIÉES À UNE SITUATION VÉCUE, AU RÉSULTAT D'UNE ACTION CONCRÈTE RÉALISÉE PAR LE SUJET. • DÉCOUVERTE PERSONNELLE DE PROPRIÉTÉS OBSERVABLES ASSIMILÉES PAR LE SUJET. • ABSTRACTION DES PROPRIÉTÉS PHYSIQUES DES OBJETS PAR EXTRACTION DES ÉLÉMENTS LES COMPOSANT (FORME, TAILLE, COULEUR, TEXTURE, ETC.). • EN AGISSANT, JE ME RENDS COMPTE, PAR EXEMPLE, QUE: – LES OBJETS PÈSENT, ONT UNE TEMPÉRATURE, SONT LISSES OU RUGUEUX, ETC.; – LES BILLES ROULENT; LES CUBES S'EMPILENT; L'EAU COULE; – UN VERRE RENVERSÉ NE SE VIDE PAS TOUJOURS (EAU, CONFITURE); – TIRER AVEC UNE CORDE EST POSSIBLE MAIS POUSSER, NON. • MANIPULATION GUIDÉE PAR UNE CONSIGNE DONNÉE: CLASSER DU PLUS PETIT AU PLUS GRAND, TRIER UN GROUPE D'OBJETS SELON LA TAILLE, LA FORME OU LA COULEUR, LE TYPE.	PROCESSUS ET RÉSULTAT DES RÉFLEXIONS CONSCIENTS • EN OBSERVANT OU EN AGISSANT, JE CONSTATE DIRECTEMENT LA RÉALITÉ. • J'INTERPRÈTE LE RÉEL; JE COMPRENDS ET JE SAIS QUE J'AI COMPRIS. • RÉFLEXION SUR LES RÉSULTATS DES REPRÉSENTATIONS DES ACTIONS ET NON SUR LES ACTIONS ELLES-MÊMES. • COORDINATION D'ACTIONS PAR ANTICIPATION D'UN RÉSULTAT: LES OBJETS RONDS ROULENT ET CEUX AYANT 2 SURFACES PLATES S'EMPILENT (CYLINDRES, CÔNES TRONQUÉS, CUBES). • INSERTION DE PROPRIÉTÉS AUX OBJETS PAR LE SUJET (EX.: LE CARDINAL DE LA COLLECTION EST ATTRIBUÉ PAR LE SUJET QUI DÉCOMPTE: LE NOMBRE DE BILLES RESTE LE MÊME, QU'ELLES SOIENT EN TAS, EN LIGNE OU EN CERCLE). • SI ON N'AJOUTE NI NE RETRANCHE RIEN D'UNE COLLECTION D'OBJETS, LE NOMBRE SERA TOUJOURS LE MÊME, PEU IMPORTE QUI COMPTE ET QUAND. • LA QUANTITÉ DE PÂTE À MODELER RESTE LA MÊME, QU'ELLE SOIT ÉTALÉE, EN BOULE OU EN BOUDIN). • TRANSPORTER DES BLOCS ROUGES 2 PAR 2 ET DES BLEUS 3 PAR 3; PLUS DE SURPRISE DE CONSTATER L'ÉGALITÉ DES LIGNES APRÈS 3 × 2R ET 2 × 3B: LE SUJET COMPREND QUE $3 \times 2 = 2 \times 3$. • JE PROJETTE À UN NIVEAU SUPÉRIEUR, LES ÉLÉMENTS EXTRAITS D'UN NIVEAU INFÉRIEUR (LE NOMBRE 6 EST INDÉPENDANT, PAR EXEMPLE, DES DOIGTS UTILISÉS POUR LE MATÉRIALISER). • IMPORTANCE DE LA MÉDIATION DE L'ADULTE.

IL FAUT ICI RELEVER L'IMPORTANCE DE LA RÉFLEXION DE L'ENFANT, GUIDÉE PAR LA MÉDIATION DE L'ADULTE, DANS SA COMPRÉHENSION ET GÉNÉRALISATION DE CONCEPTS.

« J'ai mangé des bonbons, j'en ai moins » : l'enfant constate les effets concrets de son action de dégustation ; c'est l'abstraction pseudo-empirique associée au résultat d'une action de transformation conduite par le sujet lui-même. Il peut généraliser cette constatation en disant : « quand j'enlève des choses, j'en ai moins » ; c'est l'abstraction réfléchissante associée à la répétition de transformations similaires qui, généralisées sous la forme : « pour avoir moins, il faut enlever » illustre l'abstraction réfléchie, applicable à tous les contextes.

Dans le cursus scolaire, il est assez fréquent de rencontrer des élèves qui, stagnant au niveau figuratif, accèdent difficilement au niveau opératif (Dolle, 1998). L'**aspect figuratif** rend compte du champ d'activité défini par les perceptions (qui requièrent la présence de l'objet), l'imitation (graphique, gestuelle ou autre, associée ou non à la présence de l'objet) et l'image mentale (en l'absence de l'objet) alors que s'y appréhendent les caractères liés à la configuration de l'objet par la reproduction ou l'évocation du signifié. L'**aspect opératoire**, lui, se rapporte à l'action (ou l'opération) sur l'objet, sa transformation, que celle-ci soit ou non directe, comme dans les actions associées à l'intelligence représentative ou d'origine sensorimotrice (reliées à la présence de l'objet : regrouper, déplacer, ajouter, soupeser, empiler, rouler) ou encore dans les actions intériorisées. Ces élèves restent alors prisonniers de leurs perceptions, du moment présent, dont ils ne tirent pas profit pour accéder à la logique. Ils apprennent par cœur, sans faire de liens, imitent l'autre ou répètent, ne lient pas le nouveau à ce qu'ils ont déjà mémorisé. La généralisation des expériences leur est pratiquement inaccessible, ce qui les limite dans l'accession à l'abstraction généralisante ; ils en restent à la description des formes ou des événements distincts, sans pouvoir aboutir aux généralisations propres à la pensée conceptuelle. Invités à dire si la quantité de plasticine est équivalente entre deux boules d'aspect initial identique est encore la même suite à l'aplatissement de l'une d'entre elles, les enfants de stade figuratif diront par exemple : *« ici, c'est rond et gros, là, c'est plat et mince »*. Ils décrivent ce qu'ils voient mais n'établissent pas de relations entre les aspects des deux boules ou la réversibilité à l'état initial. Au stade opératoire, ils évoquent les transformations et le retour possible à l'état initial si on accomplit l'action inverse : *« on a juste aplati, sans rien enlever et si on refait la boule, on aura pareil »*, ce qui indique la compréhension de la compensation et de l'identité.

Pour illustrer ces diverses formes d'abstraction, nous emprunterons un exemple à Piaget *et al.* (1977). Dans cet exercice, l'enfant doit, à partir de deux tas de jetons de deux couleurs différentes, former deux collections égales de jetons en transportant deux par deux les jetons d'une pile et trois par trois ceux de l'autre pile (Kaufmann et Bourquin, 1977). Cet exercice vise à différencier l'addition (pensée centrée sur le résultat de la réunion d'objets semblables) de la multiplication (dénombrer les opérations réalisées, le nombre de fois où l'on a transporté des objets et non pas le résultat final des transports). Vers l'âge de six ans, les enfants procèdent au transport des jetons sans anticipation ni intention particulière ; ils font ce qui leur a été demandé ou ce qu'ils ont retenu de la demande : transporter les jetons rouges (R) deux par deux et les jetons bleus (B) trois par trois (figure 7.8). Il arrive qu'ils forment deux tas égaux (6R, 6B) par la succession des actions 2R 3B 2R 3B 2R ; ils manifestent leur surprise face à ce résultat et déclarent qu'ils ne pensent pas pouvoir le refaire. Pour eux, l'égalité ne s'atteint que par la mise en place d'une correspondance terme à terme d'actions identiques : des actions différentes ne peuvent pas donner le même résultat ! Ils sont rivés à ce qu'ils ont fait, à la manipulation, à l'action, parce qu'elle est conduite au hasard, sans représentation antérieure ni anticipation de quelque sorte. Ils ne perçoivent que la succession des actions, transporter des groupes de deux ou trois objets, et le résultat additif des actions, sans voir l'équivalence entre transporter deux fois trois objets et trois fois deux objets, ce qui est le principe de la multiplication. Non seulement ils n'anticipent pas, mais ils ne synthétisent pas par la suite. Pour progresser, il leur faudra dénombrer les opérations et non plus les objets transportés, ne pas se satisfaire du résultat obtenu (abstraction empirique : le même nombre d'objets transportés), mais établir le processus par lequel ils ont atteint le résultat (abstraction réfléchissante, le nombre de fois qu'ils ont fait des choses équivalentes). « Il y a le même nombre de billes parce que 3 fois 2 ou 2 fois 3 font 6. » Les concepts mathématiques sont ainsi créés ou construits par une série d'abstractions reposant davantage sur des actions motrices que sur des sensations. Les relations action motrice–mathématiques ne sont pas toujours de nature simple ou immédiate. Quand un enfant tente de mettre un contenant dans un autre plus grand, l'action motrice induit-elle une intuition géométrique ou objective-t-elle une représentation mentale antérieure ? L'abstraction réfléchissante est-elle préalable à l'action motrice ?

FIGURE 7.8
DE LA MANIPULATION À L'ABSTRACTION

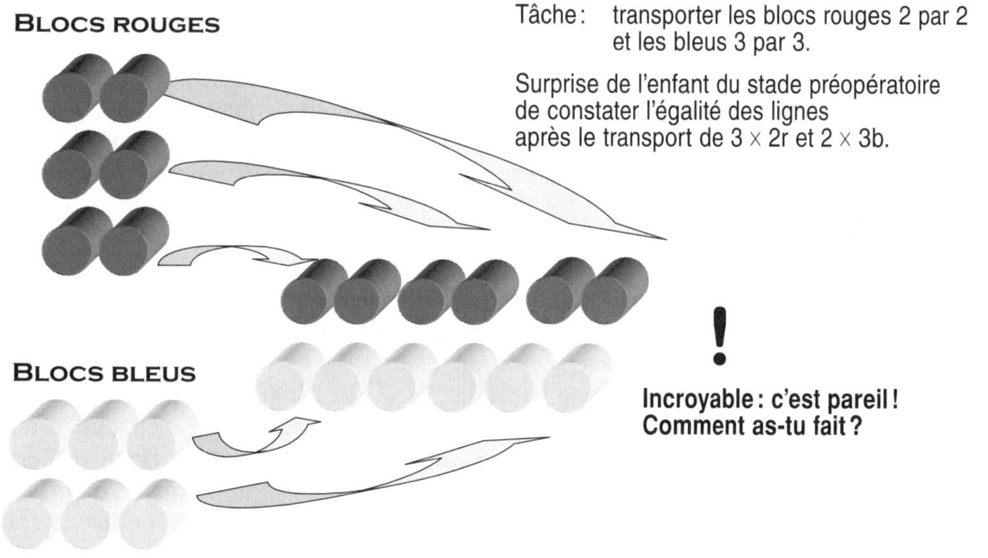

Il n'est probablement pas inutile de rappeler qu'il ne s'agit pas uniquement de placer l'enfant dans un milieu enrichi en situations ou en objets stimulants pour provoquer chez lui l'apparition spontanée de nouvelles compétences ou précipiter son développement. Ce n'est pas en effet parce que l'on manipule que la compréhension jaillit d'elle-même : il faut la susciter, attirer l'attention sur le résultat, le passage d'un état à l'autre. Pour accroître l'expérience de l'enfant, il faut aussi lui proposer des situations problèmes où il doit trouver une solution : à ce titre, l'enseignant joue le rôle de médiateur entre l'enfant et le milieu (Feuerstein *et al.*, 1980). Le médiateur choisit et prépare les situations nouvelles à partir de ce que l'enfant connaît déjà, met en place l'apprentissage pour faciliter les acquisitions et évalue enfin ces dernières en fournissant un feed-back sur les réussites et les erreurs. Ainsi, les enfants manipulent ou agissent directement, puis ils intériorisent l'action et son résultat par une attitude réflexive et accèdent, enfin, aux opérations mentales par généralisation à des situations semblables dont les valeurs changent. En outre, les possibilités d'abstraction dépendent largement du degré de développement des structures cognitives de l'enfant : toutes les expériences sur les différentes catégories de conservation (volume, surface, masse, etc.) et leur acquisition au fur et à mesure que les enfants vieillissent nous le rappellent en permanence.

La manipulation débouche sur la formation ou l'acquisition de **schèmes d'actions**, « ce qui, dans une action, est ainsi transposable, généralisable ou différentiable d'une situation à la suivante, autrement dit ce qu'il y a de commun aux diverses répétitions ou applications de la même action » (Piaget, 1967, p. 16). Il s'agit de formes de comportements ou de plans d'actions intériorisés, schématisés ou structurés ou « d'organisations invariantes de la conduite » (Vergnaud, 1990, p. 262), de l'organisation interne sous-tendant des actions ou des comportements organisés identiques à eux-mêmes et liés à une situation particulière ou à une classe de situations et pouvant se généraliser à d'autres situations (saisir, atteindre, sucer). Ils représentent ainsi, dans la mémoire, l'organisation séquentielle adaptable d'une conduite motrice ou cognitive particulière. « Pousser » est un schème s'appliquant à une action qui peut être faite avec les mains, les pieds, un bâton, un camion et où une force est exercée sur un objet situé en avant de nous et qui peut l'éloigner de nous. « Tirer » en est un autre. Ils se distinguent par le fait, par exemple, que je peux tirer avec une corde mais que je ne peux pas pousser avec ! Pour pousser, il me faut quelque chose de rigide. Les schèmes ne se rapportent pas au résultat de l'action, à la performance, mais au processus de son déroulement, à la façon de la faire, à l'organisation de l'action ; ce sont des structures cognitives rendant possible l'action que chacun caractérise. Dans le cas de la préhension, par exemple, ce qui caractérise l'acte de base de la préhension, son schème, fermer les doigts autour d'un objet, peut être ajusté à la distance de l'objet, à son volume, à son poids, à la vitesse de son déplacement : nous pouvons ainsi nous adapter aux circonstances particulières d'un comportement général. L'ensemble des schèmes disponibles détermine la complexité ou l'adéquation de la réponse d'une personne à son environnement de façon visible (comportements moteurs) ou cachée (pensée).

4.3. Perception, action, représentation, cognition

Il reste toujours à répondre à la question: comment la connaissance du monde extérieur émerge-t-elle en nous? Est-elle innée ou reliée aux informations que nous fournissent nos perceptions? Si, pour les rationalistes, la constitution de l'esprit est innée et se révèle par la réflexion, la raison étant la source de la connaissance orientant les perceptions et les actions, pour les empiristes, la connaissance émerge de l'expérience sensorielle, donc des perceptions. Pour ces derniers, il n'y a pas d'idées innées, seulement des idées créées par l'expérience et les interactions entre les processus de maturation et d'évolution des structures cognitives du sujet, sa réflexion et l'environnement. La connaissance des objets résulte de leur observation et de leur manipulation; leurs propriétés, ou celles résultant de leurs collections, par contre, ne s'acquièrent pas d'un seul coup mais de façon graduelle, au fur et à mesure qu'elles sont soumises à l'expérience de l'enfant et à ses différents systèmes sensoriels (figure 7.9). La forme et le volume des objets, traités d'abord par la vision, apparaissent avant la masse, révélée par la proprioception, lors de la manipulation de l'objet. Il y a donc une appropriation progressive du monde physique à laquelle concourt largement l'expérience perceptive.

Les interactions entre perception, action, représentation et cognition ne sont pas de nature simple ni séquentielle (Bertenthal, 1996). Alors que la perception suppose un contact direct avec l'objet, la représentation est l'action de substituer un élément à un autre, d'évoquer un objet ou un concept, de faire comme si un objet physiquement absent était présent. Elle désigne ainsi, soit la permanence dans la conscience des images (visuelles, somesthésiques, auditives, imaginaires) qu'elle contient, soit les signes et symboles permettant la transposition du réel et la communication avec autrui, soit les concepts à partir desquels nous classons et unifions les éléments qui nous entourent (Vergnaud et Récopé, 2000). Si l'on a pu tenir pour acquis que les nouveau-nés ne disposaient que d'un répertoire somme toute limité de comportements, qualifiés, par Piaget, de sensorimoteurs et, qu'avec l'âge, les comportements se combinaient, représentation et conceptualisation émergeant du développement de l'enfant, de l'évolution de ses structures cognitives, de ses expériences et de ses relations avec les autres, ce n'est plus aussi simple aujourd'hui. En effet, différentes expériences plus récentes, conduites avec des moyens d'observation plus sophistiqués chez des nouveau-nés, laissent entrevoir, chez ces derniers, des capacités de représentation pratiquement présentes dès la naissance:

- le pouce du nouveau-né «trouve» le chemin de sa bouche, par exemple;
- à quatre mois le nourrisson se rend compte que le déplacement d'un objet contrevient aux principes de continuité (un objet ne peut que se déplacer sur des chemins continus ou reliés, ne pouvant sauter d'un endroit à l'autre) et de solidité (les objets ne peuvent se déplacer que sur des chemins non obstrués: ils ne peuvent pas passer à travers une plaque de verre, par

FIGURE 7.9
PERCEPTION-ACTION-REPRÉSENTATION

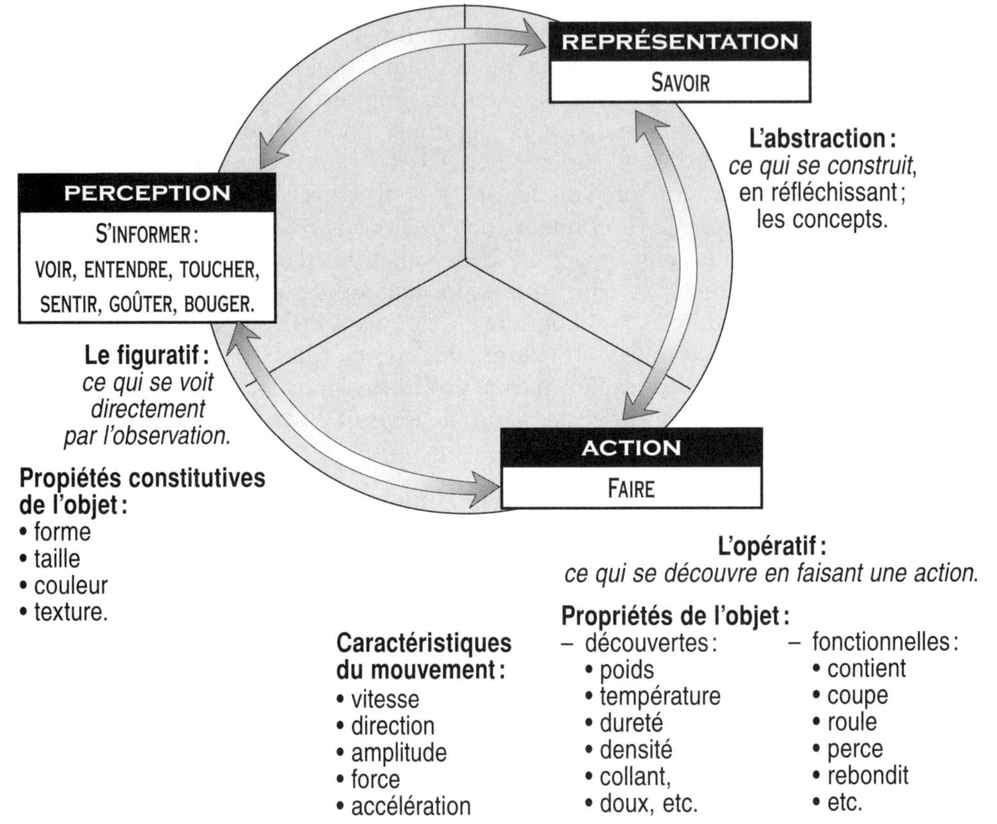

exemple) (Spelke *et al.*, 1992). Dans cette expérience, un objet tombe et passe derrière un écran avant d'apparaître, après avoir levé l'écran, sur une première surface solide, situation possible, ou sur une deuxième surface solide située au-dessous de la première, situation impossible ; le nourrisson regarde attentivement la scène dans ce dernier cas. Dans une autre expérience (Baillargeon et Craber, 1987) (figure 7.10), l'enfant voit d'abord un petit ou un grand animal en peluche se déplacer, passer derrière un écran puis réapparaître de l'autre côté de l'écran. Une fenêtre est ensuite découpée dans l'écran et l'expérience reprise. Compte tenu de sa taille, le petit animal ne peut être vu lors de son passage derrière l'écran, dans la fenêtre, ce qui est normal. Le grand, par contre, le devrait : comme il disparaît puis réapparaît

FIGURE 7.10
PERCEPTION ET REPRÉSENTATION

(D'après Baillargeon et Graber, 1987.)

1 – SITUATION D'HABITUATION

Le bébé, âgé de 5,5 mois, s'habitue à voir le petit ou le grand ours se déplacer vers la droite, se cacher derrière l'écran, puis réapparaître de l'autre côté.

2 – SITUATION DE TEST

A – Le petit ours passe derrière l'écran et ne se voit pas à la fenêtre : c'est normal.

B – Le grand ours passe derrière l'écran et n'apparaît pas à la fenêtre : c'est impossible, et les bébés paraissent surpris, témoignant ainsi de leur compréhension des rapports de tailles

de l'autre côté sans apparaître dans la fenêtre, les enfants manifestent leur surprise, indiquant par le fait même une forme de compréhension des rapports de taille ;

- vers cinq mois, le bébé manifeste sa surprise lorsque, après avoir vu mettre successivement deux animaux derrière un écran puis un en être retiré, il en reste toujours deux lorsque l'écran se lève alors qu'il en a vu un être retiré (figure 7.11) (Wynn, 1992), ce qui indiquerait la présence de connaissances conceptuelles innées, ou lorsqu'un objet ayant disparu derrière un écran en ressort avec une taille ou une couleur différente (Slater, Mattock

FIGURE 7.11
LA CONSCIENCE PRÉ-NUMÉRIQUE. ÉVÉNEMENT 1 + 1 = 1 OU 2?

(D'après Wynn, 1992, p. 749.)

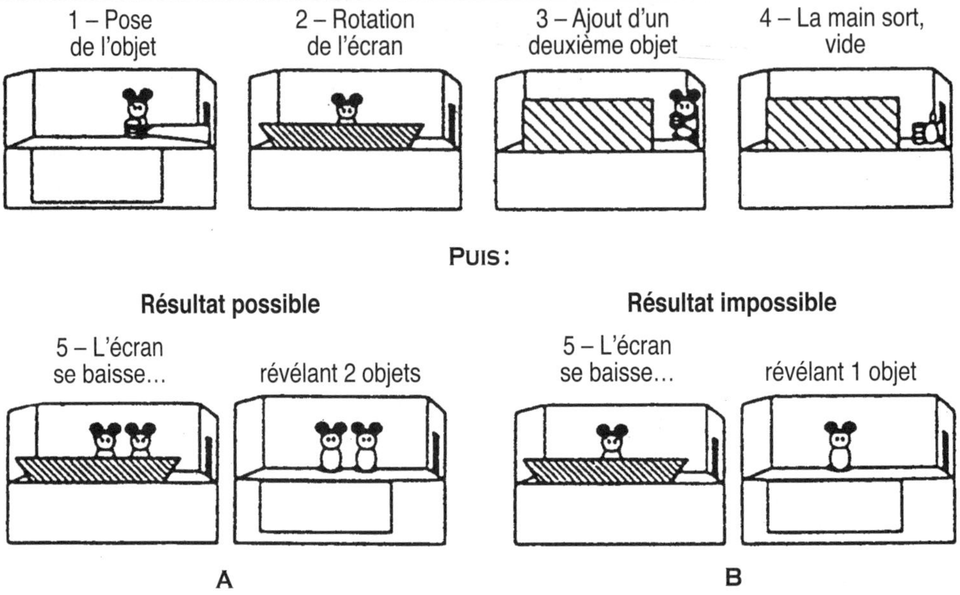

Les bébés manifestent leur étonnement face à ce qu'ils voient dans la situation B !

et Brown, 1990). Wilcox (1999) souligne cependant que certaines caractéristiques distinctes des objets retiennent davantage l'attention que d'autres en fonction de l'âge : forme et taille à 4,5 mois, la décoration externe vers 7,5 mois et enfin la couleur vers 11,5 mois.

Au stade préopératoire, une forme primaire d'anticipation, et donc de représentation, sous-tend déjà la préparation de l'acte dans les composantes cinématiques de l'acte moteur vers quatre ans (Mounoud et Hauert, 1982 ; Mounoud, 1986). Des enfants devant soulever des objets de plus en plus gros à une hauteur donnée modifient très peu la durée du mouvement, ce qui indique qu'ils ont augmenté la force proportionnellement au volume de l'objet et à son poids anticipé. L'action est intimement liée au couple sensation-perception, aussi bien pour sa planification (déterminer les caractéristiques de la réponse) que pour son exécution (produire la réponse motrice).

La difficulté du passage de la perception à la représentation est particulièrement bien illustrée dans les épreuves de conservation de matière ou d'acquisition de la verticale ou de l'horizontale. Dans le premier cas, et bien qu'il soit le témoin ou l'acteur de l'écrasement de la boule de pâte à modeler ou du transvasement du liquide d'un verre large dans un verre étroit, l'enfant de six ans ne conclut pas à l'égalité des quantités. C'est l'aspect figuratif, lié au contact perceptif direct avec la situation, qui l'empêche d'en abstraire l'essentiel pour jouer avec les représentations et les compensations des dimensions (ce qui est haut et étroit peut être l'équivalent de ce qui est large et mince). Pourtant, si on lui demande, avant d'effectuer le transvasement, si la quantité de liquide restera la même s'il est transféré dans un autre vase, l'enfant répond que oui (figure 7.12). La perception du résultat trouble son jugement anticipé et il se rallie à ce qu'il voit directement sans réfléchir sur les compensations. Il y a un décalage entre ce que l'enfant sait (tout le liquide a été transvasé d'un verre dans l'autre, c'est la même eau et il y en a logiquement autant) et ce qu'il voit (le liquide est plus haut dans un verre que dans l'autre, il y en a perceptivement plus). C'est un exemple type de **conflit cognitif** (doute intellectuel dans le raisonnement mettant le sujet en contradiction) entre l'aspect physique (ce que je vois n'est pas pareil) et l'aspect logique (ce que je sais, c'est que c'est pareil). Au stade préopératoire, la perception l'emporte sur la logique (pas de conjonction de plusieurs dimensions compensatoires) alors qu'au stade opératoire la logique l'emporte sur la perception, soit par identité de contenu, compensation de dimensions ou réversibilité des actions. Dans le cas de l'horizontale et de la verticale, il n'est que de regarder les dessins d'enfants de cheminées sur une maison (perpendiculaires au toit), d'arbres sur une colline (perpendiculaires à la pente de la colline), du niveau de l'eau dans un verre incliné (parallèle au fond du verre) (figure 7.13), alors que l'enfant est le témoin oculaire des scènes réelles, pour se rendre compte que de la perception à la représentation il y a un long chemin à parcourir! Pour passer de la manipulation à l'abstraction, les structures cognitives de l'enfant doivent bien évoluer.

5. L'APPRENTISSAGE D'UN CONCEPT

Le **concept** découle de la schématisation de l'image en ses traits principaux. Il suffit alors d'évoquer le mot pour que le processus d'imagerie s'active (devant, sur, contre, cheval, etc.). Il se forme une représentation figurative des propriétés physiques des objets ou du concept, qui fournit au sujet une expérience sensorielle pratiquement directe. Ces images reproductrices, que l'on retrouve très tôt chez l'enfant (imaginer un objet ou un événement connu mais non présent), sont complétées plus tard, après l'âge de sept ans, par les images anticipatrices propres aux événements à venir (imaginer le résultat d'une nouvelle combinaison d'actions) (Piaget et Inhelder, 1966). L'enfant chemine ainsi progressivement de l'image référence à l'image générique et au concept.

FIGURE 7.12
LE CONFLIT COGNITIF

CONFLIT COGNITIF :

C'est un doute intellectuel dans le raisonnement mettant le sujet en contradiction entre l'aspect physique (ce que je vois, ce n'est pas pareil) et l'aspect logique (ce que je sais, c'est que c'est pareil).

Ça va être « pareil d'eau ».

Exemple

Avant de transvaser l'eau d'un vase large dans un vase étroit, l'enfant de 5 ans dit que la quantité d'eau va rester la même.

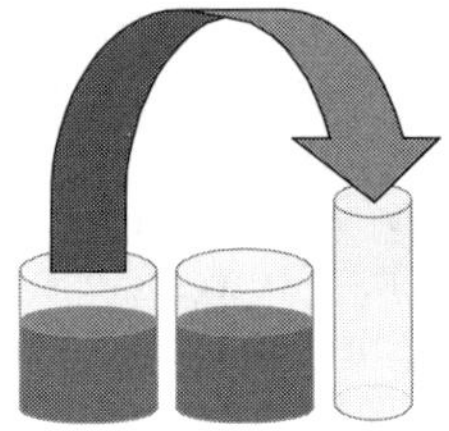

Après le transvasement, fait devant lui, il dit que la quantité n'est plus la même et qu'il y plus d'eau dans l'étroit parce qu'elle monte plus haut !

Il y a plus d'eau ici !

Pour enseigner les concepts de base, il faut alors aider l'enfant à passer progressivement de la pensée concrète à la pensée abstraite dont les modes de fonctionnement sont conceptuellement plus adéquats. Ce passage ne se réalise pas par des explications d'adulte, bien au-delà, le plus souvent, de la capacité de compréhension du jeune écolier. Pendant les premières années, les exercices de manipulation, de classification et de sériation d'objets préparent et illustrent les opérations logiques essentielles à la maîtrise ultérieure de l'addition, de la soustraction, de la multiplication, de la division, de l'inclusion, etc. S'il fallait préciser les étapes de la formation d'un concept, nous pourrions en reconnaître trois. La première, c'est la phase de **familiarisation avec le concret** par des exemples multiples et diversifiés. La phase de **représentation** la suit ; l'intériorisation des exemples mène à la formation d'images mentales et à un début de compréhension pratique du contexte. Enfin, le concept se forme avec l'**abstraction** et sa dissociation du concret ; la compréhension intuitive se généralise à toutes les situations l'incluant.

FIGURE 7.13

REPRÉSENTATION DE LA VERTICALE ET DE L'HORIZONTALE : STADES DE SON ÉVOLUTION

(Tiré de Piaget et Inhelder, 1948, p. 453.)

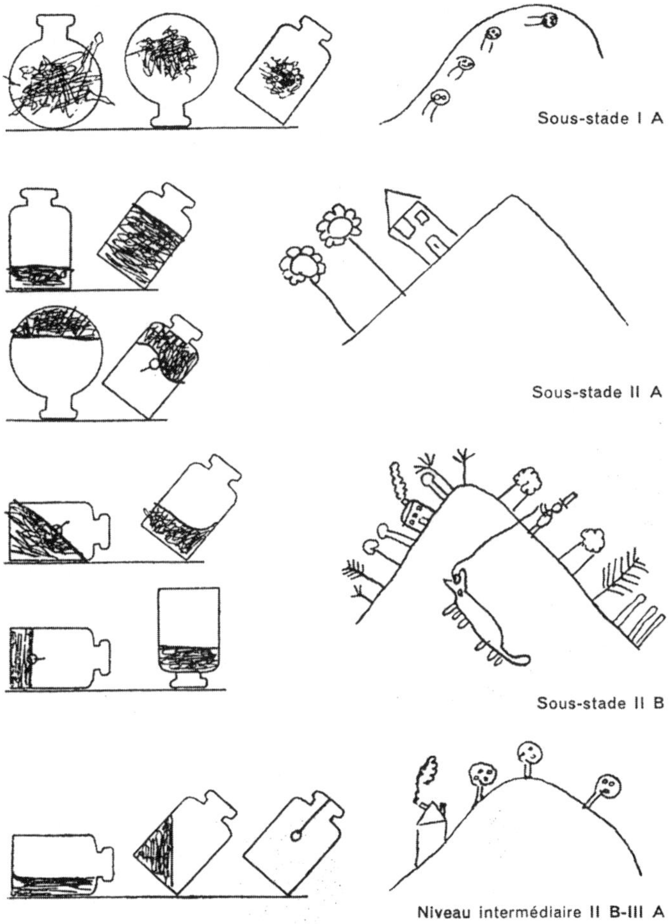

En fonction de son degré de développement, l'enfant dessine le niveau de l'eau dans le vase en tenant compte de l'orientation de la base du vase : l'eau lui est le plus souvent parallèle. De leur côté, les arbres ou la maison sont perpendiculaires au flanc de la montagne ; ils le sont sur un sol plat, expérience prégnante pour l'enfant, et c'est ce qu'il transfère à la montagne. Ce n'est qu'aux environs de 6-7 ans, âge du passage du stade préopératoire au stade opératoire, que s'amorce la compréhension de l'indépendance entre l'orientation du fond du vase et l'horizontale ou de la verticale remplaçant la perpendiculaire dans le cas des arbres sur la montagne.

Comment favoriser l'acquisition d'un concept? Rappelons d'abord qu'un concept se définit par les propriétés ou caractéristiques finies communes à ses divers éléments (invariants) et non communes à ses non-éléments (variants); c'est une catégorie ou un ensemble d'objets, de conditions qui peuvent être regroupés à partir de ressemblances communes. Il faut donc apprendre à l'enfant à répondre «oui» lorsque les éléments d'une classe sont montrés (caractéristiques pertinentes ou positives) et «non» dans les autres cas (caractéristiques non pertinentes ou négatives), soit à dissocier les aspects pertinents des non pertinents. C'est ainsi qu'un objet est «orange» indépendamment de sa forme, de sa taille, de sa texture ou de sa constitution. Table, animal, verbe, sujet, nombre, poisson, bon, justice sont autant de concepts distincts. Certains possèdent une origine concrète et résultent de l'abstraction de propriétés observables, de leur qualité commune (table, chaud, rouge); d'autres, abstraits, viennent de processus, de qualités, d'explications (verbe, bon, gentil). Ils disposent d'**attributs variables** (les animaux ont quatre pattes) ou **spécifiques** (le chien aboie) à intégrer, pour les construire.

La manipulation et l'exploration d'objets dans des situations concrètes, libres ou organisées, donnent une information visuelle ou somesthésique qui illustre et prépare les concepts; il faut partir de l'observation de faits pour en déduire une règle d'où le concept est abstrait. Dans un premier temps, on fait comparer des exemples positifs de stimuli discriminatifs du concept à des exemples négatifs (figure 7.14). Ainsi, pour aborder le concept de cube, par exemple, on présente des cubes de différentes couleurs, tailles ou textures (la forme constitue l'aspect positif) en même temps que d'autres formes négatives (des sphères, des pyramides, des cylindres, etc.). Les exemples négatifs sont aussi nécessaires que les exemples positifs pour établir tant les différences que les ressemblances. Cette approche vaut également pour la lecture: certaines lettres partagent des caractéristiques communes (*d* et *b*) mais possèdent aussi des différences (la position du trait vertical); lorsque cette ressemblance disparaît (écriture en cursive *d* et *b*), le nombre de confusions diminue. À cette **stratégie inductive**, la plus généralement répandue au primaire, s'en greffe une autre, **explicative**, qui suppose une familiarisation préalable avec les éléments et les non-éléments du concept. L'enseignant explique alors, de façon théorique, les caractéristiques du concept.

L'apprentissage d'un concept s'échelonne parfois sur plusieurs années. Il est compris et maîtrisé lorsque l'enfant peut le verbaliser ou le représenter et l'appliquer à des situations nouvelles. Le concept découle ainsi de l'action et non pas de la symbolisation; le symbole illustre un concept que l'enfant maîtrise déjà bien (Baratta-Lorton, 1976).

FIGURE 7.14
L'APPRENTISSAGE D'UN CONCEPT : « SUR » DISTINGUÉ DE « SOUS »

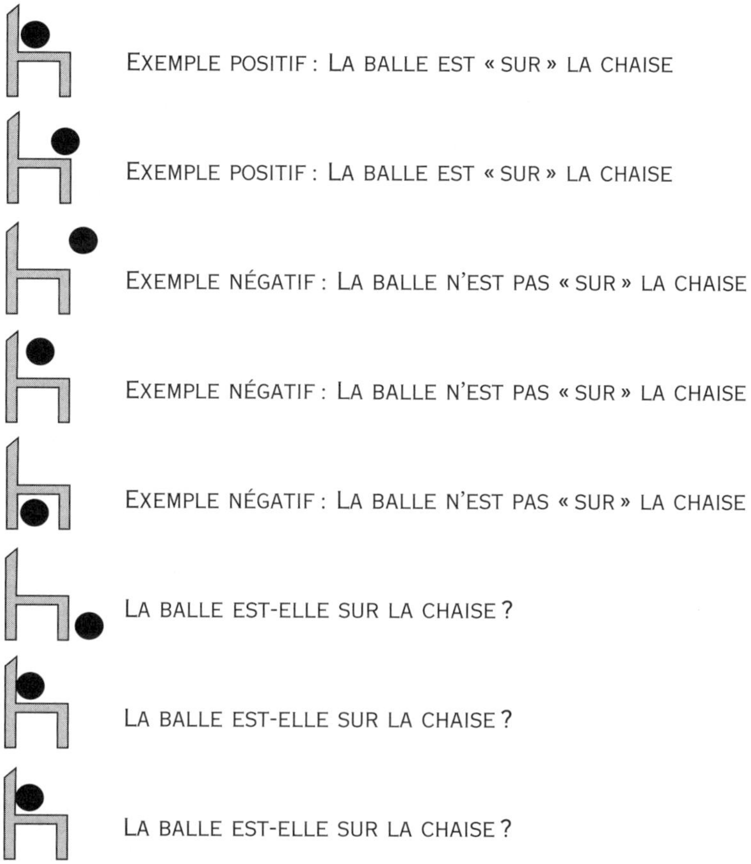

6. LES PRÉALABLES ET LES APPRENTISSAGES SCOLAIRES

L'intégration sociale de l'enfant passe dans une large mesure par l'école. L'âge idéal pour l'entrée dans cet univers ne fait pas encore l'unanimité parmi les divers spécialistes. Les jeunes enfants passent successivement des pouponnières aux garderies avant de voir s'ouvrir devant eux les portes de l'institution scolaire où ils vivront une grande part de leur existence. Ils n'y seront d'ailleurs pas admis sans avoir d'abord accompli leur maternelle, la justification de cette ouverture précoce reposant en partie sur la préparation aux apprentissages scolaires, l'objectif premier étant toutefois le développement global de l'enfant sous ses aspects moteur, affectif, intellectuel et social ; il s'agit de lui fournir des bases solides qui lui seront utiles tout au long de sa scolarité. Dans ce but, l'éducatrice puis l'enseignante l'aideront à mieux connaître ses forces et ses faiblesses, à développer son estime de soi, à organiser ses connaissances et à observer, à réfléchir et à résoudre des problèmes. On part du principe que plus on l'initie tôt, plus les chances de succès du bambin sont grandes et ses risques de difficultés, moindres. Qu'est-ce qui justifie pareille croyance ? Peut-on préparer l'enfant à aborder efficacement les apprentissages scolaires ?

Pour essayer de répondre à de telles questions, nous en discuterons d'autres, portant, par ordre, sur l'évolution du système nerveux, les relations maturation-milieu, les notions préalables, le développement moteur au préscolaire et son impact sur les apprentissages.

6.1. Données neurophysiologiques développementales

Tout apprentissage comme toute adaptation au milieu (vie de relation) dépendent bien sûr de l'environnement mais surtout du fonctionnement du système nerveux, dont sa maturation et sa sollicitation.

Il est bien établi que le nombre maximal de cellules nerveuses est acquis à la naissance et que l'encéphale fait plus que tripler son poids entre le moment de la venue au monde et l'âge de trois ans. Bien qu'elles soient présentes dès le début, les cellules nerveuses ne sont pas toutes fonctionnelles : une grande partie de celles qui assument les fonctions de la vie végétative s'activent heureusement alors de façon coordonnée. Celles qui, par contre, interviennent dans la vie consciente doivent encore subir différentes transformations, entre autres la myélinisation de leur axone (qui facilite la conduction de l'influx nerveux) et l'augmentation des contacts, synapses, qu'elles entretiennent les unes avec les autres (synaptogenèse). Tout se ferait dans le sens d'un renforcement sélectif de certains circuits nerveux au cours de l'apprentissage. Les mécanismes exacts de cette évolution laissent encore beaucoup de questions en suspens. Nous savons par contre qu'entre quatre et huit ans les enfants disposent d'un nombre de synapses largement supérieur à celui de l'adulte : cette époque est d'une importance capitale dans les processus d'apprentissage et de renforcement des circuits disponibles qui diminueront s'ils ne sont pas utilisés. Les bébés qui dès la première année ont l'occasion par exemple d'entendre plusieurs langues les parleront très facilement ensuite ; c'est loin d'être le cas lorsque l'apprentissage d'une langue seconde commence à 12 ans !

Nous savons aussi que, lors d'expériences de privation sensorielle réalisées chez l'animal, des modifications irréversibles du système nerveux apparaissent ; il dégénère. Remis dans un contexte normal, après une période de confinement trop longue, l'animal ne corrige plus un comportement déficient. Pourrait-il d'ailleurs en être autrement lorsque les afférences sensorielles et leur traitement constituent la raison d'être des neurones?

L'évolution du système nerveux conduit à sa maturation, processus génétiquement déterminé par lequel un organe atteint son développement complet et permet à la fonction qu'il contrôle de s'exercer avec le maximum d'efficacité. La maturation du système nerveux sert de support à l'évolution cognitive, mais ce n'est pas le simple développement biologique des cellules nerveuses qui entraîne l'évolution cognitive; il a besoin de l'interaction avec le milieu qui lui fournit les stimulations nécessaires. Les circuits nerveux s'établissent par l'expérience, par leur utilisation dans des activités motrices ou cognitives, puis se fixent dans la mémoire. Des parties données de l'encéphale contrôlent des facettes particulières de notre comportement, aussi bien ses aspects sensoriels (la vue, l'audition, la somesthésie, etc.) que ses aspects moteurs (la marche, la course, l'écriture, etc.) ou cognitifs. Nous savons aujourd'hui que la maturation des aires corticales s'effectue selon des séquences spatiales et temporelles, relativement semblables d'un individu à l'autre. Si elle commence dans les aires motrices et somesthésiques, elle s'achève plus tôt dans les aires visuelles et s'échelonne sur toute l'enfance et l'adolescence pour les aires associatives et cognitives. Cela explique que l'enfant ne puisse agir ou comprendre qu'en fonction de l'âge et du développement atteints: il existe ainsi, de façon générale, des limites physiologiques à la course à la précocité. Cette dernière ne se précipite pas: les résultats variables d'un enfant à l'autre sont en partie la conséquence de différences entre leurs évolutions.

Si l'on peut dire que la maturation produit les changements dans les comportements moteurs des enfants, on peut aussi affirmer qu'elle favorise l'apparition des comportements cognitifs. Le nombre, par exemple, est un produit social que l'enfant doit s'approprier; son acquisition n'est pas spontanée et, si elle ne résulte pas directement d'une évolution du système nerveux, celle-ci n'y est certainement pas complètement étrangère!

6.2. Les relations maturation-milieu

Les relations entre la maturation et l'entraînement ont été largement étudiées pour voir s'il était possible pour un enfant de faire certains apprentissages avant l'âge normal de leur acquisition. Ces diverses études se regroupent en trois catégories selon qu'elles portent: 1) sur la privation d'exercice avant l'époque de maturation; 2) sur l'excès d'exercice avant cette époque; ou 3) sur l'abandon de l'entraînement après la période de maturation. Quoi qu'il en soit, l'exploration du milieu dépend de l'état de développement de l'enfant: cette exploration, à son tour, renforce la maturation.

La privation sensorielle ou la diminution d'entraînement ne sont expérimentées, pour des raisons fort compréhensibles, que sur l'animal. Nous avons vu que les cellules nerveuses requièrent d'être stimulées afin qu'elles se développent normalement (chapitre 1). L'absence d'entraînement ne modifie que très peu ou pas du tout les comportements ultérieurs, dans la mesure où les restrictions ne débordent pas l'âge où s'acquièrent normalement de tels comportements. Au-delà, les troubles deviennent irréversibles. Dans les cas où les habitudes culturelles de certaines populations se traduisent par la limitation en bas âge de l'activité motrice du nourrisson (les bébés indiens hopis, par exemple, maintenus attachés par des bandes de tissu sur des planches), les activités phylogénétiques apparaissent au moment où la maturation le permet : l'enfant marche à l'âge normal bien que ses mouvements aient été restreints auparavant.

Que produit par ailleurs le surentraînement avant l'époque où s'acquiert normalement un comportement donné ? Plusieurs expériences, réalisées avec des jumeaux, ont été effectuées dans le but de répondre à cette question ; un jumeau vaque, par exemple, aux occupations normales de son âge tandis que l'autre bénéficie d'un entraînement supplémentaire au cours de la même période (McGraw, 1935). Les grandes conclusions de ces études ont fait ressortir que l'entraînement n'a que peu ou pas d'effet sur le moment de l'apparition d'activités phylogénétiques comme ramper, s'asseoir, marcher, mais qu'il affecte la façon dont l'enfant les effectue : le bambin entraîné démontre plus d'aisance et d'habileté que son frère non entraîné. Ainsi, les processus internes de maturation suivent une évolution propre dont l'aspect temporel n'est pratiquement pas modifié par les influences environnementales, lesquelles favorisent par contre le développement optimal de l'enfant, lorsqu'elles se produisent durant la bonne période du processus. Ce développement repose en effet autant sur les capacités internes de l'organisme que sur les effets du milieu.

Si l'entraînement est restreint pendant ou après la période d'acquisition normale d'une activité, le comportement peut fort bien ne jamais apparaître ou se traduire par une performance très inférieure à celle qui aurait pu être atteinte. C'est ce qui se produit dans l'apprentissage d'une langue seconde amorcé de plus en plus tard : il subsistera toujours des intonations de la langue maternelle, ou pour toute activité sportive n'ayant pas fait l'objet d'un entraînement systématique. Il faut donc, non seulement stimuler, mais encore le faire au moment opportun.

Il existe ainsi des **périodes sensibles** (ou **critiques**), c'est-à-dire des moments privilégiés au cours desquels des habiletés données s'apprennent de façon plus ou moins irréversible avec un maximum de facilité et d'efficacité (figures 7.15 et 7.16). Au-delà de ces périodes, l'acquisition de certains comportements se révèle très ardue, voire impossible (cas du langage chez l'enfant sauvage ; Malson, 1964). Déterminer la durée de telles périodes demeure toutefois une tâche difficile selon la nature ou les caractéristiques de l'activité. Dans le domaine du langage par exemple, il semble difficile de parler une langue seconde sans accent si son apprentissage se fait après l'âge de 12 ans. Ce qui est valable pour les comportements s'applique aussi aux cellules : dans le cas de cataractes congénitales, leur opération après quatre à six mois ne produit qu'une vision très faible ; les cellules corticales ne se sont pas développées. La fin de ces périodes sensibles pourrait être associée à l'arrivée à maturité du système synaptique ou à la diminution de la concentration de certains neuromédiateurs (acétylcholine, noradrénaline) au niveau synaptique, ce qui diminuerait l'efficacité de la communication entre les neurones et, par le fait même, celle de la plasticité du système nerveux. Si des récupérations fonctionnelles sont largement possibles après une lésion corticale chez les sujets jeunes, elles sont beaucoup plus limitées chez l'adulte.

Les moments où l'enfant accède à de nouveaux comportements dépendent davantage de son âge physiologique (témoin de son développement) que de son âge chronologique. Si ce dernier est plus facile à connaître, le premier fournit par contre des indications plus fiables sur le développement général du sujet. Il peut ainsi

FIGURE 7.15
EFFETS DE L'ÂGE ET DE L'ENTRAÎNEMENT SUR LA PERFORMANCE

Pour les unités relatives à l'âge, il peut s'agir de jours, de mois ou d'années, en fonction de l'apprentissage considéré.

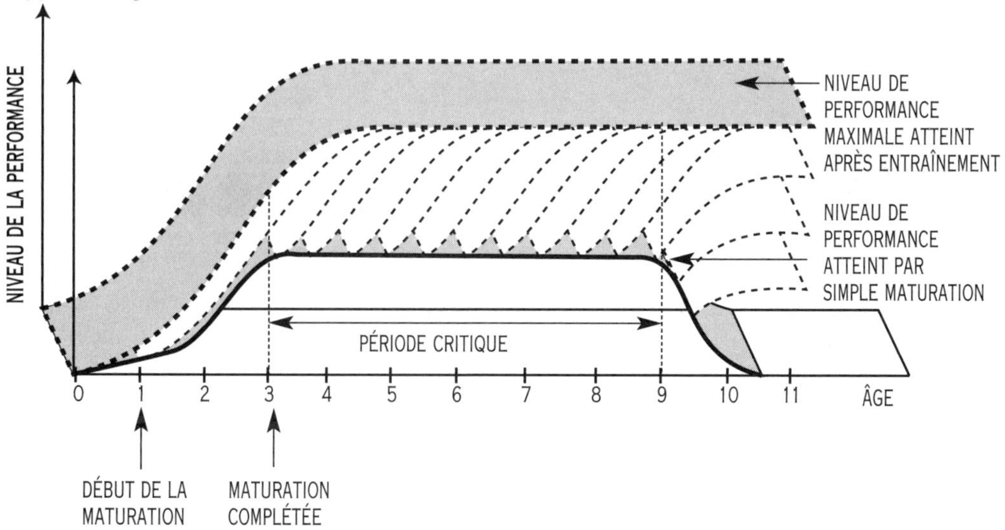

FIGURE 7.16
INTERACTIONS MATURATION-MILIEU

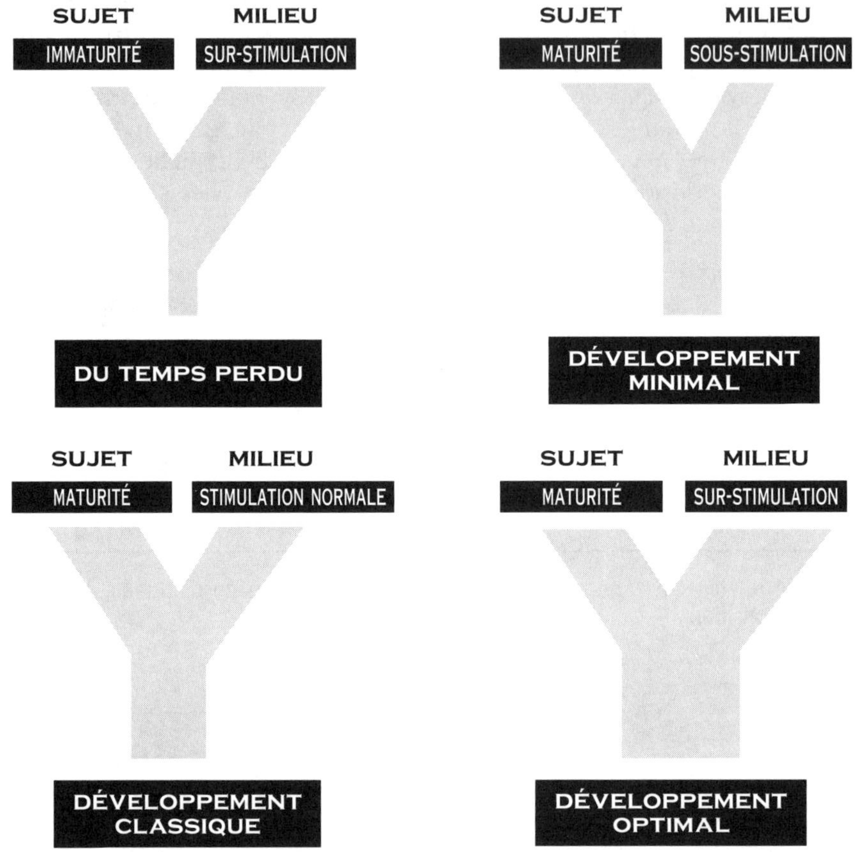

arriver que l'évolution d'un enfant soit beaucoup plus rapide que la moyenne (enfants doués ou talentueux), ce qui arrive pour près de 15 % de la population. Dans leur cas, l'apprentissage précoce ou accéléré se justifie.

Nos possibilités cognitives et nos comportements s'acquièrent par **épigenèse** : c'est une organisation progressive des caractéristiques morphologiques, cognitives, motrices ou socioaffectives dépendant simultanément de facteurs génétiques et environnementaux (alimentation, stimulations, expériences, relations). L'acquis (le construit) s'appuie sur les interactions donné (génétique) – offert (environnement).

L'environnement est d'autant plus favorable au développement de l'enfant qu'il est positif, stimulant et qu'il encourage l'action de l'enfant ainsi que les interactions avec les autres.

Pour Vygotsky (1997), le développement humain se ferait par des allers-retours entre l'individuel (l'ontogenèse) et le culturel (la phylogenèse); ces deux pôles s'entrecroisent avec l'acquisition de la pensée et du langage, le culturel facilitant l'évolution des fonctions psychiques ou cognitives. Si l'action prime dans les comportements perceptivomoteurs, la pensée représente rapidement une forme d'action intériorisée, l'enfant pouvant se représenter le résultat d'une action sans avoir à la réaliser. Ces concepts s'acquièrent par l'expérience, non par l'enseignement direct, aidés par le développement linguistique. Cet auteur accentue en particulier le rôle de l'adulte dans l'évolution cognitive (la médiation) et propose la notion de «**zone proximale de développement**». Nous apprenons ce qui est disponible dans le milieu dans lequel nous vivons. Comme il existe forcément un décalage entre nos connaissances et celles du groupe, pendant notre développement, une personne qui sait peut nous aider à progresser plus vite que si nous avons à le faire seul. À l'endroit où nous sommes rendus, dans notre développement cognitif, l'adulte peut nous donner un «coup de pouce» en nous aidant à comprendre plus rapidement quelque chose que nous aurions pu acquérir seul, mais avec un laps de temps largement supérieur (figure 7.17). L'une des premières étapes sur le chemin de l'abstraction cognitive, utilisant perception-action et représentation, apparaît lorsque les enfants regroupent des objets se ressemblant sur un critère (forme: rond, plat, couleur) ou en partageant plusieurs (rondelles rouges, cubes blancs). L'adulte peut aider l'enfant à progresser (étayage) dans les zones proximales de développement, en sollicitant des fonctions en voie d'acquisition et non pas uniquement celles déjà disponibles. C'est l'enfant qui se «re-construit» en permanence en profitant de l'aide apportée par une autre personne dans la structuration de son environnement (d'où la notion de socioconstructivisme).

Comment ces notions s'intègrent-elles aux apprentissages scolaires et en particulier à la notion de préalables?

FIGURE 7.17
LES ZONES PROXIMALES DE DÉVELOPPEMENT

(D'après Vygotsky, 1987.)

6.3. La notion de préalable

Est préalable ce qui a lieu, se fait ou se dit avant autre chose, dans une suite de faits liés entre eux. Toutefois, une activité qui en précède temporellement une autre ne lui est pas forcément préalable : le ramper ne représente pas un préalable majeur à la marche. Le préalable ne signifie donc pas systématiquement « avant », mais plutôt, dans ce contexte, « qui facilite, qui conditionne » : c'est une activité qui prépare la réalisation d'une autre activité. Il s'agit, en d'autres mots, de l'ensemble des conditions auxquelles est subordonné le succès de l'apprentissage d'une activité nouvelle. Il est difficilement contestable de penser, en effet, que des acquisitions fonctionnelles comme les habiletés perceptivomotrices, l'attention, la concentration, des aptitudes linguistiques, des compétences socioaffectives, caractéristiques du développement global harmonieux de l'enfant, ne représentent pas des atouts positifs à une entrée réussie dans le domaine scolaire. Cela le prépare à agir ou à réagir.

Existe-t-il donc des notions ou des aptitudes qui doivent être acquises avant d'escompter aborder les apprentissages scolaires avec le maximum de chances de succès ? Le simple bon sens fait répondre oui. Peut-on, en effet, commencer à écrire avant d'avoir un contrôle satisfaisant de la motricité des membres supérieurs ? La lecture ne dépend-elle pas d'un niveau de discrimination suffisant pour que se fasse la distinction de signes, de lettres et de mots ? La notion de nombre ne s'établit-elle pas à partir du rassemblement ou de la collection d'objets de même nature ? Il faut néanmoins tempérer les relations de cause à effet que l'on veut voir entre la réussite d'un exercice et un apprentissage particulier : rien ne prouve, par exemple, que la maîtrise des notions droite et gauche, associée à l'organisation spatiale, soit garante d'un apprentissage sans difficulté en lecture. La seule question que l'on puisse alors poser est la suivante : Est-il possible de faciliter l'acquisition de ces aptitudes avant les débuts en lecture, en écriture ou en mathématiques ?

6.4. La motricité au préscolaire et les préalables aux apprentissages

Ce qui est vraiment apparent dans l'activité du jeune enfant, c'est sa motricité. Voilà bien un être actif par essence, en perpétuel mouvement, en interaction constante avec son environnement. Ses acquisitions proviennent en grande partie de ses activités motrices et de ses sensations : son organisation sensorielle semble d'ailleurs plus complète qu'on ne le pensait. Au fur et à mesure que s'effectue son développement moteur, l'exploration active du milieu s'amplifie. Si, au début, le milieu environnant lui fournit suffisamment de stimulations, les jouets et les activités organisées deviennent par la suite un complément indispensable à son éveil.

Dans de telles conditions, il est normal qu'une grande partie du temps, à l'éducation préscolaire, soit consacrée à des activités motrices globales ou fines. Ces activités améliorent d'abord le contrôle moteur associé à son développement moteur. L'acquisition de concepts, ensuite, se fait par les actions motrices et l'intermédiaire des contrastes, lesquels se prêtent particulièrement bien à l'exploration motrice et aux comparaisons nécessaires à la perception (Lapierre et Aucouturier, 1974a, 1974b, 1975). L'action motrice est l'outil parfait pour illustrer la plupart des contrastes ou oppositions existant entre deux situations, le moyen privilégié d'en faire faire l'expérience aux enfants en les leur indiquant verbalement. Ces contrastes peuvent être de nature absolue (il y a quelque chose ou il n'y a rien) ou relative (il y a une différence d'intensité entre deux stimuli ou deux situations). Il est possible d'adapter presque tous les exercices pour introduire les différents contrastes d'intensité : fort/faible, lourd/léger, chaud/froid, etc., de taille : grand/petit, large/étroit, haut/bas, etc., de vitesse : vite/lent (tableau 7.2) ce qui favorise la découverte des propriétés des objets et de la matière.

TABLEAU 7.2
LES CONTRASTES

(Tableau composé à partir de Lapierre et Aucouturier [1974a et b] et complété.)

INTENSITÉ
– FORT-FAIBLE
– DUR-MOU
– LOURD-LÉGER
– CLAIR-SOMBRE
– GRAVE-AIGU
– CHAUD-FROID
– LISSE-RUGUEUX
– SEC-MOUILLÉ
– BON-MAUVAIS
– PLUS-MOINS
– TOUS-AUCUN

TAILLE-GRANDEUR
– GRAND-PETIT
– LONG-COURT
– HAUT-BAS
– LARGE-ÉTROIT
– ÉPAIS-MINCE
– GROS-PETIT
– GRAS-MAIGRE
– ÉTENDU-RESTREINT
– MINUSCULES-MAJUSCULES
– AGRANDIR-RAPETISSER

POSITION
– DEVANT-DERRIÈRE
– HAUT-BAS
– DROITE-GAUCHE
– DESSUS-DESSOUS
– LOIN-PRÈS
– DEDANS-DEHORS
– INTÉRIEUR-EXTÉRIEUR

ORDRE
– AVANT-APRÈS
– PREMIER-DERNIER
– D'ABORD-ENSUITE
– EN MÊME TEMPS-DÉCALÉ

DURÉE
– COURT-LONG
– DURABLE-ÉPHÉMÈRE
– JEUNE-VIEUX

VITESSE
– VITE-LENT
– SUCCESSIF-SIMULTANÉ

RYTHME
– RAPIDE-LENT
– SPONTANÉ-IMPOSÉ
– RÉGULIER-IRRÉGULIER
– PÉRIODICITÉ-UNICITÉ
– STRUCTURE-DÉSORDRE

Les comparaisons sous-tendent toute activité perceptive, et elles doivent faire l'objet d'une attention constante chez les enseignants pour que les enfants prennent l'habitude de transporter leur regard d'un objet à l'autre avant de décider s'ils sont identiques ou différents. Les bambins d'âge préscolaire observent, classent et comparent ; les écoliers, au début du primaire, progressent dans la classification, la mesure, la formulation d'hypothèses et l'expérimentation, le tout en des domaines aussi variés que la conservation des volumes et matières, le temps, l'espace, etc.

L'éducation motrice contribue au développement de la latéralité et de l'efficience manuelle, du schéma corporel ; l'éducation psychomotrice améliore l'orientation droite-gauche, l'organisation spatiale et temporelle, cette dernière intéressant davantage les enfants du début de l'élémentaire (voir Introduction, tableau 1). Même si leur rôle dans la facilitation des apprentissages scolaires n'est pas encore démontré de façon claire, mais beaucoup plus pressenti que prouvé, il demeure indubitable que ces variables favorisent l'évolution globale de l'enfant en permettant une plus grande diversification de ses expériences. L'entraînement améliore les habiletés sensorielles primordiales ; les activités motrices fines et globales perfectionnent les habiletés motrices de base, facilitent l'intégration perceptivomotrice et rendent possibles les actions motrices, point de départ des fonctions cognitives.

En ce sens, les activités psychomotrices préparent, mais ne remplacent pas, les apprentissages scolaires. Ceux-ci requièrent en effet une maîtrise minimale de l'organisation spatiale, des capacités discriminatives élevées, un contrôle adéquat de la motricité de la main dominante. Les programmes utilisés au préscolaire favorisent largement l'atteinte de tels objectifs. Nous avons déjà mentionné que l'enfant est un être en croissance, en pleine évolution neuromotrice, cognitive et sociale. Ses possibilités dépendent de l'état de développement auquel il est parvenu : peut-il en faire plus qu'on ne lui en demande ou lui en demande-t-on déjà trop ?

L'exposition à un environnement enrichi conduit à des apprentissages plus précoces dans la mesure où l'enfant agit dans cet environnement et ne se contente pas d'être spectateur. Il s'agit de proposer sans forcer, d'apporter les stimulations dès que possible, l'enfant en tirant profit dès qu'il est prêt à le faire.

Pareille attitude se fonde sur un enseignement plus individualisé où la personne, et non le groupe, sert de norme. La question de la scolarisation précoce et du « toujours plus tôt » ne se pose plus dans de telles conditions : on apprend dès que l'on entre dans la période critique ; la constitution récente de cycles au primaire répond à cette préoccupation (les apprentissages premiers, fondamentaux, puis l'approfondissement des connaissances).

La stimulation en milieu enrichi ne se limite pas à une surcharge d'activités. Le fait de regarder de longues heures la télévision ne constitue qu'une stimulation passive où l'enfant subit l'information et ne sait pas quoi en faire. La stimulation active où l'enfant interagit avec la situation, où il en constitue un élément, comme dans l'activité motrice, enrichit au contraire son comportement de nouveaux savoir-faire ; il voit en effet les autres agir, les imite, transforme leurs actions et en élabore de nouvelles, personnelles. C'est ce qui se produit aussi dans le langage alors que l'enfant apprend à parler sans effort parce que tous, autour de lui, lui parlent en pointant l'objet ou l'action que le mot désigne (Cohen, 1982). Il est probable que l'accès au langage écrit puisse se faire très tôt, dans la mesure où on le présente à l'enfant en lui donnant la possibilité de le comprendre. Dans ce cas, le matériel utilisé doit correspondre au développement que l'enfant a atteint dans son langage oral, il doit comporter des syntaxes équivalentes ; il s'agit de mettre l'enfant dans une situation reliée à la réalité et qui a un sens pour lui.

7. RÉSUMÉ

La motricité intervient dans l'amélioration des coordinations motrices et les actions motrices font de même dans le développement des fonctions cognitives. Ces deux composantes du développement de l'enfant dépendent largement de sa maturation physiologique lui ouvrant l'accès à l'exploration du monde qui l'entoure, exploration à son tour renforçant son développement perceptif et cognitif par la consolidation de la structure des centres nerveux. Les sensations éprouvées au cours d'activités réflexes deviennent à leur tour causes de mouvements. Cette anticipation de l'action motrice et de ses résultats s'appuie sur l'image mentale dont les composantes figuratives et opératoires portent, les premières sur la configuration de l'objet, les secondes sur les opérations que l'on peut réaliser.

Le nourrisson dispose à la naissance et dans les mois qui suivent d'habiletés variées qui, bien qu'encore limitées, lui permettent rapidement d'apprendre à partir des expériences qui s'offrent à lui puis qu'il provoque avec son accession à l'autonomie des déplacements et de la manipulation. La diligence des parents à cette époque, qui l'encouragent au lieu de lui interdire, favorise son développement moteur, cognitif et socioaffectif, son intérêt à découvrir l'environnement tout en développant un attachement fort aux adultes et en renforçant sa confiance en soi et son estime de soi. La richesse des actions perceptivomotrices qu'il est en mesure d'entreprendre, parce que son milieu lui en fournit l'occasion, détermine dans une large mesure son potentiel cognitif futur.

Les habiletés de base, complexes et supérieures ou de haut niveau, s'acquièrent par apprentissage. Les activités manipulatoires aléatoires, guidées ou autodirigées les préparent et ouvrent la voie à l'abstraction qui isole des qualités et des relations et agit sur elles et non plus sur la réalité directement observable. Cette abstraction facilite les différentes formes de représentation auxquelles contribuent les images mentales et les concepts. La pensée enfantine évolue du stade sensorimoteur aux stades préopératoire, opératoire et formel. Elle quitte progressivement le support de l'activité motrice pour atteindre le raisonnement abstrait. Au cours de cette période, l'apprentissage occupe le plus clair du temps de l'enfant. À partir des exemples que le milieu lui fournit, il construit son propre comportement et complète ses habiletés. La qualité et la rapidité de cet apprentissage dépendent de facteurs de maturation nerveuse et d'influences environnementales, l'action motrice contribuant à l'accession aux connaissances.

8. QUESTIONS

J'évalue mes connaissances en répondant aux questions suivantes :

8.1. Quels sont les stades de développement de l'intelligence selon Piaget? les âges respectifs auxquels ils apparaissent? leurs caractéristiques?

8.2. Que nous apportent les travaux de Wallon dans la compréhension de l'évolution de l'intelligence chez les enfants?

8.3. En quoi consiste la manipulation? Quelles en sont les différentes formes?

8.4. Comment passe-t-on de la manipulation à l'abstraction? Quelles sont les différentes formes d'abstraction?

8.5. Comment relier perception, action, représentation et cognition?

8.6. Comment s'apprend un concept?

8.7. En quoi consiste un conflit cognitif?

8.8. Existe-t-il des préalables aux apprentissages scolaires? L'évolution du système nerveux joue-t-elle un rôle dans le développement cognitif?

8.9. Comment interfèrent la maturation et le milieu? Qu'entend-on par période sensible?

8.10. Comment les actions motrices contribuent-elles à l'acquisition de concepts?

CHAPITRE 8

L'ORGANISATION PERCEPTIVE

OBJECTIFS

À la fin de ce chapitre, vous devriez être en mesure de :

- décrire les différents récepteurs sensoriels ;
- indiquer le rôle des différents récepteurs sensoriels dans la prise d'informations ;
- préciser les étapes du processus perceptif ;
- décrire les programmes perceptifs.

1. INTRODUCTION

La perception est à la base de tous nos comportements volontaires conscients. Elle nous fournit l'information nécessaire pour que nous puissions ajuster nos activités à la situation présente, qu'il s'agisse de comportements moteurs ou des apprentissages scolaires. Pour recueillir cette information, nous disposons de différents récepteurs sensoriels, disséminés sur l'ensemble de notre corps ou concentrés sur la tête et qui transmettent à l'encéphale des influx nerveux lorsqu'ils sont excités. Le traitement et l'analyse de ces influx génère une perception qui nous donne une information sur notre milieu (couleur, forme, vitesse, température, etc.).

Nous aborderons dans ce chapitre la description élémentaire des différents systèmes sensoriels permettant la prise d'informations relatives au contexte dans lequel se déroulent nos actions motrices à l'origine de nos comportements perceptivomoteurs et les différentes étapes du processus perceptif.

1.1. La prise d'information : la sensation

Avant toute action, nous devons rechercher dans le milieu environnant l'information qui nous servira à la préparer ; il n'est pratiquement pas d'action qui ne soit le résultat d'une forme ou autre de stimulation. Ce sont nos différents récepteurs sensoriels, véritables neurones disséminés dans tout notre corps, qui captent dans un premier temps cette information avant que tout le système perceptif, encéphalique, entre en jeu pour l'analyser. Ils fonctionnent, chez un enfant de cinq ans, de façon largement semblable à celle de l'adulte. Chaque catégorie de récepteurs réagit à un stimulus qui lui est propre comme la lumière, les sons, la température, les pressions, l'allongement des muscles, etc. Pour que le récepteur réagisse, l'intensité du stimulus doit avoir une valeur minimale correspondant au **seuil d'excitabilité** du récepteur à partir duquel celui-ci détecte la présence d'une stimulation. Celle-ci provoque alors l'apparition d'un influx nerveux qui s'achemine ensuite vers le cortex cérébral où commencent des réactions en chaîne qui s'achèveront par la prise de conscience de l'événement et sa perception, témoins du traitement de l'information. Les récepteurs ont été regroupés suivant leur localisation en récepteurs extéroceptifs, proprioceptifs et intéroceptifs (figure 8.1). Seuls les deux premiers groupes contribuent à l'action motrice, le dernier appartenant davantage à la vie végétative.

Dans la **sensibilité extéroceptive** se retrouvent les cinq sens bien connus, la vue, l'ouïe, le toucher, le goût et l'odorat.

La **vision** est rendue possible par la présence, sur la rétine, de cellules réceptrices, les cônes et les bâtonnets (figure 8.2). La lumière traverse plusieurs structures avant de les atteindre. Après leur excitation, les cellules de chaque œil envoient à parts égales leurs influx nerveux vers les deux cortex occipitaux après un relais dans le thalamus. Les informations parvenant au **lobe occipital**, après un premier traitement local, sont transférées vers deux autres aires corticales pour un traitement plus complet : vers le lobe inférotemporal pour l'identification de ce qui est vu (qu'est-ce que je vois ?) et vers le lobe postéro-pariétal pour sa localisation dans l'espace (où est ce que je vois ?). La recombinaison de toutes ces informations nous donnera la perception visuelle totale de la scène (figure 8.3). C'est la présence de cellules réceptrices sensibles plus particulièrement à certaines des longueurs d'onde du spectre lumineux (bleu, vert, rouge) qui nous permet de différencier les couleurs ; l'absence de l'une ou l'autre de ces catégories de cellules modifie la perception des couleurs (daltoniens, par exemple, chez qui rouge et vert se confondent plus ou moins). La densité plus importante des cellules réceptrices au centre de la rétine, la fovéa, y permet la meilleure discrimination visuelle, base de l'acuité visuelle. Il est essentiel que les deux yeux apportent leur contribution à la vision pour la vision binoculaire : nous bénéficions ainsi d'une meilleure perception du relief. Lorsque des strabismes ou des cataractes sont présents à la naissance, il est essentiel de remédier le plus rapidement possible à cette situation afin que les cellules nerveuses associées à la vision puissent être stimulées de façon appropriée et fonctionner ensuite normalement (Hosal, Diglan et Elhan, 2000). Rappelons, en effet, que les cellules visuelles corticales occipitales non stimulées dégénèrent (Hubel et Wiesel, 1962, 1963).

FIGURE 8.1
LES SENSATIONS ET LES PERCEPTIONS

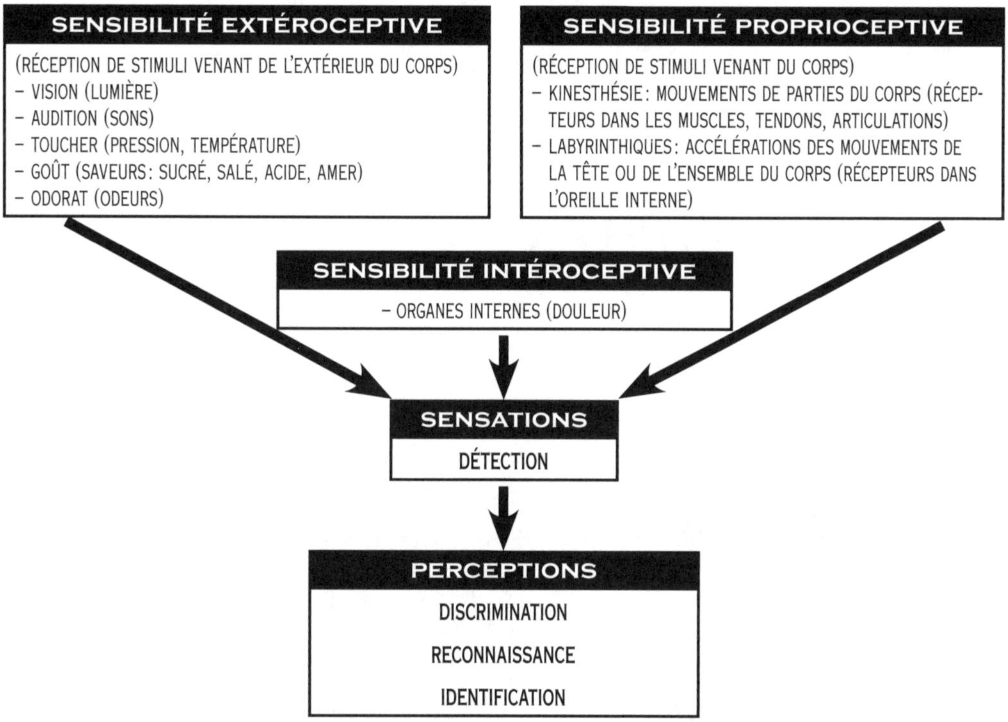

Pour l'**audition**, ce sont les cellules ciliées de la cochlée qui réagissent aux pressions générées par les sons. Après avoir été captées par le pavillon de l'oreille, les pressions activent le tympan, puis la chaîne des osselets et modifient enfin la pression à l'intérieur de la cochlée, dépolarisant les cellules ciliées. Situées dans la cochlée de l'oreille interne (figure 8.4), elles s'activent en fonction de la hauteur (grave ou aiguë) du son. Les influx parviennent au **cortex temporal** où, décodés, ils nous permettent d'interpréter puis de comprendre les sons entendus, si nous en connaissons le code, code que nous devons apprendre pour chaque langue. L'acquisition de ces codes sonores et leur retranscription motrice pour l'émission de sons sont d'autant

FIGURE 8.2
L'ŒIL

A. ANATOMIE DE L'ŒIL

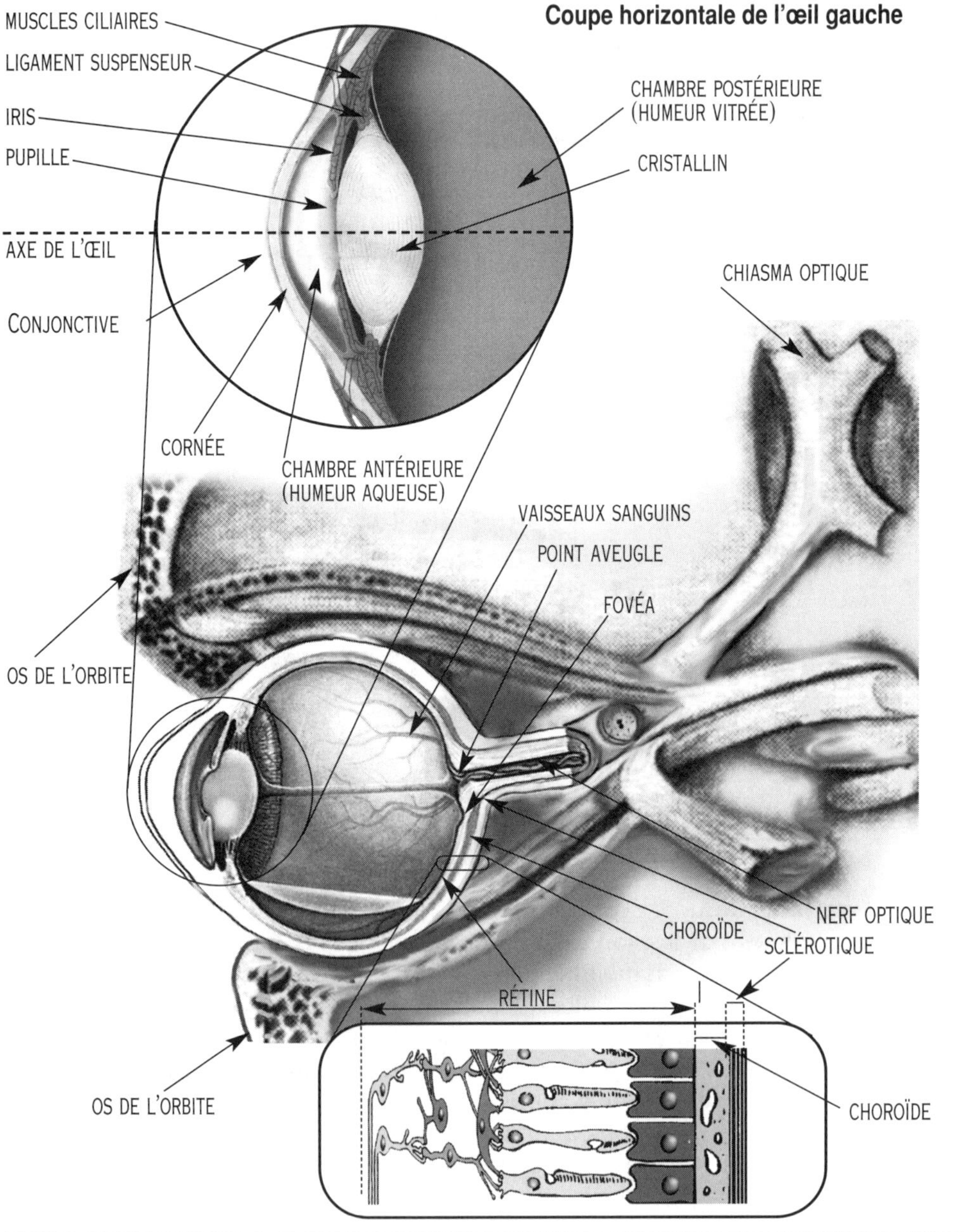

B. DE L'ŒIL AU CORTEX

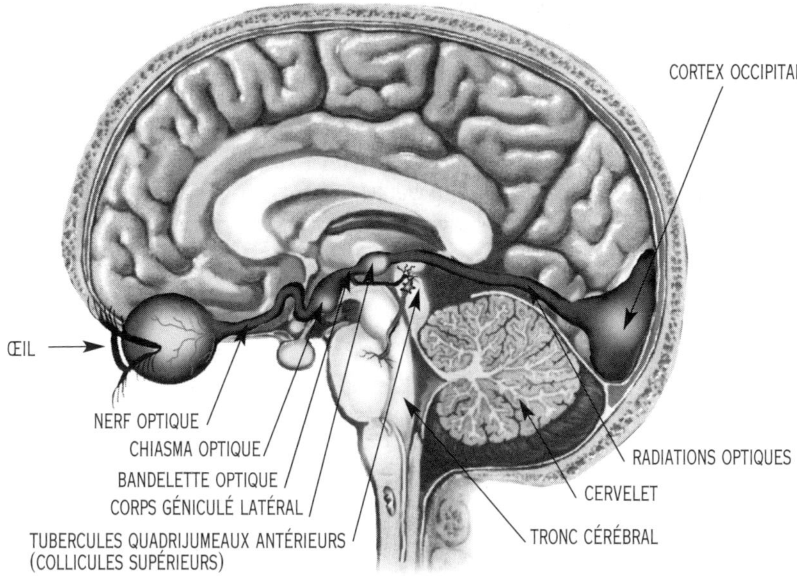

FIGURE 8.3
LES DEUX GRANDES VOIES DU TRAITEMENT DES INFORMATIONS VISUELLES

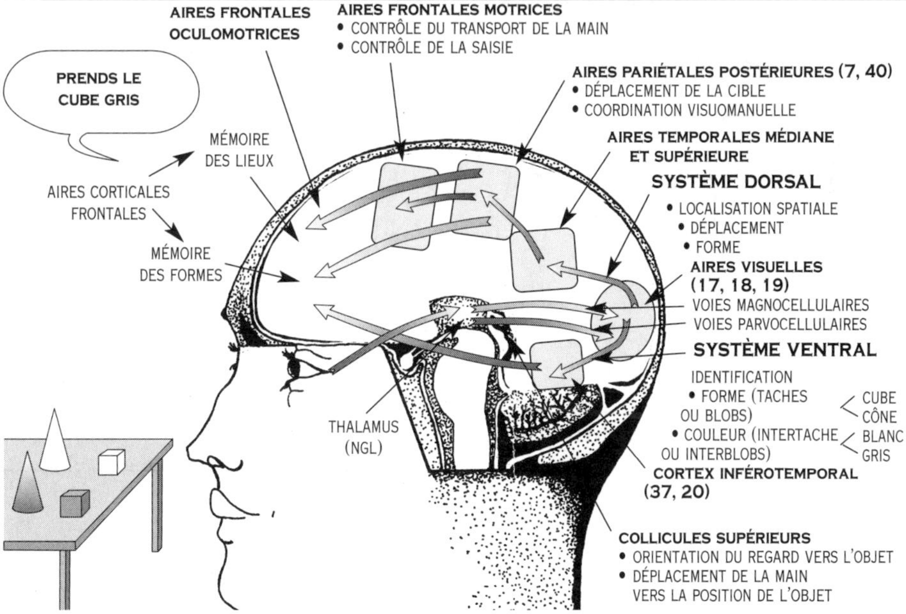

FIGURE 8.4
ANATOMIE DE L'OREILLE

(Coupes)

A. L'OREILLE

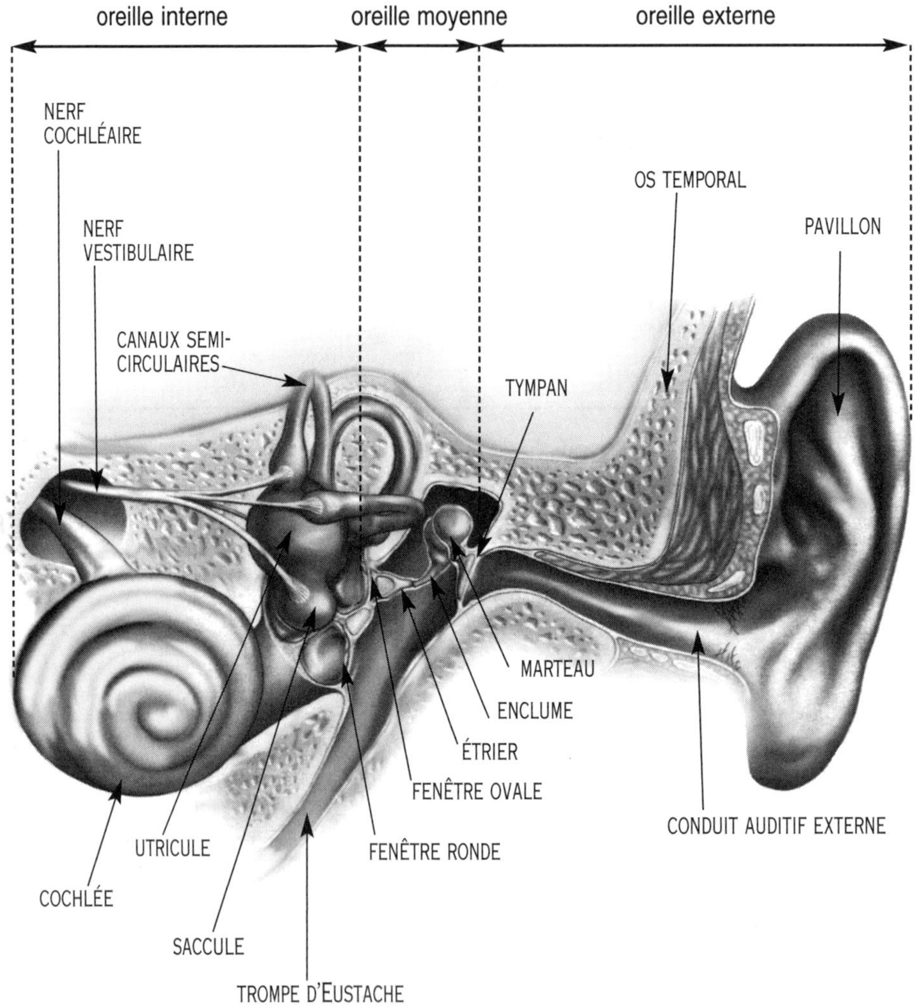

B. L'ORGANE DE CORTI

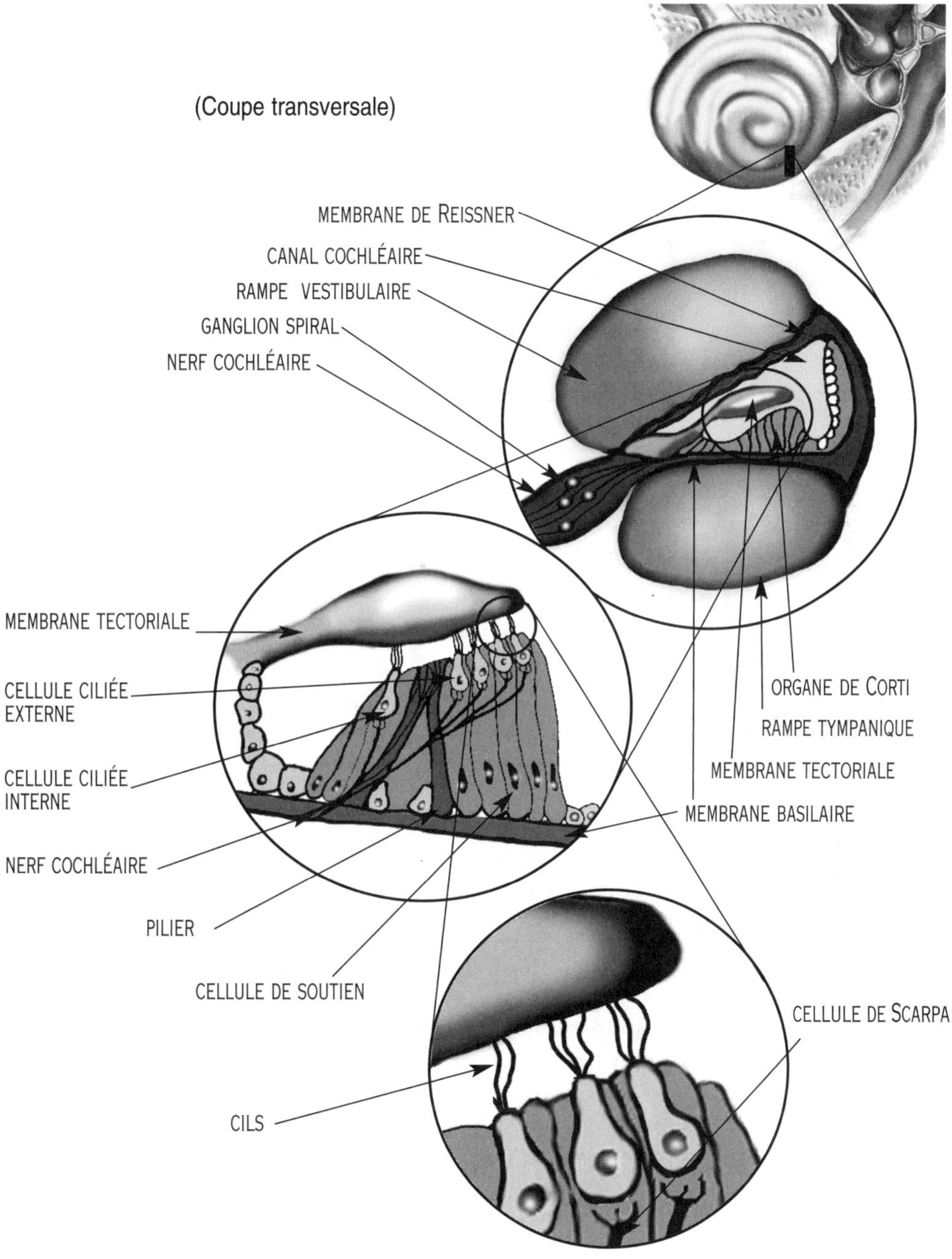

C. Les cellules vestibulaires

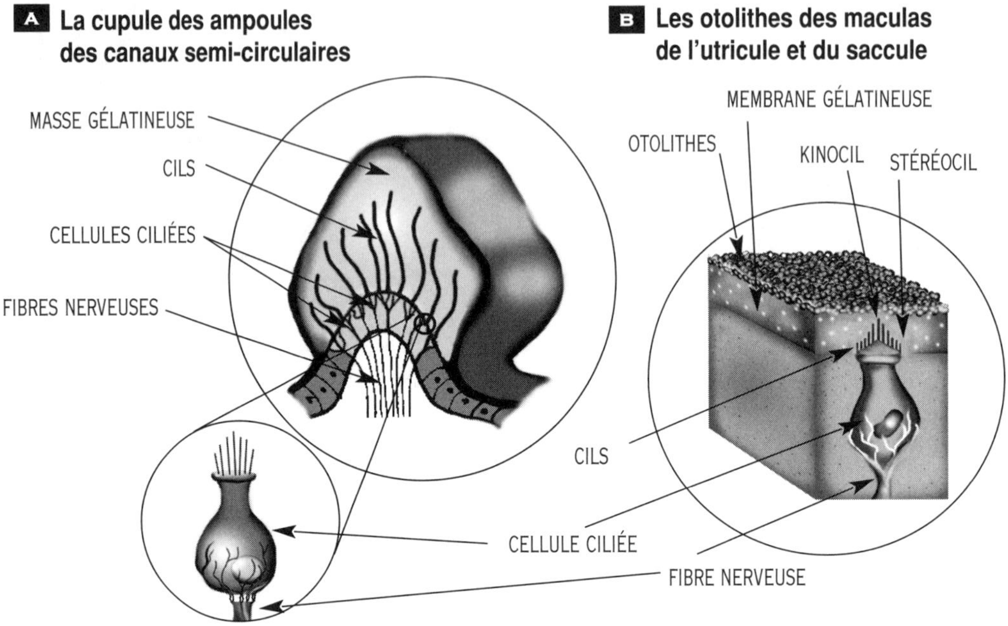

plus faciles que les enfants sont jeunes : c'est tout l'intérêt de stimulations langagières précoces. L'audition nous permet aussi de localiser le lieu d'origine ou la direction de la source sonore : nous utilisons pour cela le décalage temporel d'arrivée du son aux deux oreilles ainsi que la différence d'intensité du son parvenant à l'une puis à l'autre oreille. Lorsque ce n'est pas clair (comme dans une forêt par exemple) nous tournons la tête dans un sens puis dans l'autre pour essayer d'augmenter justement ce décalage temporel et ainsi mieux localiser la direction d'où provient l'appel.

Le **toucher** provient de la peau qui renferme toute une série de cellules réceptrices sensibles soit aux pressions, à la température ou à la douleur (figure 8.5). La densité des cellules varie d'une partie du corps à l'autre : elle est la plus élevée sur la pulpe des doigts où la discrimination tactile sera la meilleure. Cela a été mis à profit dans la lecture du Braille pour les aveugles (il s'agit de points en relief distribués sur un rectangle de 6 mm sur 3 mm pouvant contenir au maximum six points distancés de 2 mm de centre à centre). Les influx issus de ces cellules se rendent aux **aires somesthésiques du lobe pariétal** opposé selon une disposition bien particulière : les parties anatomiques corporelles voisines se retrouvent sur des parties voisines de ces aires corticales constituant ce que l'on a dénommé « l'homonculus sensitif ». Les projections corticales des différentes parties du corps sont d'autant plus importantes

FIGURE 8.5
LES RÉCEPTEURS CUTANÉS

Ces récepteurs ne sont pas tous présents dans chaque partie de la peau.

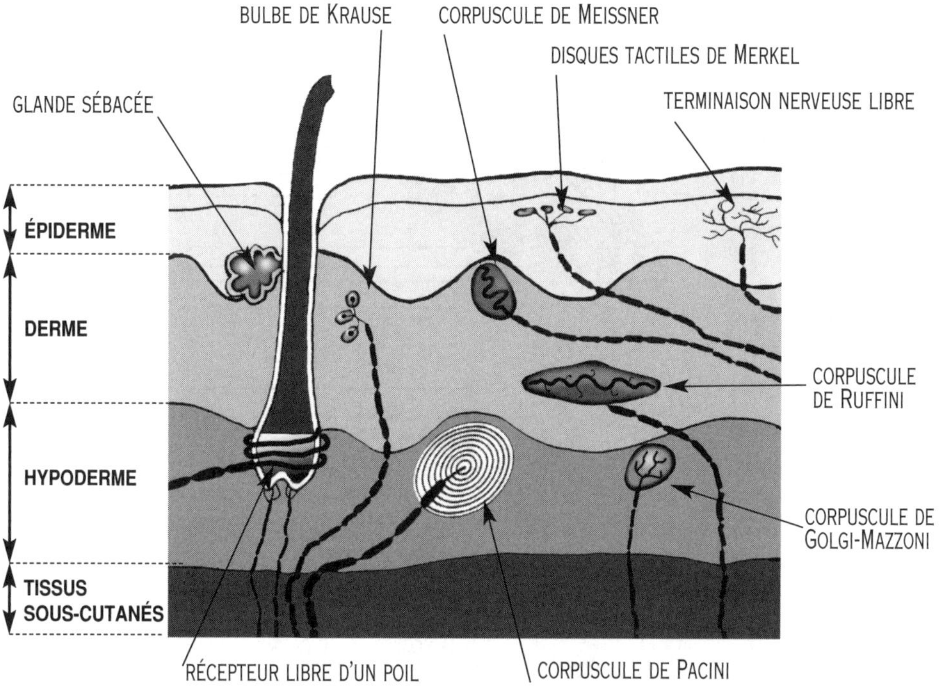

en superficie qu'une partie fournit une grande quantité d'informations : la main occupe ainsi une aire corticale bien plus grande que la cuisse. La discrimination tactile, le fait donc de distinguer des détails à partir du toucher, s'améliore avec l'entraînement : lorsque nous touchons pour la première fois une lettre écrite en Braille nous avons du mal à dire combien il y a de points présents. Puis nous pouvons nous représenter leur disposition et en déduire ainsi la lettre représentée.

Un autre sens, un sixième si l'on peut dire, demeure moins connu, bien qu'indispensable en éducation motrice pour un bon contrôle moteur : c'est le **sens du mouvement** ou **proprioception**. La **sensibilité proprioceptive** est issue de deux grands systèmes sensoriels : celui des récepteurs localisés dans les muscles, les articulations et les tendons musculaires (figure 8.6), associés à la **kinesthésie**, et ceux du labyrinthe ou vestibule de l'oreille interne (figure 8.4), associés au **sens vestibulaire** (tableau 8.1)

FIGURE 8.6
LES RÉCEPTEURS KINESTHÉSIQUES MUSCULAIRES, ARTICULAIRES ET TENDINEUX

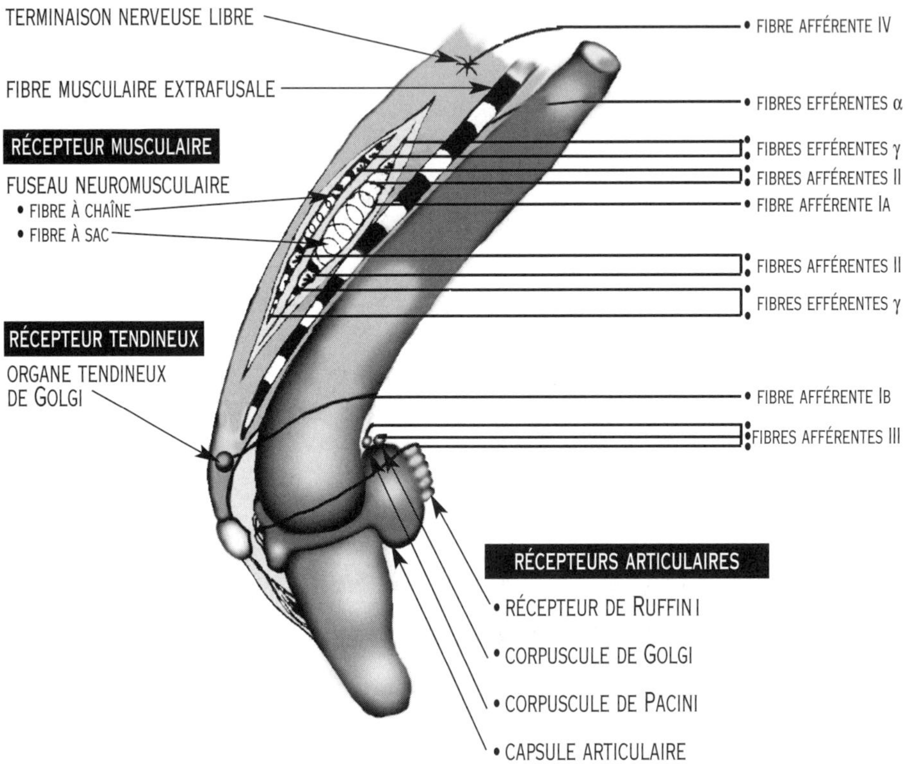

Les sensations kinesthésiques proviennent de tout un ensemble de récepteurs disséminés dans tous nos muscles (les fuseaux neuromusculaires, signalant les changements de longueur des muscles), les tendons musculaires (organes tendineux de Golgi signalant la tension ou force musculaire à laquelle ils sont soumis lors d'une contraction) et les capsules articulaires (récepteurs multiples signalant l'amplitude et la vitesse de l'ouverture ou de la fermeture des articulations). Vous êtes vous demandé comment une personne qui ne voyait pas le clavier du piano pouvait jouer avec autant de dextérité et de célérité en mettant ses doigts sur les bonnes touches? C'est grâce à la kinesthésie que les aveugles (ou nous les yeux fermés) peuvent localiser les parties du corps les unes par rapport aux autres, sentir leurs déplacements ou le degré de force déployée lors d'une contraction musculaire. Sans la kinesthésie, cela

TABLEAU 8.1
LA PROPRIOCEPTION

ORGANE	CELLULE RÉCEPTRTICE	SENSATIONS
MUSCLES	FUSEAUX NEUROMUSCULAIRES; ORGANES TENDINEUX DE GOLGI	LONGUEUR DU MUSCLE: **LE MOUVEMENT;** TENSION INTRAMUSCULAIRE: **LA FORCE**
ARTICULATIONS	ORGANES TENDINEUX DE GOLGI	DEGRÉ D'OUVERTURE OU DE FERMETURE DE L'ARTICULATION: **LE MOUVEMENT**
VESTIBULE (OREILLE INTERNE)	CELLULES CILIÉES, CANAUX SEMI-CIRCULAIRES SACCULE ET UTRICULE	ACCÉLÉRATIONS ANGULAIRES ET LINÉAIRES DE LA TÊTE ET DU CORPS: **LE MOUVEMENT**

serait impossible à réaliser, comme d'ailleurs toute activité motrice volontairement contrôlée. Ces informations sont traitées dans les aires somesthésiques puis transmises à d'autres aires du même lobe pariétal et de l'encéphale pour nous permettre de mieux contrôler nos mouvements; elles sont largement responsables de la structuration de notre schéma corporel.

Quant au **sens vestibulaire**, il résulte de mouvements de la tête (et donc du corps le plus souvent) et nous nous en servons dans le contrôle de l'équilibre ou lors d'acrobaties en activité gymnique, en patinage, en natation artistique. Il nous permet de déterminer les mouvements de rotation de la tête (accélérations angulaires dans les trois plans de l'espace sollicitant les canaux semi-circulaires) ou les accélérations linéaires du corps (départ de l'ascenseur ou d'un avion sollicitant l'utricule et le saccule). Si par exemple je saute pour faire une rotation en l'air en fermant les yeux, j'aurais une idée de l'amplitude de la rotation grâce aux informations issues des canaux semi-circulaires du vestibule. Ce sont aussi ces canaux et leur surexcitation par les mouvements perpétuels en tout sens du bateau ou de la voiture dans des virages successifs qui vont créer le mal de mer ou de la route. Ce sont eux aussi les responsables du vertige physiologique apparaissant lorsque nous tournons trop longtemps sur nous-mêmes: en nous arrêtant, nous avons l'impression que le monde autour de nous «tourne»; associés aux yeux par la liaison du réflexe vestibulo-oculaire, ils y provoquent des mouvements des globes oculaires, point de départ de cette «illusion». Ce vertige est distinct de celui qui résulte, chez certaines personnes, de leur montée sur une échelle par exemple: il s'agit dans ce cas d'un vertige psychologique provoqué par le décalage visuel entre une perception habituelle et une nouvelle perception modifiée par la hauteur.

Les sensations en provenance du corps, regroupant les sensations tactiles (pression, température, douleur cutanée) et proprioceptives, forment la **somesthésie**. La combinaison des sensations tactiles et kinesthésiques donne naissance au **sens haptique** qui nous permet de reconnaître les formes par le toucher actif, sans l'intervention de la vision, comme lorsque nous devons trouver un objet dissimulé parmi d'autres dans un sac opaque, sens que l'aveugle utilise en permanence pour discriminer les objets qu'il touche ou lire le braille. Dans la plupart des activités de manipulation, toutefois, nous utilisons sans cesse la combinaison des sensations tactiles, kinesthésiques mais aussi visuelles.

Nous savons très bien que les possibilités sensorielles extéroceptives des enfants entrant à l'école sont pratiquement équivalentes à celles de l'adulte. Qu'en est-il des sensations kinesthésiques? Sont-elles bien fonctionnelles chez les enfants? Il semblerait que ce soit en effet le cas (figure 8.7; Redon *et al.*, 1994). Dans une expérience conduite avec des enfants de cinq à neuf ans, ceux-ci devaient reproduire avec leur bras gauche les mouvements que l'expérimentateur faisait faire à leur bras droit en l'absence de vision; leurs bras se trouvaient dans de petites gouttières articulées sous le coude. Dans un premier temps, l'expérimentateur produisait un mouvement réel de flexion de l'avant-bras droit sur le bras. Presque aussitôt après le début du mouvement, les enfants reproduisaient avec leur bras gauche le mouvement de leur bras droit, en fonction de la vitesse du mouvement. Dans un deuxième temps, leur bras droit était bloqué et un vibrateur, appliqué sur le tendon du triceps de ce même bras. Nous savons que dans une telle situation, bras bloqué, l'adulte perçoit un mouvement de l'avant-bras correspondant à l'étirement du muscle vibré, une flexion «illusoire» dans ce cas. L'expérience a bien montré que dès l'âge de cinq ans, l'enfant réagit de façon identique: il fléchit son avant-bras gauche, montrant qu'il perçoit une flexion de son avant-bras droit! Les informations tendineuses provoquées par la vibration du tendon du triceps droit se rendent bien aux aires somesthésiques où elles sont interprétées comme correspondant à la fermeture de l'articulation et le sujet le manifeste en copiant l'illusion de mouvement avec son bras gauche! Cette expérience montre bien que les informations kinesthésiques sont donc utilisables dès cet âge, et fort probablement avant, dans la prise de conscience du mouvement et donc dans l'amélioration du contrôle moteur. Ces informations kinesthésiques nous permettent également un meilleur contrôle moteur, comme dans le cas de l'écriture sans vision (figure 8.8). Leur absence (et celle simultanée de vision) n'empêche pas l'écriture mais elle ne permet pas d'ajuster notre mouvement (nous ne pouvons pas vérifier ce que nous faisons), ce qui produit un tracé non lisible.

FIGURE 8.7
LES SENSATIONS KINESTHÉSIQUES CHEZ L'ENFANT

A. COPIES DE MOUVEMENTS PASSIFS PAR DES ENFANTS DE 5 À 9 ANS

(Redon *et al.*, 1994)

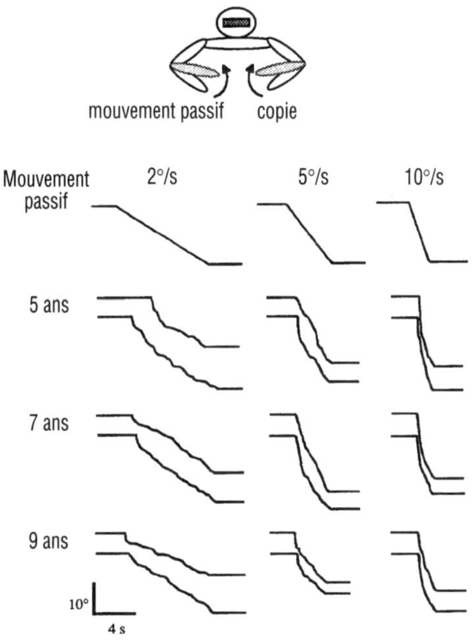

B. EFFETS DE L'ÂGE ET DE LA FRÉQUENCE DES VIBRATIONS SUR LA VITESSE DES MOUVEMENTS DE COPIE

(Redon *et al.*, 1994)

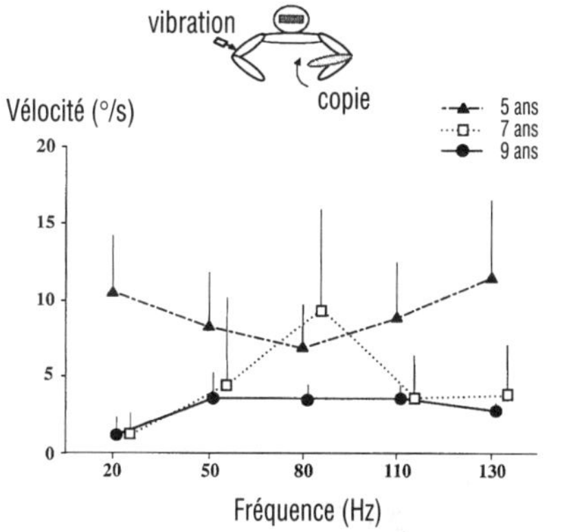

C. TRACÉS DE MOUVEMENTS ILLUSOIRES INDUITS PAR VIBRATION TENDINEUSE CHEZ DES ENFANTS

(Redon *et al.*, 1994)

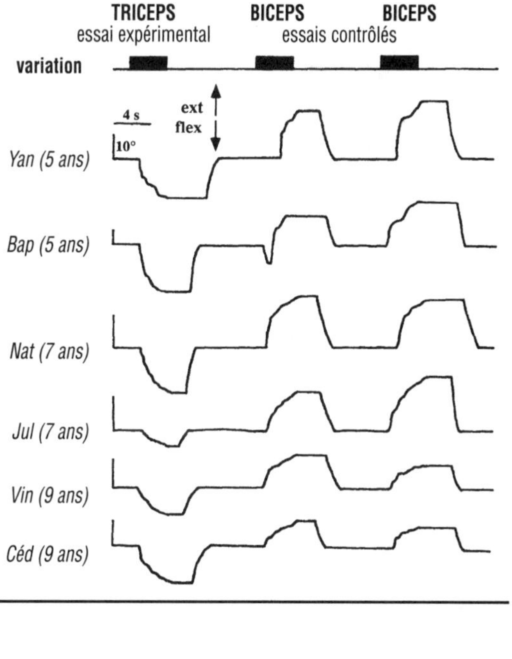

FIGURE 8.8
RÔLE DE LA KINESTHÉSIE DANS LE CONTRÔLE DE L'ÉCRITURE

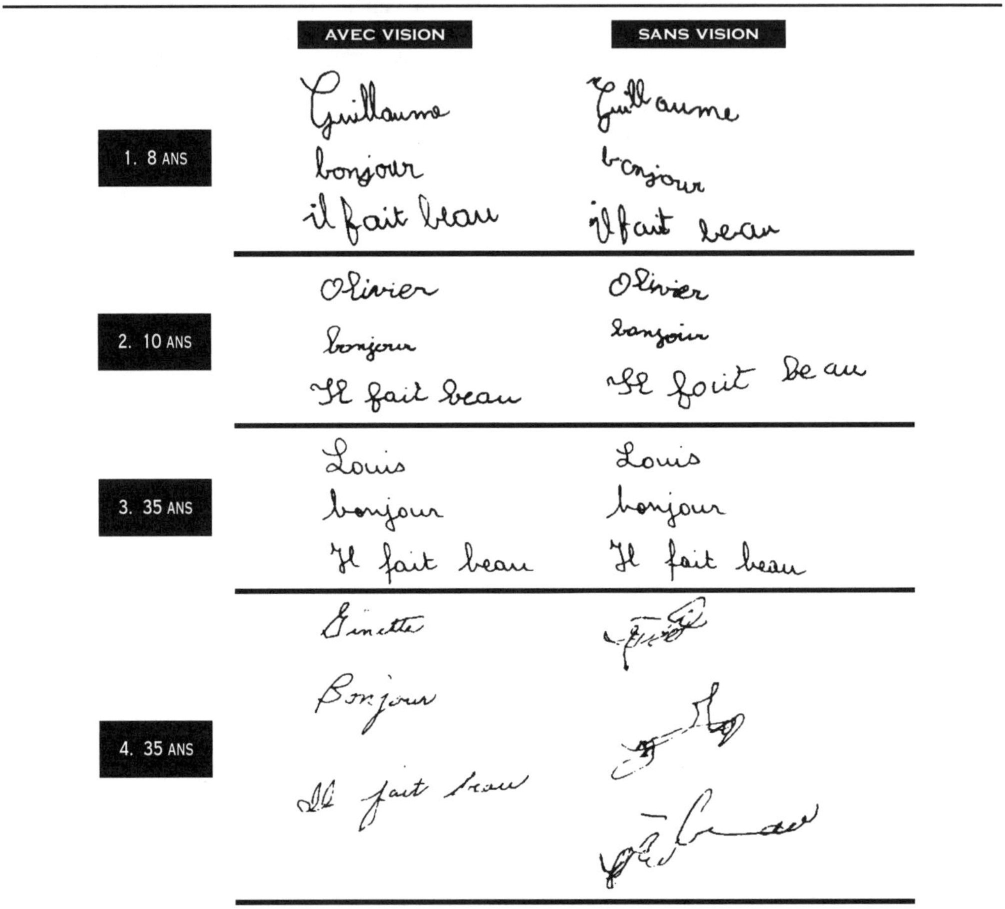

INFLUENCE DU TYPE DE FEED-BACK SUR LE CONTRÔLE DE L'ÉCRITURE

Quatre personnes doivent écrire leur prénom, un mot, puis une courte phrase avec d'abord les yeux ouverts, puis avec les yeux fermés. Pour les trois premières personnes, l'absence de vision ne perturbe presque pas le déroulement du geste, malgré le peu d'années d'expérience graphique pour les deux enfants.

Pour la quatrième, atteinte de polyneuropathie générant une absence de sensations périphériques proprioceptives, l'écriture reste normale quand elle est guidée visuellement. En l'absence de vision subsiste une activité graphique largement perturbée spatialement avec une écriture illisible. Toutefois, la longueur du tracé indique une programmation centrale du mouvement qui correspond à la « longueur » des mots à écrire. Les afférences apportent un soutien au contrôle moteur du geste graphique.

(Exemple 4 offert par R. Forget et Y. Lamarre.)

1.2. Le traitement de l'information : la perception

1.2.1. Les étapes perceptives

Tous les influx sensoriels générés par leurs récepteurs respectifs, après leur excitation, se rendent au cortex cérébral après souvent plusieurs relais dont un dernier dans le thalamus. Chaque type d'information se rend dans une aire corticale spécifique : bien que les influx soient semblables, les perceptions qui en résulteront seront toutes différentes en fonction de leur lieu d'arrivée corticale. Parvenus au cortex, les influx nerveux y subissent de multiples transformations. Au modèle de traitement séquentiel de l'information (les influx d'une même modalité sensorielle sont traités successivement dans des centres nerveux distincts) s'adjoint celui de son traitement parallèle distribué (plusieurs centres traitent simultanément des parties distinctes de la même information qu'ils relient, coordonnent et intègrent ensuite), mis en évidence en particulier pour la vision. Plusieurs aires corticales interviennent simultanément pour aboutir à la discrimination, à la reconnaissance puis à l'identification de la forme. Ces différentes étapes de la perception se succèdent, après la détection, pour permettre notre adaptation au milieu (figure 8.9).

La **discrimination** est la possibilité de différencier une forme d'une autre, de dire si deux objets ou deux couleurs placés l'un à côté de l'autre, par exemple, sont ou non identiques (ex. : distinguer un *o* d'un *c*, le son *b* du son *v*) (figure 8.10). Plus les formes sont différentes, plus elles disposent d'indices de discrimination et plus elles sont faciles à distinguer (c'est la raison pour laquelle beaucoup d'enfants butent sur les *b* et *d*, lettres très semblables alors que les confusions des lettres *i* et *o* sont inexistantes).

La **reconnaissance** fait appel à la mémoire et au fait que, pour reconnaître, il faut avoir déjà vu au moins une fois. Un objet présent est rapporté à l'image du même objet ou à celle d'un autre équivalent et il faut indiquer celui qui correspond en tous points ; il est possible que le premier objet ait aussi été vu antérieurement et qu'il ne soit plus présent physiquement devant les yeux mais seulement dans la mémoire (dans une série de formes, je peux indiquer celles qui correspondent à une forme modèle présente ou mémorisée) ; la familiarité, et donc l'apprentissage, la facilite.

FIGURE 8.9
LES ÉTAPES DE LA PERCEPTION

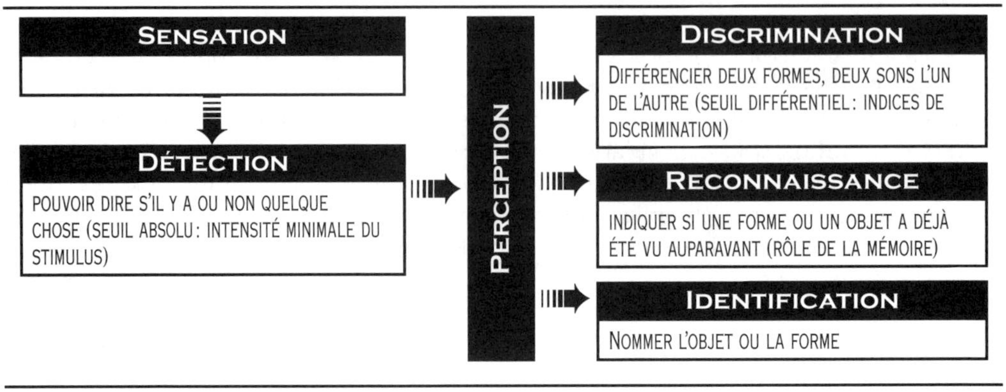

L'**identification**, enfin, constitue l'étape ultime et capitale de la perception : nous pouvons nommer la forme, l'objet ou la personne ; l'enfant donnera le nom de la lettre ou du nombre, lira le mot qu'il a devant les yeux ou indiquera la saveur de l'aliment qu'il déguste.

Pour prendre connaissance d'un même objet, une pomme par exemple ou un cube, nous pouvons ainsi solliciter des entrées sensorielles distinctes : visuelle (présentation de fruits divers ou d'illustrations), auditive (description verbale de l'objet), kinesthésique (manipulation de chaque objet), complétées parfois par des entrées olfactives (sentir l'objet) ou gustatives (le goûter). Cette variation d'entrées complémentaires, la coordination ou intégration intersensorielle, facilite l'acquisition des concepts. Elle se met en place dès les premiers mois de la vie pour devenir largement fonctionnelle dès trois ou quatre ans. On peut ici remarquer que la catégorie de récepteurs sensoriels à laquelle on présente une stimulation a un impact sur la facilité avec laquelle on peut reconnaître le stimulus avec une autre modalité sensorielle. Il est ainsi plus facile de reconnaître visuellement quelque chose que l'on a manipulé tactilement que le contraire (T=>V > V=>T).

Si, à la naissance, les systèmes sensoriels et la perception sont loin d'être fonctionnels, ils évoluent très rapidement au cours des premières années de la vie et, lors de leur entrée à l'école, les enfants disposent, pour la large majorité d'entre eux, de systèmes bien opérationnels pour entreprendre les apprentissages scolaires.

FIGURE 8.10
DE LA DISCRIMINATION À L'IDENTIFICATION

DISCRIMINATION

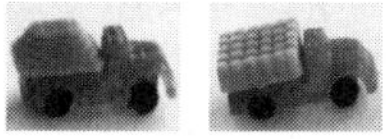

Ces 2 camions sont-ils pareils ?

n u

Et ces lettres ?

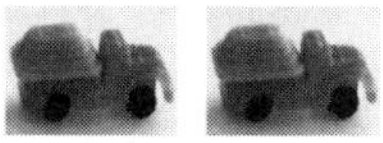

Et ceux-ci ?

a a

Et celles-ci ?

p p
q p
p p

Dans ce cercle, quelle lettre est différente des autres ?

RECONNAISSANCE

Fais un X sur les camions pareils à celui-ci :

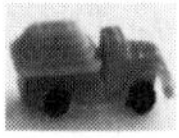

Relie par un trait les lettres ou les mots pareils :

n	**d**
m	**o**
d	**u**
b	**w**
u	**c**
w	**b**
c	**n**
o	**m**
balle	**son**
dalle	**balle**
son	**nos**
nos	**dalle**

IDENTIFICATION

Relie par un trait le nom à l'animal qu'il représente :

ÉLÉPHANT 

MOUTON 

SINGE 

LION 

CHIEN 

INDICES DE DISCRIMINATION DE LETTRES

NOMBRE D'ÉLÉMENTS	**FORME**
n - m ; i - u ; v - w ; E - F	o - u ; l- a ; p - w ; o - x
TAILLE	**ANGLES**
i - I ; *e* - *l*	u - v ; s - z
ORIENTATION	**ÉLÉMENT SUPPLÉMENTAIRE**
b - d ; p - q ; u - n ; M - W	O - Q ; P - R ; C - G ; I - L - T

1.2.2. *Théories perceptives*

Quelle part jouons-nous dans nos perceptions? Devons-nous tout analyser ou profitons-nous de l'organisation des stimuli?

Selon la théorie de la Forme (ou Gestalt), les informations s'organiseraient largement d'elles-mêmes et elles s'imposeraient à nous. Nous percevons par exemple directement l'organisation des points sur la figure 8.11, qu'ils soient également espacés dans toutes les directions, ou organisés en colonnes ou en lignes. Les mots se distinguent les uns des autres parce qu'ils comportent un espace entre eux: dans la méthode globale d'apprentissage de la lecture, les mots sont «photographiés» comme un tout. Le contraste entre la figure à percevoir et le fond sur lequel elle apparaît facilite la perception (figure 8.12): nous voyons plus facilement de loin si une lumière est allumée de nuit que de jour, l'écriture avec un crayon noir sur un tableau blanc est plus facile à voir que celle réalisée avec un crayon blanc! Les mots cachés dans une grille de ce jeu sont moins faciles à retrouver que s'ils étaient directement accessibles (comme dans la grille de la solution!) car ils sont écrits dans différentes directions, sans espaces entre eux. Il est plus facile de voir et de reconnaître quelqu'un qui se promène seul sur le trottoir qu'au milieu d'une foule. L'ensemble est également distinct de la somme des parties, ce que les joueurs de scrabble savent bien: avec les mêmes lettres «E, I, P, R, S» on peut, par exemple, écrire les mots EPRIS, PERIS, PIRES, SPIRE, PRIES, PRISE, RIPES, PIERS.

Profitant de l'intégration intersensorielle, les informations haptiques peuvent être combinées avec la vision: des lettres en relief sont manipulées pour mieux en percevoir la forme et l'associer ensuite à la vision pour l'identifier. Les théories d'imitation motrice ont largement mis l'accent sur cette composante de la manipulation dans les mécanismes de la recognition.

1.2.3. *La découverte sensorielle*

Nous reprendrons ici des extraits des programmes des différents cycles du préscolaire, moment privilégié pour un travail systématique sur l'organisation sensorielle chez les enfants. Lorsqu'ils entrent en maternelle, leurs organes sensoriels sont en effet déjà bien fonctionnels, qu'il s'agisse de la vision (accommodation, convergence, acuité), de l'audition (localisation de la direction de l'origine des sons, discrimination des timbres sonores) ou du toucher (discrimination tactile du degré de rugosité des objets) et c'est surtout dans les activités intersensorielles que les exercices seront d'une grande pertinence.

Pour qu'il puisse établir des connaissances, il importe d'abord de guider l'enfant vers une toute première analyse de son environnement fondée sur la mise en ordre des perceptions qu'il en reçoit. C'est par l'usage de ses sens que l'enfant reconnaît les objets et les événements qu'il perçoit. L'aider à mieux découvrir le monde, c'est donc enrichir et développer ses aptitudes sensorielles, lui permettre de s'en servir pour distinguer des réalités différentes, les classer ou les ordonner, les décrire grâce au langage. Dans cette perspective, on lui propose des situations mettant en jeu :

- l'exploration des qualités tactiles : rugueux, lisse, doux, piquant, chaud, froid, etc. ;
- l'exploration tactile des formes et des surfaces, y compris en fermant les yeux ;
- l'exploration des caractéristiques gustatives et olfactives : textures, odeurs, saveurs, etc. ;
- la reconnaissance des éléments du monde sonore, leur reproduction ;
- l'exploration des caractéristiques visuelles des objets : couleurs, intensités, oppositions brillant/terne, clair/sombre.

FIGURE 8.11
ORGANISATION PERCEPTIVE – LIGNES OU COLONNES ?

FIGURE 8.12
PRÉGNANCE ET DISSOCIATION FIGURE-FOND

L'observation des effets de la lumière (jeux de lumière et d'ombres, de miroirs), la déformation de la vision avec des instruments d'optique simples (loupes, lunettes, verres de couleur, tubes...) permettent à l'enfant de percevoir autrement les objets qui l'entourent» (MÉNF, 2002). En fin de cycle 1, l'enfant devrait:

«Être capable de:

- décrire, comparer et classer des perceptions élémentaires (tactiles, gustatives, olfactives, auditives et visuelles),
- associer à des perceptions déterminées les organes des sens qui correspondent.»

1.2.4. Les programmes perceptifs

Leur objectif est d'habituer les enfants à systématiser leurs observations et la comparaison des éléments perçus. Mais peut-on améliorer la perception? La réponse est loin d'être claire. Il est bien évidemment possible de raffiner nos perceptions et d'ainsi mieux discriminer pour identifier. Tous les enseignants du primaire savent bien, par expérience, que beaucoup d'enfants confondent certaines lettres de l'alphabet au début des activités de lecture (en particulier *b-d-p-q* pour ne pas les nommer!) mais que, très rapidement, ces confusions disparaissent chez la majorité d'entre eux. Mais que confondent-ils au fait? La forme? Le nom? Voient-ils exactement la même chose dans le cas des quatre lettres (ce qui serait bien surprenant compte tenu de la structure même des lettres et de leur impact sur les cellules rétiniennes)? N'accordent-ils pas l'importance voulue aux éléments constituant chacune des lettres et, comme les parties sont les mêmes, ils en déduisent que les ensembles sont semblables? Confondent-ils les noms des lettres mais non pas les formes? Nous savons aussi depuis longtemps (Davidson, 1935) que, dans ce cas, les enfants de cinq à six ans commencent par utiliser dans un premier temps l'orientation de la barre vers le haut ou vers le bas pour différencier le groupe *b-d* du groupe *p-q*. Vers six à sept ans, c'est la position à gauche ou à droite du cercle par rapport à la barre (avant ou après la barre) qui est utilisée, d'abord pour différencier le *p* du *q* et ensuite le *b* du *d*. La présentation en miroir d'éléments symétriques est plus génératrice d'erreur que la présentation juxtaposée (figure 8.13). Alors, enrichissons-nous nos expériences sensorielles par des associations spécifiques et des réponses différentes à un même stimulus ou découvrons-nous des différences entre des stimulations sensorielles similaires?

FIGURE 8.13

EFFETS DE LA POSITION DES LETTRES b-d-p-q SUR LA FACILITÉ DE LEUR DISCRIMINATION

Quand les lettres sont présentées en miroir (a et c), elles sont plus facilement confondues que lorsqu'elles sont présentées de façon juxtaposée (b et d).

a) b)

$$\frac{\mathbf{b}}{\mathbf{p}} > \mathbf{b} - \mathbf{p}$$

c) d)

$$\mathbf{b} - \mathbf{d} > \frac{\mathbf{b}}{\mathbf{d}}$$

Parmi les programmes d'amélioration de la perception, celui de Frostig (1963, 1972) est resté pendant longtemps l'un des plus connus et des plus utilisés. Toutefois, son importance est moindre, maintenant. Son utilisation systématique avec des enfants présentant des difficultés en lecture avant leur rééducation n'a pas produit en effet de meilleurs résultats que la rééducation directe en lecture (Kavale et Matson, 1983; Kavale, 1984), même si les résultats perceptifs se sont améliorés.

Compte tenu de ses caractéristiques morphologiques et nerveuses, l'enfant de six ans ne peut pas se comporter, perceptivement, comme un adulte et, à pied ou à bicyclette, il ne peut pas réagir comme on le souhaiterait. Sa taille lui fournit d'abord une vision du monde distincte de la nôtre et il ne «lit» pas le contexte comme nous. Il a une vue limitée en termes de largeur du champ visuel et des éléments qui s'y trouvent, n'extrayant pas immédiatement l'information la plus pertinente à l'action. Alors qu'en 250 ms un adulte différencie une voiture à l'arrêt d'une voiture en mouvement, l'enfant prend près de quatre secondes pour le faire! Traverser une rue n'est donc pas sans danger pour lui jusqu'à la fin du primaire à cause de sa difficulté à sélectionner puis à interpréter l'information perçue. Il a du mal en effet à sélectionner l'information importante, à déterminer la distance et la vitesse des véhicules sur la route, à calculer le temps nécessaire pour traverser la chaussée, à anticiper les événements. Les récepteurs sensoriels se comparent à ceux de l'adulte alors que le traitement perceptif reste d'une qualité moindre.

De nombreux jeux sollicitant l'activité sensorielle et le traitement perceptif de l'information sont disponibles dans le milieu scolaire. Ils favorisent le renforcement de l'observation et de l'attention puis de la mémoire, en mettant en jeu les différents récepteurs sensoriels visuels, auditifs, tactiles, olfactifs, gustatifs et proprioceptifs. Il est alors possible de faire comparer des images entre elles pour y retrouver les différences, de regarder une ensemble d'éléments, d'en enlever, rajouter ou déplacer un ou deux à l'insu des enfants et de retrouver le ou les absents, rajoutés ou déplacés. Pour l'audition, reconnaître au son des objets utilisés en classe, différencier des sons en fonction de leur tonalité. Pour le goût et l'odorat, différencier ou reconnaître des substances en les goûtant ou en les sentant. Pour le toucher, il est possible de comparer des surfaces plus ou moins rugueuses, de les classer de la plus grossière à la plus fine. Pour la kinesthésie, faire comparer les yeux fermés des bâtons de longueurs différentes, faire classer de la plus légère à la plus lourde des boîtes plus ou moins remplies de sable, demander de mettre les bras à la verticale, à l'oblique, vers l'avant, etc. La combinaison des sensations tactiles et kinesthésiques (sens haptique) permet de nombreuses activités: trouver dans un sac opaque, par le toucher actif, un objet montré et vu; décrire un objet et le retrouver dans le sac.

2. RÉSUMÉ

La connaissance du contexte nous est donnée grâce aux différentes sensations issues de récepteurs nerveux disséminés dans tout le corps, et aux perceptions leur faisant suite et par lesquelles nous prenons conscience des caractéristiques du monde extérieur et intérieur. Ces perceptions sont aussi bien utilisées dans la formation de concepts que dans la préparation de nos actions motrices. De la détection du stimulus à son utilisation, nous retrouvons les étapes des mécanismes perceptifs qui incluent la discrimination, la reconnaissance et l'identification.

Documents utiles

MICHELINI, CA. (1991). Les secrets de mon cerveau, Paris, Nathan.

Des documents simples et astucieux pour faire découvrir aux enfants du primaire comment leur cerveau fonctionne.

3. ACTIVITÉS PRATIQUES

Pour faciliter la réussite dans les activités pratiques associées à l'organisation perceptive, il convient, dans la mesure du possible, d'isoler une qualité sur laquelle les enfants vont travailler (la série d'objets utilisés doit être identique en tout sauf pour une qualité qui varie) et d'accentuer dans un premier temps les contrastes (les différences seront importantes au début puis de plus en plus subtiles, comme la taille, l'épaisseur, la couleur, etc.).

- Regrouper ensemble, deux par deux, des objets ou des formes différentes disposés en vrac sur la table.
- Discrimination des poids : remplir de petites boîtes opaques de quantités différentes de sable, les peser et inscrire leur poids en dessous. Demander aux enfants de les classer de la plus légère à la plus lourde. Vérifier ensuite en regardant les poids indiqués sous les boîtes.
- Illustrations (dessins) comportant entre 5 et 10 différences qu'il faut trouver.
- Différencier « dur » de « mou » : demander à l'enfant de contracter très fort les muscles de son bras gauche puis de palper les muscles de son bras avec sa main droite ; ensuite relâcher les muscles en laissant le bras vertical et palper à nouveau les muscles. Attirer l'attention de l'enfant sur la différence entre les deux palpations et y associer les mots dur et mou. Trouver dans la classe des objets qui sont durs et d'autres qui sont mous ; élargir les possibilités à d'autres objets à la maison. Sur une feuille de papier où sont dessinés des objets durs et d'autres mous, demander aux enfants d'entourer ceux qui sont durs et de faire une croix sur ceux qui sont mous (préscolaire, début primaire).
- Mettre un crayon de plomb, un crayon de couleur, un stylo, un gros feutre, un crayola, une craie dans un sac opaque en papier après les avoir bien montrés aux enfants. Montrer l'un d'eux et demander aux enfants de trouver

le même dans leur sac, juste en touchant avec la main. Demander ensuite de trouver l'objet qui est long, rond avec un bout plat et l'autre un peu arrondi. Trouver ensuite l'objet que l'on utilise pour écrire au tableau noir, puis le crayon de couleur.

Autres activités

- Discrimination tactile

  Prendre une série de 5 blocs en bois de mêmes dimensions mais d'épaisseurs différentes. Les yeux fermés, les sérier du plus mince au plus épais.

- Reconnaissance tactile : apparier des tissus identiques en les manipulant, les yeux fermés. Découper deux morceaux du même tissu (velours, laine, jean, soie, coton, nylon, lin, etc.) ; les mettre dans une boîte puis demander aux enfants de mettre ensemble les deux échantillons de chaque tissu.
- Identification tactile : faire palper les différents échantillons de tissus précédents et y associer le nom ; ensuite, les yeux fermés, les enfants doivent identifier chaque échantillon en le manipulant.
- Discrimination thermique : mettre de l'eau de différentes températures dans des verres ; demander aux enfants de les classer du plus froid au plus chaud. Vérifier avec un thermomètre.
- Apparier des cartons de couleurs identiques deux par deux ; nommer ensuite les couleurs.

Matériel tactile :

Tactilo, Pris, Nathan. (Jeu de reconnaissance tactile [sens haptique] de 25 formes différentes en bois vernis ; l'enfant doit reconnaître par la vision sur un carton, la forme qu'il vient de manipuler sans vision.)

Tactil, Ravensburger 001958. (Reconnaissance et identification tactile de 60 formes en carton épais : animaux, voitures, fruits, instruments, etc.)

Exemples d'exercices de discrimination et de reconnaissance (A et B sont extraits de N. Gagné (2004). *Les jeux de Félix, 4 à 6 ans. Jeux de logique*, Paris, Hachette éducation, p. 18 et 25.)

DISCRIMINATION

Trouve les 5 différences entre les deux dessins.

Dans chaque cercle, fais un X sur le mot différent des autres.

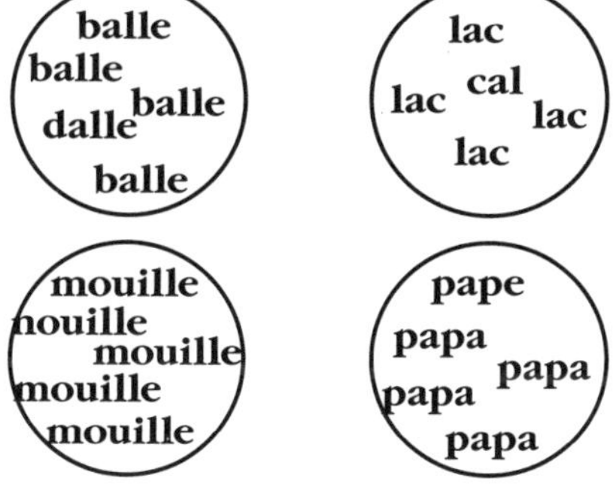

RECONNAISSANCE

Parmi les étoiles ci-dessous, entoure d'un cercle celles qui sont pareilles à celle-ci :

Relie par un trait chaque chien d'un côté de la droite à son jumeau de l'autre côté.

J'entoure d'un O les objets durs et je fais un X sur les objets mous.

Tactilo (Nathan) : les formes en bois.

4. QUESTIONS

J'évalue mes connaissances en répondant aux questions suivantes :

4.1. Comment classe-t-on les récepteurs sensoriels ?

4.2 Expliquez les processus de la vision, de l'audition.

4.3. En quoi consiste la proprioception ? Quels en sont les récepteurs et où les retrouve-t-on ? Quelles informations nous procure-t-elle ?

4.4. En quoi consiste le sens haptique ?

4.5. Quelles sont les étapes de la perception ? Quelles sont les caractéristiques des programmes perceptifs ?

Chapitre 9

L'organisation spatiale

OBJECTIFS

À la fin de ce chapitre, vous devriez être en mesure de :

- définir l'organisation spatiale ;
- énumérer ses composantes ;
- préciser les étapes de l'acquisition des notions droite et gauche ;
- donner les caractéristiques de l'organisation spatiotemporelle.

1. INTRODUCTION

Nous vivons dans un espace dont certaines caractéristiques évoluent dans le temps tandis que d'autres demeurent relativement stables. Prenant racine dans les perceptions, auxquelles contribuent nos différents récepteurs sensoriels, les notions liées à l'espace, ainsi qu'au temps d'ailleurs, se construisent lentement avec l'expérience et l'objectivation et la conceptualisation des informations qu'elle fournit. Elles concernent dans un premier temps l'orientation spatiale, intimement associée à la perception, puis la structuration spatiale dans laquelle nous traitons les informations de façon plus abstraite (figure 9.1). Ces notions se retrouvent d'une façon ou d'une autre dans la plupart des activités scolaires et participent à la structuration des apprentissages. Cet accès à la représentation mentale du réel se complète tout au long de l'enfance et ne s'achèvera qu'à l'adolescence.

2. LA PRISE D'INFORMATION

Comment allons-nous chercher l'information disponible dans le milieu pour pouvoir nous situer dans l'espace ? Articulés autour des trois axes vertical (haut-bas), frontal (droite-gauche) et sagittal (devant-derrière) (figure 9.2), les éléments de l'espace sont appréhendés à partir des critères perceptifs fournis par l'un ou l'autre de nos récepteurs sensoriels. Pour les yeux et la **vision**, il s'agira de la **disparité binoculaire** (chaque œil, compte tenu de l'écartement des yeux, ne voit pas exactement la même partie du champ visuel), de la **convergence oculaire** (les yeux convergent plus ou moins en fonction de la distance de l'objet fixé), de l'**accommodation** (ajustement du cristallin dont les changements de courbure assurent la mise au point de la projection de l'image sur la rétine) et de la **taille de la projection rétinienne** (plus un objet est loin de nous, plus sa taille relative sur la rétine est petite). L'acuité visuelle influence directement notre qualité de prise d'information.

FIGURE 9.1
LES COMPOSANTES DE L'ORGANISATION SPATIALE

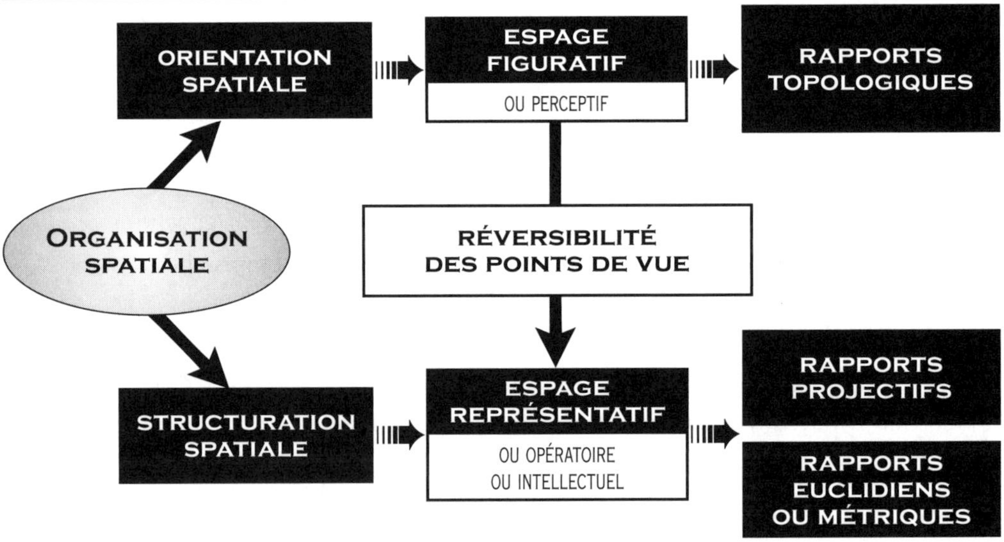

Pour l'oreille et l'**audition**, nous utilisons comme indices de distance et de direction l'intensité du son et l'écart temporel entre l'arrivée du son aux deux oreilles ; en déplaçant la tête d'un côté puis de l'autre, nous augmentons les contrastes entre les deux oreilles, ce qui améliore les indices perceptifs pour détecter la possible direction de l'origine du son dans l'espace.

Dans la **proprioception**, les sensations liées à la direction et à l'amplitude des mouvements ainsi qu'à la position des membres par rapport au tronc, générées par les récepteurs musculaires, articulaires et tendineux, sont à l'origine du contrôle des mouvements sans vision. Elles sont largement complétées par les **sensations**

vestibulaires consécutives aux déplacements de l'ensemble du corps : c'est ainsi que nous pouvons tourner autour de nous de 120°, par exemple, les yeux fermés, ce que les aveugles mettent à profit lors de leurs déplacements.

FIGURE 9.2
LES TROIS AXES DE L'ORIENTATION SPATIALE

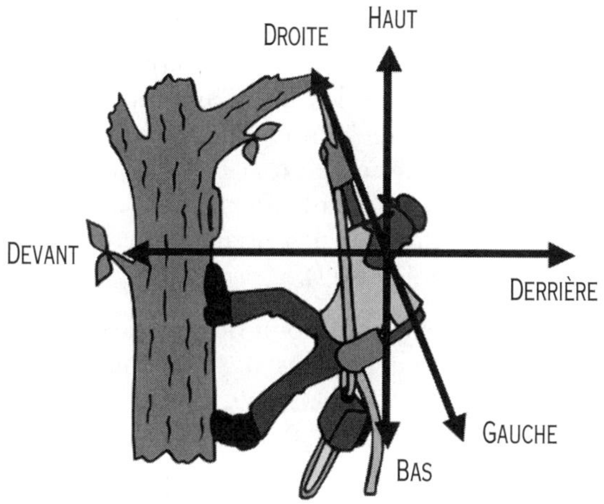

Pour le **toucher**, enfin, nous utilisons l'écartement des points sur une surface touchée : nous discriminons beaucoup plus précisément avec la pulpe des doigts, la densité des récepteurs y étant plus élevée que dans les autres parties de la peau (écartement de 2 mm pour le doigt contre 40 mm pour l'épaule !). D'autres indices sont également fournis par la position des objets les uns par rapport aux autres (la superposition ou le recouvrement, les gradients de texture, la densité des objets dans le champ visuel augmentant avec leur distance).

Notre organisation de l'espace repose sur le repérage et la mise en place, par la répétition, de points de repère personnels qui nous permettent de retrouver notre chemin. Si, en milieu connu, nous pouvons le faire en utilisant seulement des repères physiques concrets (feux de circulation, bâtiments et magasins, parcs, etc.), sans faire appel aux notions d'orientation liées aux termes « droite » et « gauche » ou aux distances, dès que nous voulons organiser nos déplacements (la direction à prendre, les distances à parcourir, les arrêts, etc.), nous passons à l'abstraction avec l'utilisation de plans et de cartes, d'échelles, de boussoles. Pour expliquer à quelqu'un comment se rendre à un endroit, force nous est d'utiliser un langage structuré et conventionnel pour que l'auditeur puisse saisir et comprendre les informations (ex. : au troisième feu, tourner à droite puis ensuite prendre la première rue à gauche, rouler sur deux kilomètres, etc.). Les termes du langage doivent donc être connus de part et d'autre et rapportés à la même orientation.

3. L'ORGANISATION SPATIALE

Organiser notre espace, c'est pouvoir nous situer par rapport à des points de repère et intégrer simultanément les différents éléments qui le composent tout en construisant les rapports existant entre ces éléments et nous. Ces rapports sujet-objets peuvent être établis et définis de façon plus ou moins complexe sur le **plan topologique** (la place des objets ou des éléments les uns par rapport aux autres), sur le **plan projectif** (les objets peuvent être reliés indépendamment de notre point de vue, de notre perspective) et sur le **plan euclidien** (l'évaluation métrique des distances et des coordonnées des objets) (Piaget et Inhelder, 1948). Les relations entre le sujet et les objets ou les composantes du milieu spatial peuvent donc être approchées ou décrites de différentes façons (tableau 9.1).

Elles peuvent l'être, d'abord, d'un point de vue descriptif : ce sont les rapports topologiques avec les relations qualitatives de voisinage (le crayon est *à côté* du cahier), de séparation (le livre est *sur* la table et en est distinct), d'entourage (la pomme est *au milieu* ou *entre* des oranges), d'ordre (les enfants sont *alignés dans* le rang), de continuité (ces pommes appartiennent à la *même série* mais celle-là à une autre série), d'enveloppement (les fraises sont *dans* la boîte). Ce sont eux dont nous nous servons le plus souvent pour décrire un itinéraire, ranger nos affaires, retrouver les objets, prendre le crayon sur la table. Ces rapports ne se modifient pas au cours de certaines transformations : lorsque je souffle dans un ballon de baudruche et que son volume augmente, les lettres «Joyeux anniversaire» occupent toujours la même place les unes par rapport aux autres, bien que leur taille et la distance les séparant augmentent.

Ensuite, je peux objectiver mon point de vue, en me décentrant, en me mettant à la place d'autrui, avec l'acquisition de la perspective : ce sont les **rapports projectifs** ; je comprends que la personne, en face de moi, ne voit pas la même chose que moi, que sa droite ne soit pas du même côté que la mienne. En font partie l'alignement des objets (mettre des billes en ligne droite sur la table), construire la direction verticale et horizontale (niveau de l'eau dans un vase incliné, arbres sur une colline), reconnaître parmi plusieurs figures celle qui correspond au développement à plat d'une forme en trois dimensions.

Enfin, je puis mesurer les distances séparant les objets les uns des autres et, en les reportant sur des axes de coordonnées, reproduire sur papier leur position exacte sur le terrain : c'est l'**espace métrique ou euclidien** ; j'ai compris la notion de mesure et celle d'échelle. Je puis maintenant reproduire à l'échelle la disposition des tables dans la classe ; je puis aussi utiliser la boussole, lire les cartes et calculer le temps nécessaire pour aller d'un endroit à un autre, faire des calculs de surface ou de volume.

TABLEAU 9.1
VOCABULAIRE CARACTÉRISTIQUE DES DIFFÉRENTS RAPPORTS SPATIAUX

ESPAGE TOPOLOGIQUE	ESPACE PROJECTIF	ESPACE MÉTRIQUE
À CÔTÉ	D'ICI	PRÈS DE (PLUS, MOINS, TRÈS)
DANS	DEPUIS LÀ	LOIN DE (PLUS, MOINS, TRÈS)
DEDANS	DE MA PLACE	FRONTIÈRE
DEHORS	EN LIGNE	MÈTRE
DESSUS (AU-)	DEVANT	KILOMÈTRE
DESSOUS (AU-)	DERRIÈRE	POUCE
ENTRE	EN AVANT	PIED, PAS
SUR	VERS L'AVANT	MILLE
SOUS	EN ARRIÈRE	ANNÉE-LUMIÈRE
AU COIN	VERS L'ARRIÈRE	PERPENDICULAIRE
AUTOUR DE	SUR LE CÔTÉ DE	PARALLÈLE
AUPRÈS DE	À DROITE DE	PROFONDEUR
FERMÉ	À GAUCHE DE	MESURER
OUVERT	EN HAUT	VOLUME
AU MILIEU	EN BAS	SURFACE
CÔTE À CÔTE	EN FACE DE	LONGUEUR
ICI	DE FACE	LARGEUR
LÀ	FACE À FACE	CIRCONFÉRENCE
LÀ-BAS	DE DOS	CENTRE
OÙ	DOS À DOS	SPHÈRE
LOIN (DE)	VERS	SOMMET
PRÈS (DE)	VIS-À-VIS	CARRÉ...
AU BORD	DE PART ET D'AUTRE	UN, DEUX...
AU BOUT	DU CENTRE VERS LE BORD	
AU FOND	LIGNE DE FUITE	
CONTRE	CACHÉ	
À L'INTÉRIEUR	DISSIMULÉ	
À L'EXTÉRIEUR	DE PROFIL	
LE LONG		
DANS L'ANGLE		

Dans cette organisation, nous retrouvons l'**orientation spatiale**, associée à la perception et à l'utilisation directe des informations en provenance du milieu (trouver son chemin dans un milieu familier) et la **structuration spatiale** pour laquelle il nous faut réfléchir sur les données perceptives pour imaginer ou nous représenter quelque chose de nouveau (faire une passe à un partenaire dans un sport collectif pour marquer un but, préparer le prochain coup au jeu de dames ou d'échecs, jouer à la bataille navale, par exemple). Dans un parcours dit «d'orientation», par contre, interviennent simultanément les deux aspects : je dois reconnaître, perceptivement, les éléments sur le terrain devant moi, tout en profitant de la carte (avec son échelle) et de la boussole, et des indications sur la direction à prendre, pour construire mon itinéraire.

4. L'ONTOGENÈSE DE L'ORGANISATION SPATIALE

Qu'y a-t-il donc de si difficile pour l'enfant dans les notions spatiales? Jusqu'aux environs de sept ans, soit au stade préopératoire, la perception du monde prime son analyse ; l'enfant vit dans son expérience perceptive immédiate et ses réflexions ne portent pas plus loin. Il est prisonnier de l'espace dans lequel il se trouve : tout le monde voit la même chose que lui, ce qui limite d'autant les transformations possibles. Après cet âge, il analysera les perceptions et les transformera, effectuera sur elles des opérations ; ce sera le stade opératoire de la représentation (figure 9.3). C'est ce passage, de la perception aux opérations, qui constitue pour lui la plus grande difficulté.

L'expérience perceptive peut être immédiate, liée à une situation que le sujet est en train de vivre, ou imaginée, associée à une situation vécue antérieurement. Dans le premier cas, l'enfant évolue dans l'**espace perceptif, figuratif** : il prend l'information telle quelle, l'utilisant directement (il passe d'un côté ou de l'autre de la table, retrouve son chemin pour rentrer de l'école si elle est proche de la maison). Ce mode de fonctionnement caractérise l'enfant du stade préopératoire ; son corps lui sert de référence, tout est situé par rapport à lui : c'est l' «égocentrisme». Dans le deuxième cas, l'enfant analyse ses données perceptives, il les transforme, ce qui caractérise l'approche de l'**espace représentatif** ; dès l'âge de deux ans, par exemple, il indique avec le doigt où se trouve telle ou telle pièce dans la maison à partir de l'endroit où il se trouve. Puis il atteint le **stade opératoire**, au-delà de sept ans ; il envisage alors d'autres points de vue que le sien, comprend qu'une personne située en face de lui ne voit pas la même chose que lui. Le milieu sert maintenant de référence pour situer le corps : c'est le «géocentrisme». Cette représentation libère l'enfant de ses perceptions, l'ouvre aux autres.

Les **rapports topologiques** ne posent pas de difficultés particulières aux enfants et ils apprennent très rapidement le sens des termes qui y sont associés (tableau 9.1). Ces notions s'acquièrent en particulier au préscolaire.

Pour les **rapports projectifs**, deux épreuves bien connues de Piaget soulignent très clairement ce comportement des enfants. Pour la première, il s'agit de l'épreuve des trois montagnes, épreuve largement reprise sous différentes formes (figure 9.4). Assis à un endroit (l'un des côtés de la table), l'enfant voit devant lui trois éléments

FIGURE 9.3
ÉVOLUTION DE L'ORGANISATION DES RELATIONS SPATIALES AVEC L'ÂGE

(À partir de Piaget *et al.*, 1948a, 1948b.)

DÉVELOPPEMENT — ÂGE (EN ANNÉES)	STADES	PÉRIODES	DÉVELOPPEMENT INTELLECTUEL	RELATIONS SPATIALES À CONSTRUIRE	CONSERVATIONS
15 14 13 12 11	IV	ADOLESCENCE	PÉRIODE OPÉRATOIRE FORMELLE		• DENSITÉ
10 9 8 7	III B III A	GRANDE ENFANCE	PÉRIODE OPÉRATOIRE CONCRÈTE RÉVERSIBILITÉ	ESPACE PROJECTIF ESPACE EUCLIDIEN OU MÉTRIQUE	• VOLUME • POIDS • SURFACE • QUANTITÉ SOLIDE • NOMBRE, LONGUEUR • LIQUIDES
6 5 4 3 2	II B II A	MOYENNE ENFANCE	PÉRIODE PRÉOPÉRATOIRE OU INTUITIVE	ESPACE REPRÉSENTATIF	ÉGOCENTRISME CENTRATIONS UNIQUES
1 0	I	PETITE ENFANCE	PÉRIODE SENSORIMOTRICE	ESPACE TOPOLOGIQUE ESPACE SENSORIMOTEUR (PERCEPTIF)	PERMANENCE DE L'OBJET

(un silo, un ours en peluche et une maison), chacun étant bien reconnaissable. On lui présente alors des «photos» prises de A, B, C ou de sa place et on lui demande d'indiquer la photo qui a été prise de l'endroit où il se trouve, ce qui ne lui pose aucune difficulté. On prend ensuite une poupée que l'on place en B et on présente à l'enfant les mêmes quatre photos en lui demandant de sélectionner celle correspondant à ce que la poupée voit d'où elle est. Surprise! L'enfant de moins de six ans sélectionne l'image prise de sa place! Celui de sept ans choisit l'image prise de B et qui correspond donc au bon choix! Pourquoi? Pour l'enfant de six ans, les points de vue sont identiques au sien, quel que soit l'endroit où nous nous trouvions (et que nous

FIGURE 9.4
L'ESPACE PROJECTIF

De l'endroit où il est assis, l'enfant doit répondre à deux questions :
1. « Laquelle de ces photos le photographe a-t-il prise quand il était à ta place ? »
2. « Laquelle de ces photos le photographe a-t-il prise quand il était en A, en B, en C ? »

1. Tous les enfants choisissent la photo 1.
2. Pour les enfants du stade préopératoire, le photographe prend toujours la photo 1, quelle que soit sa position, photo qui correspond à ce qu'eux voient.
Les enfants du stade opératoire vont choisir l'image 2 pour A, l'image 6 pour B et l'image 3 pour C.

retrouverons au point sur l'orientation droite-gauche). L'enfant de sept ans a compris que les points de vue changent selon l'endroit où l'on se trouve. La deuxième épreuve est celle du niveau de l'eau dans un bocal qui peut être incliné ou des arbres plantés sur le flanc d'une montagne : l'enfant doit tracer le niveau de l'eau dans le vase ou dessiner les arbres sur la pente de la montagne (figure 7.13, p. 257). Les épreuves de développement rendent également compte des aptitudes spatiales des enfants : il s'agit ici d'indiquer la figure obtenue en « dépliant » une forme ayant un volume particulier. Dans les activités de sports collectifs, le jeune enfant éprouve une incapacité à envisager un détour dans la trajectoire du ballon dans la direction du but (figure 9.5). Il privilégie la ligne droite entre lui, ses partenaires et le but, même si des adversaires risquent de bloquer le ballon. Plus tard, il recherchera des partenaires démarqués, même si le ballon fait un détour : la ligne droite n'est pas le chemin le plus sûr pour aller d'un point à un autre !

Les **rapports métriques**, enfin, font largement partie des possibilités opératoires des enfants. Ils s'appuient sur la mesure et la représentation abstraite. Dans un premier temps, au stade préopératoire, ce qui dépasse un autre objet ou personne est plus grand : l'enfant ne considère pas, en premier, l'égalité des origines de mesure ! Il lui faudra comprendre que la comparaison directe suppose que les origines des deux objets soient au même niveau. Avec un instrument de mesure, cela ne sera plus nécessaire : par contre il devra connaître les nombres pour pouvoir comparer les résultats des mesures. Les représentations topologiques (de proximité) céderont la place aux plans avec leurs axes et leurs échelles, représentations proportionnelles de la réalité observée.

FIGURE 9.5
ORGANISATION SPATIALE ET CIRCULATION DU BALLON

Sans représentation anticipée des trajectoires, l'enfant, en B, va faire une passe à son partenaire situé dans l'axe du but, bien qu'il soit au milieu d'adversaires. En C, au contraire, le joueur peut envisager que certains de ses partenaires voient le but sans adversaires interposés, même si le trajet du ballon sera indirect.

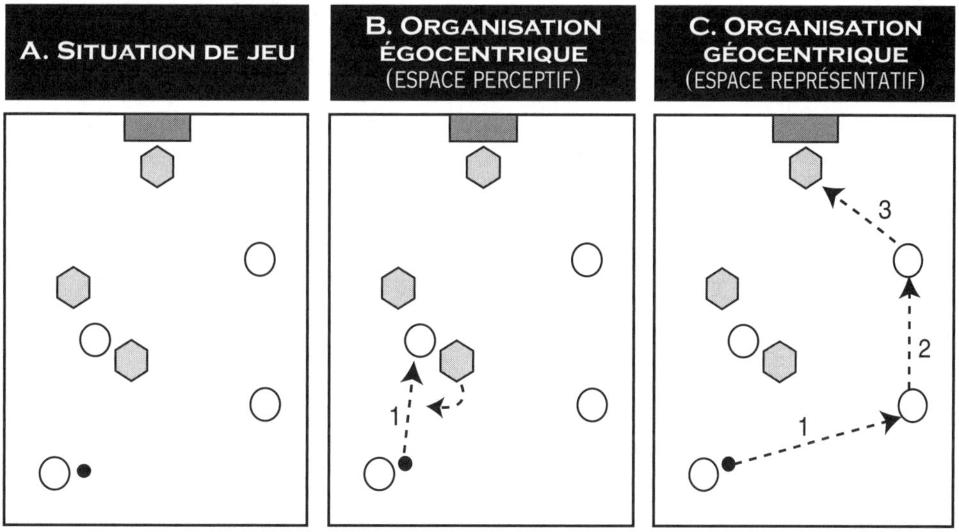

Des activités dans ces différents domaines facilitent l'établissement de la représentation spatiale avec ses composantes de localisation, descriptive ou métrique, et de relation (définir les liens entre les éléments du milieu).

5. L'ORIENTATION DROITE-GAUCHE

C'est un aspect bien spécifique de l'organisation spatiale. Comme nous avons un devant (et donc un derrière !), parce que nous avons une asymétrie antéro-postérieure, le plan sagittal médian (antéropostérieur), passant par le milieu de notre corps, divise l'espace qui nous entoure en deux moitiés que nous avons dénommées droite et gauche. La maîtrise de ces termes ne se fait pas sans quelques difficultés et nombre d'enfants, et même d'adultes, éprouvent des problèmes à réagir à brûle-pourpoint aux consignes y faisant appel, probablement parce que ces termes possèdent une valeur relative et non pas une valeur absolue.

L'application ou le transfert de notre orientation droite-gauche au monde extérieur se fait simplement, au début, par translation directe (je considère comme « l'avant » d'un objet sa partie la plus éloignée de moi) ou par réflexion (la « gauche » de la personne en face est la même que la mienne) (figure 9.6), ce qui, bien sûr, entraîne des erreurs (face aux enfants, ma main droite levée est vis-à-vis de leur main gauche). Lorsque ces notions sont encore floues, au préscolaire en particulier, si nous voulons les utiliser, il nous faudra nous orienter (regarder) dans la même direction que celle des enfants. Si nous demandons aux enfants de moins de six ans de prendre leur crayon dans la main droite, il nous faudra nous mettre de dos à eux pendant quelques secondes pour qu'ils voient directement notre main droite levée et fassent aisément la translation.

Différents questionnaires ou épreuves révèlent le degré de connaissance par les enfants de ces notions ainsi que celles associées à la représentation mentale et à la réversibilité (Piaget, 1928 ; Laurendeau et Pinard, 1968 ; Rigal, 1994) (figure 9.7 ; tableau 9.2). Elles permettent de différencier la reconnaissance de l'identification droite-gauche ainsi que d'évaluer les aptitudes de rotation mentale des enfants et leur possibilité à envisager d'autres points de vue que le leur. Nous commençons par les appliquer à notre propre corps vers l'âge de six à sept ans (« Montre-moi ta main droite »), avant de les transférer sur autrui, vers l'âge de huit ans (« Montre-moi ma jambe gauche »), puis entre les personnes, après l'âge de neuf ans (« Paul est-il à droite ou à gauche de sa mère ? ») (figures 9.7 et 9.8). Pour réussir ces épreuves, où les personnes peuvent être de dos ou de face sur les images, il faut maîtriser la rotation mentale pour, à partir de ce que je vois, imaginer ce que d'autres peuvent voir !

FIGURE 9.6
LE TRANSPORT SPATIAL D'AUTRUI À SOI

Le sujet, en bas, doit faire le même geste que le modèle, en haut. Il réagit d'abord en miroir (translation et réflexion) avant d'effectuer une rotation mentale et de répondre correctement.

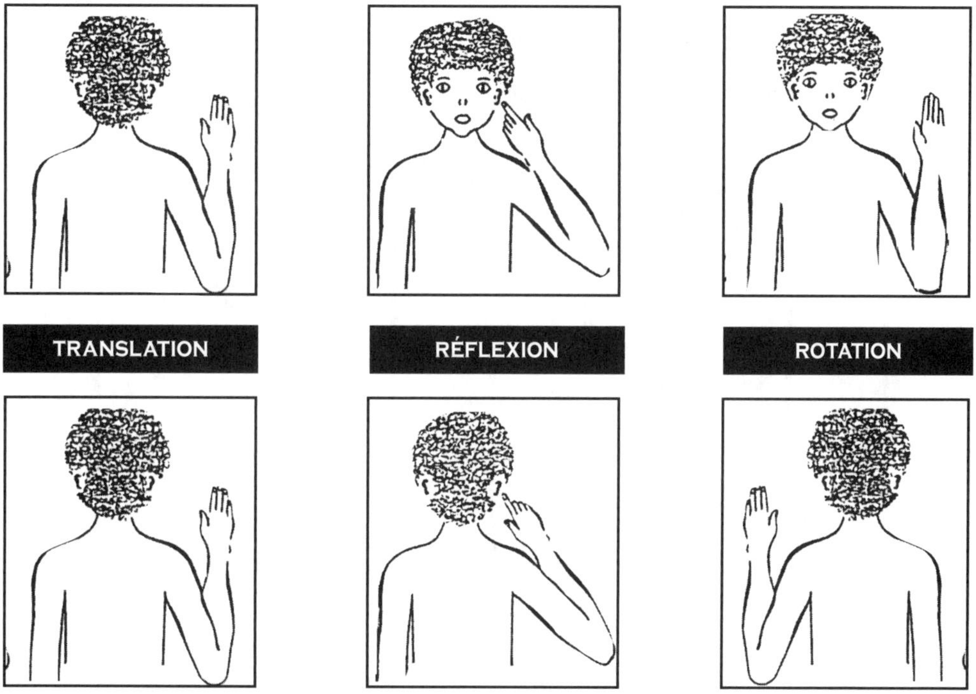

FIGURE 9.7

ÉPREUVE D'ORIENTATION DROITE-GAUCHE

(D'après Rigal, 1994.)

A. RECONNAISSANCE ET IDENTIFICATION

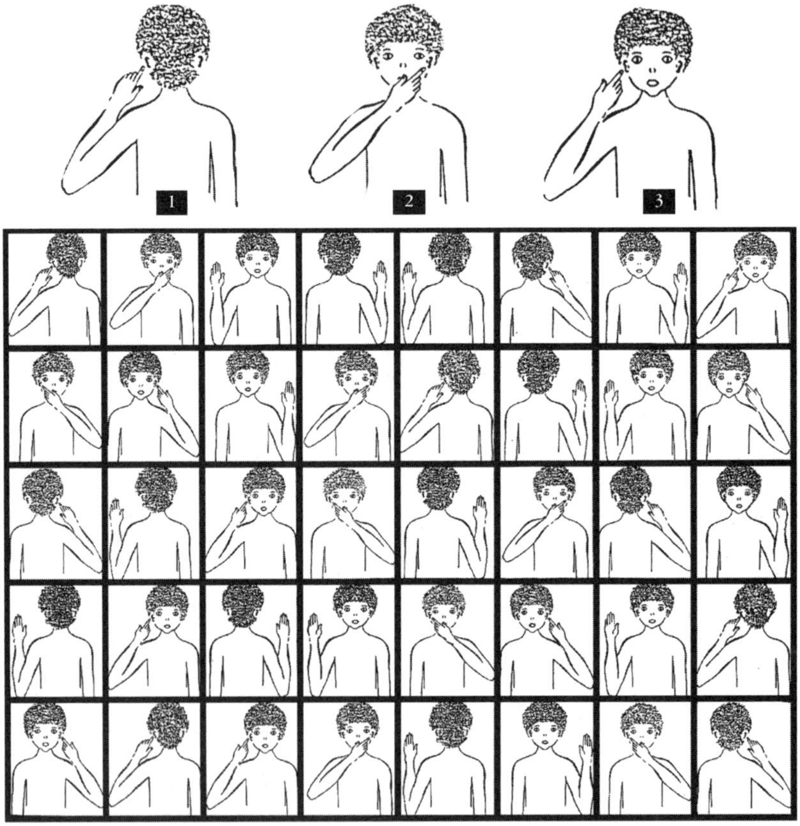

Sur ces images qui sont devant toi, tu vas, en essayant de finir le plus vite possible, faire une croix sur celles du: (montrer successivement les images suivantes)

- garçon de dos pointant son oreille gauche avec sa main gauche (1).
- garçon de face montrant son oreille gauche avec sa main droite (2).
- garçon de face pointant son oreille droite avec sa main droite (3).

Et maintenant sur celles où le petit garçon:

- a sa main droite levée.
- montre son oreille droite.
- montre son oreille droite avec sa main droite.

B. Orientation par rapport à autrui

Sur cette image qui est devant toi, tu vas me dire si:

1- le petit garçon est à gauche ou à droite de la maman.
2- la petite fille est à gauche ou à droite du papa.
3- le petit garçon est à gauche ou à droite du papa.
4- la petite fille est à gauche ou à droite de la maman.

5- le petit garçon est à droite ou à gauche du papa.
6- le petit garçon est à droite ou à gauche de la maman.

7- la petite fille est à droite ou à gauche du papa.
8- la petite fille est à droite ou à gauche de la maman.

9- la petite fille est à droite ou à gauche du papa.
10- la petite fille est à droite ou à gauche de la maman.

11- le petit garçon est à droite ou à gauche du papa.
12- le petit garçon est à droite ou à gauche de la maman.

13- la petite fille est à droite ou à gauche du papa.
14- la petite fille est à droite ou à gauche de la maman.

15- le petit garçon est à droite ou à gauche du papa.
16- le petit garçon est à droite ou à gauche de la maman.

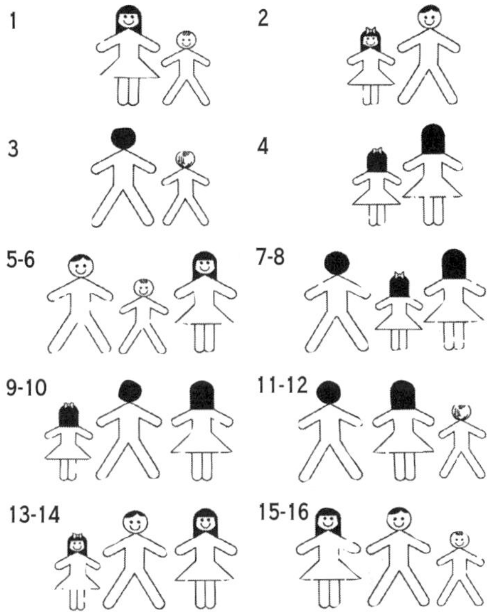

C. Réversibilité des points de vue (rotation mentale)

Maintenant tu vas bien regarder cette image (montrer A en cachant le petit garçon vu de dos).

Parmi ces autres images (montrer les 6),

17- tu vas me montrer celle qui est la même que ce que toi, tu vois sur celle-là (A). (Noter la réponse.)

Maintenant (en montrant toute l'image),

18- tu vas me montrer celle qui est la même que ce que voit le petit garçon.

Reprendre le même déroulement pour l'image B:

19- ce que toi, tu vois.

20- ce que voit la petite fille.

TABLEAU 9.2
TESTS D'ORIENTATION DROITE-GAUCHE

A. TEST DE BENTON (1968)

Le sujet est assis face à l'examinateur et a les yeux ouverts.
(1 point par réponse juste)

a)
1. Montre-moi ta main gauche.
2. Montre-moi ton œil droit.
3. Montre-moi ton oreille gauche.
4. Montre-moi ta main droite.
5. Touche ton oreille gauche avec ta main droite.
6. Touche ton œil droit avec ta main gauche.
7. Touche ton genou droit avec ta main droite.
8. Touche ton œil gauche avec ta main gauche.
9. Touche ton oreille droite avec ta main gauche.
10. Touche ton genou gauche avec ta main droite.
11. Touche ton oreille droite avec ta main droite.
12. Touche ton œil gauche avec ta main droite.

b) Sur ce dessin:

13. Montre l'œil droit de l'homme.
14. Montre la jambe gauche de l'homme.
15. Montre l'oreille gauche de l'homme.
16. Montre la main droite de l'homme.
17. Mets ta main droite sur l'oreille gauche de l'homme.
18. Mets ta main gauche sur l'œil gauche de l'homme.
19. Mets ta main gauche sur l'épaule droite de l'homme.
20. Mets ta main droite sur l'œil droit de l'homme.

B. TEST DE PIAGET (1928)

Le sujet est assis face à l'examinateur et a les yeux ouverts.
Trois objets sont disposés en ligne devant lui, à 15 cm les uns des autres, les clefs au centre, la montre à gauche, le crayon à droite.

1. La montre est-elle à droite ou à gauche des clefs? (Deux points)
2. La montre est-elle à droite ou à gauche du crayon? (Deux points)
3. Les clefs sont-elles à droite ou à gauche de la montre? (Trois points)
4. Les clefs sont-elles à droite ou à gauche du crayon? (Trois points)
5. Le crayon est-il à droite ou à gauche des clefs? (Deux points)
6. Le crayon est-il à droite ou à gauche de la montre? (Deux points)

FIGURE 9.8
La connaissance des notions droite et gauche

Évolution de la connaissance droite-gauche.

Les pourcentages s'appliquent aux enfants ayant toutes les réponses justes à chaque sous-groupe de questions. Sur soi, ces notions sont bien maîtrisées à 7 ans. Sur autrui, le transfert sur des images où les personnes font face aux enfants est loin d'être complet à 11 ans.

L'échantillon inclut 406 sujets, garçons et filles en proportions égales.

Les enfants transportent d'abord leur propre orientation sur les personnes réelles ou les images de dos, avant d'effectuer une rotation mentale pour transférer l'orientation droite-gauche aux personnes ou images de face.

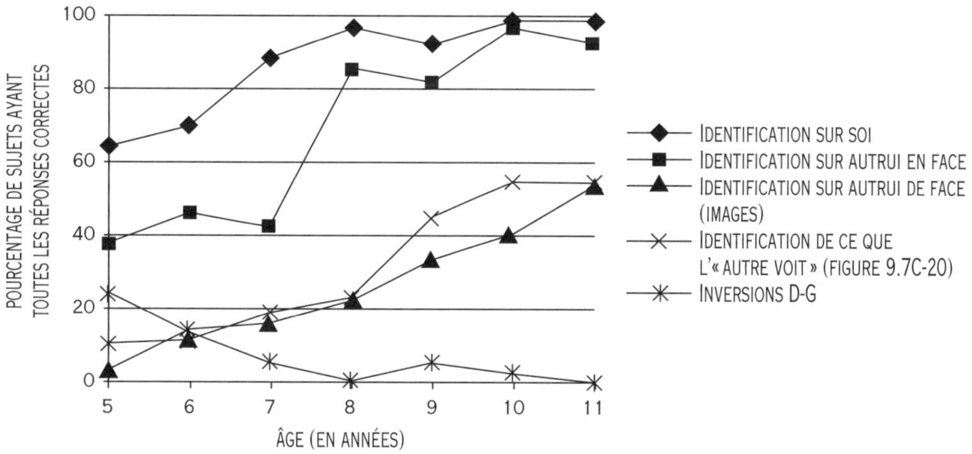

A. Sur soi, questions simples (ex.: « Montre-moi ta main droite. »)
B. Reconnaître la droite ou la gauche sur autrui en face (ex.: « Montre-moi ma main gauche. »)
C. Orienter les personnes de face sur l'image, par rotation mentale (figure 9.7B) (ex.: « La petite fille, elle est à droite ou à gauche de la maman ? »)
D. Choisir l'image correcte (figure 9.7C, question 20) (« Que voit la petite fille ? »)
E. Inversions D-G (les enfants disent systématiquement droite au lieu de gauche et vice-versa)

A- Identification sur soi : les enfants indiquent sur eux quelle est leur main droite, la gauche, le pied droit, l'oreille gauche, etc.
B- Identification sur autrui, de face : les enfants indiquent sur autrui leur faisant face quelle est sa main droite, la gauche, etc.
C- Identification sur autrui de face (images) : les enfants indiquent si, sur une image où les personnes sont représentées de face, une personne se trouve à droite ou à gauche d'une autre.
D- Identification de ce que "l'autre voit" (figure 9.7C, question 20) : les enfants indiquent l'image qui correspond à "ce que la petite fille voit" (image 5).
E- Inversion droite-gauche : les enfants utilisent "droite" pour "gauche" et vice-versa.

Ce n'est, en effet, que lorsque l'enfant effectue une rotation mentale de son orientation par rapport à celle d'autrui (par réversibilité) que tout rentre dans l'ordre : ils comprennent qu'une rotation de 180° change de côté la droite et la gauche par rapport à la personne nous faisant face. L'application de ces notions aux objets nécessite plus de temps, les objets n'ayant pas d'orientation en eux-mêmes : « saute à la droite du cerceau » ne veut rien dire, un cerceau étant symétrique (figure 9.9). Pour que cet exercice prenne du sens et me permette de vérifier qu'un enfant maîtrise correctement ces concepts, il me faut en changer les consignes et dire, par exemple « saute pour que le cerceau soit à ta gauche » : c'est le sujet orienté et non plus l'objet qui sert de point de départ. Dans la mesure où nous utilisons constamment ces notions, que ce soit de façon directe ou non, elles doivent être bien maîtrisées par les enfants, aussi bien pour l'orientation spatiale que pour les apprentissages scolaires.

La latéralité, et en particulier la manualité, ne joue qu'un rôle mineur dans l'acquisition de cette notion (Rigal, 1976, 1994), raison pour laquelle l'orientation droite-gauche doit être dissociée de la latéralité. La latéralité, en effet, fait prendre conscience de l'existence de deux côtés symétriques du corps auxquels on a donné les noms « droit » et « gauche ». Les enfants utilisant toujours le même bras pour leurs actions de la vie quotidienne jouiraient alors, en principe, d'un renforcement positif, associant un terme répété souvent, à un côté du corps. L'expérience prouve que ce n'est qu'à cinq ans qu'un pourcentage élevé de préférence manuelle est un indicateur d'une meilleure application sur soi des termes « droit et gauche » (Rigal, 1976, 1994). C'est ainsi qu'ils peuvent mieux montrer leur main droite, leur œil gauche, etc. Après cet âge, la supériorité fonctionnelle disparaît au profit d'une activité cognitive. L'orientation droite-gauche, elle, est de l'ordre de la connaissance ; les termes utilisés sont « à droite de » et « à gauche de », en référence à une personne : Paul est « à droite de » Denise.

6. DIFFICULTÉS D'ORGANISATION SPATIALE

Elles apparaissent aussi bien dans l'orientation et la structuration que dans l'orientation droite-gauche. Les données associées à l'espace semblent être davantage traitées par le lobe pariétal droit. Des lésions, parfois minimes, de ce lobe peuvent engendrer des perturbations dans la localisation des objets, la discrimination droite-gauche, l'ordre des lettres et la lecture, l'orientation spatiale, l'appréciation des distances, etc. Ces désorganisations spatiales se manifestent en particulier dans l'orientation droite-gauche chez certaines personnes qui doivent réagir très vite à une consigne, comme en voiture, par exemple, quand on leur dit à la dernière seconde « tourne à gauche ! ». C'est dans ce domaine de l'organisation spatiale que surgissent la plupart des troubles d'orientation. Beaucoup d'adultes éprouvent de la difficulté à se repérer en fonction de ces deux positions lorsqu'ils doivent réagir rapidement à ces consignes : ils repèrent d'abord leur main d'écriture et, sachant que c'est la droite (ou la gauche !), agissent en conséquence, avec un délai! Différentes épreuves permettent l'évaluation du niveau d'organisation spatiale atteint par les enfants et les difficultés qu'ils peuvent éprouver (Santucci et Pêcheux, 1979; Frostig, 1964; Rey et Osterrieth, 1942).

FIGURE 9.9
ORIENTATIONS RELATIVES

Les notions droite-gauche, devant-derrière n'ont de signification qu'en fonction d'une asymétrie qui donne une orientation définie à la personne ou à l'objet.

« Mets-toi à *droite* de Paul. » « Mets-toi à *gauche* du cercle. » « Mets-toi *devant* l'arbre. »

7. LES ACTIVITÉS SPATIOTEMPORELLES

Il va de soi qu'elles comportent l'association simultanée d'une dimension spatiale et d'une dimension temporelle. Où les retrouve-t-on? Dans toutes les activités d'anticipation-coïncidence, activités de nature perceptivomotrice qui sont parmi les plus complexes à réaliser correctement, où il nous faut, par exemple, attraper en courant un ballon qui nous est lancé par une autre personne, frapper une balle au vol avec la main, une raquette ou le pied, récupérer le bâton dans une course de relais, parcourir une distance donnée en un temps prédéterminé, ou dans celles où nous devons replacer dans l'ordre spatial, des images qui nous ont été montrées dans le désordre spatial avec un ordre temporel. Si je dis, «voici la première image», «la deuxième», la «troisième, la «quatrième» et que je demande à un enfant de les remettre dans l'ordre, il s'agit d'un exercice de succession temporelle. Si je retourne successivement quatre images disposées en ligne sur la table puis, après les avoir mélangées, que je demande à un enfant de les replacer, il s'agit d'un exercice d'organisation spatiale. Si, enfin, je dévoile la première image, puis la troisième, la deuxième et pour finir la quatrième et que je demande de les remettre dans l'ordre, l'enfant doit associer la série des images à la place qu'elles occupaient, exercice d'organisation spatiotemporelle. Dans le jeu des drapeaux, par exemple, où il faut former des paires de drapeaux identiques en ne retournant que deux cartes à la fois puis en les remettant à l'envers si elles ne correspondent pas, il importe que je me souvienne de leur place et non pas de l'ordre de leur apparition pour constituer les paires: c'est une activité d'organisation spatiale.

8. CONCLUSION

L'organisation spatiale, ou l'établissement de relations entre les éléments de l'environnement, inclut l'orientation spatiale, associée à l'espace perceptif et la structuration spatiale reliée à l'espace représentatif.

Nos différents organes sensoriels nous fournissent en permanence les informations nécessaires à l'organisation de notre espace d'action ou de représentation. Notre perception de l'espace à deux ou trois dimensions repose sur une série d'indices spatiaux à partir desquels se constituent aussi bien les formes que la configuration des lieux. La plupart de ces indices proviennent du système visuel (mouvements oculaires, convergence et disparité) bien que tous les autres systèmes sensoriels contribuent peu ou prou à l'appréciation des distances ou des positions des objets.

L'appréhension de l'espace se fait en deux étapes: l'une reliée à la perception immédiate de l'environnement, caractérisant l'espace perceptif ou sensorimoteur, et l'autre basée sur les opérations mentales qui relèvent de l'espace représentatif ou intellectuel. À partir des rapports topologiques, l'enfant élabore progressivement les rapports projectifs et euclidiens. Cette évolution suit celle de l'établissement des relations objectives où l'enfant, dominé au départ par son égocentrisme, se décentre progressivement pour envisager les relations d'un autre point de vue que le sien propre.

Cette évolution s'applique également à l'acquisition d'une dimension de l'orientation spatiale : la droite et la gauche. Alors que le haut et le bas restent des points de repères absolus, que le devant et le derrière s'acquièrent par la visualisation d'un hémi-espace, la droite et la gauche demeurent des orientations relatives qui ne peuvent se définir qu'à partir de notre asymétrie antéropostérieure. Après les avoir acquises en fonction de son propre corps, l'enfant les transpose sur autrui puis sur les objets.

Avec l'évolution mentale de l'enfant s'établissent progressivement l'acquisition et la conservation des notions de distances, surfaces, volumes, perspectives et coordonnées qui déterminent nos possibilités d'orientation et de structuration de l'espace dans lequel nous vivons.

9. ACTIVITÉS D'ORGANISATION SPATIALE

Les exercices et les activités sur l'organisation spatiale s'étaleront du milieu ambiant immédiat, pour les petits, à l'organisation de la ville et de l'univers pour les grands.

Espace topologique

Se situer dans un espace familier (classe, école, lieux de jeu, gymnase, cafétéria).

Situer des objets, du matériel dans la classe par rapport à son corps, les uns par rapport aux autres.

Accoler les termes droite et gauche aux parties appropriées de son corps (mettre les bonnes chaussures, mitaines aux bons pieds et mains).

Suivre des parcours du début à la fin en respectant le sens du déplacement au gymnase.

Dessiner la classe sur une grande feuille.

Voisinage : reproduire des suites d'objets (cerceau-quille-ballon).

Délimiter les zones, les frontières séparant l'espace en deux, trois parties ; les passages de l'une à l'autre.

Marcher dos à dos, face à face, côte à côte.

Ordre : se mettre en ordre croissant de taille.

Entourage : mettre un ballon entre deux quilles, au centre d'un cerceau ; se mettre entre deux enfants pour se placer dans une ronde, dans une colonne.

Comparaison tactilo-kinesthésique de formes et volumes géométriques différents (une sphère, un cube, une pyramide, etc.) ; découverte de leurs propriétés (la stabilité, le roulement, le fait de monter dessus, etc.).

Activités sur la classe et l'école, la maison et le quartier, le chemin suivi pour venir à l'école, aller à l'épicerie. Se situer dans un lieu par rapport aux éléments qu'il inclut.

Faire faire un parcours réel où il faut passer sous, à côté, derrière, par-dessus, etc. (espace figuratif) une table, chaise, bac, poupée, etc. ; un enfant demande à un autre de passer devant, derrière, etc. ; représenter le parcours réalisé sur une feuille de papier (espace représentatif).

Acquisition et renforcement du vocabulaire en utilisant des objets : sur, sous, à côté, dessus, loin, près, derrière, devant, au-dessous, au-dessus, entre, au milieu, etc. Mettre le chat (ou autre) en plastique sur la table, sous la chaise, entre les souris, devant le chien, derrière la poupée, à côté d'un autre chat, au milieu de la pièce, etc.

Neuf cerceaux disposés en carré sur le sol. Y placer deux quilles ; bien regarder puis les enlever ; un élève doit les replacer au bon endroit ; recommencer en augmentant le nombre de quilles.

Espace projectif

Placer des quilles, des ballons en ligne droite entre deux cerceaux éloignés.

Un élève en place d'autres pour former un carré, un triangle, un rectangle, un losange, un cercle.

Élèves par deux ; l'un a les yeux fermés et l'autre, placé derrière le premier, à côté ou devant le premier et lui faisant face, doit le guider dans un circuit formé de quilles.

Un enfant se « promène » dans la classe et s'arrête ; les autres doivent dire, de l'endroit où ils se trouvent, ce que cet enfant voit d'où il est placé (ce qui est en avant de lui, en arrière, à sa droite, à sa gauche) ; ce dernier corrige, si nécessaire, les « perceptions » des autres.

Comparaison d'itinéraires pour aller à différents endroits, indication verbale de son propre itinéraire.

Découverte et structuration d'espaces nouveaux comme la cour, le gymnase, la salle de jeu, la bibliothèque, etc.

Par deux face à face : l'un prend une position que l'autre doit reproduire, en miroir ou en réversibilité (vérifier en se plaçant derrière l'autre que nous avions pris la bonne position).

Se mettre en avant, en arrière de.

Espace métrique

Une série de 20 cerceaux répartis sur le sol (5 × 4), enfants par deux ; un enfant passe dans 5 cerceaux et l'autre doit reproduire sur sa feuille le parcours réalisé par l'autre ; changer de rôle, de nombre de cerceaux, de position (face au parcours, de dos au parcours).

Lancer le sac de sable dans une boîte placée à des distances de plus en plus grandes.

Se tenir à 3, 4, 5 mètres d'un cerceau ; évaluer la distance, fermer les yeux et se rendre au centre du cerceau en levant bien les pieds et s'arrêter lorsqu'on pense être arrivé à destination.

Reproduire une structure de 9 carrés au sol et la dessiner sur une feuille de papier. Les élèves sont par deux. Un élève place une quille à une intersection des lignes sur le sol et doit faire un point sur la feuille (posée au sol et ensuite collée contre le mur) à l'endroit équivalent. Puis le deuxième enfant place à son tour une quille et l'indique sur sa feuille. Chaque élève place 3 quilles.

Reproduire au sol la disposition d'objets dessinée sur un graphique au tableau et faire les parcours indiqués sur différents graphiques.

Représentation graphique des lieux et itinéraires ; construction de formes, de maquettes et de modèles réduits.

Reproduction sur plan de trajets effectués les yeux fermés (figure 9.10).

Lecture de plans et de cartes ; dessiner un plan, suivre des consignes et en écrire. Reconnaissance des lieux, des symboles utilisés.

Jeux de piste et parcours d'orientation.

Étude du globe terrestre, du ciel et des étoiles.

Organisation droite-gauche

Colorier d'une couleur une ou l'autre des parties droites du corps et d'une autre couleur celles du côté gauche (figure 9.11)

FIGURE 9.10
REPRODUCTION DE TRAJETS

(D'après Piñol-Douriez, 1975, p. 88.)

Les neuf trajets retenus pour évaluer la reproduction de déplacements sans vision.

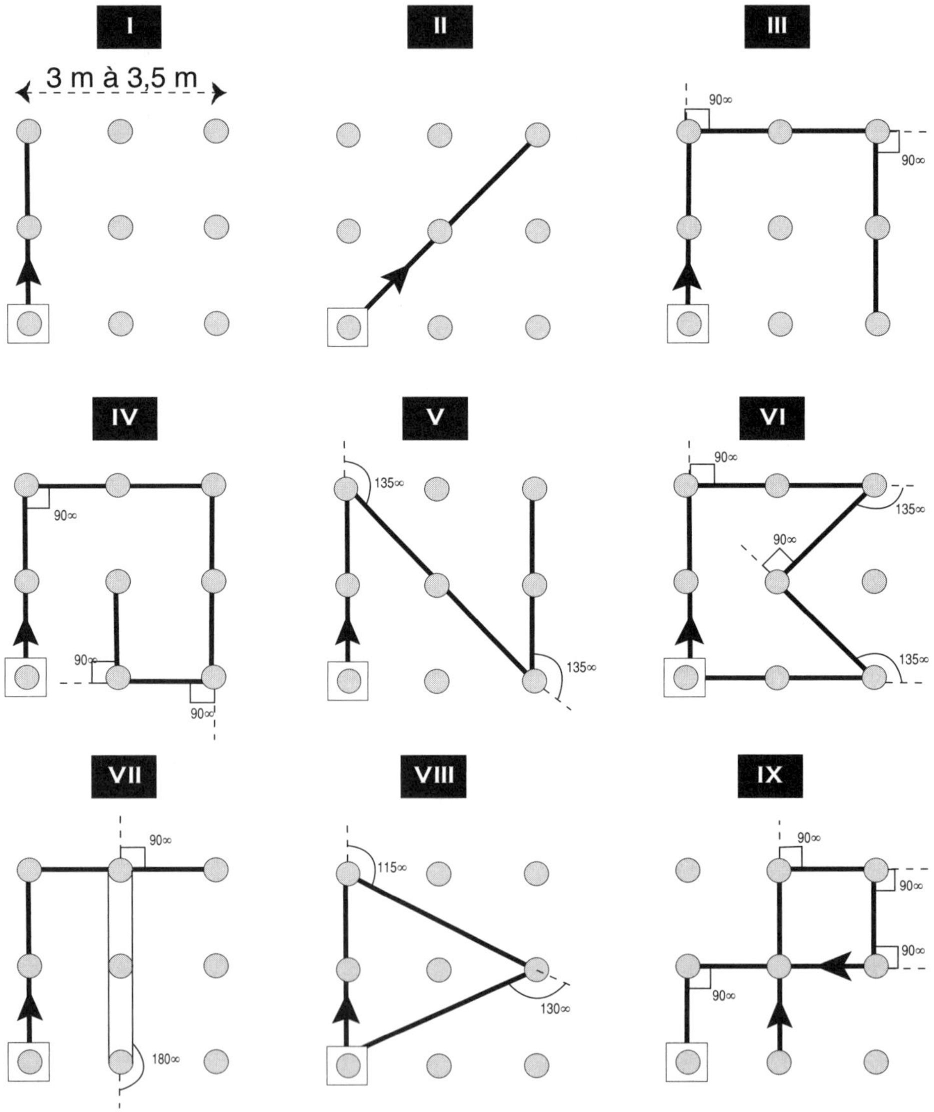

FIGURE 9.11
ORIENTATION DROITE-GAUCHE

Sur les images ci-dessous, colorier en rouge la main droite et en bleu la main gauche.
(Dessins de Jamileth Espinosa)

Sur l'image ci-dessous, je fais un rond sur les pieds droits
et une croix sur les mains gauches des personnes.

Enfants distribués dans le gymnase, face au professeur, derrière une feuille de papier collé au sol et sur laquelle ils ont inscrit leur nom; ferment les yeux et se déplacent selon les consignes: trois pas vers l'avant, un pas vers leur droite, un pas vers l'arrière, un pas vers leur droite, un pas vers l'avant, un pas vers leur droite, deux pas vers l'arrière, deux pas vers leur gauche, un pas vers l'arrière, un pas vers leur gauche; où suis-je? Ouvrir les yeux et vérifier!

Acquisition des notions de droite et de gauche sur soi et transfert sur autrui et sur l'environnement. Sur des dessins de personnes vues de dos, de face, de profil, faire colorier le bras gauche d'une couleur, le bras droit d'une autre et ainsi de suite pour les jambes. Faire dessiner un ballon à droite, à gauche, devant, derrière un enfant dessiné de face, de dos ou de profil.

Un cerceau par enfant, au sol devant lui. Lui demander de sauter pour que le cerceau soit à sa droite, à sa gauche, en avant de lui, en arrière de lui, sur son côté, etc.

Orientation spatiale

Jeux de labyrinthes.

Jeux de piste, baliser un chemin pour aller d'un point à l'autre.

Pliages et découpages.

Retrouver sur un plan de l'école des lieux particuliers (entrée, cour de récréation, cafétéria, gymnase, bibliothèque, issues de secours, sa classe, le bureau de la direction, le secrétariat, l'infirmerie, etc.).

Structuration spatiale

Reproduire au tableau des parcours réalisés au gymnase entre des quilles.

Se placer pour former un carré, un cercle, un triangle, un rectangle, etc.

Jeux de dames, d'échecs, de tic-tac-toe, de bataille navale.

Dessins et perspective dans les paysages.

Faire une maquette de la classe, élaborer le plan de l'école, représenter le chemin suivi pour venir à l'école, tracer des itinéraires sur un plan du quartier, de la ville, de la région pour aller d'un endroit à l'autre.

Faire un parcours d'orientation, une chasse au trésor en utilisant une carte et une boussole.

Observer le globe terrestre et les points de repère.

Structuration spatiotemporelle

Deux équipes, placées à angle droit, à 3, 4 ou 5 mètres du sommet de l'angle ; les enfants d'une équipe ont un cerceau et ceux de l'autre, un ballon ; un enfant lance son cerceau en avant de lui en le faisant rouler et lorsqu'il arrive en face de celui ayant un ballon, l'enfant essaie de faire passer le ballon dans le cerceau.

Enfants par deux. L'un lance un ballon pour qu'il roule doucement vers l'avant ; lorsque le ballon est rendu entre deux points de repère (entre 10 mètres et 15 mètres des enfants), le deuxième enfant lance son ballon pour qu'il rejoigne le premier entre les deux points de repère.

Un enfant court et lorsqu'il passe devant un point de repère, un autre enfant lui lance un ballon pour qu'il l'attrape avant de passer devant un deuxième point de repère.

10. QUESTIONS

J'évalue mes connaissances en répondant aux questions suivantes :

10.1. Comment notre expérience spatiale se met-elle en place ? Quelles sont les composantes de l'organisation spatiale ?

10.2. Parmi les indices spatiaux, lesquels contribuent à la perception de l'espace à deux dimensions ? à trois dimensions ?

10.3. Qu'est-ce qui caractérise les rapports topologiques, projectifs et euclidiens ? Comment l'enfant les construit-il ?

10.4. Pourquoi pouvons-nous situer les objets par rapport à la position droite-gauche ? Quelles sont les différentes composantes de l'organisation droite-gauche ? Comment s'acquièrent-elles ? À quelles difficultés les enfants doivent-ils faire face ? Quelles sont les principales méthodes d'investigation utilisées pour évaluer la maîtrise de ces notions ?

10.5. Quels troubles peuvent apparaître et quelles sont leurs conséquences sur les apprentissages scolaires ?

10.6. Qu'est-ce qui caractérise les activités spatiotemporelles ?

CHAPITRE 10

L'ORGANISATION TEMPORELLE

OBJECTIFS

À la fin de ce chapitre, vous devriez être en mesure de :

- définir l'organisation temporelle ;
- énumérer et décrire ses composantes ;
- préciser les étapes de l'acquisition des notions temporelles chez les enfants ;

1. INTRODUCTION

Le temps ne se «voit» pas : nous ne disposons pas de récepteurs sensoriels susceptibles de nous le faire percevoir ! Nous ne pouvons que remarquer des éléments qui le matérialisent : position du Soleil dans le ciel, rythme des saisons, modifications morphologiques, etc. On peut y séparer le temps physique (logique, réel ou objectif, conventionné et mesuré par l'horloge) du temps vécu ou perçu (le temps psychologique avec notre appréciation personnelle de la durée selon notre intérêt pour la tâche réalisée).

L'organisation temporelle nous permet de situer la succession des événements les uns par rapport aux autres, de définir un présent par rapport à un passé et à un futur, d'évaluer la durée d'un événement et la vitesse d'un mobile, de reproduire enfin des structures rythmiques.

Le temps ne s'arrête jamais : il passe au fur et à mesure qu'il arrive. Nous ne pouvons donc pas le garder présent sous les yeux et chaque instant ne se reproduit plus jamais. Longtemps prisonnier du moment présent, l'enfant construit petit à petit son horizon temporel, l'élargissant ensuite par la mémoire, au passé, et par l'anticipation, au futur. Ainsi se constitue **le seuil du temps** avec les **passages de l'instant à**

la durée (l'événement a duré suffisamment longtemps pour que je puisse lui attribuer une durée) et du **simultané au successif** (il existe un écart assez long entre deux événements pour que je puisse donner l'ordre de leur apparition).

Prendre conscience du temps et l'analyser exige de tenir compte de trois dimensions. Tout d'abord l'aspect vécu, par la perception et la mémorisation, de la succession des événements avec leur ordre et leur durée. Ensuite, la logique du temps : les événements qui peuplent le temps se succèdent et s'organisent selon une direction irréversible, même si la mémoire nous permet de les organiser différemment. Enfin, une dimension conventionnelle liée au système culturel de référence et de division du temps : ce sont l'année et ses subdivisions, ainsi que les unités de mesure (seconde, minute et heure). C'est certainement dans cette mesure que nous retrouvons le plus grand nombre de bases : 10 pour les dixièmes, centièmes et millièmes de secondes, 60 secondes pour une minute, 60 minutes pour une heure, 24 heures pour un jour, 7 jours pour une semaine, 4 semaines + 0, 1, 2 ou 3 jours pour un mois (regroupement pour lequel le nombre d'unités varie), 12 mois pour une année (mais 365 ou 366 jours) !

C'est toute cette réorganisation qui nous permet, en utilisant le calendrier solaire grégorien (depuis 1582), de ne pratiquement plus avoir de décalage entre le calendrier et les saisons, contrairement au calendrier julien (mis en place par Jules César et en vigueur pendant près de 16 siècles !). Dans ce dernier cas, il se perdait un jour tous les quatre ans, soit 25 jours par siècle, ce qui décalait rapidement mois et saisons (il neigeait en plein mois de juillet alors que l'on faisait les foins en décembre !). Dans les autres calendriers luni-solaires, chinois (son an 0 est situé 2697 ans avant notre an 0) et israélite (il débute 3761 ans avant notre an 0), il faut ajouter un treizième mois 7 fois en 19 ans pour le chinois et 5 fois en 19 ans pour l'israélite (les deux n'ayant pas le même nombre de jours dans une année) afin de conserver l'adéquation mois-saisons. Dans le cas du calendrier lunaire musulman (il débute 622 ans après notre an 0), le décalage mois-saisons s'annule tous les 33 ans ! Quand nous avons fêté l'an 2000, les Chinois étaient en 4697, les israélites en 5761 et les musulmans en 1378 !). Et pour couronner le tout, les années ne débutent pas toutes le 1er janvier : le nouvel an chinois commence lors de la deuxième lune après le solstice d'hiver (entre le 15 janvier et le 15 février) et le nouvel an israélite débute en septembre !

Pour apprécier notre connaissance du temps, quatre méthodes principales d'étude sont utilisées : l'estimation (évaluation quantitative de la durée d'un intervalle), la comparaison (définir l'égalité ou non de deux durées), la production (créer personnellement deux durées équivalentes) et la reproduction (produire une durée équivalente à un modèle).

Pour comprendre les mécanismes de l'organisation temporelle, nous décrirons successivement les notions fondamentales se rapportant au temps : l'ordre, la durée et le rythme (tableau 10.1), ainsi que leur ontogenèse, les éléments en faisant partie étant progressivement maîtrisés par les enfants, avec l'accroissement de l'âge.

TABLEAU 10.1
L'ORGANISATION TEMPORELLE

Ordre	Durée	Rythme
ASPECT QUALIFICATIF – DISSOCIER LE SUCCESSIF DU SIMULTANÉ. – PASSER DE LA DÉPENDANCE DU TEMPS À L'ESPACE, À LA DIFFÉRENCIATION TEMPS-ESPACE.	ASPECT QUANTITATIF – DISTINGUER L'INSTANT DE LA DURÉE. – DISSOCIER LA DURÉE, DU CONTENU DE L'ACTION.	REPRODUCTION PÉRIODIQUE D'UNE STRUCTURE.

2. L'ORDRE

Lié à l'aspect qualitatif du temps, l'ordre se rapporte à la succession ou distribution chronologique des changements ou des événements successifs, dans une suite irréversible. Il n'y a d'ordre que s'il y a eu plusieurs événements distribués dans le temps. Pour saisir cette séquence, nous devons donc **dissocier le successif du simultané**. Pour que cela soit possible, les événements doivent être séparés de plusieurs millisecondes (entre 80 et 120 pour la vision et entre 10 et 50 pour l'audition). Cette suite ordonnée est perçue directement : c'est une perception primaire. L'ordre peut aussi être déduit logiquement, par réflexion : je peux par exemple remettre en ordre une série d'images illustrant des moments différents de la même scène (figures 10.1 et 10.2). Cela ne veut pas dire que l'enfant saisisse et retienne immédiatement tous les éléments de la suite vécue. Il en oubliera plusieurs, ne retenant que ceux qui l'auront frappé. En faisant appel, par sa mémoire, à des repères, il peut reconstruire la chronologie des faits. C'est le moment de l'apprentissage des termes liés à cette organisation du temps (tableau 10.2) : « avant », « après », « d'abord », « ensuite », « le premier », « la troisième », etc. Les discussions et exercices sur les activités de la vie quotidienne à la maison et à l'école, le découpage de la journée en ses constituantes (le matin, le midi, l'après-midi, le soir, la nuit) facilitent la prise de conscience de la sériation du temps et de son organisation. Les premières ébauches de la ligne du temps en proviennent (tableau 10.3).

FIGURE 10.1
L'ORDRE DES ÉVÉNEMENTS

(Remettre les bougies dans l'ordre.)

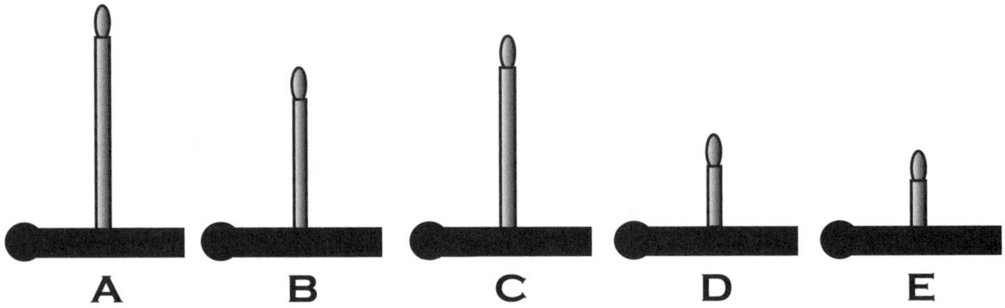

TABLEAU 10.2
TERMES FRÉQUEMMENT UTILISÉS DANS L'ORGANISATION TEMPORELLE

ORDRE	DURÉE	RYTHME
PREMIER	SECONDE	CADENCE
DEUXIÈME	MINUTE	MESURE
DERNIER	HEURE	BATTEMENT
AVANT	JOUR	TEMPO
AVANT DE	SEMAINE	TEMPS FAIBLE
APRÈS	MOIS	TEMPS FORT
ENSUITE	ANNÉE	RAPIDE
EN MÊME TEMPS	SAISONS	LENT
MATIN	SIÈCLE	
MIDI	MILLÉNAIRE	
SOIR	ÈRE	
NUIT	NUIT	
D'ABORD	MATIN	
ENSUITE	APRÈS-MIDI	
HIER	UN INSTANT	
AUJOURD'HUI	BIENTÔT	
DEMAIN	TARD	
PASSÉ	VITE	
PRÉSENT	LENT	
FUTUR	LONGTEMPS	
SIMULTANÉ	TOUJOURS	
SUCCESSIF		
PUIS		
ENFIN		
ALTERNANCE		

FIGURE 10.2
L'ordre

Associer le texte à la bonne image et remettre les images dans l'ordre
(Y a-t-il plusieurs séquences possibles? Est-ce alors un bon exemple?)

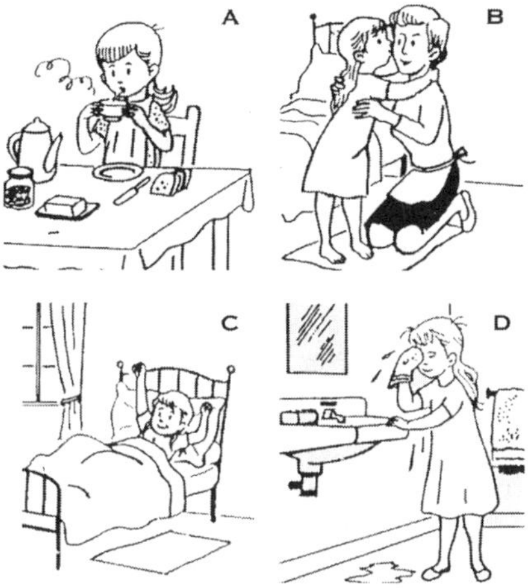

1- Elle prend son petit déjeuner.
2- Elle se réveille.
3- Elle embrasse sa mère.
4- Elle fait sa toilette.

À quelle série d'images correspond chaque texte?

1- Je cours dans la forêt, je cueille des fleurs, puis je m'allonge sous un arbre.
2- Je marche dans la forêt, je cueille des champignons, puis je m'assieds sous un arbre.
3- Je cours dans la forêt, je cueille des champignons, puis je m'allonge sous un arbre.

3. LA DURÉE

La durée quantifie le temps par la mesure de la longueur de l'intervalle séparant deux points de repère indiquant l'un le début et l'autre la fin d'un événement. C'est une perception secondaire, en ce sens que nous devons réfléchir pour l'évaluer, en nous appuyant sur une perception primaire délimitant le début et la fin de l'événement et une analyse de ce qui a été fait pendant cette durée. Elle doit aussi être assez grande, de l'ordre de quelques centièmes de seconde, pour nous permettre de passer de l'instant à la durée. Dans notre appréciation de la durée, nous pouvons commettre deux types d'erreurs : une de **sous-estimation** lorsque je « raccourcis » le temps réel et une de **surestimation** lorsque je l'allonge (figure 10.3). Cette évaluation subjective s'améliore avec l'âge et l'entraînement et varie avec le degré de difficulté et de faisabilité de la tâche à accomplir ou son intérêt. Lorsque nous faisons quelque chose qui nous captive, nous ne voyons pas le temps passer ! Les durées vides (on n'a rien à faire pendant une durée donnée) sont surestimées par rapport aux durées pleines (je fais quelque chose pendant une durée donnée). Dans le test de Seashore (1927), il faut indiquer si les durées de deux sons entendus successivement sont ou non égales : les différences de durées s'échelonnent de 30 centièmes de seconde à 5 centièmes, les écarts longs étant bien perçus dès six ans, les erreurs pour les différences courtes étant encore très élevées à neuf ans (32 réponses justes en moyenne sur 50 à cet âge, toutes durées confondues, ce qui correspond au percentile 50) (Rigal, 1976).

Plusieurs facteurs agissent sur l'appréciation de la durée. Mentionnons l'âge (avec son augmentation, nous avons une meilleure idée de ce que représente une seconde), l'intérêt pour la tâche à faire (le temps passe vite lorsque ce que nous faisons nous intéresse et lentement lorsque cela nous ennuie), la difficulté et la réussite de la tâche (nous sous-estimons une durée lorsque la tâche est difficile mais faisable et la surestimons lorsqu'elle est très dure et que l'échec semble inévitable).

À la durée se rattache la notion de vitesse dont les enfants ont très tôt une intuition dans la **vitesse dépassement** : je vais plus vite si je dépasse quelqu'un. Ce n'est pas aussi évident lorsqu'il doit courir moins vite qu'une autre personne : dans ce cas, il reste en arrière, mais conserve la même distance par rapport à lui ; à vrai dire, il court à la même vitesse mais il pense qu'il court moins vite parce qu'il est tout simplement en arrière !

La perception du mouvement n'est possible qu'au-delà d'une certaine vitesse : si nous pouvons par exemple voir le déplacement de l'aiguille des secondes sur une montre, il n'en est rien pour celle des minutes. Bien que nous sachions que, forcément, elle se déplace, nous ne pouvons pas le voir car l'espace parcouru pour une durée donnée est trop faible : nous ne pouvons que nous en rendre compte lorsque les minutes s'égrènent !

Tableau 10.3
Genèse de l'horizon temporel chez l'enfant

(D'après Fraisse, 1967, p. 188.)

Âge moyen en années	Acquisitions
1,6	Évocation d'un objet absent. Prédominance du présent.
2,0	Évocation de souvenirs datant d'un mois. Relie deux événements successifs.
3,0	Souvenirs d'un an; utilisation du participe passé et de l'imparfait; le terme « demain » apparaît en référence à un avenir proche indéterminé.
4,0	Référence à une saison prochaine; reconnaissance d'un jour privilégié de la semaine. Demande si on est «le matin» ou «l'après-midi». Précise ce qu'il fait le matin ou l'après-midi.
5,0	Des fêtes importantes sont retenues: anniversaire, Noël. Le moment de la journée (matin ou après-midi) est reconnu. « Hier » et « demain » sont utilisés à propos. Indique dans l'ordre (succession) quatre ou cinq activités de la journée. Reconnaît la position des aiguilles de la montre pour certaines activités.
6,0	Les événements se localisent par rapport au temps conventionnel par cosériation de l'événement vécu et du cadre social. Indique le jour de la semaine et énumère dans l'ordre les jours de la semaine. Reproduit une structure rythmique de quatre coups.
7,0	Le passé déborde l'expérience personnelle. Indique le mois et la saison.
8,0	Commence à envisager l'avenir (quand je serai grand) et à évaluer le temps nécessaire pour accomplir une tâche. Indique le jour du mois et l'année.
9,0	Il lit l'heure. Commence à estimer la durée mais avec beaucoup d'erreurs. Reproduit une structure rythmique de six coups.
12,0	Évalue la durée d'une conversation, du temps qui le sépare des vacances à venir ou passées. Donne l'heure à 20 minutes près.

FIGURE 10.3
DURÉE RÉELLE ET DURÉE ESTIMÉE

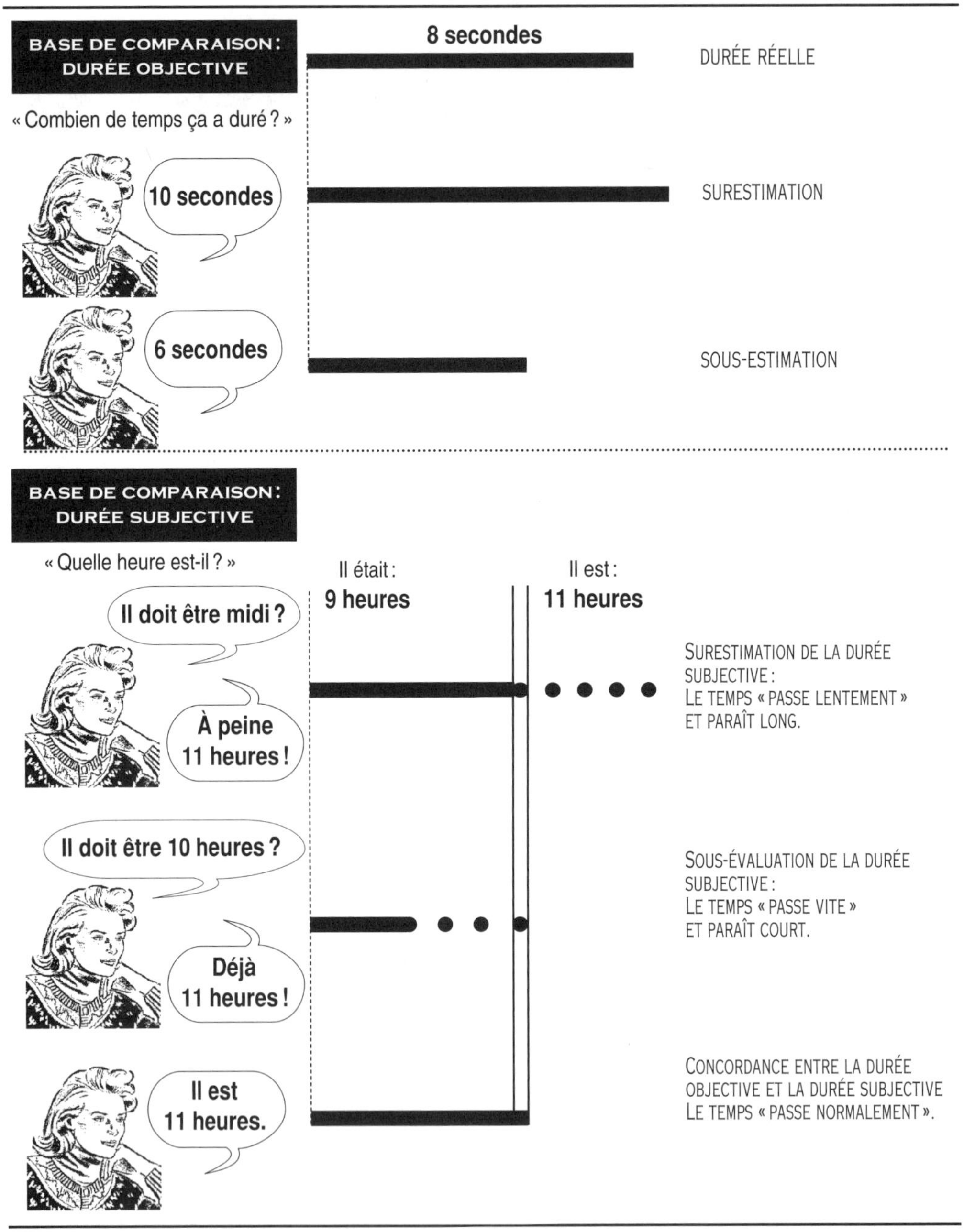

TABLEAU 10.4
ORGANISATION TEMPORELLE : ÉVOLUTION CHEZ L'ENFANT

	ORDRE	DURÉE
	(ASPECT QUALITATIF DU TEMPS)	(ASPECT QUANTITATIF DU TEMPS)
STADE PRÉOPÉRATOIRE	• SUBORDINATION DU TEMPS À L'ESPACE. • PAS DE SIMULTANÉITÉ POUR DEUX ÉVÉNEMENTS AUX RÉSULTATS DIFFÉRENTS.	• LA DURÉE DÉPEND DU RÉSULTAT DE L'ACTION. • $V = \frac{E}{T}$ OU $T = \frac{E}{V}$
STADE OPÉRATOIRE	• DIFFÉRENCIATION ESPACE-TEMPS. • L'ORDRE PEUT ÊTRE DÉDUIT PAR ANALYSE.	• INDÉPENDANCE DURÉE-ACTION. • HOMOGÉNÉITÉ DU TEMPS.

4. LE RYTHME

Le **rythme**, c'est la répétition régulière ou périodique d'une structure donnée, séquence ou regroupement ordonné d'un nombre limité de stimuli (figure 10.4). En font aussi partie le **tempo** (ou le rythme personnel libre : marcher, frapper sur la table avec son doigt) variant entre deux et trois frappes par seconde et la **cadence** (ou le rythme imposé de l'extérieur : par un métronome, une musique, les frappes sur le tambourin). L'alternance des contractions et des relâchements, dans les mouvements, leur donne une allure coulée et évite la fatigue. Tous les mouvements, cependant, ne possèdent pas une composante rythmique ; si c'est le cas pour la marche, les balancers sur une chaise, la natation, la danse, ce ne l'est ni pour la plupart des activités sportives, ni pour les attitudes maintenues, ni pour les mouvements courts réalisés une seule fois. En écriture, le rythme peut être introduit dans des exercices répétitifs comme les boucles et les cycloïdes. Les jeux de frappe dans les mains doivent donc reproduire plusieurs fois de suite la structure de base si l'on veut parler d'exercice de travail du rythme.

Pour qu'une structure (séquence ordonnée ou regroupement de stimuli) soit considérée comme rythmique, elle doit contenir un nombre d'éléments inférieur à une dizaine et les intervalles séparant les frappes ne doivent pas excéder 40 centièmes de seconde, pour une durée totale de la structure de quatre à cinq secondes ; au-delà d'une durée des écarts de deux secondes, les éléments de la structure sont perçus comme étant autonomes (Fraisse, 1974).

FIGURE 10.4
EXEMPLES DE STRUCTURES RYTHMIQUES

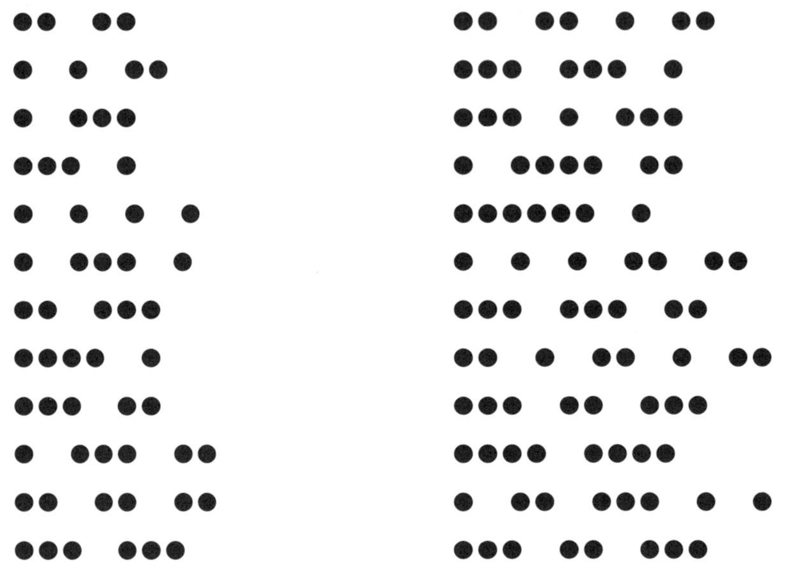

5. ONTOGENÈSE DE L'ORGANISATION TEMPORELLE

L'ontogenèse de l'organisation temporelle souligne la manière dont, progressivement, les enfants maîtrisent les notions associées au temps (tableaux 10.5 et 10.6). Ici encore, le passage du stade préopératoire au stade opératoire améliore largement l'objectivation du temps sans, toutefois, le rendre tout à fait rationnel.

5.1. L'ordre

Pour rendre compte de l'ordre, il faut pouvoir distinguer l'antériorité, la simultanéité ou concomitance et la postériorité entre les événements considérés. Tout un vocabulaire y est associé (tableau 10.6), que l'enfant apprend assez rapidement. Profitant de son vécu, il construit facilement l'ordre logique : mes parents sont nés avant moi ! Par contre, pour l'Histoire, l'ordre est davantage de nature cognitive, associé à la mémoire, et non de déduction logique : Jules César a précédé Charlemagne, la découverte de l'imprimerie a eu lieu avant celle de l'Amérique.

TABLEAU 10.5
ORGANISATION TEMPORELLE : COMPOSANTES ET ÉVOLUTION

	STADE PRÉOPÉRATOIRE	STADE OPÉRATOIRE
SIMULTANÉITÉ DEUX ÉVÉNEMENTS COMMENCENT ET SE TERMINENT EN MÊME TEMPS ; LEURS DURÉES SONT ÉGALES.	• PAS DE SIMULTANÉITÉ POUR DEUX ÉVÉNEMENTS AUX RÉSULTATS DIFFÉRENTS.	• LA SIMULTANÉITÉ EST ACCEPTÉE. • INDÉPENDANCE DE LA VITESSE DES ACTIONS.
ORDRE OU SUCCESSION DEUX ÉVÉNEMENTS SE PRODUISENT L'UN APRÈS L'AUTRE.	• INCAPACITÉ DE METTRE DANS L'ORDRE. • SUBORDINATION DU TEMPS À L'ESPACE.	• COSÉRIATION POSSIBLE. • DIFFÉRENCIATION DE L'ESPACE ET DU TEMPS. • L'ORDRE PEUT ÊTRE DÉDUIT PAR ANALYSE.
VITESSE RAPPORT ENTRE UNE DISTANCE PARCOURUE ET LE TEMPS MIS À LA PARCOURIR.	• VITESSE DE DÉPASSEMENT : QUAND ON DÉPASSE ON VA PLUS VITE. • NE COMPREND PAS QUE SI ON VA PLUS VITE, L'ACTION PREND MOINS DE TEMPS ET LA DURÉE DIMINUE.	• MAÎTRISE DES RAPPORTS EXISTANT ENTRE L'ESPACE, LE TEMPS, LA VITESSE QUAND L'UN RESTE FIXE ET QUE LES DEUX AUTRES VARIENT. $V = \frac{E}{T}$ • PLUS ON VA VITE, MOINS ÇA PREND DE TEMPS OU PLUS ON FAIT DE CHOSES.
DURÉE MESURE DU TEMPS ÉCOULÉ ENTRE DEUX POINTS DE REPÈRE.	• DÉPEND DU RÉSULTAT DE L'ACTION : « PLUS ON A FAIT DE CHOSES, PLUS ON A EU DU TEMPS. » • LES DIFFÉRENCES D'ÂGE PEUVENT SE MODIFIER AVEC LE TEMPS OU LA TAILLE.	• INDÉPENDANCE ET COMPENSATION DE LA DURÉE ET DE L'ACTION. • ÉVALUATION QUANTITATIVE. • HOMOGÉNÉITÉ DU TEMPS. • L'ENFANT TIENT COMPTE DE LA QUANTITÉ DE TRAVAIL ET DE LA VITESSE À LAQUELLE IL A ÉTÉ FAIT.
RYTHME AJUSTEMENT MOTEUR À UNE STRUCTURE DONNÉE ET RÉPÉTÉE.	• ACCÉLÉRATION DU TEMPO SPONTANÉ. • LIMITÉ PAR LE NOMBRE D'ÉLÉMENTS DANS LA REPRODUCTION DE STRUCTURES RYTHMIQUES. • ASSOCIATION DE LA SYNCHRONISATION SENSORIMOTRICE ET DE L'INDUCTION MOTRICE.	• STABILISATION DU TEMPO SPONTANÉ AUX ENVIRONS DE 2/S. • SUIT LA CADENCE DU MÉTRONOME. • REPRODUCTION RYTHMIQUE PLUS ÉTENDUE. (SÉQUENCES PLUS LONGUES)

Jusqu'aux environs de sept ans, l'enfant subordonne les relations de succession temporelle aux relations d'ordre spatial, se fiant davantage à ce qu'il voit, au résultat final qu'aux étapes ayant conduit à ce résultat. La prégnance et la permanence de la perception spatiale accaparent toute son attention, et son raisonnement justifie les dimensions temporelles à partir des données spatiales. S'il voit deux voitures roulant à des vitesses différentes partir et s'arrêter en même temps, la voiture ayant parcouru la plus courte distance se sera, pour lui, arrêtée avant (figure 10.5). Après cet âge, au stade opératoire, il différenciera l'ordre temporel de l'ordre spatial.

TABLEAU 10.6
VOCABULAIRE ASSOCIÉ À L'ORDRE OU À LA SUCCESSION

ANTÉRIORITÉ	SIMULTANÉITÉ	POSTÉRIORITÉ
Avant que	Maintenant	Après que
Avant de, que	Aujourd'hui	Bientôt
Hier	En même temps	Puis
La veille	En ce moment	Ensuite
Il y a un moment, 5 minutes, 2 heures, un mois	Au moment où	Tout de suite
La semaine dernière	Pendant que	Tout à l'heure
L'année dernière	Tandis que	Plus tard
Autrefois		Trop tard
Il y a longtemps		Dans *x* minutes, heures, jours, années
		Demain
		Le lendemain
		La semaine prochaine
		L'année prochaine

5.2. La durée

Au stade préopératoire, la durée est relative au contenu ou au résultat de l'activité. Il n'y aura donc pas d'identité de durées si les résultats des deux actions comparées sont divergents alors que dans les faits elles sont égales! «Plus ça va vite, plus ça prend de temps.» La vitesse, le nombre de changements, l'ennui modifient la perception et l'évaluation de la durée. «Quand on fait beaucoup de choses, ça prend plus de temps!» Si l'enfant doit dessiner des barres entre deux lignes sans les dépasser, il n'en fera pas beaucoup car il les dessinera lentement. Si maintenant il peut dépasser et donc aller plus vite, il en dessinera davantage pendant le même laps de temps: il en déduira qu'il a eu plus de temps pour faire les barres dans le deuxième cas que dans le premier puisqu'il en a fait plus! De deux voitures roulant sur la table, celle qui a parcouru la plus grande distance a roulé le plus longtemps: la vitesse n'entre pas en ligne de compte. Si de l'eau s'écoule en quantités égales dans deux vases de diamètres différents, l'enfant n'aura aucune gêne à affirmer que l'eau a coulé plus longtemps dans le verre qui s'est le plus rempli alors qu'il a été témoin que l'eau a commencé à couler et s'est arrêtée de couler en même temps dans les deux vases (figure 10.6)! «L'eau a coulé plus de temps parce qu'il est plus plein!»

FIGURE 10.5

SIMULTANÉITÉ ET SUCCESSION

(D'après Piaget, 1946a, p. 91 et p. 108.)

A. DÉPARTS SIMULTANÉS, VITESSES DIFFÉRENTES ET ARRÊTS SIMULTANÉS ⟶ DURÉES ÉGALES

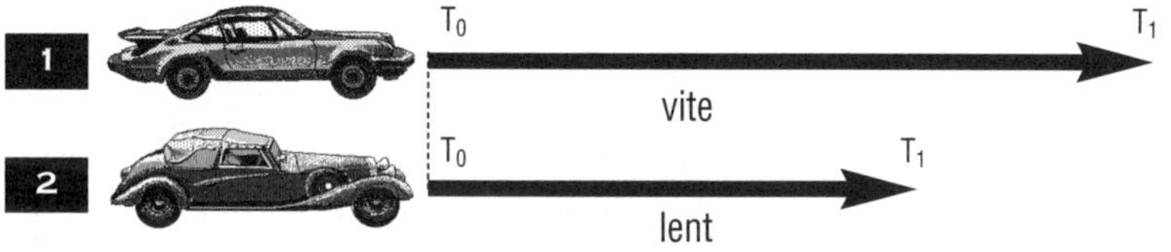

AVANT 6 ANS :

1 et 2 ne s'arrêtent pas en même temps (p. 108).

« Ils sont partis en même temps ? – Oui. – Et arrêtés en même temps ? – Non. – Quand 1 s'est arrêté, 2 marchait encore ? – Non. – L'inverse ? – Non. – Alors ils se sont arrêtés au même moment ? – Non. – Lequel s'est arrêté d'abord ? – 2. – Pourquoi ? – Parce qu'il n'est pas allé aussi loin que l'autre. – Ils ont marché la même durée de temps ? – Non. – Un plus longtemps que l'autre ? – Oui. – Lequel ? – 2 parce qu'il est allé plus lentement (ou – 1 parce qu'il est allé plus loin). »

APRÈS 6 ANS :

L'enfant accepte la simultanéité des arrêts sans conclure forcément à l'égalité des durées : il n'y a pas de « même temps » pour deux mouvements de vitesses inégales ; l'enfant finit par le comprendre vers 8-9 ans.

B. DÉPARTS SIMULTANÉS, VITESSES ÉGALES ET ARRÊTS SIMULTANÉS ⟶ DURÉES ÉGALES

L'enfant accepte le synchronisme des déplacements.

C. DÉPARTS SIMULTANÉS, VITESSES DIFFÉRENTES ET ARRÊTS SUCCESSIFS ⟶ DURÉES INÉGALES

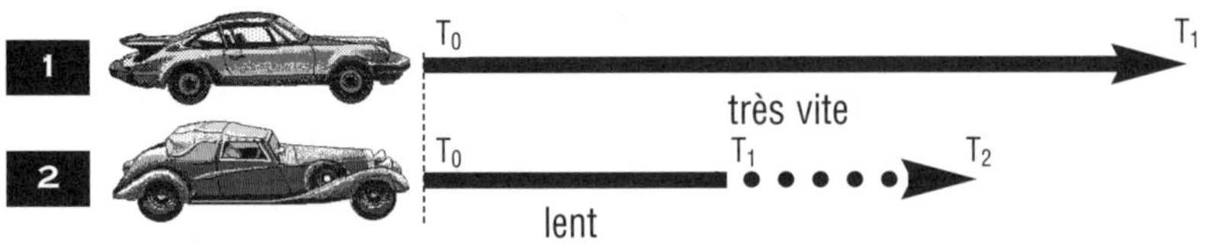

1 va plus vite que 2 mais roule moins longtemps. 2 continue après l'arrêt de 1 puis s'arrête avant d'avoir rattrapé 1.

AVANT 6 ANS :

2 s'arrête avant 1 : le temps est subordonné à l'espace parcouru (p. 91).

« Ils se sont arrêtés en même temps ? – Non. 2 s'est arrêté avant. – Lequel a marché le plus longtemps ? – Celui-là, 1 parce qu'il a été plus loin. – Quand 1 était arrêté, est-ce que 2 marchait encore ? – Oui. – Et quand 2 s'est arrêté, 1 marchait encore ? – Non. – Alors, lequel a marché plus longtemps ? – 1. – Pourquoi ? – Parce qu'il a été plus loin ».

APRÈS 6 ANS :

Les relations temporelles constituent un système d'ensemble avec coordination des codéplacements.

FIGURE 10.6

LA SUCCESSION OU L'ORDRE

(D'après Piaget, 1946, p. 13.)

L'eau colorée s'écoule du bocal du haut dans celui du bas en cinq étapes équivalentes. L'enfant assiste à l'expérience et trace, sur six cartons où figurent les deux bocaux vides, le niveau de l'eau à chaque étape. À la fin de l'expérience, les dessins sont mélangés et l'enfant doit rétablir l'ordre simple, ou une cosériation biunivoque lorsque les deux bocaux sont séparés par découpage du carton suivant le pointillé.

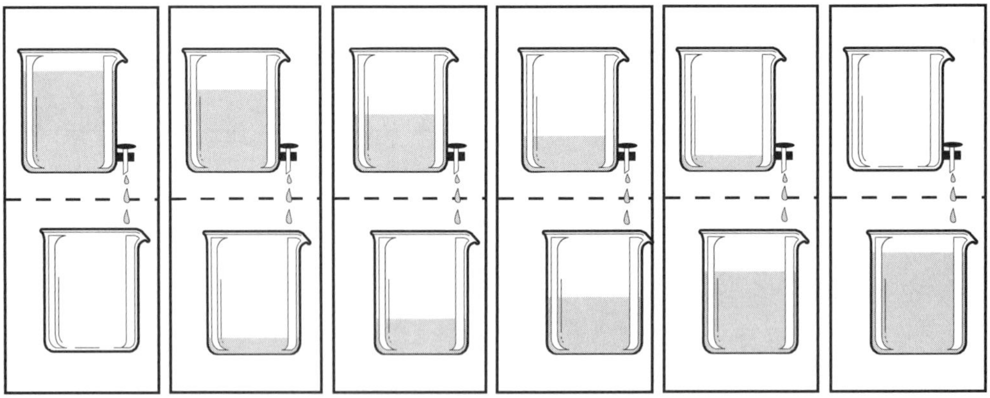

Après l'âge de sept ans, au stade opératoire, l'enfant établit une indépendance plus nette de la durée par rapport à l'action et comprend que si l'on fait quelque chose rapidement, cela nécessitera moins de temps. Il a encore de la difficulté toutefois à indiquer la durée approximative d'un événement (comme bien des adultes d'ailleurs!), une durée réelle de 20 secondes pouvant être évaluée entre 5 secondes et 10 minutes! Il ne faut donc pas s'étonner si les enfants de maternelle, ou du début du primaire, demandent «quand c'est midi?», même si on vient de leur dire, il y a cinq minutes, que ce sera dans deux heures!

Une autre expérience de Piaget (1946) illustre bien cette dépendance du temps vis-à-vis de l'espace, celle de l'âge des arbres (figure 10.7). Dans cette expérience, on montre à l'enfant une photo d'un pommier planté il y a un an. Quand ce pommier a deux ans, on plante alors un poirier d'un an et on lui montre ensuite la photo des deux arbres où le pommier est plus grand que le poirier. L'enfant n'a aucune difficulté à indiquer, à la question «quel est l'arbre le plus vieux?», que c'est le pommier. Les années passent et comme le poirier pousse plus vite que le pommier, il le dépasse un jour en taille. À la même question que la précédente, l'enfant répond alors sans se troubler que c'est maintenant le poirier qui est le plus vieux puisqu'il est le plus grand!

Montangero (1977) a étudié chez des enfants de cinq ans à huit ans la manière dont ils se comportent dans l'évaluation de la durée ayant un contenu physique ou logique (figure 10.8). Une durée a un **contenu physique** lorsqu'on peut voir le résultat des actions faites pendant l'intervalle de temps (nombre de pièces transportées, distance parcourue par une voiture) et un **contenu logique** lorsqu'il faut tenir compte des limites (début-fin) de l'intervalle (la bougie A s'est allumée avant B, mais s'est éteinte avant: elles ont brûlé le même laps de temps ou non; deux poupées cirent des chaussures à des vitesses différentes). L'auteur a mis en évidence que l'estimation de la durée dépend du développement cognitif des enfants et des données spatiocinématiques des événements (vitesse plus ou moins grande) ou de leurs caractéristiques temporelles (simultanéité ou non de leurs début et fin). L'appréciation de la durée dépend bien sûr, pour les enfants, du résultat des actions (travail accompli, fréquence des changements, vitesse des déplacements). Après sept ans, les enfants compensent les décalages début-fin et en déduisent que les deux durées sont égales, bien que décalées l'une par rapport à l'autre.

FIGURE 10.7
ÂGE ET TAILLE

(D'après Piaget, 1946, p. 229, 230 et 232.)

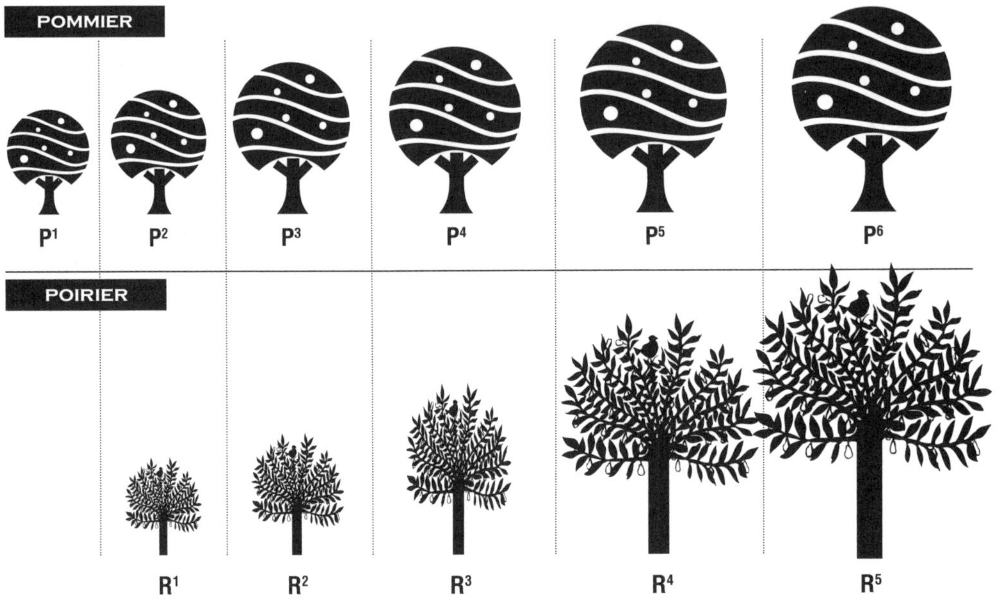

AVANT 6 ANS:

L'âge est proportionnel à la taille.

« Qui est le plus vieux, P^5 ou R^4 ? – R^4 – Sûr ? – Oui parce qu'il est plus grand. – Mais lequel est plus vieux: P^3 ou R^2 ? – Le premier parce qu'il est plus grand. – Et quand les deux arbres seront très vieux ? – C'est le poirier qui sera le plus vieux parce qu'il est déjà un peu plus vieux ici (R^5) et que le pommier est déjà un peu plus jeune (P^6). – Ça ne fait rien que le pommier soit né un an avant le poirier ? – Si. Le pommier est d'abord plus vieux. – Et quand ils seront très vieux ? – Le poirier sera plus vieux » (p. 229-230).

APRÈS 6 ANS:

Le groupement des relations d'ordre et de durée et de celles de temps, d'espace, de vitesse permet la dissociation âge/taille; les durées acquièrent une autonomie par rapport à l'espace ou à la taille. « Le pommier est toujours plus vieux parce qu'on l'a commencé avant. Le poirier pousse plus fort, mais le pommier est plus vieux » (p. 232).

FIGURE 10.8
L'ENFANT ET LE TEMPS

(Extrait de Montangero, 1977, p. 74-76.)

A. LES SITUATIONS

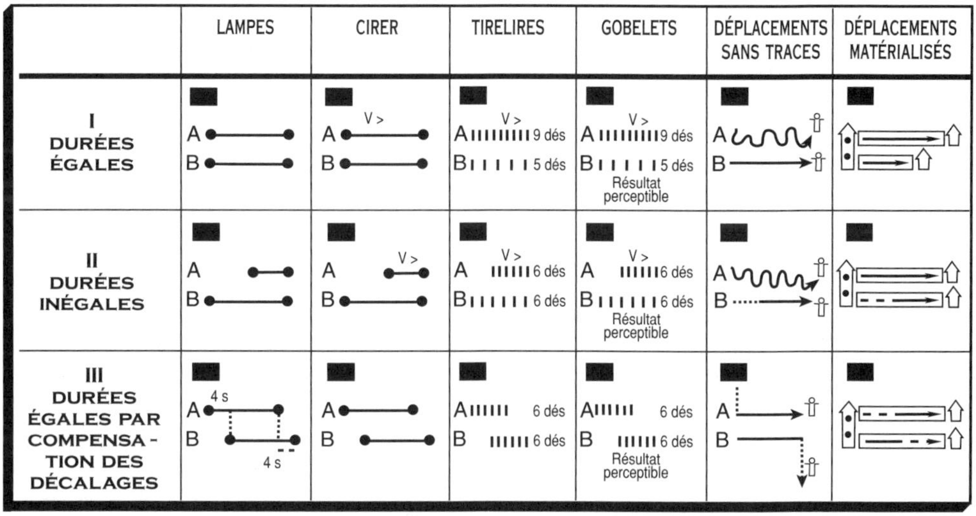

Série I: Durées synchrones: les événements A et B durent huit secondes.

Série II: Durées différentes de A et B: les débuts sont décalés (B commençant avant A) et les arrêts simultanés. Les lignes pointillées (--- ——►) indiquent qu'un événement a débuté avant l'autre; celui-ci commence au début du trait plein.

Série III: Durées égales mais décalées: A commence avant B et se termine aussi avant.

Lampes: Deux lumières sont allumées.

Cirer: Deux poupées cirent deux chaussures à des vitesses différentes.

Tirelires: L'enfant doit mettre des dés dans deux tirelires à des vitesses différentes, sans voir le résultat.

Gobelets: L'enfant doit mettre des dés dans deux gobelets à des vitesses différentes, mais en voyant le résultat.

Déplacements sans traces: Deux poupées avancent sur la table.

Déplacements matérialisés: Les longueurs des chemins sont délimitées.

B. Les résultats

I DURÉES ÉGALES

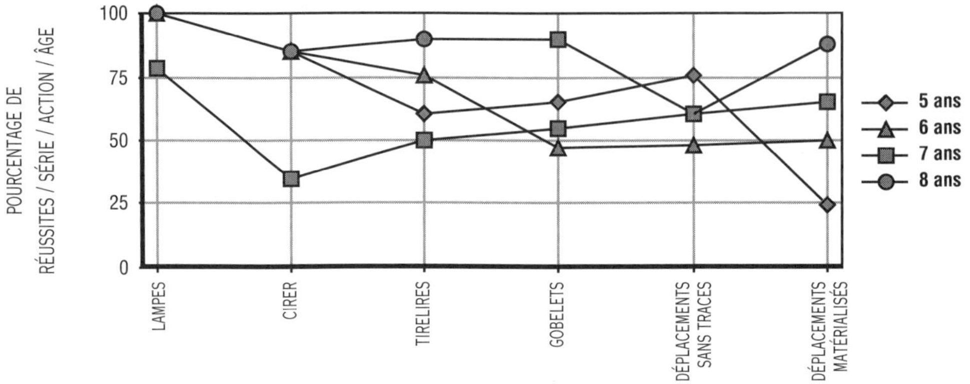

II DURÉES INÉGALES

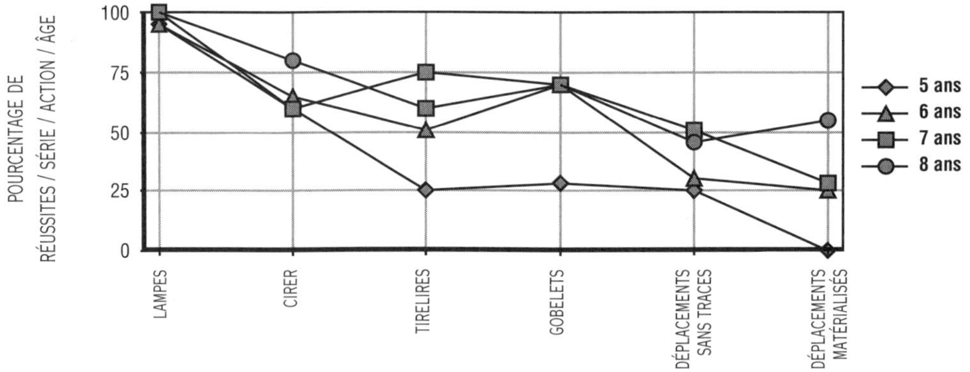

III DURÉES ÉGALES PAR COMPENSATION DES DÉCALAGES

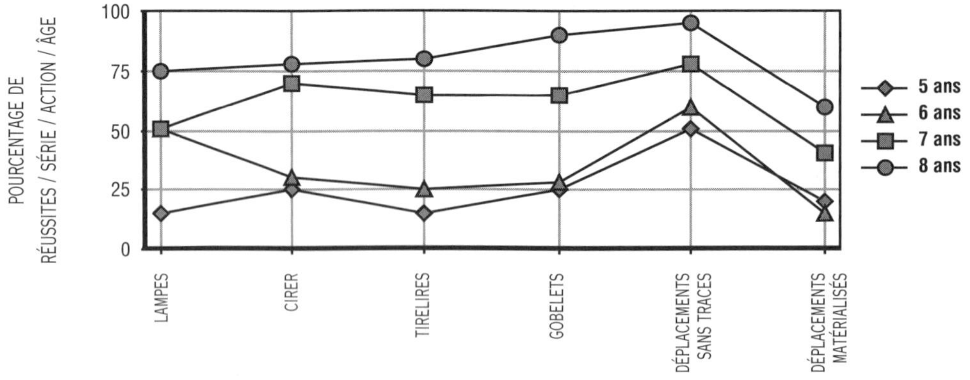

Ce sont les **interactions vitesse-durée-espace** qui causent le plus de difficultés aux enfants du stade préopératoire. Bien que l'enfant ait très tôt une idée de la vitesse dépassement (une voiture en rattrape une autre puis la dépasse), il n'envisage, le plus fréquemment, que deux éléments de la triade en même temps. C'est ainsi qu'il pense que : « 1) lorsqu'on va plus vite, on va plus loin (la vitesse est proportionnelle à l'espace parcouru) ; 2) quand on parcourt plus d'espace, on met plus de temps (espace parcouru proportionnel au temps) ; 3) si on va plus vite, on met plus de temps, parce qu'on arrive plus loin, chaque "plus" entraînant les deux autres » (Piaget, 1946, p. 92). C'est le résultat de l'action ou du travail accompli qui constitue le seul critère d'évaluation de la durée : plus loin = plus de temps (vitesse non considérée), dessiner des barres rapidement prend plus de temps qu'en dessiner lentement ! En outre, courir moins vite, c'est tout simplement être derrière quelqu'un, en gardant la même distance par rapport à lui, et non pas voir l'écart spatial avec lui se creuser avec le temps !

Au stade opératoire, après sept ans, l'idée d'un temps continu et de durées communes à des activités différentes apparaît en prenant en considération les paramètres d'espace, de vitesse, de changements, de travail accompli.

Pour évaluer la précision de l'évaluation de durées chez des enfants de 3 à 11 ans, Sasaki (1997) leur a demandé d'appuyer sur une clé télégraphique en même temps que les battements d'un métronome, puis de continuer au même rythme pendant 30 coups à l'arrêt du métronome. Les écarts entre les frappes variaient entre 370 et 1300 millisecondes par bonds de 120 à 150 millisecondes d'une séquence à l'autre. Vers trois ans, les enfants continuent à « leur rythme » (tempo spontané d'environ 1 Hz) indépendamment de l'écart entre les frappes ; les durées des intervalles se différencient vers sept ans et se rapprochent de la réalité vers neuf ans (figure 10.9).

Afin de faciliter l'accès à la notion de durée, il est parfois nécessaire de la « spatialiser », de la représenter sous la forme de la ligne du temps. Le long de cette ligne, des intervalles réguliers découpent la durée en parties égales sur lesquelles on peut reporter la succession des événements de la journée, de la semaine, de l'année ou de l'histoire de l'humanité. Pour se représenter de très longues durées et les comparer, il peut parfois être utile de les ramener à des durées plus proches de notre réalité quotidienne : par exemple, la durée de l'existence de l'univers peut être condensée sur une année et, dans cette perspective, la durée de la présence de l'Homme sur la Terre se limite à quelques secondes, à la fin de l'année (figure 10.10) ! (Sur cette échelle, une seconde représente environ 475 années, soit presque un demi-millénaire !) C'est plus concret, palpable, que les ères ou les millions d'années !

FIGURE 10.9
PERCEPTION DE LA DURÉE D'INTERVALLES TEMPORELS
(D'après Sasaki, 1997, p. 1458 et 1462.)

A. ORGANISATION D'UN ESSAI

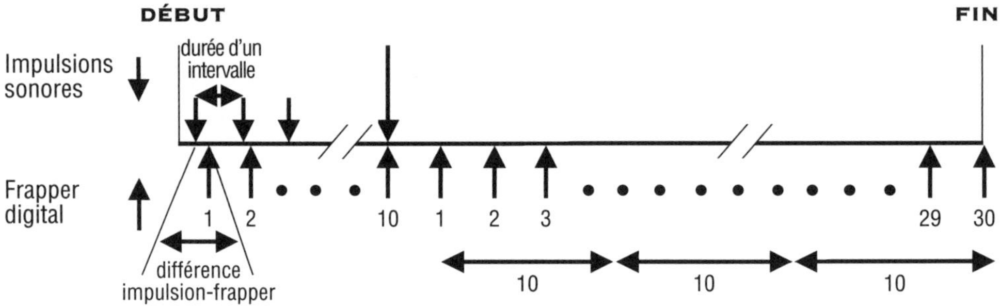

B. RÉSULTATS (PHASE DE CONTINUATION)

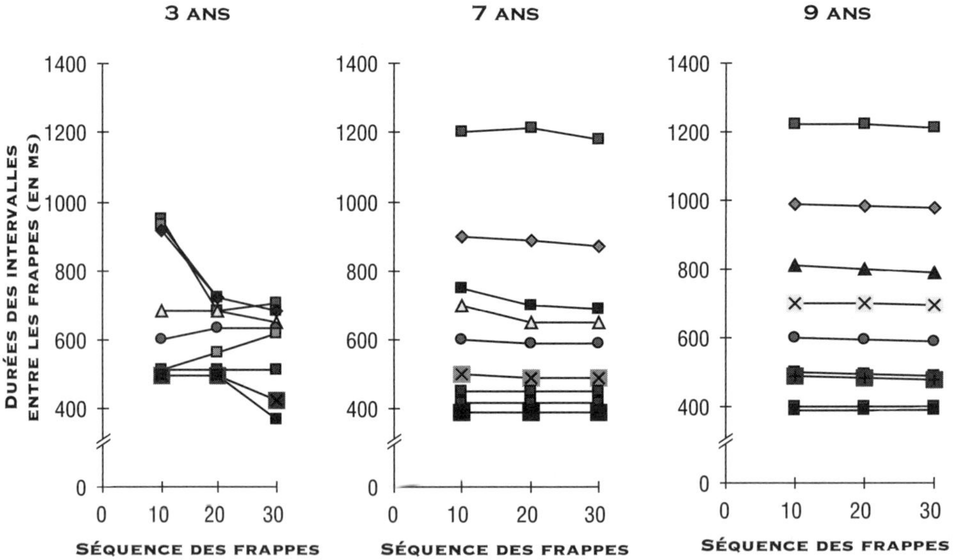

Pour chaque âge illustré, les 30 essais de la phase de continuation sont regroupés en séquences de 10 frappes. La moyenne de ces essais est reportée pour chaque durée des intervalles mesurés soit 1300, 1000, 850, 720, 620, 540, 500, 420 et 370 ms. À trois ans, les durées des intervalles se rapprochent de 500 ms, quelle que soit la durée demandée, alors qu'à neuf ans elles correspondent mieux aux durées requises. Les lignes des graphiques représentent, de haut en bas, les moyennes des durées mesurées pour chacune des durées expérimentées, de 1300 à 370 ms.

FIGURE 10.10
COMPRESSION DU TEMPS : L'ANNÉE COSMIQUE

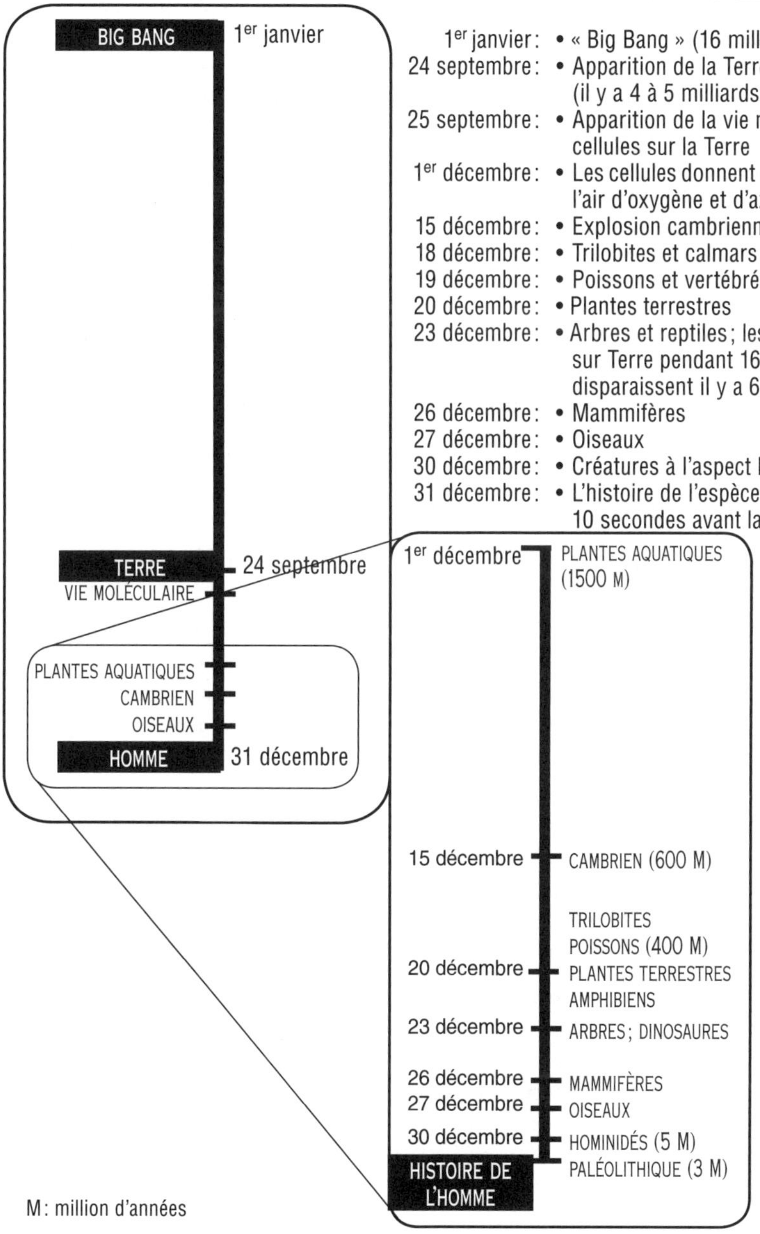

1er janvier : • « Big Bang » (16 milliards d'années)
24 septembre : • Apparition de la Terre (il y a 4 à 5 milliards d'années)
25 septembre : • Apparition de la vie moléculaire puis des cellules sur la Terre
1er décembre : • Les cellules donnent des plantes qui remplissent l'air d'oxygène et d'azote.
15 décembre : • Explosion cambrienne
18 décembre : • Trilobites et calmars
19 décembre : • Poissons et vertébrés
20 décembre : • Plantes terrestres
23 décembre : • Arbres et reptiles ; les dinosaures dominent sur Terre pendant 160 millions d'années puis disparaissent il y a 65 millions d'années.
26 décembre : • Mammifères
27 décembre : • Oiseaux
30 décembre : • Créatures à l'aspect humain
31 décembre : • L'histoire de l'espèce humaine commence 10 secondes avant la fin de l'année.

M : million d'années

5.3. Le rythme

Vers six ans, les enfants reproduisent des séquences de trois à quatre éléments, vers neuf ans, des séquences de six et vers douze ans, des séquences de huit (Stambak, 1979) ; le degré de réussite dépend donc du nombre de frappes ainsi que de leur répartition en sous-groupes. C'est ainsi que 80 % des enfants âgés de huit ans réussissent la structure (••• ••) alors que 80 % de ces mêmes enfants échouent la structure (•• • • ••) comparativement, pour cette dernière, à 30 % des enfants de 10 ans, alors que les deux contiennent six frappes. Ils peuvent par contre discriminer très tôt deux structures distinctes (Seashore, 1927), d'autant plus facilement que le nombre de frappes est peu élevé (inférieur à cinq) ; à six ans, les enfants différencient en moyenne 20 ensembles de structures sur 30 et 24 à neuf ans, ce qui correspond au percentile 64 (Rigal, 1976).

Les comptines enfantines représentent un excellent moyen de familiarisation avec le rythme. Elles accompagnent parfaitement les activités motrices, permettent l'accentuation de certains sons par des frappés, des mouvements des bras ou des jambes, facilitent la mémorisation des noms de parties du corps, de nombres, etc.

6. L'ORGANISATION SPATIOTEMPORELLE

Elle consiste à prendre en considération, simultanément, les facteurs spatiaux et temporels de l'action motrice : elle sollicite l'anticipation-coïncidence, une habileté parmi les plus difficiles à acquérir ou à maîtriser. Ces activités requièrent une excellente appréciation de la vitesse et un ajustement à l'espace : elles se retrouvent, par exemple, dans les passes faites avec un ballon à un coéquipier en train de courir dans les sports collectifs ou dans les courses de relais dans lesquelles il faut passer le bâton dans un intervalle spatial donné sans ralentir la vitesse du bâton.

7. CONCLUSION

L'organisation temporelle et la conscience du temps se fondent sur les changements perçus. Qu'il s'agisse de la succession ou de la durée, leur appréhension dépend de la mémoire et du codage de l'information contenue dans les événements.

La perception de l'ordre nous amène à distinguer le simultané du successif, le seuil variant selon les récepteurs utilisés. La perception de la durée commence par la discrimination de l'instantané et du durable. Alors que l'ordre relève davantage d'une perception primaire, la construction de la durée est plus reliée aux activités perceptives du sujet. L'âge, la motivation et l'attention du sujet agissent sur l'évaluation de la durée ainsi que les caractéristiques de la tâche, par exemple, la quantité des changements perçus au cours de la période estimée.

Le rythme, répétition régulière ou périodique d'une structure ordonnée, se caractérise aussi en motricité par l'alternance de tensions et détentes musculaires et rend le geste harmonieux et coulé.

L'ontogenèse de l'organisation du temps reste très complexe pour l'enfant, probablement à cause du caractère immatériel du temps. L'ordre s'acquiert assez facilement car il repose sur des perceptions objectives. Il en va autrement pour la durée. L'enfant apprend à l'évaluer aussi bien en fonction du résultat physique de l'action (nombre de changements) que de la vitesse à laquelle l'action est accomplie en combinant progressivement ces deux dimensions. Pour l'enfant de moins de six ou sept ans « plus vite » = « plus de temps », car il assimile la vitesse de l'action à la durée estimée après l'action, en fonction du résultat : plus de choses faites ou de chemin parcouru = plus de temps. Par la suite, il établit la correspondance : « plus vite = moins de temps » en distinguant l'action et son résultat.

La compréhension de la notion de vitesse, et donc de son utilisation dans le raisonnement, permet de dissocier l'ordre temporel de l'ordre spatial, et la durée de l'espace parcouru. La comparaison des vitesses suppose la connaissance d'un temps homogène ; la coordination des vitesses avec les mouvements réels ne se fait qu'à la suite de longues années de réflexion au cours desquelles l'enfant évolue de l'égocentrisme et de l'irréversibilité à l'articulation des intuitions et à la décentration nécessaire aux opérations. Cette évolution s'achève par la compréhension du temps et de ses aspects, homogène (identique pour tous les phénomènes), continu (le temps passe avec ou sans activité) et uniforme (la vitesse du temps qui passe est la même).

8. ACTIVITÉS D'ORGANISATION TEMPORELLE

Les exercices et les activités associés à l'organisation temporelle viseront à renforcer la notion d'ordre, à accéder à la notion de durée et à son évaluation, à reproduire ou à s'ajuster à des structures rythmiques.

Ordre

L'organisation des activités en classe : placer des dessins représentant les activités sur les heures et durées respectives inscrites sur la ligne du temps, pour faire prendre conscience du temps vécu et de la succession des activités. Quand va-t-on à la bibliothèque ? Que faisons-nous avant ? Et après ?

Organisation et construction du calendrier : les jours de la semaine, les mois, les saisons ; le retour cyclique des activités scolaires quotidiennes.

Donner les caractéristiques des saisons : la température, le temps, les fêtes, ce que l'on fait à l'école ; les placer en fonction du calendrier.

Composer un calendrier hebdomadaire à double entrée (jours en haut, heures de la journée à gauche) et mettre un dessin de l'activité prévue au croisement.

Repères sur le calendrier d'événements spéciaux (anniversaire, Halloween, Noël, Carnaval, vacances, etc.).

Le cycle quotidien, du lever au coucher, la succession des actions, leur chronologie : nommer les moments de la journée et y associer les activités correspondantes pour distinguer le matin de l'après-midi puis du soir. Faire une bande dessinée des activités cycliques de la journée : se repérer où l'on est rendu, ce qui venait avant, ce qui vient après.

Replacer dans l'ordre des images d'actions effectuées ou connues en demandant aux enfants : que voit-on sur ces images ? que raconte l'histoire ? quelle est la première image ? la suivante ? quelle est la fin de l'histoire ?

Exemples d'activités pour travailler la notion de succession

QU'EST-CE QUI VIENT AVANT ? APRÈS ?

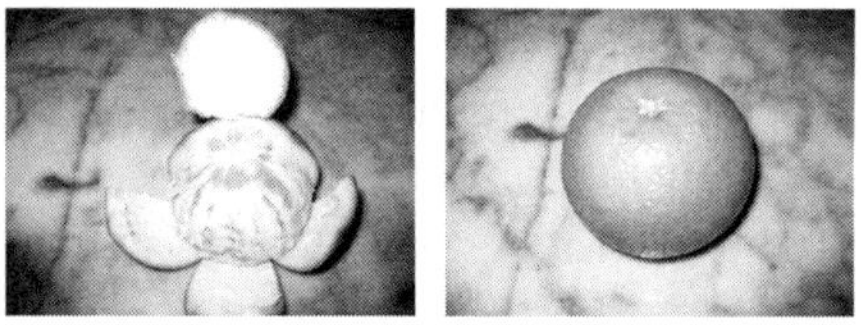

DÉCOUPER LES IMAGES ET LES REMETTRE DANS L'ORDRE CHRONOLOGIQUE

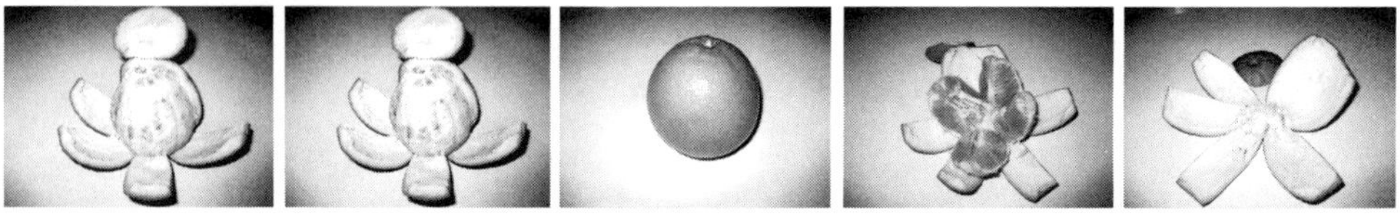

Jeux où il faut faire une série d'actions dont le nombre varie en fonction de l'âge des enfants (passer à côté de la chaise, sous la table, par-dessus le tabouret, sauter par-dessus un carton, etc.) ; les enfants relatent ensuite ce qu'ils ont fait, dessinent la succession des actions. Activités semblables dans des parcours en gymnase.

Enchaîner des consignes.

Faire une construction en suivant un ordre ou un plan.

Prévoir ce que l’on va faire, anticiper l’avenir.

La ligne du temps

En travaillant la ligne du temps, on permet aux élèves de développer leur capacité à établir des liens entre le passé, le présent et l’avenir, de comprendre la notion de causalité, de comprendre le schéma du récit en lecture, en histoire.

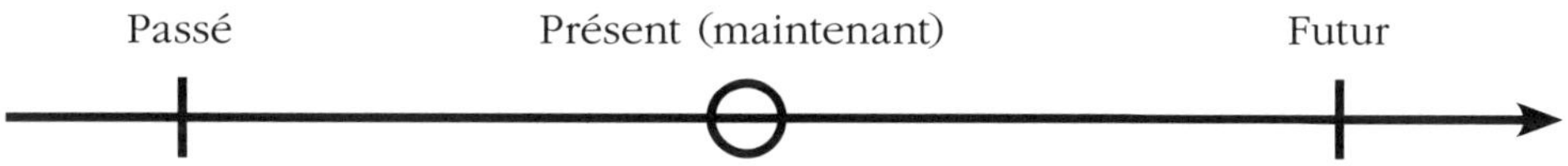

Situer les marqueurs du temps sur une ligne de temps (passé, présent, futur) et pouvoir relier ces marqueurs temporels aux temps de verbes choisis par l’éducateur.

AUJOURD’HUI	HIER	DEMAIN	HIER MATIN
HIER SOIR	DEMAIN MATIN	DEMAIN SOIR	MAINTENANT
EN CE MOMENT	À LA FIN DE L’ANNÉE SCOLAIRE	LE MOIS PASSÉ	LE MOIS PROCHAIN
DANS UNE SEMAINE	JE SUIS EN TRAIN DE	CE SOIR	DANS UNE HEURE
AUPARAVANT	À L’INSTANT	BIENTÔT	PROCHAINEMENT
IL Y A LONGTEMPS	PLUS TARD	AVANT	APRÈS
PENDANT	ACTUELLEMENT	DANS QUELQUES JOURS	À L’HEURE ACTUELLE
DIMANCHE PROCHAIN	LUNDI DERNIER	LA NUIT DERNIÈRE	L’ANNÉE PROCHAINE
AU DÉBUT DE L’ANNÉE	LA SEMAINE PROCHAINE	LA SEMAINE DERNIÈRE	À LA FIN DE L’ANNÉE
IL Y A 2 SEMAINES	PRÉSENTEMENT	QUAND J’ÉTAIS	QUAND JE SERAI
EN 1960	EN 2012	AUTREFOIS	À L’AVENIR
IL ÉTAIT UNE FOIS	LE 5 MARS DERNIER	LE 20 MAI PROCHAIN	UN DE CES JOURS

Durée

Comparer deux sons de durées différentes : lequel est le plus court, le plus long ?

Le temps qui passe : les activités cycliques (journées, semaines, mois, saisons).

Combien de temps reste-t-il avant d’aller en récréation ? au gymnase ? manger ? au spectacle de marionnettes ? avant les vacances ?

Lecture de l'heure et mesure du temps (lecture numérique directe, lecture par la position des aiguilles). Construire des horloges en carton où l'on peut faire tourner les aiguilles en fonction de l'heure qu'il est, de l'heure qu'il sera quand...

Introduction au passé (par des photos, des films, des monuments, des peintures, etc.).

Isochronisme d'actions : s'habiller ou finir un casse-tête avant qu'un sablier n'ait fini de couler ou une bouteille percée remplie d'eau ne soit vide ; si le trou de la bouteille est plus gros, que devrais-je faire ? – m'habiller plus vite !

Évaluer la durée d'une activité réalisée en classe, au gymnase (ex : se tenir en équilibre sur un pied pendant 10 sec ou lancer une balle contre un mur, la rattraper puis recommencer le plus vite possible pendant 8 sec). Où ai-je eu le plus de temps ? Comment ai-je fait pour avoir une idée du temps écoulé ?

Faire jouer de la musique entraînante pendant une durée donnée (entre 5 sec et 15 sec) suivie d'un silence dont la durée peut aussi varier : les enfants danseront sur la musique et s'immobiliseront durant les silences. Discussion : qu'est-ce qui a été le plus long, la danse ou le repos ? Enchaîner avec une autre séquence.

Montrer deux objets, l'un pendant un long moment et l'autre pendant un court moment. Les enfants doivent ensuite montrer l'objet qui a été vu peu de temps ou longtemps.

Activités pour comparer le temps estimé et le temps réel (Adapté de Gagné, 1988).

Activité	Temps estimé	Temps réel
Combien de temps te faudra-t-il pour nommer 3 fruits rouges ?		
Combien de temps te faudra-t-il pour nommer 3 animaux qui ont des rayures sur la peau ?		
Combien de temps prends-tu pour lire un texte de 10 lignes ?		
Combien de temps te faut-il pour faire le tour du gymnase en marchant ? En courant ?		
Combien de temps te faut-il pour faire 10 sauts pieds joints ?		
Combien de temps te faut-il pour aller d'ici à là (10 m) en marchant à reculons ?		

L'arbre généalogique

L'histoire de ma famille, les événements passés et leur chronologie : notre temps et celui du passé (et les problèmes de son découpage : préhistoire, Antiquité, Moyen Âge, Renaissance et les grandes découvertes, les temps modernes et le monde actuel).

Vitesse

Par deux, marcher à la même vitesse ; puis l'un moins vite que l'autre et changer au signal.

Par deux, courir à la même vitesse, puis moins vite que l'autre personne autour du gymnase.

Faire rouler un ballon à côté de soi puis courir plus vite, moins vite ou à la même vitesse que le ballon.

Comparer les distances parcourues quand on marche lentement, vite ou que l'on court.

Dans le gymnase, plusieurs élèves vont partir et arriver en même temps à la ligne de départ en courant, certains autour du terrain de badminton, d'autres autour des terrains de volley-ball, de basket-ball et de handball. Courent-ils à la même vitesse ? (Réponses différentes en fonction de l'âge des enfants !). Profiter de l'occasion pour mesurer les périmètres de chacun des terrains et calculer les vitesses. Possibilité de faire cette activité dans la cour de récréation.

Rythme

Exercices de production ou de reproduction de rythmes avec des mouvements : sauts, sautillés, galop, marche, course, réalisés seul ou avec un partenaire, avec ou sans accompagnement (Lamour, 1985).

Allonger, diminuer la durée des intervalles, modifier la fréquence, la vitesse des actions.

Accentuer en frappant dans les mains tout en marchant (• ● • ● • ●) (• • ● • • ● • • ●).

Dissociation bras-jambes en marchant : 1 **2** 3 **4** 1 **2** 3 **4** (à 2 je frappe dans les mains, à 4 je frappe du pied sur le sol).

Dissociation bras-jambes en marchant : 1 **2 3** 1 **2 3** (à 2 je frappe dans les mains, à 3 je frappe du pied sur le sol).

Les comptines (avec paroles, frappés et percussions, déplacements et balancements, accentuations, mouvements de doigts ou de parties du corps, etc.).

Chorégraphies avec musique.

Organisation spatiotemporelle

Passer le ballon à un partenaire situé à deux mètres en marchant pour qu'il le reçoive sans s'arrêter; augmenter la distance; puis la vitesse de marche. Recommencer en courant doucement puis plus rapidement.

Passer un bâton de relais en courant, dans des limites spatiales déterminées, sans s'arrêter ou diminuer sa vitesse de course.

9. QUESTIONS

J'évalue mes connaissances en répondant aux questions suivantes :

9.1. Quelles sont les grandes composantes de l'organisation temporelle? Quelles méthodes d'étude du temps utilise-t-on?

9.2. Qu'est-ce qui caractérise l'ordre? La durée? Le rythme?

9.3. Comment se construit l'ontogenèse de l'organisation temporelle?

9.4. Comment la perception de l'ordre s'organise-t-elle?

9.5. Qu'implique la perception de la durée? Quels facteurs modifient sa précision? Quand parle-t-on de surestimation et de sous-estimation de la durée?

9.6. Comment se définit le rythme? Quelles en sont les composantes? Comment le rythme évolue-t-il au cours de l'enfance?

9.7. Comment les notions associées à l'ordre s'acquièrent-elles?

9.8. Comment les notions associées à la durée s'acquièrent-elles? Quels sont les facteurs qui en déterminent la précision?

9.9. Comment l'enfant maîtrise-t-il les structures rythmiques?

CHAPITRE 11

LE SCHÉMA CORPOREL

OBJECTIFS

À la fin de ce chapitre, vous devriez être en mesure de :

- définir le schéma corporel ;
- différencier le schéma corporel de l'image du corps ;
- préciser les différents moyens de son évaluation.

1. INTRODUCTION

« Schéma corporel » est un terme souvent utilisé en éducation motrice (et encore plus en psychomotricité) et il est souvent précédé de deux adjectifs, « bon ou mauvais ». À quoi fait-on référence ? À l'utilisation et à la représentation du corps.

Au fur et à mesure que l'enfant vieillit et que son développement moteur se met en place, il acquiert une meilleure conscience de son corps associée à une amélioration de la coordination motrice, éléments premiers de la construction du schéma corporel.

2. DÉFINITION

Le **schéma corporel** représente en effet la conscience totale que nous avons et l'utilisation que nous faisons de notre corps ou de ses parties dans l'espace, que ce soit au repos (géométrie du corps) ou en mouvement (dynamique du corps).

L'utilisation du corps, ce sont toutes les activités motrices que nous contrôlons progressivement au fur et à mesure que notre développement moteur se met en place et que nous complétons par l'apprentissage moteur pour les activités ontogénétiques.

La représentation se construit à partir du traitement et de l'analyse d'informations multisensorielles (afférences proprioceptives, tactiles, visuelles et auditives que complètent les copies d'efférence motrice, copies des programmes moteurs envoyés aux muscles pour provoquer leur contraction). Elle s'affine avec nos expériences motrices et permet au mouvement d'être coordonné en fonction du but à atteindre. Le schéma corporel comprend aussi la limite de notre corps, frontière séparant le milieu interne du milieu externe et que nous établissons, dès les premiers mois de notre vie, à partir d'informations tactiles et visuelles : nous disposons ensuite d'une image de notre propre corps quant à sa forme, à son volume, à son aspect esthétique. Cette connaissance du corps nous sert aussi bien de référence pour effectuer et coordonner nos mouvements (c'est l'adresse dont rend compte l'expression « un bon schéma corporel ») que pour nous orienter par rapport au monde extérieur et vice versa, à partir de notre asymétrie antéropostérieure faisant en sorte que nous avons un devant et un derrière et donc une droite et une gauche !

Le schéma corporel intègre donc l'ensemble des afférences conscientes ou subconscientes associées à la posture du corps (le schéma postural), la limite corps-milieu (le schéma cutané) et l'image que nous avons de notre propre corps (le schéma visuel) ; il se modifie sous l'influence de nos expériences sensorielles ou motrices. Il détermine notre adaptation au milieu par l'ajustement des conduites motrices, en fournissant un système de références stables entre le corps et l'espace extérieur (position du centre de gravité, longueur des segments corporels et leur masse, forme et taille de la surface de support au sol), références d'origine génétique (ensemble des interactions entre les différents systèmes sensoriels) ou acquises par apprentissage (richesse de nos expériences motrices). Il nous permet de situer, à sa place, chaque partie du corps, de prédire les discordances spatiotemporelles susceptibles de se produire entre le but à atteindre (maintenir l'équilibre), l'événement à venir et sa réalisation (déstabilisation posturale consécutive au mouvement d'une partie du corps) et d'effectuer les ajustements nécessaires aux mouvements à faire à partir de la position actuelle (Lestienne, 1988).

3. LE MEMBRE FANTÔME

Cette mémoire du corps explique en partie l'apparition du « **membre fantôme** » chez les amputés : l'absence d'une partie du corps ne se traduit pas toujours, chez eux, par sa « disparition sensorielle » ; ils éprouvent encore de la douleur à un endroit qui, anatomiquement, n'existe plus et qu'ils ne voient plus. Cette survivance démontre que notre connaissance du corps propre dépend d'une organisation interne mémorisée des expériences passées que des stimulations actuelles peuvent faire resurgir (contact des nerfs sensitifs du moignon). Cette particularité se retrouve aussi chez 20 % d'enfants nés sans membres et 50 % d'enfants amputés avant l'âge de six ans (Melzack *et al.*, 1997 ; Ramachandran et Rogers-Ramachandran, 2000). Cela appuie l'idée d'une ébauche de la représentation nerveuse corticale génétiquement déterminée du corps distribuée dans le cortex (les neuromatrices) et qui s'ajusterait en fonction des modifications morphologiques.

4. LA CONSTRUCTION DU SCHÉMA CORPOREL

Dans la construction du schéma corporel, Paillard (1980) distingue l'**identification** du corps de sa **localisation**, la première correspondant à l'image du corps et au **corps identifié** (à quoi ressemble notre corps), et la seconde, au schéma corporel ou au **corps situé** (la connaissance immédiate de la position de chacune des parties du corps par rapport à l'axe du corps). Il souligne la double utilisation des **références spatiales** dans les relations corps-milieu : d'un côté, le corps sert de référence pour situer la position des objets du milieu externe et, de l'autre, les références fixes du milieu permettent d'évaluer les déplacements du corps. Grâce à la pesanteur, nous disposons d'une référence stable essentielle pour l'orientation de la tête et du corps et la perception des modifications de postures ou de mouvements. Il souligne enfin la contribution respective des **motricités active et passive** à la mise en place des référentiels spatiaux. La première fournit une base plus efficace à l'organisation ou à la réorganisation des comportements que la seconde : de l'exploration et des déplacements actifs que nous produisons nous-mêmes dans l'espace environnant, nous extrayons une connaissance plus juste des invariants spatiaux que des déplacements passifs générés par exemple par quelqu'un qui nous porte. Il est ainsi plus profitable de bouger soi-même que d'être déplacé par quelqu'un d'autre !

La construction du schéma corporel commence très tôt chez l'enfant par la **distinction du moi et du non-moi**, orchestrée par l'apport des sensations extéroceptives et proprioceptives (motricité et déplacements) et des expériences nociceptives du corps vécu. Les afférences visuelles, tactiles, proprioceptives et douloureuses se combinent pour donner à l'enfant le début de la perception de son corps et l'esquisse de sa représentation. Cette découverte du corps se fait par étapes avec la coordination des espaces visuel, moteur et tactile dont rend compte la coordination vue-main dans la préhension. La vision et le miroir lui permettront, vers deux à trois ans, de se reconnaître dans l'image que le miroir lui renvoie. Les **dimensions spatiales** du corps changent avec la croissance. Les ajustements aux variations morphologiques se font progressivement et insensiblement, compte tenu de la lenteur des modifications, sauf lors de la poussée de croissance de l'adolescence. L'augmentation rapide de la taille des jambes et des bras entraîne alors l'attitude un peu maladroite, caractéristique de la plupart des adolescents. La découverte de la **symétrie du corps** et de la différenciation de ses parties débouchent sur la **latéralité** et la confirmation d'une dominance fonctionnelle, les parties symétriques de son corps pouvant poser en même temps des actions semblables ou différentes. La préférence d'utilisation de l'une d'elles établit la **dominance latérale**. Celle-ci peut être homogène ou hétérogène, selon que toutes les parties symétriques situées du même côté sont ou non préférées. La dissociation segmentaire s'établit tandis que disparaissent les syncinésies. La perception de la **position du corps** dans l'espace dépend de l'orientation spatiale : nous la percevons par les informations visuelles et kinesthésiques. Nous identifions et situons les différentes directions de l'espace à partir des références fournies par le corps, dont la droite et la gauche, l'avant et l'arrière, complétées par la direction haut-bas fournie par les forces de la gravitation terrestre. De ses expériences sensorimotrices, l'enfant retire différentes cartes internes de représentation kinesthésique et visuelle des relations des différentes parties de son corps qu'il aura à combiner en une **carte spatiale** unique, pierre angulaire de sa coordination motrice.

5. L'IMAGE DU CORPS

L'**image du corps** ou l'**image corporelle** est la représentation que nous nous faisons de notre propre corps, de l'acceptation ou non de notre morphologie corporelle, de notre apparence physique. Elle s'acquiert au cours de notre développement et dans nos relations avec autrui. Pour Dolto (1984), elle est surtout une synthèse inconsciente de nos expériences libidinales et émotionnelles avec laquelle nous établissons notre communication avec autrui. La manière dont nos désirs, bébé, sont ou non assouvis (frustrations) puis réglés par le langage comme jeune enfant, entre trois et sept ans, déterminerait largement notre équilibre dans nos relations avec autrui. Cette image, d'origine également perceptive et cognitive, peut être objective (taille, masse du corps, couleur des yeux et des cheveux, etc.) ou subjective et affective (beauté, charme, attrait, etc.) ; elle indique la manière dont une personne se sent dans sa peau et que peuvent modifier les influences psychosociales (adroit/maladroit, fort/faible, féminin/masculin, beau/laid). Ledoux, Mongeau et Rivard (2001) ont fait ressortir que 55 % des enfants de 9 ans étaient satisfaits de leur image corporelle. Par contre, 34 % des filles et 27 % des garçons de cet âge souhaitaient une silhouette plus mince; 11 % des filles et 17 % des garçons du même groupe d'âge désiraient une silhouette plus grosse. Les médias et la mode influencent largement cette acceptation de notre corps en privilégiant et en exposant des corps « de rêve » La **conscience du corps** renvoie à la connaissance et à l'identification de la position de une ou plusieurs parties du corps dans l'espace et de leurs mouvements les unes par rapport aux autres. La totalité des expériences quotidiennes (motrices, affectives, intellectuelles, psychologiques, physiques et sociales) influencent la constitution du schéma corporel.

6. L'IMAGE SPÉCULAIRE

L'attitude de l'enfant face au miroir nous fournit aussi des indications sur la manière dont il se comporte face à son aspect externe et se reconnaît dans l'image de lui-même que lui renvoie le miroir (Wallon, 1931 ; Reinhardt, 1990). Vers le sixième mois, l'**image spéculaire** commence à attirer l'attention du bébé qui se tourne vers l'adulte situé en arrière de lui et dont l'image se reflète à côté de la sienne dans la glace.

Cette attitude témoigne d'une reconnaissance, de l'établissement d'un rapport entre la personne et sa représentation. En outre, lorsque l'enfant se voit dans le miroir dans les bras de sa mère ou de son père, il vit un moment primordial: celui de la juxtaposition et de la séparation de son moi de celui des autres. L'enfant tend aussi la main et essaie de toucher son image; il semble étonné par le contact lisse et plat de la glace. Sa main touche quelque chose qui, d'ordinaire, lui fournit des sensations plus douces et agréables, et cette différence servira de prélude à la dissociation entre le moi corporel et son reflet pour établir l'irréalité de ce dernier. Ce n'est que très lentement que l'enfant établit la correspondance entre son corps physique et son reflet dans le miroir: les parents l'aident verbalement en désignant par «bébé» les deux éléments. Vers deux ans encore, l'enfant joue avec son image, faisant des grimaces et essayant de se mettre devant la glace sans que son double y apparaisse pour accepter finalement le caractère tout à fait extérieur de ce reflet de lui-même.

7. L'ÉVALUATION DU SCHÉMA CORPOREL

Le schéma corporel inclut l'utilisation du corps (l'adresse ou coordination motrice), la représentation du corps et l'identification de ses différentes parties. Pouvons-nous évaluer cette utilisation et connaissance du corps? C'est possible grâce aux épreuves d'habilités motrices (épreuves d'adresse qui figurent dans les tests de développement moteur), dans lesquelles nous utilisons directement notre corps avec ou sans succès, et à celles de dénomination des parties du corps (tableau 11.1) et de reproduction du corps (dessin du bonhomme) (Goodenough, 1957). Comme cette dernière s'appuie sur le dessin d'un Bonhomme par l'enfant, il peut exister des décalages entre ce qu'il connaît et ce qu'il représente. Sa maîtrise graphique peut également être un handicap à la représentation correcte de la morphologie des différentes parties du corps (figure 11.1).

Il n'est pas rare d'entendre dire d'un enfant qu'il a un «**mauvais schéma corporel**», expression évoquant aussi bien une mauvaise connaissance ou conscience des parties du corps que des troubles de la coordination motrice. Les difficultés du premier type s'appliquent aux confusions liées à l'utilisation des noms désignant les parties du corps ou à l'orientation spatiale basée sur la symétrie corporelle (confusions droite-gauche en particulier). Ici, les exercices cognitifs associés à une meilleure connaissance de son corps éliminent progressivement ces difficultés. La maladresse, associée à la deuxième situation, est, jusqu'à un certain point, normale, les structures neuromusculaires à l'origine de l'habileté motrice changeant avec l'âge; leur lente évolution, associée à l'entraînement, se traduit par une amélioration de la performance (attacher les boutons, enfiler des perles, écrire, utiliser des blocs, courir, sauter, etc.).

Tableau 11.1

Connaissance et représentation des parties du corps

(D'après Goodenough, 1957, et Rigal, 1976; âges approximatifs.)

Identification		Représentation	
Âge de réussite à 100% (ou -)	Parties du corps identifiées	Âge de réussite à 100% (ou -)	Parties du corps représentées
5 ans	Bouche Bras Cheveux Cou Dents Doigts Front Genoux Jambes Lèvres Main Nez Ongles Oreilles Pieds Tête	5 ans (50%)	Présence de la tête Proportion de la tête exacte Présence des jambes Yeux présents Nez présent Bouche présente
6 ans	Coudes Cuisses Dos Épaules Joues Menton Ventre	6 ans (50%) (50%)	Présence du tronc Doigts indiqués Sourcils présents Cils présents
7 ans	Narines Poignets	7 ans (70%)	Jambes rattachées au tronc Jambes représentées en deux dimensions Présence des bras Proportion des pieds exacte Bras représentés en deux dimensions

Identification		Représentation	
Âge de réussite à 100% (ou -)	Parties du corps identifiées	Âge de réussite à 100% (ou -)	Parties du corps représentées
8 ans		8 ans	Bras rattachés au tronc
		(60%)	Cou présent
		(50%)	Présence des cheveux
		(40%)	Narines indiquées
		(50%)	Proportion des bras exacte
		(80%)	Proportion des jambes exacte
		(40%)	Talons indiqués
		(70%)	Front et menton indiqués tous deux
9 ans	Cils	9 ans	Jambes rattachées au tronc, à l'endroit exact
		(80%)	Yeux indiqués de façon conforme à la réalité
		(50%)	Cheveux dépassant la circonférence de la tête et sans transparence
		(50%)	Mains indiquées
		(50%)	Nombre exact de doigts
		(80%)	Pupilles indiquées
10 ans	Poitrine	10 ans	
(50%)	Mollets	(40%)	Lèvres indiquées
(70%)		(50%)	Articulations bras : coudes ou épaules
11 ans	Sourcils	11 ans	Épaules indiquées
	Chevilles		Bras rattachés au tronc, à l'endroit exact
(60%)	Tronc		
(60%)	Avant-bras	(50%)	Opposition pouce-doigts
(25%)	Torse	(90%)	Proportion de la tête exacte
(80%)	Hanches	(75%)	Tronc proportionnel aux membres

FIGURE 11.1

Dessins : « Un membre de ma famille »

(Quelques exemples de caractéristiques de dessins d'enfants de 6 à 7 ans.)

PÈRE
FRÈRE

8. RÉSUMÉ

Le schéma corporel regroupe les notions de schéma, d'image et de conscience du corps, à l'origine du concept physique de soi. Inscrit en filigrane dans le cerveau (lobe pariétal) et renforcé par l'apport sensorimoteur (afférences sensorielles de toutes origines conservées en mémoire et enrichies par nos expériences motrices actives), c'est à partir de lui que nous élaborons les mouvements volontaires coordonnés (les praxies) et que nous orientons notre corps dans l'espace. Toujours en construction, il constitue ainsi la conscience globale et immédiate que nous avons de notre propre corps et à partir de laquelle nous élaborons, tout au long de la vie, nos actions et nos relations avec le milieu extérieur.

9. ACTIVITÉS PRATIQUES

Le corps utilisé

Se référer au chapitre sur le développement moteur.

Le corps connu

Nommer et montrer les différentes parties principales de son corps sur soi, sur autrui.

Le corps vécu

Mobiliser une ou plusieurs parties du corps : faire «tic-tac» avec la tête, hausser les épaules ou une seule à la fois, courber son dos, etc.

Combiner plusieurs éléments : avancer de 2 pas, tourner vers sa droite, reculer de 3 pas, faire un demi-tour vers sa gauche, etc.

Prendre conscience de la projection sous les pieds du poids de son corps (proprioception et sens cutané) en se penchant vers l'arrière, sur un côté puis l'autre, vers l'avant ; recommencer sur un seul pied, puis sur l'autre.

Prendre conscience de sa posture face à un miroir.

Différencier la respiration abdominale de la respiration diaphragmatique.

Le corps orienté

Placer des objets en fonction de son corps : devant, derrière, à côté, au-dessus, etc.

Montrer les parties droites ou gauches de son corps ; faire des gestes croisés (toucher l'oreille droite avec sa main gauche).

Les yeux fermés demander de mettre les bras horizontaux vers l'avant, sur le côté, verticaux vers le haut ; un seul bras maintenant ; les deux mais dans des orientations différentes. Faire vérifier en ouvrant les yeux ou par un autre élève.

Le corps représenté

Dessiner un bonhomme. Évaluer la présence ou l'absence des différentes parties du corps, le respect des proportions.

Faire un bonhomme en pâte à modeler ; observer les proportions et la présence des parties du corps avec les enfants.

Une personne tient un bâton contre un mur et le descend lentement, parallèlement au mur. Un autre enfant situé à trois mètres du mur dit d'arrêter le déplacement du bâton lorsque celui-ci passe à la hauteur du sommet de sa tête, de ses genoux, de ses yeux, de sa gorge, etc. Coller une marque à l'endroit de l'arrêt, puis mesurer la hauteur perçue et comparer avec les vraies valeurs sur l'enfant.

Le corps identifié

Nommer des parties du corps montrées ; montrer des parties du corps nommées par l'enseignante ou l'enseignant. Se reporter au tableau 11.1 pour les âges et les noms.

10. QUESTIONS

10.1. Comment définir le schéma corporel?

10.2. Qu'est-ce qui le différencie de l'image du corps!

10.3 Comment l'enfant forme-t-il son schéma corporel? Quels rôles les afférences sensorielles et l'image spéculaire jouent-elles?

10.4. Qu'entend-on par membre fantôme?

10.5. Comment peut-on évaluer les différentes composantes du schéma corporel?

10.6. Quand parle-t-on de « mauvais schéma corporel » ?

Chapitre 12

La séance pratique

OBJECTIFS

À la fin de ce chapitre, vous devriez être en mesure de :

- connaître les principes de planification et d'organisation des séances d'éducation motrice, psychomotrice et à la santé ;
- préciser les différentes formes d'évaluation ;
- définir les différents moyens d'évaluation des comportements moteurs.

1. INTRODUCTION

Pour atteindre les objectifs fixés par les programmes, il convient d'assurer l'enseignement des éléments qu'ils contiennent. C'est de cette organisation dont il sera question dans ce chapitre. Qu'est-ce qui caractérise l'intervention, le degré de difficulté des tâches proposées aux élèves pour qu'ils apprennent, comment structurer une séance et évaluer les résultats d'un cycle d'apprentissage ?

2. L'ORGANISATION DES SÉANCES PRATIQUES

L'intervention est l'action conduite par un professionnel dans le but de modifier les comportements d'une autre personne ; elle s'appuie sur la connaissance du sujet et du contenu d'apprentissage pour adapter le degré de difficulté du second aux possibilités du premier, raison d'être de la **didactique** (figure 12.1). Enseigner, c'est mettre en place les conditions propices à l'apprentissage de quelque chose par une autre personne (figure 12.2) (Sarthou, 2003). C'est l'intervention du professeur d'éducation physique et à la santé ou du chargé de classe qui va permettre à l'enfant d'atteindre les compétences fixées par le programme, d'apprendre et d'acquérir, aussi bien des connaissances que des savoir-faire (aspect procédural) ou des attitudes (figure 12.3).

L'enfant sera ainsi en mesure d'appliquer les **principes d'action** (des éléments communs à différentes activités (progression du ballon en faisant des passes dans les sports collectifs, par exemple ; l'impulsion dans les sauts) et les **règles d'action** (ce qui doit être fait pour pouvoir répondre à une situation particulière : la manière de se déplacer avec le ballon n'est pas la même au basket-ball, au football, au volley-ball, au rugby, par exemple ; l'appel n'est pas le même dans les différents sauts).

FIGURE 12.1
LA DIDACTIQUE

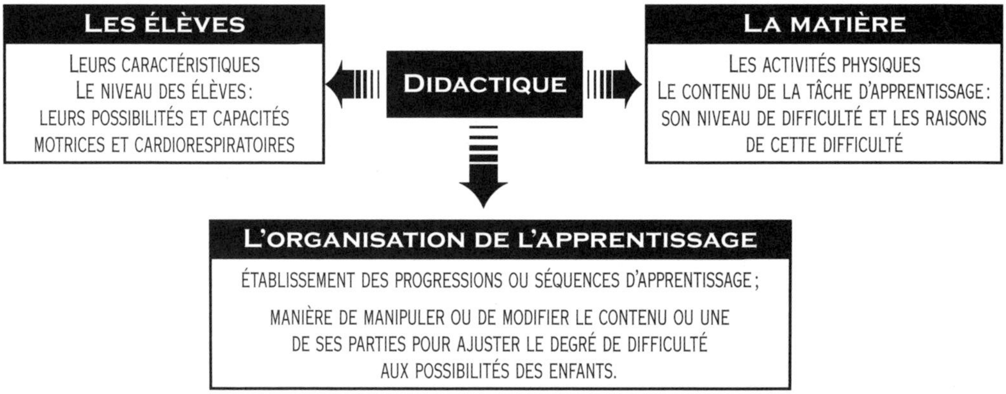

La didactique permet d'adapter les contenus d'apprentissage suivant les possibilités des élèves : elle fait le pont entre les deux. Il est donc indispensable de bien connaître le contenu des activités physiques (et leur degré de difficulté) et les caractéristiques des enfants afin de proposer à ces derniers des activités représentant un défi pour eux et à partir desquelles ils apprendront quelque chose. C'est le cœur de l'enseignement qui consiste à trouver l'effort raisonnable que doit fournir l'élève pour passer d'un niveau de difficulté à un autre : lui donner et lui faire accepter les objectifs et les contenus des exercices.

Tâche trop facile : aucun apprentissage, car l'enfant sait déjà faire ce qui lui est demandé ; il en résulte une perte de temps et la démotivation de l'élève.

Tâche trop difficile : l'échec qui en résulte ou le trop grand effort qui est exigé découragent l'élève qui se démotive. Simplifier la tâche ou ses composantes.

Référence aux zones proximales de développement (Vygotski) : le niveau de difficulté est légèrement supérieur aux possibilités actuelles de l'apprenant, mais adapté à ces possibilités, pour qu'il y ait apprentissage.

Afin de tenir compte de l'ensemble des **compétences** à atteindre, une programmation annuelle précise, complète et équilibrée, comportant des tâches plus complexes que celles de l'année précédente et prenant en considération les contraintes physiques et environnementales, doit être planifiée. Lorsque des mesures de performances sont retenues comme moyen d'évaluation, elles se feront en utilisant différents tests de développement moteur. Au cours des séances successives, les compétences générales ou transversales, comme l'acquisition de l'autonomie, le respect des autres et des règles d'éthique et de sécurité, peuvent être abordées sans difficulté.

FIGURE 12.2
L'ENSEIGNEMENT ET L'APPRENTISSAGE

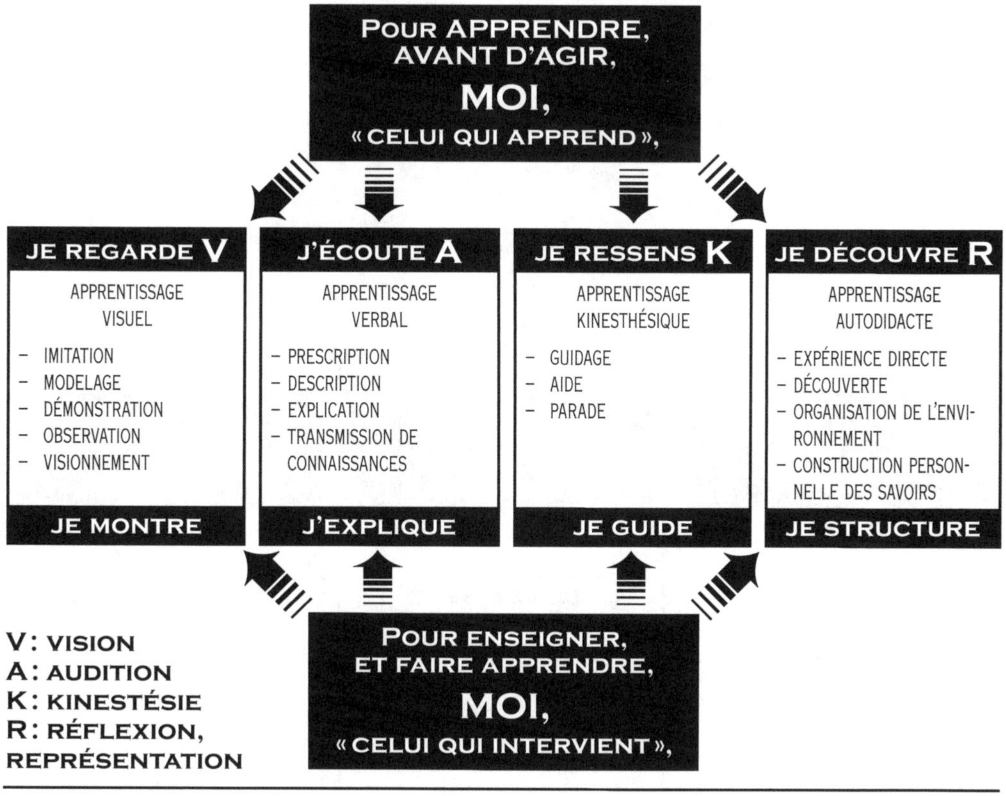

L'efficacité motrice, la réussite du geste pour atteindre le but visé, reste l'objectif majeur en éducation motrice et physique. Pour développer l'ensemble des compétences du programme, elles seront abordées dans plusieurs activités physiques et sportives, individuelles et collectives, expressives, de plein air ou de conditionnement physique, culturellement signifiantes pour l'enfant (figure 12.3). L'élève acquiert ainsi des « savoirs » sur la manière de s'y prendre pour réaliser différentes actions, de se conduire avec les autres, de comprendre la nécessité de la pratique régulière d'activités physiques. Les **compétences disciplinaires**, en éducation motrice et physique, varient de la maternelle au primaire. À la maternelle, on vise à ce que l'enfant puisse agir avec efficacité dans différents contextes sur le plan sensoriel et moteur pour améliorer sa motricité globale et fine. Au primaire, les compétences sont les suivantes : agir dans divers contextes de pratique d'activités physiques (actions motrices, non locomotrices et de manipulation, projection et réception d'objets), interagir dans divers contextes de pratique d'activités physiques (actions de coopération et d'opposition), adopter un mode de vie sain et actif.

FIGURE 12.3
LES OBJECTIFS ET LES MOYENS D'ACTION

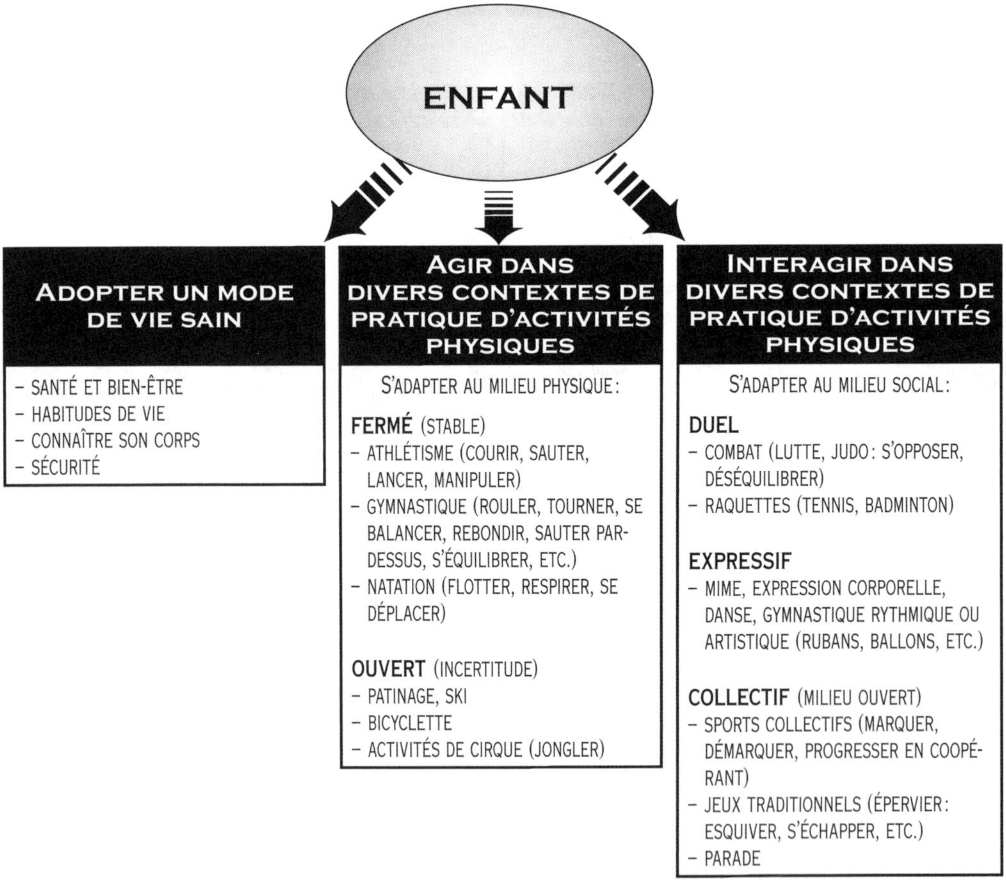

Les normes hebdomadaires diffèrent d'un pays à l'autre (trois heures en France pour des séances de 30 à 40 minutes, deux heures au Québec, par exemple). La séance d'activités corporelles se place dans un emploi du temps respectant les rythmes scolaires des enfants et leur niveau de vigilance : milieu de matinée pour les activités avec prise de risques, fin de matinée ou d'après-midi pour les activités plus calmes ou déjà connues (rondes, jeux). Bien que différentes activités puissent être réalisées en classe ou au gymnase, les activités à l'extérieur doivent être privilégiées chaque fois que possible en fonction de la qualité de l'air et de la découverte d'autres sensations et de repères. Le degré de difficulté des activités tient compte des possibilités des enfants (problème de didactique) et leur permet de dépasser ce qu'ils savent déjà faire, d'apprendre, et non pas seulement de passer le temps.

2.1. Les grands aspects de l'intervention

Ils concernent deux points majeurs : la détermination du degré de difficulté des tâches à proposer et une organisation qui permette à chacun d'être actif le plus longtemps possible au cours de la séance.

Le **degré de difficulté** des contenus des activités d'apprentissages proposés doit être adapté aux possibilités (motrices, physiologique, cognitives) des élèves, ce qui suppose la connaissance du développement moteur des enfants et celle des caractéristiques de la tâche. Trop élevé, il les décourage car ils ne réussiront pas l'activité ; trop faible, la motivation risque de baisser, l'ennui s'installant par manque de défi. « Ainsi, les situations mises en place par l'enseignant doivent permettre à chaque enfant de choisir son niveau de difficulté, de tenter de nombreux essais en toute sécurité, de pouvoir recommencer s'il a échoué, de regarder comment les autres agissent, de pouvoir se faire aider par une parade ou un conseil » (MÉNF, France, 2002).

Les enfants doivent **être actifs le plus longtemps possible**. L'organisation de la séance favorise le **temps d'action moteur** le plus élevé pour chacun des élèves ; pour cela, les durées des explications sont restreintes au minimum et les activités où chacun passe à son tour (courses de relais par exemple) évitées. Il convient de préférer l'organisation en ateliers ou la participation collective (dans les apprentissages scolaires, tous les enfants sont actifs en même temps !), ce qui souligne l'importance de l'**organisation pratique** des séances et la **planification de séquences évolutives** (figure 12.4). Le nombre de répétitions des exercices facilite la maîtrise de la compétence visée et la récupération.

Bien que pouvant être présentées sous forme ludique, les activités poursuivent de véritables objectifs d'apprentissage visant l'amélioration des compétences motrices et physiques des enfants. Il est donc indispensable de **savoir ce que l'élève va apprendre dans la situation proposée**.

FIGURE 12.4
L'ORGANISATION PRATIQUE DES SÉANCES

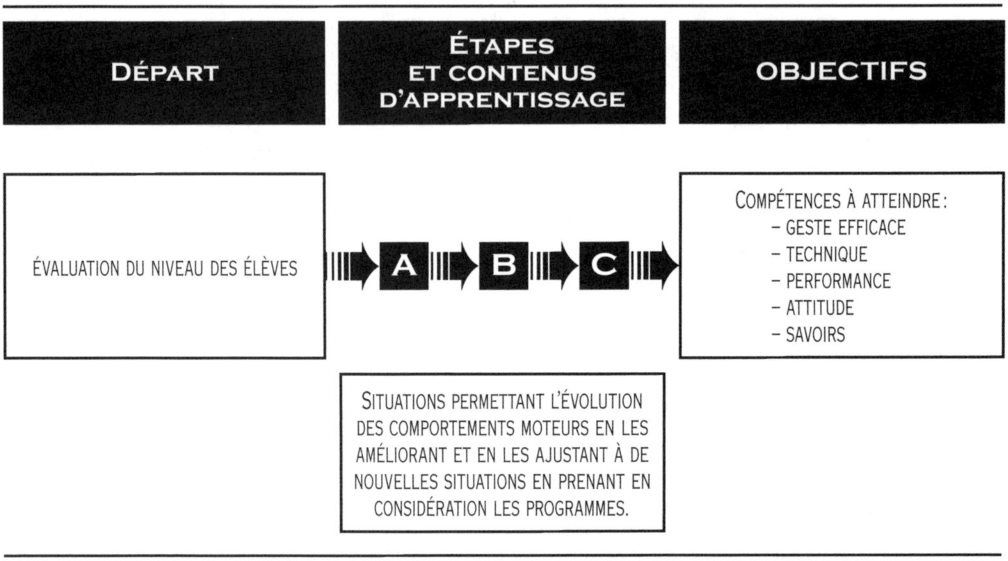

2.2. La séance d'éducation motrice ou psychomotrice

Pour les activités, on peut mettre du matériel à la disposition des enfants qui doivent alors découvrir puis effectuer des actions possibles avec ce matériel. L'exploration active, ou **approche par découverte**, permet à l'enfant de trouver des solutions aux problèmes posés par la mise en situation, de verbaliser ce qu'il a fait, d'observer ce que les autres ont trouvé, de comparer leurs solutions avec la sienne, d'exploiter ses observations. L'enfant est l'initiateur de ses actions: à partir de ses perceptions de l'environnement et du matériel disponible, il sélectionne des actions possibles et les réalise. L'enseignant peut profiter des découvertes de certains enfants pour les faire remarquer puis les proposer aux autres.

Cette approche est complétée par des **activités proposées et organisées** par l'enseignant pour un apprentissage systématique de certains mouvements ou actions du répertoire moteur. Dans ce cas, l'un des objectifs principaux réside dans l'amélioration qualitative ou quantitative de la performance motrice (mieux courir, lancer plus loin, sauter plus haut) ou dans l'acquisition de comportements plus complexes (enchaînement d'actions, jongler, attraper un ballon en courant).

L'adhésion et la participation des enfants aux activités dépendent de la mise en place d'activités motivantes, de la possibilité d'exploration qui leur est offerte, de l'environnement mis à leur disposition, de l'intervention appropriée de l'enseignant pour orienter, guider, enrichir les actions des enfants. Il en résulte que l'organisation pédagogique des situations varie de **situations fermées**, pour lesquelles tout est prévu d'avance (montrer ou dire ce qu'il faut faire ; acquisition de réponses précises et semblables pour tous les enfant ; exemples : la roulade avant, se déplacer dans l'eau) à des situations mettant l'accent sur la **découverte personnelle** (réaliser un parcours comportant des situations-problèmes) en passant par des **situations différenciées** pour lesquelles le but est déterminé mais où chacun peut l'atteindre en prenant des initiatives personnelles (courir le plus vite possible, sauter le plus loin possible, en fonction de ses possibilités). L'élève participe à la résolution des tâches et n'est pas un simple exécutant : ne pas toujours lui dire quoi ou comment faire, mais lui laisser le temps d'expérimenter et profiter de la solution trouvée par un élève pour la présenter aux autres et la leur faire expérimenter à leur tour.

Les parcours, en gymnase ou dans la nature, incluent différents thèmes (comme courir, sauter, lancer, porter, attraper, franchir en suspension), ou l'un d'entre eux, mis en jeu dans des ateliers successifs (Besson et Touchard, 2000 ; Boutigny et Guériot, 1998). Les enfants ont la possibilité de faire plusieurs fois le parcours en entier ou de travailler l'un ou l'autre des ateliers en fonction de leurs difficultés. Ils améliorent ainsi leur répertoire moteur, d'abord en acquérant des actions isolées pour ensuite en associer plusieurs et accroître enfin la performance d'exécution.

Pour que les enfants développent toutes les compétences prévues au programme, une programmation annuelle faite par l'équipe école doit être mise en place. Pour cela, les conditions matérielles de l'école seront prises en considération afin de varier les situations d'apprentissage et de les rendre progressives pour éviter les répétitions d'une année à l'autre.

2.2.1. Les principes de la séance d'éducation motrice

La plupart d'entre eux s'appuient sur le bon sens :

1) les séances d'éducation motrice ne sont pas des séances de jeu où l'on occupe les enfants mais des séances d'apprentissage, d'amélioration de leurs habiletés motrices ; par contre, les activités peuvent être présentées sous la forme de jeux ;

2) favoriser le plus grand temps d'action motrice des enfants (enfants actifs tous en même temps ; réduire le plus possible les activités de type relais, file, élimination ; dans ce dernier cas, trouver une façon pour que l'élève réintègre l'activité) ;

3) proposer des activités d'un niveau de difficulté ou complexité adapté aux possibilités des enfants, à leur développement; il en résulte que les enseignants doivent bien connaître les caractéristiques du développement moteur des enfants et que les exercices doivent comporter des difficultés de degrés divers pour que chaque enfant, en fonction de son développement, puisse en retirer quelque chose;

4) inciter l'enfant à la découverte de ses possibilités motrices et de solutions personnelles; proposer des solutions trouvées par certains enfants aux autres enfants;

5) profiter de la motivation que procure la pratique d'activités physiques pour que tous les enfants participent et présenter les activités de façon motivante pour les enfants (imitation, histoire, jeu);

6) passer de temps à autre de la réalisation à la représentation pour favoriser la symbolisation verbale ou graphique;

7) stimuler verbalement les enfants lorsqu'ils réussissent, les encourager dans le cas contraire, solliciter la création;

8) prévoir l'espace approprié, le matériel, des exercices de remplacement;

9) donner des consignes claires, courtes, précises, un signal d'arrêt;

10) veiller à l'application des consignes de sécurité.

2.2.2. Les étapes de la séance

La **séance** comprend généralement trois grandes étapes (figure 12.5).

1. La **prise en main ou mise en train**
   Elle permet de prendre contact avec les élèves (environ 5 à 10 minutes) et de se préparer à l'effort qui arrive par:
   - l'activation des connaissances et motivation, la mise en contexte;
   - la présentation de l'intention (objectif) ou du but de l'apprentissage;
   - la présentation générale des activités de la séance;
   - l'énoncé de consignes globales de sécurité;
   - une activité spécifique de préparation.

2. Les **activités d'apprentissage ou corps de la séance**
   Ce sont des activités variées et adaptées aux possibilités des enfants pour assurer l'apprentissage (environ 40 minutes);
   - intention (objectif spécifique) de chaque exercice;
   - description des activités ou exercices;

FIGURE 12.5
EXEMPLE D'UNE FICHE DE SÉANCE

THÈME DE LA SESSION : ______________________ **CYCLE :** ______________

ÉTAPES DE LA SESSION	INTENTION ÉDUCATIVE (OBJECTIFS)	MOYENS D'ACTION (ACTIVITÉS) ET CONSIGNES CRITÈRES DE RÉUSSITE	MATÉRIEL, SCHÉMAS, SÉCURITÉ, OBSERVATIONS
INTRODUCTION À LA PRATIQUE MOTIVATION			
CORPS DE LA SÉANCE			
RETOUR AU CALME			

1) **Intention éducative (objectifs)**
Énoncer et décrire la raison d'être de l'action proposée en lien avec les compétences à développer (verbe à l'infinitif, lien avec thème et clientèle) :
- conserver son équilibre tout en marchant sur une poutre ;
- parcourir le circuit matérialisé au sol en dribblant d'une main ;
- identifier la droite et la gauche sur une personne face à l'enfant.

2) **Moyens d'action (description des activités)**
Donner toutes les indications appropriées pour mettre en place le déroulement complet de la séance ; schémas si nécessaire pour les parcours, la disposition du matériel (claire et brève).

3) **Consignes**
Indiquer à l'élève ce qu'il aura à faire (écrire ce qui sera dit à l'élève ; claires, phrases courtes, précises, adaptées).

4) **Contenu et pertinence des activités**
Établir le lien entre objectifs et contenu, activités adaptées aux élèves (degré de difficulté), créativité (originalité), sécurité.

5) **Durée et lieu**
Veiller à ce qu'ils soient appropriés aux élèves et aux objectifs.

6) **Matériel**
Détailler tout ce qui sera nécessaire (collectif ou individuel) pour le déroulement de l'activité (préciser ce qui est nécessaire).

7) **Critères de réussite**
Indiquer les éléments d'évaluation afin de savoir si les compétences attendues ont été atteintes (mesurables, quantitatifs ou qualitatifs, précis).

- consignes données aux élèves ;
- matériel à installer et organisation spatiale prévue ;
- prévoir la durée, le lieu, l'évaluation.

3. Le **retour au calme et le bilan de la séance**
Cette dernière étape vise la diminution de l'excitation, assure la transition et prépare l'enfant au retour en classe (environ 5 minutes) ;
- activités spécifiques ou non (aider à ranger le matériel, détente) ;
- questions sur les objectifs de la séance et retour sur les activités.

2.2.3. Le matériel

Il est généralement très diversifié, aussi bien en classe qu'au gymnase, allant de petits matériels à de grandes installations.

Les jeux de manipulation

Ils permettent l'amélioration de la dextérité digitale et manuelle nécessaire à une utilisation correcte des instruments et outils disponibles en classe et requis pour les apprentissages. Les activités de motricité fine incluent tous les objets comme perles, ficelles, ciseaux, aiguilles à coudre à bouts ronds, pâte à modeler, pinceaux, gros feutres, les casse-têtes, les blocs Lego et autres jeux équivalents, du matériel pour stimuler les différents sens, voitures, poupées, etc.

Les jeux moteurs

Ils sollicitent davantage la motricité globale et la coordination dynamique globale en permettant d'enchaîner plusieurs actions, de prendre de bonnes postures et de se détendre. On retrouve ici du matériel comme des sacs de sable, des balles, des ballons, des cerceaux, des foulards, des mini-échasses, des cordes à sauter, des quilles, des cônes, des cylindres creux, des mini-matelas, des tambourins, etc.

Le grand matériel

C'est celui que l'on retrouve dans les gymnases, pour la gymnastique et les agrès (barres, poutres, espaliers, cordes à grimper, trampoline, tremplin, gros matelas, mur d'escalade, etc.) ou dans les parcs ou stades pour la pratique d'activités d'athlétisme.

3. L'ÉVALUATION

Quand les performances ou les compétences motrices de mes élèves s'améliorent, quelle part revient à l'évolution de leurs structures ou à leur maturation, et quelle part relève de mon action éducative? Si les progrès se réalisent dans un laps de temps restreint, il est fort probable que l'enseignement soit à l'origine des améliorations, qu'il y ait eu un apprentissage. En revanche, si ces progrès s'observent au cours d'une année complète, il est probable qu'ils soient partiellement attribuables à l'évolution interne des enfants.

L'évaluation permet d'établir un diagnostic du développement de l'enfant (ce qu'il peut faire) aussi bien que de vérifier les apprentissages qu'il a réalisés (la performance qu'il atteint). Dans la mesure du possible, elle fait partie des périodes d'apprentissage et favorise l'évaluation par les pairs qui fait partie des objectifs d'apprentissage que l'on peut proposer aux enfants, ce qui suppose alors d'organiser et de structurer l'observation et les fiches.

3.1. Pourquoi évaluer?

L'évaluation est importante pour, essentiellement, deux raisons:

1) connaître les possibilités actuelles des élèves. Pour préparer des activités appropriées aux élèves, il est nécessaire de savoir d'abord ce qu'ils sont capables de réaliser afin que le degré de difficulté de la tâche leur convienne.

2) connaître les résultats d'un apprentissage. Dans ce cas, après un cycle d'apprentissage, les performances réalisées témoignent de ce qui a été appris, qu'il s'agisse d'une performance motrice ou de connaissances théoriques. L'enfant montre ce qu'il sait faire à ce moment-là!

L'apprentissage consistant à s'approprier des savoirs dans un environnement social et culturel particulier, l'évaluation doit refléter cette particularité. Si l'on considère que la formation débouche sur l'acquisition de compétences, qui peuvent se définir comme un «savoir-agir fondé sur la mobilisation et l'utilisation efficaces d'un ensemble de ressources» (MÉQ, 2001, p. 4), alors l'évaluation permettra à l'élève de vérifier où il en est rendu dans son cheminement vers l'acquisition des compétences attendues, de réguler ses apprentissages. L'évaluation permet ainsi de juger du degré de maîtrise des différents éléments de la compétence et, par contrecoup, d'ajuster l'enseignement et l'apprentissage. Cette évaluation peut se faire aussi bien en cours d'apprentissage, sous la forme d'une interaction directe entre l'élève et l'enseignant (donner un feed-back immédiat en fonction de ce que l'élève a réalisé) qu'en fin d'apprentissage, sous la forme d'un bilan des apprentissages. Dans le premier cas, c'est en observant le comportement des élèves pendant le déroulement de l'activité que l'enseignant prend l'information appropriée; elle lui permet d'ajuster sur-le-champ les activités proposées. Dans le deuxième cas, le bilan final tient compte des résultats obtenus à plusieurs épreuves au cours desquelles il s'agissait pour l'élève de résoudre des tâches mettant en évidence ses compétences.

Dans les situations motrices en cours, l'évaluation se fait pendant la réalisation de l'activité ou de la tâche, à moins de pouvoir l'enregistrer. Les points à observer doivent alors être bien précis et peu nombreux pour que leur évaluation soit possible en cours de réalisation. Les grilles d'observation représentent des moyens appropriés d'évaluation : elles comportent une liste d'éléments à observer, des critères ainsi que des échelles d'appréciation. L'élève est ainsi tenu au courant du niveau qu'il a atteint pour chacun des points observés. Des évaluations quantitatives donnent également une information appropriée sur la performance de l'élève ; elles s'appuient sur la mesure (de temps, de distance, d'essais réussis, etc.) du résultat d'une action que le sujet a faite.

3.2. Formes d'évaluation

L'évaluation peut revêtir différentes formes selon sa nature, formative ou sommative, et ses critères, qualitatifs ou quantitatifs.

Il est question d'**évaluation formative** lorsque, par l'observation du comportement de l'enfant, le professeur est en mesure de le conseiller sur la manière d'améliorer ses actions motrices pendant qu'il les réalise ou les apprend.

L'**évaluation sommative**, elle, rend compte d'une performance mesurable, atteinte à la fin d'un cycle d'apprentissage.

Les **critères de réussite ou de performance/âge**, ou les niveaux de performance à atteindre en fonction de l'âge pour chaque activité, donnent une idée de la performance attendue pour pouvoir dire qu'une activité est maîtrisée ; ils peuvent revêtir un aspect qualitatif aussi bien que quantitatif, être précisés sous la forme d'une liste descriptive de comportements ou d'une performance mesurable. Les **seuils de réussite** témoignent d'un niveau de maîtrise attendu pour une activité avant d'aborder d'autres activités. Un élève peut les atteindre plus ou moins facilement ou au contraire se situer en deçà, ce qui nécessite plus de pratique ou une révision du degré de difficulté de la tâche. Ils portent, bien sûr, sur les compétences au programme, qu'il s'agisse des actions (locomotrices, non locomotrices et de manipulation), des interactions avec les autres ou de l'éducation à la santé. Lorsque 80 % des élèves maîtrisent un élément au programme de façon satisfaisante, d'autres apprentissages doivent être envisagés.

Pour faire une évaluation diagnostique du développement moteur et des performances motrices des enfants, il est possible d'utiliser deux grandes catégories de moyens d'évaluation : des tests quantitatifs et d'autres qualitatifs. Parmi les **tests quantitatifs** (ou sommatifs), l'un des plus connus est celui d'Oseretski qui a été adapté par plusieurs auteurs dont Bruininks et Bruininks (2005) et Rogé (1984). Il comporte toute une série d'épreuves de motricité globale ou fine (tableau 13.5) auxquelles les sujets obtiennent des scores en fonction de leur performance. Selon leurs résultats, il est possible de vérifier si le niveau du développement moteur atteint correspond ou non à celui attendu en fonction de l'âge chronologique réel. Il est également possible d'évaluer les différents éléments faisant partie d'un programme d'éducation physique au primaire (Bissonnette, 1996; Piednoir, 1993). Dans ce dernier cas, les différents aspects faisant partie du programme d'enseignement (contrôle de l'équilibre, mobilité des parties du corps, dissociation segmentaire, organisation de l'espace et du temps, coordination visuomanuelle et visuopodale, santé et bien-être) font l'objet d'une évaluation systématisée. Cette évaluation peut d'abord porter sur la **forme du geste** lui-même: Comment je contrôle mon équilibre sur un pied? Avec beaucoup de mouvements des bras? De l'autre jambe? En bougeant beaucoup le tronc? Mais aussi sur la **performance**: Combien de temps je reste en équilibre sur un pied, les yeux ouverts ou fermés? Quelle longueur puis-je sauter? Combien de redressements couché-assis puis-je faire? Combien de sacs de sable ai-je mis dans la boîte en les lançant de 3 mètres? Ou enfin sur la **résolution d'une tâche**: Comment je me déplace avec le ballon? Comment je déséquilibre un adversaire en lutte? Comment je me déplace dans l'eau? En escalade? Comment je participe à une activité de danse? Comment je fais rouler le cerceau entre deux lignes dessinées au sol? Pour la santé, il peut y être question du contrôle du poids, de l'endurance musculaire, de la force et de la flexibilité ainsi que de l'acquisition de concepts sur le fonctionnement du corps.

Les épreuves qualitatives évaluent davantage ce que peuvent faire les enfants et la manière dont ils réalisent ou non une activité. Les critères d'évaluation des compétences, dans ce cas, tiennent compte de la qualité du geste: à quel stade se situe le sujet? Initial, intermédiaire, final? (Voir le chapitre 2) En fonction de l'âge chronologique, elles permettent de voir si le développement moteur de chaque enfant, ce qu'il est capable de faire, correspond aux normes de son âge (Brigance, 1997, par exemple, pour les enfants de la naissance à sept ans). Si l'écart se creuse entre les attentes et les réalisations, preuve de maladresse ou de retard dans l'acquisition de la coordination, des retards de maturation ou des dysfonctions neurologiques peuvent être soupçonnés, auxquels il faudra trouver des moyens de rééducation appropriés.

L'observation et l'évaluation, collectives ou individuelles, permettent de mieux connaître les progrès du groupe aussi bien que de chaque élève. Elles se traduisent en effet par une meilleure connaissance des progrès réalisés, en termes de performance (aspect quantitatif) ou de processus (manière de réaliser une activité, aspect qualitatif).

Dans les Échelles des niveaux de compétence (MÉQ, 2002), l'évaluation fait largement appel aux élèves eux-mêmes; ils y identifient des actions possibles en fonction du contexte (seuls ou avec d'autres), les réalisent et en évaluent l'exécution en tenant compte de leurs réussites et de leurs difficultés. Ce n'est pas très précis et «aidant» comme approche!

4. RÉSUMÉ

Pour que les enfants apprennent, il est essentiel de bien structurer les séances d'éducation motrice. Pour cela, la connaissance des possibilités des enfants est primordiale pour ajuster le degré de difficulté des activités à leur niveau fonctionnel. Une planification annuelle des activités permet de développer l'ensemble des compétences prévues au programme. Les étapes de la séance – prise en main, corps de la séance, retour au calme – favorisent un temps d'action moteur le plus long possible pour chaque enfant. Pour que l'élève ait une bonne idée des progrès réalisés, et de ceux qui lui restent à faire, l'évaluation formative et sommative est à structurer, évaluation à laquelle l'élève est appelé à participer.

Ouvrages de référence

ATELIERS DE DÉCOUVERTE (voir L'activité physique de l'enfant, Amicale EPS) et la revue EPS.

BESSON, M. et Y. TOUCHARD (2000). *L'éducation physique à l'école; de la maternelle au cm2: cycle 1, cycle 2, cycle 3*, Paris, Éditions Revue EPS. (Il existe des tableaux appelés «tableaux de découverte» dans lesquels, à partir d'un objet, on présente des pistes pour leur utilisation.)

MÉQ (2002). *L'évaluation des apprentissages au préscolaire et au primaire*, Québec, Gouvernement du Québec.

5. QUESTIONS

J'évalue mes connaissances en répondant aux questions suivantes:

5.1. Définissez l'intervention et la didactique. Que permet de faire la didactique?

5.2. Quels sont les grands aspects à considérer lors de l'intervention?

5.3. Quelles mises en situation peut-on considérer pour une séance pratique?

5.4. Énumérez et précisez les différents principes d'une séance pratique.

5.5. Quelles sont les étapes d'une séance?

5.6. Quelles sont les différentes formes d'évaluation? Quelles informations donnent-elles à l'enseignant?

ANNEXE
L'ORGANISATION PERCEPTIVE JONGLONS AVEC LES FORMES

Niveau: éducation préscolaire.

Compétence: construire sa compréhension du monde.

Stratégie psychomotrice: découvrir ses potentialités psychomotrices.

Intention éducative (objectif général): développer l'organisation perceptive tactile des enfants.

Matériel: différentes formes en carton ou plastique épais (carré, rectangle, losange, cercle, hexagone, triangle, croix) et les mêmes en carton ou plastique mince.

A) MISE EN TRAIN: TRIER LES FORMES

Durée: 5 minutes

En venant à l'école ce matin, j'ai laissé tomber mon sac et toutes mes formes se sont mélangées et éparpillées par terre. Voulez-vous m'aider à les classer à nouveau, S.V.P.?

Je vais remettre à chacun de vous plusieurs formes géométriques. Vous viendrez mettre chaque forme dans sa bonne boîte (disposer sur le bureau autant de boîtes qu'il y a de formes).

B) CORPS DE LA SÉANCE (LEÇON PROPREMENT DITE)

1. Intention éducative (objectif spécifique): renforcer la discrimination perceptive.

Durée: 5 minutes

Moyen d'action: retrouver une forme parmi d'autres mises dans un sac opaque. Chaque élève met un exemplaire de chacune des différentes formes en plastique épais dans ce sac. Les différentes formes sont dans des boîtes sur le bureau.

Consigne: «Je vais vous montrer une des formes et vous allez essayer de la retrouver dans votre sac en utilisant uniquement vos doigts. Quand vous l'avez trouvée, vous me la montrez.» L'enseignante ou l'enseignant demande aux enfants de nommer la forme montrée.

Recommencer avec 3 autres formes. Si un ou une élève commet une erreur, lui demander de chercher à nouveau.

2. Intention éducative (objectif spécifique) : améliorer la reconnaissance perceptive.

Durée : 10 minutes

Moyens d'action :

a) l'enseignante ou l'enseignant montre le modèle puis le cache ; après une attente de 5 secondes, l'élève essaie de retrouver la forme présentée, dans son sac. On répète la démarche plusieurs fois avec différentes formes.

On ajoutera ensuite les mêmes formes en plastique mince et l'élève aura à chercher la forme avec l'épaisseur demandée.

b) l'enseignante ou l'enseignant décrit maintenant la forme à trouver :
- quatre côtés pareils, des angles pareils et épaisse ;
- ronde et mince ;
- deux côtés longs, deux plus courts et épaisse ;
- trois côtés et mince.

c) l'enseignante ou l'enseignant montre une forme (le carré, le rectangle, le cercle) puis demande aux enfants de trouver, dans la classe, une forme semblable.

3. Intention éducative (objectif spécifique) : améliorer l'identification perceptive.

Durée : 5 minutes

Moyen d'action : l'enseignante ou l'enseignant nomme la forme à trouver dans le sac :
- le carré mince,
- la croix épaisse,
- le losange épais.

4. Intention éducative (objectif spécifique) : renforcer la représentation perceptive.

Durée : 5 minutes

Moyen d'action : dessiner sur papier les formes vues antérieurement.

Consignes : « Vous allez dessiner sur votre feuille la forme que je vais vous montrer. Vous la regardez bien et vous essayez de dessiner une forme pareille. »

Dans un deuxième temps, l'enseignante ou l'enseignant dessine une suite formée de 3 formes ; l'élève regarde le dessin quelques secondes avant qu'il ne soit caché puis il doit le reproduire à son tour. Quand les élèves ont terminé, montrer une autre séquence (deux fois).

C) LE RETOUR AU CALME

Durée : 5 minutes

En écoutant la musique relaxante, les enfants doivent se rappeler les différentes formes vues pendant la séance. Avec son doigt, il doit la tracer dans l'air en fermant les yeux et en essayant de retrouver dans sa pensée, une chose ou un objet qui s'y apparie.

CRITÈRES DE RÉUSSITE

Pour chacune des activités du groupe B, l'élève doit reconnaître, identifier ou dessiner correctement 4 formes sur 5.

CHAPITRE 13

L'ÉVALUATION

OBJECTIFS

À la fin de ce chapitre, vous devriez être en mesure de :

- définir les différents moyens d'évaluation des performances dans les activités physiques ;
- préciser les différentes qualités des tests ;
- nommer et décrire les principaux tests utilisés pour évaluer les comportements moteurs.

1. INTRODUCTION

Les travaux de Binet et Simon, au début du siècle, ont ouvert la voie aux moyens d'évaluation du comportement humain (Binet et Simon, 1967). Le recensement des différents tests utilisés de nos jours à cette fin constituerait un travail extrêmement difficile, compte tenu de leur nombre et de leur diversité. De façon générale, un consensus existe quant à leur classification en **tests d'efficience** (ou d'aptitude) et de **personnalité**, les premiers possédant un haut degré d'objectivité, les seconds étant plutôt basés sur l'interprétation du comportement d'une personne par une autre. Nous traiterons seulement des tests les plus couramment utilisés de la première catégorie qui concernent le développement moteur, l'éducation physique et l'éducation motrice.

Les tests qui évaluent l'une ou l'autre des composantes du développement moteur de l'enfant se comptent par dizaines, voire par centaines ; cependant, tous ne possèdent pas les mêmes qualités. La majorité d'entre eux établissent des normes, permettent de faire un bilan du développement atteint par un enfant à un moment donné de son existence, évaluent une performance (en mètres, en secondes, selon sa fréquence, etc.). On compare ensuite la performance du sujet à des tableaux descriptifs obtenus lors d'études transversales. Les études de ce genre évaluent les enfants d'un âge déterminé pour établir des moyennes développementales d'un aspect moteur particulier. Ces résultats figent les performances atteintes par des populations données. Ils ne révèlent en aucun temps les processus qui régissent les changements caractéristiques du développement, pas plus que les facteurs qui les affectent. Pour ce faire, il faut étudier les mêmes sujets pendant plusieurs années de suite et réaliser alors des études longitudinales. Quelle que soit la méthode retenue, transversale ou longitudinale, on postule que le développement moteur est un processus continu et ordonné à travers lequel passent tous les enfants à des âges variables. L'efficacité des apprentissages dépend donc de l'âge : il existe des périodes dites critiques au cours desquelles, pour un entraînement équivalent, les résultats obtenus sont nettement supérieurs. Il faut ainsi distinguer l'efficience, le niveau de performance atteint à un moment donné, du développement, le changement progressif de la performance avec le temps. Globalement, il existe davantage d'instruments de mesure de la performance que d'échelles caractéristiques du développement.

L'évaluation du comportement moteur doit permettre de répondre à trois questions : Que peut faire un enfant ? Comment le fait-il ? Quelle performance réalise-t-il ? À la première question correspondent essentiellement les épreuves descriptives et les échelles de développement. La préoccupation majeure de leurs auteurs est de vérifier si le comportement de l'enfant est ou non normal, s'il correspond aux caractéristiques des enfants du même âge chronologique, par la présence ou l'absence d'une activité spécifique. L'observation systématique indique ce que le sujet est capable de faire (par exemple, lever la tête, s'asseoir tout seul, marcher à quatre pattes, se mettre debout, marcher, courir à telle vitesse, etc.). En comparant ses résultats à des grilles développementales obtenues à la suite d'observations du comportement de centaines d'enfants, on peut déduire la précocité, la normalité ou le retard des possibilités motrices du sujet. Celles-ci résultent, entre autres, de l'évolution des structures nerveuses et des modifications morphologiques. Si les échelles sont utiles et indispensables tant que de nouveaux comportements apparaissent (jusqu'aux environs de l'âge de deux ou trois ans), elles doivent être remplacées ou à tout le moins complétées par la suite pour établir la qualité ou le niveau de performance atteint.

Pour ce qui est du comment (le processus), et bien que les possibilités motrices d'un enfant fournissent une indication sur l'état de son développement, on peut affiner les observations en portant un jugement qualitatif sur la manière dont l'enfant effectue une activité motrice donnée. Différentes classifications ont été proposées, dont les plus simples distinguent trois stades (débutant, intermédiaire, avancé) et supposent une formation spécialisée de la part de l'observateur pour évaluer les caractéristiques des mouvements des jambes, du tronc et des bras. La détermination de la qualité du geste ouvre la voie à l'amélioration de la performance par l'entraînement du sujet. L'observation visuelle peut être largement affinée par l'utilisation de moyens sophistiqués d'enregistrement cinématographique qui conduit à une analyse beaucoup plus précise (cinématique et cinétique) de l'acte moteur.

Quant à la performance (le produit), elle fait partie de la plupart des tests normés utilisés auprès d'enfants âgés de trois ans et plus. Ces tests quantifient le rendement à une épreuve donnée (nombre de..., distance parcourue, longueur du saut, temps mis à..., etc.), rendement qui se modifie lui aussi avec l'âge pour atteindre des valeurs limites. Il faut relativiser les performances en fonction des caractéristiques morphologiques des enfants (la taille et le poids): une faible performance à un âge donné comme conséquence d'une taille inférieure à la normale ne signifie pas l'impossibilité d'une performance élevée plus tard, lorsque la taille sera redevenue normale.

Pour les personnes qui se préoccupent du développement moteur, la connaissance des différents tests et de leurs principes sous-jacents est nécessaire afin de comprendre comment s'évaluent les comportements et se planifient des expériences où les performances doivent être évaluées avant et après une forme quelconque d'intervention.

L'évaluation du développement moteur des écoliers permet de connaître leur degré de développement, de dépister assez tôt ceux d'entre eux qui pourraient présenter des troubles et de déterminer l'importance de leurs difficultés comme du retard qu'elles entraînent. C'est à la lumière des résultats des observations que l'on pourra planifier différents plans d'éducation ou de rééducation. À ce titre, l'évaluation est partie prenante de la formation et de l'apprentissage.

2. LES DIFFÉRENTS MOYENS D'ÉVALUATION

2.1. Le test

Le test est une épreuve, ou une activité, déterminée permettant la mesure d'une caractéristique précise du comportement et la comparaison des résultats obtenus avec les résultats d'autres personnes déjà soumises à la même épreuve (tests de tremblement, de force par exemple). Le sujet effectue cette tâche selon des consignes et un protocole très stricts. Le test peut revêtir des formes diverses qui donneront lieu à différentes classifications: test individuel ou collectif, verbal ou non verbal, test de développement ou d'aptitudes, d'efficience ou de personnalité. Dans ce chapitre, nous décrirons surtout les tests d'efficience, portant également sur le développement et l'aptitude.

2.2. La batterie

Par l'expression «batterie», on entend un ensemble de tests ou d'épreuves complémentaires utilisés en vue d'évaluer plusieurs aspects ou la totalité du comportement d'un sujet.

2.3. L'échelle de développement moteur

Une échelle de développement moteur inclut un ensemble d'épreuves très diverses et de difficultés graduées conduisant à l'exploration minutieuse de différents aspects du développement. Une «épreuve» désigne une activité caractéristique d'un âge donné, c'est-à-dire une activité réussie sans problèmes par 75% des enfants de cet âge. Son application à un sujet permet d'évaluer son niveau de développement moteur, en se référant à des normes que l'auteur de l'échelle a établies par suite d'observations recueillies auprès d'un grand nombre de sujets d'âges différents. On calcule ainsi l'avance ou l'arriération psychomotrice d'un enfant d'après son succès ou son échec à l'épreuve précédant ou suivant celle qui correspond à son âge chronologique, en tenant compte de ses réussites et de ses échecs. Ces échelles reposent sur le postulat que le développement se fait dans le même ordre pour tous les enfants (échelles de développement de Gesell, de Brunet-Lézine, échelle motrice d'Ozeretzki).

2.4. Le bilan et le profil

Le bilan est le résultat de l'utilisation d'un regroupement d'épreuves choisies pour déterminer le développement maximal atteint par un enfant dans tout un ensemble d'habiletés (la coordination motrice, la motricité fine, l'équilibre statique et dynamique, la latéralité, l'orientation droite-gauche, la dissociation segmentaire, le schéma corporel, l'espace, le temps, le tonus musculaire, etc.). Il permet d'établir l'âge moteur atteint par l'enfant ou le fonctionnement de son équipement neurologique à partir des difficultés qu'il a rencontrées (le bilan psychomoteur de Vayer par exemple).

Le profil consiste en une reproduction graphique des résultats obtenus à plusieurs tests analytiques censés évaluer différents aspects de l'efficience motrice d'un enfant; il permet la comparaison simple et rapide des différentes composantes de cette efficience et la détermination immédiate des points forts et des points faibles du sujet (le profil psychomoteur de Vayer par exemple).

Tests et batteries de tests visent ainsi à déterminer l'efficience d'un sujet dans l'exécution de une ou plusieurs tâches; épreuves et échelles de développement situent cette exécution par rapport à celle de l'ensemble de la population normale de l'âge du sujet considéré. Les premiers donnent une performance absolue, les autres, une performance relative.

3. LES MOYENS D'ÉVALUATION

Nous ne décrirons brièvement ici que les instruments d'évaluation pertinents et d'utilisation simple. Le lecteur pourra se référer à la source bibliographique s'il désire utiliser l'un ou l'autre de ces tests. Ces tests évaluent soit la performance motrice des enfants, soit leurs difficultés perceptivomotrices.

3.1. L'évaluation du comportement moteur

3.1.1. L'échelle de Gesell

L'échelle de Gesell fut l'une des premières échelles conçues dans les années 1925. Elle propose d'évaluer le comportement moteur, les conduites adaptatives, le langage et les attitudes socioaffectives d'enfants âgés de 1, 4, 6, 9, 12, 24, 36, 48 et 60 mois (Gesell, 1949, 1955), puis de 5 à 10 ans (Gesell et Ilg, 1963; tableau 13.1). La description qualitative du développement touche 10 domaines distincts: 1) la motricité, 2) l'hygiène corporelle, 3) l'expression des émotions, 4) les frayeurs et les rêves, 5) le moi et la sexualité, 6) les relations sociales, 7) les jeux et passe-temps, 8) la vie scolaire, 9) le sens moral et 10) le point de vue philosophique. À chaque domaine correspondent

TABLEAU 13.1
ÉCHELLE DE DÉVELOPPEMENT DE GESELL (1949, 1955)

ÂGE	ÉCHELLE MOTRICE (EXEMPLES)	ÉCHELLE ADAPTATIVE (EXEMPLES)
4 SEMAINES	– GARDE LA TÊTE TOURNÉE SUR UN CÔTÉ. – LAISSE LA TÊTE BALLANTE.	– POURSUIT DU REGARD JUSQU'À LA LIGNE CENTRALE SEULEMENT.
16 SEMAINES	– MAINTIENT LA TÊTE EN POSITION CENTRALE. – ÉTEND LES JAMBES.	– TOURNE LA TÊTE VERS LA SOURCE SONORE. – PORTE LE CUBE À LA BOUCHE.
28 SEMAINES	– LÈVE LA TÊTE. – SAISIT AVEC UNE PRISE RADIOPALMAIRE.	– SECOUE LES HOCHETS. – PREND UN CUBE DANS CHAQUE MAIN.
40 SEMAINES	– RESTE DEBOUT. – MARCHE À QUATRE PATTES.	– APPROCHE L'INDEX D'UNE PASTILLE.
52 SEMAINES	– MARCHE TENU PAR LA MAIN.	– ESSAIE D'EMPILER DES CUBES.
24 MOIS	– COURT, MONTE LES ESCALIERS. – TOURNE LES PAGES D'UN LIVRE.	– CONSTRUIT DES TOURS DE SIX OU SEPT CUBES. – RÉPÈTE 3-4 SYLLABES.
36 MOIS	– MONTE LES ESCALIERS DE FAÇON ALTERNÉE. – FAIT DU TRICYCLE.	– CONSTRUIT DES TOURS ET PONTS AVEC DES CUBES. – FAIT UN DESSIN (CERCLE, CROIX).
48 MOIS	– MARCHE COMME UN ADULTE (TALON-ORTEILS). – DEMEURE EN ÉQUILIBRE SUR UN PIED. – LANCE PAR-DESSUS LA TÊTE.	– IMITE DES ATTITUDES. – MET 10 PASTILLES DANS LA BOÎTE EN 25 SECONDES.
60 MOIS	– SAUTE À CLOCHE-PIED. – MARCHE SUR UNE POUTRE D'ÉQUILIBRE.	– DESSINE UN TRIANGLE, UN BONHOMME. – RECONNAÎT LE PLUS LOURD.

des indices de maturité (ou gradients de croissance) décrivant le comportement attendu aux différents âges. On retrouve, dans la partie motrice, le contrôle de la posture, de la préhension, de la locomotion, du dessin et de certaines activités quotidiennes (monter des escaliers, donner un coup de pied à un ballon, rouler en tricycle, etc.). En ce qui a trait aux conduites adaptatives, l'évaluation englobe des activités où l'habileté motrice et la coordination visuomanuelle jouent également un rôle (construire des tours avec des cubes, transporter des pastilles dans une tasse, dessiner, etc.). Elles indiquent ce que fait l'enfant dans une situation donnée avec des objets particuliers.

Si certaines observations se traduisent parfois de manière quantitative, la majorité d'entre elles situent l'enfant de plus de trois ans dans l'échelle développementale descriptive, à partir des actions courantes qu'il contrôle ou effectue. On peut ainsi découvrir des conduites motrices correspondant à l'âge chronologique mais des conduites adaptatives qui témoignent d'un retard de développement (l'enfant saisit bien les cubes, mais ne construit rien avec). À l'aide des feuilles de notation du test et d'un examen attentif du comportement du sujet, on vérifie s'il réalise ou non les épreuves caractéristiques de son âge, pour en déduire si son développement correspond à la norme. Si cette échelle, reposant sur un échantillon d'enfants étudiés pendant plusieurs années, décrit bien le développement, elle ne fournit malheureusement aucun item en permettant la mesure.

3.1.2. L'échelle de Bayley

Cette échelle de développement s'adresse aux enfants de 1 à 30 mois et comprend trois parties. La première porte sur le développement intellectuel (163 exercices), la deuxième sur le développement moteur (81 items) et la troisième sur le comportement général (Bayley, 1969; tableau 13.2). D'une utilisation très répandue, cette échelle

TABLEAU 13.2
ÉCHELLE DE BAYLEY (1969)

ÉCHELLE	ÉPREUVE
DÉVELOPPEMENT INTELLECTUEL	– ACUITÉ SENSORIELLE ET PERCEPTIVE, DISCRIMINATION VISUELLE ET CONSTANCE DE L'OBJET – MÉMOIRE – APPRENTISSAGE – RÉSOLUTION DE PROBLÈMES – VOCALISATION – COMMUNICATION VERBALE – GÉNÉRALISATIONS ET CLASSIFICATIONS
DÉVELOPPEMENT MOTEUR	– CONTRÔLE DU CORPS, COORDINATION MOTRICE GLOBALE – COORDINATION MOTRICE FINE
COMPORTEMENT GÉNÉRAL	– DÉVELOPPEMENT SOCIAL ET ÉMOTIF, INTÉRÊTS, APPROCHE DES PROBLÈMES

fournit une bonne indication de l'état de développement atteint par les enfants, avec des coefficients de fidélité de l'ordre de r = 0,80. Par ailleurs, elle a aussi permis de faire ressortir que le développement de deux jumeaux monozygotes est plus semblable que celui de deux dizygotes, qui l'est davantage que celui de deux membres d'une même fratrie : des facteurs génétiques sous-tendent ainsi l'évolution.

3.1.3. Le test d'évaluation du développement de Denver

Ce test a été mis au point pour les enfants de zéro à six ans afin de permettre le dépistage de retards dans le développement moteur (Frankenburg et Dodds, 1967 ; Frankenburg *et al.*, 1992). La motricité fine et globale, le langage et l'interaction sociale sont évalués à partir de 105 observations différentes (tableau 13.3). Cette épreuve présente l'avantage d'indiquer l'âge où 25, 50, 75 ou 90 % des sujets réussissent chaque exercice demandé.

TABLEAU 13.3
TEST DE DENVER
(Composé à partir de Frankenburg et Dodds, 1967)

ASPECT ÉVALUÉ	EXEMPLES
MOTRICITÉ GLOBALE (31 MESURES)	– CONTRÔLER LA TÊTE, LE COU, LE TRONC, ROULER SUR LE CÔTÉ, S'ASSEOIR, SE TENIR DEBOUT AVEC APPUI, SE LEVER, RESTER DEBOUT SEUL, MARCHER – LANCER, ATTRAPER, FRAPPER AVEC LE PIED, ROULER EN TRICYCLE – SAUTER SUR PLACE, SAUTER EN LONGUEUR, SAUTILLER – SE BALANCER D'UN PIED SUR L'AUTRE, MARCHE TALON-ORTEILS
MOTRICITÉ FINE (30 MESURES)	– ATTEINDRE UN OBJET – SAISIR ET RELÂCHER UN CUBE – GRIBOUILLER – COPIER – DESSINER UN BONHOMME
LANGAGE (21 MESURES)	– VOCALISER – RIRE – LOCALISER DES SONS – IMITER DES SONS – PARLER DANS UN LANGAGE RUDIMENTAIRE – CONNAÎTRE UNE COMBINAISON DE MOTS – RÉAGIR À DES ORDRES – RECONNAÎTRE DES COULEURS
SOCIALISATION	– SOURIRE – MANGER – BOIRE DANS UNE TASSE – IMITER DES ACTIONS MÉNAGÈRES – S'HABILLER – LAVER ET ESSUYER SES MAINS – JEUX INTERACTIFS – QUITTER FACILEMENT LA MÈRE

3.1.4. L'évaluation perceptivomotrice de Purdue

Cette épreuve permet de passer en revue différents aspects du développement perceptivomoteur et d'en avoir une appréciation globale (Roach et Kephart, 1966; tableau 13.4). Mise au point pour des enfants de 6 à 10 ans, elle peut aussi être utilisée auprès de sujets plus jeunes ou plus âgés pour détecter d'éventuels problèmes de développement. Le fait qu'elle ait été standardisée à partir d'un groupe très petit (200 enfants) a remis sa validité en cause, ainsi d'ailleurs que le regroupement de ses exercices.

TABLEAU 13.4
ÉPREUVE DE DÉVELOPPEMENT PERCEPTIVOMOTEUR DE PURDUE

(D'après Roach et Kephart, 1966)

ITEM ÉVALUÉ	EXEMPLES
POSTURE ET ÉQUILIBRE	– MARCHER VERS L'AVANT, L'ARRIÈRE, SUR LE CÔTÉ, SUR UNE POUTRE D'ÉQUILIBRE; – SAUTER, SAUTILLER
SCHÉMA CORPOREL	– IDENTIFIER LES PARTIES DU CORPS – IMITER DES MOUVEMENTS – COURIR ENTRE DES OBSTACLES – PRENDRE DIFFÉRENTES POSTURES, ALLONGÉ SUR LE DOS
ÉCRITURE	– FAIRE UN CERCLE, UN DOUBLE CERCLE, UNE LIGNE VERTICALE SUR UN TABLEAU – RÉALISER HUIT ÉPREUVES RYTHMIQUES ÉCRITES (BOUCLES, LETTRES ATTACHÉES, SINUSOÏDES, ETC.)
CONTRÔLE OCULAIRE	– POURSUITE OCULAIRE DES DEUX YEUX, DE L'ŒIL DROIT, DE L'ŒIL GAUCHE, CONVERGENCE
REPRODUCTION ÉCRITE DES FORMES	– DESSINER DES FORMES GÉOMÉTRIQUES: CERCLE, CROIX, CARRÉ, TRIANGLE, LOSANGE HORIZONTAL OU VERTICAL, RECTANGLE DIVISÉ (DIAGONALES ET MÉDIATRICES)

3.1.5. Le test d'efficience motrice de Bruininks-Ozeretzki (BOT-2)

Composé à partir des travaux d'Ozeretzki (1936) et de Doll (1946) et présenté dans une nouvelle édition, ce test mesure l'habileté motrice d'enfants âgés de quatre ans et demi à quatorze ans (Bruininks et Bruininks, 2005). Les premières épreuves évaluaient la coordination statique et dynamique générale, la coordination dynamique des mains, la vitesse motrice, les mouvements volontaires simultanés et les syncinésies. Il comprend maintenant huit thèmes et 53 épreuves (tableau 13.5), tous liés à la motricité, globale

TABLEAU 13.5
A. TEST DE BRUININKS-OZERETZKI

(Bruininks et Bruininks, 2005)

TEST	ITEMS
1. MOTRICITÉ FINE (PRÉCISION)	– COLORIER UN CERCLE ET UNE ÉTOILE – TRACER UNE LIGNE ENTRE DEUX LIGNES FAISANT DES ANGLES OU DEUX LIGNES COURBES* – RELIER DES POINTS SANS LEVER LE CRAYON – PLIER UNE FEUILLE DE PAPIER* – DÉCOUPER UN CERCLE
2. COORDINATION VISUO-MANUELLE	– RECOPIER DES FORMES (CERCLE, CARRÉ*, CERCLES SE SUPERPOSANT, TRIANGLE, LOSANGE, LIGNE ONDULÉE, ÉTOILE*, CRAYONS SUPERPOSÉS)
3. DEXTÉRITÉ MANUELLE	– FAIRE DES POINTS DANS DES CERCLES – TRANSFÉRER DES PIÈCES DANS UNE BOÎTE, EN LES PRENANT D'UNE MAIN ET EN LES DÉPOSANT DE L'AUTRE* – PLACER DES CHEVILLES DE BOIS DANS DES TROUS – TRIER DES CARTES – ENFILER DES CUBES PERCÉS
4. COORDINATION BILATÉRALE	– TOUCHER LE NEZ ALTERNATIVEMENT AVEC CHAQUE INDEX – SAUTER EN ÉCARTANT LES JAMBES ET EN FRAPPANT DES MAINS EN HAUT PUIS RETOUR FIXE – PIVOTER POUCE-INDEX DES DEUX MAINS – SAUTER SUR PLACE EN COORDONNANT BRAS ET JAMBES* (À L'AMBLE OU EN OPPOSITION) – TAPPING PIED ET INDEX SYNCHRONISÉS* (DEUX ITEMS)
5. ÉQUILIBRE STATIQUE ET DYNAMIQUE	– ÉQUILIBRE STATIQUE SUR UNE JAMBE SUR LE SOL OU SUR UNE POUTRE* (QUATRE ITEMS) OU SUR LES DEUX JAMBES (TROIS ITEMS) YEUX OUVERTS – ÉQUILIBRE DYNAMIQUE (MARCHE SUR UNE LIGNE*) (DEUX ITEMS)
6. COURSE : VITESSE/AGILITÉ	– COURSE NAVETTE – SAUTER UN PIED À LA FOIS PAR-DESSUS LA POUTRE D'ÉQUILIBRE – SAUTILLER SUR PLACE SUR UNE JAMBE* OU PAR-DESSUS UNE LIGNE (ALLERS-RETOURS) – PIEDS JOINTS, SAUTER PAR-DESSUS UNE LIGNE D'UN CÔTÉ À L'AUTRE
7. COORDINATION DES MEMBRES SUPÉRIEURS	– LAISSER TOMBER UNE BALLE PUIS L'ATTRAPER DES DEUX MAINS* PUIS D'UNE MAIN (LA PRÉFÉRÉE) – ATTRAPER D'UNE MAIN UNE BALLE LANCÉE, DES DEUX MAINS PUIS D'UNE MAIN – DRIBBLER UNE BALLE D'UNE MAIN PUIS ALTERNATIVEMENT AVEC CHAQUE MAIN* – LANCER UNE BALLE SUR UNE CIBLE
8. FORCE (BRAS, JAMBES, ABDOMEN)	– SAUT EN LONGUEUR SANS ÉLAN – POMPES* (À GENOUX : FILLES DE TOUT ÂGE ET GARÇONS DE MOINS DE HUIT ANS ; COMPLÈTES : GARÇONS DE PLUS DE HUIT ANS) – ABDOMINAUX* (COUCHÉ-ASSIS) – CONSERVER 60 S LA POSITION ASSISE CONTRE LE MUR, GENOUX ET BASSIN PLIÉS À 90° – SUR LE VENTRE, SE COURBER VERS LE HAUT POUR DÉCOLLER PIEDS ET MAINS (TENIR 60 S)

* FORME COURTE DU TEST

B. Test de Lincoln-Ozeretzki

(Rogé, 1984)

Facteurs	Exemples
1. Motricité fine vitesse-précision	Enrouler un fil à l'arrêt puis en marchant; pointillage; lancer une balle; découper un cercle avec des ciseaux; tracer un trait dans un labyrinthe; sauter en frappant dans les mains; tenir un bâton en équilibre sur la main.
2. Motricité globale et équilibre (membres inférieurs)	Marcher à reculons; équilibre sur un pied, yeux fermés; s'accroupir sur la pointe des pieds; sauter par-dessus une corde; sauter en l'air en touchant les talons avec les mains; tracer des lignes.
3. Dissociation segmentaire (coordination)	Ouvrir et fermer les mains; faire des cercles avec les mains; frapper rythmiquement avec les pieds et les doigts.
4. Dextérité manuelle	Attraper une balle; transformer d'une main une feuille de papier en boulette; mettre des pièces et des allumettes dans une boîte.
5. Équilibre	Rester debout, yeux fermés, un pied en avant de l'autre; rester en équilibre sur la pointe des pieds les yeux ouverts puis fermés; sur un pied, les yeux fermés.
6. Dissociation manuelle	Toucher le bout des doigts avec le pouce; fermer puis ouvrir les mains, alternativement.

ou fine, l'une pouvant être évaluée indépendamment de l'autre. Standardisé à partir d'un échantillon de 765 enfants, il affiche un coefficient de fidélité de $r = 0{,}86$, aussi fournit-il un bon indice de l'efficience motrice. Il ne requiert qu'un équipement facilement disponible et existe en version abrégée (15 épreuves) pour évaluer beaucoup de sujets en peu de temps (45 à 60 minutes par sujet pour la version intégrale et 15 à 20 minutes pour la version courte). La notation des résultats et la mise au point d'un score global d'efficience motrice posent toutefois certaines difficultés. En effet, dans un premier temps, le score que l'on peut obtenir à une épreuve peut exprimer une durée, le nombre d'actions accomplies pendant un temps déterminé, le nombre d'erreurs réalisées, le succès ou l'échec à une épreuve de niveau. Combiner ensuite les scores bruts en scores globaux d'efficience motrice fine, globale ou totale nécessite trois transformations successives (scores bruts transformés d'abord en points, puis en scores standard qu'il faut enfin additionner) et diverses pondérations plus ou moins arbitraires (entre les items et entre les tests) pour obtenir des points à additionner. Ce processus, long et quelque peu arbitraire, discrédite en partie l'ensemble de l'épreuve, même si chaque sous-test fournit une évaluation utile de l'habileté motrice.

3.1.6. L'échelle de développement de Lincoln-Ozeretzki (Rogé, 1984)

Il s'agit d'une autre version modifiée et adaptée des épreuves originales d'Ozeretzki. Six dimensions de l'habileté motrice y sont évaluées (tableau 13.5B).

3.1.7. Le test de motricité globale d'Ulrich (Ulrich, 2000)

Cette épreuve d'évaluation de l'évolution de la motricité globale et du contrôle d'objets permet de dépister les enfants âgés de 3 à 10 ans qui sont en retard par rapport à leurs camarades, de préparer un programme de motricité globale puis d'en évaluer les effets (Ulrich, 2000). Pour la locomotion, on utilise des épreuves de course, de galop, de saut à cloche-pied, de saut par-dessus un objet, de saut en longueur pieds joints, de pas chassés latéraux. Pour le contrôle des objets, on demande au sujet de frapper une balle avec un bâton tenu à deux mains (baseball), de dribbler à l'arrêt, d'attraper une balle à deux mains, de donner un coup de pied à un ballon, de lancer une balle d'une main par-dessus l'épaule, de faire rouler une balle sur le sol (tableau 13.6). On n'évalue pas la qualité du geste, mais plutôt la façon dont l'enfant effectue l'activité. Le matériel utilisé est très simple et disponible dans toutes les écoles.

Tableau 13.6
Test de motricité globale
(Ulrich, 2000)

Test	Items	Description
1. Locomotion	– Course	– Faire un aller-retour de 50 pieds
	– Galop	– Galoper sur une distance de 25 pieds
	– Saut à cloche-pied	– Sauter 3 fois de suite vers l'avant sur un pied
	– Sauter par-dessus	– Courir et sauter par-dessus un sac de graines posé sur le sol
	– Saut en longueur pieds joints	– Sauter le plus loin possible
	– Pas chassés latéraux	– Faire des pas chassés d'un côté puis de l'autre sur 25 pieds
2. Contrôle d'objets	– Frapper une balle immobile	– Avec un bâton tenu à 2 mains, frapper une balle placée sur un poteau, à la hauteur du bassin
	– Dribbler sur place	– Dribbler sur place d'une main 4 fois
	– Attraper une à deux mains	– Attraper une balle lancée par en dessous d'une distance de 15 pieds
	– Donner un coup de pied à un ballon	– Frapper un ballon avec le pied après une course d'élan de 20 pieds
	– Lancer une balle d'une main	– Lancer une balle sur le mur à 20 pieds par en haut (par-dessus l'épaule)
	– Lancer une balle d'une main par en bas	– Lancer fort une balle en la faisant rouler sur le sol vers une cible à 20 pieds

3.1.8. L'inventaire du développement de l'enfant entre 0 et 7 ans (Brigance, 1998)

Cet inventaire permet de faire une évaluation exhaustive des habiletés acquises par l'enfant dans 11 domaines (tableau 13.7). Les évolutions des enfants sont regroupées soit par thème, soit par tranche d'âges d'une année. Composé à partir de différents travaux et publications portant sur le développement moteur, cognitif et socioaffectif de l'enfant, cet inventaire donne des possibilités fonctionnelles de l'enfant d'âge préscolaire. L'évaluation débute par des activités antérieures de six mois à l'âge chronologique de l'enfant.

TABLEAU 13.7
INVENTAIRE DU DÉVELOPPEMENT DE L'ENFANT
(Brigance, 1997)

THÈMES	ASPECTS ÉVALUÉS
HABILETÉS MOTRICES ET COMPORTEMENT (0 À 1 AN)	COMPORTEMENT DE L'ENFANT SUR LE DOS, SUR LE VENTRE, ASSIS, DEBOUT.
MOTRICITÉ GLOBALE	ÉQUILIBRE, MARCHE, COURSE, SAUTS, LANCERS, ATTRAPER, COUP DE PIED.
MOTRICITÉ FINE	COORDINATION VISUOMANUELLE, CONSTRUCTION DE TOURS AVEC DES CUBES, DESSIN (PERSONNAGE, FORMES GÉOMÉTRIQUES), DÉCOUPAGE AVEC DES CISEAUX, PRÉÉCRITURE.
AUTONOMIE	ALIMENTATION, HABILLAGE – DÉSHABILLAGE, TOILETTES, SOINS PERSONNELS
LANGAGE	VOCABULAIRE, DÉVELOPPEMENT DU LANGAGE, PHRASES, VOCABULAIRE, MÉMOIRE DE MOTS, NOMBRES, ETC.
CONNAISSANCES GÉNÉRALES ET MAÎTRISE DES CONCEPTS	PARTIES DU CORPS, COULEURS, FORMES, CONCEPTS DE QUANTITÉ, DE QUALITÉ ET D'ESPACE, CLASSIFICATIONS.
DÉVELOPPEMENT SOCIOAFFECTIF	RELATION AVEC LES AUTRES, JEUX, CONFIANCE EN SOI, AUTONOMIE DE TRAVAIL.
PRÉLECTURE	DISCRIMINATION VISUELLE ET AUDITIVE, CONNAISSANCE DE L'ALPHABET.
LECTURE	NOMS DE COULEURS ET DE CHIFFRES, IDENTIFICATION VISUELLE ET AUDITIVE DE CONSONNES INITIALES, DES VOYELLES.
ÉCRITURE	MINUSCULES ET MAJUSCULES PAR COPIE OU SOUS DICTÉE, NOM ET PRÉNOM, PHRASES SIMPLES.
CALCUL	CONCEPT DU NOMBRE, RÉCITE PAR CŒUR ET DÉNOMBRE JUSQU'À 100, COMPREND LES NOMBRES JUSQU'À 10, ÉCRIT DANS L'ORDRE LES NOMBRES, COMPREND LES ORDINAUX, ADDITIONNE ET SOUSTRAIT, LIT L'HEURE, ORDONNE DES ÉVÉNEMENTS DE SA JOURNÉE, IDENTIFIE LA VALEUR DES PIÈCES DE MONNAIE.

3.1.9. *La batterie d'évaluation de la motricité de l'enfant (Movement Assessment Battery for Children ou M-ABC) (Henderson et Sugden, 2004)*

Cette batterie inclut deux composantes. Une liste d'activités permet une évaluation qualitative des comportements de l'enfant; elle comprend cinq sections de 12 items chacune (quatre relatives à l'enfant immobile ou en mouvement dans un environnement lui aussi stable ou changeant et une sur son attitude quant à ses difficultés motrices) pour juger du succès de l'enfant dans la réalisation des activités retenues (de très bien à impossible). Dans la deuxième partie de cette batterie de tests, différentes épreuves permettent une évaluation quantitative et qualitative de la dextérité manuelle, de l'habileté à manipuler une balle et de l'équilibre statique et dynamique. Les actions (regroupées en huit items) varient légèrement d'un groupe d'âge à l'autre (4-6 ans; 7-8 ans; 9-10 ans; 11 ans et plus). On trouve, par exemple, dans la première liste d'activités qualitatives:

- enfant immobile et environnement stable: mettre les habits, écrire et dessiner;
- enfant immobile et environnement changeant: attraper un ballon;
- enfant en mouvement et environnement stable: transporter un objet, lancer un ballon sur une cible en marchant;
- enfant en mouvement et environnement changeant: pousser un chariot, entrer dans une corde à sauter en train de tourner.

Dans la deuxième liste se retrouvent les actions énumérées au tableau 13.8. Les scores sont le temps mis pour accomplir la tâche, le nombre d'erreurs pour les tracés, le nombre d'attrapers ou de lancers corrects, etc.

3.1.10. *Le profil psychomoteur*

Le profil psychomoteur peut être utilisé auprès d'enfants de 2 à 11 ans. Bon nombre des épreuves qui le composent sont basées sur l'observation par l'expérimentateur du comportement du sujet. La représentation graphique des résultats permet une lecture immédiate des faiblesses éventuelles du sujet. Sont sujettes à évaluation: la coordination des mains, la coordination dynamique générale, l'équilibration, la rapidité, l'organisation de l'espace, la structuration spatiotemporelle, la latéralité, les syncinésies et les paratonies, la tenue respiratoire et l'adaptation au rythme (Picq et Vayer, 1984).

Tableau 13.8

Batterie d'évaluation du mouvement chez l'enfant

(Henderson et Sugden, 2004)

Tranche d'âge	Épreuves
4-5-6 ans	– Mettre des jetons dans une tirelire (DM) – Enfiler des cubes (DM) – Tracer une ligne pour suivre un trajet (DM) – Attraper un sac lesté (MB) – Faire rouler une balle dans un but (MB) – Èquilibre sur un pied (ÉS) – Sauter au-dessus d'une corde (ÉD) – Marcher sur la pointe des pieds (ÉD)
7-8 ans	– Placer les chevilles (DM) – Enfiler le lacet (DM) – Tracé de la fleur (DM) – Rebond et saisie d'une main (MB) – Jeter le sac lesté dans la boîte (MB) – Équilibre de la cigogne (ÉS) – Sauter à pieds joints dans les carrés (ÉD) – Marcher talon-pointe (ÉD)
9-10 ans	– Changer les chevilles de rangée (DM) – Visser les écrous sur les boulons (DM) – Tracé de la fleur (DM) – Attraper à deux mains (MB) – Jeter le sac lesté dans la boîte (MB) – Équilibre sur une planche (ÉS) – Sauter sur un pied dans les carrés (ÉD) – Balle en équilibre (ÉD)
11-12 ans	– Retourner les chevilles (DM) – Découper l'éléphant (DM) – Tracé de la fleur (DM) – Attraper d'une main (MB) – Lancer la balle sur la cible (MB) – Équilibre sur les planches (ÉS) – Sauter et taper des mains (ÉD) – Marcher à reculons (ÉD)

DM : dextérité manuelle ; MB : maîtrise de la balle ; ÉS : équilibre statique ; ÉD : équilibre dynamique.

3.1.11. *L'évaluation des compétences motrices*

Bissonnette (1996) propose l'évaluation des habiletés motrices des élèves du primaire en éducation physique à partir d'épreuves le plus souvent quantitatives. Ces épreuves sont regroupées en fonction des thèmes du programme d'éducation physique du primaire et par tranche d'âges.

3.1.12. *L'évaluation qualitative des habiletés motrices*

Il s'agit ici d'évaluer le degré de maîtrise des principaux éléments du développement moteur de l'enfant, principalement d'âge préscolaire (tableau 13.9).

3.2. L'efficience motrice

Les objectifs d'une étude particulière dépassent bien souvent la seule détermination de la «normalité» du développement de l'enfant. On voudra alors évaluer l'habileté réelle des sujets pour pouvoir les comparer entre eux ou établir des relations avec une autre variable. La dextérité manuelle ne peut s'apprécier que par l'utilisation d'une batterie de tests incluant obligatoirement des épreuves de rapidité et de précision. Le domaine de l'apprentissage moteur ne manque pas de telles épreuves, que l'on peut trouver regroupées dans certains ouvrages spécialisés ou combiner soi-même en fonction d'objectifs précis.

On peut ainsi combiner quatre épreuves d'habileté motrice simples et facilement utilisables comprenant un test de rapidité (le pointillage) et trois de précision (le découpage, la construction de tours et la manipulation de billes) (Stambak, 1979). À partir des résultats à ces épreuves, il est possible de calculer une cote globale d'habileté manuelle pour les enfants de 5 à 14 ans. La note est complétée par la détermination d'un style moteur (ou aptitude à poursuivre une même tâche pendant une durée assez longue) qui révèle les caractéristiques des enfants (impulsif, fatigable, scrupuleux, etc.).

D'autres épreuves (Fraisse, 1963) pointent certaines composantes de la psychomotricité : le «tempo» spontané, la vitesse de frappe, la précision du tracé, la précision de la visée et l'amplitude des mouvements involontaires, l'habileté motrice et l'efficience manuelle (la force, l'endurance et le test de barrage).

Fleishman (1964) a regroupé, selon les facteurs qu'ils mesuraient, des tests qui avaient été administrés à un grand nombre de sujets puis analysés à partir de statistiques particulières (analyse factorielle). L'auteur critique les résultats et apporte des limites à l'utilisation inconditionnelle de certaines épreuves. En plus de tests classiques d'efficience physique, il fournit une liste d'épreuves mesurant la motricité fine (la dextérité manuelle et digitale, la fermeté de la main et du bras, la rapidité des mouvements du poignet, la visée, etc.) et le temps de réaction.

Tableau 13.9
Évaluation qualitative des habiletés motrices
A. Critères-description des caractéristiques

Activité	Non acquis	En voie d'acquisition	Acquis
Marche	Pas de pas (!)	Pieds à plat au sol.	Marche adulte.
Course	Pas de phase d'envol.	Extension faible de la jambe arrière dans la poussée.	Bras-jambes en opposition ; envol net.
Saut à pieds joints	Pas de décollage ou de déplacement.	Poussées inégales des jambes ; pieds décalés.	Poussée franche des jambes ; arrivée en équilibre.
Saut à cloche-pied	Ne fait pas 1 seul saut.	Déséquilibre marqué entre les sauts avec pose fréquente au sol du pied libre.	Nette flexion-extension de la jambe d'appui avec participation des bras à l'impulsion.
Saut en hauteur en extension	Ne décolle pas les pieds du sol ou plie les jambes et se baisse.	Les pieds quittent le sol, jambes fléchies.	Extension nette des jambes et saut de plusieurs cm.
Saut à 2 pieds avant rotation	Saut sans rotation.	Saute et tourne un peu mais arrive en déséquilibre.	Saute, tourne au moins de 90° et arrive équilibré.
Saut à la corde	Ne fait pas tourner la corde.	Fait 1 saut.	Saute plusieurs fois.
Lancer à 2 mains	Laisse tomber le ballon devant lui.	Pas de participation des jambes.	Place les pieds l'un devant l'autre ; extension des bras vers le haut et l'avant.
Lancer à 1 main	Laisse tomber la balle devant lui.	Rotation du tronc vers le côté, avancer de la jambe ipsilatérale.	Prise d'élan vers l'arrière, avancer de la jambe controlatérale.
Équilibre statique sur 1 pied	Ne se met pas sur un pied.	Reste moins de 5 sec. sur un pied.	Reste près de 10 sec. sur un pied.
Équilibre dynamique	Ne marche pas sur une ligne tracée sur le sol.	Dévie plusieurs fois de la ligne tracée sur le sol.	Reste sur la ligne tracée sur le sol sur une distance de 3 m.

TABLEAU 13.9 (*SUITE*)

ACTIVITÉ	NON ACQUIS	EN VOIE D'ACQUISITION	ACQUIS
ROULADE AVANT	NE ROULE PAS DU TOUT OU LE FAIT SUR LE CÔTÉ.	ROULE ET ARRIVE ALLONGÉ SUR LE DOS OU ASSIS.	ROULE ET SE REDRESSE SANS L'AIDE DES MAINS.
MONTER ESCALIER PIEDS ALTERNÉS	POSE LE PIED ARRIÈRE À CÔTÉ DU PIED AVANT À CHAQUE MARCHE.	MONTE 2 MARCHES PIEDS ALTERNÉS PUIS S'ARRÊTE.	MONTE TOUTES LES MARCHES EN ALTERNANT G-D-G-D-G…
DESCENDRE ESCALIER PIEDS ALTERNÉS	POSE LE PIED ARRIÈRE À CÔTÉ DU PIED AVANT À CHAQUE MARCHE.	DESCEND 2 MARCHES PIEDS ALTERNÉS PUIS S'ARRÊTE.	DESCEND TOUTES LES MARCHES EN ALTERNANT G-D-G-D-G…
DRIBBLER	PAS UN SEUL REBOND.	PEU DE REBONDS ET DE PLUS EN PLUS PETITS.	TRONC PEU INCLINÉ, POUSSÉE SUR LE BALLON, PEUT SE DÉPLACER.
ATTRAPER BALLON À 2 MAINS	BALLON PASSE ENTRE LES BRAS.	BRAS TENDUS VERS L'AVANT PUIS COINCENT LE BALLON CONTRE LA POITRINE.	AJUSTEMENT À LA TRAJECTOIRE DU BALLON ; BRAS FLÉCHIS.
ATTRAPER BALLE AVEC 1 MAIN	TOUCHE LA BALLE MAIS NE LA GARDE PAS.	TOUCHE LA BALLE PUIS LA COINCE CONTRE LE CORPS.	FLÉCHIT LES DOIGTS AUTOUR DE LA BALLE.
DÉCOUPAGE	FEUILLE PASSE ENTRE LES LAMES DES CISEAUX.	CHANGEMENTS DE DIRECTION DIFFICILES.	RESTE PROCHE DES CONTOURS À SUIVRE.
TRAÇAGE ÉCRITURE	GRIBOUILLIS	GUIDAGE DU CRAYON POUR TRACER DES TRAITS.	COPIES DE FORMES OU DE LETTRES PROCHES DES MODÈLES ; PRÉNOM ÉCRIT.
POINTILLAGE	PEU DE POINTS DANS LES CERCLES.	TRAITS SUR LES CERCLES.	POINT AU CENTRE DU CERCLE ; VITESSE RAPIDE.
MODELAGE	N'ÉCRASE PAS LA PLASTICINE.	DÉBITE LA BOULE DE PLASTICINE ET ÉCRASE LES MORCEAUX.	ROULE DES CYLINDRES ET CONSTRUIT DES FORMES OU MODÈLES.
OPPOSITION POUCE-DOIGTS	PAS D'ANTÉPULSION DU POUCE.	MET LE POUCE EN AVANT DES DOIGTS SANS LES TOUCHER.	TOUCHE LE POUCE AVEC CHAQUE DOIGT RAPIDEMENT.
RYTHME	AUCUNE REPRODUCTION DE STRUCTURES RYTHMIQUES.	REPRODUCTION DE STRUCTURES SIMPLES.	SUIT LES STRUCTURES DONNÉES PAR LE TAMBOURIN.

B. FICHE D'ÉVALUATION DES HABILETÉS MOTRICES DES ENFANTS DU PRÉSCOLAIRE

GRILLE D'ÉVALUATION

1. ACQUIS
2. EN VOIE D'ACQUISITION
3. NON ACQUIS

	NOMS ET PRÉNOMS																	
MOTRICITÉ FINE	RYTHME																	
	OPPOSITION POUCE-DOIGT																	
	MODELAGE																	
	POINTILLAGE																	
	TRAÇAGE																	
	DÉCOUPAGE																	
	ATTRAP. BAL. 1 MAIN																	
	ATTRAP. BAL. 2 MAINS																	
	DRIBBLER																	
MOTRICITÉ GLOBALE	DESCENDRE ESCAL. ALT.																	
	MONTER ESCAL. ALT.																	
	ROULADE AVANT																	
	ÉQUIL. DYNAMIQUE																	
	ÉQUIL. STAT. 1 PIED																	
	LANCER À 1 MAIN																	
	LANCER À 2 MAINS																	
	SAUT À LA CORDE																	
	SAUT À 2 PIEDS AVEC ROT.																	
	SAUT EN EXT. EN HAUT.																	
	SAUT À CLOCHE-PIED																	
	SAUT À PIEDS-JOINTS																	
	COURSE																	
	MARCHE																	

Il existe également des tests susceptibles d'évaluer l'un ou l'autre des aspects de l'habileté manuelle. Le test de dextérité de Crawford (Crawford et Crawford, 1957) évalue la performance de la coordination fine œil-main et de la dextérité digitale chez des adolescents ou des adultes. Il se compose d'une épreuve où le sujet utilise une pince pour insérer des tiges de métal dans des trous rapprochés et d'une autre où il engage de petites vis dans des trous filetés pour les visser ensuite avec un tournevis.

Le test du Minnesota (1969) évalue la dextérité manuelle et comporte cinq épreuves qui reposent sur l'utilisation du même matériel : deux planches avec des trous dans lesquels il faut placer des blocs cylindriques. Deux des épreuves les plus utilisées consistent à placer des blocs (prendre un bloc dans un trou et le mettre dans un autre trou) ou à les tourner (prendre un bloc dans un trou, le tourner et le remettre dans le même trou). Dans les autres épreuves, il faut déplacer les blocs, tourner et placer des blocs d'une main ou des deux mains. On mesure le temps mis pour effectuer l'épreuve. Les coefficients de fidélité (*r*) varient de 0,87 à 0,94.

L'efficience manuelle peut être évaluée à partir d'un nombre restreint d'épreuves (Barnsley et Rabinovitch, 1970 ; Rigal, 1992). Celles-ci portent sur la stabilité de la main, la coordination visuomanuelle (le pointillage), la rapidité du mouvement du doigt (le *tapping*), la dextérité digitale (la manipulation) et la force (tableau 13.10).

TABLEAU 13.10
ÉPREUVES D'EFFICIENCE MANUELLE
(Rigal, 1976)

HABILETÉ	DESCRIPTION DE L'ÉPREUVE
STABILITÉ DE LA MAIN (r = 0,80)*	LE SUJET EST ASSIS, L'AVANT-BRAS SUR LA TABLE. IL DOIT PLACER UN STYLET DANS UN TROU DE 2,5 MM DE DIAMÈTRE D'UN TRÉMOMÈTRE À TROU ET MAINTENIR LE STYLET PENDANT 10 SECONDES EN ESSAYANT DE NE PAS TOUCHER LES BORDS DU TROU.
COORDINATION VISUOMANUELLE (r = 0,93)*	LE SUJET EST ASSIS. IL DOIT FAIRE UN POINT DANS CHACUN DES 40 CERCLES DE 3 MM DE DIAMÈTRE RÉGULIÈREMENT ESPACÉS DE 9 MM.
RAPIDITÉ DU MOUVEMENT DU DOIGT (r = 0,84)*	LE SUJET EST ASSIS, L'AVANT-BRAS ET LA MAIN SUR LA TABLE. IL DOIT FRAPPER AUSSI SOUVENT QUE POSSIBLE AVEC L'INDEX LA TOUCHE D'UNE CLEF TÉLÉGRAPHIQUE PENDANT 15 SECONDES.
DEXTÉRITÉ DIGITALE (r = 0,95)*	LE SUJET EST DEBOUT. IL DOIT PRENDRE UN BLOC CYLINDRIQUE PLACÉ DANS UN TROU, LE RETOURNER ET LE REMETTRE DANS LE MÊME TROU EN N'UTILISANT QU'UNE SEULE MAIN, ET AINSI TOURNER 30 BLOCS.
FORCE (r = 0,95)*	LE SUJET EST DEBOUT, LE BRAS TENDU LE LONG DE LA CUISSE. IL DOIT SERRER LE PLUS FORT POSSIBLE UN DYNAMOMÈTRE À MAIN.

* COEFFICIENT DE FIDÉLITÉ DE L'ÉPREUVE

3.3. Les autres domaines évalués en éducation motrice

La plupart des tests ou batteries que nous décrivons ci-après ont été retenus en fonction de leur facilité d'utilisation et de leur relation avec les apprentissages scolaires. Ils fournissent suffisamment d'informations pour permettre de déceler la présence éventuelle de retards de développement et d'établir un plan de rééducation réalisable en classe afin d'éviter une aggravation des troubles.

3.3.1. L'orientation droite-gauche

La batterie Piaget-Head (Galifret-Granjon, 1979) forme une épreuve simple d'évaluation de l'orientation droite-gauche (tableau 13.11) qui s'adresse à des enfants de 6 à 12 ou 14 ans. Elle inclut six tests. Deux touchent la reconnaissance de ces notions sur soi (ex. : « Montre-moi ta main gauche. »), sur autrui face à face (ex. : « Montre-moi ma main droite. »), un la position relative de trois objets placés côte à côte (ex. : « La clef est à gauche ou à droite du crayon ? »). Trois visent la production de gestes : l'imitation de mouvements de l'observateur face à face, l'exécution de mouvements sur consigne verbale et l'imitation de mouvements présentés par des figures schématiques. De telles épreuves donnent une bonne idée de la maîtrise de l'orientation droite-gauche ; elles peuvent être complétées par celles de Benton et Spreen (1969) et celles figurant au chapitre 9.

3.3.2. La dominance latérale

Il s'agit de tests permettant de déterminer, pour chaque partie symétrique du corps, celle qui domine ou que le sujet utilise de préférence.

Certains tests de latéralité (Harris, 1958) comprennent des épreuves pour évaluer les dominances latérales oculaire, manuelle et pédestre. D'utilisation facile, ils ont une validité apparente ainsi qu'une fidélité satisfaisantes et s'adressent à des enfants âgés de sept ans et plus.

En ce qui concerne la préférence manuelle, il existe un grand nombre d'épreuves qui comportent des actions plus ou moins sujettes à des influences sociales ou résultant le moins possible d'un apprentissage (voir le chapitre 3). On peut ainsi classer les sujets en droitiers, gauchers ou ambimanes selon les résultats obtenus qui, si on les compare avec ceux des tests de nature oculaire et pédestre, donneraient aussi des indications sur l'existence d'une latéralité homogène ou croisée. Pour l'œil, on a trois épreuves monoculaires (viser au fusil, regarder à travers un kaléidoscope et regarder par un télescope) et deux binoculaires (suivant l'épreuve choisie, saisir à bout de bras un cône ou un carton percé d'un trou, regarder à travers le trou des deux yeux et rapprocher le cône ou le carton des yeux ; noter alors en face de quel œil se trouve l'orifice). Pour le pied, deux tests ont été retenus : donner un coup de pied à un ballon et taper du pied par terre. Des épreuves semblables se retrouvent dans d'autres ouvrages (Zazzo, 1979).

Tableau 13.11
Batterie Piaget-Head

(Galifret-Granjon, 1979)

1. Reconnaissance sur soi

— Dis-moi quelle est ta main droite?
— Ta main gauche?

2. Reconnaissance sur autrui

— Ma main droite à moi, c'est laquelle?
— Et ma main gauche?

3. Reconnaissance de la position relative de trois objets

Disposer sur une table et devant l'enfant trois objets (ex.: une montre, un crayon, une clef), à 15 cm les uns des autres; l'enfant a les bras croisés sur la table.

— La montre est-elle à droite ou à gauche du crayon?
— La montre est-elle à droite ou à gauche de la clef?
— Le crayon est-il à droite ou à gauche de la montre?
— Le crayon est-il à droite ou à gauche de la clef?
— La clef est-elle à droite ou à gauche de la montre?
— La clef est-elle à droite ou à gauche du crayon?

4. Imitation ou production de gestes

A) Imiter l'expérimentateur
B) Exécuter la consigne
C) Faire comme sur le dessin

Main gauche, œil droit
Main droite, oreille droite
Main droite, œil gauche
Main gauche, oreille gauche
Main droite, œil droit
Main gauche, oreille droite
Main droite, oreille gauche
Main gauche, œil gauche
Main droite, oreille droite
Main droite, œil gauche
Main gauche, œil droit
Main gauche, oreille gauche
Main droite, œil droit
Main gauche, oreille droite
Main droite, oreille gauche

3.3.3. Le schéma corporel

La difficulté à définir le schéma corporel en rend la mesure complexe, et chaque test proposé n'en évalue qu'une partie.

3.3.3.1. Le dessin du bonhomme

Dans cette épreuve, on demande à l'enfant de représenter graphiquement son propre corps (Goodenough, 1957). L'évaluation du dessin tient compte du nombre d'éléments présents et de leur degré de respect des proportions normales (tableau 13.12). Toutefois, le décalage existant entre les possibilités graphiques enfantines et la connaissance des parties du corps dès un jeune âge empêche de porter une conclusion certaine sur la validité de ce test : l'enfant connaît plus de parties qu'il n'en représente ou en inclut certaines qui sont logiquement invisibles.

3.3.3.2. Le test d'imitation de gestes

Il s'agit là d'un test qui mesure la capacité de l'enfant de trois à six ans à reproduire avec ses mains, ses doigts ou ses bras des gestes exécutés face à lui par l'expérimentateur (Bergès et Lézine, 1978). Ces gestes, simples ou complexes, font intervenir des facteurs de deux ordres, perceptif et praxique : les premiers conduisent à une prise de conscience du geste à accomplir et les seconds, à la possibilité de le concrétiser. Les auteurs comparent les résultats ainsi obtenus à ceux des tests d'orientation droite-gauche, de connaissance des parties du corps et de représentation du corps sur le plan graphique (le dessin du bonhomme).

3.3.3.3. Le test du schéma corporel

L'enfant doit reconstruire un corps humain à partir de pièces détachées qui représentent chacune une partie du corps (Daurat-Hmeljak, Berges et Stambak, 1966).

3.3.3.4. Les autres épreuves

La connaissance des parties du corps peut être analysée à l'aide de questionnaires où l'on demande à l'enfant de montrer ou de nommer des parties déterminées de son corps (Bergès et Lézine, 1978 ; Rigal, 1976) (tableau 11.1). Il est aussi possible d'évaluer un autre aspect du schéma corporel, l'estimation de la taille des parties du corps (Dillon, 1962), en comparant les dimensions réelles aux dimensions perçues par le sujet. On obtient alors un bon indice de l'exactitude de la perception qu'il a de son corps.

Pareilles épreuves mesurent essentiellement la connaissance topographique et statique que l'enfant a de son schéma corporel. Lorsqu'on veut évaluer sa perception du corps en action, il faut avoir recours à des épreuves dynamiques d'habileté motrice.

Tableau 13.12
Test du bonhomme

(Goodenough, 1957, p. 18, 19.)

Items évalués	
1.	Présence de la tête
2.	Jambes présentes
3.	Bras présents
4a.	Tronc présent
4b.	Tronc plus long que large
4c.	Épaules indiquées
5a.	Bras et jambes tous rattachés au tronc
5b.	Jambes attachées au tronc, bras attachés au tronc au bon endroit
6a.	Cou présent
7a.	Yeux présents
7b.	Nez présent
7c.	Bouche présente
7e.	Narines indiquées
8a.	Présence des cheveux
8b.	Cheveux dépassant la circonférence de la tête et sans transparence
9.	Représentation meilleure qu'un gribouillage
10a.	Doigts indiqués
10b.	Nombre exact de doigts
10c.	Dimensions des doigts (plus longs que larges), angle ne dépassant pas 180 degrés
10d.	Opposition du pouce
10e.	Mains représentées de façon distincte des doigts ou des bras
11a.	Articulations des bras, le coude ou l'épaule, ou les deux
11b.	Articulations des jambes, genoux, hanches ou les deux
12a.	Proportion de la tête
12b.	Proportion des bras
12c.	Proportion des jambes
12d.	Proportion des pieds
12e.	Bras et jambes représentés en deux dimensions
14a.	Coordination motrice générale
15a.	Oreilles présentes
15b.	Oreilles présentes avec position et proportion correctes
16a.	Détails des yeux; Sourcils
17a.	Front et menton indiqués tous deux

3.3.4. *La perception*

3.3.4.1. Le test du développement de la perception visuelle

La discrimination des formes est un élément indispensable à la distinction des lettres dans la lecture. L'ensemble des épreuves dont il s'agit ici déterminent le niveau que l'enfant de trois à neuf ans a atteint dans ses capacités de reconnaissance des formes et indiquent s'il est prêt ou non pour l'apprentissage de la lecture (Frostig *et al.*, 1964). Le test évalue: la coordination visuomanuelle (tracer une ligne entre deux autres lignes ou relier des points), la perception figure/fond (reconnaître des formes mélangées à d'autres), la conservation de la forme (reconnaître une même forme de taille différente), la perception de la position spatiale (reconnaître, dans une séquence de formes différentes, celle qui est présentée sur un modèle) et la perception des relations spatiales (relier des points comme sur un modèle). Il s'accompagne de tables de conversion qui permettent de transformer les scores bruts en un quotient de perception (ou âge perceptif: rendement de l'enfant moyen d'un groupe d'âge donné). D'utilisation très facile, il fournit une première indication sur les difficultés possibles lors de l'apprentissage de la lecture.

3.3.4.2. L'épreuve graphique d'organisation perceptive

Mise au point par Santucci-Pêcheux (1979), cette épreuve constitue une adaptation du test de Bender (1938, 1946). Elle consiste à rechercher, chez les enfants présentant des difficultés scolaires, un déficit possible de l'organisation graphoperceptive (perceptivo-motrice), au moyen de la copie de cinq figures géométriques. L'interprétation des résultats est relativement longue et demande une certaine habitude de la part de l'expérimentateur. Il faut en effet objectiver l'analyse de chaque figure, c'est-à-dire évaluer le respect de la forme, le nombre des éléments qu'elle contient, les rapports de contiguïté-séparation, l'orientation générale et l'orientation particulière, la précision des alignements et l'exactitude des dimensions.

3.3.4.3. Le test de rétention visuelle

Il s'agit ici d'une épreuve qui a été préparée pour l'examen de la perception visuelle, de la mémoire visuelle et des aptitudes visuomotrices d'enfants de 8 à 14 ans (Benton, 1953). Le sujet regarde pendant 5 ou 10 secondes une forme modèle qu'il doit ensuite reproduire par écrit ou copier.

3.3.4.4. La perception tactile et la kinesthésie

Préparée pour des enfants de quatre à huit ans, cette batterie de tests non verbaux évalue les dysfonctions de la somesthésie, de la kinesthésie et de la perception tactile en particulier (Ayres, 1966). Pour la kinesthésie, le sujet, les yeux fermés, essaie de remettre son doigt sur la table à l'endroit où l'expérimentateur le lui avait placé auparavant. Dans les épreuves de perception tactile, il identifie les doigts, redessine sur le dos de la main une forme tracée d'abord par l'expérimentateur (graphesthésie), repère sur la peau l'endroit touché et reconnaît les formes des objets par manipulation (stéréognosie).

3.3.4.5. L'intégration sensorielle

Aux épreuves précédentes, Ayres (1972) a ajouté : la visualisation spatiale (mettre un bloc dans la forme appropriée), la perception figure–fond (percevoir une figure dans un fond embrouillé), la position dans l'espace (reconnaître la même forme vue de différents endroits), la copie de dessins en reliant des points, la précision motrice (repasser sur des formes avec un crayon), l'équilibre les yeux ouverts puis fermés, la discrimination droite/gauche, la coordination motrice bilatérale et l'imitation de postures (reproduire une position prise par l'expérimentateur).

L'auteure a tenté de cerner les éléments qui sous-tendent les changements lors du développement moteur normal et ceux responsables de difficultés perceptivo-motrices ou de troubles associés.

3.3.4.6. L'intégration visuomotrice

L'intégration visuomotrice désigne l'aptitude d'une personne à agir (mouvement) en réponse à ce qu'elle voit, aptitude essentielle dans toutes les activités sportives ainsi que dans la majorité des activités de la vie quotidienne.

Le test d'intégration visuomotrice de Beery et Beery (2004) évalue la perception visuelle (reconnaissance d'une figure parmi trois autres), la coordination motrice (relier deux points sans dépasser des lignes) et l'intégration visuomotrice (recopier des formes géométriques modèles) d'enfants de 2 à 8 ans ou de 2 à 18 ans selon que l'on utilise la forme courte ou longue. Ce test évalue donc essentiellement la coordination visuomanuelle.

Un autre test, fort semblable au précédent, le test visuomoteur de Bender (Brannigan et Decker, 2003) évalue également les trois mêmes aptitudes : la perception visuelle, la coordination motrice et l'intégration visuomotrice par des épreuves papier-crayon très proches des précédentes et issues du test original de Bender. Elles s'adressent soit à des enfants de 4 à 7 ans 11 mois, soit aux personnes de 8 à 85 ans !

3.3.5. Le rythme

Certaines épreuves évaluent l'un des aspects de la structuration temporelle et s'adressent à des enfants pouvant présenter des difficultés de lecture (dyslexiques) (Stambak, 1979). Selon l'auteure, il existerait une relation entre les résultats obtenus à ces tests de rythme et les difficultés éprouvées par des sujets dyslexiques. Cette batterie d'étude du rythme comprend : le tempo spontané (temps mis pour frapper naturellement 21 coups), la reproduction de structures rythmiques frappées par l'expérimentateur et la compréhension du symbolisme des structures rythmiques, puis leur reproduction (présenter un carton où sont inscrites des séries de points : l'enfant doit les « frapper » en respectant les intervalles longs et courts).

D'autres épreuves incluent la comparaison de structures rythmiques, de durées ou de hauteurs de son ainsi que la conservation d'un tempo (Seashore, Lewis et Saetveit, 1960).

3.4. L'évaluation de la valeur physique

Dans les composantes biomotrices, il peut être nécessaire d'évaluer la capacité d'une personne à effectuer une activité physique nécessitant un effort musculaire. En plus de la coordination neuromusculaire, on peut aussi mesurer la force, l'endurance et la puissance musculaires, la souplesse, l'équilibre, les fonctions organiques (cardiorespiratoires), la coordination dynamique générale et visuomanuelle, toutes des habiletés fondamentales et des composantes de la performance motrice.

Parmi les indices d'un bon rendement physiologique figure la consommation maximale d'oxygène, laquelle indique à son tour la puissance aérobie maximale. L'effort maximal qu'un sujet peut fournir est limité par son métabolisme aérobique, qu'il est possible de prédire en tenant compte de ses résultats à différentes épreuves. C'est surtout la course qui est utilisée ici, pour des raisons évidentes : la facilité d'emploi et de contrôle, et la meilleure fiabilité des résultats. La durée de la course, le poids du sujet et son âge se traduisent par des équations d'où l'on peut inférer son VO2 max. (Massicotte, Markon et Gauthier, 1985), ou son maintien d'une vitesse de course optimale (Léger *et al.*, 1984).

Le nombre d'épreuves permettant de mesurer la valeur physique ne se compte plus. Retenons cependant la batterie de tests de « Jeunesse en forme Canada » (1984), sa version modifiée (Massicotte, 1990), ainsi que la batterie d'EUROFIT (1993).

La batterie «Jeunesse en forme Canada» se décompose en six parties (tableau 13.13). Étalonnée auprès de plusieurs milliers d'enfants, elle est facile d'utilisation avec ceux de 6 à 17 ans, les normes y ayant été établies de façon distincte pour les garçons et pour les filles (tableau 13.14). Elle se compare à l'épreuve de Moper (Kemper, 1985) et à celle de l'AAHPER (1976). D'autres normes sont disponibles pour des tranches d'âge plus étendues (tableau 13.15).

La batterie EUROFIT (1993), de son côté, se centre sur les dimensions organique et motrice de la condition physique. Pour évaluer la dimension organique, deux tests d'endurance cardiorespiratoire sont proposés: une course navette (à rythme imposé accéléré) et une épreuve sur bicycle ergométrique (pédaler pendant neuf minutes avec trois charges distinctes). La dimension «aptitude motrice» inclut la force, l'endurance musculaire, la vitesse, la souplesse et l'équilibre (tableau 13.16). Pour compléter le bilan, la taille, le poids et les plis cutanés (le triceps, le biceps, le sous-scapulaire et le supra-iliaque antérieur) sont également mesurés.

Pour évaluer la force, on mesure la force isométrique (main, bras, jambes), à l'aide de dynamomètres ou d'appareils équivalents, et la force isotonique au moyen, par exemple, de poids et haltères, de sauts sans élan et de sprints (Fleishman, 1964; Matthews, 1978; Bosco et Gustafson, 1983). Pour la puissance musculaire (la quantité de travail par unité de temps), on se sert de sauts verticaux: sans course d'élan, on touche la plus haute marque possible sur un mur. Le test de la souplesse rend compte de l'ouverture maximale d'une articulation ou du degré d'inclinaison ou de torsion de la colonne vertébrale (les pieds à plat au sol, les jambes tendues, toucher le sol avec les mains). Celui de l'équilibre se divise en deux parties également: l'équilibre statique s'évalue sur une jambe, les yeux ouverts ou fermés; l'équilibre dynamique requiert des déplacements sur une poutre d'équilibre ou une succession de sauts d'une jambe sur l'autre en décrivant une figure donnée (Bosco et Gustafson, 1983; Simons *et al.*, 1983). Pour la coordination ou l'agilité (l'aptitude à changer rapidement de direction), les circuits de course avec obstacles (style slalom) conviennent très bien.

Tableau 13.13
La valeur physique

(Jeunesse en forme Canada, 1984)

Épreuve	Aptitude	Description
Endurance musculaire	Extension des bras (en appui facial)	Le sujet, à plat ventre, mains sous les épaules, jambes parallèles et tendues, pousse avec les bras jusqu'à leur extension en gardant les jambes et le dos droits. Il plie les bras jusqu'à un angle de 90° au coude. Il répète l'exercice aussi longtemps que possible, au rythme de 30 par minute*.
Agilité générale Coordination neuromusculaire	Course navette	Près d'une ligne, disposer un bloc et en placer deux autres sur une autre ligne, à 10 m de la première. Le sujet part, couché sur le ventre, près du premier bloc, court vers la ligne opposée où il ramasse un bloc, revient au départ où il dépose le bloc et prend l'autre, et recommence l'aller-retour en échangeant les blocs.
Endurance musculaire	Redressements partiels assis	Le sujet, couché sur le dos, genoux pliés à 90°, redresse la tête en courbant le dos et en faisant glisser les mains sur le sol jusqu'à ce que les doigts atteignent une marque placée sur le sol, à 8 cm pour les enfants de 6 à 9 ans et 12 cm pour ceux de 10 à 17 ans. Il redescend et continue aussi longtemps que possible au rythme d'un mouvement complet par 3 secondes*.
Puissance musculaire	Saut en longueur sans élan	Le sujet, debout devant un tapis, plie les hanches, les genoux et les chevilles et pousse avec les jambes vers l'avant en balançant aussi les bras.
Vitesse d'exécution Coordination	Course de 50 m	Le sujet doit parcourir aussi vite que possible une distance de 50 m.
Endurance organique	Course d'endurance	Le sujet doit faire, selon son âge, de 4 à 12 fois le tour d'un carré de 50 m de côté (6-9 ans : 4 tours ; 10-12 ans : 8 tours ; 13-17 ans : 12 tours. ou Le sujet exécute une course navette de 20 m : il doit faire le plus grand nombre d'aller-retour sur une distance de 20 m à une vitesse imposée, croissant toutes les minutes **.

* Modifié ou **rajouté, Massicotte, 1990.

TABLEAU 13.14
NORMES DE LA FORME PHYSIQUE

(Jeunesse en forme Canada, 1984; Massicotte, 1990.)

A. EXTENSION DES BRAS (EN APPUI FACIAL) (NOMBRE TOTAL)

NORMES SELON L'ÂGE	FILLES 6	7	8	9	10	11	12	13	14	15	16	17
EXCELLENCE	9	14	17	18	20	19	20	21	20	20	24	25
OR	7	12	14	17	19	17	17	17	15	20	20	20
ARGENT	6	8	9	12	13	11	10	11	10	15	12	16
BRONZE	2	3	6	5	7	4	2	4	3	7	4	7

NORMES SELON L'ÂGE	FILLES 6	7	8	9	10	11	12	13	14	15	16	17
EXCELLENCE	9	14	17	18	22	27	31	39	40	42	44	53
OR	7	12	14	17	20	24	28	35	32	37	40	46
ARGENT	6	8	9	12	14	15	18	24	24	30	30	37
BRONZE	2	3	6	5	8	5	9	11	13	20	22	23

B. COURSE NAVETTE (AU DIXIÈME DE SECONDE PRÈS)

NORMES SELON L'ÂGE	FILLES 6	7	8	9	10	11	12	13	14	15	16	17
EXCELLENCE	14,8	14,1	13,5	13,0	12,9	12,4	12,2	11,9	11,6	11,8	11,7	11,6
OR	15,1	14,4	13,8	13,3	13,2	12,7	12,5	12,3	12,0	12,2	12,0	11,9
ARGENT	15,8	15,3	14,6	14,0	13,9	13,5	13,1	13,0	12,7	12,9	12,6	12,6
BRONZE	17,2	16,7	15,8	15,2	15,2	14,6	14,3	14,1	14,0	14,0	13,8	13,7

NORMES SELON L'ÂGE	FILLES 6	7	8	9	10	11	12	13	14	15	16	17
EXCELLENCE	14,8	14,1	13,5	13,0	12,5	12,1	11,7	11,4	10,9	10,8	10,5	10,4
OR	15,1	14,5	13,8	13,3	12,8	12,4	12,0	11,6	11,2	11,0	10,7	10,6
ARGENT	15,8	15,3	14,6	14,0	13,3	12,9	12,5	12,1	11,7	11,4	11,1	11,1
BRONZE	17,2	16,7	15,8	15,2	14,6	14,1	13,7	13,5	12,7	12,4	12,1	11,9

C. REDRESSEMENTS PARTIELS ASSIS (NOMBRE TOTAL)

NORMES SELON L'ÂGE	FILLES 6	7	8	9	10	11	12	13	14	15	16	17
EXCELLENCE	22	24	30	37	33	43	50	59	48	38	49	58
OR	18	21	26	30	28	39	43	50	41	35	35	49
ARGENT	10	13	17	20	24	27	30	40	30	26	26	40
BRONZE	6	8	10	11	17	18	19	22	20	15	16	26

NORMES SELON L'ÂGE	FILLES 6	7	8	9	10	11	12	13	14	15	16	17
EXCELLENCE	22	24	30	37	35	43	64	59	62	75	73	66
OR	18	21	26	30	30	37	54	51	54	67	50	58
ARGENT	10	13	17	20	24	26	32	39	40	45	37	42
BRONZE	6	8	10	11	12	17	22	28	24	26	24	25

D. SAUT EN LONGUEUR SANS ÉLAN (EN CENTIMÈTRES)

NORMES SELON L'ÂGE	FILLES 6	7	8	9	10	11	12	13	14	15	16	17
EXCELLENCE	126	134	144	149	157	170	179	184	189	188	196	198
OR	121	128	138	144	152	163	171	176	181	181	187	190
ARGENT	108	118	128	135	140	149	156	163	167	168	173	174
BRONZE	95	100	110	117	123	130	133	141	145	144	147	152

NORMES SELON L'ÂGE	FILLES 6	7	8	9	10	11	12	13	14	15	16	17
EXCELLENCE	126	134	144	149	165	174	183	200	213	223	232	238
OR	121	128	138	144	159	168	176	193	206	215	224	231
ARGENT	108	118	128	135	147	156	164	177	190	202	211	220
BRONZE	95	100	110	117	128	135	143	151	166	171	191	195

E. Course de 50 m (au dixième de seconde près)

NORMES SELON	FILLES											
L'ÂGE	6	7	8	9	10	11	12	13	14	15	16	17
EXCELLENCE	10,7	10,0	9,5	9,1	9,0	8,6	8,4	8,0	7,9	8,0	7,9	7,9
OR	11,0	13,3	9,7	9,4	9,3	8,9	8,6	8,2	8,1	8,2	8,1	8,1
ARGENT	11,7	11,0	10,2	9,9	9,8	9,5	9,2	8,7	8,6	8,7	8,5	8,5
BRONZE	12,9	12,2	11,4	10,8	10,9	10,4	10,2	9,5	9,4	8,4	9,3	9,2

NORMES SELON	FILLES											
L'ÂGE	6	7	8	9	10	11	12	13	14	15	16	17
EXCELLENCE	10,7	10,0	9,5	9,1	8,7	9,4	8,1	7,7	7,4	7,2	7,0	6,9
OR	11,0	10,3	9,7	9,4	8,9	8,6	8,4	7,9	7,6	7,4	7,1	7,0
ARGENT	11,7	11,0	10,2	9,9	9,4	9,1	8,8	8,4	8,0	7,7	7,4	7,3
BRONZE	12,9	12,2	11,4	10,8	10,3	10,0	9,8	9,2	8,8	8,4	8,0	8,0

F. Course d'endurance (en minutes et en secondes)

NORMES SELON	FILLES											
L'ÂGE	6	7	8	9	10	11	12	13	14	15	16	17
EXCELLENCE	4:55	4:37	4:16	4:06	9:15	8:49	8:51					
OR	5:11	4:48	4:28	4:17	9:42	9:17	9:19					
ARGENT	5:44	5:19	4:52	4:43	10:49	10:21						
BRONZE	6:50	6:26	6:01	5:41	12:52	12:46						

NORMES SELON	FILLES											
L'ÂGE	6	7	8	9	10	11	12	13	14	15	16	17
EXCELLENCE	4:55	4:37	4:16	4:06	7:59	9:40						
OR	5:11	4:48	4:28	4:17	8:17	8:01						
ARGENT	5:44	5:19	4:52	4:43	9:06	8:55						
BRONZE	6:50	6:26	6:01	5:41	11:17							

G. Course navette 20 m (nombre de paliers complétés)

NORMES SELON	FILLES											
L'ÂGE	6	7	8	9	10	11	12	13	14	15	16	17
EXCELLENCE	4	4,5	5	5,5	6	6	6,5	7	7	7,5	8	8
OR	3,5	4	4,5	5	5,5	5,5	6	6,5	6,5	7	7	7,5
ARGENT	2,5	3	3,5	4	4	4,5	4,5	5	5,5	5,5	6	6
BRONZE	1	1,5	2	2	2,5	2,5	3	3	3,5	3,5	4	4

NORMES SELON	FILLES											
L'ÂGE	6	7	8	9	10	11	12	13	14	15	16	17
EXCELLENCE	4	5	5,5	6,5	7,5	8	8,5	9,5	10	10,5	11	11,5
OR	3,5	4,5	5,5	6	6,5	7,5	8,0	8,5	9	9,5	10	10,5
ARGENT	2,5	3	3,5	4,5	5	6	6,5	7	7,5	8	8,5	8,5
BRONZE	1	1,5	2	2,5	3	3,5	4	4,5	5	5,5	5,5	6

TABLEAU 13.15

NORMES DE LA CONDITION PHYSIQUE DES CANADIENS

(Enquête Condition physique Canada, 1984)
Soixante-dix pour cent des Canadiens se retrouveraient dans ces zones de condition physique.

A. COMPOSITION CORPORELLE (CORPULENCE) : DE CINQ PLIS CUTANÉS* (MM)

PERCENTILE \ ÂGE / SEXE	7-9		10-12		13-14		16-19		20-29		30-39		40-49		50-59		60-69	
	M	F	M	F	M	F	M	F	M	F	M	F	M	F	M	F	M	F
85	48	64	60	75	59	83	60	89	74	86	82	99	79	113	77	112	76	112
50	31	40	37	47	37	57	38	61	46	60	55	69	58	77	58	84	58	82
15	25	30	27	33	28	40	29	45	30	43	35	48	40	51	40	60	41	61

B. CONDITION CARDIOVASCULAIRE : CONSOMMATION MAXIMALE D'OXYGÈNE PRÉDIT ($ML \cdot KG^{-1} \cdot MIN^{-1}$)

PERCENTILE \ ÂGE / SEXE	7-9		10-12		13-14		16-19		20-29		30-39		40-49		50-59		60-69	
	M	F	M	F	M	F	M	F	M	F	M	F	M	F	M	F	M	F
85	–	–	–	–	–	–	60	43	57	40	48	37	42	35	38	30	30	25
50	–	–	–	–	–	–	56	38	43	35	43	32	38	28	34	26	28	22
15	–	–	–	–	–	–	42	34	39	31	36	28	31	22	26	20	25	19

C. FLEXIBILITÉ : FLEXION DU TRONC (CM), 25 CM ÉQUIVALENT À TOUCHER LES ORTEILS

PERCENTILE \ ÂGE / SEXE	7-9		10-12		13-14		16-19		20-29		30-39		40-49		50-59		60-69	
	M	F	M	F	M	F	M	F	M	F	M	F	M	F	M	F	M	F
85	34	38	34	39	36	42	40	43	40	41	38	41	35	38	35	39	33	35
50	28	32	27	32	28	34	31	35	31	34	29	33	25	31	25	30	22	28
15	21	25	19	24	19	26	20	26	21	25	20	23	14	22	14	22	13	20

D. ENDURANCE MUSCULAIRE (TRONC) : REDRESSEMENTS (NOMBRE EN 60 SECONDES)

PERCENTILE \ ÂGE / SEXE	7-9		10-12		13-14		16-19		20-29		30-39		40-49		50-59		60-69	
	M	F	M	F	M	F	M	F	M	F	M	F	M	F	M	F	M	F
85	38	37	46	43	48	43	48	43	43	36	36	29	31	25	26	17	23	16
50	28	27	36	34	40	35	39	34	34	27	28	21	23	16	20	7	13	5
15	19	17	27	25	31	25	31	24	26	17	20	11	14	3	10	–	–	–

E. ENDURANCE MUSCULAIRE (BRAS ET ÉPAULES) : EXTENSION DES BRAS (NOMBRE COMPLÉTÉ)

PERCENTILE \ ÂGE / SEXE	7-9		10-12		13-14		16-19		20-29		30-39		40-49		50-59		60-69	
	M	F	M	F	M	F	M	F	M	F	M	F	M	F	M	F	M	F
85	19	26	23	33	31	32	40	33	36	30	30	27	22	24	21	21	18	17
50	10	14	12	19	20	21	26	20	24	16	19	14	13	12	10	9	9	6
15	3	5	4	9	8	9	16	10	14	7	10	6	7	3	5	1	3	–

F. FORCE MUSCULAIRE : FORCE DE PRÉHENSION DES MAINS DROITE PLUS GAUCHE (KG)

PERCENTILE \ ÂGE / SEXE	7-9		10-12		13-14		16-19		20-29		30-39		40-49		50-59		60-69	
	M	F	M	F	M	F	M	F	M	F	M	F	M	F	M	F	M	F
85	38	34	54	48	94	68	115	71	124	71	123	73	119	73	110	65	102	60
50	30	27	44	39	72	57	99	61	107	62	107	62	104	61	97	56	88	52
15	24	21	35	31	54	47	82	52	91	52	91	53	89	51	83	48	73	45

* Plis cutanés : biceps, triceps, sous-scapulaire, supra-iliaque, mi-mollet.
– Estimations fiables non disponibles.

TABLEAU 13.16
LA BATTERIE EUROFIT

A. ENDURANCE CARDIORESPIRATOIRE

TEST	DESCRIPTION	RÉSULTATS
COURSE NAVETTE	PARCOURIR UNE DISTANCE DE 20 M EN SUIVANT UN RYTHME IMPOSÉ ET ACCÉLÉRÉ, PASSANT D'UNE VITESSE DE 8 KM/H À 18 KM/H EN 21 ÉTAPES.	PALIER AUQUEL LE SUJET ABANDONNE.
BICYCLE ERGOMÉTRIQUE	PÉDALER SANS INTERRUPTION PENDANT NEUF MINUTES, LA CHARGE AUGMENTANT AUX 3E ET 6E MINUTES; RELEVER LE RYTHME CARDIAQUE PENDANT LES 15 DERNIÈRES SECONDES DE CHAQUE PALIER (TEMPS POUR 15 PULSATIONS).	CALCUL DE LA CHARGE DE TRAVAIL PAR KG DE POIDS CORPOREL POUR 170 BATTEMENTS/MIN.

B. TESTS MOTEURS

TEST	DESCRIPTION	RÉSULTATS
ÉQUILIBRE	RESTER EN ÉQUILIBRE SUR UN PIED SUR UNE POUTRE DE 3 CM DE LARGE EN TENANT L'AUTRE JAMBE DANS LA MAIN.	NOMBRE D'ESSAIS POUR RESTER EN ÉQUILIBRE UNE MINUTE.
VITESSE DES MEMBRES	FRAPPER LE PLUS RAPIDEMENT POSSIBLE EN ALTERNANCE DEUX PLAQUES AVEC LA MAIN PRÉFÉRÉE EN PASSANT PAR-DESSUS L'AUTRE MAIN REPOSANT SUR LA TABLE.	DURÉE NÉCESSAIRE POUR FAIRE 25 CYCLES.
SOUPLESSE	EN POSITION ASSISE, FLEXION EN AVANT LE PLUS LOIN POSSIBLE, LE 0 ÉTANT SITUÉ ENTRE LES GENOUX ET LA PLANTE DES PIEDS, À 15 CM DE LA PLANTE DES PIEDS.	POSITION LA PLUS LOINTAINE ATTEINTE ET MAINTENUE DEUX SECONDES.
FORCE EXPLOSIVE	SAUT EN LONGUEUR SANS ÉLAN À PARTIR D'UNE POSITION DEBOUT.	LONGUEUR DU SAUT EN CM.
FORCE STATIQUE	SERRER LE PLUS FORT POSSIBLE UN DYNAMOMÈTRE À MAIN.	FORCE DE SERRAGE.
FORCE DU TRONC	REDRESSEMENTS ASSIS EN 30 SECONDES; PARTIR DE LA POSITION ASSISE, S'ALLONGER SUR LE DOS, SE RASSEOIR.	NOMBRE DE REDRESSEMENTS EN TRENTE SECONDES.
FORCE FONCTIONNELLE	ENDURANCE MUSCULAIRE DES BRAS; MAINTENIR LE PLUS LONGTEMPS POSSIBLE LE MENTON AU-DESSUS D'UNE BARRE EN GARDANT LES BRAS FLÉCHIS (SUSPENSION BRAS FLÉCHIS).	DURÉE DU MAINTIEN EN DIXIÈMES DE SECONDE.
VITESSE-COORDINATION	COURSE NAVETTE DE 10 × 5 M À VITESSE MAXIMALE.	TEMPS MIS POUR LES CINQ ALLER-RETOUR.

4. RÉSUMÉ

L'action éducative nécessite l'évaluation du comportement de l'enfant. Pour la réussir, on dispose d'une multitude d'épreuves appréciant un aspect particulier ou situant un sujet donné dans son évolution. L'analyse des résultats permet la détection de difficultés probables et la mise en place de programmes de rééducation adaptés à chaque élève. Pour être acceptables, ces différentes épreuves doivent posséder des qualités de validité, de fidélité, de sensibilité et d'objectivité.

Les tests touchent aussi bien aux aspects moteurs qu'aux aspects physiologiques de la personne. Dans le premier cas, on apprécie le développement perceptivomoteur et dans le deuxième, les aptitudes physiques.

5. RÉFÉRENCES

Institut canadien de la recherche sur la condition physique : <http ://www.cflri.ca/fra/index.php>.

6. QUESTIONS

J'évalue mes connaissances en répondant aux questions suivantes :

6.1. À quelles questions les résultats des évaluations des comportements moteurs doivent-elles permettre de répondre ?

6.2. Quels sont les différents moyens d'évaluation dont nous disposons ? Quelles sont les spécificités de chacun d'entre eux ? Quel est l'intérêt de disposer de normes ?

6.3. De quelles épreuves disposons-nous pour évaluer quantitativement et qualitativement les comportements moteurs ?

6.4. Comment évaluer la condition physique des enfants ?

LEXIQUE[1]

A

A

Préfixe indiquant la perte d'une fonction ou d'une compétence, préalablement maîtrisée, après une atteinte cérébrale (apraxie, agnosie).

ABDUCTION
Mouvement d'éloignement d'un membre de l'axe du corps (écarter les jambes, les bras).

ACCOMMODATION
physiologie: aptitude de l'œil à modifier le degré de courbure du cristallin en fonction de la distance de l'objet pour en assurer une vision nette.
psychologie: modification des activités mentales pour s'adapter ou s'ajuster à une nouvelle situation.

1. Les mots suivis d'un astérisque sont aussi définis dans ce lexique.

ACTION MOTRICE
Comportement moteur réalisé en situation d'apprentissage et générant des informations (perceptions) lors de la manipulation d'objets pour les utiliser dans l'acquisition de connaissances et de concepts.

ACTION
Concrétisation, manifestation objective d'une intention ; utilisation d'énergie en vue d'une fin.

ACTION CORPORELLE
Série d'opérations ou d'actions enchaînées sollicitant la participation totale de la personne (facettes physique, cognitive et affective) dans une tâche donnée, pour atteindre un but.

ACTIVITÉ GRAPHIQUE
Activité motrice liée au tracé de lignes, de formes ou des lettres en écriture.

ADDUCTION
Mouvement de rapprochement d'un membre de l'axe du corps (serrer les jambes, les bras).

Agnosie
Absence de reconnaissance d'une perception résultant d'un déficit psychosensoriel : la personne atteinte ne reconnaît pas les objets ou les personnes bien que ses récepteurs sensoriels soient fonctionnels (agnosie tactile, digitale, verbale).

Agonistes
Muscle(s) dont la contraction est à l'origine d'un mouvement ou s'oppose à une force extérieure ou qui travaille(nt) ensemble pour produire le même résultat.

Agraphie
Incapacité d'écrire provoquée par la lésion des centres nerveux de contrôle du geste graphique.

Ajustement postural
Adaptation de la position du corps aux contraintes spatiales de la tâche (ex. : passer dans un gros tube de carton ; traverser un pont de corde).

Ambidextre
Qualité d'une personne aussi habile d'une main que de l'autre et n'ayant pas de préférence manuelle systématique.

Ambimane
Personne utilisant tantôt l'une tantôt l'autre main dans des activités unimanuelles de la vie courante.

Antagoniste
Muscle dont la contraction s'oppose à un mouvement produit par un muscle agoniste.

Aphasie
Trouble de la compréhension ou de la production du langage écrit ou verbal par lésion des centres nerveux correspondants.

Apraxie
Incapacité, en l'absence de paralysie et sans atteinte des fonctions motrices ou sensorielles, à effectuer un geste volontaire préalablement bien maîtrisé et associée à une lésion corticale.

Apprentissage
Processus qui sous-tend des modifications de comportements, à la suite de l'expérience ou du contact avec l'environnement. Nécessite l'acquisition et le traitement de l'information. L'évolution (la maturation) de structures neuroanatomiques permet l'apparition de certaines séquences motrices fonctionnelles (acquisition de la marche, du langage) ; dans d'autres cas, il faut un modelage, forme d'imitation du comportement d'une autre personne (activités sportives).

Apprentissage (difficulté ou trouble d')
Caractéristique d'un élève dont les progrès dans les apprentissages scolaires ne correspondent pas à ceux des élèves de son âge chronologique, mais qui ne présente pas de déficience physique, sensorielle ou intellectuelle notable :
- légère : un an de retard dans les apprentissages scolaires ;
- grave : deux ans de retard.

Apprentissage moteur
Processus d'adaptation cognitivomoteur relié à la pratique et à l'expérience, favorisé par des conditions qui mènent à des changements permanents de la performance et de l'habileté motrice).

Assimilation
Processus par lequel un organisme transforme une substance extérieure en sa propre substance ; intégration de données nouvelles à des données anciennes et connues.

Astéréognosie
Impossibilité de reconnaître les objets à partir du toucher seul (les yeux fermés).

Ataxie
Incoordination motrice sans atteinte musculaire affectant la direction, l'amplitude et la vitesse des mouvements volontaires ou réflexes intervenant en particulier dans le maintien de la station debout et de la posture, rendant difficile le contrôle de l'équilibre.

Atrophie
Diminution acquise du volume d'un muscle ou d'un organe.

Attention
Porte d'entrée des perceptions, filtre des messages sensoriels et mécanisme de contrôle du traitement de l'information (direction, sélection, inhibition). Comprend une dimension d'alerte (l'éveil), une dimension d'intensité (vigilance, attention soutenue) et une dimension de sélectivité (attention sélective, attention divisée, attention alternée).

Audimutité
Trouble du langage associé au dysfonctionnement congénital de l'audition.

Autisme
Incapacité de socialisation s'accompagnant de troubles cognitifs et de la communication verbale ou motrice.

Axial
Proche de l'axe du corps.

B

Balistique (mouvement)
Mouvement très rapide programmé et se déroulant sans l'aide des réafférences ou de feed-back.

Ballant
Degré de mobilité d'une articulation, d'un membre.

Binoculaire
Relatif à une perception, à une activité, sollicitant la participation conjointe des deux yeux.

Biorythme
Événement périodique dû à l'influence de facteurs externes (rythme diurne, saisonnier, lunaire) ou internes (rythme cardiaque, respiratoire).

C

Cadence
Répétition régulière de sons ou de mouvements à intervalles temporels égaux.

Catatonie
Syndrome psychomoteur lié à la motricité volontaire se traduisant par le maintien d'attitudes figées dans différentes positions couchées ou debout.

Calligraphie
Formation graphique des lettres et des caractères de l'écriture de façon appliquée.

Céphalocaudal
Se dit d'un axe ou d'une direction allant de la tête vers le bassin. Selon la loi céphalocaudale, l'évolution du tonus musculaire et le contrôle de la motricité se feraient le long de l'axe du corps, de la tête vers le bassin.

Cinématique
Étude des caractéristiques spatiales (direction, amplitude) et temporelles (durée, vitesse, accélération) d'un mouvement.

Cinétique
Étude des forces produisant un mouvement.

Compétence
Aptitude innée ou acquise à maîtriser un comportement donné, à effectuer une action ou à réaliser une performance.

Comportement (trouble du)
Voir **Trouble du comportement**.

Composantes de la psychomotricité
Thèmes du développement de l'enfant regroupant les notions de schéma corporel et d'organisation perceptive, spatiale, temporelle et spatiotemporelle.

Concentration
Tâche de vigilance ayant une dimension temporelle requérant de maintenir durablement son attention dans la réalisation d'une tâche.

Concept de soi
Perception multidimensionnelle qu'une personne a d'elle-même, incluant aussi bien les aspects physiques que les dimensions cognitive ou socioaffective, et sur laquelle agit aussi le milieu en nous renvoyant notre image perçue par autrui.

Concept psychomoteur
Notion, élément, terme faisant partie du domaine de l'éducation psychomotrice (ex. : contraste : rapide/lent). Favorise l'intégration des connaissances en milieu scolaire.

Contraction isométrique
Contraction musculaire produisant une force égale à la résistance à vaincre et ne générant pas de mouvement.

Contraction isotonique
Contraction musculaire supérieure à la résistance à vaincre et produisant un mouvement.

Controlatéral
Situé du côté opposé ; l'hémisphère gauche contrôle par exemple la partie controlatérale du corps soit l'hémicorps droit.

contrôle moteur
Ensemble des processus neuromusculaires qui nous permettent d'ajuster nos mouvements au contexte en en contrôlant les différents paramètres (la force, la durée, la vitesse, la direction, l'amplitude, la trajectoire).

coordination bimanuelle
Utilisation conjointe des deux mains dans la plupart des activités de la vie quotidienne ; requiert la coordination (dactylographier, jouer du violon) et la coopération (peler un fruit, tenir la vis pour la visser) des deux mains pour accomplir efficacement une tâche.

Coordination dynamique générale (globale)
Contrôle des mouvements mobilisant l'ensemble du corps ; associée à la motricité globale* (marche, course, sauts, etc.).

Coordination motrice
Ajustement spatiotemporel des contractions musculaires pour produire une action adaptée au but poursuivi.

Coordination motrice (trouble de la)
Le trouble de l'acquisition de la coordination (TAC) se traduit par une performance motrice médiocre dans les activités de la vie quotidienne qui ne correspond ni à l'âge ni au niveau d'intelligence de l'enfant et qui n'est pas imputable à une maladie ou à un accident. Ce trouble interfère de façon importante avec les apprentissages scolaires.

Coordination oculomotrice
Contrôle des mouvements oculaires ou du déplacement des yeux. Possibilité de mobiliser les globes oculaires dans la bonne direction et avec la bonne amplitude, dans les mouvements de poursuite (suivre des yeux un objet se déplaçant) ou

les saccades oculaires (déplacement des yeux d'un mot ou d'une ligne à l'autre en lecture).

Coordination segmentaire
Ajustement des mouvements des différentes parties d'un membre pour effectuer un acte moteur (lancer une balle, écrire).

Coordination visuomanuelle
Contrôle visuellement guidé des activités manuelles et digitales ; associée à la motricité fine (le terme erroné de coordination oculomanuelle est souvent utilisé).

Coordination visuopédestre (-podale)
Contrôle visuellement guidé des activités des jambes ou des pieds.

Croissance
Modification morphologique des différentes parties ou de l'ensemble du corps, dont la taille et le poids.

D

Déficience
Insuffisance, malformation ou perte manifeste d'un organe ou d'une fonction (déficience-> incapacité*-> handicap*).

Déficience intellectuelle
Atteinte des fonctions cognitives :
– légère : QI entre 50 et 75 ; le concret demeure important, les composantes symboliques étant difficiles à utiliser ;
– moyenne : QI entre 20 et 50 ; retard net au plan cognitif, avec difficultés physiques, sensorielles ou motrices ; autonomie restreinte ; besoin d'un encadrement spécifique ;
– profonde : QI < 20 ; limitations cognitives majeures ; autonomie très faible ; encadrement constant nécessaire.

Déficience motrice
Perturbation du contrôle des mouvements réflexes ou volontaires (tonus* musculaire, maladresse) retardant le développement moteur, consécutive à une atteinte du système nerveux (ataxie*, paraplégie, épilepsie, déficience motrice cérébrale), de l'effecteur musculaire (dystrophie* musculaire) ou des articulations (malformations congénitales, arthrite, spina-bifida*). Cause de fatigabilité.

Déficience organique
Insuffisance fonctionnelle de systèmes organiques (asthme, fibrose* kystique, diabète, hémophilie).

Déficit de l'attention (ou trouble déficitaire de l'attention)
Déficits cognitifs chez les enfants qui présentent un trouble déficitaire de l'attention avec ou sans hyperactivité. Difficultés à sélectionner l'information, à centrer leur attention sur une tâche donnée ou à la maintenir. Difficultés (ex. : lenteur) dans les tâches de vigilance, d'attention sélective, d'attention soutenue et/ou d'attention partagée.

Développement
Ensemble des stades entre la naissance et l'âge adulte par lesquels passe un organisme et qui dénotent un progrès ou un changement dans un aspect du comportement.

Développement moteur
Modification naturelle ou spontanée des comportements moteurs par interaction entre la maturation des structures neuromusculaires et des stimulations de l'environnement et visible dans la posture, les déplacements ou les activités manipulatoires et motrices.

Développement psychomoteur
Modification ou évolution progressive des composantes de la psychomotricité*.

Détection
Possibilité d'indiquer si un stimulus est présent ; fait intervenir la notion de seuil absolu, intensité minimale que doit avoir

une stimulation pour être détecté (dépolarisation des cellules nerveuses réceptrices).

Dextérité manuelle (digitale)
Habileté ou adresse dans les activités de manipulation. Maîtrise de la préhension et de la coordination des doigts.

Difficulté d'adaptation
Voir **Trouble du comportement**.

Discrimination
Capacité de percevoir, à partir de critères, des différences entre des stimulations (formes, sons ou objets) présentées simultanément ou successivement (discriminations auditive, visuelle, tactile, proprioceptives).

Dissociation segmentaire
Autonomie de mouvement d'une partie du corps par rapport au corps incluant:
– *la dissociation simple*: mouvement isolé mobilisant un seul segment du corps (mouvement du bras en écriture, taper du pied, clin d'œil, par exemple);
– *la dissociation double*: exécution de mouvements différents avec deux membres distincts (les bras effectuent simultanément deux mouvements différents comme dans un service au tennis).

Distal
Partie d'un membre la plus éloignée de sa racine; extrémité d'un membre (main, pied).

Durée
Appréciation quantitative de l'écoulement du temps, du déroulement de l'action dans le temps. La durée fait partie de l'organisation temporelle*.

Dys
Préfixe indiquant une difficulté initiale dans le comportement ou les apprentissages (dyspraxie, dyslexie).

Dysfonctionnement cérébral minime (DCM)
Substitution à «lésion cérébrale minime». Qualifie des enfants dont l'intelligence est normale mais présentant des troubles d'apprentissage, de développement ou de comportement associés à des signes neurologiques mineurs (retards du langage oral et de sa compréhension, coordination motrice déficiente avec maladresse, dyslexie* développementale, hyperkinésie et déficits de l'attention*).

Dysgraphie
Difficulté dans le graphisme de l'écriture (exécution du geste graphique) chez l'enfant, sans déficit intellectuel, trouble neurologique ou d'apprentissage.

Dyslexie développementale
Difficulté ou retard survenant chez un enfant en cours d'apprentissage de la lecture malgré une intelligence et un enseignement adéquats; associée à des déficits cognitifs constitutionnels (maturation).

Dysmétrie
Difficulté de contrôle de l'amplitude d'un mouvement.

Dysphasie
Trouble de l'acquisition du langage résultant de lésions de centres nerveux; concerne aussi bien l'élocution (dysphasie motrice) que la compréhension (dysphasie sensorielle).

Dyspraxie
Forme mineure d'incoordination motrice apparaissant pendant le développement moteur de l'enfant résultant de déficits dans la planification et la programmation des paramètres du mouvement; trouble psychomoteur où priment la maladresse, une organisation spatiale déficiente, un mauvais schéma corporel*. Distinguer les dyspraxies constructives souvent associées à des causes visuospatiales (mani-

pulation et assemblage d'éléments comme le Lego ou Duplo, graphisme et dessin), des dyspraxies idéomotrices (difficulté à mimer ou à faire des gestes symboliques) et des dyspraxies idéatoires (difficulté à utiliser des objets : mettre une lettre dans une enveloppe, allumer une allumette, repas) ou de l'habillage.

Dystrophie
Dégénérescence d'un organe avec perte de la fonction qu'il assume. La dystrophie musculaire atteint la fibre musculaire, provoquant une diminution de la force et une grande fatigabilité.

E

Éducation motrice
Partie de l'éducation visant en particulier, par l'utilisation des actions motrices globales et manipulatoires :
– l'amélioration de la motricité globale (coordination, dissociation, équilibre, ajustements posturaux) et de la latéralité ;
– l'amélioration de la motricité fine (dextérité, coordination visuomanuelle et bimanuelle) et des activités graphiques et calligraphiques.

Éducation physique
Partie de l'éducation et domaine d'études visant en particulier, par la pratique d'activités physiques tout au long de la vie, l'amélioration, chez la personne :
– de ses fonctions biomotrices (qualités organiques cardiorespiratoires et musculaires) ;
– de sa santé et de son bien-être physique ;
– de sa coordination motrice globale et fine ;
– de son développement biopsychosocial.

Éducation psychomotrice
Partie de l'éducation visant l'amélioration des connaissances et la facilitation des apprentissages scolaires en utilisant le vécu moteur de l'enfant (interaction entre les actions motrices et les perceptions qu'elles génèrent), pour développer en particulier l'organisation perceptive (attention, mémoire, représentation), l'organisation spatiale (orientation, structuration spatiale) et l'organisation temporelle (ordre, durée, rythme, structuration temporelle et spatiotemporelle). En éducation psychomotrice, les fonctions cognitives, abstraites, dérivent de l'action motrice, concrète.

Efficience
Aptitude à réaliser une bonne performance motrice.

Égocentrisme
Tendance à ne prendre en compte que son point de vue ; caractérise le développement cognitif des enfants entre trois et sept ans.

Engramme
« Trace organique neurale » d'un fait, d'un comportement appris et mémorisé ; modèle neural d'un mouvement conservé en mémoire.

Équilibre dynamique
Maintien d'une position donnée du corps au cours d'un déplacement (ex. : marcher sur une poutre en maintenant son équilibre).

Équilibre statique
Maintien d'une position donnée du corps sans déplacement des points d'appui au sol (ex. : appui tendu renversé).

Espace
Lieu dans lequel nous nous situons. Sa connaissance inclut une partie sensorimotrice ou perceptive apparaissant dès la naissance, associée aux rapports topologiques* et à leur perception directe

(orientation spatiale), et une partie représentative ou intellectuelle débutant dès l'âge de deux ans et incluant les rapports projectif* et métrique* (organisation et structuration spatiales*).

Estime de soi
Valeur personnelle que nous nous attribuons et qui se traduit par la confiance que nous avons en nos possibilités.

Extérocepteur
Récepteur sensoriel recevant de l'information du milieu extérieur (comme la vision, l'audition, le toucher).

Extrinsèque
Relatif à des effets venant du dehors, de l'extérieur.

F

Feed-back (ou rétroaction)
Connaissance du résultat d'une action ; effet en retour exercé dans un organisme par son propre fonctionnement. Information interne ou externe reçue par le sujet, avant, pendant ou après l'action. Le feedback interne provient des sensations du sujet (visuelles, auditives, tactiles, proprioceptives, etc.). Le feedback externe provient d'un tiers sous la forme de connaissance des résultats ou de la performance.

Fibrose kystique
Épaississement des parois alvéolaires pulmonaires gênant la diffusion d'oxygène.

Force musculaire
Tension volontaire produite lors d'une contraction musculaire dans la réalisation ou non d'un mouvement et que l'on peut réguler en fonction du contexte de l'action. Une anomalie de contrôle de la contraction musculaire se traduit par de l'hypotonie*, de l'hypertonie* ou de la paratonie*.

Fuseau neuromusculaire
Structure anatomique localisée dans le muscle, composée d'une fibre musculaire intrafusale et d'un récepteur nerveux et sensible aux modifications de longueur du muscle ; intervient dans le contrôle du tonus musculaire et participe aux sensations kinesthésiques.

G

Gaucherie
Tendance à utiliser les parties gauches du corps dans les activités manuelles (motricité fine ou globale) ou dans les activités sportives.

Genèse
Développement, apparition d'un comportement et de son évolution.

Geste
Mouvement volontaire lors d'une action planifiée exprimant quelque chose ou révélant un état psychologique.

H

Handicap
Désavantage dans l'insertion sociale d'une personne consécutive à une déficience* ou à une incapacité* (sourd, aveugle, paralysé, etc.).

Handicapé
Personne atteinte d'une déficience congénitale ou acquise de ses capacités physiques ou mentales, se traduisant par des difficultés fonctionnelles d'adaptation.

Haptique
Le sens haptique combine les sensations tactiles et kinesthésiques pour la perception des formes en l'absence de vision.

Hémiparésie
Diminution de la force musculaire d'une moitié du corps.

Hémiplégie
Paralysie d'une moitié latérale du corps.

Hyperactivité
Syndrome hyperkinétique ou syndrome de l'enfant hyperactif ou instabilité psychomotrice ou trouble déficitaire de l'attention* avec hyperactivité.
Trouble développemental d'origines héréditaire, génétique et neurobiologique (80-90%) se caractérisant par la présence de comportements d'hyperactivité/impulsivité (symptômes hyperkinétiques tels que difficulté d'inhibition motrice, ou difficulté à contrôler ses mouvements, à rester en place) et de comportements d'inattention (symptômes de la distraction, de l'oubli). Causé par un déficit fonctionnel de neurones corticaux ou dysfonction biochimique d'un neurotransmetteur (dopamine), antécédents génétiques et héréditaires ou atteintes neurologiques à la naissance. Traitement pharmacologique (ex.: Méthylphénidate ou Ritalin) ou thérapeutique (ex.: remédiation, jeux vidéo, sport, musique, relaxation). Diminution ou changement des symptômes à l'adolescence et à l'âge adulte.

Hypertonie
État de contraction musculaire excessive résultant de l'augmentation du tonus musculaire. Raideurs musculaires (ex.: hypertonie du nouveau-né pour les muscles fléchisseurs des membres). À différencier de la paratonie*.

Hypotonie
État de relâchement musculaire résultant de la diminution du tonus musculaire avec une décontraction musculaire exagérée rendant difficile le maintien de la position assise ou debout (ex.: hypotonie axiale du nouveau-né).

Hystérie
Forme de névrose caractérisée par des troubles relationnels affectifs et fonctionnels se manifestant aussi bien par des symptômes organiques (douleurs, convulsions, paralysies) que psychiques (hallucinations, délire, angoisse, simulation).

I

Identification
Capacité à nommer un stimulus (personne, objet, animal, forme, etc.).

Idéomotrice (action)
Mouvement résultant d'une idée ou d'une représentation mentale de l'action; toutes les actions motrices effectuées dans un contexte donné sont, par nature, idéomotrices (ou perceptivomotrices).

Image de soi
Représentation positive ou négative que nous avons de nous-même. Comprend nos aspirations, nos sentiments, nos goûts, nos aptitudes, nos qualités et nos défauts.

Image du corps
Représentation que nous avons de notre moi corporel, incluant les traits physiques, l'apparence, la condition physique, la santé. Agit sur nos relations et communications avec autrui et l'environnement.

Imagerie mentale
Représentation mentale d'objets, de symboles ou d'actions et référant à la capacité d'évocation, d'exploration, de conservation et de rotation mentale.

Imagerie motrice
Représentation mentale du mouvement ou de l'action motrice.

Incapacité
Réduction plus ou moins prononcée de notre capacité à réaliser quelque chose (invalidité, mobilité réduite).

Incoordination motrice
Perturbation de la motricité globale ou fine se traduisant par des mouvements parasites gênant l'atteinte du but poursuivi : maladresse et dyspraxies* de développement, trouble de l'acquisition de la coordination*. Anomalie de développement cérébral (dysfonctionnement* cérébral minime) entraînant des difficultés dans les apprentissages scolaires.

Infirmité motrice cérébrale ou IMC
Atteinte permanente et non évolutive des fonctions motrices résultant de lésions cérébrales apparues au cours de la grossesse, pendant l'accouchement ou après celui-ci.

Instabilité psychomotrice
Terme précurseur du trouble déficitaire* de l'attention-hyperactivité. Syndrome caractérisé par une difficulté à fixer l'attention, à garder une attitude, à rester assis. L'enfant bouge en permanence et présente souvent des comportements impulsifs (hyperactivité*).

Intégration sensorielle
Coordination corticale d'informations sensorielles diverses, de l'activité simultanée de plusieurs organes, assurant l'unité des activités sensorimotrices ; assimilation de nouvelles informations à des données déjà existantes.

Intégration visuomotrice
Aptitude à reproduire des formes vues en coordonnant le mouvement de la main à partir de l'activité visuelle.

Interhémisphérique (voie)
Voies d'association permettant le transfert d'information entre des parties équivalentes ou non des deux hémisphères cérébraux.

Intervention
Action conduite par une personne dans le but de modifier les comportements d'une autre personne.

Intrinsèque
Relatif à une propriété interne faisant partie de la constitution d'une personne ou d'un objet.

Involution
Régression, décroissance de fonctions physiologiques ou motrices.

Ipsilatéral
Situé du même côté du corps (homolatéral).

K

Kinesthésie
Ensemble des sensations provenant de la réalisation de mouvements et qui nous permettent de les contrôler, même en l'absence de vision (mettre les bras horizontaux les yeux fermés). Partie de la proprioception.

L

Latéralisation
Processus de maturation nerveuse par lequel se met en place une asymétrie fonctionnelle corticale (dominance hémisphérique).

Latéralité
Dominance fonctionnelle d'un côté du corps se traduisant par la préférence d'utilisation systématique de l'un ou l'autre des organes pairs du corps (main, œil, oreille, pied) dans les activités de la vie courante. Résulte de l'interaction de facteurs génétiques et environnementaux.

M

Manipulation

Action de manier des objets pour en établir les caractéristiques ou les assembler en formes plus complexes ; motricité fine nécessitant la dextérité* digitale. En éducation psychomotrice, la manipulation des objets participe à l'acquisition de connaissances et de concepts.

Manualité

Préférence d'utilisation d'une des deux mains (permet de classer les sujets en droitiers, gauchers, ambimanes* et ambidextres*) résultant d'interférences génétiques et sociales et généralement établie vers quatre ans.

Maturation

Processus par lequel se produit l'évolution morphologique et fonctionnelle des individus (ou d'un système) pour atteindre leur maturité (modifications physiologiques ou psychologiques). Conduit par un programme interne contrôlant les étapes et les formes des changements en interaction avec le milieu.

Maturation (classe de)

Classe de transition entre la maternelle et la première année du primaire (année préparatoire) regroupant les enfants qui présentent un retard de développement d'un à deux ans par rapport à leur âge chronologique.

Médullaire

Associé à la moelle épinière. Les lésions médullaires entraînent des déficits moteurs et/ou sensitifs, en fonction de la localisation et de l'importance de la lésion (blessés médullaires).

Mémorisation

Processus mental d'encodage de l'information pouvant servir à l'exécution d'une tâche à court terme ou récupérée dans une tâche de mémoire à long terme. La répétition permet le transfert de l'information de la mémoire à court terme vers la mémoire à long terme.

Métacognition

Connaissance consciente que nous avons de nos propres activités cognitives et contrôle que nous pouvons exercer sur elles.

Métrique ou euclidien (espace)

Étude des rapports spatiaux ou relations spatiales quantitatives existant entre les objets à partir d'axes, de coordonnées, de mesure d'angles et de distances.

Mnémonique

Relatif à la mémoire ; moyen utilisé pour se rappeler de quelque chose.

Morphologie

Forme générale d'un corps.

Motilité

Activité motrice ; facilité à effectuer des mouvements.

Motoneurone

Désigne la cellule nerveuse dont le corps cellulaire est localisé dans la substance grise de la moelle épinière et dont l'axone innerve des fibres musculaires. Les motoneurones alpha (α) innervent les fibres musculaires extrafusales et les motoneurones gamma (γ), les fibres musculaires intrafusales.

Motricité

Ensemble des fonctions qui assurent le déroulement des mouvements autogénérés d'un organisme.

Motricité globale

Se dit des activités sollicitant plusieurs ou l'ensemble des parties du corps (marche, course, sauts, lancer, ramper, grimper, natation, vélo, etc.) ou nécessitant l'intervention et la coordination de groupes musculaires importants.

Motricité fine
Se dit des activités manipulatoires sollicitant de petits muscles, le plus souvent des doigts ou des orteils, dans des activités requérant de la précision ou de la dextérité; elles font généralement intervenir la coordination visuomanuelle (ex.: graphisme, dessin, découpage).

Mouvement
– changement de position ou de place imprimé à un corps ou à une de ses parties;
– déplacement de pièces osseuses à la suite de la mobilisation d'une articulation par contraction musculaire;
– possède des caractéristiques cinétiques (force) et cinématiques (vitesse, accélération, direction, amplitude).

Myasthénie
Fatigabilité musculaire excessive.

Myéline
Gaine blanche recouvrant la plupart des fibres nerveuses.

Myélinisation
Processus par lequel la gaine de myéline se forme et entoure l'axone et qui permet une meilleure conduction de l'influx nerveux et le contrôle progressif de la motricité.

Myopathie
Maladie musculaire dégénérative entraînant une atrophie du muscle atteint.

Myotatique
Relatif au réflexe d'étirement du muscle; ce réflexe sollicite successivement les fuseaux neuromusculaires d'un muscle dont l'étirement brusque active les fibres sensitives qui vont, à leur tour, exciter les fibres musculaires extrafusales du même muscle, lequel se contracte.

N

Neuromédiateur
Substance chimique libérée par une cellule nerveuse et qui agit sur les cellules suivantes (neurotransmetteur).

Névrose
Affection mentale dont le sujet est conscient et caractérisée par des troubles affectifs ou émotionnels (phobies, angoisses, obsessions); bien que le sujet ait du mal à s'en défaire, ces affections n'ont pas d'effet sur ses fonctions mentales.

O

Objectif
Formulation d'une intention pédagogique (comportant un verbe descriptif d'action, de connaissance ou de comportement) précisant un résultat à atteindre déterminé d'avance ou un apprentissage attendu de l'élève à la fin de la période d'entraînement.
Objectif général: indique le changement le plus large attendu; peut inclure des objectifs de contenu (acquisition de connaissances) et d'habiletés (savoir-faire, savoir-être), reliés ici aux grands thèmes psychomoteurs (ex.: améliorer la motricité fine des enfants; favoriser la construction du schéma corporel).
Objectif spécifique opérationnel: indique un changement précis attendu, la maîtrise d'une habileté, contribuant à l'atteinte de l'objectif général (ex.: favoriser l'acquisition de la dextérité digitale en découpant une forme en suivant les pointillés; développer la coordination visuomanuelle en traçant un trait entre deux lignes sans les toucher).
Objectif d'apprentissage: indique de manière quantitative ou qualitative ce que devra pouvoir faire l'élève à la fin de l'entraînement (ex.: l'élève devra être

capable de : faire 5 sauts à cloche-pied sans poser l'autre au sol ; tracer un trait entre deux lignes droites de 20 cm de longueur et écartées de 5 mm sans les toucher ; découper la forme en suivant les lignes pointillées ; nommer 10 parties différentes de son corps).

Objectif(s) complémentaire(s) : autre(s) objectif(s) de nature psychomotrice, cognitive ou socioaffective que l'activité permet d'atteindre (ex. : favoriser l'attention dans la réalisation d'une tâche ; favoriser le développement de la confiance en soi ; favoriser le travail en équipe).

Oculomotrice (coordination)*
Contrôle des mouvements oculaires pour assurer la centration du regard

Opératif
Se dit des activités d'assimilation par lesquelles le sujet transforme le réel pour l'intégrer ; relatif à une action réelle ou potentielle antérieure à une opération.

Opération
Action intériorisée, réversible et coordonnée.

Opératoire
Stade du développement de l'intelligence où l'enfant, (selon Piaget), organise les objets réels (classer, trier, sérier) et acquiert les conservations (nombre, longueur, masse, surface, poids, temps volume).

Ordre (succession temporelle)
Capacité à ordonner une succession d'événements ou à les situer dans le temps selon un ordre logique.

Organisation
Processus par lequel des éléments sont disposés, structurés ensemble.

Organisation perceptive
Voir **Perception***

Organisation spatiale
Ensemble des relations ou des rapports existant entre les divers éléments du milieu environnant et qui nous permettent de les situer les uns par rapport aux autres ou par rapport à nous-même et de nous repérer. Elle comprend les rapports topologiques*, projectifs* et métriques* et se divise en orientation spatiale* et structuration spatiale*.

Organisation temporelle
Perception et utilisation des informations associées à l'écoulement du temps (ordre, durée et rythme des événements) et à partir desquelles nous situons le présent, le passé ou le futur et organisons notre temps. Elle comprend l'ordre*, la durée* et le rythme* des événements.

Orientation droite-gauche
Utilisation appropriée des termes (concepts) et des points de repère droite et gauche en relation avec notre orientation et celle d'autrui. C'est un fait cognitif à dissocier de la latéralité.

Orientation spatiale
Partie de l'organisation spatiale* reliée à l'espace perceptif permettant de définir notre position et nos déplacements, de trouver notre chemin à partir d'indices spatiaux ou de nous situer par rapport à des lieux ou des personnes.

P

Paralysie
Disparition ou diminution de l'activité musculaire volontaire.

Paraplégie
Paralysie des deux membres inférieurs et de la partie basse du tronc.

Paratonie
Perturbation de la contraction musculaire avec une difficulté de relâchement volontaire des muscles. État persistant et non volontaire d'hypertonie. Accompagne généralement un trouble neuromoteur (ex. : paralysie cérébrale).

Perceptif
Relatif à la perception.

Perception
Opération par laquelle nous prenons connaissance d'un événement. Inclut la détection* du stimulus, la discrimination, la reconnaissance* et l'identification*.

Perception figure-fond
Discrimination ou détection d'une figure sur un fond, ou de certains éléments dans un ensemble.

Perceptivomoteur
Comportement associant les perceptions à une réponse motrice : la plupart de nos actions motrices volontaires sont de nature perceptivomotrice (marcher sur le trottoir, skier, sauter en hauteur, écrire, etc.).

Performance
Résultat quantifiable obtenu à une épreuve ou à une action.

Plaque motrice
Point de contact entre l'axone d'un neurone et une fibre musculaire.

Polyhandicapé
Personne atteinte d'handicaps multiples associés à des lésions cérébrales importantes (déficit moteur et intellectuel, troubles neurovégétatifs) et dépendante d'une aide permanente.

Posture
Façon de se tenir, debout ou assis ; attitude globale du corps.

Praxie
Ensemble de mouvements appris et coordonnés en fonction d'un but à atteindre.

Préhension
Action de saisir un objet avec les doigts ou les doigts et la main.

Préopératoire
Stade du développement de l'intelligence de l'enfant compris entre trois et sept ans, selon Piaget, et où priment la perception immédiate, l'égocentrisme et l'absence de conservation.

Prévalence manuelle
Synonyme de préférence manuelle.

Programme moteur
Organisation centrale du mouvement établie par l'activité de circuits du système nerveux central et générant un mouvement par la mise en jeu d'une séquence de commandes envoyées aux muscles pour régler dans le temps et dans l'espace leurs contractions et leurs relâchements ; les feed-back issus de l'exécution du programme n'agissent que dans des limites déterminées sur l'ajustement du programme ; ce programme se rapporte davantage à la mémoire du mouvement qu'aux contractions musculaires elles-mêmes.

Projectif (espace)
Étude des rapports des objets entre eux à partir de points de vue différents de celui de l'observateur et tenant compte des capacités de représentation mentale et de perspective.

Propriocepteurs
Récepteurs sensoriels localisés dans les muscles, les tendons, les articulations et l'oreille interne, fournissant l'information sur les mouvements et la position des parties du corps.

Proprioception
Partie de la sensibilité somatique issue des propriocepteurs (musculaires, articulaires, ligamenteux et vestibulaires) nous

donnant la conscience de notre corps en mouvement ou à l'arrêt (elle nous permet par exemple d'écrire les yeux fermés).

Proximal
Partie d'un membre proche de sa racine ou de son insertion au corps (bras, cuisse).

Proximodistal
Définit une direction allant de la racine d'un membre vers son extrémité. Selon la loi proximodistale, l'évolution du contrôle de la motricité des membres se fait de leur partie la plus rapprochée du corps vers leur partie la plus éloignée.

Psychomoteur
Se dit des comportements fondés sur les relations entre les fonctions motrices et les fonctions psychiques.

Psychomotricité
Étude des interactions entre les fonctions mentales et les fonctions motrices s'étendant du domaine neurophysiologique (le fonctionnel) au domaine psychiatrique (le relationnel), en passant par les domaines cognitif et socioaffectif. Inclut les composantes suivantes : le schéma corporel, le tonus musculaire, la latéralité, et les organisations perceptive, spatiale et temporelle.

Psychose
Maladie mentale dont le sujet n'a pas conscience (folie, schizophrénie...).

Psychosomatique
Conception de l'être humain soulignant les interdépendances entre les états psychiques et physiques. Cette unité ressort lors de troubles organiques ou fonctionnels résultant de facteurs psychiques, dont les émotions (asthme, tics, ulcère, eczéma, énurésie, anorexie, boulimie, onycophagie, etc.).

Pyramidal (système)
Système moteur dont les corps cellulaires des neurones se trouvent dans le cortex cérébral et qui assure en particulier le contrôle de la motricité distale.

Q

Quadrilatère de sustentation
Polygone obtenu en joignant les points d'appui les plus extérieurs des pieds et à l'intérieur duquel doit se projeter le centre de gravité du corps pour conserver l'équilibre.

R

Rampe (mouvement en)
Mouvement lent et continu ajustable en permanence à l'aide du feed-back.

Réafférence
Sensation produite par la réalisation d'une réponse motrice.

Récepteur
Cellule sensible à une excitation sensorielle et qui transforme la stimulation en influx nerveux.

Reconnaissance
Capacité à comparer un stimulus présent à des éléments encodés en mémoire, pour vérifier leur identité.

Rééducation psychomotrice
Approche rééducative sollicitant le corps dans l'action, chez des personnes ayant des difficultés pour agir, s'exprimer ou communiquer. Elle vise à rétablir un fonctionnement adapté dans les domaines scolaire, social et psychomoteur par des interventions le plus souvent individualisées ou par petits groupes.

Réflexe
Réponse motrice à un stimulus limitée le plus souvent à l'intervention de la moelle épinière comme centre de contrôle.

Relaxation
Relâchement musculaire volontaire obtenu le plus souvent en position couchée par diminution de l'intensité des contractions musculaires.

Représentatif
Relatif à une représentation, à l'utilisation d'images mentales, de signes et de symboles dans l'action (dessins, plans en vue de représenter une structure réelle) et l'expression verbale.

Représentation idéomotrice
Ajustement entre la représentation de l'acte et son exécution. Dans le contrôle moteur, association entre la planification et la programmation des paramètres d'un côté et l'exécution de l'action de l'autre. Toutes les praxies en dépendent.

Représentation mentale
Processus mental par lequel une personne évoque des images mentales ou des symboles d'objets absents ou d'actions motrices (imagerie motrice*) à faire et qui se sont construits à partir d'expériences passées.

Rythme
Répétition régulière ou périodique d'une structure ordonnée dans le temps ; composante de l'organisation temporelle*.

S

Schéma
Dessin, figure représentant un objet ; ensemble de traits caractéristiques d'un objet, mémorisés et permettant d'attribuer un nom générique (animal, objet) ; un schéma moteur désigne un ensemble de mouvements (un lancer, un saut, etc.).

Schéma corporel
Représentation ou idée que nous avons de notre propre corps, à l'état statique ou dynamique. Conscience du corps et de la place qu'il occupe dans l'espace. Le schéma corporel inclut l'utilisation du corps, l'identification des parties du corps, la perception et la conscience du corps, la représentation du corps.

Schème
Ensemble de concepts, structure de regroupement d'actions ou d'objets jugés équivalents par un sujet (pousser, tirer, lancer) à partir desquels nous construisons une image de la réalité. Les schèmes permettent d'intégrer de nouvelles connaissances et d'adapter nos comportements à de nouvelles situations. Ensemble de sensations kinesthésiques, d'images produites par le mouvement. Structures dynamiques incluant des activités motrices ou des objets et n'en retenant que les aspects essentiels caractéristiques ou invariants.

Sclérose en plaques
Affection du système nerveux (substance blanche seulement) caractérisée par des lésions dégénératives de zones dispersées. Foyer de démyélinisation provoquant des troubles moteurs ou sensoriels.

Sensation
Résultat de l'excitation des récepteurs sensoriels ; première étape de la perception.

Sens haptique
Reconnaissance des formes et des volumes des objets par le toucher et la manipulation.

Sensorimoteur
– action qui fait intervenir séquentiellement la sensation et la motricité ; dans les réactions sensorimotrices, une stimulation donnée provoque l'apparition d'un comportement particulier ;

– stade précoce du développement de l'intelligence de l'enfant ; intelligence pratique liée au succès de l'action, sans représentation ou langage.

Somatique
Réfère au corps à l'exclusion des viscères.

Somatognosie
Connaissance du corps.

Somatotype
Relatif à la morphologie du corps (ectomorphe : longiligne ; mésomorphe : musclé ; endomorphe : gros).

Somesthésie
Ensembles des diverses formes de la sensibilité somatique (sensibilités extéroceptive, proprioceptive et intéroceptive) qui nous donnent la conscience d'avoir un corps (pression, toucher, position, mouvement, douleur, température, vibrations).

Sous-cortical
Activité liée aux cellules situées sous le cortex, c'est-à-dire dans les noyaux de substance grise.

Spasticité
Hypertonie s'accompagnant de réflexes myotatiques* exagérés, de contractures et de clonus (contractions musculaires rythmiques et successives liées à un étirement du muscle).

Spatiotemporel
Relatif à la combinaison d'éléments spatiaux et temporels dans la réalisation d'une tâche perceptivomotrice (ex. : attraper un ballon en courant).

Spina-bifida
Malformation congénitale de la partie postérieure du canal rachidien pouvant s'accompagner d'hernies des méninges ou de la moelle épinière et causant des troubles moteurs (paralysies des membres inférieurs par exemple) ou sensoriels.

Stéréognosie
Perception des formes et des volumes des objets à partir du toucher.

Stratégie cognitive
Utilisation des processus cognitifs (attention, représentation, mémoire) dans le but d'organiser sa pensée, son apprentissage, ou de résoudre un problème.

Stratégie pédagogique
Manière de faire, démarche, méthode ou procédé utilisé consciemment pour parvenir à un but :
– d'enseignement : comment organiser les situations d'apprentissage ;
– d'apprentissage : comment utiliser ses propres ressources pour apprendre.

Structuration
Mise en place d'une structure, organisation d'un ensemble d'éléments.

Structuration spatiale
Partie de l'organisation spatiale reliée à l'espace représentatif et permettant d'établir des relations entre les éléments de l'espace à partir d'opérations intellectuelles (conservation et appréciation des distances, surfaces et volumes, réversibilité des points de vue, utilisation des axes de coordonnées, division et construction de l'espace).

Structuration spatiotemporelle
Possibilité de combiner des éléments spatiaux et temporels dans l'organisation et la réalisation d'une tâche motrice (ex. : contourner des objets en courant le plus vite possible ; passer un bâton de relais en courant).

Structuration temporelle
Partie de l'organisation temporelle reliée à la capacité d'organiser son temps (ex. : agenda). Elle implique de mettre en œuvre la capacité à diviser le temps et à l'utiliser (ex. : compléter un devoir en une heure).

Syncinésies
Mouvement parasite accompagnant un mouvement volontaire. Perturbation de l'exécution d'un geste volontaire qui s'accompagne de l'exécution d'un geste non contrôlé d'une autre partie du corps (épreuve des marionnettes : en faisant des rotations volontaires de la main droite autour de son axe longitudinal, le sujet en fait aussi de la main gauche, « involontairement » ; l'enfant cligne des deux yeux quand on lui demande d'en fermer un seul).

Syndrome
Ensemble de symptômes formant une entité et qui caractérisent une affection spécifique (ex. : syndrome pyramidal ; syndrome de l'enfant hyperactif).

Synergie musculaire
Contractions de différents groupes musculaires coordonnées dans le temps pour produire une action unique.

T

Tactile (sens)
Relatif au toucher, à la possibilité de capter de l'information à partir des récepteurs localisés dans la peau (largement sollicité dans la lecture en braille).

Tempo
Cadence interne spontanée.

Temps de réaction
Durée de l'intervalle s'écoulant entre le moment de la présentation d'un stimulus et le début de la réponse du sujet.

Thérapie psychomotrice
Traitement ou ensemble d'activités à médiation corporelle, mises en place auprès de personnes présentant des troubles du comportement ou de la personnalité et visant à rétablir le bien-être personnel et la communication avec les autres.

Tic
Mouvement bref, non intentionnel, soudain, stéréotypé et récurrent, lors de l'état de veille et souvent amplifié par le stress ou une situation émotive (ex. : clignement des yeux, haussement d'une épaule, grimace, toux). Le syndrome Gilles de la Tourette inclut la présence de tics moteurs multiples associés à au moins un tic verbal (ex. : mots obscènes).

Tonus musculaire
Tension ou contraction minimale permanente d'un muscle au repos. Doit être dissocié de la force musculaire*. Exemple manifeste des interactions entre les fonctions psychiques et motrices. Peut être modifié par la relaxation.

Topologique (espace)
Étude des relations spatiales qualitatives existant entre des éléments en un même lieu. Porte, par exemple, sur les rapports de voisinage établis entre les objets d'après les positions qu'ils occupent, sur les propriétés des figures géométriques demeurant invariantes malgré des déformations qui leur sont imposées (en gonflant un ballon en caoutchouc, la position des lettres d'un mot imprimé sur lui ne change pas entre elles, bien que leur distance se modifie).

Training autogène
Méthode de relaxation privilégiant la décontraction somatique par la concentration de l'esprit sur des sensations somesthésiques (pesanteur, chaleur).

Trouble d'apprentissage
Voir **Apprentissage (difficulté d')**

Trouble déficitaire de l'attention-hyperactivité (TDAH)
Voir **Déficit de l'attention**

Trouble du comportement
Se dit du comportement d'un élève, sans déficit cognitif, dont les conduites ne sont pas adaptées à son environnement scolaire, social ou familial et qui s'illustrent par des comportements sur-réactifs (agressivité, destruction) ou sous-réactifs (passivité complète, retrait). Une forme grave confine à la délinquance et aux comportements antisociaux (destruction, défi de l'autorité).

Trouble fonctionnel
Dysfonctionnement de l'adaptation de l'individu à son milieu résultant de la difficulté à utiliser ses structures qui, par ailleurs, ne semblent pas lésées (désorganisation spatiale ou temporelle, trouble du schéma corporel ou de la latéralité, incoordination motrice ou maladresse).

Trouble instrumental ou organique
Perturbation résultant d'une atteinte des organes sensoriels (cécité, surdité), moteurs (dyspraxie, épilepsie, paralysie, ataxie, déficience motrice cérébrale, etc.) ou vitaux (leucémie, diabète, maladies pulmonaires – asthme –, ou intestinales, hémophilie, etc.); ces organes sont défaillants d'un point de vue structurel ou neurophysiologique.

Trouble moteur
Atteinte de la jonction neuromusculaire (fonctionnement musculaire) (ex. : myopathie ou dystrophie musculaire, myasthénie, dyspraxie, trouble de l'acquisition de la coordination).

Trouble neuromoteur
Trouble de la motricité résultant d'une lésion du système nerveux (ex. : hémiplégie, infirmité motrice cérébrale, ataxie, maladie de Parkinson, épilepsie).

Trouble oculomoteur
Difficulté à contrôler les mouvements des yeux et influençant la perception visuelle ou la motricité fine ainsi que les apprentissages scolaires.

Trouble psychomoteur
Perturbation du fonctionnement propre du sujet ou de sa relation avec l'environnement et les autres, particulièrement accentuée dans les situations de stress ou d'émotivité (ex. : tics, bégaiements, dyspraxies, troubles du schéma corporel, perturbations du tonus musculaire, trouble déficitaire de l'attention avec hyperactivité).

U

Unité motrice
Ensemble constitué par un motoneurone et les fibres musculaires qu'il innerve.

V

Vestibulaire
Relatif à une sensation de mouvement provoquée par l'excitation des récepteurs vestibulaires (labyrinthiques); les sensations vestibulaires permettent le contrôle de l'équilibre.

Visuomanuelle (coordination)
Voir **Coordination visuomanuelle**.

Bibliographie

American Association for Health, Physical Education and Recreation – AHHPER (1976). *Youth Fitness Test Manual*, Washington (D.C.), Author.

Adams, M.J.(1991). «Beginning to Read: A Critique by Literacy Professionals», *The Reading Teacher*, 44, p. 370-395.

Ajuriaguerra, J. de (1962). «Le corps comme relation», *Revue suisse de Psychologie pure et appliquée*, 21, p. 137-157.

Ajuriaguerra, J. de. (1977). *Manuel de psychiatrie de l'enfant*, 2e éd., Paris, Masson.

Ajuriaguerra, J. de., M. Auzias, F. Coumes, A. Denner, V. Lavondes-Monod, R. Perron et M. Stambak (1964). *L'écriture de l'enfant. L'évolution de l'écriture et ses difficultés*, Neuchâtel (Suisse), Delachaux et Niestlé.

Alegria, J. et J. Morais (1989). «Analyse segmentale et acquisition de la lecture», dans L. Rieben et Ch. Perfetti (dir.) (1989). *L'apprenti lecteur*, Neuchâtel, Delachaux et Niestlé, p. 175-196.

Alexander, G. (1981). *Le corps retrouvé par l'eutonie*, 2e éd., Paris, Tchou.

Allard, P. et J.-P. Blanchi (dir.) (2000). *Analyse du mouvement humain par la biomécanique*, Paris, Vigot.

Allen, M. et M.M. Wellman (1980). «Hand Position During Writing, Cerebral Laterality and Reading: Age and Sex Differences», *Neuropsychologia*, 18, p. 33-40.

Altman, J. (2002). «Weight in the Balance», *Neuroendocrinology*, 76, p. 131-136.

Aman-Gainotti, M. et M. Casale (1980). «Aspects de l'opérativité chez les enfants avec difficultés d'apprentissage de la lecture», *Enfance*, 1-2, p. 31-37.

ANNETT, M. (1981). «The Genetics of Handedness», *Trends in Neurosciences*, 40, p. 256-258.

ANNETT, M. (1985). *Left, Right, Hand and Brain: The Right Shift Theory*, Hillsdale (N.J.), LEA.

ANNETT, M. et M. MANNING (1990). «Arithmetic and Laterality», *Neuropsychologia*, 28, p. 61-69.

ARMSTRONG, N. (1998). «Physical Fitness and Physical Activity during Childhood and Adolescence», dans K.-M. CHAN et L.J. MICHELI (dir.). *Sports and Children*, Hong Kong, University of Hong Kong, p. 50-75.

ARMSTRONG, N. et J.R. WELSMAN (1994). «Assessment and Interpretation of Aerobic Fitness in Children and Adolescents», *Exercise and Sports Science Review*, 22, p. 435-476.

ARNAUD, P. (1983). *Les savoirs du corps*, Lyon, Presses universitaires de Lyon.

ASSO, D. et M. WYKE (1971). «Discrimination of Spatially Confusable Letters by Young Children», *Journal of Experimental Child Psychology*, 11, p. 11-20.

AUCOUTURIER, B., I. DARRAULT et J.L. EMPINET (1984). *La pratique psychomotrice. Rééducation et empathie*, Paris, Doin.

AUZIAS, M. (1984). *Enfants gauchers – enfants droitiers*, Paris, Delachaux et Niestlé.

AYRES, A.J. (1966). *Southern California Kinesthetic and Tactile Perception Tests*, Los Angeles, Western Psychological Services.

AYRES, A.J. (1972). *Southern California Sensory Integration Test*, Los Angeles, Western Psychological Services.

BABIN, N. (2003). *Programmes et pratiques pédagogiques*, Paris, Hachette Éducation.

BAILLARGEON, R. et M. GRABER (1987). «Where's the Rabbit? 5.5 Months Infant's Representation of the Height of a Hidden Object», *Cognitive Development*, 2, p. 375-392.

BAKAN, P., G. DIBB et P. REED (1973). «Handedness and Birth Stress», *Neuropsychologia*, 11, p. 363-366.

BALOW, I.H. (1963). «Lateral Dominance Characteristics and Reading Achievement in the First Grade», *Journal of Psychology*, 55, p. 323-328.

BALOW, I.H. et B. BALOW (1964). «Lateral Dominance and Reading Achievement in the Second Grade», *American Educational Research Journal*, 1, p. 139-143.

BARATTA-LORTON, M. (1976). *Mathematics Their Way*, Londres, Addison Wesley.

BARKLEY, R.A. (1997). «Behavioral Inhibition, Sustained Attention, and Executive Functions: Constructing a Unifying Theory of ADHD», *Psychological Bulletin*, 121, p. 65-94.

BARNSLEY, R.H. (1970). *Handedness and Related Behavior*, thèse de doctorat non publiée, Montréal, Université McGill.

BARNSLEY, R.H. et S. RABINOVITCH (1970). «Handedness: Proficiency vs Stated Preference», *Perceptual and Motor Skills*, 30, p. 343-362.

BARON, L. (1996). *Du jeu à sa construction mathématique*, Paris, Magnard.

BAR-OR, O. (1983). *Pediatric Sports Medicine for the Practioner*, New York, Springer Verlag.

BAR-OR, O., J. FOREYT, C. BOUCHARD, K.D. BROWNELL, W.H. DIETZ, E. RAVUSIN, A.D. SALBE, S. SCHWENGER, S. ST. JEOR et B. TORUN (1998). «Physical Activity, Genetic and Nutritional Considerations in Childhood Weight Management», *Medicine, Science and Sports Exercise*, 30, p. 2-10.

BARRETT, T.C. (1965). «Visual Discrimination Tasks as Predictors of First Grade Reading Achievement», *Reading Teacher*, 18, p. 276-282.

BAYLEY, N. (1936). «The Development of Motor Abilities During the First Three Years», *Monographs of the Society for Research in Child Development*, 1, p. 1-26.

BAYLEY, N. (1969). *Manual for the Bayley Scales of Infant Development*, New York, The Psychological Corporation.

BEATON A.A. (2003). «The Nature and Determinants of Handedness», dans K. HUGDAHL et R.J. DAVIDSON, *The Asymmetrical Brain*, Cambridge, Ma, MIT., p. 105-158.

BEERY, K. E et N.A. BEERY (2004). *The Beery-Buktenica Development Test of Visual-motor Integration*, 5e éd., Londres, NCS Pearson.

BELL, A.E. et M.S. AFTANAS (1972). «Some Correlates of Reading Retardation», *Perceptual and Motor Skills*, 35, p. 659-667.

BELMONT, L. et H.G. BIRCH (1963). «Lateral Dominance and Right-Left Awareness in Normal Children», *Child Development*, 34, p. 257-270.

BELMONT, L. et H-G. BIRCH (1965). «Lateral Dominance, Lateral Awareness, and Reading Disability», *Child Development*, 36, p. 57-71.

BENDER, L. (1938). *A Visual Motor Gestalt Test and Its Clinical Use*, New York, American Orthopsychiatric Association.

BENDER, L. (1946). *Instructions for the Use of a Visual Motor Gestalt Test*, New York, American Orthopsychiatric Association.

BENECH, M. (1984). *Loto des mains*, Paris, Nathan.

BENTON, A.L. (1953). *Test de rétention visuelle*, Paris, Centre de psychologie appliquée.

BENTON, A.L. (1959). *Right-Left Discrimination and Finger Localization. Development and Pathology*, New York, Hoeber-Harper.

BENTON, A.L. (1968). «Right-Left Discrimination», *Pediatric Clinics of North America*, 15, p. 747-758.

BENTON, A.L. (1975). «Developmental Dyslexia: Neurological Aspects», dans W.J. FRIEDLANDER (dir.). *Advances in Neurology*, New York, Raven.

BENTON, A.L., J.F. HUTCHEON et E. SEYMOUR (1951). «Arithmetic Ability, Finger Localisation Capacity and Right–Left Discrimination in Normal and Defective Children», *American Journal of Orthopsychiatry*, 21, p. 756-766.

BENTON, A.L. et J.D. KEMBLE (1960). «Right-Left Orientation and Reading Disability», *Psychiatria et Neurologia*, 139, p. 49-60.

BENTON, A.L. et O. SPREEN (1969). *Right-Left Orientation Test. Victoria Form. Neuropsychology Laboratory*, Victoria, University of Victoria.

BERGÈS, J. et I. LÉZINE (1978). *Test d'imitation de gestes*, 2e éd., Paris, Masson.

BERGÈS, J. et M. BOUNES (1996). *La relaxation thérapeutique chez l'enfant*, 2e éd., Paris, Masson.

BERTHENTAL, B.I. (1996). « Origins and Early Development of Perception, Action and Representation », *Annual Review of Psychology*, 47, p. 431-459.

BERTHET, D. (1996). *Manuel d'apprentissage de l'écriture*, Paris, Retz.

BESSON, M. et Y. TOUCHARD (2000). *L'éducation physique à l'école; de la maternelle au CM2: cycle 1, cycle 2, cycle 3*, Paris, Éditions Revue EPS.

BINET. A. et Th. SIMON (1967). *La mesure du développement de l'intelligence chez l'enfant*, 16e éd., Paris, Armand Colin.

BIRCH, H.G. et L. BELMONT (1965). « Auditory-visual Integration, Intelligence and Reading Ability in School Children », *Perceptual and Motor Skills*, 20, p. 295-305.

BISHOP, D.V.M. (1990). « Handedness, Clumsiness and Developmental Language Disorders », *Neuropsychologia*, 28, p. 681-690.

BISSONNETTE, R. (1996). *Tâches évaluatives en éducation physique au primaire*, Sherbrooke, Québec, Rémi Bissonnette.

BLOOM, W. et D.W. FAWCETT (1975). *A Textbook of Histology*, Philadelphie, Saunders.

BLOTE, A.W. et P.G.M. VAN DER HEIDJEN (1988). « A Follow-Up Study on Writing Posture and Writing Movement of Young Children », *Journal of Human Movement Studies*, 14, p. 57-74.

BLOTE, A.W., E.M. ZIELSTRA et M.W. ZŒTERVEY (1987). « Writing Posture and Writing Movement of Children in Kindergarten », *Journal of Human Movement Studies*, 13, p. 323-341.

BOREL-MAISONNY, S. (1978). *Langage oral et écrit*, 7e éd., Paris, Delachaux et Niestlé.

BOSCO, J.S. et W.E. GUSTAFSON (1983). *Measurement and Evaluation in Physical Education, Fitness, and Sports*, Englewood Cliffs (N.J.), Prentice Hall.

BOUCHARD, J. et C. HUARD (1985). *Espace mathématique 1*, Montréal, ERPI.

BOUCHARD, J. et C. HUARD (1986). *Espace mathématique 2, 3, 4,* Montréal, ERPI.

BOUISSET, S. et M. Zattara (1981). « A Sequence of Postural Movements Precedes Voluntary Movements », *Neuroscience Letters*, 12, p. 263-270.

BOURGUIGNON, A. (1991). « Fondements neurobiologiques pour une théorie de la psychopathologie », *La psychiatrie de l'enfant*, 24, p. 445-540.

BOUTIGNY, C.A. et P. GUÉRIOT (1998). *L'éducation physique à l'école*, Paris, Magnard.

BRANNIGAN, G.G. et S.L. DECKER (2003). *Bender Visual-motor Gestalt Test*, Itasca, Ill. Riverside Publishing.

BRIEF, J.C. (1983). *Beyond Piaget. A Philosophical Psychology*, New York, Teachers College Press.

BRIGANCE, A.H. (1997). *Inventaire du développement de l'enfant entre 0 et 7 ans*, 3e éd., Vanier, Ont., Centre franco-ontarien de ressources pédagogiques.

BRISSIAUD, R. (2003). *Comment les enfants apprennent à calculer,* Paris, Retz.

BRISSIAUD, R. (2007). *Premiers pas vers les maths,* Paris, Retz.

BRUCK, M. et R. TRIEMAN (1990). «Phonological Awareness and Spelling in Normal Children and Dyslexics: The Case of Initial Consonant Clusters», *Journal of Experimental Child Psychology*, 50, p. 156-178.

BRUININKS, R.H. et B.D. BRUININKS (2005). *Bruininks-Ozeretzki Test of Motor Proficiency*, 2e éd., Circle Pines (Minn.), American Guidance Service.

BRUNELLE, L. et D. BARATAUD (1985). *De l'erreur à la réussite en mathématiques*, Paris, Nathan.

BRUNER, J. (1973). *Beyond the Information Given*, New York, Norton.

BRYSON, S.E. et V. MACDONALD (1984). «The Development of Writing Posture in Left-Handed Children and Its Relation to Sex and Reading Skills», *Neuropsychologia*, 22, p. 91-94.

BUCHER, H. (1972). *Exercices d'analyse perceptive et d'orientation spatiale*, Paris, Nathan.

BUCHER, H. (1976). *Les troubles psycho-moteurs chez l'enfant. Pratique de la rééducation psychomotrice*, Paris, Masson.

BUCHER, H. (1980). *Les problèmes psychomoteurs chez l'enfant. Approche globale,* Paris, ESF.

BUCHER, H. (1995). *Psychomotricité*, Paris, Masson.

BUCHER, H. (2004). *Développement et examen psychomoteur de l'enfant*, Paris, Masson.

BUSHNELL, E.W. et J.P. BOUDREAU (1993). «Motor Development and the Mind: The Potential Role of Motor Abilities As a Determinant of Aspects of Perceptual Development», *Child Development*, 64, p. 1005-1021.

CALDWELL, E.C. et V.C. HALL (1969). «The Influence of Concept Training on Letter Discrimination», *Child Development*, 40, p. 63-71.

CALZA, A. et M. CONTANT (dir.) (1999). *Psychomotricité*, 2e éd., Paris, Masson.

CANTELL, M.H., M.M. SMYTH et T.P. AHONEN (1994). «Clumsiness in Adolescence: Educational, Motor, and Social Outcomes of Motor Delay Detected at 5 years», *Adapted Physical Activity Quarterly*, 11, p. 115-129.

CARDON G., D. DE CLERCQ, I. DE BOURDEAUDHUIJ et D. BREITHECKER (2004). «Sitting Habits in Elementary Schoolchildren: A Traditional versus a "Moving school"», *Patient Education and Counseling*, 54, p. 133-142.

CARNETHON, M.R., S.S. GIDDING, R. NEHGME, S. SIDNEY, D.R. Jr. JACOBS et K. LIU (2003). «Cardiorespiratory Fitness in Young Adulthood and the Development of Cardiovascular Disease risk Factors», *JAMA*, 290 (23), p. 3092-3100.

CAUCHON, J. et L. JUTRAS (1999). *J'écris en cursive*, 2e éd., Boucherville, Québec, Graficor.

CERQUETTI-ABERKANE, F. et C. BERDONNEAU (1994). *Enseigner la mathématique à la maternelle*, Paris, Hachette.

CHAN, K.-M. et L.J. MICHELI (dir.) (1998). *Sports and Children*, Hong Kong, University of Hong Kong.

CHAPMAN, J.P., L.J. CHAPMAN et J.J. ALLEN (1987). «The Measurement of Foot Preference», *Neuropsychologia*, 3, p. 579-584.

CHENARD, J.R. (1987). *Les relaxations*, Québec, Presses de l'Université du Québec.

CHEVALIER, N., M.C. GUAY, A. ACHIM, P. LAGEIX et H. POISSANT (2006). *Trouble déficitaire de l'attention avec hyperactivité: Soigner, éduquer, surtout valoriser*, Québec, Presses de l'Université du Québec, coll. «Santé et Société».

CHUGANI, H.T. (1998). «A Critical Period of Brain Development: Studies of Cerebral Glucose Utilization with PET», *Preventive Medicine*, 27, p. 184-188.

CIM -10 (1994). *Classification Internationale des Maladies. Troubles mentaux et troubles du comportement,* 10e révision, Paris, Masson.

COHEN, R. (1982). *Plaidoyer pour les apprentissages précoces*, Paris, Presses universitaires de France.

COLEMAN, R.I. et C.P. DEUTSCH (1964). «Lateral Dominance and Right–Left Discrimination: A Comparison of Normal and Retarded Readers», *Perceptual and Motor Skills*, 19, p. 43-50.

CONTANT, M. et A. CALZA (1994). *Les troubles psychomoteurs et le thérapeute en psychomotricité*, Paris, Masson.

COOK, P.C. et M.E. LEIT (1995). «Issues in the Pediatric Athlete», *The Orthopedic Clinics of North America*, 26, p. 453-464.

CORRAZE, J. (1981). *Les troubles psychomoteurs de l'enfant*, Paris, Masson.

COURRIEU, P. (1985-1986). «Analyse-t-on le mot de gauche à droite?», *Bulletin de psychologie*, 39, p. 425-427.

COURTEIX, D., C. JAFFRÉ, P. OBERT et L. BENHAMOU (2000). «Développement corporel, maturation squelettique et gymnastique intensive durant l'enfance», *Science & Sports*, 15, p. 258-260.

CRATTY, B.J. (1973). *Intelligence in Action: Physical Activities for Enhancing Intellectual Abilities*, Englewood Cliffs (N.J.), Prentice Hall.

CRAWFORD, J.E. et D.M. CRAWFORD (1957). *Test de dextérité de Crawford*, Paris, Éditions du Centre de psychologie appliquée.

CRINELLA, F.M., F.W. BECK et J.W. ROBINSON (1971). «Unilateral Dominance Is Not Related to Neuropsychological Integrity», *Child Development*, 42, p. 2033-2054.

CROVITZ, H.F. et K. ZENER (1962). «A Group-Test for Assessing Handedness and Eye Dominance», *American Journal of Psychology*, 75, p. 271-276.

CTNERHI (1989). *Classification internationale des handicaps : du concept à l'application*, Paris, Presses universitaires de France.

CURCIO, F.O. ROBBINS et S.S. ELA (1971). «The Role of Body Parts and Readiness in Acquisition of Number Conservation», *Child Development*, 42, p. 1641-1646.

DALY, C.J., G.T. KELLEY et A. KRAUSS (2003). «Relationship between Visual-motor Integration and Handwriting Skills of Children in Kindergarten : A Modified Replication Study», *Am J Occup Ther.* 57, p. 459-462.

DAURAT-HMELJAK, C. C. BERGES et M. STAMBAK (1966). *Une épreuve de connaissance et de construction de l'image du corps*, Paris, Éditions du Centre de psychologie appliquée.

DAVIDSON, H.P. (1935). «A Study of the Confusing Letters, b, d, p, q», *Journal of Genetic Psychology*, 47, p. 458-468.

DEHAN, M., M. VODOVAR, J. GOUJARD, M. CROST, M. ROUGEOT, J.-P. GAUTHIER, C. BENISVY, M. PLISSIER et M. VOYER (1990). «Future of Premature Infants of less than 33 Weeks Gestational Age : Results of an Inquiry in 1985 in the Paris Region», *J Gynecol Obstet Biol Reprod* (Paris), 19, p. 25-35.

DEHANT, A. (1968). *Étude expérimentale des méthodes d'apprentissage de la lecture*, Louvain, Librairie Universitaire.

DELHAXHE, A. et A. GODENIR (1992). *Agir avec le nombre*, Paris, Belin.

DEWEL, R.K. (1995). «Developmental Dysgraphia and Motor Skills Disorders», *Journal of Child Neurology*, 10 (suppl. 1), S 6-8.

DIAMOND, A. (1990a). «The Development and Neural Bases of Memory Functions as Indexed by the A no B and Delayed Response Tasks in Human Infants and Infants Monkeys», dans A. Diamond (dir.). *The Development and Neural Bases of Higher Cognitive Functions*, New York, New York Academy of Sciences, p. 267-317.

DIAMOND, A. (1990b). «Development Time Course in Human Infants and Infant Monkeys, and the Neural Bases of Inhibitory Reaching», dans A. Diamond (dir.). *The Development and Neural Bases of Higher Cognitive Functions*, New York, New York Academy of Sciences, p. 637-676.

DIAMOND, A. (dir.) (1990). *The Development and Neural Bases of Higher Cognitive Functions*, Annals of the New York Academy of Sciences, New York, 608.

DIAMOND, A. (2000). «Close Interrelation of Motor Development and Cognitive Development and of the Cerebellum and Prefrontal Cortex», *Child Development*, 71, p. 44-56.

DIÉNÈS, Z.P. (1971). *Construction des mathématiques*, Paris, Presses universitaires de France.

DIÉNÈS, Z.P. (1972). *Mathématiques pour tous*, Paris, Office central de librairie.

DIÉNÈS, Z.P. (1973). *Mathematics Through the Senses Games, Dance, and Art*, Windsor (England), NFER.

DIETZ, W.H. et M.C. BELLIZZI (1999). «Introduction : The Use of Body Mass Index to Assess Obesity in Children», *American Journal of Clinical Nutrition*, 70, p. 1235-1255.

DILLON, D.J. (1962). «Measurement of Perceived Body Size», *Perceptual and Motor Skills*, 14, p. 191-196.

DIMOND, S.J. et J.G. BEAUMONT (dir.) (1974). *Hemisphere Function in the Human Brain*, New York, John Wiley and Sons.

DOCTOR, E.A., G. SARTORI et M. SALING (1990). «A Letter-by-letter Reader Who Could Not Read Non-words», *Cortex*, 26, p. 247-262.

DOLL, E.A. (dir.) (1946). *The Ozeretzki Tests of Motor Proficiency*, Circle Pines (Minnesota), American Guidance Service.

DOLLE, J.-M. (1998). «Signification et importance de l'œuvre de Jean Piaget», *Bulletin de Psychologie,* 51, p. 599-611.

DOLTO, F. (1984). *L'image inconsciente du corps*, Paris, Seuil.

DSM-IV (2004). *Manuel diagnostique et statistique des troubles mentaux*, Paris, Masson. (Traduction française de *Diagnostic and Statistical Manual of Mental disorders*, American Psychiatric Association.)

DUBOIS, D. (1985-1986). «Accès au lexique : perception et compréhension», *Enfance*, 139, p. 445-449.

DUBOIS, N.F. (1973). «Selected Correlations Between Reading Achievement and Various Visual Abilities of Children in Grades 2 and 4», *Perceptual and Motor Skills*, 37, p. 45-46.

EHRI, L.C. et L.S. WILCE (1983). «Development of Word Identification Speed in Skilled and Less Skilled Beginning Readers», *Journal of Educational Psychology*, 75, p. 3-18.

ENTUS, A.K. (1977). «Hemispheric Asymmetry in Processing of Dichotically Presented Speech and Nonspeech Stimuli by Infants», dans S.J. SEGALOWITZ et F.A. GRUBER (dir.). *Language Development and Neurological Theory*, New York, Academic Press, p. 63-73.

ESPENSCHADE, A.S. et H.M. ECKERT (1980). *Motor Development,* 2e éd., Columbus (Ohio), Charles E. Merrill.

EUROFIT (1993). Strasbourg, Conseil de l'Europe.

FAUCHÉ, S. (1993). *Du corps au psychisme*, Paris, Presses universitaires de France.

FAULKNER, F. et J.M. TANNER (dir.) (1986). *Human Growth : A Comprehensive Treatise*, 2e éd., New York, Plenum Press.

FEUERSTEIN, R., Y. RAND, M.B. HOFFMAN et R. MILLER (1980). *Instrumental Enrichment. An Intervention Program for Modifiability*, Baltimore, University Park Press.

FIJALKOW, J. (1990). *Mauvais lecteurs. Pourquoi ?*, Paris, Presses universitaires de France.

FISCHER, J.P. (1984). «L'appréhension du nombre par le jeune enfant», *Enfance*, 37, p. 167-187.

FISCHER, J.P. (1992). *Apprentissages numériques*, Nancy, Presses universitaires de Nancy.

FITTS, P.M. (1954). «The Information Capacity of the Human Motor System in Controlling the Amplitude of Movement», *Journal of Experimental Psychology*, 47, p. 381-391.

FLEISHMAN, E.A. (1964). *The Structure and Measurement of Physical Fitness*, Englewood Cliffs (N.J.), Prentice Hall.

FORD, M.P. (1967). «Auditory-visual and Tactual-visual Integration in Relation to Reading Ability», *Perceptual and Motor Skills*, 24, p. 831-841.

FRAISSE, P. (1963). «Perception et estimation du temps», dans J. PIAGET, P. FRAISSE, E. VURPILLOT et R. FRANCÈS, *Traité de psychologie expérimentale*. Tome VI : *La perception*, Paris, Presses universitaires de France, p. 59-96.

FRAISSE, P. (1967). *Psychologie du temps*, 2e éd., Paris, Presses universitaires de France.

FRAISSE, P. (1974). *Psychologie du rythme*, Paris, Presses universitaires de France.

FRANKENBURG, W. et J. DODDS (1967). «The Denver Development Screening Test», *Journal of Pediatrics*, 71, p. 181-191.

FRANKENBURG, W.K., J. DODDS, P. ARCHER, H. SHAPIRO et B. BRESNIK (1992). «The Denver II : A Major Revision and Restandardization of the Denver Developmental Screening Test», *Pediatrics*, 89, p. 91-97.

FRIEFELD, S., D. MACGREGOR, S. CHUANG et J. SAINT-CYR (2000). «Comparative Study of Inter- and Intrahemispheric Somatosensory Functions in Children with Partial and Complete Agenesis of the Corpus Callosum», *Developmental Medicine of Child Neurology*, 42, p. 831-838.

FROSTIG, M. (1963). *Marianne Frostig Developmental Test of Visual Perception*, Palo Alto (Cal.), Consulting Psychologists Press.

FROSTIG, M. (1972). *Images et modèles*, Montréal, McGraw-Hill.

FROSTIG, M. (1973). *Jeux et mouvements. Exercices de psychomotricité*, Montréal, McGraw-Hill.

FROSTIG, M., P. MASLOW, D.W. LEFEVER et J.R.B. WHITTLESEY (1964). «The Marianne Frostig Developmental Test of Visual Perception», *Perceptual and Motor Skills*, 19, p. 463-499.

FRYE, D., N. BRAISBY, J. LOWE, C. MAROUDAS et J. NICHOLLS (1989). «Young Children's Understanding of Counting and Cardinality», *Child Development*, 60, p. 1158-1171.

FUJINAGA, T., T. KASUGA, N. UCHIDA et H. SAIGA (1990). «Long-Term Follow-Up Study of Children Developmentally Retarded by Early Environmental Deprivation», *Genetic, Social and General Psychology Monographs*, 116, p. 37-104.

GAGNÉ, J., N. CHEVALIER, J.P. BOUCHER, C. VERRET et M.-C. GUAY (2008). «La motricité globale d'enfants présentant un trouble déficitaire de l'attention avec hyperactivité». *Approche neuropsychologique des apprentissages chez l'enfant (ANAE)*, 20 (96-97), Tome 1-2, p. 81-90.

GAGNÉ, L. et L. MARTIN (1988). *Interventions en lecture au primaire*, Montréal, CECM.

GALABURDA, A.M., G.D. ROSEN et G.F. SHERMAN (1990). «Individual Variability in Cortical Organization : Its Relationship to Brain Laterality and Implications to Function», *Neuropsychologia*, 28, p. 529-546.

GALABURDA, A.M., M.T. MATTHEW et G.D. ROSEN (1994). «Evidence for Aberrant Auditory Anatomy in Developmental Dyslexia», *Proceedings of the National Academy of Sciences*, USA, 91, p. 8010-8013.

GALIFRET-GRANJON, N. (1979). «Batterie Piaget-Head», dans R. ZAZZO (dir.), *Manuel pour l'examen psychologique de l'enfant*, 5e éd., Paris, Delachaux et Niestlé, p. 49-85.

GAVAZZI E.A. (2006), *L'écriture à l'école primaire. Enjeux d'un bon apprentissage de la graphie. Difficultés et remédiation*, Éditions Magnard, 192 pages.

GEARY, D.C. (1990). «A Componential Analysis of an Early Learning Deficit in Mathematics», *Journal of Experimental Child Psychology*, 49, p. 363-383.

GENTRY, Y. et C. GABBARD (1995). «Foot Preference Behavior: A Developmental Perspective», *Journal of General Psychology*, 122, p. 37-45.

GEOFFROY, L. et M. GONTHIER (2003). *Le diabète chez l'enfant et l'adolescent*, Montréal, Hôpital Sainte-Justine.

GEPNER, B. et R. SOULAYROL (1994). «Utilité des concepts d'"épigenèse" et d'"auto-organisation" pour la compréhension des syndromes autistiques de l'enfant», *Psychiatrie de l'enfant*, 37, p. 115-152.

GESELL, A. (1949). *The Gesell Schedules of Child Development*, New York, The Psychological Corporation.

GESELL, A. (1955). *Inventaire de développement*, Paris, Éditions du Centre de psychologie appliquée.

GESELL, A., H.M. HALVERSON, H. THOMPSON, F.L. ILG, B.M. CASTNER, L.B. AMES et C.S. AMATRUDA (1950). *The First Five Years of Life*, Londres, Methuen.

GESELL, A. et F.L. ILG (1963). *L'enfance de 5 à 10 ans*, Paris, Presses universitaires de France.

GEUZE, R.H. (dir.) (2005). *Le trouble de l'acquisition de la coordination. Évaluation de la maladresse chez l'enfant*, Marseille, Solal.

GIBSON, E.J. (1968). «Learning to Read», dans N.S. ENDLER., L.R. BOULTER et H. OSSER (dir.). *Contemporary Issues in Developmental Psychology*, New York, Holt, Rinehart and Winston, p. 291-303.

GIASSON, J. (1990). *La compréhension en lecture*, Boucherville (Québec), Gaëtan Morin.

GIBSON, E.J., J.J. GIBSON, A.D. PICK et H. OSSER (1962). «A Developmental Study of the Discrimination of Letter Like Forms», *Journal of Comparative and Physiological Psychology*, 55, p. 897-906.

GIBSON, E.J. et H. LEVIN (1975). *The Psychology of Reading*, Cambridge (Mass.), MIT Press.

GILBERT, A.N. et C.J. WYSOCKI (1992). «Hand Preference and Age in the United States», *Neuropsychologia*, 30, p. 601-608.

GILLBERG, C. (2003). «Deficits in Attention, Motor Control, and Perception: A Brief Review», *Arch. Dis. Child*, 88, p. 904-910.

GIORDAN, A (1999a). *Mon corps: la première merveille du monde*, Paris, Lattès.

GODBOUT, P., M. Tousignant, C.B. CORBIN, G.J. WELK et R. LINDSEY (2003). *Actif et en santé*, 5e éd., Québec, Goulet.

GOODENOUGH, F.L. (1957). *L'intelligence d'après le dessin*, Paris, Presses universitaires de France.

GOSWAMI, U. (1990). «Phonological Priming and Orthographic Analogies in Reading», *Journal of Experimental Child Psychology*, 49, p. 323-340.

GRAFF, P.J. (1984). «Resolving the Letter Name Controversy», *The Reading Teacher*, 37, p. 384-388.

GREEN-GILBERT, A. (1977). *Teaching the Three R'S Through Movement Experiences*, Minneapolis (Minnesota), Burgess.

GRÉGOIRE, J. et B. PIÉRART (dir.) (1994). *Évaluer les troubles de la lecture*, Bruxelles, De Boeck.

GUBBAY, S.S. (1975). *The Clumsy Child*, Philadelphie, Saunders.

GUIDE ALIMENTAIRE CANADIEN (2007). Ministère des Approvisionnements et Services Canada, Ottawa.

GUILLARMÉ, J.-J. (dir.) (1982). *Éducation et rééducation psychomotrice*, Paris, Sermap-Hatier.

GUILLAUD, G., M. HIBON, L. LELIÈVRE-BOURDIN, R. MONIER, R. TAVERNIER et F. VENON (1988). *Les chemins de l'écriture*, Paris, Bordas.

GUILMAIN, E. (1935). *Fonctions psychomotrices et troubles du comportement*, Paris, Foyer central d'hygiène.

HABIB, M. (2000). «The Neurological Basis of Development Dyslexia: An Overview and Working Hypothesis», *Brain*, 123, p. 2373-2399.

HAMSTRA-BLETZ, L. et A.W. BLÖTE (1990) «Development of Handwriting in Primary School: A Longitudinal Study», *Perceptual and Motor Skills*, 70, p. 759-770.

HAMSTRA-BLETZ, L., et A.W. BLÖTE (1993). «A Longitudinal Study on Dysgraphic Handwriting in Primary School», *J Learn Disabil.* 26, p. 689-699.

HARRIS, A.J. (1957) «Lateral Dominance, Directional Confusion, and Reading Disability», *Journal of Psychology*, 44, p. 283-294.

HARRIS, A.J. (1958). *Harris Tests of Lateral Dominance*, 3e éd., New York, The Psychological Corporation.

HARROW, J.H. (1977). *Taxonomie des objectifs pédagogiques*, Québec, Presses de l'Université du Québec.

HARVEY, W.J., G. REID, N. GRIZENKO, V.M BEKOU, M. TER-STEPANIAN et R. JOOBER (2007). «Fundamental Movement Skills and Children with Attention-deficit Hyperactivity Disorder: Peer Comparisons and Stimulant Effects», *Journal of Abnormal Child Psychology*, 35, p. 871-882.

HEALY, J.M., J. LIEDERMAN et N. GESCHWIND (1986). *Handedness IS not a Unidimensional Trait*, Cortex, 22, p. 33-53.

HEBB, D.O. (1949). *The Organization of Behavior: A Neuropsychological Theory*, New York, Wiley.

HEBB, D.O. (1958). *A Textbook of Psychology*, Philadelphie, Saunders.

HÉCAEN, H. (1978). *La dominance cérébrale: une anthologie*, Paris, Mouton.

HENDERSON, S.E. (1987). «The Assessment of "Clumsy" Children: Old and New Approaches», *Journal of Child Psychology and Psychiatry*, 28, p. 511-527.

HENDERSON, S.E. (1994). «Editorial», *Adapted Physical Activity Quarterly*, 11, p. 111-114.

HENDERSON, S.E. et D.A. SUGDEN (2004). *Movement Assessment Battery for Children*, Londres, Psychological Corporation.

HERRON, J. (dir.) (1980). *Neuropsychology of Left-Handedness*, New York, Academic Press.

HICKS, R.A., G. INMAN, P. CHING, J. BAUTISTA, D. DEHARO et G.J. HICKS (1998). «Consistency of Hand Use and Accidents with Injury», *Perceptual and Motor or Skills*, 87, p. 851-854.

HILDRETH, G. (1950). «The Development and Training of Hand Dominance. IV: Developmental Problems Associated With Handedness; V: Training of Handedness», *The Journal of Genetic Psychology*, 76, p. 39-144.

HISSARD, M.J. (dir.) (1988). *Les relaxations thérapeutiques aujourd'hui*, Paris, L'Harmattan.

HOOD, M. et E . CONLON. (2004). «Visual and Auditory Temporal Processing and Early Reading Development», *Dyslexia*, 10, p. 234-252.

HOSAL, B.M., A.W. BIGLAN et A.H. ELHAN (2000). «High Level of Binocular Function Are Achievable After Removal of Monocular Cataracts in Children Before 8 Years of Age», *Ophthalmology*, 107, p. 1647-1655.

HUBEL, D.H. et T.N. WIESEL (1962). «Receptive Fields Binocular Interaction and Functional Architecture in the Cat's Visual Cortex», *Journal of Physiology* (Londres), 160, p. 106-154.

HUBEL, D.H. et T.N. WIESEL (1963). «Receptive Fields of Cells in Striate Cortex of Very Young, Visually Inexperienced Kittens», *Journal of Neurophysiology*, 26, p. 994-1002.

HUBEL, D.H. et T.N. WIESEL (1968). «Receptive Fields and Functional Architecture of Monkey Striate Cortex», *Journal of Physiology*, 195, p. 215-243.

HUGDAHL, K. et R.J. DAVIDSON (2003). *The Asymmetrical Brain*, Cambridge, MA, MIT.

ILLINGWORTH, R.-S. (1990). *Développement psychomoteur de l'enfant*, 2e éd., Paris, Masson.

INHELDER, B. et J. PIAGET (1955). *De la logique de l'enfant à la logique de l'adolescent*, Paris, Presses universitaires de France.

INIZAN, A. (1960). «Opportunité pour un jeune enfant de l'apprentissage de la lecture et durée probable de cet apprentissage», *Psychologie française*, 5, p. 224-238.

INSERM (2001). *Rythmes de l'enfant. De l'horloge biologique aux rythmes scolaires*, Paris, Inserm.

JACKSON, J.M. (1928). «Some Aspects of Form and Growth», dans W.J. ROBBINS (dir.), *Growth*, New Haven, Conn., Yale University Press, p. 118.

JACKSON, N.E. et A.J. BIEMILLER (1985). «Letter, Word, and Text Reading. Times of Precocious and Average Readers», *Child Development*, 56, p. 196-206.

JACOBS M.J. (1967). «Development of Normal Motor Behavior», *Am J Phys Med.*, 46, p. 41-51.

JACOBS, A.M. (1985-1986). «Facteurs sensoriels et cognitifs dans l'exploration visuelle», *Bulletin de psychologie*, 39, p. 355-361.

JANSMA, P. (dir.) (1993). *Psychomotor Domain Training and Serious Disabilities*, 4e éd., New York, University Press of America.

JAULIN-MANNONI, F. (1965). *La rééducation du raisonnement mathématique*, Paris, ESF.

JAULIN-MANNONI, F. (1966). *Rééducation pratique du calcul*, Paris, ESF.

KAK, V. et R. BROWN (1979). «Visual Pattern Perception: A Multidimensional Analysis of Development of Children's Reading Skills», *Perceptual and Motor Skills*, 49, p. 819-830.

KAMIL, C. (1990). *Les jeunes réinventent la mathématique*, Berne, Peter Lang.

KAPANDJI, I.A. (1980). *Physiologie articulaire*, 5e éd., Paris, Maloine.

KAUFMANN, J.L. et J.F. BOURQUIN (1977). «La construction des communs multiples», dans J. Piaget *et al.*, *Recherches sur l'abstraction réfléchissante*, Paris, Presses universitaires de France, p. 31-44.

KAVALE, K. (1984). «A Meta-analytic Evaluation of the Frostig Test and Training Program», *Exceptional Children*, 31, p. 134-141.

KAVALE, K. et P.D. MATTSON (1983). «One Jumped Off the Balance Beam: Meta-analysis of Perceptual-motor Training», *Journal of Learning Disabilities*, 16, p. 165-173.

KELLOGG, R. (1969). *Analyzing Children's Art*, Palo Alto (Cal.), National Press Book.

KELSO, J.A.S., D.L. SOUTHARD et D. GOODMAN (1979). «On the Coordination of Two-Handed Movements», *Journal of Experimental Psychology: Human Perception and Performance*, 5, p. 229-238.

KEMPER, H.C.G. (dir.) (1985). *Growth, Health and Fitness of Teenagers. Medicine and Sport Science*, vol. 20, New York, Karger.

KEOGH, B.K. et C.E. SMITH (1967). «Visuo-motor Ability for School Prediction: A Seven-year Study», *Perceptual and Motor Skills*, 25, p. 101-110.

KEOGH, J.F., D.A. SUGDEN, C.L. REYNARD et J.A. CALKINS (1979). «Identification of Clumsy Children: Comparisons and Comments», *Journal of Human Movements Studies*, 5, p. 32-41.

KINSBOURNE, M. (DIR.) (1978). *Asymmetrical Function of the Brain*, Cambridge, Cambridge University Press.

KIRTLEY, C., P. BRYANT, M. MACLEAN et L. BRADLEY (1989). «Rhyme, Rime and the Onset of Reading», *Journal of Experimental Child Psychology*, 48, p. 224-245.

KOPPITZ, E.M. (1970). «Brain Damage, Reading Disability, and the Bender-Gestalt Test», *Journal of Learning Disabilities*, 3, p. 429-433.

KOPPITZ, E.M., J. SULLIVAN, D.D. BLYTH et J. SHELTON (1959). «Prediction of First Grade School Achievement with the Bender-Gestalt Test and Human Figure Drawings», *Journal of Clinical Psychology*, 15, p. 164-168.

LAHLOU, N., P. LANDAIS, D. DE BOISSIEU et P.F. BOUGNÈRES (1997). «Circulating Leptin in Normal Children and during the Dynamic Phase of Juvenile Obesity: Relation to Body Fatness, Energy Metabolism, Caloric Intake, and Sexual Dimorphism», *Diabetes*, 46, p. 989-993.

LANDGREN, M., B. KJELLMAN et C. GILLBERG (1998). «Attention Deficit Disorder with Developmental Coordination Disorders», *Archives of Disabled Child*, 79, p. 207-212.

LANDGREN, M., B. KJELLMAN et C. GILLBERG (2000). «Deficits in Attention, Motor Control and Perception (DAMP): A Simplified School Entry Examination», *Acta Paediatr.*, 89 (3) p. 302-309.

LANOUR, M. (1985). *Pédagogie du rythme*, Paris, Éditions EPS.

LAPIERRE, A. et B. AUCOUTURIER (1974a). *Associations de contrastes. Structures et rythmes*, Paris, Doin.

LAPIERRE, A. et B. AUCOUTURIER (1974b). *Les contrastes et la découverte des notions fondamentales*, Paris, Doin.

LAPIERRE, A. et B. AUCOUTURIER (1975). *Les nuances*, Paris, Doin.

LAPIERRE, A. et AUCOUTURIER, B. (1982). *Fantasmes corporels et pratique psychomotrice en éducation et thérapie. «Le manque au corps»*, Paris, Doin.

LASZLO, J.I., P.J. BAIRSTOW, J. BARTRIP et V.T. ROLFE (1988). «Clumsiness or Perceptuo-Motor Dysfunction?», dans A.M. COLLEY et J.R. BEECH (dir.), *Cognition and Action in Skilled Behaviour*, North Holland, Elsevier Science Publishers, p. 293-310.

LAURENDEAU, M. et A. PINARD (1968). *Les premières notions spatiales de l'enfant*, Neuchâtel, Delachaux et Niestlé.

LAXER, G. (1997). *De l'éducation des autistes déficitaires*, Ramonville-Saint-Agne, France, Érès.

LE BOULCH, J. (1972). *L'éducation par le mouvement*, Paris, ESF.

LE BOULCH, J. (1984). *L'éducation psychomotrice à l'école élémentaire: la psychocinétique à l'âge scolaire*, Paris, ESF.

LE CAMUS, J. (1981). *L'enfant maladroit*, Paris, Presses universitaires de France.

LECLERCQ, H. et P. REGNIER (1971). *L'éducation perceptivomotrice*, Paris, Nathan.

LEE, D.N. et E. ARONSON (1974). «Visual Proprioceptive Control of Standing in Human Infants», *Perception and Psychophysics*, 15, p. 529-532.

LEFAVRAIS, P. (1985). *Les mécanismes de la lecture*, Paris, Établissements d'applications psychotechniques.

LÉGER, L., J. LAMBERT, A. GOULET, C. ROWAN et Y. DINELLE (1984). «Capacité aérobie des Québécois de 6 à 17 ans. Test navette de 20 mètres avec paliers de 1 minute», *Journal canadien des sciences appliquées au sport*, 9, p. 64-69.

LEMAY, M. (1977). «Asymmetries in the Skull and Handedness», *Journal of the Neurological Sciences*, 32, p. 243-253.

LEMAY, M. et A. CULEBRAS (1972). «Human Brain Morphologic Differences in the Hemispheres Demonstrable by Carotid Arteriography», *New England Journal of Medicine*, 287, p. 168-170.

LEROY-BOUSSION, A. (1971). «Maturité mentale et apprentissage de la lecture», *Enfance*, 3, p. 153-208.

LEROY-BOUSSION, A. et G. REYNARD (1973). «Un pré-requis spatial pour l'apprentissage de la lecture: la discrimination de figures symétriques», *Enfance*, 12, p. 85-108.

LESTIENNE, F. (1988). «Les expériences spatiales sur l'équilibration: résultats et perspectives», *Médecine aéronautique et spatiale*, 108, p. 314-319.

LEVY, J. et M. REID (1976). «Variations in Writing Posture and Cerebral Organization», *Science*, 194, p. 337-339.

LEVY, J. et M. REID (1978). «Variations in Cerebral Organization As a Function of Handedness, Hand Posture in Writing, and Sex», *Journal of Experimental Psychology: General*, 107, p. 119-144.

LIBERMAN, I.Y. et D. SHANKWEILLER (1989). «Phonologie et apprentissage de la lecture: une introduction», dans L. RIEBEN et Ch. PERFETTI (dir.), *L'apprenti lecteur*, Neuchâtel, Delachaux et Niestlé, p. 23-42.

LIBERMAN, I.Y., D. SHANKWEILLER, C. ORLANDO, K.S. MARRIS et F.B. BERTI (1971). «Letter Confusions and Reversals of Sequence in the Beginning Reader: Implications for Orton's Theory of Development Dyslexia», *Cortex*, 7, p. 127-142.

LOBROT, M. (1972). *Troubles de la langue écrite et remèdes*, Paris, ESF.

LONG, B.C. et R. van STAVELL (1995). «Effects of Exercise Training on Anxiety. A Meta-analysis», *Journal of Applied Sport Psychology*, 7, p. 167-189.

LURÇAT, L. (1974). *Études de l'acte graphique*, Paris, Mouton.

LURÇAT, L. (1979). *L'activité graphique à l'école maternelle*, Paris, ESF.

LURÇAT, L. (1985). *L'écriture et le langage écrit de l'enfant*, Paris, ESF.

LUSSIER, F. et J. FLESSAS (2001). *Neuropsychologie de l'enfant: troubles développementaux et de l'apprentissage*, Paris, Dunod.

LYLE, J.G. (1969). «Reading Retardation and Reversal Tendency: A Factorial Study», *Child Development*, 40, p. 833-843.

MAELAND, A.F. (1992) «Handwriting and Perceptual Motor Skills in Clumsy Dysgraphic and "Normal" Children», *Perceptual and Motor Skills*, 75, p. 1207-1227.

MALINA, R.M. (1998). «Growth and Maturation of Young Athletes: Is Training for Sport a Factor?», dans K.-M. CHAN et L.J. MICHELI (dir.), *Sports and Children*, Hong Kong, University of Hong Kong, p. 133-161.

MALINA, R.M. et C. BOUCHARD (1991). *Growth, Maturation, and Physical Activity*, Champaign, III., Human Kinetics.

MALSON, L. (1964). *Les enfants sauvages: mythes et réalité*, Paris, Union générale d'édition.

MALSON, L. (1994). *Qu'est-ce que la dyslexie?*, Toulouse, Privat.

MANCINI, J. et F. Brun (2005). «Enfant maladroit: normal ou pathologique? Developmental coordination disorder», *Archives de pédiatrie*, 12, p. 905-918.

MANEY, E.S. (1964). *Visual Readiness Skills*, Pasadena (Cal.), Continental Press.

MANZO, A.V. et V.P. CASALE (1983). «A Preliminary Description and Factor Analysis of a Broad Spectrum Battery for "Assessing" Progress Toward Reading Maturity», *Reading Psychology*, 4, p. 181-191.

MARCELLI, D. (1996). *Enfance et psychopathologie*, 5e éd., Paris, Masson.

MASSICOTTE, D. (1990). «Partial Curls-up, Push ups and Multistage 20 Meters Shuttle Run, National Norms for 6 to 17 year olds», CAHPER.

MASSICOTTE, D., P. MARKON et R. GAUTHIER (1985). «Prédiction du VO2 Max à partir de courses de 800, 1600 et 2400 mètres chez les jeunes âgés de 6 à 17 ans», *Journal de l'ACSEPL*, 6, p. 25-29.

MASSON, S. (1983). *Psychomotricité. Généralités sur la rééducation psychomotrice et l'examen psychomoteur*, Paris, Presses universitaires de France.

MATTHEWS, C.G. et E.G. FOLK (1964). «Finger Localization, Intelligence and Arithmetic in Mentally Retarded Subjects», *American Journal of Mental Deficiency*, 69, p. 107-113.

MATTHEWS, D.K. (1978). *Measurement in Physical Education*, 5e éd., Philadelphia, W.B. Saunders.

MAZEAU, M. (1995). *Déficits visuospatiaux et dyspraxies de l'enfant*, Paris, Masson.

MCCONKIE, G.W., P.W. Kerr, M.D. REDDIX et D. ZOLA (1988). «Eye Movement Control During Reading: I. The Location of Initial Eye Fixations on Words», *Vision Research*, p. 1107-1118.

MCCONKIE, G.W et T.W. HOGABOAM (1991). «Eye Position and Word Identification during Reading» dans R. GRONER, G.W. MC CONKIE et C. MENZ *Eye Movements and Human Information Processing*, Amsterdam, North-Holland, p. 159-172

MCFB (2002). *Éducation physique*, Ministère de la Communauté française, Belgique.

MCGINNIS, M.P. (1999). *Biomechanics of Sport and Exercise*, Champaign, Ill., Human Kinetics.

MCGINNIS, M.P. (2005). *Biomechanics of Sport and Exercise*, 2e éd., Champaign, Ill., Human Kinetics.

McGivern, R.F., C. Berka, M.L. Languis et S. Chapman (1991). «Detection of Deficits in Temporal Pattern Discrimination Using the Seashore Rhythm Test in Young Children with Reading Impairments», *Journal of Learning Disabilities*, 24, p. 58-62.

McGraw, M.B. (1935). *Growth : A Study of Johnny and Jimmy*, New York, Appleton.

Mebert, C.J. et G.F. Michel (1980). «Handedness in Artists», dans J. Herron (dir.), *Neuropsychology of Left-Handedness*, New York, Academic Press, p. 273-279.

Mehler, J. et E. Dupoux (1990). *Naître humain*, Paris, Odile Jacob.

Melzack, R., R. Israel, R. Lacroix et G. Schultz (1997). «Phantom Limb in People with Congenital Limb Deficiency or Amputation in Early Childhood», *Brain*, 120, p. 1603-1620.

MÉNF (2002). *Qu'apprend-on à l'école maternelle? Les nouveaux programmes*, Ministère de l'Éducation nationale, CNDP, France.

Michelini, C.A. (1991). *Les secrets de mon cerveau*, Paris, Nathan.

Ministère de l'Éducation (1975). *Les activités à la maternelle : Éveil mathématique*, Québec, Gouvernement du Québec.

Ministère de l'Éducation (1980). *Programme d'étude, Primaire, Mathématique*, Québec, Gouvernement du Québec.

Ministère de l'Éducation (1981). *Guide pédagogique. Primaire. Mathématique, fascicule A. Guide général*, Québec, Gouvernement du Québec.

Ministère de l'Éducation (1981). *Guide pédagogique. Primaire. Mathématique, fascicule B. Les concepts unificateurs*, Québec, Gouvernement du Québec.

Ministère de l'Éducation du Québec (1986). *Guide pédagogique. Secondaire. Les handicaps physiques*, Québec, MEQ.

Ministère de l'Éducation du Québec (1992). *Interprétation des définitions des élèves handicapés ou en difficulté d'adaptation ou d'apprentissage*, Québec, MEQ.

Ministère de l'Éducation (2001). *Le programme de formation de l'école québécoise*, Ministère de l'Éducation, Québec.

Ministère de l'Éducation (2002). *L'évaluation des apprentissages au préscolaire et au primaire*, Ministère de l'Éducation, Québec.

Minnesota Rate of Manipulation Tests (1969). Circle Pines (Minnesota), American Service.

Misès, R. (1990). *Classification française des troubles mentaux de l'enfant et de l'adolescent*, Vanves, Centre technique national d'études et de recherches sur les handicaps et les inadaptations.

Missiuna, C. (1994). «Motor Skill Acquisition in Children with Developmental Coordination Disorder», *Adapted Physical Activity Quarterly*, 11, p. 214-235.

Missiuna, C.M. et N. Pollock (1995). «Beyond the Norms : Need for Multiple Sources of Data in the Assessment of Children», *Physical and Occupational Therapy in Pediatrics*, 14, p. 57-73.

MOJET, J.W. (1991). «Characteristics of the Developing Handwriting Skill in Elementary Education», dans J. Wann, A.M. Wing et N. Søvik (dir.), *Development of Graphic Skills*, Londres, Academic Press, p. 53-75.

MOLFESE, D.L. (1977). «Infant Cerebral Asymmetry», dans S.J. SEGALOWITZ et F.A. GRUBER (dir.). *Language Development and Neurological Theory*, New York, Academic Press, p. 21-35.

MONTANGERO, J. (1977). *La notion de durée chez l'enfant de 5 à 9 ans*, Paris, Presses universitaires de France.

MONTESSORI, M. (1970). *Pédagogie scientifique*, Paris, ESF.

MORRIS, R.K. et K. RAYNER (1991). «Eye Movements in Skilled Reading Implications fo Developmental Dyslexia», dans J.F. STEIN (dir.). *Motor Development in Children: Aspects of Coordination and Action*, Dordrecht, Martinus Nijhoff, p. 373-390.

MOUNOUD, P. (1986) «Action and Cognition. Cognitive and Motor Skills in a Developmental Perspective», dans M.G. WADE et H.T.A. WHITING (dir.). *Motor Development in Children: Aspects of Coordination and Action*, Dordrecht, Martinus Nijhoff, p. 373-390.

MOUNOUD, P. et C.A. HAUERT (1982). «Development of Sensorimotor Organization in Young Children: Grasping and Lifting Objects», dans G.E. FORMAN (dir.). *Action and Thought. From Sensorimotor Schemes to Symbolic Operations*, New york, Academic Press, p. 3-35.

MURCIA, R. (1998). «"Un enfant, cela n'existe pas". De la théorie de la création», dans F. BIGREL et F. SCRIBOT (dir.). *La conception de l'acte d'entraîner*, Talence (France), Éditions du CREPS d'Aquitaine, p. 35-58.

NASHNER, H. (1976). «Adapting Reflexes Controlling the Human Posture», *Experimental Brain Research*, 26, p. 59-72.

NAYLOR, H. (1980). «Reading Disability and Lateral Asymmetry: An Information-processing Analysis», *Psychological Bulletin*, 87, p. 531-545.

NETTER, F.H. (1983). *The Nervous System*, West Caldwell, NJ, CIBA.

NOEL, J.-M. (1976). *La dyslexie en pratique rééducative*, Paris, Doin.

OCTOR, R. et J. KACZMAREK (1989). *Pour un apprentissage structuré de l'écriture*, Paris, Colin.

O'HARA, A.E. et J.K. BROWN (1989). «Childhood Dysgraphia. Part I. An Illustrated Clinical Classification», *Child: Care, Health and Development*, 15, p. 79-104.

OLDFIELD, R.C. (1971). «The Assessment and Analysis of Handedness: The Edinburg Inventory», *Neuropsychologia*, 9, p. 97-113.

OLSON, A.V. (1966). «Relation of Achievement Test Scores and Specific Reading Abilities to the Frostig Developmental Test of Visual Perception», *Perceptual and Motor Skills*, 22, p. 179-184.

OMS (1946). *Actes officiels de l'Organisation mondiale de la santé*, 2, p. 100.

O'REGAN, J.K. (1990). «Eye Movements and Reading», dans E. KOWLER (dir.). *Eye Movement and Their Role in Visual and Cognitive Processes*, Amsterdam, Elsevier, p. 395-453.

ORTON, S.T. (1925). «Word Blindness in School Children», *Archives of Neurology and Psychiatry*, 14, p. 581-615.

ORTON, S.T. (1937). *Reading, Writing and Speech Problems in Children*, New York, Norton.

OZERETZKI, N. (1936). «L'échelle métrique du développement de la motricité chez l'enfant et l'adolescent», *L'hygiène mentale*, 31, p. 53-75.

PAILLARD, J. (1980). «Le corps situé et le corps identifié. Une approche psychophysiologique de la notion de schéma corporel», *Revue médicale suisse romande*, 100, p. 129-141.

PALMER, R.E. et M.C. CORBALLIS (1996). «Predicting Reading Ability from Handedness Measures», *Br J Psychol.*, 87, p. 609-620.

PANNETIER, É. (2007). *La dyspraxie: une approche clinique et pratique*, Montréal, CHU Sainte-Justine.

PASTERNICKI, J.G. (1987). «Paper for Writing: Research and Recommendations», dans J. ALSTON et J. TAYLOR (dir.). *Handwriting: Theory, Research and Practice*, Londres, Croom Helm, p. 68-80.

PIAGET, J. (1928). *Le jugement et le raisonnement chez l'enfant*, Neuchâtel (Suisse), Delachaux et Niestlé.

PIAGET, J. (1946). *Le développement de la notion de temps chez l'enfant*, Paris, Presses universitaires de France.

PIAGET, J. (1947). *La psychologie de l'intelligence*, Paris, Colin.

PIAGET, J. (1948). *La naissance de l'intelligence chez l'enfant*, Neuchâtel, Delachaux et Niestlé.

PIAGET, J. (1950). *La construction du réel chez l'enfant*, Neuchâtel, Delachaux et Niestlé.

PIAGET, J. (1956). «Motricité, perception et intelligence», *Enfance*, 9(2), p. 9-14.

PIAGET, J. (1961). *Les mécanismes perceptifs*, Paris, Presses universitaires de France.

PIAGET, J. (1964). *Six études de psychologie*, Genève, Gonthier.

PIAGET, J. (1967). *Biologie et connaissance*, Paris, Gallimard.

PIAGET, J. (1970). *L'épistémologie génétique*, Paris, Presses universitaires de France.

PIAGET, J. (1983). «Piaget's Theory», dans P.H. MUSSEN (dir.). *Handbook of Child Psychology*, New York, Wiley and Sons, 4e éd., vol. I, p. 103-128.

PIAGET, J. et B. INHELDER (1948). *La représentation de l'espace chez l'enfant*, Paris, Presses universitaires de France.

PIAGET, J., B. INHELDER et A. SZEMINSKA (1948) *La géométrie spontanée de l'enfant*, Paris, Presses universitaires de France.

PIAGET, J. et B. INHELDER (1959). *La genèse des structures élémentaires. Classifications et sériations*, Neuchâtel, Delachaux et Niestlé.

PIAGET, J. et B. INHELDER (1962). *Le développement des quantités physiques chez l'enfant*, 2e éd., Neuchâtel (Suisse), Delachaux et Niestlé.

PIAGET, J. *et al.* (1977). *Recherches sur l'abstraction réfléchissante*, Paris, Presses universitaires de France.

PICQ, L. et P. VAYER (1984). *Éducation psychomotrice et arriération mentale*, 4e éd., Paris, Doin.

PIEDNOIR, J.-P. (1993). *Cycles, compétences, évaluation. Contribution pour une éducation physique au primaire*, Nantes, CRDP des Pays de la Loire.

PIERART, B. (1994). «L'éclatement du concept de dyslexie», dans J. GRÉGOIRE et B. PIÉRART (dir.), *Évaluer les troubles de la lecture*, Bruxelles, De Boeck.

PIÑOL-DOURIEZ, M. (1975). *La construction de l'espace*, Paris, Delachaux et Niestlé.

POPP, H. (1964). «Visual Discrimination of Alphabet Letters», *The Reading Teacher*, 17, p. 221-226.

POWERS, P.J. et J. PUTNAM (1997). «Mixed Lateral Dominance as a Predictive Factor of Learning Disability», Présentation au congrès annuel de la Northern Rocky Mountain Educational Research Association, du 1er au 4 octobre.

QUINTIN, E. (1985). «Variables qui conditionnent la possibilité d'induire la capacité opératoire», *Archives de psychologie*, 53, p. 485-494.

QUINTIN, E. (1987). *Apprendre les mathématiques : un jeu d'enfant*, Québec, Presses de l'Université du Québec.

RAMACHANDRAN, V.S. et D.C. ROGERS-RAMACHANDRAN (2000). «Phantom Limb and Neural Plasticity», *Archives of Neurology*, 57, p. 137-320.

RAYNER, K. (1986). «Eye Movement and the Perceptual Span in Beginning and Skilled Readers», *Journal of Experimental Child Psychology*, 41, p. 211-236.

REDON, C., L. HAY, R. RIGAL et J.P. ROLL (1994). «Contribution of the Propriomuscular Channel to Movement Coding in Children : A Study Involving the Use of Vibration-induced Kinaesthetic Illusion», *Human Movement Studies*, 13, p. 95-108.

REICH, W. (1982). *La révolution sexuelle*, Montréal, Bourgois.

REINHARDT, J.-C. (1990). *La genèse de la connaissance du corps chez l'enfant.* Paris, Presses universitaires de France.

REY, A. et P.A. OSTERRIETH (1942). *Manuel du test de Rey-Osterrieth*, Paris, CPA.

RICHARD, J. et L. RUBIO (1995). *La thérapie psychomotrice*, Paris, Masson.

RIEBEN, L. et CH. PERFETTI (dir.) (1989). *L'apprenti lecteur*, Neuchâtel, Delachaux et Niestlé.

RIEDESEL, C.A. (1985). *Teaching Elementary School Mathematics*, 4e éd., Englewood Cliffs (N.J.), Prentice Hall.

RIGAL, R. (1976). *Le développement psychomoteur de l'enfant et ses relations avec les apprentissages scolaires*, thèse de doctorat, Montréal, Université de Montréal.

RIGAL, R. (1977). «Efficience manuelle et vitesse d'écriture», *Revue de neuropsychiatrie infantile*, 7, p. 391-400.

RIGAL, R. (1992). «Which Handedness: Preference or Performance?», *Perceptual and Motor Skills*, 75, p. 851-866.

RIGAL, R. (1994). «Right-Left Orientation: The Correct Use of Right and Left Terms», *Perceptual and Motor Skills*, 79, p. 1259-1278.

RIGAL, R. (1996). «Right-left Orientation, Mental Rotation, and Perspective-taking: When Can Children Imagine What People See from Their Own View Point?», *Perceptual and Motor Skills*, 83, p. 831-842.

RIGAL, R. (2003). *Motricité humaine. Fondements et applications pédagogiques. Tome 2 Développement moteur*, 3e éd., Québec, Presses de l'Université du Québec.

RIGAL, R., N. Chevalier et C. VERRET (2006). «Coordination motrice, pratique de l'activité physique et TDAH», dans N. CHEVALIER, M.C. GUAY, A. ACHIM, P. LAGEIX et H. POISSANT, *Trouble déficitaire de l'attention avec hyperactivité*, Québec, Presses de l'Université du Québec, p. 69-90.

ROACH, E.G. et N.C. KEPHART (1966). *Purdue perceptual motor survey*, Colombus, Ohio, Charles E. Merril.

ROBERT-OUVRAY, S.B. (1997). *Intégration motrice et développement psychique*, 2e éd., Paris, Desclée de Brouwer.

ROBINSON, M.E. et L.B. SCHWARTZ (1973). «Visuo-motor Skills and Reading Ability: A Longitudinal Study», *Developmental Medicine and Child Neurology*, 15, p. 281-286.

ROCHE, A.E (1981). «The Adipocyte-number Hypothesis», *Child Development*, 52, p. 31-43.

ROGÉ, B. (1984). *Manuel de l'échelle de développement psychomoteur de Lincoln-Oseretsky*, Paris, Éditions du Centre de psychologie appliquée.

ROGERS, C. (1968). *Le développement de la personne*, Paris, Dunod.

ROGERS, C. (1971). *La relation d'aide et la psychothérapie*, Paris, ESF.

ROUILLARD, M., C. CHARTRAND et N. CHEVALIER (2006). «Interventions des enseignants et des éducateurs auprès de jeunes ayant un TDAH», dans N. CHEVALIER, M.C. GUAY, A. ACHIM, P. LAGEIX et H. POISSANT, *Trouble déficitaire de l'attention avec hyperactivité*, Québec, Presses de l'Université du Québec, p. 231-254.

ROSSELLI, M. et A. ARDILA (1989). «Calculation Deficits in Patients with Right and Left Hemisphere Damage», *Neuropsychologia*, 27, p. 607-617.

RUTTER M, A. CASPI, D. FERGUSSON, L.J. HORWOOD, R. GOODMAN, B. MAUGHAN, T.E. MOFFITT, H. MELTZER et J. CARROLL (2004). «Sex Differences in Developmental Reading Disability: New Findings from 4 Epidemiological Studies», *Journal of the American Medical Association*, 291, p. 2007-2012.

SAIDA, Y. et M. MIYASHITA (1979). «Development of Fine Motor Skill in Children: Manipulation of a Pencil in Young Children Aged 2 to 6 Years Old», *Journal of Human Movement Studies*, 5, p. 104-113.

SANTUCCI, H. et M. PÊCHEUX (1979). «Épreuve graphique d'organisation perceptive pour enfants de 6 à 14 ans», dans R. Zazzo (dir.). *Manuel pour l'examen psychologique de l'enfant*, 5e éd., Paris, Delachaux et Niestlé, p. 291-402.

SARTHOU, J.-J. (2003). *Enseigner l'EPS: de la réflexion didactique à l'action pédagogique*, Paris, Éditions Actio.

SASAKI R. (1997). «Developmental Characteristics of Temporal Control of Movement in Preschool and School Children of Different Ages», *Perceptual and Motor Skills*, 85, p. 1455-1467.

SASSOON, R., I. NIMMO-SMITH et A.M. WING (1986). «An Analysis of Children's Penholds», dans H.S.R. KAO, G.P. VAN GALEN et R. HOOSAIN (dir.). *Graphonomics: Contemporary Research in Handwriting*, North Holland, Elsevier, p. 93-106.

SATZ, P. et J. FRIEL (1973). «Some Predictive Antecedent of Specific Learning Disability: A Preliminary One Year Follow-up», dans, P. SATZ, et J.J. ROSS (dir.). *The Disabled Learner: Early Detection and Intervention*, Rotterdam, Rotterdam University Press, p. 79-98.

SCHACTER, D.L., S.Z. RAPSCAK, A.B. RUBENS, M. THARAN et J. LAGUNA (1990). «Priming Effects in a Letter-by-letter Reader Depend upon Access to the Word Form System», *Neuropsychologia*, 28, p. 1079-1094.

SEASHORE, G.F., D. LEWIS et J.G. SAETVEIT (1960). *Seashore Measures of Musical Talents*, 2e éd., New York, The Psychological Corporation.

SEASHORE, R.H. (1927). «Studies in Motor Rhythm», *Psychological Monographs*, 36, p. 142-189.

SIEGLER, R.S. (1983) «Information Processing Approaches to Development», dans P.H. MUSSEN (dir.). *Handbook of Child Psychology*, vol. 1, 4e éd., New York, Wiley and Sons, p. 129-211.

SILVER, A.A., R.A. MAGIN et M.F. HERSH (1967). «Reading Disability: Teaching Through Stimulation of Deficit Perceptual Areas», *American Journal of Orthopsychiatry*, 37, p. 744-752.

SIMONS, J., R. RENSON et H. LEVARLET-JOYE (dir.) (1983). *Évaluation de l'aptitude motrice*, Conseil de l'Europe, Comité pour le développement du sport, Université catholique de Louvain, Belgique.

SINCLAIR, H., M. STAMBAK, I. LÉZINE, S. RAYNA et M. VERBA (1989). *Infants and Objects. The Creativity of Cognitive Development*, New York, Academic Press.

SLATER, A., A. MATTOCK et E. BROWN (1990). «Size Constancy at Birth: Newborn Infant's Responses to Retinal and Real Size», *Journal of Experimental Child Psychology*, 49, p. 314-322.

SMITH, C.E. et B.K. KEOGH (1962). «The Group Bender-Gestalt as a Reading Readiness Screening Instrument», *Perceptual and Motor Skills*, 15, p. 639-645.

SMITH, L.B., E. THAELEN, R. TITZER et D. MCLIN (1999). «Knowing in the Context of Acting: The Task Dynamics of the A-not-B Error», *Psychological Review*, 106, p. 235-260.

SMITH, L.C. et M. MOSCOVITCH (1979). «Writing Posture, Hemispheric Control of Movement, and Cerebral Dominance in Individuals with Inverted and Non Inverted Hand Postures During Writing», *Neuropsychologia*, 17, p. 637-644.

SMITH, P. (1987). «Handwriting in the United Kingdom», *The Reading Teacher*, 41, p. 27-31.

SMITS-ENGELSMAN, B.C., A.S. NIEMEIJER et G.P. VAN GALEN (2001). «Fine Motor Deficiencies in Children Diagnosed as DCD Based on Poor Grapho-motor Ability», *Human Movement Science*, 20, p. 161-182.

SOPHIAN, C.F. (1988). «Early Development in Children's Understanding of Number: Inferences About Numerosity and One-to-one Correspondence», *Child Development*, 59, p. 1397-1414.

SOPPELSA, R. et J.-M. ALBARET (2004). *Batterie d'évaluation des mouvements chez l'enfant*, Paris, Éditions du Centre de psychologie appliquée.

SPELKE, E.S., K. BREILINGER, J. MACOMBER et K. JACOBSON (1992). «Origins of Knowledge», *Psychological Review*, 99, p. 605-632.

SPENCE, A.P. et E.B. MASON (1983). *Human Anatomy and Physiology*, Menlo Park, CA, Benjamin/Cummings.

SPERRY, R.W. (1985). «Consciousness, Personal Identity and the Divided Brain», dans F. BENSON et E. ZAIDEL (dir.). *The Dual Brain. Hemispheric Specialization in Humans*, New York, Guilford Press, p. 11-26.

STAMBAK, M. (1979). «Trois épreuves de rythme», dans R. ZAZZO (dir.). *Manuel pour l'examen psychologique de l'enfant*, 5e éd., Paris, Delachaux et Niestlé p. 241-259.

STAMBAK, M., M. VIAL, R. DIATKINE et E. PLAISANCE (1972). *La dyslexie en question*, 2e éd., Paris, Colin.

STEENHUIS, R.E. et M.P. BRYDEN (1989). «Different Dimensions of Hand Preference that Relate to Skilled and Unskilled Activities», *Cortex*, 25, p. 289-304.

STEFFE, L.P. et P. COBB (1988). *Construction of Arithmetical Meanings and Strategies*, New York, Springer-Verlag.

STEIN, J.F. (dir.). *Motor Development in Children: Aspects of Coordination and Action*, Dordrecht, Martinus Nijhoff.

STEIN, J.F. (1992). «The Representation of Egocentric Space in the Posterior Parietal Cortex», *Behavioral and Brain Sciences*, 15, p. 691-700.

STERRITT, G.M. et M. RUDNICK (1966). «Auditory and Visual Rhythm Perception in Relation to Reading Ability in Fourth Grade Boys», *Perceptual and Motor Skills*, 22, p. 859-864.

SUDGEN, D.A. et J.K. KEOGH (1990). *Problems in Movement Skill Development*, Columbia (South Carolina), University of South Carolina Press.

SUEN, C.Y. (1984). «Handwriting Generation, Perception and Recognition», dans A.J.W.M. THOMASSEN, P.J.G. KEUSS et G.P. VAN GALEN (dir.). *Motor Aspects of Handwriting*, Amsterdam, Elsevier, p. 295-312.

SUMMERS, J.J., D.A. ROSEMBAUM, B.D. BURNS et S.K. FORD (1993). «Production of Polyrhythms», *Journal of Experimental Psychology: Human Perception and Performance*, 19, p. 416-428.

TALCOTT, J.B., C. WITTON, M.F. MCLEAN, P.C. HANSEN, A. REES, G.G. GREEN et F. STEIN (2000). «Dynamic Sensory Sensitivity and Children's Word decoding Skills», *Proceedings of the National Academy of Sciences*, USA, 97, p. 2952-2957.

TALLAL, P. (2000). «The science of literacy: from the laboratory to the classroom», *Proceedings of the National Academy of Sciences*, 97, p. 2402-2404.

TANNER, J.M. (1964). *Éducation et croissance*, Neuchâtel (Suisse), Delachaux et Niestlé.

TAPLEY, S.M. et M.P. BRYDEN (1983). «Handwriting Position and Hemispheric Asymmetry in Right-handers», *Neuropsychologia*, 2, p. 129-138.

TAYLOR, I. et M.M. TAYLOR (1983). *The Psychology of Reading*, New York, Academy Press.

THOMAS, J. et G. WILLEMS (1997). *Troubles de l'attention, impulsivité et hyperactivité chez l'enfant*, Paris, Masson.

THOMASSEN, A.J.W.M. et H.L.H.M. TEULINGS (1979). «The Development of Directional Preference in Writing Movements», *Visible Language*, 13, p. 299-313.

THOMASSEN, A.J.W.M., P.J.G. KEUSS et G.P. VAN GALEN (dir.) (1984). *Motor Aspects of Handwriting. Approaches to Movement in Graphic Behavior*, Amsterdam, Elsevier.

TISSIÉ, (1901). *L'éducation physique*, Paris, Larousse.

TOURTET, L. (1983). *Chemins de la découverte mathématique*, 3e éd., Paris, Armand Colin.

ULRICH, D.A. (2000). *Test of Gross Motor Development*, 2e éd., Austin (Texas), Pro. Ed.

VAN MIER, H., L.W. TEMPEL, J.S. PERLMUTTER, M.E. RAICHLE et S.E. PETERSEN (1998). «Changes in Brain Activity during Motor Learning Measured with PET: Effects of Hand of Performance and Practice», *Journal of Neurophysiology*, 80, p. 2177-2199.

VANDE VOORT, L., G.M. SENF et A.L. BENTON (1972). «Development of Audio-visual Integration in Normal and Retarded Readers», *Child Development*, 43, p. 1260-1272.

VELLUTINO, F.R. (1980). *Dyslexia: Theory and Research*, 2e éd., Cambridge, Mass., MIT.

VERGNAUD, G. (1982). «A Classification of Cognitive Tasks and Operations of Thought Involved in Addition and Substraction Problems», dans T.P. CARPENTER, J.M. MOSER et T.A. ROMBERG. *Addition and Substraction: A Cognitive Perspective*, Hillsdale (N.J.), Lawrence Erlbaum Associates, p. 39-59.

VERGNAUD, G. (1985). *L'enfant, la mathématique et la réalité*, 3e éd., Berne, Peter Lang.

VERGNAUD, G. (1990). «Développement et fonctionnement cognitifs dans le champ conceptuel des structures additives», dans G. NETCHINE-GRYNGERG (dir.). *Développement et fonctionnement cognitifs chez l'enfant*, Paris, Presses universitaires de France, p. 261-277.

VERGNAUD, G. et M. RÉCOPÉ (2000). «De Revault d'Allones à une théorie du schème aujourd'hui», *Psychologie Française*, 45, p. 35-50.

VERNON, M.D. (1957). *Backwardness in Reading. A Study of Its Nature and Origin*, Cambridge, University Press.

VIGARELLO, G. (1979). «Évolution et ambiguïté de la référence savante dans les pratiques psychomotrices», *Travaux et recherches en E.P.S.*, INSEP, n° 4.

VILLANI, J. (1985). *Fiches d'activités graphiques*, Paris, Nathan.

VINCENT, M. (1956). «Rôle des données perceptives dans l'abstraction», *Enfance*, 4, p. 1-20.

VINH-BANG. (1959). *Évolution de l'écriture de l'enfant à l'âge adulte*, Neuchâtel, Delachaux et Niestlé.

VURPILLOT, E. (1972). *Le monde visuel du jeune enfant*, Paris, Presses universitaires de France.

VYGOTSKY, L.S. (1997). *Pensée et langage*, 3e éd., Paris, La Dispute.

WALKER, S.F. (1980). «Lateralization of Functions in the Vertebrate Brain: A Review», *British Journal of Psychology*, 71, p. 329-367.

WALL, A.E., G. REID et J. PATON (1990). «The Syndrome of Physical Awkwardness» dans G. REID (dir.), *Advances in Psychology: Problems in Movement Control*, 74, p. 283-316.

WALLON, H. (1925). *L'enfant turbulent: étude sur les retards et les anomalies du développement moteur et mental*, Paris, Alcan.

WALLON, H. (1931). «Comment se développe chez l'enfant la notion de corps propre», *Enfance*, 62, p. 121-130.

WALLON, H. (1934). *Les origines du caractère chez l'enfant*, Paris, Presses universitaires de France.

WALLON, H. (1948). *De l'acte à la pensée: essai de psychologie comparée*, Paris, Flammarion.

WALLON, H. (1957). *L'évolution psychologique de l'enfant*, Paris, Colin.

WALLON, H. (1963). *Les origines de la pensée chez l'enfant*. 3e éd., Paris, Presses universitaires de France.

WAUGH, R. et Z. WATSON (1971). «Visual Perception and Reading», *Education*, 91, p. 266-269.

WERNER, E.E., K. SIMONIAN et R.S. SMITH (1967). «Reading Achievement, Language Functioning and Perceptual-motor Development of 10 and 11 Year Olds», *Perceptual and Motor Skills*, 25, p. 409-420.

WHITING, H.T.A. (1976). *Acquiring Ball Skill. A Psychological Interpretation*, Philadelphie, Lea and Febiger.

WIESEL, T.N. (1982). «Postnatal Development of the Visual Cortex and the Influence of Environment», *Nature*, 299, p. 583-591.

WILCOX, T. (1999). «Object Individuation: Infant's Use of Shape, Size, Pattern, and Color», *Cognition*, 72, p. 125-166.

WING, A.M. (1978). «Response Timing in Handwriting», dans G.E. STELMACH (dir.). *Information Processing in Motor Control and Learning*, New York, Academic Press.

WINNICOTT, D.W. (1992). *L'enfant et sa mère*, Paris, Payot.

WIRHED, R. (1985). *Anatomie et science du geste sportif*, Paris, Vigot.

WITELSON, S.F. (1987). «Neurological Aspects of Language in Children», *Child Development*, 58, p. 653-688.

WITKIN, M.A. (1959). «The Perception of the Upright», *Scientific American*, 200, 2, p. 50-56.

WITTY, P.A. et D. KOPEL (1936). «Sinistral and Mixed Manual-ocular Behavior in Reading Disability», *Journal of Educational Psychology*, 27, p. 119-134.

WOOLLACOTT, M. ET A. SHUMWAY-COOK, (2002). «Attention and the Control of Posture and Gait: A Review of an Emerging Area of Research», *Gait and Posture*, 16, p. 1-14

WYNN, K. (1992). «Addition and Substraction by Human Infants», *Nature*, 358, p. 749-750.

YADEN, D.B. et S. TEMPLETON (dir.) (1986). *Metalinguistics Awareness and Beginning Literacy: Conceptualizing What It Means to Read and Write*, Portsmouth (NH), Heinemann Educational.

ZANGWILL, O.L. (1960). *Cerebral Dominance and Its Relation to Psychological Function*, Édimbourg (Écosse), Oliver and Boyd.

ZAZZO, R. (1979). *Manuel pour l'examen psychologique de l'enfant*, Paris, Delachaux et Niestlé.

ZESIGER, P. (1995). *Écrire. Approches cognitive, neuropsychologique et développementale*, Paris, Presses universitaires de France.

ZURIF, E.B. et G. CARSON (1970). «Dyslexia in Relation to Cerebral Dominance and Temporal Analysis», *Neuropsychologia*, 8, p. 351-361.

Index onomastique

N-O

P

R

S

T-U

V-W

Y-Z

INDEX THÉMATIQUE

B

C

D

E

M

N

O

P

Q-R

S

U-V

Z